U0732612

中华人民共和国

江西日史

第八卷

（2000～2005）

中华人民共和国日史编辑委员会
江西编辑室 编

名誉主编：孙家正　李金华　张文彬
张承钧　李永田
主　　编：孙用和　蒋仲平　魏丕植
管志仁　沈谦芳
副 主 编：符　伟　杨德保　廖世槐
罗益昌　张翊华

人民出版社

目录

第八卷

CONTENTS

2000年

2000年，是“九五”计划执行的最后一年，省政府本着实事求是的精神，向省人大常委会提出《关于调整我省“九五”计划几项主要经济指标的建议》，调整涉及国内生产总值的8项主要经济指标，有的减幅度较大，省九届人大常委会批准了这一建议。在主攻工业、推进工业化的过程中，省政府进一步确立了“必须把工业化作为经济发展的战略核心”的思想， 进一步完善和确定了“坚定不移地主攻工业，建设反映现代产业发展规律、符合江西省情特点的新型产业群”等推进工业化的基本任务和着力重点。全省人民在省委、省政府的领导下，认真贯彻党中央、国务院的方针政策，进一步扩大内需，大力调整经济结构，积极推进各项改革，继续扩大对外开放，努力加快经济和社会各项事业发展，国民经济稳定增长，社会各项事业全面进步，胜利完成了“九五”计划的主要任务。10月，省委发出《关于制定全省国民经济和社会发展第十个五年计划的建议》。《建议》围绕实现“十五”期间的奋斗目标必须着力研究和解决的十五个方面的重大问题，提出了十五条建议。

坚持国企改革的正确方向 到本年，全省基本上实现了中共十五届四中全会提出的国有大中型亏损企业三年脱困的目标。国企改革作为整个经济体制改革的中心环节，是一个艰难的探索过程。在国企改革中，出现一些企业把国有资产无偿量化给个人的情况，直接导致国有资产的流失。因此，坚持国有企业改革的正确方向，在全省全面建立现代企业制度，从整体上搞活国有企业，仍然是较长时间内企业改革的基本任务。

非公有制企业的活力 年初，省委、省政府发出《关于进一步加快全省个体私营经济的决定》。《决定》要求解放思想，转变观念，增强加快个体私营经济发展的紧迫感，加大对个体私营经济的政策扶持，着力培育一批500万元以上注册资金的私营企业；鼓励机关事业单位工作人员、复转军人、大中专毕业生从事个体私营经济；鼓励个体工商户、私营企业参与国企改革，支持个体户、私营企业租赁、承包经营亏损的公有制企业，多渠道解决个体私营经济的发展资金，引导他们扩大规模，增强实力。年底，全省共有个体工商户、私营企业62万户，从业人员187万人，实现年总产值223.9亿元，年纳税额30.38亿元，成为江西极具活力的一支重要力量。如1993年创立的江西汇仁集团由一个小型乡镇企业向全国性知名大型企业集团转变，“汇仁”品牌成为全国知名品牌，当年的销售收入已达亿元，上缴税金1.5亿元，成为近几年来全省规模最大的民营企业之一。到本年，全省台资企业达1212家，合同投资总额20.29亿美元，合同台资额14.09亿美元。

信息产业的发展 信息产业是一个快速崛起、跨越式发展的新兴行业。到本年年总产值突破200亿元，而且信息产品制造业和网络服务业在全国同行业中处于比较领先的地位。其中由军工转民用的一批电子元件企业和邮电通信网、广播电视网，在信息产业中起了骨干作用。

基础设施建设 从1996年至本年的5年间基础设施建设的情况：累计完成全社会固定资产投资2256亿元，比“八五”增加1332亿元，年均增长15.6%，是建国以来历个五年计划中完成投资量最多的时期。城镇建设步伐加快，城镇化率由“八五”期末的22.9%提高到27.3%，完成了所有地区的“撤地设市”工作。在水利、电力、交通、通信等领域先后建成重点项目50个。到年底，电力装机总容量达到640.5万千瓦，在全省各市县全面进行了城乡电网改造和建设，从根本上扭转了供电紧张的局面。基础设施建设是江西改革开放以来变化最为明显、影响最为深远的领域之一。

旅游业的发展 江西有优越丰厚的旅游资源。省委、省政府把握京九铁路开通的机遇，加快发展旅游业、培植新的经济增长点，1月正式作出《关于加快旅游业发展的决定》。“旅游兴县（市）”成为不少地方的主导方略，旅游业成为全省发展最快的行业之一。从1996年至2000年，全省接待海外旅游者人数和创汇额以每年平均17.14%和19.16%的速度增长。当年接待海外和国内游客2558.68万人次（其中海外16.3万人次），全省旅游业总收入134.6亿元，为全省国民生产总值的6.74%，达到了前所未有的新高度。

省级机构改革 6月，省委、省政府机构改革进入全面实施阶段。这是改革开放以来第四次、建国以来第七次进行省级机构改革。“这次机构改革的根本目的是通过改革现行管理体制，建立充满生机和活力的行政管理体系。”改革以大幅度精简机构和人员、切实转变职能、理顺关系和定岗分流人员为内容。虽然“与历次机构改革相比，任务更重，要求更高，难度更大”，但改革的条件更成熟，领导决心及干部理解的程度更高，因而进展较为顺利。到年底，改革已基本到位（人员分流则需3年左右），其中，省委设置工作部门9个，部门管理机构3个，议事协调机构的办事机构2个，省委机关行政编制精减20%。省政府设置工作部门和部门管理机构43个（工作部门25个，直属机构16个，议事协调机构的办事机构2个），机关行政编制精减48%。事业单位和县、乡机构改革随后继之展开。在此之前，许多乡镇结合减轻农民负担的措施，对干部进行精减、分流，已初见成效。7月至12月；省政府对省政府各部门的行政审批事项进行了一次全面深入的清理，共取消省政府各部门行政审批事项514项，占全部审批事项的45.6%。

民主与法治建设 中共十一届三中全会提出健全社会主义民主和加强社会主义法制的基本方针。从1985年至本年，在全省范围内有领导、有组织、有计划、有步骤地相继开展了三个五年规划的普及法律教育。从1980年至本年，省人大及其常委会共制定、修订和批准地方性法规（包括有关法规性的决议、决定）共326件，逐步完善立法体制；共听取、审议“一府两院”的工作报告268次；先后对41部法律、法规在全省的执行情况进行了大检查。自1979年至本年，省人大常委会依法任免国家机关工作人员4738人次；共受理人民群众来信43301件，接待来访20427人次。当年全省各民主党派成员中，被选为各级人大代表的333人，各级政协委员的1831人，其中全国人大代表7人，全国政协委员15人。

反腐倡廉和纠正不正之风 当年立案5715件（涉及县处以上干部126人），处分党员、干部4115人。总计从1993年至本年，全省立案查办大案要案41847件，其中涉及县处级干部的案件841件895人、地厅级及以上干部的案件52件54人。胡长清案的发生，对廉政建设和反腐败斗争提出了深刻的警示。6月，省委、省政府成立了落实党风廉政建设责任制工作领导小组；全省有

1582 个乡镇、98 个县（市）、11 个设区市和 38 个省直部门开展了政务公开工作，有 20256 个行政村和 5442 个企业开始推行村务、厂务公开。从 1996 年至 2000 年，全省查处了涉及农民负担案件 615 起，取消了涉及企业负担项目累计 2952 项。全省“纠风”工作在不少方面有新的进展。

社会事业全面发展　“九五”计划实施以来，全省各项社会事业得到全面发展。全省妇女发展纲要和儿童规划纲要规定的到本年的目标，已基本实现。加强了社会救济、民政优扶、拥军优属、社会福利工作，保障残疾人合法权益的工作取得很大进展。城镇居民收入水平继续提高。由于提高了离退休人员、下岗职工、失业人员和城镇贫困人口保险水平，增加了机关事业单位干部职工工资和补贴，使城镇居民收入水平明显提高。此外，人防、民兵预备役、民族宗教、外事、侨务、对台工作等各项事业都取得了新的成绩。

理论宣传事业　省委、省政府对科学理论队伍建设十分重视。到当年，省社联下属省级各专业学会达 115 个；从 1985 年至本年， 江西学者承担国家社会科学规划课题 107 项；立项课题达 514 个，内容涵盖哲学、经济、法学、历史、文学、社会学、教育学等各学科；省社联共主持了 9 届社会科学优秀成果评选，共有 1632 部（篇）优秀成果获得省级奖励；省委宣传部组织的 7 届“五个一工程”评选中，共有 38 件作品获奖。全省共有报纸 72 种，期刊 169 种，一批优秀报刊在海内外享有较高知名度。

其他重要事件　当年开始设想对农村实行税费改革，有人称这项改革将是继农业生产责任制之后，推动农村生产力发展的“第二次革命”。社会保险体系已基本覆盖全社会。同时提高了企业和职工两方面的缴费积极性，使社会保障的调剂功能和维护社会稳定功能均得到发展。医疗保险制度改革在全省各地普遍推开，包括医院、药品管理在内的医疗卫生体制改革也在这一年开始实现突破性进展。年底，全省公有住房已经大部分向职工出售，住房商品化程度大为提高。

全省本年主要经济指标情况　国内生产总值 2003.7 亿元，按可比价格计算，比上年增长 8%。其中，第一产业增加值 485.17 亿元，增长 6.7%；第二产业增加值 700.76 亿元，增长 6.7%；第三产业增加值 817.17 亿元，增长 10.4%。经济结构不断调整。第一、第二、第三产业增加值在国内生产总值中的构成比例，由上年 25.1∶35.0∶39.9 调整为 24.2∶34.8∶41.0。公有制经济在改革开放中稳定发展，混合所有制经济和个体、私营经济发展迅速。农作物结构性调整力度加大：粮食总产量 1614.6 万吨，下降 6.8%；棉花产量 6.8 万吨，增长 7.3%；油料总产量 96.7 万吨，增长 2.5%；水产品总量 127.1 万吨，增长 4.1%。全年财政收入 171.69 亿元，增长 11.84%；社会消费品零售总额 704.87 亿元，增长 10.8%；年末总人口 4231.17 万人，自然增长率 9.48‰。全省城镇居民平均每人年可支配收入达 5104 元，比上年增长 8.1%，扣除价格因素，实际增长 5.9%。农村居民人均纯收入 2135 元，比上年增长 0.3%，扣除价格因素，实际增长 2.6%。

公元2000年1月 农历庚辰年【龙】													
日	一	二	三	四	五	六	日	一	二	三	四	五	六
						1 元旦	2 廿六	3 廿七	4 廿八	5 廿九	6 小寒	7 十二月小	8 初二
9 初三	10 初四	11 初五	12 初六	13 初七	14 腊八节	15 初九	16 初十	17 十一	18 十二	19 十三	20 十四	21 大寒	22 十六
23 十七	24 十八	25 十九	26 二十	27 廿一	28 廿二	29 廿三	30 廿四	31 廿五					

1日 省委、省政府发出《关于加快旅游业发展的决定》。《决定》指出，江西旅游资源丰富，前来旅游的外国客人以每年30%以上的速度增长，国内游客迅猛增加；但旅游业薄弱，在全国所占比重低，与周边省市相距甚远。《决定》号召全省行动起来，全面支持，共同参与，经过5年至10年的努力，把旅游业建设成为全省国民经济的支柱产业。

1日 “迎2000年暨神州世纪游——京九江西行”活动在南昌举行，全省旅游系统和在南昌的大专院校旅游专业的学生举行了彩车、自行车方队巡游活动。

1日 《江西省矿产资源开采管理条例》正式实施，《条例》对采矿审批登记范围、矿产资源开采管理等方面作了具体规定，制定了对资源实行统一规划、合理开采、综合利用和有效保护的原则。

1日~3日 舒惠国在上高、宜丰两县就农民增收问题调研后，要求从事农业和农村工作者，要适应农业生产发展环境和条件的新变化，重新审视和调整发展思路，把农民增收的重点放在开拓市场、搞活流通和促进结构的调整上。

4日 于都县小溪乡长源村发现“红军宣传栏”。这块“红军宣传栏”长约2.5米，宽约1米，以竖为行，分别写有“欢迎白军士兵参加土地革命”、“参加革命战争、武装夺取赣州、吉安”等涉及土地革命、抗日、劝白军士兵投降的栏目和内容，共40句900余字。这样的“红军宣传栏”在于都县尚属首次发现，它对于进一步研究红军在于都县的革命活动有十分重要的历史意义。

5日 省委、省政府领导同集中视察的省人大代表参加座谈会。舒惠国主持，舒圣佑讲话，黄智权出席，共同听取了集中视察情况的反馈。集中视察的人大代表，根据1999年12月24日至31日的视察观感，提出有指导性的意见和建议，主要体现在以扩大内需、促进发展的重点上，集中在统筹抓好国企改革、调整结构、农民增收、财政增长、关心人民生活、加强精神文明建设等方面。

6日 省委召开会议，传达监察部《关于给予胡长清开除公职处分的通知》及《关于给予胡长清开除公职处分的决定》，会议强调，要进一步加深对反腐败斗争的长期性、艰巨性和复杂性的认识，在任何时候都要始终坚持两手抓、两手都要硬的方针，并且落到实处；要立场坚定，旗帜鲜明，一个不漏地查清胡长清案件所涉及的人和事，并依法依纪作出处理；各级领导要切实担负起干部的教育、管理、监督责任，进一步健全党风廉政建设责任制；要进一步加强马克思列宁主义、毛泽东思想的学习，尤其要学习邓小平理论，端正学风，理论与实践相结合，在改造自己的世界观上狠下功夫，带头实践全心全意为人民服务的宗旨。

9日　兴国县梦里香食品厂从上海引进的年加工灰鹅300万只生产线的部分设备开始安装；与此同时，县里关于建设600万只灰鹅生产基地的优惠措施相继出台。兴国县近几年把食品工业作为带动县域经济的重头戏来抓。1999年初，该县确定扩大烤烟、灰鹅加工、脱水姜片等8项食品的生产规模，从以工代赈、老区建设等渠道筹集3000万元资金扶持龙头企业。全县食品工业产品产销率达99%，市场销量正以每年30%的速度递增。据统计，1999年全县食品工业实现的产值利税分别占全县工业总产值和利税的40%和50%以上，农民纯收入中45%来自食品原料生产和初加工。

兴国灰鹅

9日　全省外贸会议在南昌召开。舒圣佑等到会讲话。会议强调，要以积极的态度、发展的办法解决外贸中的困难，加大国际市场开拓力度，推进多元化战略，提高全省经济的外向度，开创新型的出口农产品，把更多的农产品推向国际市场，为适应“加入世贸”新形势，调整外贸结构，培育新的出口增长点。

10日～12日　中共中央政治局委员、中国社科院院长李铁映在江西考察，先后到达景德镇、九江等地。在考察中，李铁映肯定江西两个文明建设所取得的成就，并就新时期搞好精神文明建设提出了具体要求，指出要像铲除物质生产中的物质垃圾那样，铲除精神文化生活中出现的精神垃圾；要把社区建设作为加强精神文明建设的一个非常重要的举措，使之成为创造新的社会文化生活、新的管理和服务的一种社会组织。

12日～14日　第二次全省邮政会议在南昌召开。会议要求针对市场的现实和潜在需求，逐步调整形成包括传统和新型业务在内的邮政业务；以市场为导向，以用户为中心，以效益为目标，突出重点，兼顾全面。邮政要更好地为人民群众、为地方经济建设提供优质、高效的通信服务。

17日　全省电信工作会议召开。会议指出，江西省电信部门以发展为中心，以改革为动力，电信业务持续、快速发展，1999年收入增幅居全国第五名。省委副书记钟起煌到会祝贺并讲话强调，江西省各级电信部门坚持“发展是硬道理”的指导思想，电信业务保持了快速发展，较好地满足了地方的通信需求，为改善全省的投资环境，提高江西省国民经济的信息化水平作出了重要贡献。并指出，江西电信工作要从实际出发，进一步增强加快通信发展的责任感和紧迫感，围绕全省经济工作的大局，进一步提高江西电信的综合通信能力。据统计，1999年全省完成电信业务总量23.7亿元，比1998年增长22.3%；完成电信业务收入27.2亿元，比1998年增长22.77%；全省市、农话放号达到62.9万户。江西省电信部门已提出2000年发展目标：业务收入计划完成31.5亿元，比1999年增长15%；实现固定电话号83万户，力争达到100万户。

18日　“蔬菜之乡”乐平市菜科所正式建

成运作。这是江西省第一家县（市）级蔬菜科研机构。该市投资100余万元兴建蔬菜科研所，占地面积100亩，引进了国内先进的连株式温室大棚和现代化的喷灌设施，具备“试验示范、引进推广、综合服务”功能，有利于推动蔬菜产业化经营。目前，该所已引进了美国紫甘蓝、荷兰豆、日本紫色生菜等优良品种试种，长势喜人。

19日　省委宣传部、省文明办、省商业厅、省工商局、省技术监督局、团省委六部门近日联合发出通知，要求各地在2000年深入开展“百城万店无假货”活动。通知强调，各地要大力学习、推广南京市湖南路“百城万店无假货”活动，重点抓好江西省全国“百城万店无假货”示范街——南昌市中山路东段（自百货大楼至羊子巷）的创建工作。各级团组织要进一步强化青年文明号的优质服务，在商业企业青年职工中开展“百城万店青年文明号促销创效”活动。要以示范街、示范店为骨干，组织送货下乡，向农民提供货真价实的日用消费品和农用物资，介绍识假、防假、打假知识。

20日　江西省直单位包乡扶村工作总结表彰暨动员大会在南昌召开。会议总结了一年来省直单位在包乡扶村工作中所取得的成绩。省直包乡扶村部门筹资3000多万元，帮助包乡扶村点兴修公路600多公里，修、架桥梁50多座，架设输电线路5.6万多米，修建村部和文化场所200多个，修建中、小学80多所，助学儿童2600多名，接济贫困户4000户。会上，省委组织部、省委农村基层组织建设办公室表彰了53个省直包乡扶村先进单位、107名包乡扶村先进个人和23名农村基层组织建设先进工作者。

20日　省经贸委、省烟草专卖局、省工商局、省技术监督局、省国税局、省公安厅六部门联合下发《关于严厉打击制售假冒商标卷烟活动，全面清理整顿卷烟市场的通告》，全省打击制售假冒商标卷烟专项整治活动拉开序幕。4个检查督导小组赴全省11个地市督察卷烟打假专项整治工作。活动要求，各级政府以严厉打击制售假冒商标卷烟特别是假冒省产名优商标卷烟为中心，坚持“源头堵、市场查、摊点清、窝点打”的方针，全面开展对公路运假、市场销假、藏假窝点的打击活动。

21日　省九届人大常委会第十四次会议在南昌举行。会议作出《关于罢免韩景昌第九届全国人民代表大会代表职务的决定》。

22日~23日　省委、省政府在南昌召开全省农村工作会议。舒惠国、舒圣佑出席并讲话。会议传达贯彻中央农村工作会议精神，围绕“农民增收，农村稳定”两大目标，针对当前存在“农产品卖难、价格较低、农民增收缓慢”等阶段性困难，强调用市场经济的办法对农业和农村经济结构进行战略性调整。调整的总体思路是：“重市场，抓流通，促调整，增效益，减负担。”

24日~26日　省纪检委第八次全体会议在南昌召开。舒惠国到会讲话，舒圣佑、黄智权出席，马世昌作工作报告。会议传达了中央纪委第四次全会精神，学习了江泽民的重要讲话，回顾了1999年全省党风廉政建设和反腐败斗争的情况，提出了2000年全省党风廉政建设和反腐败的总要求，以改革创新精神，坚持标本兼治，综合治理，从源头预防和治理腐败，把反腐倡廉工作引向深入。会议强调加强监督检查，把住领导干部的廉洁自律关；加大查办大案要案的力度，以纠正行业不正之风为重点。

26日　经国家劳动社会保障部批准，被列为国家重点技工学校和高级技工学校的江西航空高级技工学校正式挂牌。江西航空高级技工学校其前身为中南二四七技校，于1951年创办，目前，该校建起了金工、金相、电工、电子、公差、微机7个实验室和实习厂房，可满足数控、车、铣、磨、钳、电、焊、钣金、摩托车装配与维修等主要工种学生实习的需要。

27日　省委、省政府在南昌举行纪念邵式平诞辰100周年座谈会暨《邵式平遗墨》首发式。《邵式平遗墨》共收有遗世作品100多幅，书于1956年至1964年间，内容有毛泽东诗词、中国古代诗词、自作诗词、名言警句和题词等。舒圣佑于25日发表《缅怀老首长，迎接新世纪》

的文章。

28日 安源实业股份有限公司正式挂牌成立。该公司由萍乡矿业集团有限责任公司和西安交通大学等6家企事业单位共同发起建立。公司以“安源”客车制造业和“安源”客车空调制造业为主，注册资本1.4亿元，净资产2亿元。

29日 由西北农林科技大学葡萄酒学院与奉新酒业有限公司联合开发的全汁猕猴桃干酒，在南昌通过了中国食品工业协会组织的技术鉴定。该酒为浅金黄色，澄清透明，酒体完整，滋味醇和细腻爽口，典型性强，达到了国家优质产品水平。其技术在果酒酿造上具有创新性，居国内领先水平。

31日 江西省外贸出口呈现高速增长势头。据海关统计，本月全省出口7377万美元，同比增长52.01%。这是自1997年7月东南亚金融危机以来，江西省外贸出口首次出现的最大增长幅度。江西省外贸出口大幅度增长的主要原因是一般贸易出口明显加快，本月全省一般贸易出口6527万美元，同比增长61.36%。出口增长较快的商品有大米、纺织纱线、服装、机电产品、苎麻布、羽绒制品、羽毛等。

公元2000年2月							农历庚辰年【龙】						
日	一	二	三	四	五	六	日	一	二	三	四	五	六
		1 廿六	2 廿七	3 廿八	4 立春	5 春节	6 初二	7 初三	8 初四	9 初五	10 初六	11 初七	12 初八
13 初九	14 初十	15 十一	16 十二	17 十三	18 十四	19 雨水	20 十六	21 十七	22 十八	23 十九	24 二十	25 廿一	26 廿二
27 廿三	28 廿四	29 廿五											

6日~11日　舒惠国在上饶、鹰潭考察，重点对生态农业、农产品流通和工业企业改革进行调研。他强调，在加快全省经济发展的过程中，要切实执行好党的群众路线，从群众中汲取养料，使经济发展具有更广泛、更可靠的群众基础和力量源泉；要依靠科技进步和科技创新来推进经济结构的战略性调整，实现国企脱困目标，稳定增加农民收入；要大力发展生态农业，及早认识、重视和发展有机农产品、有机食品是当今发达国家的食物消费主流，也将逐步成为我国食物消费热点，是初露头角的朝阳产业，市场潜力大，前景广阔。江西有发展有机农产品和有机食品的优越条件和现实基础，应尽快把长期沉睡的环境优势这一生产力资源转化为经济优势。要以行政组织来推动，以经济效益来巩固，以科技普及来提高，使有机农产品和有机食品成为江西未来的新兴支柱产业。他还要求搞活流通，流通活全盘皆活，要舍得用最优秀的人才去搞流通，培养大批流通人才，积极开拓国内外市场，推进农业产业化经营，加快农村经济发展和增加农民收入。

12日~15日　国家粮食储备局局长高铁生一行3人在赣考察。

13日~15日　铁道部副部长孙永福一行8人在赣考察。

16日~17日　省政协委员400多人、省人大代表500多人，先后参观昌北机场、永修县立新乡门前山移民建点、正在施工的凌空跨越的湖口大桥、九景高速公路等省重点工程。

17日~22日　省政协八届三次会议在南昌召开。出席会议的委员601人。会议赞同舒圣佑所作的政府工作报告，同意梅亦龙所作的省政协常委会工作报告。会议要求各位政协委员对事关新世纪全省经济发展大局的问题，应在深入调查研究的基础上，提出有针对性的意见和建议，在履行职能、参政议政的实践中，汲取多种知识营养来充实和提高自己，为江西的振兴贡献才智。

19日~24日　省九届人大第三次会议在南昌举行。会议审议并批准了舒圣佑所作的省政府工作报告，认为报告对政府去年工作的总结是实事求是的，提出的今年政府总体要求和任务是可以实现的。报告综合分析各方面的条件，确定今年全省宏观调控的预期目标为：国内生产总值增长7%，力争8%；财政总收入增长8%。努力保持经济较快增长的要求是：抓住国家继续实施积极的财政政策的有利时机，在千方百计加大投入、扩大内需上促增长，在优化经济结构上促增长，在繁荣第三产业上促增长，在积极发展非公有制经济上促增长，在进一步扩大开放上促增长。会议还审议通过了计划、财政和人大常委会、法院与检察院等年度工作报告。

22日 全省旅游经济工作会议在南昌召开。舒惠国、舒圣佑出席并讲话。会议强调把旅游确定为支柱产业，要求它以高于全省GDP的增长速度更快发展，成为带动全省经济发展的重要增长点。初步提出的目标是：到2005年，旅游业总收入占全省GDP的6.5%；到2008年达到8%以上。为此，要坚持实施政府主导型战略；坚持“大旅游、大产业、大市场、大发展”的战略方向；坚持统一规划、分步建设、量力而行、尽力而为的原则；坚持可持续发展的原则，采取有效措施，加快培育旅游支柱产业的步伐。

22日～24日 中国人民银行武汉分行行长胡平西一行6人在赣考察。

23日 江西省人口、资源、环境工作座谈会在南昌召开。舒惠国、舒圣佑讲话。会议强调发展经济，不能以牺牲生态环境、危害人类文明为代价，要把人口控制、资源和环境保护纳入国民经济和社会发展的总体规划。会议要求今年全省要在资源保护方面，实现依法管理，重点放在矿产资源和土地资源的保护上；至年底，全省所有工业企业主要把污染物排放总量控制在国家规定的标准内；全省人口和计划生育要以控制人口数量，提高人口素质为目标，确保人口出生率控制在16.75‰以内，计划生育率达到90%以上。

24日 省政府与国家开发银行在南昌共同召开加强金融合作座谈会，就合作新途径、重点项目推荐进行探讨，并签订金融合作协议。舒圣佑出席，黄智权和国家开发银行副行长杨晓堂讲话。

26日～27日 省委、省政府召开全省技术创新大会。会议深入地学习贯彻全国技术创新大会精神，加速推进全省科技进步，提高技术创新能力，加快科技成果向现实生产力转化。大会指出，要从实际出发，抓住重点，把加强技术创新、发展高新技术产业与实施全省经济发展的重大战略紧密结合起来，与实施强化农业战略结合起来，与实施“主攻工业”战略结合起来，与实施县域经济发展战略结合起来，与实施建立食品工业大省战略结合起来，与实施可持续发展战略结合起来。大会要求，正确把握世界科技和经济发展的新趋势，强化“第一生产力意识”；正确把握经济发展格局的新变化，强化“第一推动力意识”；正确估量实施“科教兴赣”战略取得的成绩，强化“第一责任人意识”，真抓实干，把科技创新的各项任务和政策措施落到实处。

28日 省林业厅召开的新闻发布会宣布：以宜黄县鱼牙嶂为中心的雩山山脉，至少生存5种野生华南虎种群。国家林业局华南虎种群项目调查组同俄罗斯科学院著名老虎专家参加鉴定与认定。宜黄县为目前全国唯一发现野生华南虎体毛等确凿证据的地方，华南虎保护区面积将从7000公顷扩大到5.86万公顷。并以此确定筹建省级华南虎保护区，并呼吁在宜黄建立华南虎国家级保护区。

公元2000年3月							农历庚辰年【龙】						
日	一	二	三	四	五	六	日	一	二	三	四	五	六
			1 廿六	**2** 廿七	**3** 廿八	**4** 廿九	**5** 惊蛰	**6** 二月大	**7** 初二	**8** 妇女节	**9** 初四	**10** 初五	**11** 初六
12 初七	**13** 初八	**14** 初九	**15** 初十	**16** 十一	**17** 十二	**18** 十三	**19** 十四	**20** 春分	**21** 十六	**22** 十七	**23** 十八	**24** 十九	**25** 二十
26 廿一	**27** 廿二	**28** 廿三	**29** 廿四	**30** 廿五	**31** 廿六								

1日　省委、省政府发出《关于进一步加快全省个体私营经济发展的决定》。《决定》要求解放思想，转变观念，增强加快个体私营经济发展的紧迫感，加大个体私营经济的政策扶持，着力培育一批500万元以上注册资金的私营企业；鼓励机关事业单位工作人员、复转军人、大中专毕业生从事个体私营经济；鼓励个体工商户、私营企业参与国企改革，支持个体户、私营企业租赁、承包经营亏损的公有制企业，多渠道解决个体私营经济的发展资金，引导其扩大规模，增强实力。还要求各级政府和有关部门切实改善个体私营经济发展的环境，土地管理、工商、税务以及经贸、计划等部门都要积极为个体私营经济发展创造条件。

3日　今日是全国第一个“爱耳日”，江西省市残联和卫生部门等20多家单位共300多人，在南昌市八一广场举办活动。江西省人民医院、江西省妇幼保健医院、江西省儿童医院等12家省市医院的耳科专家在现场进行了义诊；残联工作人员向市民散发了宣传资料，并就如何防止耳聋和进行聋儿康复训练等问题接受咨询。

5日　省委办公厅、省政府办公厅发出通知，要求各地认真学习贯彻江泽民《关于教育问题的谈话》，全面推进素质教育，切实加强和改进学校德育教育，有针对性地进行爱国主义、集体主义、社会主义教育，帮助学生树立正确的世界观、人生观、价值观，把德育教育渗透到各学科教学环节中，全面提高教育教学质量。

6日　江西省重点工程——柘林水电站扩建

柘林水电站全貌

工程开工，共扩建两台12万千瓦水轮发电机组。这对优化全省电源结构，缓解电网调峰矛盾，提高整个修水流域防汛抗洪标准具有重要意义。柘林水电站现有装机18万千瓦，水库总库容为79.2亿立方米，是江西省最大的多年调节水库。该水电站扩建工程在不改变原有水库规模及综合利用效益的基础上扩建，总投资7.08亿元，预计2001年底第一台机组发电，2002年扩建工程竣工，防洪标准由200年一遇提高到310年一遇。

7日 出席第九届全国人民代表大会的江西代表团在全国人大常委会办公厅会议中心举行全体会议，审议政府工作报告和计划、财政报告。中共中央政治局委员、书记处书记、国务院副总理温家宝以普通代表的身份，参加了会议。温家宝在讲话中强调，推进农业和农村经济结构的战略性调整，必须把握四条原则：（一）以市场为导向；（二）以科技为动力；（三）坚持因地制宜；（四）充分尊重农民的自主权。并指出，各级干部的任务是加强政策引导、科技指导和因势利导，决不能强迫命令、更不能瞎指挥。

8日 省委、省政府邀请部分江西籍“两院”院士在京召开科教兴赣座谈会，共商兴赣大计。舒惠国、舒圣佑出席并讲话。17名国家“两院”院士同时被聘为省政府决策咨询委员会顾问。他们是：江西籍中国科学院院士阴含熙、徐采栋、陈述彭、谢先进、吴式枢、黄克智、潘际銮、俞鸿儒、高镇同、王辛坤、简水生、温诗铸、徐性初、熊大闰；江西籍中国工程院院士刘天泉、朱伯芳、邱定蕃。

8日 经最高人民法院核准，原副省长胡长清在南昌被执行死刑。胡长清在1994年上半年至1998年8月在担任国务院宗教事务副局长、江西省政府省长助理和副省长期间，利用职务之便为他人谋取利益，先后87次收受、索取他人财物，共计人民币544.25万元，还有161.7万元的巨额财产不能说明合法来源，经查证亦无合法来源的证据。还查明胡长清的行贿行为亦构成犯罪。胡长清腐败案于2月13日至15日由南昌市中级人民法院开庭公开审判，一审判处死刑。江西省高级人民法院于3月1日作出二审裁定，维持一审对胡长清的死刑判决。《人民日报》3月9日就胡长清案发表题为《依法治国，严惩腐败》的评论员文章。省委、省政府以胡长清案在全省党员、干部特别是领导干部中开展警示教育。

法庭宣判现场

9日 江西省电子信息产业工作会议在南昌召开。会议指出，以南昌为中心重新调整江西省电子信息产业生产力布局，形成区域优势，辐射全省，带动全行业发展，尽快形成全省电子信息产业新的经济增长点。全省的电子信息产业现已形成以通讯产品、软件产品、新型电子元器件为主体的格局，1999年全省电子行业完成工业总产值35.9亿元，同比增长26.4%，实现利税1927万元，同比减亏35.9%。目前，全省电子信息产业已逐步向南昌聚集，南昌市电子信息产品产值占全省的39.26%。会议强调，要利用南昌所处的位置、产业基础条件、人才优势、政策优势等培育全省电子信息产业新的发展基地，发展新型电子元器件、军工电子装备产品、软件业和信息服务业、数字化家电产品和通信产品。

9日 美国眼科医生华伦·沃勒博士在江西省中医学院附属医院作学术报告，介绍目前国际上治疗近视眼的最新先进技术——“角膜屈光环植入术”。“角膜屈光环植入术”是在眼角膜植入一个环状物，以提高角膜屈光的矫正率，达到治疗近视眼的目的。该技术治疗近视眼不影响瞳孔区，对眼角膜不会造成不可逆转的损伤。

11日 第一部建筑业管理方面的地方性法规——《江西省建筑管理条例》正式实施。

12日 全国平衡施肥基地县宜黄县生产的20吨腐殖酸有机肥启运出口日本。该厂严格按照外方要求，生产出高品质、符合出口要求的腐殖酸有机肥，保质保量按时交货，受到代理商好评。

13日 经省政府同意，省计委日前下达江西省今年第一批省基建重点建设项目28项，其中建成投产项目11项，计划新开工项目7项，续建项目10项，年计划投资81亿元。2000年建成投产项目是：胡家坊至昌傅公路、九景高速公路、昌厦公路南城至瑞金段、丰城电厂4号机组、三峡输变电工程500KV南昌变电站、大坳水利枢纽工程、上饶县下会坑水库、新余市第三水厂、南昌大学“211”工程标准体育场、南昌市朝阳州污水处理厂、九江化纤厂黏胶长丝扩建一期工程。计划新开工项目是：梨园至温家圳高速公路、南昌集装箱码头、柘林水电站扩建工程、赣州第三水厂、南康市第二水厂、省老干部活动中心综合楼、省高新技术产业发展中心、省长江干流江岸堤防加固整治工程等10项续建项目。

14日 全省安全生产紧急电话会议在萍乡召开。3月11日，上栗一家私人烟花爆竹作坊爆炸，33人死亡，12人受伤。会议指出，该事故伤亡大，政治影响坏。要求各地引以为戒，采取强有力措施，坚决遏制重大、特大安全事故的发生，并决定在全省范围内开展一次安全大检查（3月28日，省政府组织的8个安全生产检查监督组分赴各地、市、县开展检查与清理）。

15日 由省农业厅、省技术监督局、省工商行政管理局、省消协等部门联合行动组成的“打假扶优护农保春耕”活动在全省展开。内容是：加强对农资企业的资格审查和市场流通产品质量的监督检查，依法对不合格的产品和经营者进行查处；建立农业生产资料产品质量跟踪和质量投诉网络；推荐质量优良、适销对路的产品，提供技术依据和市场信息；加强技术培训，提高农民对假冒伪劣农资的识别能力。

16日 省委宣传部和省教委联合举办大学生素质教育报告会。中国科学院院士杨叔子作题为《科学与人文相融，爱国与创新与共》的报告。他从重视中国传统文化，知识、能力与素质，人文与科学，学习、思考与实践四个方面，阐述了加强大学生素质教育的问题。南昌地区14所高校1900余名师生出席报告会。杨叔子系江西湖口县人。此前，他还先后在江西师范大学、南昌大学、南昌一中、二中作过5场报告。

16日 全国最大的微生物法丙烯酰胺晶体年产万吨生产装置在江氨公司投产。微生物法丙烯酰胺是国家“九五”科技攻关项目，丙烯酰胺广泛应用于石油开采、纺织印染、制糖、洗煤、水处理等众多行业和领域，对提高生产效率、降低成本、改善产品品质有重要作用。

17日 受国家“星火行动”基金会委托，国家“星火行动”基金会联络员来到金溪县琅琚中心小学，赠送远程教育信息地面卫星接收装置。“星火行动”由此在全省展开。这次赠送的设备，可以使学校师生通过卫星收看到北京、上海等地先进的教学场景，有利于提高农村小学的教学质量。“星火行动”是1998年由中国建设服务基金会、中华慈善总会、中国教育电视台开展的一项扶贫助教活动，主要是为贫困农村提供现代远程教学设备、开发引进现代教育软件、改善农村落后教学环境，目前已在14个省市建立了110个卫星教育中心。

17日 由卫生部与国际麻风组织合作的第三期麻风康复项目、江西省麻风康复项目工作会在大余召开。由国际麻风救济会支持的第三期康复项目在全国12个省市实施，江西省萍乡、大余、上犹、安远被列入项目县。

18日 于都县靖石乡12位农民自发组成“科技旅游团”，前往山东寿光、福建厦门等地农业开发区，考察当地的农业开发。这是该县农民围绕农业结构调整、促进增产增收所采取的一个行动。

18日 世界银行红壤开发项目检查团一行

在团长约翰·斯坦普带领下，对崇仁县引进世界银行贷款开发红壤山地项目进行检查验收。崇仁县于1995年引进世界银行贷款，对水土流失较严重的寺下小流域红壤山地进行主体开发。历经5年，开始形成山岭戴帽（造林）、山腰系带（根草保护）、山脚穿鞋（草带）的良性生态环境，森林覆盖率提高到57.1%。当地农副产品年总产值达1343万元，人均纯收入高于当地农民年收入8%，达2470.9元，转移农业人口981人，安排富余劳动力400多人，取得了良好的生态、社会、经济效益。

19日 在吉安县值夏镇近日发现一批中华苏维埃时期的布质文物。这批文物保存完好，包括印有“赤色邮政”字样的3条邮袋，5条文件袋，两面红旗、两副红对联、两副红标语和一个红袖章等共17件，均为苎麻质，并有“中华苏维埃共和国”印。

20日 埃塞俄比亚驻华大使亚的斯·阿莱姆·巴莱马和使馆参赞麦特琵特·特蒂斯来江西参观。

21日 省工商联和中国工商银行江西分行签署扶持非公有制经济发展的业务合作协议。

21日 100多名建筑业务人士在南昌八一广场，开展以《江西省建筑管理条例》、《建筑法》、《招标投标法》和《建设工程质量管理条例》为主要内容的法律法规宣传月活动。“两法两条例”的颁布实施，使江西省建筑行业特别是量大面广的各类房屋建筑行业走上法制的轨道。

22日 江西省采取优中选精的议标方式聘请一流专家编制旅游发展规划。中国科学院地理研究所旅游规划研究中心中标，与省旅游局签订了编制总体规划合同书，进行为期不少于3个月的野外调查，以保证《旅游发展规划》编制的质量。江西省对旅游业发展规划的编制十分重视，由省财政列出专项经费开展此项工作。

23日 奉新县酒业公司年产500万瓶全汁猕猴桃干酒扩建工程在奉新动工。扩建工程投资4200万元。奉新县是著名的中华猕猴桃产区，现有果园面积2.5万亩，年产猕猴桃鲜果1000公斤。

23日 宁都县小布乡赤坎村村民何万盛在倒塌的祠堂墙体内的一只锈铁盒中，发现一张保存完好、图文清晰的苏区红军委任令。委任令长27厘米，宽26厘米。内容用装饰有中华苏维埃标志、长24厘米、宽18厘米的花边框着，竖行格式。最醒目的是司令部的鲜红圆形大印，直径有9厘米，16个字组成一个圆形印章，构思别具一格。

23日 方大集团股份有限公司、香港俊佳集团有限公司与南昌大学、国营七四六厂第三代半导体材料氮化镓投资项目签字仪式在南昌举行。第三代半导体材料发展于20世纪90年代中期。目前世界上只有少数几个国家能生产，且价格昂贵。合作各方对该项目开发研究的先期投资共2000万元。其中，方大集团公司和香港俊佳集团公司共投资1500万元，占75%；南昌大学的技术入股折合人民币400万元，占20%；国营七四六厂投资100万元，占5%。该项目是江西省最近提出大力发展高新技术以来抢占技术制高点的第一个项目，也是企业进行风险投资、推进实验室项目产业化的第一个项目。

24日 省政府在南昌召开全省加强烟花爆竹生产经营安全监督管理和清理整顿工作会议。舒圣佑、王君讲话。会议强调，要从讲政治、反腐败的高度加强烟花爆竹生产经营安全监督管理和清理整顿及防火、交通等方面的安全生产。

26日 全国水土保持生态环境建设示范城市——赣州市章贡区，积极开展水土保持试点、示范工作。经过近3年的努力，全区城市规划区内75.7%的水土流失面积得到治理，并通过了国家水利部的检查验收。

27日 江西省首台125MW机组大型技改项目——九江电厂1号机组通流部分技术改造正式步入方案的优化和具体实施环节。此项技改工程预计耗资1000多万元。通流部分技术改造即对机组汽轮机本体及相关系统进行大面积的重新设计更换，可提高机组运行的安全和经济水平。该技术是目前国内较为成熟的科技成果，对机组尤其老机组在延长寿命、优化运行性能等方面收效显著。

27 日　白僵菌防治马尾松毛虫技术在新干县通过省地专家技术鉴定，填补了南方地区大面积防治马尾松毛虫技术的空白。马尾松毛虫是最严重的森林病虫害之一，以往使用化学药剂进行防治，既破坏了生态环境，又得不到根除。经过新干县科技人员 8 年的努力和摸索，使松毛虫发生的面积逐步减少，累计减少经济损失 809.6 万元，增加生态效益 761.6 万元。

27 日　宜丰县与摩尔多瓦国立葡萄研究所举行葡萄试验合同签字仪式。摩尔多瓦国立葡萄研究所总经理秋塔克·尼古拉·格奥尔基耶维奇出席签字仪式。双方就葡萄种植及葡萄酒酿造进行了磋商，签署了在宜丰试种葡萄项目，达成了在宜丰合作酿造葡萄酒项目的意向。摩尔多瓦为宜丰提供 4 个葡萄品种的 200 个接穗枝条，并提供嫁接机。试验期 5 年。

28 日 ~ 30 日　全国人大常委会副委员长、民建中央主席成思危一行在赣考察。

31 日　被称之为“赣南之巅”的上犹县五指峰，近日发现一个由 22 挂大小瀑布组成、总落差为 500 多米的特大瀑布群。该瀑布群在海拔 1000 多米的蕉坑村原始森林处，第一段并列 4 挂飞瀑，宽 30 米、高 100 米，飞流直下后，又急转弯形成一挂飞瀑，弯弯曲曲分成 16 个小瀑布。

4月 April

公元2000年4月							农历庚辰年【龙】						
日	一	二	三	四	五	六	日	一	二	三	四	五	六
						1 廿七	2 廿八	3 廿九	4 清明	5 三月小	6 初二	7 初三	8 初四
9 初五	10 初六	11 初七	12 初八	13 初九	14 初十	15 十一	16 十二	17 十三	18 十四	19 十五	20 谷雨	21 十七	22 十八
23 十九	24 二十	25 廿一	26 廿二	27 廿三	28 廿四	29 廿五	30 廿六						

2日~3日　国家经贸委副主任蒋珍贵一行25人在赣考察。

3日~4日　省级四套领导班子进行“三讲”教育“回头看”的集中活动，要求以自我剖析的精神，搞好自查自看，进一步完善整改措施。四套班子的主要负责人，继续履行好第一责任人的职责，带头“回头看”、带头听取意见，找差距，定措施，搞整改，取得“回头看”活动的成效。

4日　国家开发银行在南昌召开江西项目开发座谈会，就贷款支持江西经济建设项目逐一进行研究和论证。国家开发银行常务副行长姚中明到会听取项目汇报。黄智权出席并讲话。

5日　位于萍乡市安源镇的工农兵政府、消费合作社、工人夜校等文物景点附近房屋的拆迁工作正式动工，标志着安源旧城改造工程全面铺开。安源已被列为全国百个爱国主义教育基地之一和全国小城镇建设试点示范镇。上海同济大学园林设计院进行了高标准设计，在安源路矿工人运动纪念馆前辟建胜利广场，建立一系列纪念性建筑，对重点保护文物进行园林装饰；在广场周围辟建中国煤炭工业发展史、洋务运动史等纪念馆群；在纪念馆后山配以亭台楼榭和雕塑，形成休闲度假式森林公园。

6日　省政府第四十二次常务会议讨论通过了《江西省重点建设项目管理办法》。该《办法》共7章45条，其中：第一章总则，共6条；第二章项目确定，共3条；第三章开工准备，共10条；第四章组织实施，共13条；第五章工程验收，共4条；第六章奖惩，共6条；第七章附则，共3条。《办法》自4月27日起施行。

7日　省委、省政府召开全省加强安全生产防范安全事故电视电话会议。会议指出，全省安全重大事故频繁发生，损失极大，一定要站在讲政治、反腐败、保稳定、促发展的高度，把安全生产作为一项环环相扣的系统工程来实施，以为官一任、保一方平安的责任，健全安全生产的各项规章制度，把措施落到实处，防止各类事故的发生。

8日~9日　中组部检查组在南昌对江西学习贯彻《党政领导干部选拔任用工作暂行条例》进行检查。舒圣佑、黄智权等与检查组一行座谈。

9日　全国首批生态农业试点县婺源在南昌召开生态产业研讨会。来自省直有关部门的领导及中国农业大学等高等院校的专家参加了会议。专家指出，婺源在全省乃至全国率先提出举全县之力建设生态产业的构想，是很有远见的。该县作为典型的生态资源丰富、经济欠发达地区，要高效利用环境、特产、旅游、人文景观等优势，突出生态产业、旅游产业、文化产业“三位一体”发展模式。婺源以全国AA级绿色食品大鄣山茶为突破口，大力发展有机食品基地，创绿色品牌，使一批优势产品变为优势产业。婺源绿色产业触角已伸向了有机稻、有机香菇、有机竹笋、有机茶油、有机芝麻等，去年全县生态农产品的产值为25159.4万元，占农业总产值的46.4%。目前，大鄣山茶已占据了欧盟有机绿茶市场80%的份额。

10日 澳大利亚政府小型计划项目援助会昌兴办教育的首批捐款30万元人民币汇抵会昌。澳大利亚政府此项捐款助教活动在江西省尚属首次。澳大利亚政府小型计划项目捐款活动旨在扶助中国贫困地区和边远山区教育的发展。此次捐款总额为44万元人民币，再由中方同额配套筹备资金，重建湘江镇水西村小学、周田镇中心小学和白鹅初中教学楼，共建教室23间，面积1967平方米。

10日~15日 国家粮食局副局长朱长国一行7人在赣考察。

11日~14日 中共中央政治局委员、国务院副总理吴邦国在赣考察。舒惠国、舒圣佑等陪同考察。吴邦国强调各地要按照党中央、国务院的部署，推进结构调整，强化企业管理，落实各项政策措施，努力实现国企三年改革与脱困的目标，为国企跨世纪发展打好基础。

11日~14日 最高人民法院院长肖扬在赣考察。黄智权、彭宏松、沈德咏、李修源陪同考察。

15日 省委近日发出《贯彻〈中共中央关于加强和改进思想政治工作的若干意见〉的实施意见》，强调要面对新的形势和特点，加强邓小平理论和共产主义理想信念教育，加强以为人民服务为核心，以集体主义为原则的社会主义道德建设，要积极开辟新途径、探索新方法，区分不同层次，针对不同对象，采取灵活多样的方式，有的放矢，保持思想政治工作的生机和活力。大力加强和改进农村、企业、学校、社区和其他基层单位的思想政治工作，使其各项任务落到基层、落到实处。

15日 省委组织部、宣传部近日联合发出通知，要求在全省大力开展“致富思源，富而思进”教育活动，用改革开放的巨大成就鼓舞人心，引导广大干群认识中华民族经过100年的艰难曲折、50年的艰苦奋斗、20年的艰辛改革，进一步坚定理想信念，克服小富即安、故步自封、不思进取的落后观念，不懈奋斗，争创新优势，更上一层楼。

16日 承担西藏3万多平方公里区域地质调查的江西省地质调查院西藏区调查队离赣赴藏，成为江西省首家进军西藏参与西部大开发的地勘队伍。省地质调查院此次承担的是全国新一轮国土资源大调查中的藏北31698平方公里的区域地质调查项目，包括文部幅和那木丁幅1:50000地质填图。该区位于唐古拉山与冈底斯山之间，平均海拔5000米以上，地处欧亚板块的接合部，是世界地质学界关注的前缘地区。此次调查项目安排3年时间完成。

17日 江西省（北京）招商引资项目推介会在北京国际饭店举行。这是江西省首次在北京举行的大型推介会。全省11个地市和省直250多家企业和单位，将农业开发、交通能源、冶金、机电、医药、旅游和高新技术产业等200多项投资总额达30多亿美元的精选重点招商项目推上国际舞台。来自美、英、法、奥、日等国家的投资商代表120余人参加了此次推介会。其中包括名列世界500强的法国里昂公司、美国德纳公司、日本伊藤忠公司等跨国公司，国际著名的金融投资机构世界银行、里昂信贷银行、巴黎国民银行、意大利联合信贷银行、德国联合银行、新加坡发展银行等；以及30多位外国驻华使馆的大使、参赞和商务官员、联合国开发计划署的代表。此次推介会是江西省进入新千年一系列重大招商引资活动的序幕，旨在收集世界经济发展的信息，广交国际朋友，把江西省企业真正推向市场，增强他们适应市场的能力。

18日~22日　国家民委主任李德洙一行6人在南昌、九江、景德镇和抚州等地考察。

18日~23日　国家计委副主任汪洋和三峡开发总公司副总经理高金榜一行30人参加在井冈山召开的三峡电力分配会议。

19日~24日　中华全国供销合作总社党组书记、常务副主任王金山一行5人在江西考察。

19日　省委、省政府在南昌举行黄道诞辰100周年纪念大会。黄道，1900年4月23日出生在江西横峰县，是赣东北革命根据地和红十军、新四军创始人之一，是党的早期革命活动家。

20日　省政府第四十二次常务会议讨论通过了《江西省植物检疫办法》。该《办法》共9章35条，内容分别为：第一章总则，共4条；第二章植物检疫机构，共5条；第三章检疫对象，共2条；第四章植物检疫对象的控制和消灭，共6条；第五章产地检疫，共3条；第六章调运检疫，共8条；第七章国外引种检疫，共3条；第八章奖励与处罚，共3条；第九章附则，共1条。该《办法》自当日起开始施行。

21日　省委、省政府召开全省防汛工作电视电话会议。会议要求立足经济和社会发展大局，把防汛列为当前头等大事，常备不懈，早准备、早部署、早动手、早落实，坚持防重于抢，切实加强防汛隐患的处理，争取主动，做到有备无患，万无一失。

24日　省委组织部、宣传部、省委党校联合举办的全省思想政治工作研究班开学。

24日~26日　全国婚育新风进万家活动汇报会暨现场会在南昌举行。国家计生委主任张维庆、副主任杨怀孚到会讲话。舒圣佑等出席。

27日　省文明委四次全会暨精神文明建设表彰会在南昌举行。会议强调，要从事关大局的战略高度，推进两个文明协调发展；要积极探索社会主义市场经济条件下加强精神文明建设的有效形式、载体和方法，精心谋划和组织精神文明建设的各项活动，从实际出发，摸准脉搏，分类指导，使之更加贴近群众，贴近生活，贴近现实。会议表彰了全省创建文明建设城市工作先进城市和省第七届文明单位。

27日　中组部检查组就全省学习贯彻《党政领导干部选拔任用工作暂行条例》检查情况向省委反馈意见。中组部检查组于4月8日抵赣后，深入宜春、吉安等地和部分省直单位检查，肯定江西学习贯彻《条例》总体情况是好的，干部选拔任用越来越规范，平等竞争、优胜劣汰的选人用人机制得到一定推广，同时也提出了意见和建议。

28日　江西省公安机关正式启动“金盾工程”，即公安工作信息化工程。该工程包括全省公安计算机通信网络和全省公安计算机应用系统两大内容。整个工程用3年左右时间建成。建成后，为公安指挥调度、信息管理、现场监控和各种信息查询提供了有力的技术支持，进而提高公安机关警务执法活动的效率和侦查破案能力，缓解警力不足和办案经费短缺的困难，遏制发案率，减少各类案件造成的损失。

28日　省九届人大常委会第十六次会议通过了《江西省实施〈中华人民共和国土地管理法〉办法》。该《办法》共7章59条，自本月29日起开始施行。主要包括：总则、土地的所有权和使用权、土地利用总体规划、耕地保护、建设用地、法律责任、附则等。会议还通过了《江西省县级以上人民代表大会常务委员会监督条例》。该《条例》分总则、监督范围和内容、监督方式和程序、法律责任、附则等5章39条，自本月29日起开始施行。

30日~5月5日　舒圣佑在上饶地区调研，就发展县域经济和城镇建设，在广丰、玉山、铅

上饶市信江之滨

上饶市沙溪市场

广丰县永丰大道

山和弋阳等县考察。他强调，在发展县域经济中，要以调整优化经济结构为中心加快富民强县步伐。农业要推进产业化，提高农业综合生产能力和比较效益。要实施工业强县战略，提高二、三产业在县域经济中的比重。要创造优良环境，促使个体私营经济和外贸经济有更快发展。运用市场化手段，使城市建设既拉动经济，又改善人民生活环境，推动两个文明共同发展。

本月 全省首次采取“海选”第四届村委会选举结束。这次“海选”村委会从 1999 年 8 月开始。全省 20384 个村委会共登记选民 21507166 人，参加投票选举的达 20326125 人，参选率为 94.5%，共选出村委会成员 84627 人，其中主任 20186 人，比上届减少 12401 人，减幅为 12.83%。当选村委会成员中的共产党员占 58.89%，妇女干部占 21.69%，具有初中以上文化程度的占 90.9%。村干部平均年龄由上届的 42.08 岁下降至 38.07 岁。

5月
May

公元2000年5月							农历庚辰年【龙】						
日	一	二	三	四	五	六	日	一	二	三	四	五	六
	1 劳动节	2 廿八	3 廿九	4 青年节	5 立夏	6 初三	7 初四	8 初五	9 初六	10 初七	11 初八	12 初九	13 初十
14 十一	15 十二	16 十三	17 十四	18 十五	19 十六	20 十七	21 小满	22 十九	23 二十	24 廿一	25 廿二	26 廿三	27 廿四
28 廿五	29 廿六	30 廿七	31 廿八										

1日～5日　舒惠国在吉安地区就深化国企改革和财源建设进行考察和调研，走访了7个县市23家不同类型的企业。他指出：代表先进生产力的发展要求，就是要千方百计把经济搞上去。深化国企改革和财源建设，是当前经济发展的两个重点。要大力调整国有经济结构，加大资产重组力度，加快建立现代企业制度。企业管理要完善和细化，实行产学研相结合，科技创新，用高新技术改造传统产业。强调对财源建设，既要看财政的增长，还要看财政的结构，重视涵养财源和培植新的财源，从主攻工业中求得财政的增长。要按公共财政的要求，合理安排财政的支出，优化支出结构，坚持过紧日子，把钱用在刀刃上。

1日～5日　司法部部长高昌礼在赣对司法基层行政问题进行调研。

9日　中国南方红黄壤资源管理与农业可持续发展国际研讨会在南昌举行。省委书记、省山江湖开发治理委员会主任舒惠国，中国环境与发展国际合作委员会秘书长张坤民，全国人大常委、中科院院士孙鸿烈，中科院院士、中科院南京土壤所研究员赵其国，加拿大农业部草原司司长比桑塔克教授，以及中外知名专家学者、省科委和湖南省有关方面负责人共40多人出席。会议由孙鸿烈主持，舒惠国致词。这次由中国环境与发展国际合作委员会可持续农业工作组主办的研讨会，以中国南方可持续农业发展的主要问题，政策与可持续农业，洞庭湖、鄱阳湖洪水控制，湿地恢复和替代农业、农业开发与资源综合管理四个问题为中心展开研讨，并就中国的环境与发展向中国政府提出咨询建议。

9日～10日　由卫生部副部长殷大奎率领的国务院血防检查组在新建县、余干县检查血防工作。

9日～13日　国土资源部副部长寿嘉华一行7人在赣考察。

10日　省委召开省级领导班子"三讲"教育"回头看"情况通报会。舒惠国代表省委、省政府作通报，舒圣佑主持会议，中央检查组及省级四套班子成员、副省级以上老干部、地市委书记、专员（市长）、省直各单位负责人参加会议。通报指出："回头看"活动始终以江泽民最近几次讲话为指导，严格按照"回头看"实施方案，总结经验、查找差距，把回顾总结与规划未来结合起来，结合影响省内改革、发展、稳定的重大问题，进一步明确了整改的重点和努力方向。

11 日 全国首次医师资格考试揭晓，江西省考区的合格率达 81.51%，高于全国平均水平。江西省考区共设了 12 个考点，全省报名考生共计 9660 人，考区资格审查取消报名资格 20 人，调整报考类别 21 人，自行退出考试 4 人。通过实践技能考试，实际参加医师资格考试综合笔试的人数为 9227 人，合格人数为 7521 人。

12 日 “全国青少年科技教育基地”和“全国科普教育基地”在庐山植物园办公楼前奠基，这标志着庐山植物园已正式担负起这两个基地的功能。这次“全国青少年科技教育基地暨全国科普教育基地”是由科技部、中宣部、教育部、中国科协于 1999 年底命名的。全国共命名了 100 个单位，江西省仅此一家。庐山植物园成立于 1934 年，已引种了 3400 多种植物，其中珍稀濒危保护树种 94 种，并有馆藏植物标本 17 万余号，专业图书资料 70000 余册，涉及植物科学的各个领域，具有对青少年进行科技教育及开展全民科普工作的良好条件。

14 日 一套以井冈山自然风光为题材的“井冈山风光邮资明信片”在井冈山公开发行。这套明信片共 10 张，每张正面影印有“井冈山牡丹”邮票，背面为井冈山千姿百态、奇峰异秀的自然风光。整套明信片构图别致，色泽鲜艳，印制精美，颇受集邮爱好者青睐。

14 日 世界银行与卫生部联合监督团一行 9 人对江西省卫 VI 项目进行为期 4 天的监督和指导，阅读和审查了江西省该项目的进度报告和报表，并对广丰县县级项目单位和两个镇卫生院及两个村进行了实地考察。

14 日 舒惠国在省林科院考察时强调，用“三个代表”重要思想武装头脑，拓宽视野，把江西的林业优势转化为经济优势。

15 日 江西煤矿安全监察局在南昌挂牌。该局的挂牌成立，适应了煤炭工业改革和发展的客观需要，对江西省煤炭工业以及经济发展产生了重要的促进作用。

16 日 来自奥地利的访赣经济代表团在南昌召开经贸洽谈会。由奥地利驻华大使及奥地利驻沪领事馆商务参赞带队，共有 12 家奥地利企业、奥地利在华投资企业或代表处代表 22 人组成的访赣经济代表团，对在江西的投资表现出较强的合作意向。此行他们带来了涉及化工、化纤、邮电、医疗、食品、电力、冶金、交通、建材等方面的项目。江西省共有 20 多家对口企业百余名代表参加了这次洽谈会。

16 日 全省展开第五次人口普查户口整顿工作。这次户口整顿工作主要以常住户口登记的五大主要内容为基础，实行逐人逐项核实，填补完整无误。重点是查清各类持证、无证未落实常住户口和不按规定注销常住户口以及人户分离和暂住人口的底数登记造册，健全和完善门牌、楼牌号的编制管理、补缺补漏和未报、应销未销人员的户口问题，纠正户口登记中的重、漏人员，基本实现“人户一致”，纠正居民身份证重号、错号。

16 日 省政府召开全省清理整顿加油站（点），规范成品油流通秩序工作电话会议，动员各级政府及有关部门，认真贯彻落实国务院关于整顿和规范成品油流通秩序文件精神，全面完成全省成品油市场清理整顿任务，为国家实施“费改税”等项改革措施打下坚实基础。去年全省成品油市场清理整顿工作主要表现在两个方面：（一）油品多头经营、短斤少两等市场混乱状况得到了有效遏制；全年销售成品油 162 万吨，实现利税 1.4 亿元。（二）成品油批发企业整顿工作基本完成，全省符合国家规定条件已上报审批的企业 63 家，经国家经贸委审批同意发证的有 61 家。

16 日 省政府发出《关于省属独立科研院所管理体制改革的决定》，对管理体制改革的主要任务、配套政策和组织实施等提出了原则要求。

16 日～21 日 国家环保总局副局长王玉庆一行 7 人在江西考察。

18 日 九江县委干部、收藏爱好者胡荣彬日前从民间收集到一份较早全面介绍庐山的历史文献——《新编庐山导游》。该书出版于抗战前夕，由上海中华书局印刷发行，装帧精美，有图片 100 余幅，介绍景点 200 余处，文字逾 10 万字。

该书1937年被收入《辞海》并作详细介绍。此书尚属海内孤本，对研究庐山人文和自然景观及当时政治、文化、经济有着极其珍贵的史料价值。

18日 从美国进境的木质包装中含有“松材线虫”。这是江西省首次从美国进境木质包装中发现并成功截获活体松材线虫重大疫情。松材线虫为国家二类危险性病虫害，主要危害松树和其他针叶树。赣州检验检疫局对这批木质包装全部作焚烧处理。

18日 省委办公厅发出《关于认真学习贯彻江泽民“三个代表”重要思想的通知》。

19日 省科委将100万日元的捐款转交给省寄生虫病研究所，用于“鄱阳湖区血吸虫病重疫区疫情控制项目及关键技术的研究”这一课题。这笔捐款是日本国际地方病防治协会会长原柘平先生为支持中国地方病防治工作，在日本友人中发起募集捐赠的款项。这次申报的“鄱阳湖区血吸虫病重疫区疫情控制项目及关键技术的研究”项目，通过研究耕牛血吸虫病再感染和病牛排卵规律及与易感洲滩之间的关系，来寻找化疗控制主要传染源的有效办法，以解决控制鄱阳湖区血吸虫病传播的关键技术问题。

22日～23日 全省加强商品流通市场建设会议在南昌召开。舒惠国、舒圣佑到会讲话。会议总结交流了全省商品市场建设的经验，讨论和修改了《关于加快江西商品市场建设的决定》和《江西省“十五”期间商品市场发展规划》。会议强调要进一步强化加快商品市场发展的意识。

23日～25日 舒惠国在永修、安义、奉新、高安考察，强调各级领导干部要在学习贯彻“三个代表”中发挥表率作用，要在用“三个代表”重要思想武装头脑上做表率，在集中力量加快经济发展上做表率，在加强社会主义精神文明建设上做表率，在全心全意为人民谋利益上做表率，在从严治党、拒腐防变上做表率。

24日 受高空低槽和中低层切变影响，江西省自北向南先后出现一次强降水过程，全省大部分地区普降暴雨。据统计，至30日，全省平均降雨量为108.9毫米。其中，上饶、九江、吉安三地市平均降雨量分别为142.2毫米、133.9毫米、101.2毫米。30日至31日，有8个县市降雨量超过了100毫米，其中以乐平虎山站184毫米为最大。受这次强降水影响，江西省江河水位普遍上涨，除赣江上游局部河段和乐安河水位超警戒线外，长江、鄱阳湖及其他江河水位均在警戒线以下。此次强降雨过程导致江西省境内江湖水库蓄水量明显增加，全省前期旱情基本得到缓解。

24日～25日 省政府在南昌召开全省工业企业管理会议。会议强调，当务之急是要“严”字当头，“细”为基础，强化管理，从规章制度上、转换机制上下功夫解决好管与被管的关系；加强企业管理要面向市场，突出重点，以提高经济效益为中心，抓好质量管理、成本管理、资金管理、安全管理和技术管理，提高企业市场竞争力；要处理好改革、改组、改造和加强企业管理的关系，为创新机制添动力。

26日 由江西省各高校、科研院所、企事业单位近百个团体300余名系统科学和系统工程科技工作者组成的江西省系统工程学会在南昌成立。

26日 中央“三讲”教育检查组与省委班子交换意见。关敦通报情况，舒惠国讲话。

26日 江西籍老红军、原上海市委书记胡立教，以86岁的高龄在鹰潭、上饶、景德镇、九江等地考察，即兴赋诗，抒发对故乡的深情厚谊。

27日 中国农工民主党全国组织建设工作会议在南昌召开。全国人大常委会副委员长、农工党中央主席蒋仲华与钟起煌讲话。农工党中央副主席李蒙、章师明、阎洪臣等出席会议。农工党中央和中国初级卫生保健基金会向农工党江西省委会转赠了价值30万元的药品。

28日 2000年国际陶瓷艺术研讨会在景德镇陶瓷学院召开。来自美国、加拿大、澳大利亚、新西兰、南非等10个国家和地区以及国内各大产瓷区的代表200多人，在景德镇进行为期3天的艺术研讨和交流。这次研讨会主题是“瓷的精神——从宋代至今”。大会共收到国内外陶艺家的论文26篇，作品118件。

29 日　中国华融资产管理公司南昌办事处与新余钢铁有限责任公司、景德镇华意电器总公司、萍乡矿业集团有限责任公司、江西国药有限责任公司、浒坑钨矿签署总额 17.04 亿元的债转股协议。至此，该办事处已全面完成所有相关企业的债转股独立评审工作任务。

29 日　国家经贸委副主任石万鹏、国家电力总公司副总经理陆延昌在赣考察。考察于 6 月 3 日结束。

30 日　《江西日报》报道，经国务院批复，准予撤销吉安地区，设立地级吉安市；撤销原县级吉安市，设立吉州区和青原区；将宁冈县和县级井冈山市合并，组建新的县级井冈山市，由省直辖、吉安市代管。

30 日　上饶举行大坳水利枢纽并网发电庆典大会。该工程是集防洪、灌溉、发电三位一体，兼经济、社会、生态三个效益于一体的大型水利工程，水库控制流域面积 390 平方公里，装机 4 万千瓦，年均发电量 9100 万千瓦时，总投资 3.54 亿元，历经 4 年建成。中央政治局委员、山东省委书记吴官正，全国政协副主席毛致用向庆典大会致贺电，黄智权参加庆典并讲话。大坳水利枢纽工程依靠科技进步，采取先进技术，电厂全微机监控，卫星自动测报水情，大坝自动化安全观测等多项技术达到国内先进水平。

30 日　爱国侨胞王鸿宾先生在江西省设立的奖学金，已使 29 所学校受益，近 2200 人次师生获得奖励，奖金总额达 200 多万元。即日，王鸿宾先生设立奖学金一周年纪念大会在南昌举行。1990 年，王鸿宾先生为回报家乡和纪念其母雷大贞女士，在江西中医学院颁发了“雷大贞奖学金”。此后，奖学金不断拓宽内涵，先后设立了雷大贞医学教育奖学金、杜玉如师范教育奖学金、王氏奖学金。奖励的范围由医护专业扩大到教育和农业领域。目前，王氏基金会每年奖励江西省各大中小学学生 350 名，奖金总计为 43450 美元。

30 日　国家投资 1.5 亿元专项资金、由南昌铁路工程总公司承担改造任务的京九南端复线配套工程——向塘枢纽运能改造工程正式开工。该工程竣工能使向塘西站这个全路区域性编组一等站的货物列车编组能力在原日均办理 1.1 万辆的基础上增加到 1.4 万辆，从根本上解决过去站场股道紧张，站场布局不尽合理的问题，为全路再次提速，京九南端复线能力的形成提供了保障。

30 日　省邮政局在南昌集中销毁了一批来自全省各地市的库存邮资票品。这是国家统一销毁邮品的行动之一，国家邮政局派出 5 人监销小组现场监销。这次销毁的主要原因是邮政部门自 1990 年以来三次调整邮政资费，许多面值的邮票已不适用，1999 年邮政部门清产核资时发现不适用面值的邮票达 84 种，这些邮票长期压库，影响定额管理工作。

31 日　婺源县正式被国家旅游局批准为生态旅游县。这是迄今为止国家批准的第二个生态旅游县，也是我国南方唯一的一个国家级生态旅游县。

31 日　江西省公安系统优秀“青少年维权岗”命名表彰暨现场推进会在南昌召开。会议要求社会各方面积极参与依法维护青少年合法权益，促进青少年健康成长，维护社会稳定。省委副书记步正发在讲话中强调，各级党政和各行各业都要按照“三个代表”的重要思想，从培养跨世纪合格建设者和接班人的战略高度，真正把维护青少年合法权益，确保青少年健康成长作为依法治国，实现国家长治久安的大事来抓。会上，省领导为南昌市公安局东湖分局墩子塘派出所、贵溪市公安局雄石派出所等 11 个全省公安系统首批优秀“青少年维权岗”授奖牌，并为学生代表颁发了“江西未成年人保护卡”。

31 日　国家经贸委、国家电力公司联合在井冈山召开为期两天的全国县级供电企业股份制改革建立现代企业制度工作会议。会议强调，要按照建立现代企业制度要求，积极稳妥推进全国范围内县级供电企业股份制改革，国家电力公司要求 2000 年完成 400 个县股份制改革工作，力争 2001 年基本完成县供电企业股份制改革。

31 日～6 月 2 日　中华全国供销合作社副主任顾二熊在赣考察。

公元2000年6月 农历庚辰年【龙】													
日	一	二	三	四	五	六	日	一	二	三	四	五	六
				1 儿童节	2 五月大	3 初二	4 初三	5 芒种	6 端午节	7 初六	8 初七	9 初八	10 初九
11 初十	12 十一	13 十二	14 十三	15 十四	16 十五	17 十六	18 十七	19 十八	20 十九	21 夏至	22 廿一	23 廿二	24 廿三
25 廿四	26 廿五	27 廿六	28 廿七	29 廿八	30 廿九								

1日 全省预防青少年违法犯罪展览在南昌开展。

1日 舒圣佑致信各地市县专员、市长、县长，要求各级政府切实注意关心爱护儿童，保护儿童的合法权益。

1日 2000年世界博览会在德国汉诺威市举行。江西省山江湖开发治理工程，作为优秀的区域可持续发展项目，入选2000年世博会，在世界项目馆参展。本次世博会主要展示1992年巴西里约热内卢世界环发大会以来，世界各国人与自然和谐相处，在实施可持续发展战略方面所采取的举措和成功经验以及解决环境与发展问题方面的创新技术，为21世纪各国实施可持续发展战略提供了经验和模式。全世界有192个国家和国际组织参展。

1日 江西铜业公司贵溪冶炼工程二期电解挖潜工程通电投产，年产铜能力由投资初期的7万吨全面提升到20万吨，实现了国家要求的第一步战略目标。该工程总投资15.34亿元，分两步实施，第一步工程重点对贵冶闪速熔炼进行改造，采用世界最先进的芬兰奥托昆普中央扩散型喷嘴等技术。第二步工程重点对转炉、硫酸、制氧、备料、电解等系统进行技术挖潜改造，其闪速炉的“高投料量、高富氧浓度、高冰铜品位、高热强度”技术、硫酸生产的“动力波净化烟气”等技术，均达到国际最先进水平。

1日~7日 国务院扶贫开发领导小组派员到江西考察。先后对井冈山市、上犹、兴国县等地进行调研。国务院扶贫开发领导小组副组长胡富国、国务院扶贫办主任高鸿宾在为期6天的调研后，于7日在南昌听取省委、省政府的扶贫情况汇报。江西列入《国家八七扶贫攻坚计划》的重点贫困县有18个，省划定的贫困乡493个，国家投入的扶贫资金34亿元。至1999年底，全省未解决温饱的贫困人口从1993年底的450万减少到126万，贫困户人均收入从1994年的386.37元提高到1182元。

2日 江西医学院在中山医科大学附属第一医院的领导指导下，在江西省率先开展了肝脏移植手术并获成功，填补了省内该领域的一项空白。

2日 来自日本的18名考古专家开始对安远

县的镇岗东升300多处客家围屋进行考察。日本专家此行主要对该县客家围屋的整体构造、占地面积、历史情况等进行考察。同时，还使用了高密码测量仪器对围屋的道路之间、房屋之间的距离及房内设施摆设进行测试、绘图。此次考察，有助于增进国际人士对具有悠久历史的客家经济文化加深了解。

2日　江西省新经济组织工会正式成立并召开第一次会议。会议要求用三年左右的时间，在外商投资企业、私营企业、乡镇企业等新经济组织中组建工会，把其职工组织到工会中来。

3日　“农大哥”科技兴农扶贫工作在江西省正式启动。投资208万元的这项工程旨在帮助江西省贫困地区农民发展生态农业，实现增产增收。湖南“农大哥”科技开发（集团）有限公司江西省分公司实施的该工程，无偿为江西省贫困地区提供了10.83万公斤“农大哥”生物肥，并创建了千亩生态农业示范点。该公司在江西省已建立扶贫点，示范点5000多处，总面积20000多亩，涵盖60多种作物。

3日　省政府在南昌召开了全省移民建镇工作表彰大会，会议对江西省在国家补助资金额、移民搬迁规模、带来综合效益均是史无前例的第一期移民建镇工作给予了充分肯定，表彰了一批先进单位和个人，同时部署了第二、第三期移民建镇工作任务。会议对在第一期移民建镇工作中取得较好成绩的余干县、都昌县、南昌县、弋阳县、铅山县、新建县、星子县、九江县、永修县和恒丰垦殖场等10个县（场）进行了通报表彰；123名同志荣获“全省移民建镇工作先进个人”称号；26名同志荣获“全省移民建镇勤劳致富标兵”称号。

4日　在南昌市湾里区罗亭镇红源村里田自然村西面峡谷中发现一奇异花岗岩石洞。该洞全长1700多米，距土层表面3.3米，洞最高处高2.5米、宽1.2米，最小处高41厘米、宽23厘米。洞内泉水潺潺，寒气逼人，进洞犹如进入冰天雪地。岩壁上布满了银白色的石花，走完全程需4个多小时，洞内还有一块巨大的龟形磐石，顶在细小的石尖上，形成一个可容纳200余人的地下大厅。

4日~5日　省委常委理论学习中心组集中学习“三个代表”重要思想。国防大学马克思主义研究所所长、全军邓小平理论研究中心办公室主任黄宏教授作专题讲座。

5日　江西省环境保护局发布《1999年江西省环境状况公报》。《公报》内容为：（一）环境状况：1. 环境空气质量，去年全省城市空气二氧化硫年日均值0.035毫克/立方米，低于国家二级标准（GB3095－82）。2. 地表水环境质量，全省8条干流水质基本良好，所有监测断面中74.5%的断面水质达到国家二类水质标准（GB3838－88）。3. 声环境质量，各城市交通干线噪声平均值范围在66.6分贝~76.2分贝之间，交通噪声污染较为严重。4. 工业企业污染物排放，工业废水排放总量为4.25亿吨，比上年下降了7.0%；工业废气排放总量为1933.88亿标立方米，比上年上升了10.97%。5. 污染事故与人民群众来信来访，去年全省共发生污染事故97次，直接经济损失达172.68万元，共收到人民群众反映环境问题的来信达4278件，共接待群众来访1325批，共计4417人次。（二）环境保护工作：1. 环境法制建设。2. 建设项目管理。3. 环境监测、科研和环保产业。4. 城市环境质量综合整治定量考核。5. “一控双达标”。6. 环境宣传教育。7. 环境保护投资。8. 精神文明建设。9. 对外交流与合作，全年全省环保系统共派出8批9人次前往德国、美国、日本、加拿大、法国、荷兰、奥地利、香港等国家和地区，共接待8位日本环保官员和专家来江西省对环境状况及环保技术进行考察与交流。

5日　江西江新造船厂为新加坡大洋贸易公司建造的2800T棕榈油驳日前全面完工，交船仪式在该厂顺利进行。出口新加坡的2800T棕榈油驳总长70米，型宽18米，型深4.5米，设计载重量2800吨。该船无动力驱动装置，其设计和结构满足装载棕榈油和甲板货，船体结构尺寸、焊接质量及稳性计算结果均满足日本NK船级社对船舶完整性及有关规定的要求，并得到了新加坡船东的首肯。

5日　在新干县界埠乡界埠村近日发现1949年中国人民解放军第四兵团第十四军横渡赣江解放新干时发给船工的“船工证”和“纪念证”。当年，为帮助解放军顺利渡江，居住在赣江岸边的界埠村黄玉春等6名船工自愿为过江部队摆渡。

5日　K－8E飞机首飞仪式暨纪念中国第一架强击机强五首飞35周年大会在江西洪都航空工业集团举行。中共中央政治局候补委员、国务委员吴仪致信祝贺，全国人大副委员长邹家华题词：“自主开发创辉煌，百折不挠立新功”。全国人大常委会、国务院有关部委以及埃及驻中国大使海米·比德尔出席。舒惠国讲话。舒圣佑、王君出席。K－8E型飞机是在K－8飞机基础上根据出口要求经过较大改进的新型教练机。去年12月，中国与埃及正式签署80架K－8E飞机的合作生产合同，是国家航空工业出口飞机数量最多、金额最大的一个项目，开创了我国飞机出口生产线和对外输出飞机设计制造技术的历史，对加强与非洲和中东地区国家的合作、扩大外贸出口产生积极的影响。

5日～17日　江西教育代表团一行6人，对德、英两国进行访问，参加在德国举办的汉诺威世界博览会，代表团还与波恩东亚研究院磋商对南昌大学中德联合研究院第三期投资事宜。在英国，代表团与教育部门洽谈开展远程教学及合作办学等项目以及与丹迪市建立友好城市事宜。

6日　由我国驻爱沙尼亚大使馆安排，爱沙尼亚国家电视台高级新闻编辑和制片人英德列克·特莱乌费尔德率领的摄制组一行4人来赣进行为期10天的采访。摄制组此行计划通过专访省领导拍摄江西省企业、农林和学校，制作2个至3个反映江西经济发展和古老传统文化的电视专题片（12日，副省长朱英培在青山湖宾馆会见了摄制组一行，并向客人详细介绍了江西省概况及经济建设情况，就江西未来发展重点和发展趋势等问题接受了专访）。

6日　省委十届十一次全会在南昌举行。会议讨论通过《中共江西省委关于加强对党政机关领导干部管理和监督的若干规定》。会议按照“三个代表”的要求，结合总结吸取胡长清严重违法违纪的深刻教训，并具体研究落实从严治党的措施，以推进全省各级党组织的思想、组织、作风建设。特别强调要认真履行党要管党的职责，切实加强对广大党员和干部的严格教育、严格管理和严格监督。把领导干部的监督从工作圈扩大到生活圈、社交圈，不留“空白地带”。

6日　省委发出《关于加强对党政机关领导干部管理和监督的若干规定》，共13条。主要内容有：（一）坚定理想信念、身体力行“三个代表”；（二）认真贯彻民主集中制；（三）严格按照《中国共产党党员领导干部廉洁从政若干准则（试行）》的要求规范个人行为；（四）严格遵守领导干部报告个人重大事项的规定；（五）严格遵守外事纪律和收受礼品登记制度；（六）严格遵守领导干部收入申报的规定；（七）改进和强化对领导干部公务活动等方面的管理；（八）各地、各单位领导班子主要领导为贯彻落实本规定的第一责任人；（九）各地、各单位应采取切实措施确保本规定落到实处；（十）对违犯本规定既不听招呼又不主动自查自纠的，应视情节给予相应的组织处理和党纪政纪处分。

6日　舒惠国在《人民日报》发表题为《身体力行“三个代表”》的文章，提出领导干部要特别做好几个方面的表率：在学习理论，坚定共产主义理想信念上做表率；在增强贯彻执行党的基本路线的自觉性上做表率；在学习现代科技，管理知识，提高领导水平上做表率；在提高识人用人水平，培养和选拔优秀年轻干部上做表率；在坚持从严治党，增强拒腐防变能力上做表率。

7日　副省长朱英培在南昌会见了由梅瑞克·豪斯率领的欧盟中小企业项目考察团一行3人。考察团此行旨在考察江西省中小企业改革情况以及提供此方面无偿援助的可行性，并拟通过建立江西中小企业咨询服务中心，为江西中小企业提供企业管理和生产经营等方面的专业培训和咨询服务，拓宽江西中小企业开展国际经济交流与合作的渠道。

7日　省地、市纪委书记会议在南昌召开。会议的主要内容是贯彻落实中共江西省委十届十一次全会精神。省委常委、省纪委书记马世昌在出席会议时讲话指出，要把《中共江西省委关于加强对党政机关领导干部管理和监督的若干规定》的各项内容落到实处，对各级党组织和领导干部来说，关键要解决两个问题：（一）必须坚持党要管党。（二）各级领导干部特别是主要领导干部要自觉接受监督。各级纪检监察机关一定要认真履行职责，把学习贯彻全会精神和《若干规定》列为当前一项重要工作，作为加强党风廉政建设、深入开展反腐败斗争的一件大事来抓。

9日 景德镇市昌江区竟成镇压里村、三间庙、银坑坞等村农民业余电视艺术团，由镇文化中心站牵头自编、自导、自演、自摄，以当地革命斗争历史以及改革开放以来的新鲜事为题材，3年来拍摄了13部共21集电视剧，在社会上引起了巨大反响。当日，中央电视台《东方时空》栏目组，专程来到竟成镇，采访拍摄当地农民自拍电视剧的全部过程。

9日 江西省政法机关不再从事经商活动工作总结电视电话会议在南昌举行。会议传达学习了党中央、国务院、中央军委召开的军队、武警部队、政法机关不再从事经商工作总结电视电话会议精神，总结了江西省政法机关不再从事经商活动工作的成绩和经验。省委副书记、常务副省长黄智权在会上强调，今后政法机关中的哪个单位再发生从事经商活动的问题，不但要追究直接责任人的责任，而且要按照党风廉政建设责任制的规定，追究单位领导的责任，决不能让政法机关从事经商活动的问题出现反复。

10日 江西陆军预备役步兵师教导员首次集训在南昌结束。省委副书记、常务副省长兼江西预备役师第一政委黄智权出席集训结束仪式时指出，一定要坚持和发扬党管武装的优良传统，真正把预备役师建设成为一流的预备役师，确保一声令下，召得齐、拉得动、冲得上、打得赢、不变质。为期4天的集训，主要有省直及各地市领导干部兼任的各营教导员、各团政委和预任副政委及师预任副师长、副政委等参加。集训期间，大家学习了南京军区预备役师部队第一政委集训会议精神，听取了国防大学教授的讲课，参观了驻赣某部和预备役某团二营。省军区政治部主任王峰就着眼“打得赢”、“不变质”以及大力加强预备役部队思想政治建设讲了话。

11日 在弋阳县圭峰信江河段最近首次发现中华秋沙鸭群体，总数达120余只。中华秋沙鸭属国家一级保护鸟类，是我国特有品种，与大熊猫、华南虎、金丝猴同为国宝。它的分布区域十分狭窄，数量稀少珍贵。

12日 根据《国务院关于同意江西省撤销宜春地区设立地级宜春市的批复》精神，经研究，省政府发出通知：（一）撤销宜春地区和县级宜春市，设立地级宜春市。市人民政府驻新设立的袁州区。（二）宜春市设立袁州区，以原县级宜春市所辖行政区域为袁州区的行政区域。区人民政府驻中山中路。（三）宜春市辖原宜春地区的上高县、宜丰县、奉新县、万载县、靖安县、铜鼓县和新设立的袁州区，原宜春地区的县级丰城市、樟树市、高安市由省直辖，宜春市代管。

12日 江西省中小学“多媒体教学软件研制、开发与运用”教学研究基地授牌仪式在临川一中隆重举行，该校成为全省唯一获此殊荣的学校。临川一中自1997年开始着手“多媒体教学软件研制、开发与运用”课题研究，学校每年投资30多万元用于加强电教硬件与软件建设。目前，该校已建立了拥有3个多媒体电教室、1个软件制作中心等先进设施在内的多媒体教学研究中心，制作了130多个多媒体软（课）件。

13日 考古工作者在瑞金市九堡镇坝溪村东升小组发现了一座历经800余年的宋代围屋遗址，对研究赣南围屋民居的起源、演变和发展，以及客家迁徙情况等方面均有重要的意义。新发现的九堡围屋遗址坐落在地处偏僻的东升小组，现保留有大部分外墙，其中东、北、西三面残墙均高达10米左右，南墙损毁较大，大门两侧墙高仅2米左右，整个遗址面宽54米，进深22米，总占地面积达1188平方米，为长方形坐北朝南结构，墙体全用三合土夯筑而成，厚度达1米，具有坚硬牢固的特点。围屋大门已毁坏无存，门外保存有禾坪和月池等，墙内壁当年的各种墙体连接痕迹仍清晰可见，并留有枪眼气孔等。遗址中央留有平屋和祠堂的基脚，目前仍有

5户钟姓居民在围内居住。

13日 全省房改和住房建设工作会议在南昌召开。会议总结了前一段房改工作成果，讨论和研究了全省住房货币化的政策措施。会议指出江西省下一步房改工作重点是：停止住房实物分配，实行住房分配货币化，发展经济适用住房、抓好公房出售和租金调整等。黄智权在讲话中指出，进一步深化房改，加快住房建设，对于引导和促进居民住房消费，增加住房建设投资，培育有效需求，保持全省经济持续快速发展具有十分重要的意义。到目前为止，全省出售公有住房回收资金达80多亿元，集资建房3000多万平方米，其中个人投资近100亿元，在地方财政不再投入或较少投入的情况下，全省城镇人均居住面积达到9.75平方米，实现了国家规定的2000年基本达到住房小康的目标。

14日 南康市日前发现一枚赣西南赤色邮政邮票。该邮票贴在一封实寄封上，色彩清晰，保存完好。这枚邮票面值8分，图幅为24×20毫米，为白纸，平版石印，无齿孔，邮票主图为“8”字形花框内直列“赣西南赤色邮政”七字，上端左右两角圆内为中文“捌分”字样，下端左右两角圆内分印“邮票”二字。据史料考证，该种邮票是成立于1930年的赣西南赤色邮政总局发行的第2套邮票，面值有1分、3分、8分3种。这枚邮票于1930年11月27日从当时的苏区吉安富田寄出，途经永丰、兴国、赣县，到达信丰县牛颈乡后转南康县龙回苏维埃政府。

14日 省煤炭厅、省邮政局、有色金属南昌公司等首批单位与省社会保险事业管理局签署了委托邮政社会化发放基本养老金协议，江西省原中央行业统筹企业6.5万多名离退休人员基本养老金6月份起由省社会保险局委托省邮政局和省工商银行直接发放。此举标志着江西省离退休人员养老金已全面实行社会化发放。基本养老金社会化发放是确保离退休人员基本养老金按时足额发放的重要举措，是社会保障制度的重大改革。到2000年底全国80%以上的离退休人员养老金由社会服务机构发放，江西省达90%，其中原中央行业统筹企业达到100%。

14日 全省畜牧水产工作会议在南昌召开。会议强调把畜牧水产业作为全省农业结构战略性调整的突破口，下大力提高其在农业中的比重，切实成为农村经济的重要增长点。

15日 江西省首例试管婴儿胚胎移植母体在省妇幼保健院试验成功。受孕者是一位22岁的患有双侧输卵管狭部阻塞的不育症患者。5月份，该院对其进行试管婴儿治疗：取卵、进行体外受精和试管培育以及胚胎宫腔内移植。日前，经B超显示，该患者子宫内已有3个孕囊，试管婴儿已着床子宫内，表明临床妊娠成功。

16日 在铜鼓县花山林场上四房山场日前发现了被称为“活化石”的国家一级珍贵保护植物——伯乐树。此次发现的伯乐树共有4棵，其中24米至25米高、30厘米直径的大树1棵，10厘米直径的幼树1棵，幼苗2棵。这一发现为研究我国南方珍稀植物提供了宝贵的资料。

16日 由诚志股份、清华同方、清华大学企业集团共同投资的高科技企业——江西京鹰汽车新技术有限责任公司投产，其由清华大学研制开发的高科技含量产品——华仕广角机动车后视镜是目前我国唯一具有自主知识产权的汽车工业产品。“江西京鹰”为诚志股份有限公司的控股子公司，生产基地设在鹰潭，销售总部设在北京，技术研究中心设在清华大学。

16日 江西省首批医学领先专业建设计划项目——省妇幼保健院的“产科专业”和“妇科肿瘤专业”通过专家鉴定验收。这两个医学领先专业建设两年来共投入资金300多万元。目前，专业的硬件建设、人才梯队建设、科研和学术交流以及医德医风等方面均有了明显的成绩。尤其是技术水平的提高，为两专业带来了很好的社会效益和经济效益。该院肿瘤科是全省最大的妇癌专业性科室，对妇科肿瘤疾病的诊治已全面超过卫生部规定的三级医院技术项目，对妇癌的手术、放射治疗、化学治疗，在国内处先进水平，尤其是子宫癌的手术治疗，在我国妇科癌症治疗中占有重要的一席。据统计，该院产科2年共引进12项高水平、高难度的诊疗项目，医疗质量有了明显提高，治愈率稳定在99%左右；抢救成功率由1997年的93.2%上升为1999年的100%。

16日 应美国、加拿大邀请，江西气象防灾减灾考察团即日起前往两国进行考察。

16日~17日 清华大学校务委员会副主任孙健铭一行7人在江西考察。

17日 世界银行贷款贫困地区林业发展项目——西塔高效毛竹林基地垦复工程近日正式敲定。该工程预计投资310万元人民币（其中世界银行贷款21万美元），对奉新县4万亩低产竹林进行垦复，建成集成竹、食用笋、观赏为一体的高效竹林，林农可从中实现户均受益770余元的效益。

18日~20日 舒圣佑在武宁县考察，强调落实“三个代表”思想，加快生产力的发展。

18日~19日 吉林省副省长杨庆才一行7人在赣考察。

19日 省委召开民主党派无党派代表人士会议，通报省直机关机构改革方案。黄智权、步正发通报情况，朱治宏和各民主党派省委、省工商联负责人和无党派、党外知识分子代表、宗教界代表30余人出席。到会代表认为机构改革方案指导思想明确，措施具体得力，对具体实施方案也提了意见和建议。

20日 省监狱管理局向社会宣布：从即日起，全省监狱系统全面推行狱务公开。其内容包括对罪犯提请减刑、假释和保外就医的法定条件和审批程序，对罪犯实行表扬、物质奖励、记功和警告、记过、禁闭等行政奖罚的法定条件和审批程序等12项。

20日 江西中德食品工程中心竣工。副省长朱英培与德国驻华大使代表安伟刚先生共同为中心揭幕。该中心是由中德双方在江西共同投资建设的项目。

20日 省政府在万载召开为期两天的全省烟花爆竹清理整顿暨安全生产现场会。会议的主要任务是，进一步贯彻落实中央领导关于安全生产工作的重要批示，切实抓好安全生产，促进全省烟花爆竹行业持续健康发展。会议通报了3月15日以来，全省各级政府对烟花爆竹生产经营进行检查和清理整顿情况。全省已对16298个烟花爆竹企业（作坊）进行了拉网式清理，发现事故隐患12918起，取缔烟花爆竹个体作坊4713个、非法销售点4187个，督促整改落实4917起，处罚了一批责任人员，清理整顿工作取得初步成效。

21日 省政府发出《关于整治和优化投资及经营软环境的决定》，共六条：（一）统一思想认识，加大整治软环境的力度；（二）坚决制止乱收费、乱罚款、乱摊派和乱检查行为；（三）严格财经纪律，依法规范税收行为；（四）加强法制建设，建立良好的法治环境；（五）改进作风，优化服务，提高办事效率；（六）加强领导，形成优化环境的合力。

23日 经北京历史博物馆3位专家共同鉴定：寻乌县文峰乡新罗村发现的一件青花五纹碗系明朝永乐年间瓷器精品。该碗口径15.5厘米，底径9.5厘米，高3.2厘米，胎体厚重、圈足、足沿露胎无釉；外壁饰四组兽虫象形纹，纹体整齐对称，象形纹饰间隔空白处有一“五”铭釉下款；内壁饰有花卉纹，碗心有一圈支烧垫饼痕，中心饰一宝物纹。

24日 国家计委、水利部近日联合下达江西省2000年中央财政预算内专项资金水利项目第一批计划2.7亿元。这批专项资金具体安排在：长江干流江岸与堤防加固和整治工程1亿万元，鄱阳湖二期防洪工程四个单项6000万元，赣抚大堤加固配套工程1500万元，五河重点段治理工程3000万元，清淤疏浚工程2000万元，上游水库1000万元，蓄滞洪区安全建设3500万元。

24日 省委、省政府机构改革动员大会在南昌举行。舒惠国作动员报告，舒圣佑宣布改革实施方案和领导班子配备、人员定岗分流规定。经中央批准的《中共江西省委机构改革方案》和《江西省人民政府机构改革方案》中省委设置工作部门9个，部门管理机构3个，议事协调机构的办事机构2个。政府工作部门和部门管理机构的办事机构设43个，即政府办公厅和组成部门共25个，直属机构16个，议事协调机构的办事机构2个。省委机关行政编制精减20%，省政府机关行政编制精减48%。

24日 江西省第九届人民代表大会常务委员会第十七次会议讨论通过了《江西省发展中医条例》。该《条例》共8章50条，自8月1日起施行。其中包括第一章总则，共6条；第二章医疗机构与从业人员，共9条；第三章人才培养与保护，共5条；第四章科学研究与对外交流，共6条；第五章保障措施，共8条；第六章监督管理，共6条；第七章法律责任，共9条；第八章附则，共1条。

25日 江西省中央直属储备粮库开始装新粮。截至当日，全省9.15亿公斤的装粮计划已基本落实，实物入库2亿多公斤，与有关粮油购销公司签订合同，整仓买断近7亿公斤。为抓好新库装新粮工作，江西省粮食局就收购价格政策、收购范围、收购资金、收购质量标准、收购截止时间等提出了明确要求。各有关地、市、县粮食局精心组织，实行“统一领导、统一收购价格、统一组织粮源、统一计划、统一操作”的“五统一”措施。景德镇、赣州、抚州、宜春、吉安、新余等地市粮食局积极协助收购库点落实装粮计划、落实粮源、落实收购资金、协调有关关系，加快了新库装新粮进度。

27日 省政府第四十五次常委会讨论通过了《江西省实施〈禁止使用童工规定〉办法》。该《办法》共10条，即日起开始施行。

27日 国家重点工程、江西省首条500千伏输电线路飞跨赣江，这标志着赣鄂电力联网线路已贯通。三峡建成发电后，电力可直输江西省，这对加快江西省经济发展、改善电力结构和布局，都有着十分重要的作用。跨江线路全长1580米，4级铁塔，塔高89米。

28日 《江西日报》报道，江西省94个电网趸售县已有83个成立了县供电有限责任公司，股份制改造面达93%，全省县级供电企业的股份制改造领先全国。农电管理体制的理顺，促进了农村电网改造的顺利进行，全省农村到户电价平均每度下降0.40元，一年为农民减轻负担6亿多元。去年，全省农村趸售电量增长20.3%，全省农网建设与改造使用的设备和材料资金约9.5亿元，直接拉动工业产值19亿元。

28日 由伊斯特钢管有限责任公司研制的多棱钢管杆塔正式投产，为江西省城市电网建设改造提供了有力保障。多棱钢管杆塔具有占地面积小、多回路改造型美观等特点。弥补了过去城市电网建设用水泥管杆塔和铁杆塔存在的占地面积大及单回路等方面的不足，改变了电力系统从省外购进多棱钢管杆塔的局面。

29日～30日 全省粮食生产和流通工作会议在南昌召开。舒圣佑、黄智权讲话。会议强调进一步深化粮食流通体制改革，必须围绕敞开收购，贯彻落实中央三项措施，积极推进农业和粮食生产结构调整，实现产业结构的升级换代和农民增收的目标。

30日 宜黄县发现了一枚日军侵华遗留下来的炸弹，炸弹长53厘米，周长32厘米，重14公斤。这枚炸弹是县自来水公司工作人员在河下施工时发现的。该炸弹是日军侵略宜黄时从飞机上投下的。1942年5月，日军侵入宜黄，在县城投下了很多炸弹，造成许多民房被毁。

30日 农业部副部长刘坚接受江西记者专访，盛赞江西是个好地方，发展农业有四大优势：一是粮食优势，江西是全国水稻主产区，为发展养殖业提供了物质保障；二是江西有5000万～6000万亩低山、丘陵，发展潜力巨大；三是生态环境好，森林覆盖率位居全国前列，有利于发展有机农业；四是地方品种资源丰富，泰和乌鸡、鄱阳湖青虾等都是有竞争力的品种。目前，江西农村经济结构以农业为主，农业以粮、棉、油为主，结构相对单一，且粮食、农产品的优势有待转化为养殖、加工业的优势。他建议，江西发展农业，粮食的优势不能放松，提高粮食综合生产力，变粮食优势为养殖优势，同时，依托独特的环境优势大力发展有机产品，发展二、三产业，扭转农村经济结构单一状况，发展一些产业化和名优特加工产品，打响江西自己的“品牌”。

30日 农业部在南昌召开全国农业行政综合执法试点总结会议。农业部副部长刘坚主持并讲话。全国29个省、自治区、直辖市农业部门以及综合执法试点单位的代表80余人出席。

公元2000年7月							农历庚辰年【龙】						
日	一	二	三	四	五	六	日	一	二	三	四	五	六
						1 建党节	**2** 六月小	**3** 初二	**4** 初三	**5** 初四	**6** 初五	**7** 小暑	**8** 初七
9 初八	**10** 初九	**11** 初十	**12** 十一	**13** 十二	**14** 十三	**15** 十四	**16** 十五	**17** 十六	**18** 十七	**19** 十八	**20** 十九	**21** 二十	**22** 大暑
23 廿二	**24** 廿三	**25** 廿四	**26** 廿五	**27** 廿六	**28** 廿七	**29** 廿八	**30** 廿九	**31** 七月小					

1日　为切实贯彻落实国务院关于改革行政审批制度和推进政府机构改革的精神，江西省政府决定对省政府各部门行政审批事项进行全面清理。省政府秘书长王飚主持会议并对清理工作提出了具体要求。清理行政审批事项是指按照建立社会主义市场经济体制的要求，分清政府、企业和社会中介组织的性质、任务和责任，理顺政府与社会、政府与市场、政府与企业的关系。通过清理，最大限度地减少政府行政审批事项，进一步规范行政审批行为，推进政府机构改革，切实转变政府职能和管理方式，改进机关工作作风，努力提高行政管理效率，促进依法行政。这次清理的范围包括省政府各部门及所属（含代管、挂靠、归口）具有行政管理职能的企事业单位负责实施的所有行政审批事项（包括许可、登记、证明、批准、核算、备案等）。清理的主要内容包括审批事项、审批机关、审批依据、收费标准、监管办法等。清理工作于31日结束。

1日　省政府发出通知，要求有关地（市）县做好三峡工程重庆库区农村外迁移民安置工作。国务院三峡建设委员会办公室、移民开发局分配江西安置移民为5000人，省政府已经安排定点为：靖安县安置2200人，峡江县安置1500人，永修县安置1300人。

2日　《江西日报》报道，江西省充分运用科技减灾手段，不断提高对自然灾害的预防、抗御、救助能力，经过10年努力，防灾减灾事业取得令人瞩目的成就。目前，全省已建成防洪堤9000多公里、大中小型水库9412座、排灌3万多处。全省农田旱涝保收面积由1990年的136.59万公顷增加到现在的151.8万公顷，森林覆盖率由46.3%上升到53.3%，居全国第二位，水土流失治理面积由205万公顷增加到221.12万公顷，控制面积达到60%以上。国家“八五”计划以来，全省年均完成植树造林500多万亩，森林面积居全国第九名，人均占有林地面积高出全国平均水平；以卫星、雷达、计算机等为主要手段的气象灾害监测网络基本实现现代化。全省已建成以2个地面卫星接收站、2个雷达观测站、2个高空探测站和89个地面探测站，组成覆盖全省的立体气象监测网；建成连通省、地、县三级的计算机实时气象信息接收、加工、处理系统；

全省80%以上的县市建成灾害性天气警报服务系统，主要天气、气候灾害监测和预报能力有了明显增强。

3日 江西省出口柬埔寨的钢桥在九江船舶工程总公司开始制造，这是该公司继制造缅甸、孟加拉国万吨钢梁以来，承接的又一个出口项目。该批钢桥为装配式公路钢桥，共重1100吨，总长978米。具有结构轻巧、拼装快捷、适应性强、互换性好等特点，适用于军事运输、抢险救灾等应急交通。

4日 省委召开常委会会议，传达学习中央思想政治工作会议精神，研究贯彻意见。会议强调加强和改进思想政治工作，要增强时代感、加强针对性、实效性、主动性，注意解决干群思想认识上的一些根本性、方向性问题，坚持做到因地制宜、因人制宜、因时制宜，提高思想政治工作的感召力和渗透力。

5日 会昌县发现连片红豆杉，总数在1万株以上。这片红豆杉生长在该县洞头乡长教村境内的大弯岭上。据林业专家介绍，在江西发现罕见的大面积红豆杉群，对我国红豆杉群落分布等课题很有研究价值。

6日 国家工商局巡察组对江西省工商行政管理系统开展“整顿市场秩序，整顿队伍作风”活动给予了充分肯定。据统计，全省工商系统在“两整顿”中共查处不廉洁执法行为10起，查处不公正执法行为7起，不文明执法行为40人。查处传销和变相传销案件55起，取缔非法传销窝点100余人。查处制售假冒伪劣商品案件671件，捣毁制假窝点176个，查获假冒伪劣物品案件766.756万元，清理取缔严重危害人民群众生命财产安全的违法违章生产经营行为企业4909户，查处商标侵权假冒案件130件。经过整顿，全省工商干部职工的工作积极性、主动性和法纪观念都有明显提高，良好的工商管理队伍形象正在形成。

7日 省委宣传部、省教育厅、团省委、省学联在南昌举行的“江西省博士生、大中专学生暑期科技文化卫生‘三下乡’”活动启动。这次全省共有5万学生参加“三下乡”活动，与往年相比，增加了由南昌大学、江西师范大学、江西农大、江西财大和江西医学院博士组成的博士服务团。

省委副书记步正发（右五）、副省长胡振鹏（右四）出席出征仪式

10日 省委思想政治工作会议在南昌召开。会议的主要任务是，传达贯彻中央思想政治工作会议精神，总结交流各地加强和改进思想政治工作经验，部署今后一个时期全省思想政治工作。会议强调在新形势下，面对新的课题和任务，思想政治工作要在继承和发扬优良传统的基础上，做到在思路、内容、方法、手段、体制与机制等六个方面力求创新，由居高临下向深入基层拓展、由单一层次向多层次拓展；根据不同群众不同层次的文化需求和价值取向，确定内容，有的放矢进行；积极运用现代传播手段，健全宏观指导网络、检查考核制度，强调齐抓共管，为促进改革、发展和稳定提供强大精神动力和思想政治保证。

11日 南昌市红谷滩中心区建设举行开工奠基典礼，红谷滩开发正式拉开序幕。该中心区与滕王阁隔江相望，建设规模宏大，主要包括市行政、会展、新闻三大中心和区内三横七纵道路等基础设施建设。

12日 省政府召开全省安全生产电视电话会议。舒圣佑在会上强调，各地要认真贯彻全国安全生产电视电话会议精神，进一步从政治上、思想上、作风上、制度建设上进行全面深入地整改，推动全省安全生产工作，尽快扭转安全生产形势严峻局面。并就下一步安全生产工作进行全面深入整改提出了具体要求。出席会议的有各地市专员、市长，各县市区的县长、市长、区长，分管安全生产的副专员、副市长、副县长、副区长，省地县有关部门的负责人及重点企业的领导。

13 日 著名书画大师陶博吾先生（祖籍江西彭泽）诞辰 100 周年纪念活动暨陶博吾学术研讨会在江西名楼滕王阁举行。20 世纪 20 年代起，陶先生先后师从梁公约、黄宾虹、潘天寿诸先生学习中国书画，对诗词书画均有颇高的造诣。

14 日 省政府日前根据《国务院关于同意江西省撤销上饶地区设立地级上饶市的批复》精神，发出如下通知：撤销上饶地区和县级上饶市，设立地级上饶市。市人民政府驻新设立的信州区。上饶市设立信州区，以原县级上饶市的行政区域为信州区的行政区域。区人民政府驻三江大道。上饶市辖原上饶地区的上饶县、广丰县、玉山县、铅山县、横峰县、弋阳县、万年县、余干县、波阳县、婺源县和新设立的信州区。原上饶地区的县级德兴市由省直辖，上饶市代管。

14 日～16 日 国家地震局副局长何永年一行 4 人在赣考察。

14 日～15 日 全国妇联副主席、书记处第一书记顾秀莲在赣考察。

16 日～18 日 全省妇女第九次代表大会在南昌举行。顾秀莲到会讲话，舒惠国、舒圣佑等出席，省妇联八届主席魏小琴作工作报告。大会选举产生江西省妇联第九届领导班子，魏小琴当选为主席。

17 日 副省长胡振鹏在江西宾馆会见了来赣访问的以加纳国家文化委员会主席纳那・萨朋为团长的加纳政府文化代表团一行。他还向代表团一行介绍了江西省情和悠久的文化历史，希望进一步扩大中加两国的文化交流，加强和巩固两国关系。

21 日 省委选派高学历专员（市长）助理座谈会在南昌召开。会议宣布选派高学历专员（市长）助理的通知，共选派 11 名，其中 9 名博士、2 名硕士，平均年龄 37 岁。会议要求被选派的专员（市长）助理要刻苦学习，勤于思考，勤奋工作，注重实干，勇于奉献，淡泊名利，牢记宗旨，严格要求，深入实际，密切联系群众，树立良好形象。

22 日 应埃塞俄比亚提格雷州州长格布鲁・阿斯拉特、埃及国际合作部第一副部长艾哈迈德・拉格依和南非国民议会外交委员会主席易卜拉希姆的邀请，江西省副省长朱英培率江西省政府经贸考察团离开南昌前往北京并从北京出境前往非洲三国进行考察访问。考察团此次赴埃塞俄比亚进行洽谈，进一步扩大江西省与埃的经贸往来和经济技术合作，以争取更多更大的合作项目，并实地考察江西省在建项目的进展情况。接着考察团将与埃及贸易商会、工程公司、投资部门及部分大企业接触，力争加大贸易力度，开拓新市场，重点在对外经济合作、工程承包、农业、水利、房建等方面寻求合作机会。最后考察团在南非重点考察南非的经贸市场，拜会南非有关政府部门，会见南非商会、工程部门和一些加工企业有关人士，探讨江西省与南非扩大双边贸易的可行性，促进双方经济技术合作的发展。

23 日 来自全国各地 500 多家大型商场的 700 多名代表相聚江西共青城，庆贺江西共青鸭鸭集团公司成立暨第十八届鸭鸭羽绒制品交易会喜获成功。交易会上，该集团共推出了 300 多种款式的产品，成交 144 万件，成交额达 3.6 亿元，比上届增加 4000 万元。

24 日 应马来西亚教育部和新加坡高级企业管理研究中心的邀请，以江西省政协副主席喻长林为团长的江西省政协教育考察团乘飞机离开南昌，前往马来西亚和新加坡进行访问。省政协教育考察团的出访旨在促进江西省与马来西亚和新加坡在教育、经济、文化、科技和旅游等方面的合作和交流。考察团拜访两国教育部门和当地的华人侨联、社团，参观当地华人学校，与从事华文教育的人士进行座谈，介绍江西省改革开放以来经济建设和社会发展情况，考察新加坡高级企业管理人才培训工作等。

25日 省委常委会召开军事斗争准备专题会。会议强调要以刻不容缓的精神，抓好军事斗争准备，正确把握军事斗争的政治方向，保持国防动员机构和基层人武部的稳定，军地之间加强协调，统筹考虑经济发展和国防建设的需要，为军事斗争准备解决实际问题。要在重点工程建设上考虑军事需求，靠前指导，大事急办，特事特办。加大国防宣传和教育力度，在全省形成关心、支持军事斗争准备的氛围。军地加强沟通，形成合力，落实各项军事斗争准备。

26日 经教育部批准，江西省人民政府同意，江西省新添井冈山师范学院（是在吉安师范专科学校和吉安教育学院合并的基础上组建的）、上饶师范学院（是在上饶师范专科学校与上饶教育学院合并的基础上组建的）、宜春学院（是在宜春师范专科学校、宜春农业专科学校、宜春医学专科学校和宜春市职工业余大学合并的基础上组建的）、江西工业职业技术学院（是在江西省国防工业职工大学、江西省纺织工业职工大学、南昌无线电工业学校合并的基础上组建的）、九江职业技术学院（前身是九江船舶工业学校）5所高等院校。这5所高校均已纳入今年普通高校招生计划。至此，江西省本科院校已有17所，专科学校15所，扭转了原来本科院校少、专科院校多的局面。

26日～31日 舒惠国、舒圣佑、黄智权等同应邀来江西省考察的清华大学校长王大中、党委书记贺美英、副校长梁尤能、杨家庆等会见，就省校合作展开会谈。把江西资源优势与清华高科技为重点，以信息产业为切入口，推进全面合作，创建发展一批面向21世纪具有很强竞争力的企业；选择一批具有发展前途的企业，由清华大学注入技术管理和资金；以南昌大学为重点，在人才培养上增强合作力度，在现有基础上加大双方合作的深度、广度和力度（31日，省政府与清华大学在井冈山联合召开省校合作座谈会，签署《省校合作会谈纪要》）。

27日～28日 省军区党委七届七次全体会议在南昌召开。会议主要是学习中央思想政治工作会议精神，传达南京党委书记座谈会精神，集中研究党委如何加强军事斗争准备的领导，确保“三个代表”重要思想在军事领域的落实。会议强调带头实践“三个代表”的重要思想，增强部队和民兵预备役思想政治工作的针对性、实效性和主动性，促进以军事斗争为主线的各项工作的落实；要站在长治久安的战略高度，综合考虑经济发展和国防建设，积极主动为国防建设出谋划策；要着眼军事斗争准备全局需要，确保军事斗争准备的落实。

28日 江西国有企业经过三年奋战，到2000年，已实现整体扭亏增盈。通过改革，国有

《全民所有制工业企业转换经营机制条例》宣传活动场面

企业脱困目标基本实现，脱困率达60.4%，187家国有企业有38家实现扭亏为盈，17家企业进行了改组，48家企业实施了破产、兼并、关闭、重组。改革使国有企业呈现出勃勃生机。省委、省政府决定用100万元重奖省冶金行业在扭亏脱困中取得重大突破的有功人员。重奖国有企业改革和脱困的有功人员，在江西尚属首次。舒圣佑宣布，省政府还决定将对其他行业在扭亏脱困中作出突出贡献和成绩的有功人员给予表彰和奖励。

28日 省政府发布《江西省风景名胜区管理办法》。该《办法》经7月11日省政府第四十七次常委会议讨论通过，从即日起发布施行。

31日 省委发出通知（赣字［2000］120号文件）指出："当代江西简史编辑委员会，是在省委、省政府领导下，从事当代江西地方史的研究、编纂工作，是一项长期的重要任务。要贯彻江泽民总书记对国史、当代地方史研究工作提出的总结历史，说明现在，探索规律，启示未来的要求，认真研究中国特色社会主义的伟大事业在江西的发展进程、经验和规律，对在广大干部和群众中开展爱国主义、集体主义、社会主义思想教育提供丰富的史料和生动的教材，为资政育人服务，为推动改革开放和现代化建设服务。当代江西简史编委会下设的办事机构为当代江西简史编辑部，与省社科院当代江西研究所合署办公。"

公元2000年8月 农历庚辰年【龙】													
日	一	二	三	四	五	六	日	一	二	三	四	五	六
		1 建军节	2 初三	3 初四	4 初五	5 初六	6 初七	7 立秋	8 初九	9 初十	10 十一	11 十二	12 十三
13 十四	14 十五	15 十六	16 十七	17 十八	18 十九	19 二十	20 廿一	21 廿二	22 廿三	23 处暑	24 廿五	25 廿六	26 廿七
27 廿八	28 廿九	29 八月大	30 初二	31 初三									

1日 省九届人大常委会第十七次会议讨论通过了《江西省防震减灾条例》。该《条例》共7章44条，自即日起施行。主要内容包括第一章总则，共9条；第二章地震监测预报，共8条；第三章地震灾害预防，共10条；第四章地震应急，共5条；第五章震后救灾与重建，共5条；第六章法律责任，共6条；第七章，共1条。

2日 一张面值为壹角的“闽浙赣省苏维埃银行银洋券”日前在黎川县被发现。该券长9.2厘米，宽5.7厘米。正面为蓝红两色，上部正中书有红色行书“闽浙赣省苏维埃银行”字样，正中蓝色地球图案里是镰刀和斧头位于五角星内的红色党旗，左右印有“壹角”字样，还盖有五角的“闽浙赣苏维埃银行”的黑色椭圆形印章，发行时间为“一九三一年”。反面为墨黑色，四角各有一个圆形“镰刀斧头五角星”图案，图案右左分别竖印“凭票即兑，银洋壹角”，正中盖有直径为4.2厘米的“闽浙赣省苏维埃银行”圆形红色印章。

3日 江西省基础设施建设继续获得国家大力支持。到目前，国家计委已下达今年江西省第一批基础设施国债投资计划，安排国债投资14.103亿元，用于水利、移民建镇、交通、农村电网改造、城市基础设施等方面的建设。其中，农林水2.7亿元，移民建镇2.601亿元，交通2.5亿元，农网改造3.992亿元，城市基础设施建设2.31亿元。这批安排的国债投资计划中，中央补助10.253亿元，地方转贷3.85亿元。在国家的大力支持下，1998年至今，国家安排全省基础设施国债项目已达185项，国债投资共113.8744亿元。

4日 全省农业税征收工作会议在南昌召开。2000年是江西早稻退出保护价收购范围的第一年，会议要求各地针对新情况和新问题，深入开展调查，并结合本地实际，制定切实有效的征管措施，确保农业税款及时足额地征收到位。

5日 省委宣传部、新华社江西分社、省文化厅联合主办的《军旗——世纪的风采》大型歌舞演唱晚会在江西艺术剧院隆重举行。中国人民解放军总政歌剧团作全程演出。晚会以舞蹈、独唱、小品、器乐等艺术形式，热烈庆祝人民解放军建军73周年，热情歌颂三代领导人对创立和建设一支强大的人民军队所作出的巨大贡献。舞蹈《五壮士》等讴歌了人民军队在不同历史时期立下的丰功伟绩；小品《军嫂情》在轻松的艺术氛围中重温新时期的军民鱼水关系；大型舞蹈《军礼》、《士兵的假日》，则以宏伟的气势展示了现代跨世纪的人民军队不可战胜的威武气概。

6日 省委、省政府召开全省安全工作紧急电视电话会议，传达贯彻中央领导关于安全工作的指示精神。要求全省上下切实把中央关于安全工作的精神融化到思想上，落实到行动上，以讲政治和反腐败的高度从根本上治理。

8日 全省规模最大的畜禽批发市场——赣州畜禽批发大市场近日在赣州市章贡区动工兴建。该市场建于赣州市章贡区湖边镇105国道旁，占地35亩，总投资1000万元，主要经营畜禽批发。市场建成后，可实现年成交量8000万元。大市场的建设，进一步促进了赣南养殖业向规模化产业化发展。同时，可解决畜禽市场销售渠道不畅的问题。

8日 奉新县干洲镇农民周作利的水彩画《平常农家》，日前荣获中国国际禅文化中心菲律宾分会举办的首届“故乡情”书画赛金奖。

8日 由江西人民医院眼科罗兴中教授主编的《实用眼科诊疗手册》，经国内有关专家评审，荣获1999年度华东地区优秀图书二等奖。该书收集了国内外眼科新技术、新进展，是由国内有名望的专家教授共同编写的。它是江西省首部眼科诊疗书籍，其内容丰富，具有实用性、新颖性、指导性、可操作性，是眼科临床、教学、科研工作者的有益参考书。

9日 全省非公有制经济代表人士“双思”报告会在南昌召开。南昌市个体工商户、私营企业管理人员和省市有关单位干部职工1100多人参加了报告会。全国政协委员、江西果喜集团董事长张果喜，全国政协委员、九江民生集团董事长王翔，全国人大代表、江西蓝天职业技术学院院长于果，省政协委员、江西汇仁集团董事长陈年代等作典型发言，他们从自身经历和企业发展历程，畅谈“致富思源，富而思进”教育活动的体会和今后努力的方向。与会人员认为开展“双思”活动，有助于激发广大非公有制经济人士的爱国主义热情，增强团结在党中央周围的凝聚力；有助于加强精神文明建设，坚持社会主义道德观、义利观，提高自身素质，树立新的社会形象；有助于克服小富即安、小进即满的观念，促进企业更快更好发展，并帮助、带动共同富裕。

10日 为期3天的全省财政地税工作会议在南昌召开，会议的中心议题是：以“三个代表”重要思想为指导，深化改革，开拓进取，进一步做好各项财税工作。

10日 经中棉所和江西农大专家鉴定，彭泽县引进的第一代抗虫棉试种喜获成功，解决了年年防虫，防虫效果不佳的一大难题。抗虫试种棉是利用棉花自身防虫系统，结合杂交优势，增强棉花的抗虫性，在抗虫棉试种区，虫数相对减退60%～80%，每亩节省农药60%～70%，亩皮棉增幅10%～15%。

11日～12日 全省小城镇建设工作会议在南昌召开。会议传达全国村镇工作会议精神，总结交流“九五”小城镇建设经验，部署全省当前和今后的城镇建设。舒圣佑、建设部副部长赵宝江讲话。会议强调小城镇建设要明确目标，选准着力点，搞好规则，今后一个时期的重点是加快京九铁路、浙赣铁路、105国道、302国道及高速公路沿线的小城镇建设和发展。

13日 由中国植物学会、植物生理学会、细胞生物学会、中国遗传学会联合主办的为期一周的全国植物分子生物学与生物技术学术研讨会在庐山举行。中科院副院长、北京大学校长许智宏讲话并作学术报告。中科院上海植物生理所洪孟民院士、国家“973”项目三位首席科学家及中科院各有关院所、北京大学、清华大学、中国农大、中国农科院、南开大学等有关院校、院所的专家、教授以及来自美国、德国、新加坡及中国香港地区的有关专家80多人出席了研讨会。

14日 鹰潭市月湖区角山村一农民最近在家挖房屋地基时，意外挖出一些破碎的陶器，经考古专家鉴证，此处是商代制窑的古窑址。经文物考古工作人员的考察，确认角山为商代古窑址群，规模宏大，占地约为9000平方米。从发掘出的数十件商代陶器来看，制作工艺精美，造型别致，工艺性极强。文物考古界多年来不断发现和挖掘商代陶器，却一直没有发现商代制窑的古窑址。鹰潭角山古窑址的发现与初步发掘，终于将这存在于文物考古界的商代制陶悬念彻底证实。

15日 吉安市近日发现一只1934年的邮袋。邮袋通体呈纺锤形，系用苎麻织成的白色夏布布质。除袋口处的双尖形尖角遭磨损缺失外，整个袋体基本保存完整。现存袋体通长100厘米，腹径为50厘米。邮袋正面呈竖排手书每字约10厘米见方的“赤色邮政”四个大字，其中绘有内置交叉镰刀铁锤的红五星图案。红五星内，钤盖的直径为4.5厘米“中华苏维埃共和国中央邮政总局”印章，其字迹尚依稀可辨。邮袋背面中部，则绘有直径约8厘米“在地球形上插交叉的镰刀与锤子，右为谷穗，架于地球形之下和两旁，地球形之上为五角星”的“中华苏维埃共和国国徽”徽记。该发现为研究苏区邮政初创及发展历史提供了宝贵的实物证据。

15日 省政府召开省直机关行政审批事项清理整顿工作动员会议。黄智权在会上强调，行政审批事项清理整顿工作要以“三个代表”重要思想为指导，通过清理，最大限度地减少行政审批事项，进一步规范行政审批行为，推进政府机构改革，切实转变政府职能，改进机关工作作风，努力提高政府机关工作效率，促进依法行政。要坚持有利于改革、发展和稳定，把那些影响甚至制约改革、开放和发展，影响和不利于社会稳定的审批事项一律取消，从而形成一个宽松的、良性循环的经济社会发展的管理体制和运行机制，促进全省的改革、发展和稳定。

15日 为期两天的全省“148”法律服务工作暨基层司法行政工作会议在鹰潭召开。会议要求基层司法行政工作要突出两个龙头建设，努力实现基层司法行政工作的新突破。进一步加强“148”建设，真正发挥其龙头作用。彭宏松在会上强调，各级司法行政机关要自觉置于党的绝对领导之下，坚持围绕经济建设这个中心，创造性地开展各项工作，充分发挥职能作用，以实际行动争取党委、政府的重视与支持，把基层司法行政工作提高到一个新水平，为维护全省社会稳定、促进改革开放和经济发展作出新贡献。

15日 江西纸业“九五”技改项目获国务院批准。江纸公司“九五”技改项目总投资13亿3965万元，其中引进设备7898万美元。该项目包含六个方面的内容：引进一条日产550吨的高档新闻纸生产线；引进一条日产500吨TMP生产线；引进一条日产150吨的DIP生产线；新建日处理能力为4万吨的污水处理站；相应改造水、电、汽供应系统；配套建设造纸林业基地。工程完成后，该公司新闻纸总生产能力可由年产10万吨上升到25万吨。

16日 全国首届蒲公英奖决赛近日在贵阳市结束。江西省10个参赛节目脱颖而出，共获表演金奖2个，银奖3个，铜奖7个；创作金奖3个，银奖4个，铜奖2个，江西省文化厅获组织工作奖。在同时举行的全国农村儿童文化园颁牌仪式上，江西省安义县龙津镇凤凰农村儿童文化园被命名为“全国蒲公英农村儿童文化园”。大会为该园颁发了奖牌和奖金。

16日 宜春市召开撤地设市庆祝大会并举行授印揭牌仪式。这次撤地设市，对加快宜春发展将产生重大而深远的影响，对全省两个文明建设都将产生重要影响。

16日 经教育部批准和省政府批复同意，一所由原宜春师专、宜春农专、宜春医专和宜春市职大合并建立的综合性本科学院宜春学院在宜春挂牌。步正发为宜春学院揭牌。目前，宜春学院下设文学院、理学院、医学院、农学院、工学院、法商学院、成人教育学院和职业技术学院8个内设学院以及外语系、艺术系、体育系3个直属系。学院的学科涵盖了经济学、法学、教育学、文学、历史学、理学、工学、农学、医学、管理学10大学科门类，设有21个系、64个专业，学院本部和实习基地专、兼职教师1001人，正、副教授382人，还聘请了包括中科院院士江元生、中国工程院院士袁隆平等一批国内外知名的专家学者为客座教授。

16日 全国首届高校书记、校（院）长书法邀请展在宜春学院举行。共有18个省、市和军队的42所高校参加了展览。展出的作品取材广泛，风格各异，具有很强的艺术感染力。展览于9月12日结束。

18日　全省地、县级领导干部种草养畜养禽培训班在南昌举办。舒圣佑讲话强调，要像抓粮食那样抓种草养畜，把它作为增加农民收入的重要措施，全面调整和优化江西农村经济结构，确保农民收入的稳定增长。

18日　华东六省一市外事工作会议在南昌召开。外交部副部长吉佩定一行到会（22日，吉佩定应邀在会议上作国际形势报告）。

19日~21日　国务院三峡建委副主任郭权言一行在赣考察三峡移民安置事宜。

20日　由九江化纤股份有限公司生产的"白鹿"牌系列黏胶人造丝，其产品商标"白鹿"及图案目前在韩国获得注册。这一商标注册权的获得，标志着九江化纤股份有限公司"白鹿"牌黏胶人造丝产品正式冲出国门，走向世界。

20日　省直机关百名年轻干部到县（市、区）任职暨下基层调研动员会在南昌举行，经组织遴选，在被推荐的167名年轻干部中选调了99名。他们将首选被派到基层进行为期一个月的蹲点调查，了解基层群众，熟悉基层情况，经考核合格者再到县（市、区）任职。步正发出席会议并在讲话中强调，年轻干部蹲点调研要有强烈的责任感，要发扬艰苦奋斗的精神，真正深入实际，深入群众，掌握全面、真实的情况，要谦虚谨慎，实事求是，科学地分析新情况新问题，正确地作出判断，理出思路，不断提高自己运用马克思主义的立场、观点和方法研究问题和解决问题的能力。

21日　江西省人民医院心内科日前首次成功为一位因肾动脉狭窄引起肾性高血压的患者施行了肾动脉狭窄囊扩张术及支架植入术。约有5%的高血压患者是因肾动脉狭窄引起的，他们只能终生服药或开腹治疗；而肾动脉狭窄支架术创伤小、并发症少。

21日　于都县近日被列为2000年国家生态环境建设续建县。此续建项目总投资330万元，其中中央投资290万元，地方配套40万元。项目建成后，项目区可新增林草面积922公顷，并可治理水土流失面积1820公顷，年保土量7万吨，年增蓄水量115.6万立方米，可获得直接经济效益达679万元。

21日　在新干城郊发现的"流觞曲水"石刻，日前经过专家考证、研究，被认定为五代北宋时期（937~975）文物。这块"流觞曲水"石刻由大小八块槽石合成，长2.88米、宽2.47米、厚0.32米，略呈正方形平面状，中间稍隆起，石上凿有一条流水道，弯曲回环，水道中每0.50米左右便有一个酒杯大小的圆弯。

22日　省委召开全省党员领导干部会议。舒惠国讲话指出，今年全省在经济呈平衡增长态势的同时，仍存在一些不容忽视的问题：农民收入增长减缓的趋势没有得到有效遏制，工业经济效益处于低水平、投资总量偏小。会议要求各级领导干部振奋精神，迎难而上，着力解决突出的矛盾和问题，努力完成今年的各项经济任务；要高度重视，把稳定作为"压倒一切"的头等大事，做好应对各种复杂局面的思想准备，突出抓好农村的稳定，凡违反中央和省委、省政府规定而增加的农民负担，必须立即取消，主动整改；务必从发生的重大事故中吸取教训，常抓不懈，把安全的各项措施落实，覆盖各行业和全社会，要像抓防洪抢险那样层层建立责任制，把安全生产的重点转移到预防为主，同时强化对安全生产的监督；新班子要尽快进入角色，树立求真务实的作风，真正做到"不受虚言，不听浮术，不采华名，不兴伪事"，努力开拓进取，开创新局面。

23日　新华社南昌电，省委、省政府办公厅近日向全省各地发出了关于进一步减轻农民负担的紧急通知，部署减轻农民负担专项执法检查。通知明确指出，凡因农民负担问题发生严重事件和恶性案件的地方，实行"一票否决"，县、乡党政领导不得提拔重用，并视情况严格追究责任。各级、各地干部要自觉以"三个代表"重要思想为指导，从讲政治、保稳定、促发展的高度充分认识减轻农民负担的极端重要性和紧迫性。

凡是违反中央和省委、省政府规定的农民负担项目，必须立即取消，坚决整改。

24日 江西省创建卫生城市工作现场会在广丰县召开。广丰县城近日被全国爱卫会命名为"国家卫生县城"，成为江西省第一个获此殊荣的县城。该县近年共投资11.95亿元用于城镇建设和改造，拆迁各种危房旧房26.4万平方米，县城面积由原来的1.04平方公里扩至8.4平方公里，新建现代化建筑130多万平方米；新建改造城区道路68条，总长21公里；建成日供水能力3万吨的自来水厂和一个大型垃圾处理场；新建蔬菜、水果、建材、畜牧、机动车辆等六大交易市场。

24日 永丰首次由民间人士出资的"恩江河奖学基金会"在永丰中学进行颁奖。该县3名考取清华、北大和12名考入其他重点大学的品学兼优的贫困应届高中毕业生，分别获得该基金会1000元奖金。6月，由永丰籍进城务工者刘晓刚出资5万元，叶惊涛出资5000元，吴道义、刘晓春、敖建泉分别出资1000元的民间"恩江河奖学基金会"成立。该基金主要奖励每年考取全国重点大学的永丰贫困应届高中毕业生。

25日 省委、省政府隆重举行中组部、团中央"博士服务团欢送会"。省委副书记步正发在会上要求青年知识分子：第一，用邓小平理论和江泽民"三个代表"重要思想武装头脑，指导工作；第二，进一步增强责任感、使命感和紧迫感，把实现国家振兴和改变江西面貌当做自己的事业和终生的追求，在科技兴赣、富民强省的伟大事业中发挥自己的作用，作出自己的贡献，实现自己的人生价值；第三，胸怀大志，加强学习，提高素质，不断进步，为科学事业的发展，人类文明和国家富强作出更大的贡献。

25日 江西省信息产业厅揭牌仪式在南昌举行。江西省信息产业厅是省政府机构改革中新组建的一个政府组成部门，主管全省电子信息产品制造业、通信、信息服务业及软件业。它的组建成立，对加速发展江西省信息产业和社会服务信息化起了重要作用。

25日 历时近三个月的江西省首次经济社会发展重大课题招标工作正式揭标，《西部大开发与江西发展研究》、《生态经济与江西可持续发展研究》、《江西高新技术产业发展对策研究》、《江西传统农业改造研究》、《加快江西城市化进程研究》5项招标课题各有其主，省社会科学规划办负责人分别与江西财经大学、省社科院、省委党校等中标单位的项目负责人签订了协议书，要求中标单位半年之内拿出对策性的研究报告，为省委、省政府决策服务。

25日 江西长运集团南昌市运输公司京山物流中心与北京科利华中运网络有限公司签订协议，成为南昌市第一个登陆中运网站的企业。京山物流中心加盟中运网络运输之后，可以将传统地面的空车配货搬到网上，打破企业间、地域间的界限，利用互联网手段架起覆盖全国的空中货运交易市场，从而解决由于信息不畅、信息传递慢、信息渠道窄而造成的资源浪费现象，大大提高企业的运输效率。

25日 在景德镇市昌河飞机工业（集团）公司吕蒙机场，俄罗斯国家试飞研究院研究人员成功完成了我国第一个自行设计制造的直升机——直十一型机民用适航取证中被称为"死亡禁区"风险科目的科研试飞，这标志着直十一型机的民用适航取证取得了突破性进展。

25日 历经3个多月的改制过程，景德镇印刷包装机械有限公司国有资产产权转让合同正式签字生效，包括法人在内的千余名职工出资购买了4047.48万元的股份。改制后，印机公司从一家隶属于机械局管理的国有独资公司变成完全由内部职工持股的有限责任公司。

26日 省委组织部、省委宣传部、省教育厅党组在南昌召开全省第十一次高校党建工作会议，深入学习贯彻"三个代表"重要思想以及全国第九次高校党建工作会议精神，研究部署新形势下学校党的建设、思想政治工作和德育工作。钟起煌在讲话中强调，高校肩负着培养社会主义现代化事业建设者和接班人的重任，只有充分发挥思想政治工作这一政治优势，才能确保社会主义办学方向，才能确保培养社会主义现代化事业建设者和接班人。

27日　“中华炎黄圣火”火炬由湖南传抵萍乡市。圣火自即日至9月1日在江西省途经萍乡、宜春、南昌、鹰潭和景德镇5站，然后从黄山进入安徽省，9月底抵达天安门广场。

28日　省政府全体会议在南昌召开。会议以全面抓好各项经济发展和切实维护社会稳定为主题。

28日~29日　全省非公有制经济组织党建工作会议在南昌召开。会议强调非公有制经济是社会主义市场经济的重要组成部分，要适应形势发展的要求，以改革的精神，研究解决非公有制经济组织党建中的实际问题，抓好党建，明确党组织在其中的地位和职能，探索发挥党组织作用的途径和方法，促进非公有制经济的健康发展。

29日　在收听收看全国加强矛盾纠纷排查调处工作电视电话会议后，省委召开全省电视电话会议。会议强调坚决贯彻中央排查调处矛盾纠纷的精神，坚持工作在前、预防为主的原则，切实把矛盾纠纷化解在萌芽状态，努力做到矛盾和纠纷不出乡村、不出厂矿、不出街道，巩固维护社会稳定的第一道防线。

30日　全省干部人事制度改革经验交流会在南昌召开。会议的主要任务是，传达贯彻全国干部人事制度改革经验交流会议精神，交流、总结全省干部人事制度改革经验、部署人事改革任务。会议强调结合江西实际，进一步提高干部工作的透明度，完善干部考核办法，健全择优汰劣机制，把干部能上能下列为重点。加大干部交流力度，包括锻炼性交流、回避性交流和任职期满交流等，建立健全干部交流的激励机制和保障机制，使之规范化、制度化。同时，加强对现有干部的教育培训、监督管理。要明确职责，制定整体规划，实施配套改革，实行分类指导，确保人事制度改革积极稳妥地向前推进。

31日　中央“三讲”教育检查组与省委交流意见。关敦通报情况，舒惠国讲话。认为第二批县（市、区）开展“三讲”集中教育和地市级组织“回头看”活动以来的整改进展较好，应继续取得制度化、经常化的实质进展；必须建立督察、监督机制，兼顾对班子集体及领导干部个人两个方面的整改；对群众反映的意见和建议，要认真处理，一抓到底，整改出实效。

31日　全国农业综合开发现代化示范园区座谈会在玉山县召开，全国19个省市农业开发系统的70余人出席。会议认为，农业现代化示范园是农业综合开发发展到一定阶段的新生事物，各地要因地制宜、统筹兼顾、远近结合地做好科学规划，探索出适合国情省情的农业现代化示范园。会议于9月2日结束。

公元2000年9月　农历庚辰年【龙】													
日	一	二	三	四	五	六	日	一	二	三	四	五	六
					1 初四	2 初五	3 初六	4 初七	5 初八	6 初九	7 白露	8 十一	9 十二
10 十三	11 十四	12 中秋节	13 十六	14 十七	15 十八	16 十九	17 二十	18 廿一	19 廿二	20 廿三	21 廿四	22 廿五	23 秋分
24 廿七	25 廿八	26 廿九	27 三十	28 九月小	29 初二	30 初三							

1日　2000年世界文化景观——庐山国际文化游泳节在庐山开幕。全国人大常委会副委员长铁尔木·达瓦尔提，舒惠国、军科院原院长刘精松上将、国家建设部副部长郑一军、国家旅游局党组成员、监察局局长王军、西安市市长助理姚联盟、军科院战略副部长朱光明少将和省有关负责人出席了开幕式，还有来自美国、英国、德国、日本、荷兰、法国、斯洛文尼亚、澳大利亚、奥地利、意大利、韩国、新加坡、马来西亚等国家以及中国香港、台湾地区的有关人员共3000余人。本届庐山国际文化旅游节由九江市、省旅游局、庐山管理局举办，旨在落实省委、省政府发展江西旅游的战略构想，共同发展庐山、九江乃至江西的旅游经济。

2日　江西最大的台资企业——江西亚东水泥有限公司竣工开业。全国人大常委会副委员长邹家华发来贺电，舒惠国、舒圣佑、国台办常务副主任李炳才和省有关部门负责人出席庆典。江西亚东水泥有限公司是台湾地区远东企业集团亚洲水泥公司投资建立的大型企业。1997年12月动工，第一期工程实际投资14亿元，年产水泥150万吨；第二期工程建成后可达300万吨；采用德国、瑞士、丹麦、日本等国先进的生产设备，生产流程均为全封闭作业。

2日　中国联通江西分公司与江西国信通信公司达成整体融合协议，国信通信成为江西联通的控股子公司。融合后的江西联通是江西唯一一家全面经营电信基本业务和增值业务的综合性企业，此举有利于盘活电信资产，优化资源配置，促进企业整体效益最大化。

3日～17日　以舒圣佑为团长的省政府赴闽学习考察团在福建考察。考察团成员由各行署专员、省辖市市长和省政府有关部门主要负责人组成。考察团在福建5个地市、11个开发区、41个企业和单位调研、学习、考察。舒圣佑、习近平分别代表赣闽两省政府签订了《江西省人民政府、福建省人民政府关于进一步加强两省经济技术合作的协议》。

4日　江西省首起国债技改项目国内设备招标日前在乐平结束。江西锅炉化工石油设备机械联合有限责任公司、南昌市锅炉设备安装公司压力容器制造厂分别在两个项目中中标并获国家经贸委认可。

4日　江西省学位委员会日前审批通过41个硕士点，这是江西省首次自行审批硕士点。在审批通过的41个硕士点中，学科结构、硕士点结构发生变化，工学点所占比例由28.9%上升为31.8%，经济学点由7.3%上升为7.8%，管理学点由3.4%上升为5.2%；硕士点在地区与高校之间的分布发生变化，非省会城市有授予权的高校硕士点上升，硕士点偏少的高校获得大幅度提高；一些含点偏少的一级学科获得加强，分布更趋合理。

4日　省政府办公厅在南昌召开《江西政报》表彰暨宣传发行会议。会议指出，《江西政报》是江西省人民政府机关刊物，是转发国务院、国务院办公厅，下发省政府、省政府办公厅普发性文件的唯一刊物，是江西省颁布政策法规的法定期刊，是刊登国家法律、法规和政策的重要载体，做好《江西政报》的宣传发行工作，是保证党的路线、方针、政策的贯彻执行，保证政府令畅通，保证各级政府依法行政和依法办事的需要。

6日　省政府在厦门举行招商引资新闻发布会，介绍省经济发展情况。厦门市政协副主席庄威，新华社、《人民日报》、香港《文汇报》、香港《商报》、香港《大公报》等30多家媒体的记者出席。省委、省政府重点推介151个招商项目，主要有农业开发项目、旅游项目开发和基础设施以及环保、高新技术产业、食品、医药、机械、电子、化工等。

6日~7日　全省社会保障工作会议在南昌召开。会议就江西社会保障和医药卫生体制改革作了具体部署。会议强调要继续把巩固“两个确保”放在首位，建立和完善独立于企事业单位之外的社会保障体系。省政府决定，各级财政要按养老保险基金收额的3%，由同级财政拿钱建立养老保险征缴激励经费，主要用于弥补社保经保办机构业务经费的不足；强化扩面征缴的手段，建立养老保险调剂资金的约束机制；确保离退休人员养老金按时足额发放。

8日　以朱英培副省长为团长的代表团参加了在厦门国际会展中心举行的第四届中国投资贸易洽谈会开幕式。江西省作为成员单位之一，紧紧围绕本届“投洽会”突出投资洽谈主题，强化洽谈功能，加大外商投资新政策的宣传力度，加强国家鼓励和支持发展的重点行业配套项目的对外招商、突出对台经贸合作的特色，精心筛选了151个项目编印成册对外推介，进行洽谈，并广泛结识新朋友。来自德国、加拿大、奥地利、瑞典、西班牙、日本、菲律宾、澳大利亚、新加坡以及中国香港、澳门、台湾的50多位客商参加了座谈会。国务委员吴仪参观了江西展馆。

9日　以100%南丰蜜橘汁为原料酿制的飞环“干黄果酒”，在北京人民大会堂和上海、广州、深圳、重庆、厦门等大中城市同时登台亮相，大举进军果酒市场。省委常委、省委农工委书记彭崑生出席了在南昌举行的新闻发布会。这一举措，解决了橘农“卖难”问题。

10日　2000年江西横向经济联合协作项目洽谈会在福建泉州举行，共签约573个项目，投资达6.5亿元。

11日　即日开始，南昌市创建“中国优秀旅游城市”工作将接受国家级验收。国家“创优”验收组一行7人分成现场检查组、抽样调查组、资料审查组三个小组，深入各景点、宾馆饭店、商业网点以及娱乐场所进行全面检查。同时向前来旅游的海内外游客征询对南昌市旅游环境、旅游市场秩序及旅游服务质量的意见。“国检”历时5天。

11日　新余市林业局绿色食品开发中心开发的“仙女湖”牌昌山香椿，获得了中国绿色食品发展中心颁发的国家A级绿色食品证书，这是江西省目前唯一获此证书的蔬菜类产品。香椿嫩芽是著名的森林蔬菜，它脆嫩可口，香味浓郁，色泽鲜艳，富含人体必需的氨基酸、蛋白质、多种维生素等营养成分，是传统的绿色美味保健食品，在东南亚和我国港澳台地区深受欢迎。

12日　第四届中国投资贸易洽谈会在厦门结束。期间，江西共签订89个项目的合同，外资额达3.3872亿美元。其中居首位的工业项目29个，旅游项目14个。

12 日～14 日 全国森林公安和森林防火工作会议在南昌召开。国家林业局副局长马福主持，公安部部长助理杨焕宁出席会议并讲话。会议强调加强生态环境建设，开创新世纪森林公安和森林防火工作新局面。要求提高队伍的整体素质和战斗力，加强信息网络体系建设，完善林火预测预报体系，提高科学防火水平，强化空中直接灭火手段。

13 日 省文联、省舞协举行颁奖仪式，表彰在由中国文联、中国舞协举办的第二届“小荷风采”全国少儿舞蹈比赛中的获奖者。在这次比赛中，江西省荣获“1 金 1 银 4 铜”的好成绩。《小荷才露尖尖角》获金奖，《我们的祖国是花园》获银奖。本次比赛全国共有 399 个作品、8000 余名小演员参加。

14 日 省委召开全省高校“三讲”教育活动暨巡视组培训会议，学习江泽民“三个代表”重要思想，贯彻中央、中办和省委有关文件精神，动员部署全省高校“三讲”教育工作，培训派驻高校的巡视组。省委书记舒惠国作重要讲话并强调，要按照“社会主义政治家、教育家”的要求，以整风精神扎扎实实搞好高校“三讲”教育。当前，应做好以下四项工作：（一）认真加强马列主义、毛泽东思想特别是邓小平理论的学习，树立正确的世界观、人生观和价值观，坚定社会主义、共产主义的理想与信念；（二）全面贯彻执行党的基本路线和教育方针，加强思想政治工作，坚持社会主义办学方向；（三）坚持和完善党委领导下的校长负责制，不断加强党对高校工作的领导；（四）牢固树立全心全意为人民服务的根本宗旨，进一步增强高校领导干部的革命事业心和责任感。

15 日 舒惠国会见以越南共产党中央委员、越共中央办公厅主任陈庭欢为团长的越共中央办公厅代表团。舒惠国介绍了改革开放以来江西经济发展情况，欢迎越南朋友经常来江西参观考察。中共中央办公厅有关部门和省委办公厅、省外事侨务办负责人会见时在座。

15 日 中国科学院院士、著名理论家、哲学家、中国科学院理论物理研究所研究员、北京大学哲学系教授何祚庥，在南昌作题为《当代科技发展特点及对我国科技工作的启示》的报告。报告还结合江西的实际，提出了许多发展科技经济的建议。出席报告会的省直单位县（处）级以上干部和省委党校学员共 1000 余人。

16 日 具有年产化肥 45 万吨生产能力的江西贵溪化肥厂更名为“江西贵溪化肥有限责任公司”注册成立。该厂建设资金大部分来源为贷款，资产负债率高达 92%，生产经营举步维艰。1999 年 9 月，该厂与中国信达资产管理公司等四方达成债转股协议，成为全省化肥行业和江西首家债转股试点企业。2000 年 6 月，国家经贸委批准该企业债转股协议付诸实施。现在，该厂以江西贵溪化肥有限责任公司的名义正式注册成立后，成为江西首家实行投资主体多元化公司制企业，进入债转股运作，资产负债率降至 33.49%，卸下了沉重的债务包袱，增强了市场竞争力和企业发展后劲。

16 日 由武宁县水产局和南昌大学生物工程系共同承担的《似鮈鱼生物学及人工繁殖、苗种培育》科研项目，近日在武宁县试验成功并通过专家鉴定。该项技术填补了我国似鮈鱼生物人工繁殖技术的空白，所设计的孵化工具和采取的繁殖方法对普及这一技术具有较强的实用价值和指导作用。这为合理开发利用当地的渔业资源和养殖业可持续发展提供了科学的依据。

17 日 彭泽特种胶业有限公司承担的省重点新产品——“TH－99 型高性能低播焰聚氨酯胶”，日前通过省级鉴定。“TH－99 型高性能低播焰聚氨酯胶”达到了播焰、高碳化、可发泡的性能指标，居国内领先水平。产品经有关单位测试和使用，达到进口同类产品的性能指标。产品成本低，无溶剂，符合环保要求，具有明显的经济效益和社会效益。

18 日 庐山日前举办“庐山图书馆藏珍善本”展览。展览以该馆历年收藏的珍贵历史文献为主，全部为实物，配少量照片和影印件，有许多是第一次向广大读者公开展出。这些文献系统介绍了庐山图书馆珍贵的藏书，展览期间免费向游客和读者开放。展品主要有该馆馆藏最早图书，如1440年刻印的佛经等珍贵善本书，有康熙年版《庐山志》等庐山历史志书，清朝时期刻的陶渊明等与庐山有关的名人文集等。同时展出的还有19世纪中叶至20世纪初期的外文原版图书，其中有1832年美国费城出版的《乔治·华盛顿传》，1886年英国商人李德立的签名图书，1898年伦敦出版的《莎士比亚全集》和世界著名的百科全书等。这些图书是研究中国古代史、近现代史和庐山地方史的珍贵史料。

19日~26日 江西招商引资项目推介会代表团访问德国、法国。近几年，江西同德、法、意在经贸、科技、教育、农业等领域均有交流与合作。此次推介活动，着眼江西产业结构调整战略，通过举办小型的有针对性的项目推介，交流与洽谈了一批项目。代表团还考察与江西建立了友好省州的德国黑森州，磋商落实既定的合作项目。

20日 全省劳动模范和先进工作者表彰大会在南昌举行。这次受省政府表彰的有：劳动模范506名、先进工作者187名。其中有2000年初受到国务院表彰的61名全国劳模这次又授予省劳模称号。

22日 公安部、财政部、国家计委组成的联合检查组对南昌市消防特勤大队进行了为期两天的严格考核。联合检查组认为南昌消防特勤各方面建设基本达到国家要求，已初步具备了处置化学灾害事故和其他灾害事故的能力。南昌市消防特勤大队自1989年组建以来，注重队伍建设和管理，强化训练和演练，部队灭火救灾、抢险救援能力大大增强，组建至今共接警出动参加各类灭火救灾1000多次，解救被大火围困人员100多人，处置各类灾情、险情50余次。

23日 华东地区党校校长座谈会在南昌举行。会议主题是进一步深入学习党中央关于《面向21世纪加强和改进党校工作的决定》以及全国党校工作会议精神，交流学习贯彻该《决定》的经验和做法。步正发出席并讲话。

24日 以副省长朱英培为团长，由省外办和南昌、九江、新余等市负责人及有关工作人员组成的江西省代表团一行启程，参加在北京举办的"2000中国友好城市国际大会"和"2000中国国际友好城市交流展暨经贸洽谈会"。江西省对口友好城市日本岐阜县、冈山县和九江市对口友好城市澳大利亚波波郡也派代表参加。这次活动展示、交流了开展友好城市工作的情况和所取得的成绩，拓宽了江西的对外交往渠道，促进友好城市工作的更大发展。

25日 为纪念中华苏维埃共和国成立70周年，《伟大预演——中央机关在瑞金》一书由知识出版社出版发行。全书共28章，11万余字。

25日 安福县洋溪镇最近发现大批红军标语，这些标语主要分布在该镇上市、桥头、店背、涟塘、合村、石山、横江、新居村的祠堂和古建筑物上，用硃红漆书写，大字字体长70厘米，宽60厘米，署名小字20厘米见方，既有魏体，又有行楷，文字遒劲有力。

26日 担负管理赣、闽两省辖区内中央储备粮和直属库的中国储备粮管理总公司南昌分公司成立。南昌分公司是中储粮总公司在全国设置的14个分公司之一，受总公司委托，负责管理江西、福建辖区内中央储备粮和直属库。

27日~28日 第四次全省民族团结进步表彰大会暨对口支援工作总结表彰大会在南昌召开。省政府授予铅山县篁碧畲族乡等30个单位为全省民族团结进步模范集体，授予兰金荣等30位为全省民族团结进步模范个人称号，授予省财政厅等16个省直单位为对口支援民族乡村工作先进单位。有关领导为受表彰的模范集体和个人颁了奖。

28日 中央政法委秘书长王胜俊来江西考察政法综合情况，先后深入到吉安、九江、景德镇等地，并实地考察了吉安市兴桥镇、九江市孤溪埂安全小区等基层单位。他认为，江西结合本地实际创造性贯彻中央精神，工作扎实，政治基层组织建设落实，责任追究制等制度健全，化解了大量矛盾，确保了社会政治稳定，并指出要在实践中大胆探索、总结、推广创建安全文明小区的先进典型，持之以恒地坚持下去。考察于10月2日结束。

29日~30日 全省农业综合开发工作会议召开，会议强调，要以效益为中心，围绕农业产业结构战略性调整，创新开发机制，提高开发水平，在农业立体开发的深度上做文章，延长农业产业链；同时发展有市场、有技术、有自有资金，由能人带动的龙头项目，引导企业与农民结成利益共同体，实现千家万户与大市场的对接，实现开发区农业增产、农民增收的目标。

万年县青云镇开发区

30日 江西赴美国、加拿大招商引资代表团结束在美国芝加哥和加拿大多伦多市的推介活动。在两国推介会上，共签约合作项目10个，利用外资金额为2968.7万美元，其中合同项目6个，利用外资金额2319.7万美元，协调项目4个，外贸额649万美元，此外还签订了一批意向性项目协议。

公元 2000 年 10 月　　农历庚辰年【龙】													
日	一	二	三	四	五	六	日	一	二	三	四	五	六
1 国庆节	2 初五	3 初六	4 初七	5 初八	6 重阳节	7 初十	8 寒露	9 十二	10 十三	11 十四	12 十五	13 十六	14 十七
15 十八	16 十九	17 二十	18 廿一	19 廿二	20 廿三	21 廿四	22 廿五	23 霜降	24 廿七	25 廿八	26 廿九	27 十月大	28 初二
29 初三	30 初四	31 初五											

1 日　由 100 多名香港有关社团负责人、部分大学生和媒体记者组成的“香港中华历史文化教育交流团”，与井冈山小学的师生一道，在井冈山举行了隆重的升国旗仪式暨香港“中华青少年历史学习基地”成立典礼。

1 日　江西省首家省级专业电台——江西经济广播电台节目正式通过亚洲 2 号卫星传输，全省及周边省市部分地区可通过中波 927 千赫、调频 106.5 兆赫、99.5 兆赫收听到经济台的卫星广播节目。

2 日　舒惠国前往省农科院同农业科技人员座谈，并与海外学成归来的陈光宇博士进行交谈。舒惠国强调要突出科研、出成果、出人才、出效益；坚持科研与生产相结合，必须跳出传统农业搞研究；加强与高校联合攻关，力争在生物工程等高新技术领域取得具有国内、国际先进水平的重大成果；瞄准国内外市场，跳出“农门”搞开发，使长远利益与短期效益结合起来；要把培养人才放在重要位置，营造有利于人才脱颖而出的良好环境。

3 日　江西鄱阳湖国家级自然保护区管理局近日揭牌，标志着鄱阳湖湿地和候鸟保护迈向一个新的阶段。该局前身为江西鄱阳湖国家级自然保护区管理处。鄱阳湖是亚热带湿地生态系统保持较为完好、相对稳定的典型地区之一，为国际重要湿地，有国家一级保护鸟类 11 种，二级保

风光秀美的鄱阳湖

护鸟类44种，是世界最大的越冬白鹤群体所在地，每年在此越冬的白鹤种群占全球98%，也是迄今发现的世界最大的鸿雁群体所在地。

3日 南昌大学共青新校区项目签字仪式在共青城举行，共青开放开发区无偿划拨共青学院的历史用地1350亩，用于南昌大学新校区一期建设，新校区用3年时间建成，可容纳在校生1万人。新校区将成为南昌大学的基础部，由南昌大学拿出规划方案，多渠道筹措资金，建成基础设施、公共服务体系完善的独立校园。

7日 由国际儒学联合会、中国哲学史学会、上饶师范学院和铅山县政府等九家单位联合举办的纪念朱子诞辰870周年国际学术讨论会在铅山县召开。来自海峡两岸以及日本、韩国等国家的中外学者120多人参加了讨论会。朱熹是我国杰出的哲学家、理学家、教育家。朱熹的思想影响到日本、朝鲜、东南亚乃至世界其他国家和地区。南宋淳熙二年（1175），朱熹与陆九渊、陆九龄、吕祖谦在铅山县鹅湖寺进行了中国学术史上著名的一项学术论争。为纪念朱陆的这次鹅湖之会，后人在此地修建了鹅湖书院。为推动朱子研究的深入发展，上饶师范学院内专门设置朱子学研究所，整理和保存了朱子学研究的重要资料。

7日 应中国国际友好联络会邀请，江西省外事侨务办报经外交部批准，日本东京电视台“女性四频道”栏目记者团一行8人在江西省庐山、南昌进行了为期5天的采访。日本记者此行重在了解江西省的自然风光、人文景观及妇女、儿童生活状况。

8日 应文化部邀请，刚果（布）国家歌舞团、几内亚国家歌舞团参加南京第六届中国艺术节演出后抵昌，在江西艺术剧院演出。刚果（布）国家歌舞团主要演出的节目为《公主的婚礼》，几内亚国家歌舞团主要演出的节目为《神秘会社的假面人》，这次演出的节目充分反映了非洲人民追求美好和幸福生活的强烈愿望，展现了黑人歌舞粗犷气息和现代情怀。

9日 在第五届全国电视节目“金童奖”评选活动中，江西电视台青少部选送的作品《中学生专栏节目〈成长〉》近日获“金童奖”优秀栏目金奖，竞赛节目《预备：砰!》江西版记忆力大赛专辑获“金童奖”二等奖。这是江西电视台在全国电视节目“金童奖”评比中获奖数量和等级最多最高的一次。

9日 为期两天的江西省民主党派思想政治工作理论研讨暨经验交流会在南昌召开。会议交流了各民主党派省委会和基层组织认真做好民主党派成员思想政治工作的经验，分析了在新形势下民主党派思想政治工作的特点和规律，对进一步做好民主党派思想政治工作的途径和方法作了探讨。

10日 大余县近日获国家林业局与中国花卉协会联合授予的“中国花木之乡”称号。全国共有59个县（市）、乡镇获此称号，大余县是江西省唯一获此殊荣的县。

10日 由江西人民出版社搜集、整理、校点出版的大型丛书《联话丛编》新近问世。这是国内首次编刊的联话名家作品总汇，为国家“九五”重点图书出版项目，是继《历代诗话》、《词话丛编》之后，在韵语文学领域内一个填补空白的图书品种。全书共300余万字，其文献史料价值，弥足珍贵。

10日 九江师范高等专科学校获全国“华文教育基地”殊荣，这是全国首批22个华文教育基地之一，江西省首个华文教育基地。

10日 以副主任委员朱添华为组长的全国人大华侨委员会调研组一行5人抵达南昌，就《中华人民共和国归侨侨眷权益保护法修正案（草案）》，海外华侨华人专业人士回国创办企业情况在江西省进行调研。

11日 在全国公安巡警防暴警比武中，江西省代表队获得团体总分第四名的佳绩。其中，手枪射击、微型冲锋枪分获单项团体第二名，理论考试获单项团体第三名。

12日 由江西省当代文学学会、江西师范大学文学院、百花洲文艺出版社联合举办的女性文学暨《百花洲》改版座谈会近日在南昌召开。

12日 经国家科技部、国家新闻出版署联合批准同意，江西医学院日前成立《实用临床医学》杂志社，创办《实用临床医学》杂志。该杂志刊期为季刊，向国内公开发行。《实用临床医学》作为综合性临床医学杂志，为江西省最高级别医学学术期刊。该杂志以“学术性、实用性、指导性”为办刊宗旨，坚持“普及与提高”的原则，主要面向各级医院临床医务工作者，为他们在临床实践中的新发明、新方法、新经验提供学术创作与交流的阵地。

12日 省纪委、省委组织部、省委宣传部、省直机关的工委联合举行省直机关警示教育报告会。省委副书记步正发参加了报告会，省委常委、省纪委书记马世昌作了题为《警钟长鸣，任重道远》的警示报告，省直机关在职副厅以上干部500余人听取了报告。

12日 应意大利拉蒂纳省、贝萨罗省议会、政府的邀请，以省委常委、省军区司令员冯金茂为代表团高级顾问，省人大常委会副主任卢秀珍为团长的江西省人大友好代表团一行8人出访意大利。访问期间，代表团一行与意大利有关地方议会进行交流，了解和借鉴他们在经济立法过程中符合市场规律的先进经验及其法律中符合客观规律的成果，以推动江西市场经济法律体系的进一步完善，更好地为经济建设服务；同时还考察意大利的农业、纺织业、食品加工业和旅游业的发展情况。

12日 历时10天的第十一届全国书市在南京国际展览中心隆重开幕。江西展团以规模大、好书多、特色强等优势赢得参观者的青睐。本届书市江西派出了有史以来最大规模的展团，包括7家图书出版社、22家期刊社、94家新华书店、1个江西出版网站等，共有赣版图书2400种、优秀期刊22种、电子音像出版物百余种陈列在17个展台上。

13日 全国水稻抛秧技术推广总结表彰会在南昌结束。26个省、自治区、直辖市的农业生产和技术推广部门的代表交流、探讨了深化水稻抛秧技术的研究与推广等问题。江西以农业技术产业化的思路推广抛秧技术，从1996年的44万亩，增加到2000年的743.14万亩，5年累计抛秧面积2295万亩，增产稻谷9亿多斤。

13日 江西省话剧《古井巷》、赣剧《还魂后记》两剧目在第六届中国艺术节获“优秀剧目奖”。

13日～17日 中共中央政治局委员、国务院副总理钱其琛在江西省考察旅游事业。舒惠国、舒圣佑陪同，先后考察了井冈山、庐山两大国家级风景名胜区和南昌、景德镇一些景区景点的旅游设施建设及旅游经济发展情况。他强调要完善旅游景点的配套服务设施建设，提供更好的服务质量，获得更好的经济和社会效益。国家旅游局局长何光玮等陪同钱其琛一道考察。

13日 省政府在深圳召开赣籍在深圳高新技术产业界人士座谈会。广东步步高电子工业有限公司总经理殷永平、深圳华为技术有限公司副总裁王诚、方大集团股份有限公司总经理熊建民等34位人士参加了座谈。会议向他们介绍了江西近年来经济发展情况，殷永平、熊建民等不少人提出了许多有益的意见和建议。

14日 高新技术产业国际招商洽谈会在深圳举行。加拿大政府及商务代表团的11个电子信息、网络等方面的公司代表，美国、澳大利亚以及澳门特别行政区有关公司的代表共100多人参加招商洽谈。招商洽谈会上江西有5个项目签约或意向协议签约。

15日 省委在南昌召开全省党员领导干部会议，传达学习中共中央十五届五中全会精神。会议要求，学习贯彻五中全会精神要把握好五个重点：（一）紧扣发展是硬道理的主题，是解决所有问题的关键；（二）抓住结构调整这条主线，坚持在发展中推进经济结构的调整，在经济结构调整中保持快速发展；（三）坚持以体制创新和科技创新为动力；（四）坚持把提高人民生活水平作为根本出发点，强化为人民服务的宗旨意识，改进作风，全心全意为人民谋利益；（五）坚持经济社会协调发展，物质文明和精神文明的协调发展。

15日 2000年中国广播剧专家奖近日评选揭晓，根据江西省作家邱恒聪的长篇小说改编的3集广播连续剧《遥远的井冈山》荣获一等奖。该剧由江西人民广播电台和中共吉安市委宣传部联合录制。

15日 由江西医学院第二附属医院检验科桂炳东主任主持完成的《超广谱B－内酰胺酶测定及其应用的研究》课题，近日通过有关部门新技术验收。该技术填补了省内空白，达到国内同类研究先进水平。

16日 省政府召开省直党政机关企业脱钩工作会议。会议要求统一思想，提高认识，雷厉风行，扎扎实实，保质保量完成政企脱钩。党政机关与所办经济实体和管理的直属企业要完全脱钩，按照“全面清理，统筹规划，区别对待，各负其责，分步实施”的原则进行，不折不扣地按政策办事，该交的毫不含糊地交，不能交亏不交盈，该撤的毫不手软地撤，不能变相保留，该脱钩的彻底地脱，不能明脱暗不脱，所有党政干部不得兼有机关干部和经济实体职工双重身份。从即日起，脱钩进入实质性的实施与操作，至2001年3月底之前完成。

16日～21日 卫生部副部长佘靖率卫生部调研组一行9人，在赣调研。

17日 全省政法经费保障工作会议召开。会议总结交流推广了政法经费保障试点的经验，要求切实解决好政法机关履行职能所需的各项经费，确保政法机关的经费在现有基础上有所增加。强调保障政法经费，坚持实行“收支两条线”管理，政法机关的罚没收入和行政性收费全部上交财政，政法机关所需经费由财政纳入预算予以保障。

17日～21日 国家统计局局长朱之鑫一行4人在南昌、九江等地考察。

19日 黄智权会见以尼泊尔王国总检察长巴德里·巴哈杜尔·卡基为团长的尼泊尔检察代表团一行4人，介绍了江西省情和发展经济、打击犯罪等方面的情况。卡基说，江西与尼泊尔的地理环境相似，以山区为主，江西发展经济的经验值得尼泊尔借鉴。

19日 中科院院士、南昌大学校长潘际銮荣获第七届何梁何利基金科学与技术进步奖。本届颁奖大会有57位科学家获奖。潘际銮是全国著名焊接专家，出版专著7部，发表论文100余篇，有7项发明获国内外专利。何梁何利基金是1994年在香港注册成立的科技奖励基金，设有“科学与技术成就奖”和“科学与技术进步奖”。迄今已有370位科学家获奖。

19日 第二届中国国际旅游交易会在上海举行，江西参展团在上海举行江西旅游说明会。来自全国30个省、自治区、直辖市以及美国、日本、塔吉克斯坦等国和中国台湾、香港地区的旅游界人士及中央驻沪、上海本地新闻单位150多人参加了江西旅游说明会。交易会期间，江西参展团共接待3.5万余人，约见旅行商850人，发放资料4万多份，达成意向组团90个。

20日 省纪委、省监察厅发出《关于对领导干部违反规定购买企业内部职工股问题限期自查自纠的紧急通知》，规定凡领导干部违反规定以票面价格、原始发行价格购买或无偿收取企业内部职工股的，或以亲友名义或由亲友出面购买以及为他人购买企业内部职工股的，都应按照干部管理权限，进行自查自纠，时限为通知下达之日起至11月30日止。凡在规定时限内不自查自纠的，发现一起，查处一起，直至追究法律责任。

20日～22日 中国生态经济学会第五届会员代表大会暨全国生态经济建设研讨会在南昌召开。全国人大常委会副委员长姜春云、联合国工业发展组织分别向大会发来贺信。舒惠国讲话。来自全国各地的120余名专家学者出席了会议。会议指出，生态经济学是一门新兴学科，要着力对现有的产业结构进行战略性的生态改造，开发一批有特色、有竞争力的生态产业和产品，将资源和生态环境优势转化为经济优势。建设生态经济区是一个崭新的事业，要同生态文化建设结合起来，在理论与实践上更加深入地探索，力争在实施可持续发展战略方面取得成效。会议结束后，专家学者还考察了柘林水库和德安生态农业。

20日 抚州召开撤地设市授印揭牌仪式，宣告江西完成最后一个地区的撤地设市工作。步正发、王君分别代表省委、省政府向抚州市委、市政府授印揭牌。

21日 省委在南昌举行座谈会，征求各民主党派、工商联、无党派人士对《中共江西省委关于制定全省国民经济和社会发展第十个五年计划的建议》的意见。

22日 全省基层“党建带团建”工作会议在南昌召开。会议强调要以党组织坚强的凝聚力和战斗力，带动团组织的建设，增强团组织的生机和活力，实现团组织的先进性。基层“党建带团建”关键在“带”，要从思想建设上带，加强对青年的理想信念教育；要从组织建设上带，健全和巩固团的基层组织；要从作风建设上带，继承和发扬党的优良传统和作风。会议表彰了中共万年县委、中共樟树市委等16个全省基层“党建带团建”工作先进单位。

22日　首架由我国自行设计、自行制造、可用于公务飞行的5人座小型飞机样机在南昌洪都航空工业集团出厂。该样机代号为“AC500”，意为空中轿车，由南京轻型飞机股份有限公司投资，南京航空航天大学设计，南昌洪都航空工业集团参与研制并制造。主要用于国家机关、大型企业的公务飞行，还可用于缉私巡逻、森林保护、邮政快递、农业服务、环境监测、科学实验、人员救护、旅游观光等。

22日~31日　全国政协副主席周铁农率领全国政协赴赣考察团一行28人，对江西基础教育和素质教育进行考察。考察团听取了省及南昌、吉安、赣州三市有关情况汇报，实地考察了南昌三中、南昌市育新学校、南昌师范学校附属小学、吉安市白鹭洲中学、吉安师范附小、赣州市湖边中学、赣州第一中学、红旗二校八所学校，参观了八一南昌起义纪念馆、井冈山革命博物馆等传统教育基地。考察团认为江西的义务教育和素质教育的目标明确、思路清晰、措施得力、成绩喜人。

23日~24日　省委十届十二次全会在南昌举行。全会传达贯彻中央全会精神，规划江西新世纪初发展蓝图。全会审议并原则通过《中共江西省委关于制定全省国民经济和社会发展第十个五年计划的建议》。会议提出了“十五”计划期间江西经济和社会发展的主要目标是：国民经济保持快速健康发展，主要经济指标的增长速度继续高于全国平均水平；经济结构调整取得成效，工业经济实力显著壮大，农业基础地位进一步加强；服务业水平大幅度提高，经济综合竞争力明显增强；完善社会主义市场经济体制迈出实质性步伐；财政收入和城乡居民收入显著增加；科技教育加快发展，国民素质进一步提高，精神文明建设和民主法制建设取得明显进展。会议强调，为实现全省经济社会发展的奋斗目标，必须把发展作为主题，把结构调整作为主线，把改革开放和科技进步作为动力，把提高人民生活水平作为根本出发点，抓住机遇，精心谋划，努力实现全省经济跨越式发展。

24日　省委发出《关于制定全省国民经济和社会发展第十个五年计划的建议》。该《建议》围绕实现“十五”期间的奋斗目标必须着力研究和解决的十五个方面的重大问题，提出了15条：（一）加快农业结构调整，进一步巩固和加强农业的基础地位：确保粮食安全，发展适销对路的经济作物，形成三元种植结构；完善农村社会化服务体系，加强对农业的服务；加大对农业的支持和保护力度，落实“三农”各项政策；（二）加速工业化进程，调整和优化工业结构：以市场为导向，以技术进步为支撑，形成多种经济成分共同发展的新格局，改造传统工业，推动工业结构的优化升级；坚持发展大企业大集团与扶持中小企业并举，实现大、中、小共同发展；（三）加快城镇化进程，调整和优化城市结构——着重发展小城镇，加快发展中小城市，建成若干大城市；（四）加快信息化进程，带动产业结构优化升级；（五）大力发展服务业，提高市场化服务水平：使旅游业成为一大支柱产业；完善流通设施，增强流通企业活力；加快物业管理社会化，推进社区服务产业化；（六）强化基础设施建设，进一步增加系统工程：以水资源的综合利用和防洪为重点加强水利建设；以建设高等级公路为重点，加强水、陆、空交通设施建设；以加快城乡电网的改造和建设为重点，调整和优化能源结构；（七）大力改善投资环境，全面实施大开放，切实落实好鼓励外来投资的优惠政策；实施以质取胜和市场多元化、走出去战略，实现跨国经营；（八）全面发展县域经济，加快富民强县步伐：因地制宜发展特色经济，形成一批农产品精深加工、旅游服务、商品贸易等县域支柱产业；发挥乡镇企业和小城镇在县域经济中的对外开放水平；（九）加快发展教育事业，增强科技创新能力；支持适度超前发展教育；加强人才培养、造就以及引进和使用，优化人才成长环境；深化科技体制改革，增强企业技术创新能力；（十）抓好人口和资源管理，加强生态建设和环境保护；（十一）进一步深化各项改革，完善社会主义市场经济体制；（十二）增加城乡居民收入，完善社会保障制度；（十三）加强精神文明建设，繁荣和发展社会主义文化；（十四）发扬社会主义民主，加强社会主义法制；（十五）加强党对各项事业的领导，开创新世纪发展的新局面。

24日 安远县第一中学在"全国对联教育基地"的评选活动中，被评为全国对联教育基地。该基地是全国首批十三个创建单位之一，也是江西省唯一获评的单位。基地的指导教师叶善胜被评为全国首批"对联模范教师"（2002年12月，安远县被授予"中国楹联之乡"称号）。

25日 浔阳区政府主办的为期4天的浔阳招商引资洽谈会在九江举行，来自香港、台湾地区和广东、安徽、浙江、江西、湖北、湖南、福建等地的客商500多人与会，省乡镇企业局、省林业厅和九江市六套班子的负责人出席了开幕式。洽谈会取得了丰硕的成果，签订合同协议项目13个，合同协议金额近1.3亿元，其中正式合同项目6个，合同金额4596.6万元，签订协议意向项目7个，协议金额7590万元。

25日 江西省民间组织管理局揭牌仪式在南昌举行。该局的正式成立，标志着全省民间组织管理工作开始走向法制化、规范化轨道。该局的主要职责是拟订全省社会和民办非企业单位登记管理的政策、规定及发展规划，并组织实施；负责承办全省性和跨市社团及分支机构的登记、管理；负责对民政部委托管理的全国性社团及分支机构的监督管理；负责对全省性社团的活动进行监督；查处社团的违法行为和未经登记而以社团名义活动的非法组织；负责有关民办非企业单位的登记、管理；负责对民政部委托管理的民办非企业单位进行监督管理；查处民办非企业单位的违法和未经注册登记的民办非企业单位等。

26日 昌河汽车并行工程项目通过由国家科技评估中心等部门组成的国家"863"并行工程项目测试检查，标志着该工程关键科研技术攻关取得应用成果。它也是全国汽车制造行业首家通过国家"863"并行工程测试检查的企业。昌河汽车并行工程是1998年底向国家"863"主题专家组申报立项，1999年通过国家立项，成功地进行了昌河CH1D1I1A双排座微型卡车和昌河CH6350多功能微型车两个产品的开发和研制，并先后通过省级技术鉴定。

27日 省委书记、省人大常委会主任舒惠国率领江西省经济友好代表团一行12人前往美国、加拿大访问。代表团这次访问的目的是为了进一步扩大对外开放，发展友好关系，促进高层互访，拓宽合作领域，宣传江西，广交朋友，发展友谊，服务经济。访问期间，代表团广泛接触有关方面，重点参观考察了友好省州——肯塔基州的农业科研、产品加工、苗木培育、教育培训等项目，出席了首届北美经贸洽谈会暨出国留学人员人才交流大会，在多领域、高层次、大范围、多媒体中广泛宣传江西，促进合作交流，在农林业、外经贸、旅游、电讯、教育等方面达成15个合作协议和意向。访问于11月10日结束。

29日 为了大力弘扬农村优秀人才的优秀品质和崇高精神，激励农村广大干部群众为农村经济社会的进一步发展作出更大贡献，国家人事部、农业部于近日授予10人"全国农村优秀人才"荣誉称号，给予90人记一等功奖励。江西省萍乡市湖东区荷尧镇荷尧村农民熊启东、高安市农业局干部兰昌喜、金溪县光海农业开发有限责任公司总经理韩光海3人受到记一等功奖励。

29日 来自全省各新闻单位的180余名新闻工作者聚集在红都瑞金，隆重举行由省记协、省新闻学会组织的"江西省新闻工作者革命传统教育基地"揭牌仪式暨"江西记者林"首栽仪式。省委宣传部、省记协、省新闻学会、江西日报社、省广播电视局和赣州市、瑞金市的负责人出席仪式。营造"江西记者林"是江西庆祝新中国第一个记者节的重要活动之一，是对中国记协在全国新闻界倡导捐造"中国记者林"的积极响应。它表达了新闻工作者不仅要做保护生态环境的宣传者、记录者，也要做身体力行的实践者的决心。

31 日 省政府召开信江航运界牌枢纽工程水库淹没处理协调会，会议要求进一步统一思想，提高认识，以高度负责的精神，密切配合、严格实施，按期高质量完成库区淹损补偿和防护工程建设任务。会上，鹰潭市政府和省交通厅签订了《实施意见》，这标志着界牌枢纽水库淹没处理开始进入实质性实施阶段。

本月 从国庆假日开始，被誉为“千古一村”的乐安县流坑村首次展出村中家藏古文物20多件。这些文物封存数百年至千年。该村除完好保存数百栋明、清时期的建筑物外，还有300件家藏文物。有称为流坑村镇村之宝的古铜香炉，有明朝万历年间的董氏族谱，还有李白长安醉酒瓷版画等十分珍贵的文物。

公元2000年11月							农历庚辰年【龙】						
日	一	二	三	四	五	六	日	一	二	三	四	五	六
			1 初六	2 初七	3 初八	4 初九	5 初十	6 十一	7 立冬	8 十三	9 十四	10 十五	11 十六
12 十七	13 十八	14 十九	15 二十	16 廿一	17 廿二	18 廿三	19 廿四	20 廿五	21 廿六	22 小雪	23 廿八	24 廿九	25 三十
26 十一月大	27 初二	28 初三	29 初四	30 初五									

1日　在第四届全国农运会上，江西选手谢小芳以19分57秒07的成绩，顺利通过5公里武装越野的及格线，并夺得射击第一名（金牌）。

2日　在为期8天的《中国·九江首届农副产品精品展》中，江西共签订项目合同45个，资金达3.3亿元，其中外方资金20995万元；签订产品购销合同资金1.5亿元，市场总成交额5000万元。这届展会有16个省、市、区的35个代表团，500多家企业参展，参展产品3000多种。武宁县罐头厂生产的罐头系列等50种产品被评为优秀产品。

九江市丰林企业集团公司生产的粉丝在参展中获得优质产品奖

3日　全省2000年国家粮库项目建设工作会议召开。省政府同有关市政府签订了今年国家粮库项目建设责任书，进一步明确了省和各地建库责任。会议要求，双方要以一丝不苟的工作态度，求真务实的工作作风，共同配合，切实履行各自职责，圆满完成江西省国家粮库的建设任务。

3日　由国家环保总局、全国政协人大环资委组成的国家“一控双达标”环保检查组一行7人抵赣检查环保工作。省长助理凌成兴向以全国政协人资环委副主任陈洲其为组长、中国冶金建设集团公司董事长王汝林为副组长的检查组汇报了江西省贯彻落实《国务院关于环境保护若干问题的决定》的情况。

4日　10省区人大常委会秘书长、研究室主任研讨会暨华东10省市第九次人大研究工作座谈会在南昌召开。会议总结交流了地方人大常委会依法行使监督权的做法和经验，研究探讨了新世纪加强和改进人大监督工作等问题。

5日　洪都航空集团生产的K－8飞机，近日顺利飞抵珠海，这是K－8飞机第三次参加珠海航展。本届航展出现了中国第一支民间特技飞行表演队——隶属四川航空运动俱乐部的"剑南春飞行表演队"。该队3架表演飞机是洪都集团研制的初教6型轻型飞机，进行了编队飞行、高难度特技飞行表演。其中彩色拉烟表演填补了国内飞行表演空白。

6日　江西省工商管理局在南昌召开全省各市县（区）工商局局长动员会议，就全省工商系统积极参与和配合"打假"联合行动进行动员和部署。在这次"打假"活动中，全省工商系统集中力量突破一批涉及面广、数额大、危害严重、影响恶劣的制假售假大案要案，并对制假售假活动猖獗的城乡结合部、大型批发市场进行重点整治，端窝挖点，同时强化对50家省内名牌产品、165件省著名商标和国家工商局指定的重点商标的保护，特别加强对"鸭鸭"、"凤凰"、"昌河"等驰名商标的保护。

7日　中华全国台湾同胞联谊会副会长陈贵州一行5人来赣进行专题调研。省委副书记步正发看望了调研组全体成员，并同他们进行了座谈。省台办、台联负责人参加了座谈，并就江西省贯彻落实中央有关文件精神，进一步做好对台工作，着力抓好农村台胞的扶贫工作，以及在新形势下如何开展台联工作等问题作了专题汇报。

9日　在贵溪市冷水镇露水坑大山上日前发现一处古战场遗址。这座古战场遗址坐落在一个大山谷口，在山谷出口处建有一座长约400米、高15米的古城墙，城墙中间开有一扇大城门，左右各开有一扇小城门，城墙全部用山石垒筑而成，一条小溪沿城墙根横流而过，溪上建一木板桥，是通往城墙里面大山谷的唯一通道，地势险要，易守难攻。据考证，这座古战场是太平天国时期翼王石达开率部转战江西、福建两地，为阻击清军的进攻修筑的一道战斗防线。

9日　日本无偿援助江西省都昌县大沙中学利民工程项目签字仪式在北京举行。江西省副省长王君和日本驻华使馆公使杉本信行先生出席了签字仪式。这次无偿援助大沙中学71万元，用于帮助该校重建教学楼。

9日　由联合国粮农组织资助的"印度杂交稻专家培训班"在江西省农科院结业。来自印度的4名博士、7名硕士圆满完成学习计划。这是省农科院参与国际科技合作交流的一个缩影。

10日　南昌大学人民武装学院成立。该学院的前身是江西省人民武装学校。为提高人武学校的办学层次和质量，采取挂靠高等院校的办法，以培养造就一大批政治合格、军事过硬的国防后备人才为首要任务。

11日　下午6时20分许，多名蒙面歹徒持猎枪闯入南昌市农业银行洪城大市场分理处抢劫，开枪打死正在营业厅的两名储户后，持枪劫走银行现金50余万元。该案引起省市领导高度重视，当晚就成立了专案指挥部，开展侦破追捕工作（2001年1月15日下午1时50分，擒获最后一名犯罪嫌疑人。6名涉案犯罪嫌疑人被一网打尽，缴获五连发猎枪两支、自制短枪两支、子弹36发、蒙面头套5个及作案时现场装劫款的编织袋两只等作案工具。犯罪嫌疑人对犯罪事实供认不讳）。

11日　中国道教文物收藏馆暨鹰潭市博物馆，在中国龙虎山第七届道教文化旅游节的喜庆中正式开馆，著名书法家启功为中国道教文物收藏馆题写了馆名。该馆拥有包括国家级文物在内的馆藏文物6000余件，展厅占地面积约900平方米，设有"鹰潭文明之光"、"道教文化炼珠"、"华夏之宝拾遗"、"现代文明撷英"等多个展厅。

12日　为纪念中国人民志愿军抗美援朝出国作战50周年，配合高校精神文明建设，用健康向上的校园文化丰富广大师生的精神世界，省委宣传部、省教育厅、省文化厅联合举办的江西省首届"大学生电影周"举行首映式。电影周期间，将在高校组织学生观看《较量》、《横空出世》等影片。

13日～14日　全省农业和农村工作座谈会在南昌举行。会议围绕5个方面的问题进行专题研究，如结构调整按"适销对路、效益优化、农民自愿"三原则进行；提高农产品加工水平和效益，推进产业化经营；提高森林资源质量和平原绿化；分类指导乡镇企业，强化经营机制，优化外部环境；落实减轻农民负担政策，改革基层管理体制等。

14日 以江西省社科院院长傅伯言研究员为组长的社科科研课题《关键在党、希望在党——论中国共产党有能力带领全国各族人民经受住任何风险考验，迎接新世纪的挑战》，最近在中共中央宣传部2000年重大理论课题招标中中标，并由国家哲学社会科学规划办公室立项。这是江西省在此次重大课题招标中唯一获准立项的项目。

15日~16日 省委、省政府在南昌召开全省教育工作会议，动员全省上下落实教育优化发展的战略地位，真正化为广泛共识和实际行动，加快教育改革和发展。舒惠国讲话。会议强调作为培养人才的基础，对经济和社会发展具有先导性，要适度超前发展。要从江西未来10年至20年乃至更长时期的快速发展和可持续发展的角度重视教育发展，把人口负担转化为人力资源，使之成为经济发展的巨大力量；深化教育改革，全面推进素质教育，探索教育新路子，培养创新人才。

15日 由国营七四六厂、浙江大学、南昌大学、中科院长春物理研究所和电子48所共同攻关的磷化镓红光、绿光外延片项目是"九五"863重点项目，经过4年的努力获得成功，经信息产业部电子信息产品管理司在南昌举行的鉴定会通过。

16日 井冈山华能电厂一号机组顺利并网发电。总投资29.78亿元的井冈山华能电厂，是江西省开拓赣中地区的第一座大型火力发电厂，一期工程计划安装两台30万千瓦燃煤火力发电机组，整个工程建成后年发电量35亿千瓦时。一号机组的并网发电，对改善江西电网结构，提高电网安全稳定性，促进江西经济发展有着重要作用。

16日 广州本田汽车国力特约销售服务店暨江西国力汽车服务有限公司在南昌开业。该店具有整车销售、零配件销售、售后服务、信息反馈"四位一体"功能，可为江西本田客户提供符合国际化标准的一流服务，对激活江西省汽车市场起到积极作用。

16日 "江西公正执法基层行"宣传报道活动正式启动。其目的在于通过大力宣传基层检察机关和检察干警依法独立行使检察权、维护司法公正，捍卫法律尊严的先进事迹，揭露鞭挞司法不公、贪赃枉法的丑恶现象，进一步提高全体检察人员的执法水平，确保公正执法。

16日 由中国中医研究院基础所党委书记、教授、博士生导师程昭寰率领的中国中医研究院专家组在九江进行了为期4天的巡回慰问义诊，义诊范围涉及中医脑病及疑难杂病、肛肠科疑难病、不孕及妇科病等。这次义诊活动共接待200多名患者，所得1000多元全部捐献给九江市希望工程。

17日 中国移动互联网江西网一期工程合同签字仪式在南昌举行。一期工程合同的签署，标志着江西移动互联网建设已正式启动。中国移动通信互联网江西网是一个覆盖全省范围的、以IP OVER SDH技术为核心的、可同时提供话音、数据、图像、多媒体等业务的高品质通信服务的新一代开放的通信基础网络。网络采用172作为统一的特服号码。只要拨通172就可以连接中国移动互联网。中国移动互联网江西网一期工程将建设南昌、九江、上饶、宜春、吉安、赣州等11个市节点及一个管理全网的省中心，可接入10万移动互联网用户。该网是我国第一个采用MPLS技术的省级互联网络。它的建成，把当前信息产业发展最为迅速的移动通信和互联网结合起来，为江西实现全省信息化及"网上江西"的建设提供了一个不可或缺的基础平台。

18日 九景高速公路建成通车。九景高速公路始于九江市木家垄，终于景德镇市罗家滩，全程133.64公里，是国家和"九五"交通建设重点项目，由亚洲银行贷款，总投资30.2亿元，于1977年12月开工，经3年建成，较好地完善了赣北地区的交通运输网络。

19日 以全国总工会副主席倪豪梅为组长、国务院妇儿工委成员组成的"两纲"（《中国妇女发展纲要》、《九十年代中国儿童发展纲要》）实施督查组结束督查离昌。该组从11月16日起，先后到泰和、新余、分宜等地考察，并听取省和有关市、县、乡等四级的工作汇报，认为江西实施《中国妇女发展纲要》和《九十年代中国儿童发展纲要》的主要指标均已达到。

21日 全省面向社会公开选拔的21位副厅级领导干部正式产生。这批干部平均年龄37.3岁，最大的41岁，最小的33岁，博士1人、硕士5人、研究生4人，具有高级专业技术职称的11人，有14位是由副处级越级提拔的。

20日~21日 全省国有中小型企业改革座谈会在南昌召开。会议强调要以产权制度改革为重点，推动国有中小企业改革进入新阶段；要从战略上调整国有经济布局，有进有退；要防止国有资产流失，防止逃避银行债务，维护职工的合法权益。

21日~30日 以全国人大常委、内司委副主任委员万绍芬为组长的调研组在江西就《预防未成年人犯罪法》、《妇女权益保障法》的贯彻实施情况及对修订婚姻法的意见和建议，先后在南昌、吉安、赣州、景德镇等地进行调研。

21日~26日 最高人民检察院检察长韩杼滨在江西调研。先后到新建县人民检察院、南昌铁路运输检察分院、赣州市人民检察院、章贡区人民检察院、吉安市人民检察院和泰和县人民检察院考察了解情况，并分别在赣州、吉安召开部分基层检察长座谈会。强调检察工作重在基层，功在基层，各地要建立健全督促检查机制，把考核作为推动基层检察院工作的重要步骤，促进基层建设。

22日~27日 以全国政协人口资源环境委员会副主任、国家林业局党组成员、林科院院士江泽慧为组长的调研组，就湿地与野生动物保护，在江西南昌县南新乡、鄱阳湖国家自然保护区、星子县沙湖山乡、新建县南矶山自然保护区等地考察。

23日 省政府与中国林科院签订科技合作协议。舒惠国、江泽慧出席签字仪式。协议内容包括长江防护林体系建设、林产化工、竹藤与花卉产业等方面。

24日 江铃汽车股份有限公司顺利通过了由中国进出口商品质量认证中心评审专家组进行的ISO9001质量管理体系第三大认证，成为我国汽车行业首家获得ISO9001质量管理体系的企业，标志着江铃的质量管理又跃上了一个新台阶。这有利于产品开发的信息积累、开发分析，使开发设计更具科学性，提高了产品开发质量，也有利于加快产品开发的进度，促进江铃不断开发出质量上乘、适销对路的新产品。

25日 2000年全国高中物理竞赛江西赛区颁奖暨临川一中全国高中化学、计算机竞赛颁奖大会在临川一中举行。临川一中获全国高中物理、化学竞赛江西赛区团体总分第一名和全国高中计算机竞赛江西赛区个人第一名三项桂冠。全国高中数、理、化、计算机四项学科竞赛，在江西赛区三项桂冠由一所学校夺得尚属首次。

25日 浮梁县王港乡王港村村民汪永细在张家岭发现云豹。经鉴定是只母云豹，年龄约3岁，身长85厘米，体重20多公斤。云豹属国家重点一级保护野生动物，据村民反映前几年王港就发现有幼小豹。

26日 江西省第十一届“航天杯”电子创新设计制作赛在江西航天科技专修学院举行。大赛共评出一等奖5个、二等奖9个、三等奖16个。

27日~28日 闽粤赣13市党政领导第六次联席会议在抚州市召开。会议回顾了一年来区域合作的成效，讨论了《关于加快闽西南、粤东、赣东南经济协作交通（公路）建设的意见》，并确定明年区域间的协作重点：加快实施交通基础设施建设、加强协作区的科技协作、旅游协作和区域间企业协作。期间还开展了经济技术合作项目推介会，共签约项目16个，合同、协议总金额3.2亿元。

28日~29日 全省纪检监察机关执法监察工作会议在南昌召开。会议要求各级纪检监察机关要按照党风廉政建设和反腐败斗争的总体部署，围绕重大改革措施的贯彻实施，开展执法监察；要致力标本兼治，加大从源头上预防和治理腐败的监察检查力度；对政府下放的各类行政审批权，要跟踪检查，防止“暗箱操作”和权力滥用；对资金的计划、下发、管理和使用等重要环节，有重点地对资金集中的部门开展监督检查；要针对群众反映强烈的突出问题，进行认真的调查处理，以维护人民群众的合法权益。

29日　弋阳清湖乡发现罕见的古水杉，总共有13棵，并排而立。经省林业厅专家鉴定，距今已有2000多年的历史。水杉是我国特有珍稀树种，它与银杏树齐名，具有“活化石”的美称。这13棵水杉高的有20多米，最矮的也有15米，每棵胸径都在3.5米以上。

30日　历时一年零一个月、投资2000万元的萍乡钢铁10万立方米干式煤气柜工程建成，并且一次试车成功。这是迄今为止江南地区已建成的最大煤气柜之一，标志着萍乡钢铁公司节能降耗及改善环境污染工作又迈出可喜的一步。干式煤气柜垂直高度为81.15米，直径达44.74米，外形雄伟壮观，可容纳气体10万立方米。其关键设备从德国西门子公司引进。它可以将该公司生产过程中产生的高炉煤气全部回收利用，而且基本杜绝高炉煤气向空中排放的现象。

公元2000年12月							农历庚辰年【龙】						
日	一	二	三	四	五	六	日	一	二	三	四	五	六
					1 初六	2 初七	3 初八	4 初九	5 初十	6 十一	7 大雪	8 十三	9 十四
10 十五	11 十六	12 十七	13 十八	14 十九	15 二十	16 廿一	17 廿二	18 廿三	19 廿四	20 廿五	21 冬至	22 廿七	23 廿八
24 廿九	25 三十	26 十二月小	27 初二	28 初三	29 初四	30 初五	31 初六						

1日　江西省博士系列讲座第四场报告会在滨江宾馆举行。华东地质学院周文斌博士作了题为《地球科学与可持续发展》的讲演，报告涉及江西人口、资源、环境的现状及相互关系，探讨了江西可持续发展的对策。

2日　由昌河飞机工业集团公司与日本铃木公司联合开发的“北斗星”微型车，近日在天津国家轿车质量监督检测中心进行了国产发动机正面碰撞试验并获得成功。这次进行碰撞试验的车装备国产发动机，已顺利完成2.5万公里强化路试。试验结果再度表明，昌河“北斗星”的设计技术在微型车中处于领先水平。

2日　会昌县最近被国务院扶贫中心列为全国首批“沼气扶贫工程”项目县，将由农业银行发放425万元低息贷款，扶持10个乡镇的3000户贫困户建设沼气池，发展相配套的种养业。

4日　文化部主办的全国第十届“群星奖”舞蹈比赛在浙江省台州市闭幕。江西参赛的三人舞《人·水·魂》获金奖，群舞《客家女人·背》获银奖，群舞《小黑人》、《动人》获铜奖。

4日~5日　舒圣佑到吉水、新干、樟树三个县市的六个粮管所，访问20多家农户，调研粮食收购情况，强调按保护价敞开收购余粮，切实维护农民切身利益。

4日　由百花洲文艺出版社出版的长篇报告文学《水患中国》一书日前荣获第十二届中国图书奖。《水患中国》是一部全面介绍中国治水历史的长篇报告文学，深刻反思了治水与治人、治水与治吏、治水与治理环境、治水与社会发展等多元化问题，讴歌了以江泽民为核心的党的第三代中央领导集体治理水患的功绩，通过1998年世纪大水中全国人民团结一致共御洪魔这一切入点，谱写出爱国主义、革命英雄主义为中华民族新时代的主旋律。这是本届获奖图书中唯一一部报告文学图书。

5日　庐山、龙虎山风景名胜区建立国家级地质公园正式挂牌。经过国家地质公园评审委员会评选，全国共有11处地质风貌景观独特、科研和旅游价值极高的旅游风景区获得入选，庐山、龙虎山列于其中。

6日　拥有11个地勘单位、11194名职工的原核华东地质局正式属地化，更名为江西省核工业地质局，承担华东地区的铀矿地质勘察。

7日 中国文房四宝协会在上海世贸大厦举办“2000年第八届全国文房四宝艺术博览会”，江西星子县“金星砚”被专家评定为砚中之魁，获“国之宝”证书，列入中国文房四宝十大名砚。金星砚又名金星宋砚，距今有近二千年的历史。砚石取材于星子县横塘乡驼岭，石中含有猫眼、凤眼、金圈、多晕、水浪纹、金花浪纹等。80年代多次获得国家工艺美术品百花奖，现已开发出三大系列1000余种产品。

7日 莲花县高洲乡境内近日发现了一原始自然景观。此处景观位于距高洲乡政府驻地以北5公里处的高滩村，从莲江源头溯流而上绵延至少有10公里以上，毗邻明月湖和武功山。境内的奇山、奇石、奇树、奇水、奇洞、奇瀑，一概保持原始风貌，山势险峻，巨石狰狞，古木参天，溪水冷澈，溶洞千姿，瀑布成群。溶洞内豁处有2000立方米，狭处仅容一人匍匐爬行通过，瀑布落差最大的有50多米，最小的也有10余米。

8日～10日 2000年江西农业新品种、新技术、新产品展销会在南昌举行。舒惠国、舒圣佑等参观展区。由省农业厅主办、各市农业局协办的此次活动，突出市场与科技主题，展出近年江西农业新品种600多个、新技术180项、新产品200多种。

9日 由安远县濂江乡农民欧阳学名投资十多万元创建的自来水厂主体工程蓄水池和引水渠正式竣工。水厂投入使用后，供水不收水费，周边村民称其为大家办了一件大好事。

9日 由江西省社会科学院研究所、南昌市作家协会、南昌工人业余大学联合举办的“杨建葆作品研讨会”，在省社科院召开。杨建葆是南昌市第一医院的医生，工作之余，创作了大量的散文、随笔、小说和影视文学作品，先后出版了人体美学随笔《生命之韵》、《生命之漪》和《阅读生命》等。

10日 安远县从林业部门抽调12名科技人员分赴该县8个乡镇，对全县古树木进行全面冬季体验活动。安远县是全省重点林业县之一，林木资源非常丰富，有南方红豆杉、银杏、观光木等国家一级保护古树木320多棵。为确保这些名贵古树木安全过冬，不被霜冻冻死。该县从林业部门抽调8名科技人员，成立古树木公费医疗专项工作小组，筹集两万余元的古树木医疗保健经费，分乡负责对全县树龄300年以上的古树木定期进行病虫害防治及健康检查。

11日 由全国政协副主席叶选平题字的“东江源”摩崖石刻，在安远县三百山观瀑台对面的巨型石壁上揭幕。该石刻高12米、宽6米。

12日～15日 国务院打击棉花掺杂使假专项行动督察小组在彭泽、九江等地进行检查，并听取了省政府关于棉花打假专项行动情况的汇报。

13日～14日 江西省第六次文艺工作代表大会在南昌召开。舒惠国、舒圣佑、黄智权等出席。全省各地文学界、艺术界351名代表参加大会。会议强调把握先进文化前进的方向，繁荣发展江西文艺事业；会议审议通过省文联第五届委员会的工作报告，修订了省文联章程，选举陈世旭为新一届文联主席，俞向党、王世兰、祝新穗、刘华、王秀凡、陈俐、李涌浩、秦锡麟、蔡超等为副主席，聘请杨佩瑾等11人为荣誉委员。

13日～16日 最高人民法院副院长万鄂湘在赣考察法院工作。

14日 吉安市郊一农民近日在菜园中掘出一件大小如拳、似罐非罐、似壶非壶的灰褐色无彩无釉陶器。经有关专家考证，确认其为隋唐时期用于浇铸铜制器皿的工具陶匜。这件陶匜重320克，系用耐火黏土制成，匜体为长圆腹、平底、口微撇。有关专家认为，吉安出土的这件陶匜，既是研究隋唐时期铸铜业工艺的一件珍品，也是研究江南地区源远流长璀璨铜文化的重要实物证据，并为研究我国陶瓷艺术发展史，提供了一份不可多得的实证资料。

14日 江西省第一家农民用水户协会即赣抚平原灌区四干、新五斗渠农民用水户协会在南昌县麻丘镇高胡村挂牌成立。这意味着灌区农民从此有了自己具有法人资格的专门从事水利工作的管水组织，标志着江西省灌区管理体制改革大胆向前迈出了一步。此次灌区体制改革是对灌区支渠及其以下的小型工程，将灌区部分灌溉设施的经营管理权转让给由用水户自己推选产生的用水户协会，使其照章全权负责这些水利设施、工程的维护、配水及水费收缴，进行独立核算，自负盈亏。

15 日 “中国拳击协会江西昌北训练基地”在江西省重竞技运动管理中心举行挂牌仪式。这是江西省第一个国家正式命名的体育训练基地，也是中国拳击协会目前在各省市设的唯一训练基地。该基地将不定期接待国家拳击队的训练，其中包括我国第一支女子拳击队的训练。

15 日 浮梁县境内发现一处商周时期文化遗址，经江西省考古专业队伍抢救性发掘，出土了一批商周时期的珍贵文物。遗址位于蛟潭镇蛟潭村后的山坡上，蛟潭河由西向东从遗址南侧蜿蜒流过，极为适合古代先民居住。这次抢救性发掘面积为 886 平方米，层位最深处距地表约 0.8 米，堆积可分 4 层，红烧土带状一处，灰坑 4 个，出土遗存有石器、陶器、玉器及各种生活遗迹。从遗存特征分析，断定为商周时期的文化遗址。该遗址遗存十分丰富，在浮梁县境内目前仅发现这一处，填补了浮梁地区商周文化历史空白，它不仅把蛟潭区域古人类活动的历史上溯到三千五百年前，也为研究赣东北的先秦历史提供了极具价值的实物资料标本。

16 日 省委召开省委常委和省人大、省政协党组成员会议，总结两年来“三讲”教育的基本情况。江西“三讲”教育自 1998 年底开始试点，而后分级分批展开，已基本完成。全省有省、市（厅、局）、县（市、区）、高校 3192 个单位的领导班子和 20739 名领导干部参加了“三讲”集中教育。会议强调要贯彻全国“三讲”教育总结会议精神，深入整改，巩固和扩大全省“三讲”教育成果。

17 日 ~18 日 省委召开全省政协工作会议。会议强调要充分发挥人民政协在改革、发展、稳定中的作用，积极支持多做政协多做协调关系、化解矛盾的工作，努力维护安定团结的社会政治局面。要通过政协“深交老朋友，广交新朋友”，扩大宣传江西的开放政策和投资环境，吸引更多外资、技术和人才；要支持人民政协履行政治协商、民主监督、参政议政职能，充分发挥他们的专长，促进江西的改革开放和现代化建设。

17 日 ~22 日 中国残疾人联合会主席邓朴方在江西调研，先后在江西蓝天职业技术学院、南昌市郊区残联、省残联、昌河飞机工业公司残疾人福利厂、景德镇特教学校、上饶市信州区按摩医院等考察，听取了省残联、南昌市、九江市、景德镇市、上饶市等残联的汇报，接见了“全国十大杰出青年”江西蓝天职业技术学院院长于果、“瓷都十佳少年”聂致阳的父母、婺源县中云镇残疾人孙国华、上饶茅家岭乡畴口村低视力残疾人郑义友。他强调指出残疾人工作要以保障残疾人基本生活和加强基层工作为重点，扎扎实实为残疾人办实事，改善残疾人平等参与社会生活的物质条件和精神环境，推进残疾人事业全国发展。

18 日 全省党管武装座谈会在南昌举行。

18 日 进贤县下埠集乡西陈村农民陈新有，在拆除老宅砖墙时，从墙体夹层中发现了一副祖先遗留下来的清代陶瓷楹联。这副楹联高 1.25 米，宽 0.24 米，楠木底板，陶瓷制字，字体苍劲有力。题联的落款是清道光举人曹秀先。据《南昌历代文化名人谱》记载，曹秀先为南昌新建人，曾为翰林院编修，擅长楹联书法，在当时颇有名气和影响。

19 日 为期 3 天的全省经济工作会议在南昌召开。会议强调，全省各级党委、政府一定要认真抓好中央经济工作会议精神的传达学习和贯彻，用中央经济工作会议精神统一思想，统一行动，认清形势，解放思想，抓住机遇，开拓进取，扎扎实实做好明年的经济工作，努力实现本省“十五”计划的良好开局。会议指出，狠抓明年经济工作，必须做到：（一）解放思想要取得新突破；（二）优化环境要取得更明显的成效；（三）要有一个好的精神状态。

20 日 江西邮政储蓄即时联机发卡系统在全省 11 个市的主要邮储营业网点正式开通运行。该系统采用在全省乃至全国金融系统都处于领先水平的计算机网络通信电子技术和安全保密技术，依托现在邮政储蓄网络，充分发挥邮政储蓄全国联网通存通兑的优势，实现了邮政储蓄卡（简称“绿卡”）的即时发卡。该系统在使用时不需要预先内置账号，不仅能在3分钟内完成储户所申请绿卡的制作，满足广大储户立等可取和异地办卡的需求，而且新增了卡面图案扫描、拼音汉字选择打印和卡面文字设计等功能，使之极具个性化。邮储即时联机发卡系统研制成功并开通运行，大大提高了全省邮政储蓄业务的科技含量，该系统还能为持卡人享受到工资收入进账、养老金进账、缴纳费税等有关支付结算服务。

21日 为期5天的2000年江西食品展销洽谈会在南昌举行。这届洽谈会专门划出了130个展（摊）位进行招商，邀请了省外食品生产企业来参加展销洽谈会。据统计，会期总成交额为26.07亿元，比上届增长31.9%。其中零售14765.4万元，比上届增长170.0%；签约金额达24.59亿元，比上届增长27.9%。在全省各设区市中，成交总额居前五位的是：南昌、上饶、宜春、赣州、吉安；零售额居前五位的是：南昌、赣州、上饶、九江、宜春；签约金额居前五位的是：南昌、上饶、宜春、赣州、吉安。在这次食品洽谈会上，签约量之大出人意料。临川贡酒与南昌等地客商签约3500万元，七宝山与南昌、陕西等地签约1245万元。有的企业还签订了出口合同，德兴异VC纳公司与欧洲代理商签订6700万元的出口合同。

22日 全省科技工作会议在南昌召开，150位科技工作者共商“十五”科技发展大计。会议强调，在东部沿海利用先发优势，率先实现现代化，西部地区实施开发战略，利用后发效应加快发展步伐的发展态势面前，江西必须以多于别人几倍、几十倍的努力，推进科技进步，加强技术创新，加速科技成果转化为生产力，推动江西科技“十五”期间实现突破。

22日~23日 全省农村“三个代表”重要思想学习教育工作会议在南昌举行。会议主要任务是认真学习贯彻中央关于在农村开展“三个代表”学习教育活动的精神，部署在江西农村开展教育活动。会议决定从2000冬天开始用一年时间先在乡镇和县（市）部门开展；从2001年12月开始，再用一年时间在村一级班子和部门驻乡镇单位展开。基本要求是提高农村基层干部素质，推动农村经济发展，减轻农民负担，增加农民收入。

22日~23日 中国人民银行行长戴相龙在江西就深化农村金融体制改革进行调研，探讨如何结合当地实际发挥农村信用合作社的农村金融“主力军”作用，为“三农”服务。与戴相龙一起进行调研的有国务院经济专题调研室副主任陈耀先、中国农业银行行长尚福林等。

中国建设银行江西分行大楼

22日~23日 全省计划会议在南昌召开。会议强调要振奋精神，加快发展要有新思路、新办法，着重抓好项目建设，还提出了明年全省经济发展的预期目标和必须着重实施的方面：推进农村经济的发展；以工业化为核心，加快经济结构的调整，形成工业主导型的经济增长格局；广开投资渠道，扩大投资需求；扩大对内对外开放，支持“三外”（外贸、外企、外资）并举的引资方针，开展多种形式的招商引资和横向经济联合；推进各项改革，形成一批企业集团，改善市场价格机制，造成良好的市场竞争环境。

23日 全省民营科技企业总结表彰大会在南昌召开。江西民营科技企业已有460多家，这次受到表彰的有汇仁集团、清华泰豪等28家先进民营科技企业及陈年代、涂产彬、陈苏等26位优秀民营科技企业家。

23日 省政府提请省九届人大常委会第二

十次会议审议的《江西省计划生育条例（修订草案）》，是一个关系控制人口数量，提高人口素质，促进江西省经济和社会持续发展的重要法规草案。江西省人大常委会主任会议决定将修订草案全文在《江西日报》上公布，广泛征求意见，以便进一步修改完善。

23日~24日 全省政法工作会议在南昌召开。会议强调政法战线要紧紧围绕经济建设，一手抓维护稳定，一手抓队伍建设，全面加强政法各项工作，推进社会治安综合治理，确保社会政治稳定，确保严格公正执法，确保改革发展顺利进行。

24日 南昌洪都集团公司举行学习陆孝彭先进事迹座谈会。中华大地之光组委会最近评选已故中国工程院院士、江西洪都航空工业集团有限责任公司飞机总设计师陆孝彭为第六届中华大地之光“新闻人物”。陆孝彭是著名的飞机设计专家，几十年来，他用毕生精力和智慧，为中国的航空事业作出了巨大贡献，1991年获得我国航空工业个人最高荣誉——“航空金奖”。

25日~26日 全省统战工作会议在南昌召开。会议强调统一战线的本质是大联合、大团结，减少阻力，增加助力，形成合力，围绕大局，加强党与非党人士在政府和司法机关的合作共事。使统一战线汇聚的方方面面的代表人士，从各自的角度为全省发展建言、献策、出力，这对他们所联系的广大群众将产生重要影响。

26日 省公安厅发出紧急通知，要求全省公安机关开展安全、消防大检查，从河南省洛阳市老城区东都商厦大恶性火灾事故中吸取沉痛教训，举一反三，堵塞各种隐患漏洞，切实做好各项安全保卫工作，迎接新世纪元旦、春节的到来。根据通知的要求，全省各级公安机关立即会同有关部门，以大型宾馆、饭店、商场、市场、医院、歌舞厅、迪厅、录像厅和灯会、晚会等人员密集场所，大型建筑工地为重点，开展一次深入细致的消防安全大检查。与此同时，全省各级公安机关还切实加强对枪支弹药和危爆物品的管理，并继续抓好对烟花爆竹生产经营的安全大检查，加强交通安全管理，坚决防止群死群伤恶性事故的发生。

27日~28日 全省党校工作会议在南昌举行。会议遵照《中共中央关于面向21世纪加强和改进党校工作的决定》，全面部署面向新世纪全省党校教育，强调要按“三个代表”的要求，培养选拔中青年领导干部，准确把握新形势对培养中青年领导干部的新要求，发挥党校的新作用，把党校事业提高到一个新水平。

28日 为期3天的第三届中国留学人员广州科技交流会在广州艺术博物院举行，1200多名来自26个国家和地区留学的中华学子带来930多项科研成果，在国内寻求创业和发展机会。由副省长胡振鹏为团长的江西省代表团参加了交流会。由江西省教育厅、科技厅、人事厅以及南昌大学、江西师范大学组成的代表团，组织了一批包括生物医学、信息技术、环保、新材料、新能源等领域的高层次留学人才、高科技成果、技术需求项目参加大会，其中，南昌大学推出了计算机科学与技术、电子信息技术等11个学科的25个博士需求计划。交流会上共有600多留学人员来到江西展馆参观咨询，江西团和南昌大学展位共散发资料1500多套，十多位留学人员还收拾行装随江西代表团一起回到江西，开展实地考察，商谈投资和合作开发高科技项目，另有30多人表达了合作意愿。

29日 全省“三讲”教育工作总结会议在南昌召开。会议传达全国“三讲”教育工作总结会议精神。会议认为，全省“三讲”教育进展顺利，发展健康，成效明显，基本达到了中央提出的目标要求。会议强调，把“三讲”教育积累的新鲜经验总结好、学习好、运用好，巩固和扩大教育成果，运用到健全与活跃党内政治生活中去，开创面向新世纪党建工作新局面。

29日 我国第一座盐烧窑近日在景德镇陶瓷学院诞生。盐烧窑是以工业用盐作燃料烧制瓷器的窑炉，与煤烧、油烧、气烧或柴烧相比，更具有独特的魅力，烧出的陶艺作品具有金属般的光泽。

31日 赣州市个体私营经济发展进入了新阶段，截至当日，新增注册资本100万元以上的私营企业91户，同比增加了37.9%。自1998年开始建设的滨江大道，已完成两期投资1.37亿元，新增通车里程4740米，站前广场配套工程、八一四大道南段道路建设正在紧张进行。同时投资8772万元筹建供气规模4万户的城市燃气工程，投资1.3亿元改善城市供水条件。至2000年11月30日，赣州市共签约外引内联项目724个，签约资金33.5亿元，实际进资16.7亿元，同比分别增长45%和28.5%。

31日 江西省个体工商户、私营企业已达62万户，从业人员已达187万人，注册资金220亿元。其中私营企业达2.6万户，从业人员47.18万人，注册资本158.23亿元。全省个体私营经济创总值223.86亿元，销售总额达到490.47亿元，社会消费品零售额达到299.1亿元，年纳税额达到30.38亿元，个私经济是全省极具活力的经济增长点之一。

本年 至2000年底，江西"八七"扶贫攻坚效果显著，已争取到德国政府1000万马克和日本政府54万元人民币的投资。江西省未解决温饱的贫困人口已比"八七"计划之初减少了360.5万人，贫困人口的人均纯收入提高了802.6元，"八七"扶贫攻坚计划的目标基本实现。据统计，仅1999年，国土资源部、民政部、国家科委、石化集团公司、保险公司就在江西省投入扶贫资金657.4万元，扶持开发项目44个，江西省各级党政机关和社会各界共挂钩扶持贫困村3756个，扶持资金18886.8万元。同时，各单位还为贫困村捐款198.3万元，捐赠物资折款130.1万元，举办各类实用技术培训班622期，培训人员1.8万多人次。

2001年

省委、省政府主要领导人职务变动。4月，省委召开领导干部会议，中组部副部长黄晴宜受中央领导同志委托，宣布中央关于调整江西省委、省政府主要领导同志职务变动的决定：孟建柱同志任江西省委书记、常委、委员，提名为江西省人大常委会主任候选人，不再担任上海市委副书记、常委、委员职务；舒惠国同志不再担任江西省委书记、常委、委员和省人大常委会主任职务，另有任用；提名黄智权同志任江西省省长候选人，舒圣佑同志不再担任江西省委副书记、常委、委员、省长职务。省人大常委会主任和省长职务任免，需按有关法律规定办理。

本年是江西发展史上不平凡的一年。江泽民总书记亲临江西视察；在全省范围内深入开展了解放思想学习教育活动；胜利召开了中共江西省第十一次代表大会。一年来，全省上下认真贯彻落实党中央、国务院一系列方针政策和部署，解放思想，敢闯新路，与时俱进，加快发展，圆满完成了省九届人大四次会议确定的各项任务，实现了“十五”计划的良好开局，为江西在中部地区崛起奠定了基础。

江泽民总书记赣鄱行　在建党80周年之际，江泽民总书记开始了第五次江西之行，考察了上饶市、景德镇市、九江市、南昌市，了解社情民意，倾听群众呼声，关心群众的生产、生活，所到之处，受到人民群众的热烈欢迎。

产生新一届省委领导　中共江西省第十一次代表大会在南昌召开。大会确定了今后五年的基本任务：高举邓小平理论伟大旗帜，以“三个代表”重要思想为指针，大力弘扬井冈山精神，为实现江西在中部地区崛起而奋斗。大会选举产生了新一届中共江西省委员会、中共江西省纪律检查委员会。

解放思想学习教育活动　省委、省政府从省情出发作出重大决策，从5月至8月在全省开展了“以‘三个代表’重要思想为指针，弘扬井冈山精神，学习兄弟省市改革开放先进经验，走加快江西发展新路”为主题的解放思想学习教育活动，着重解决干部群众对加快发展信心不足，以及发展理念、发展思路、发展手段等方面的问题。指出，进一步解放思想，必须确立市场经济观念、开放意识、竞争意识和效率意识，促进经济加快发展。

井冈山会议　省委十届十三次全体（扩大）会议在井冈山举行。会议审议并原则通过《中共江西省委关于进一步解放思想加快经济发展的若干意见》。8月，省委正式公布《中共江西省委关于进一步解放思想加快经济发展的若干意见》,《意见》共分五部分30条，涵盖解放思想加快经济发展的主要方面：以推进工业化为战略核心，全面提升经济发展的质量和水平；以大开放促进大发展，进一步优化发展环境；大力推进体制创新，建立和完善市场体系；简政放权，给市县更大的发展权；加强和改善党的领导，为加快发展提供坚强保证。随后，省政府出台了《关于进一步优化外商投资及经营软环境的意见》(26条)。

三次组团出省取经 为进一步解放思想加快发展，省委、省政府当年三次组团赴广东、上海、江苏、湖南、湖北等省市学习考察，开展经贸活动，成果颇丰。

泰豪论坛 由江西日报社和清华泰豪科技股份有限公司联合举办的泰豪论坛，在全省解放思想大讨论中发挥了积极作用。省委书记孟建柱亲临泰豪论坛并提出了“我们现在在做什么？我们明天将做什么？我们准备好了吗？”的命题。

江铃集团 中国入世的大幕刚刚开启，汽车行业传来喜讯：在中国轻型车最新年度排行榜上，江铃汽车集团以骄人的业绩从上年度第六名晋升为第三名，2001年完成销售收入超47亿元。

红色之旅 在建党80周年之际，革命圣地井冈山成为各地群众参观游览的热点。为此，北京、上海、广州等许多大城市向井冈山发出“红色之旅”专列数十列。

全省本年主要经济指标情况 国民经济保持较快增长，国内生产总值2176亿元，按可比价格计算，比上年增长8.8%。其中，第一产业增加值506亿元，增长4.1%；第二产业增加值787亿元，增长12.4%；第三产业增加值883亿元，增长8.4%。公有制经济在改革开放中稳定发展，混合所有制经济和个体、私营经济发展迅速，全省个体业户和私营企业60.54万户，从业人员147.18万人。对外开放进一步扩大。市场物价基本稳定，全年居民消费价格总水平比上年下降0.5%。财政收入继续增长，全省财政总收入200.16亿元，比上年增长16.6%，其中地方财政收入完成131.98亿元，增长18.3%。

公元2001年1月							农历辛巳年【蛇】						
日	一	二	三	四	五	六	日	一	二	三	四	五	六
	1 元旦	2 腊八节	3 初九	4 初十	5 小寒	6 十二	7 十三	8 十四	9 十五	10 十六	11 十七	12 十八	13 十九
14 二十	15 廿一	16 廿二	17 廿三	18 廿四	19 廿五	20 大寒	21 廿七	22 廿八	23 廿九	24 春节	25 初二	26 初三	27 初四
28 初五	29 初六	30 初七	31 初八										

1日 省政府发出《关于批转省旅游局“六个一”工程实施方案的通知》，即树立一批旅游形象品牌，制作一套旅游宣传品，编制一套旅游发展规划，制定一套完善的旅游规章制度，建设一批旅游形象工程，培养造就一批旅游行业明星。

2日 以国家劳动和社会保障部副部长王东进为首的检查组一行四人抵达南昌。他们走访困难企业，看望下岗职工，督促“两个确保”工作的落实，确保国有企业下岗职工基本生活和养老金按时足额发放。截至2000年底，南昌市属国有企业有43441名下岗职工进入南昌市就业服务中心，其中有34091名职工与中心签订了协议，25586人领取了基本生活费。

3日 新余市把预防、排查、处置群体性纠纷械斗作为维护社会治安稳定工作的重中之重，在全市开展创建“边际安全走廊”活动。1993年至今已连续8年无群体性纠纷械斗。全市共调整村党支部65个，撤换村支书21名，使搞宗族派性活动群体性纠纷械斗的人没有市场。全市35个乡镇都配备了一名党委副书记专抓社会治安综合治理工作，并对边际乡镇进行了重点选配。建立健全治保调解组织891个、联防组织936个，有村小组治保、调解员925个，每个村小组至少有1名治安信息员，为预防群体性纠纷发挥了重要作用。一年多来，全市各边际乡镇就地化解处理边际纠纷293起。并举办法制培训班67期，参训2349人，散发法制学习宣传材料15万份，常年法制宣传团在边际乡村宣讲23场。1997年至今，全市共排查出各类纠纷隐患74起，果断化解、调处16起边际群体性纠纷械斗苗头隐患。

3日 省政府发出第104号政府令，公布实施《江西省烟花爆竹安全管理办法》，共九章50条，就烟花、爆竹的生产、储存、经营、运输、燃放、原材料、罚则等作出具体规定。

4日 第二届“江西杰出（优秀）青年卫士”表彰大会在南昌召开，10名江西杰出青年卫士和100名江西优秀青年卫士受到表彰。

4日 历时2天的江西省经贸工作会议闭幕，它是省国有企业三年脱困目标基本实现，全省“十五”计划开始实施之际召开的一次重要会议。2000年1月至11月，全省国有及国有控股企业实现销售收入626.16亿元，同比增长17.38%，实现利润3.46亿元，同比扭亏增盈9.32亿元，年初确定的工业六大指标全部超额完成。会议还对2001年下一步工业发展，尤其是推进全省工业化进程作出部署和安排，当前着力做好四个立足，重点做好四篇文章：立足农业资源、矿产资源、高新技术、传统产业，对外开放搞工业；重点做好食品工业和有色金属工业、电子信息产业、传统产业优化升级、招商引资和外来企业来江西落户四篇文章，又要紧紧围绕结构调整这条主线，使产业结构、企业结构、产品结构调整取得新突破。

4日 全省利用外资工作领导小组会议召开。会议总结了2000年全省利用外资工作。截至2000年底，全省共批准利用外资项目2742项，合同外资额2.65亿美元，其中新批外商投资企业272家，合同外资额2.64亿美元。大力整治投资软环境，凡是软环境整治工作好的地方，外资增长速度就快。会议要求各地在2001年利用外资工作中，突出重点、狠抓落实。使招商引资活动更加形式多样，更有针对性，同时积极组织客商来赣投资考察，开展对口洽谈。加大对外招商引资工作力度，争取“十五”计划头一年利用外资有大幅度增长。

5日 中华人民共和国公安部部长贾春旺签发命令，追授南昌市公安局东湖分局刑侦大队原大队长潘堃为全国公安系统一级英雄模范称号。

6日 省农科院举行了东乡野生稻有利基因利用研究成果鉴定会，该院采用“双重低温加压选择”新方法，首次育成4913－1、994758、2033－12、994788、4913－2等耐冷性强的优异水稻新品系。东乡野生稻是目前我国乃至世界分布最北的普通野生稻，其中4913－1，1999年作晚稻种植，平均亩产333.5公斤；2000年作早稻种植，平均亩产370公斤，割后其再生稻亩产122公斤。由此带来的免耕法还可大大减少水土流失，节水节肥，产生的生态效益，社会效益十分可观。这项研究达到国际领先水平，为野生稻其他优良基因的进一步利用开创先河。

6日 省委召开常委会议，讨论通过了《省委、省政府关于开展向潘堃同志学习的决定》。潘堃生前是江西省南昌市公安局东湖分局刑侦大队大队长，在2000年12月31日一场缉捕持枪犯罪嫌疑人的战斗中，为保护人民生命财产的安全，为掩护战友，奋不顾身，英勇牺牲。

7日 六二〇所研制的旋翼原理样机在景德镇市吕蒙机场进行首次验证试飞获圆满成功，标志着中国自行设计并采用国产材料工艺研制的新型旋翼已进入飞行验证的重要阶段。

7日 江西省考古研究所宣布，商代最大窑场在鹰潭市郊童家镇角山发现。中国原始青瓷的烧造年代向前推进了1000余年。专家们认为，角山窑的发掘，证明江西是商代釉陶、原始瓷的发源地之一。角山商代窑址位于鹰潭市东郊，遗址面积约3万平方米，已发掘面积近4万平方米，发现馒头窑、龙窑窑炉近十座，先后出土完整和已修复器物570件。角山大量遗迹、遗物的发现，为研究3000多年前商代陶瓷烧造历史和技术提供了宝贵的实物资料。它的发现，为研究江西地区青铜文化类型提供了可对比的材料，尤其是大量的陶器上的刻画符号，引起了考古界的广泛关注。

8日 由省政府主办的“首届中国江西农业精品网上博览会”开幕。此次博览会共设有农副产品、畜禽蛋类、烟酒茶叶、瓜果蔬菜、食品加工、水产养殖、林木花卉、医疗保健等12个展厅，每个展厅又设有数十个展台。来自全省11个设区市的首批149个农业精品摆上了农经网的展台，供网上客商浏览参观、下单订购。由省一级政府主办的此类博览会，在江西省尚属首次。本届网上博览会将长期举办，并不断充实名优展品。

9日 南昌跨入“中国优秀旅游城市”行列，并在北京授牌。经国家旅游局验收、审核，全国第二批申报“中国优秀旅游城市”共127家，其中入围的有68家。南昌市以较好的成绩，列地级市41家中的第十七位，列地级省会城市8家中的第三位。滕王阁成为南昌市旅游发展的一块金字招牌，继被确定为全国文明风景旅游区示范点之后，现又进入国家4A级风景区行列。

9日 江西省煤炭集团公司揭牌仪式在南昌举行。江西省煤炭集团公司是在原江西省煤炭工业厅分离行政和行业管理职能后，转制组建的代表省人民政府经营和管理省属煤炭企业的国有独资公司。该公司拥有总资产45亿元，从业职工10万人，下设全资子公司22家。

9日 全省第一座大型石膏矿山——贵溪罗塘石膏矿一期工程竣工投产，填补了全省乃至华东地区无大型石膏矿山企业的空白。贵溪罗塘石膏矿是目前华东地区经评查探明的最大的石膏矿床，目前已具备年产10万吨矿石的能力，并与江西水泥厂等一批大中型水泥企业建立了供货业务关系，销售市场前景广阔。

10日~12日 省政协八届十四次常委会议在昌举行。黄智权到会通报政府工作报告（征求意见稿）有关情况。

11日 中澳白内障复明手术培训合作项目中期总结表彰会召开。该项目由江西省卫生厅和澳大利亚费雷德·霍洛基金会联合举办，两年多来，累计为全省11市21家县级医院培训了46名眼科医生、护士，增强了江西省基层医疗单位的防盲治盲能力；治愈白内障患者2323名，使他们重见光明。霍洛基金会除无偿培训县级眼科医务人员，还捐赠了近4000枚人工晶体和大批相关医疗器械。

13日 《江西日报》报道，由省委宣传部、江西电视台、中央电视台影视台等联合拍摄的14集电视连续剧《兵哥兵妹》是一部既表现主旋律又反映人间真情的优秀作品。这部思想性、艺术性、观赏性结合得较好的高品位电视剧，将作为江西省申报中宣部“五个一工程”奖的作品。该剧是迄今为止我国第一部以轻喜剧风格样式来反映预备役部队生活的长篇连续剧。影视界专家、文艺评论家纷纷发表观后感，称这部电视剧以喜剧的风格表现正剧的主题，在轻松愉快的氛围中提高了全民的国防意识。

13日 总投资3000万元的凤凰数码科技有限公司在南昌高新区开业。凤凰数码科技有限公司是凤凰光学股份有限公司与台湾联科国际有限公司合资兴办的，其中凤凰光学控股60%，主要生产和销售数码照相机、照相器材、光学仪器及数字电子产品等。在达产达标后，年产数码相机约480万架，其中70%出口。

14日 省农业厅召开全省新世纪有机茶开发座谈会。江西省于2000年元月开始实施“有机茶工程”，并制定了《有机茶工程实施方案》和《有机茶生产与加工的技术规程》，相继成立了有机茶生产协作组。2000年全年茶叶总产1.9万吨，其中名优茶0.18万吨，有机茶产量0.1万吨。继婺源有机茶之后，全省相继有浮梁县通过了有机茶认证，井冈碧玉、遂川狗牯脑、宁都武华云雾和省蚕茶所的杜鹃系列茶通过了“AA”级绿色食品认证。2001年有机茶开发示范基地面积将从去年的10万亩扩大到20万亩，力争五年内完成对82万亩茶园的全面改造、开发，集中力量建设一批有机茶生产基地，以满足出口和国内高档消费的需要。

15日 教育部批准江西省高校2001年新增两个博士点和70个硕士点，使博士点、硕士点总数分别达到7个和222个。目前已有南昌大学、江西财经大学、江西师范大学等5所高校分别开展了MBA、教育硕士、临床医学专业学位工作，培养应用型人才，并有10所高校获准开展在职人员以研究生毕业同等学历申请硕士学位工作。2000年，江西省研究生招生人数由上年的661人增加到944人，在校研究生由上年的1573人（其中博士生30人）增加到2099人（其中博士生62人），发展速度高于全国平均水平。根据国务院学位委员会部署，江西省可在国务院学位委员会授权的30个一级学科范围，自行审批40个硕士点，是第一次获权自行审批的硕士点。经过增列硕士点评审，部分硕士点的增列填补了省内空白，硕士点的结构和数量发生了变化，工科点所占比例由28.9%上升到31.8%，管理学由3.4%上升为5.2%。

15日 全省国税工作会议召开。全省国税收入取得历史性突破。去年入库的各项税收收入84.8亿元，同比增长22.1%，增收15.3亿元，完成年计划的115.1%，创税收同比增幅最大、增收最多、进度最快新纪录。会上表彰了2000

年度国税系统目标管理考核先进单位。

15日 省纪委、省监察厅联合发出《关于九江市共青垦殖总场移民建镇违纪问题处理的通报》，对14名违纪问题有关责任人进行严肃处理。九江市共青垦殖总场在第一期移民建镇工作中严重违纪案件的主要违纪事实：江益区（又称江益镇）在第一期移民建镇中，采取弄虚作假手段，虚报移民户指标50户，冒领移民建镇补助资金50万元，用于该区垫付水利冬修经费等；挪用移民建镇公共设施费14万元，用于沥青路工程款、会议室及食堂修理费用；违反省政府有关政策规定使用移民建镇指标152户；同时，该区下属各有关分场采取同样手段，共虚报移民户指标23户，冒领移民建镇款20余万元。该区在发放移民建镇款中还存在不同程度的抵扣问题，建房款不能足额发放到移民户手中，引起了群众强烈不满，造成了恶劣的影响。《通报》还要求各级党委、政府要从中吸取深刻教训，坚持从严治政的方针，切实增强依法行政的意识，做到令行禁止；强调上级党委、政府对移民建镇资金的管理和使用负有重要责任，要加强监督检查。

15日 潘塑英雄事迹报告会在江西艺术剧院举行。

16日 全省轻工业工作会议在南昌市召开。会议要求全省轻工业应积极推进产业结构战略性调整，继续重点发展食品、造纸、陶瓷三大传统优势；积极推进企业组织结构的战略性调整，发展大集团，培养“小巨人”企业；积极推进产品结构的战略性调整，开发出一批具有高技术含量、高附加值、高成长率的产品。大力调整所有制结构，加快国有企业从不具备竞争优势的行业中退出的步伐，按照突出重点、有进有退、以退促进的方针，通过置换职工身份、完善社会保障，使国有资本积极主动、规范退出。

16日 在省市、县（区）民政局长会议上，省政府批准命名信州区、婺源县、永修县、都昌县、龙南县、章贡区和贵溪市为“全省村民自治模范县（市、区）”。至此，本省“村民自治模范县（市、区）”已累计达16个。自1997年以后，崇仁县、永丰县、崇义县、芦溪县、德兴市、铜鼓县、南昌市郊区、南城县、峡江县、信州区、婺源县、永修县、都昌县、龙南县、章贡区和贵溪市等16个县（市、区）先后被省人民政府批准命名为“全省村民自治模范县（市、区）”。

17日 全省电力工作会议召开。会议决定，今年，省电力系统将以电力结构调整为主线，以科技兴电和推进技术创新为动力，重点抓好一个开拓（大力开拓电力市场）、两个强化（强化资本运营、强化企业管理）、三个加快（加快城乡电网建设改造，加快多产业发展，加快体制、机制、技术创新），促进江西电力事业快速发展。“十五”期间，全省将新建（扩建）220千伏变电所14座，新建扩建主变容量201万千伏安，新建220千伏线路1349公里。同时，切实抓好9个城网项目的基本完工和27个竣工县的开工建设，重点抓好农网竣工县验收工作和城网的中低压配网、城市一户一表工程建设。

17日 一部纪录海盐腔遗音的电视专题纪录片——《甘竹孟戏》，由省电视台在广昌县甘竹镇开拍。海盐腔是南戏四大声腔之一，源于浙江海盐县，明朝以来逐渐盛行大江南北，如今已难觅踪迹。而广昌县甘竹孟戏高腔保留了海盐腔的遗音和一些完整的曲牌，成为我国唯一保存海盐腔的地方戏。

18日 被列为世界企业500强第二十三位的德国大公司“麦德龙”日前与南昌市签约，在洪都南大道购地80亩，建设大型商业超市，仓储设施的投资即达1600万美元，流动资金的投入在1500万美元以上。这是省招商引资近期引进的一个最大投资项目，也是外资首次直接进入江西的商业领域。

18日 江西省医药集团年度工作会议召开。会议总结了2000年该医药集团取得的成绩。全年完成工业总产值16亿元，工业增加值2.7亿元，分别比1999年增长20.6%和20.8%；所属工商企业实现利税1.8亿元，实现利润（盈亏之差）4132万元，比1999年分别增长26.1%和40.2%。

19 日　中国保险监督管理委员会南昌特派员办事处正式成立。该办事处是中国保监会在江西设立的派出机构。它的成立对于深化金融体制改革，实现银行、证券、保险分业经营、分业监管，完善多层次、多渠道的社会保障体系必将产生积极而深远的影响。

19 日　省政府举行全体会议。舒圣佑讲话。会议讨论并原则通过向省人大九届四次会议作的《政府工作报告（讨论稿）》。

21 日　省委召开电视电话会议，部署组织3万名机关干部下乡进村入户抓“三个代表”重要思想学习教育活动工作。

22 日　江西南昌科技大市场有限公司在南昌宣布成立。该公司由江西长运公司、清华泰豪下属信息技术公司、南昌科学器材有限公司、省科技厅生产力促进中心等5家企业组成，第一期投入资金 1000 万元。第一期工程经营面积为7200 平方米，设置交易摊位近300个。

公元2001年2月							农历辛巳年【蛇】						
日	一	二	三	四	五	六	日	一	二	三	四	五	六
				1 初九	2 初十	3 十一	4 立春	5 十三	6 十四	7 元宵节	8 十六	9 十七	10 十八
11 十九	12 二十	13 廿一	14 廿二	15 廿三	16 廿四	17 廿五	18 雨水	19 廿七	20 廿八	21 廿九	22 三十	23 二月大	24 初二
25 初三	26 初四	27 初五	28 初六										

3日 为期两天的全省审计工作会议在南昌召开。会议确定了2001年审计工作重点：加大对重点领域、重点部门、重点资金的监督力度，打假治乱，严肃查处重大违法违纪问题和经济案件，进一步提高审计工作质量。会议提出了全年主要任务，一是坚持“全面审计、突出重点”的方针，重点抓好预算执行审计、专项审计、企业审计以及党政领导干部经济责任审计四个方面的审计工作；另一个重点是以审计事业大发展为目标，抓好审计干部的素质建设、思想作风建设以及审计工作的规范化和审计信息化建设步伐。

4日 中央电视台《东方时空》直播中国栏目于上午8:00至8:30在龙南县杨村镇乌石围现场直播《客家围屋》。这是首次由中央电视台在当地组织的现场直播节目。围屋是客家人的民居，龙南县作为客家人主要聚居地之一，现仍保持大量较完整的客家围屋。

5日~6日 全省旅游发展工作会议在南昌召开，舒惠国作书面讲话，舒圣佑到会讲话。会议强调旅游业已成为全省经济发展新的重要增长点。2000年全省共接待海外游客16.3万人次，国内游客2537.38万人次，分别比上年增长17.61%和21.17%，实现旅游总收入134.6亿元，同比增长20.95%。会议要求加大三个创新力度（旅游产品大力创新、旅游体制创新、旅游营销创新），全面提高旅游产业的整体素质，加快江西旅游业的发展步伐。

6日 全省第三次邮政工作会议在南昌召开。会议总结出“九五”期间，特别是邮政独立运营两年来，省邮政事业实现了超常规、突破性发展。全省邮政累计完成固定资产投资21亿元，建有邮政局、所2010处，干线邮路总长达20080公里，拥有包括信函自动分拣、包裹自动分拣在内的邮政自动化设备2500余台（套）。此外，全省邮政储蓄计算机网还开设了554个绿卡网点，实现了与全国30个省（市、区）16100个网点间的人民币通存通取业务，另建成了电子化支局所180处，综合计算机完成了广域网通信平台的建设。

8日 全国制盐行业首家债转股企业——江西盐矿有限责任公司成立。它是原江西盐矿经国务院批准实施债转股基础上，由中国信达资产管理公司、省轻工行业管理办公室、省投资公司共同发起组建的现代化制盐企业。该公司将按照建立现代企业制度的要求规范公司法人治理结构，形成产权清晰、权责明确、政企分开、管理科学的运行机制。

8日 江西省首届防治艾滋病、性病工作协调会召开。会议指出，至2000年底全省艾滋病毒感染者和病人55例，但据专家预测，实际感染人数已超过2000例。省政府十分重视艾滋病的预防和控制工作，出台了一系列文件，33个有关厅局（团体）都有明确的职责参与防治和控制艾滋病、性病工作，共同抵御艾滋病。

9日~10日 2001年江西省交通工作会议在南昌召开。会议指出，“九五”期间，江西交通基础设施建设总投资达178亿元，是“八五”期间的3.6倍，到2000年，全省公路总里程达到3.7万公里。“十五”期间，全省将集中力量建设横跨东西、纵贯南北的高速公路主骨架；加快国、省道公路改建步伐，基本完成国道公路改建任务；提高县乡公路等级，延伸公路通达深度；同时，加大航道港站建设力度。2001年，全省交通基础设施建设总投资规模为64亿元。会上表彰了全省交通系统两个文明建设先进单位（集体）和先进个人。

11日~12日 全国救灾工作座谈会在九江召开。民政部副部长范宝俊到会总结，黄智权致辞。

13日 南昌大学在前不久召开的全国第八次博士和硕士学位授权审核工作中，获准新增两个博士点和14个硕士点。两个博士点为管理科学与工程博士点和工业催化博士点。至此，该校已有5个博士点和60个硕士点。

14日~17日 由国家药监局副局长戴庆骏带队的全国打假协调小组督察组一行，对江西省的打假联合进行了为期三天的检查。督察组听取了省打假领导小组关于江西开展打假联合行动和全省打击制售假劣一次性医疗器械违法活动的情况汇报，并观看了行动中查获和罚没的假冒伪劣物品。全国打假督察组于16日奔赴南昌市进贤县李渡、长乡等乡镇检查，并观看了罚没的有关物品。

15日~21日 省政协八届四次会议在南昌召开。舒惠国、舒圣佑、黄智权等出席开幕、闭幕大会。梅亦龙作《省政协八届常委会工作报告》。会议通过了政协江西省第八届委员会第四次会议决议和提案审查情况的报告。补选金异为省政协副主席。

16日~23日 省九届人大四次会议在南昌举行。舒圣佑作省政府工作报告。大会通过了关于政府工作报告的决议；通过了关于《江西省国民经济和社会发展第十个五年计划纲要》的决议；通过了关于江西省2000年国民经济和社会发展计划执行情况与2001年国民经济和社会发展计划的决议；通过了关于江西省2000年省本级预算执行情况与2001年省本级预算的决议；通过了关于江西省人大常委会工作报告的决议；通过了关于江西省高级人民法院工作报告的决议；通过了关于江西省人民检察院工作报告的决议。大会还通过了《江西省立法条例》。

17日 全国打假督察组在南昌与省打假领导小组举行交换意见会，督察组认为，江西省开展打假联合行动取得了阶段性成果，成效是显著的，体现在各级领导对打假十分重视、打假机构健全、打假方案和工作目标的制定是切实可行的、联合行动出击有力、加大了舆论监督且效果明显、打假的社会氛围浓厚等方面，同时查处了一批违法违纪人员。督察组还对江西今后的打假工作提出了建议和希望。

17日 江西省发展计划委员会主任孙刚在江西省第九届人民代表大会第四次会议上作《关于江西省2000年国民经济和社会发展计划执行情况与2001年国民经济和社会发展计划草案的报告》。该《报告》共分两大部分。一、2000年全省国民经济和社会发展计划执行情况。（一）农业生产稳步增长，结构调整迈出重大步伐。（二）工业生产增长加快，国有企业经营状况明显改善。（三）固定资产投资继续扩大，重点工程建设成就突出。（四）居民消费稳步攀升，对外经贸十分活跃。（五）财政收入继续增长，金融形势保持稳定。（六）科技教育快速发展，各项社会事业取得新成就。二、关于2001年经济社会发展预期目标和主要任务。2001年经济工作的总体要求是：以邓小平理论为指导，按照“三个代表”的要求，认真贯彻党的十五大、十五届五中全会和省委十届十二次全会精神，全面落实中央关于扩大内需的方针，抓住机遇，加快发展。强化农业的基础地位，努力增加农民收入。以加速工业化为核心，加快体制创新和技术创新，加快发展以信息产业为代表的高新技术产业，加快发展非公有制经济，推进经济结构的战略性调整。转变企业经营机制，巩固和扩大国有企业改革和脱困成果。强化基础设施建设，改善投资及经营环境。抓住即将加入世界贸易组织和西部大开发的机遇，进一步扩大对内对外开放。全面发展县域经济，增强县乡财政实力。努力扩大就业渠道，做好社会保障工作，改善人民生活。正确处理改革发展稳定的关系，促进全省经济持续快速健康发展和社会事业全面进步，努力实现江西省“十五”计划的良好开局。2001年全省国民经济与社会发展的主要任务是：（一）进一步巩固和加强农业基础地位，千方百计增加农民收入；（二）继续推进国有企业改革与发展，努力形成工业主导型的经济增长格局；（三）加强基础设施建设，进一步扩大投资需求；（四）抓住机遇，进一步扩大对外开放；（五）进一步扩大消费需求，大力开拓城乡市场；（六）实施可持续发展战略，积极发展各项社会事业。

18日 经省政府批准，江西洪城水业股份公司近日成立。该公司由南昌水业集团发起，以其下属的青云水厂、朝阳水厂、下正街水厂的全部经营性资产为投入，联合北京市自来水集团公司、南昌市煤气公司、江西清华泰豪信息技术有限公司、南昌市公用信息技术有限公司共同设立。该公司目前拥有资产2.49亿元，供水量占南昌市城乡供水总量的80%，自来水供应覆盖南昌市昌南城区。

19日 在2000年度国家科学技术进步奖励大会上，江西省南昌有色冶金设计院开发的“常温变量喷射——动力波洗渡闪速炼铜技术”、江西日月明实业有限公司研制开发的“EBG自行式架桥机”两项科技成果分别获得国家科技进步一、二等奖。

22日 江西省人口、资源、环境工作座谈会在南昌召开。会议要求各级各部门要努力实现经济、资源、环境与人口的互相促进、协调发展，努力把全省人口、资源、环境工作提高到一个新的水平。2001年江西省人口与计划生育工作要着眼于稳定低生育水平，确保全省人口出生率控制在16.7‰以内，自然增长率控制在9.65‰以内，计划生育率达到82%以上。要切实把资源有效利用与管理工作摆在十分重要的地位，对资源的保护和管理必须严而又严，充分发挥资源管理工作在经济和社会发展中的作用，进一步加强污染防治，努力解决群众关心的热点、难点问题；加大城市大气、机动车尾气的污染防治；加强对全省7个已被列入全国生态示范县的规划和建设工作；继续巩固“十五小”取缔、关停工作和“一控双达标”工作成果，严禁新上不符合国家产业政策的项目。省计生委、省国土资源厅、省环境保护局的负责人分别在座谈会上发言。舒圣佑给11个市的市长下发了2001年计划生育工作任务通知书。各市、县出席省九届人大四次会议的党政领导参加了座谈会。

24日 江西营造“世纪纪念林”活动启动仪式在南昌湾里区招贤镇聂城村举行。

25日 江西省气象暨人工影响天气工作会议在南昌召开。这是自气象部门实行双重领导管理体制之后，第一次由省政府主持召开的专题部署气象和人工影响天气的全省性工作会议。会议指出，“九五”期间，气象部门为江西省社会和经济特别是农业和农村经济的进步与发展作出了积极的贡献。调查评估显示，本省气象防灾减灾区服务每年的经济效益达40亿元，对气象的投入与气象的经济效益比是1∶70，居全国领先水平。1998年以来全省气象部门已连续三年跻身全国同行业前五名。会议还提出了“十五”期间实施“彩虹计划”、“绿源计划”和“蓝天计划”为主的发展战略。

25日 “保护母亲河行动”中日青年九江县生态绿化工程在九江县城以西的丘陵山区正式启动。中日双方代表共同为“保护母亲河行动”——中日青年九江县生态绿化工程纪念碑揭碑，并一同栽种了寓意21世纪的纪念树21棵樟树。中日青年九江县生态绿化工程是由全国青联与日本青年会议所共同申请由日本国“日中绿化交流基金”援建，以及九江市、县两级青联共同承建的，是全国第七个、江西省第一个“保护母亲河行动”工程。工程分五年实施，共在九江县造林1000公顷，2000年第一期造林1800亩、植树39.6万株已圆满完成。

26日 全省出版总社编辑工作会议召开。这是江西省出版总社首次召开的将图书、报刊、音像、电子、影视、网络出版融为一体的编辑工作会议。会议回顾了“九五”期间江西的出版工作。“九五”期间省出版总社系统组织出版了一批反映时代主旋律、弘扬民族先进文化、深受广大人民群众欢迎的优秀作品，有不少作品在全国获奖，整个系统的主要经济指标在全国排位较靠前，为本省经济发展和社会进步作出了积极贡献，省委副书记钟起煌就做好编辑、出版工作，进一步繁荣本省出版事业提出了明确要求：一要牢牢把握正确的出版方向和社会舆论导向，把社会效益放在各项工作的首位。二要唱响主旋律，提倡多样化，为人民群众提供更多更好的精神食粮。三要尊重知识，尊重人才，最大限度地调动广大编辑人员的积极性和创造性。

27日~3月1日 国家信息产业部部长吴传基在南昌、九江考察。

28日 江西省软件行业协会在南昌宣布成立。胡振鹏、黄懋衡及全国软件行业协会副秘书长朱鹏举出席成立大会。信息产业部部长吴传基，中科院院士、清华大学信息科学技术学院院长李衍达，中科院院士、北方交通大学光波技术研究所所长简水生发来贺电。几年来，全省软件产业获得了长足发展。尤其是金庐软件园建立两年多来，聚集了省内有一定影响的各类软件开发生产企业70多家，2000年实现总收入5亿元，其中软件收入3亿元、利税1.6亿元，均比上年有较大幅度增长，其中利税超过了前两年之和。软件行业协会的成立，对于加强省内软件企事业单位之间的合作、联系和交流，架起政府与企事业单位之间的桥梁，促进本省软件产业的发展，将发挥积极作用。

28日 江西省近年查获的一起案值最大、涉案金额达1500多万元的走私柴油机组案，经南昌海关走私犯罪侦查分局侦查终结后，今日由南昌市人民检察院向南昌市中级人民法院提起公诉。经侦查发现，1996年底至1998年8月期间，上海中集内燃发电设备有限公司伙同广州市京泰电子器材有限公司、广东省新会市外经贸机电公司等单位，采取密谋策划、分工合作，以伪报货物品名、瞒报货物价格、开具假增值税发票等手段，通过货运渠道，逃避海关监管，走私进口柴油发电机组28套，在江西境内销售。案值人民币1518.48余万元，偷逃税款379.93万元。涉案的7名犯罪嫌疑人中，除1人先期外逃外，其余均已归案。

公元 2001 年 3 月 农历辛巳年【蛇】													
日	一	二	三	四	五	六	日	一	二	三	四	五	六
				1 初七	2 初八	3 初九	4 初十	5 惊蛰	6 十二	7 十三	8 妇女节	9 十五	10 十六
11 十七	12 十八	13 十九	14 二十	15 廿一	16 廿二	17 廿三	18 廿四	19 廿五	20 春分	21 廿七	22 廿八	23 廿九	24 三十
25 三月小	26 初二	27 初三	28 初四	29 初五	30 初六	31 初七							

1 日　《江西省环境污染防治条例》自今日起施行。该条例共分 8 章 61 条。第一章总则；第二章水污染防治；第三章大气污染防治；第四章环境噪声污染防治；第五章固体废物污染防治；第六章其他污染防治；第七章法律责任；第八章附则。

1 日　江西省对外宣传工作会议在南昌召开。会议传达了全国外宣工作会议精神，回顾了江西省 2000 年的外宣工作成绩，部署了 2001 年的工作任务。2000 年，全省各级外宣部门配合省内各项招商引资活动积极开展对外宣传工作，围绕全省的社会经济发展加强对外新闻单位记者和国外、港澳台新闻记者 40 多批 200 多人次来赣实地采访报道，发稿 1000 多篇。省直有关单位和各市外宣部门，开展了 30 多次对外文化交流活动。同时，吉安市政府新闻办制作的外宣片《春风又绿千烟洲》还获得全国外宣电视片“金桥奖”一等奖。2001 年的工作有三个要求：（一）从战略、全局的高度进一步认清对外宣传在改革开放中的作用。（二）围绕中心开展对外经济宣传工作。（三）适应形势，加强管理，积极利用互联网等现代传播手段开展对外宣传工作。会上，还对 2000 年度全国外宣电视片“金桥奖”和全省外宣作品评比获奖的 10 件作品给予了表彰。

1 日　《江西省户外广告管理条例》开始施行。《条例》由江西省人大常委会第二十次会议于 2000 年 12 月 23 日通过。《条例》既规范户外广告经营活动，又规范政府有关部门对户外广告设施设置审批和户外广告发布登记管理的活动，为本省户外广告业健康有序发展提供了法律依据。

2 日　江西省地矿经济工作会议召开。2000 年，江西省地矿经济总量实现了较快增长，实现产值 6.8 亿元，同比增长 14%，总收入 6.6 亿元，同比增长 20%，多种经营和矿产开发首次实现扭亏为盈。地质找矿也取得了重要进展。本省地矿部门参加了中国地质调查局组织的新一轮国土资源大调查工作；在西藏北部和东部成功组织实施了基础地质调查和矿产资源调查评价工作，为开发大西北作出了贡献。2001 年，江西省地矿系统将在 2000 年基础上，推进地勘单位企业化进程，进一步壮大产业经济。

5日　吉安市郊出土一方北京宋墓志铭，镌有1137字，属北宋时期（1079）安放的“宋故庐陵邓君墓志铭”，记载布衣邓守惠四子二婿皆举进士。“一门子婿六进士”，相比北宋庐陵籍文学家、政治家欧阳修作于嘉祐四年（1059）自述世系文中的“一门三代九进士”更属难得。

6日　万载县谭埠镇芳林小学发生特大爆炸事件，死42人，伤27人。7日凌晨1时，舒圣佑由北京赶到事发现场，察看芳林小学被炸倒塌状况。当晚，公安部有关专家赶至“三六”爆炸现场，分头展开调查、分析，对爆炸原因作出定论。9日，有关部门依法查出“癫人”李垂才为犯罪嫌疑人。18日至19日，舒圣佑再次到万载县考察芳林小学“三六”事件善后处理情况，要求举一反三，切实做好各项安全工作。

7日~9日　以赵培义为组长的全国农村“三个代表”学习教育活动督察组在吉安市、县和永阳镇等地开展督察工作，就学教活动和下步工作提出指导性意见。

9日~10日　吉安采茶现代戏《远山》在北京长安大戏院演出。全国政协副主席毛致用、国防大学政委王茂润、文化部部长孙家正等出席观看。

11日　省政府在北京召开江西籍在京部分企业家恳谈会。

14日　省领导舒圣佑、黄智权等一行访问清华大学。当天，省政府与清华大学共同签署了《关于建立清华科技园江西分园协议》。同时，聘任中国科学院院士、国务院学位委员会委员、中国著名的信号处理与智能控制专家李衍达为江西省政府经济发展与信息科学技术顾问。

15日　省政府取消514项行政审批事项，取消率达45.6%（在此基础上，7月27日再次取消行政审批事项197项。其中，还权于企业的46项，下放〈还权〉市、县的52项，简化审批手续的40项，规范备案、强化服务的21项，规范行政确认事项的26项，其他类别的12项。两批清理共取消审批事项711项，取消率达63%）。

17日　省委、省政府召开紧急会议，传达贯彻中央关于加强安全工作的指示精神，重点部署加强学校的安全工作。

18日　《江西日报》公布了江西省统计局发布的《关于2000年国民经济和社会发展统计公报》。该《公报》共分十二条。（一）综合；（二）农业；（三）工业和建筑业；（四）固定资产投资；（五）科学技术和教育；（六）交通邮电和旅游；（七）国内贸易；（八）对外经济；（九）金融和保险业；（十）文化、卫生和体育；（十一）环境保护；（十二）人民生活。

19日　由南昌大学生命科学、食品工程学院与靖安县娃娃鱼研究所共同完成的《大鲵（娃娃鱼）人工繁殖与养殖技术研究》于日前在靖安县通过了省级成果鉴定。其模拟生态条件、选择最佳配对时间、开口饲料、控制水流四项新技术属国内首创。娃娃鱼是国家二级保护生物，它的人工繁殖与养殖是世界性难题。该项目组在1996年至1999年期间，先后共进行了4批34组次大鲵的生态模拟野外养殖试验，总产卵3260枚，其中受精卵2640枚，受精率81.0%，出苗2010尾，孵化出苗率76.1%，养殖幼鲵1630尾，成活率81.1%，成果达国内同类工作的领先水平。

21日　“BW-1型卫星定位智能调度系统”近日通过了江西省科技厅组织的科技成果鉴定，该项目是由进驻南昌高新区不久的江西博微新技术有限公司研制开发的，它在国内首次采用GSM短信息方式传输车辆动态数据和控制信息，填补了我国的一项科技空白。“BW-1型卫星定位智能调度系统”将全球定位系统、地理信息系统、全球移动通信系统三大技术集成起来，应用于车辆卫星定位调度系统的研制，处于国内领先水平。

22日　中共江西省委办公厅向各市、县（市、区）委，省委各部门，省直各单位党组（党委），各人民团体党组发出《关于调整当代江西简史编辑委员会组成人员的通知》，由于人员变动等原因，经省委领导同意，对当代江西简史编辑委员会组成人员作了调整，白栋材、傅雨田、刘建华、王铁、吕良、吴允中为顾问。《通知》强调，当代江西简史编辑委员会调整后的机构性质、任务，仍按赣字［2000］120号文件的规定执行。要求各地各部门对此项工作高度重视，继续给予大力支持，共同努力，促进当代江西史研究与编纂工作的顺利进行。

23 日 江西省第九届人民代表大会第四次会议通过了《江西省国民经济和社会发展第十个五年计划纲要》。《纲要》根据《中共江西省委关于制定全省国民经济和社会发展第十个五年计划的建议》编制，共分五大部分。一、发展主题。（一）发展环境。"九五"回顾：经济总量持续增长；经济结构不断优化；基础设施明显改善；各项改革顺利实施：对外开放继续扩大；社会事业全面发展；人民生活水平进一步提高；精神文明建设和民主法制建设继续推进；经济生活中的主要困难和问题。（二）发展目标。指导方针：第一，加快发展是江西省面临的最紧迫任务。第二，把推进经济结构的战略性调整贯穿于经济发展的始终，坚持在加快发展中推进经济结构调整，在经济结构调整中保持快速发展。第三，以改革开放总揽全局，全面推进体制创新，进一步提高对外开放水平，以大开放促大调整，以大开放促大发展。第四，加快科技进步和人才培养，充分发挥科技作为第一生产力的决定性作用，努力提高经济增长的质量和效益。第五，大力调整和改善所有制结构，不断提高国有经济的整体素质，大幅度提高非公有制经济在全省经济总量中的比重。第六，坚持"两手抓两手都要硬"，促进物质文明和精神文明共同进步，实现经济和社会协调发展。战略构思：深入推动思想大解放，全面实施大开放；以加速工业化为核心，以发展现代农业为基础，以加快城镇化为依托；推动体制创新和科技创新，推进经济结构的战略性调整，加大科教兴赣力度，加快信息化进程；强化基础设施建设，全面发展县域经济；大力提高全省人民的物质文化生活水平和国民素质，努力实现经济、人口、资源、环境、生态的相互协调和可持续发展。"十五"期间，努力实现"三大突破、三大发展"：对外开放有大的突破、主攻工业有大的突破、城镇化发展有大的突破；县域经济有大的发展、科技教育有大的发展、非公有制经济有大的发展。主要目标是：国民经济保持快速健康发展，主要经济指标的增长速度高于全国平均水平，努力实现国内生产总值年均增长 8%，为到 2010 年实现人均国内生产总值比 2000 年翻一番奠定坚实基础；经济结构调整取得明显成效，农业基础地位进一步加强，工业经济实力显著壮大，服务业水平大幅度提高，经济综合竞争力明显增强；完善社会主义市场经济体制迈出实质性步伐，国有企业建立现代企业制度取得重大进展，社会保障制度比较健全；就业渠道拓宽，城乡居民收入和财政收入显著增加，人民群众物质文化生活有较大改善，生态建设和环境保护得到加强，科技教育加快发展，国民素质进一步提高，精神文明建设和民主法制建设取得明显进展。（三）重大基础工程：1. 高速公路工程；2. 铁路工程；3. 防洪水利工程；4. 电力工程；5. "网上江西"工程；6. 高新技术工程；7. 文化卫生工程；8. 教育工程；9. 人才工程；10. 生态环境工程。二、发展主线。（一）农业和农村经济：加强农业基础地位；优化农业生产结构；发展乡镇企业；壮大县域经济；（二）工业经济：大力发展食品工业；加快发展有色冶金工业；加速发展汽车工业；积极发展石化工业；突出发展高新技术产业；改造提升传统产业，实施名牌战略和大集团战略。（三）服务业：重点发展旅游业；繁荣流通业；深化流通体制改革；加快发展房地产业；大力发展社区和中介服务业；拓展金融业。（四）信息化：开发利用信息资源；建设现代化信息基础设施；推广和应用信息技术；促进信息产业发展；突出发展软件产业；发展壮大信息服务业。（五）布局结构：优化地区布局；完善城镇体系；强化城镇基础设施建设；创新城镇体制。（六）所有制结构：调整国有经济布局；突出发展非公有制经济。三、发展基础。（一）基础设施：加强水利设施建设；调整能源结构；完善综合运输体系。（二）科技教育：积极推进科技创新；适度超前发展教育；重视人才开发。（三）生态环境和人口控制：加强生态建设；搞好环境污染综合治理；严格控制人口数量。（四）劳动就业和社会保障：扩大劳动就业；完善社会保障制度。（五）人民生活：增加居民收入；鼓励居民扩大消费；提高公共服务水平；丰富精神生活；继续扶贫开发。四、发展动力。（一）解放思想；（二）扩大开放：努力扩大出口；积极利用外资；发展横向经济联合与协作；实施“走出去”战略。（三）深化改革：国有企业改革；财税体制改革；价格体制改革；投融资体制改革；政府机构改革。（四）优化环境。五、发展保障。（一）精神文明建设；（二）勤政廉政建设；（三）民主与法制建设；（四）维护社会稳定；（五）保障规划有效实施。

25日 江西省经济社会发展重大招标课题鉴定会在南昌召开，《西部大开发与江西发展研究》、《生态经济与江西可持续发展研究》、《江西高新技术产业发展对策研究》、《江西传统农业改造研究》和《加快江西城市化进程研究》5个重大研究课题通过专家鉴定。

26日 全省同“法轮功”邪教组织斗争先进集体和先进个人表彰大会在南昌召开。

26日 经省政府批准，江西省肿瘤医院与原省建工集团职工医院联合组建成江西省第二人民医院集团。这是江西首家从企业剥离出来的医院实行资产重组。

26日～27日 中国粮食协会工作会议在九江召开。会议指出，我国粮食行业即将从抓放心米（面、油）、放心店（厂）着手，并以此作为切入点，在粮食行业建立起信用机制。据悉，中国粮食行业协会、中国粮油学会将邀请专家，分别提出适用于放心米、放心面、放心油和放心店、放心厂的科学标准，组织验收，颁发证书，扩大影响。还计划用3年左右的时间，在全国推开。中国粮食行业协会会长白美清主持会议并讲话，全国各省、市、自治区粮食局局长、粮食行业协会会长80多人参加了会议。

27日 永丰县龙冈畲族乡成立庆典大会在龙冈隆重举行。省人大常委会副主任周懋平、省长助理凌成兴出席庆典并向龙冈畲族乡1.3万多名畲汉干部群众表示热烈祝贺。龙冈是著名的革命老区，拥有4500多名畲民，是江西省少数民族聚居区之一，此次龙冈撤镇改建民族乡诞生了全省第四个民族乡。庆典仪式上宣读了国家民委政策法规司发来的贺电，省有关单位负责人前往祝贺。

28日 中国移动互联网江西宽带网正式开通。这是省内开通的第一个宽带互联网，也是中国移动通信集团开通的第一个省级宽带互联网和中国第一个采用MPLS技术的省级互联网。网络以172作为统一的特服号码，只要拨通172就可以连接移动互联网。这一宽带网还可以同时提供话音、数据、图像、多媒体等高品质通信服务，以及专线用户上网、宽带批发、IP层的虚拟专用网、IP电话、移动用户上网（含WAP上网）、固定用户上网、GPRS骨干传输、IP长途传输、数据中心等业务。

28日 全省中医工作会议结束。会议提出，至2000年底，全省已拥有三级甲等中医院两所、国家级示范中医院五所、全国百佳医院一所、国家级专科专病治疗中心一个、省级示范中医院七所、省级专科专病中心、中西医结合急诊中心30所。金溪、宁都两县还跨进了全国农村中医工作先进县的行列。去年3项科研课题被列入国家中药管理局科研课题，填补了本省近年国家局级科研课题的空白。至2000年底，全省共有中医药科技成果300项，其中国家级18项、省部级8项，显示了中医科研的龙头作用。全省还积极树立名医典型，165名“江西省名中医”、15位国家级老中医药专家学术继承人、41名“全国优秀青年针灸师”脱颖而出，成为江西省中医药事业发展的宝贵财富和未来的希望。

29日～4月8日 国务院安全生产督察组，对江西各项安全生产进行监督、检查，重点放在学校安全的检查上。

30日 省政府批准资溪马头山、黎川岩泉、浮梁瑶里、万载三十把及宜黄华南虎自然保护区晋升为省级自然保护区。

31日～4月1日 省科协第五次代表大会在南昌召开。中国科协党组书记、书记处第一书记、副主席张玉台到会祝贺。舒惠国、舒圣佑讲话，黄智权等出席。会议审议通过省科协四届常委会的报告和《江西省科学技术协会章程》（修改稿），选举了新一届省科协领导班子。

公元2001年4月							农历辛巳年【蛇】						
日	一	二	三	四	五	六	日	一	二	三	四	五	六
1 初八	**2** 初九	**3** 初十	**4** 十一	**5** 清明	**6** 十三	**7** 十四	**8** 十五	**9** 十六	**10** 十七	**11** 十八	**12** 十九	**13** 二十	**14** 廿一
15 廿二	**16** 廿三	**17** 廿四	**18** 廿五	**19** 廿六	**20** 谷雨	**21** 廿八	**22** 廿九	**23** 四月大	**24** 初二	**25** 初三	**26** 初四	**27** 初五	**28** 初六
29 初七	**30** 初八												

1日 省委召开领导干部会议，宣布中央关于调整江西省委、省政府主要领导职务的通知。中央决定，孟建柱任江西省委委员、常委、书记，免去舒惠国的江西省委书记、常委、委员职务。提名孟建柱为江西省人大常委会主任候选人、黄智权为江西省省长候选人。舒惠国不再担任江西省人大常委会主任职务，舒圣佑不再担任江西省省长职务，免去舒圣佑的江西省省委副书记、常委、委员职务。

3日 作为全国国土资源遥感综合调查试点后第一个提交成果验收的江西省国土资源遥感综合调查项目，经过来自中科院、北京大学、清华大学、国家计委、国土资源部、水利部等省内外知名院士、专家的充分讨论和严格审查，顺利通过项目验收。该项目研究部分成果如水土流失、鄱阳湖区、南昌市及基于复杂地形的气候资源调查等达到国际先进水平。目前，项目部分研究成果正在农业、林业、水土保护、区域规划、防灾减灾等领域得到应用。

3日 交通部、江西省人民政府实施水上安全监督管理体制改革协议签字仪式在南昌举行。交通部副部长洪善祥和省政府副省长朱英培在协议书上签字。交通部和省政府经协商一致同意：江西省长江干线水域、港口的水上安全监督工作由交通部设置机构实施管理，其具体范围为长江干线江西段以及瑞昌市、彭泽县、九江县、九江市浔阳区行政区划内水域；原由省交通厅管理的长江干线水域和港口的水上安全监督机构一并划转交通部管理。江西省行政区域内其他内河（湖泊、水库）水域的水上安全监督工作由省交通厅设置机构实施管理。交通部在江西设置海事机构，江西长江干线和港口水域的水上安全监督工作由交通部海事机构负责。

4日 铅山县开源煤矿发生一起透水事故，死亡13人，直接经济损失约90万元。

4日 孟建柱同省人大常委会部分成员座谈，强调进一步加强和改善党对人大的领导，充分发挥人大在促进经济发展、维护社会稳定中的作用，积极推进依法治省的进程，加强人大的监督力度、监督实效，推动“一府两院”的工作。

5日 孟建柱同省政协主席会议组成人员座谈。强调江西省各级政协要加强自身建设，进一步解放思想，开拓进取，在各级党委的领导下，继续把握和突出团结与民主两大主题，进一步推进履行职能的规范化、制度化，不断提高工作水平，为加快江西的改革发展献计出力，为振兴江西作出更大贡献。

6日 省委召开常委会议，传达学习全国社会治安工作会议、全国整顿和规范市场经济秩序工作会议精神并研究贯彻意见。孟建柱主持会议并讲话。

7日 江西省统计局公布2000年第五次全国人口普查主要数据公报，全省总人口为4139.80万人（包括外来人口、不包括外出人口和中国人民解放军现役军人）。2000年11月1日零时，全省共有家庭户1051.92万户、家庭户人口为3950.39万人，占总人口的95.42%，平均每个家庭户的人口为3.76人。全省总人口中，0～14岁的人口为1076.00万人，占25.99%；15～64岁的人口为2810.92万人，占67.90%；65岁及以上的人口为252.87万人，占6.11%。全省总人口中，男性为2152.51万人，占52%；女性为1987.29万人，占48%。性别比（以女性为100，男性对女性的比例）为108.31。全省总人口中，汉族人口为4128.52万人，占99.73%；各少数民族人口为11.28万人，占0.27%。全省总人口中接受大学（指大专以上）教育的106.64万人，占2.58%；接受高中（含中专）教育的406.47万人，占9.82%；接受初中教育的1375.18万人，占33.22%；接受小学教育的1610.45万人，占38.90%（以上各种受教育程度的人口包括各类学校的毕业生、肄业生和在校生）。全省人口中，文盲人口（15岁及15岁以上不识字或识字很少的人口）为229.16万人。全省总人口中，居住在城镇的人口1145.48万人，占总人口的27.67%；居住在乡村的人口2994.32万人，占总人口的72.33%。

8日 应国家林业局邀请，受世界野生动物基金会的派遣，美国猫科动物专家、明尼苏达动物园动物部主任郎提尔森和助手杰夫蒙特弗瑞在国家野生华南虎种群调查组负责人胡德夫博士的陪同下，携带红外线摄像机、JPS定位仪、帐篷等设备，深入宜黄县华南虎自然保护区开展野生华南虎资源调查，重点任务是寻找华南虎的踪迹。

9日 经国家评估组评估，到2000年止，全省有94个县（市、区）达到消除碘缺乏标准。

9日～16日 全国政协副主席、中华全国供销合作社总理事会主任白立忱先后在瑞金、宁都、南昌等地考察。

10日 省政府派出四个检查组赴全省各地检查殡葬工作。检查内容包括：各地贯彻执行《江西省殡葬管理办法》，地方殡葬管理法规建设情况和省政府《关于划分火葬区与土葬改革区的批复》下发后，推进火葬的成效，以及存在的问题、解决办法；《省政府办公厅转发民政厅关于进一步加强公墓管理意见的通知》下发后，各地对非法公墓及“三沿六区”内坟墓的清理整顿情况；各地落实《江西省殡葬工作发展规划》，新建火化殡仪馆和老火化殡仪馆的改造等情况。

10日 江西长江流域湖口水质自动监测站挂牌成立。监测站的整套监测设备通过了3个月的装机调试正式投入运行，填补了江西省对长江水质进行自动监测的空白。湖口监测站是长江流域设立的第九个监测站，是江西目前唯一一个对长江流域水质进行自动监测的机构。

10日 在江西省国家粮库建设竣工验收会上，总投资为2546万元、仓容为5000万公斤的省昌北机械化粮库国家粮库项目第一批通过了竣工验收。这标志着江西1998年开工建设的国家粮库开始进行竣工验收。国家安排江西1998年开工建设的16项、总仓容9.85亿公斤、总投资5.4亿元的国家粮库项目，有关部门和人员将严格按照国家有关规定标准，对每个项目进行认真检查和检验，在2001年6月30日前全部完成验收。对不符合要求的限期整改，直至达标。

11日 瑞金市象湖镇发现了一份珍贵的革命老区历史文物——中共苏区中央局创办的《斗争》刊物。经当地党史专家鉴定，此期刊物出版于1934年6月16日，即红军长征前几个月，为铅印16开本，仅存8面，刊头“斗争”为隶书字体，刊头下标明“中国共产党苏区中央局机关报”，封面目录上标明本期刊物共发表《中央致各级党部和突击队的信——继续红五月胜利、为争取3个月计划在6月完成与超过而斗争》、《中央给福建省委、各县委突击队的信》、《关于敌人远近后方党的工作给苏区附近区域及苏区各县党部信》、《华北事变的内幕》、《武装拥护苏联反对日本及一切帝国主义进攻苏联》、《美国银价提高与中国劳苦群众》6篇文章和指示信。《斗争》报存世极少，此次发现，为研究苏区党史和新闻出版史增加了一份新的实物。

13日　省工商局、质监局召开大会，全面部署2001年整顿规范市场秩序的主要任务、措施：一是严把市场准入关，抓好安全生产监管，重点整治烟花爆竹生产经营秩序、煤矿安全生产、交通运输安全秩序以及液化气充灌站的安全工作；二是抓好假冒伪劣商品的整治工作；三是抓好建筑市场秩序的整顿和规范；四是严厉查禁传销和变相传销；五是进一步加强粮食、棉花收购市场监管，把好粮食、棉花收购资格准入关。全省质监系统要继续抓好打假工作，集中整治重点商品、重点市场、重点区域的假冒伪劣行为，严查一批涉及面广、数额巨大、危害严重、影响恶劣的大案要案，严厉查处因假冒伪劣造成人身伤亡等恶劣影响或重大经济损失案件、暴力抗拒执法案件及严重地方保护主义案件。

13日　省旅游局决定从五个方面着力整顿出境游：一是加强源头控制，未经批准设立的不准办理；二是旅行社发布出境游经营广告必须提交“旅行社业务经营许可证”和“营业执照”、“出国旅游组团社批准书”，不具备资格者严禁发布出境游广告；三是严格执行出境游“六不准”规定，规范经营，强化监督；四是加强出境游的审批管理，做好团队旅游人员护照审批颁发和出入境验收工作；五是规范旅游外汇收支管理，严厉查处逃汇、套汇、骗汇及非法买卖外汇行为；六是不定期对全省旅行社的旅游合同进行专项检查，对不履行合同或利用合同条款损害消费者利益的行为坚决予以处理。

13日　团省委、省青联和省内8家新闻单位联合主办的第十届“江西十大杰出青年”评选揭晓，10位青年是：王安维（景德镇艺术瓷厂美术研究所所长）、朱军（江西特种电机股份有限公司董事长、总经理）、杨成勇（蓝星星火化工厂厂长）、何庆凌（女，赣州市公安局交警大队直属大队民警）、张华（南昌大学机电工程学院副院长、机械电子研究所所长）、陈苏（南昌先锋软件股份有限公司董事长）、罗方承（江西晶安化工有限公司总经理）、周强（德兴市异VC纳有限公司经理）、高国兰（女，省肿瘤医院院长）。

13日～15日　孟建柱在吉州区、青原区、吉安县、泰和县、井冈山市、遂川县等地进行实地调查研究。他每到一地，深入田间地头和贫困户家庭，与农民聊生产、拉家常，共商致富大计；并进厂矿车间，看农业科技示范点和农产品营销及农业产业化等问题。在井冈山瞻仰了革命烈士陵园及井冈山时期的革命旧址和博物馆、纪念馆，向为新中国建立而长眠九泉的烈士敬献花圈。考察期间，孟建柱强调要大力弘扬井冈山精神，不断加强干部队伍建设，坚持两个文明一起抓；要突出做好农村工业化和旅游开发两篇大文章，把经济社会发展推上一个新台阶，把党的事业不断推向前进。

16日　省政府发出关于加快实现全省社会福利社会化的决定，就指导思想、总体目标和基本要求、优惠政策和有序发展等方面提出了要求。

16日～19日　省九届人大常委会第二十二次会议在南昌召开。会议通过了《关于召开江西省第九届人民代表大会第五次会议的决定》、《关于接受舒圣佑辞去省政府省长职务的请求的决定》、《关于黄智权代理省政府省长职务的决定》。

17日　省军区在南昌召开安全稳定工作会议，传达贯彻全国社会治安工作会议和南京军区安全稳定工作会议精神，部署落实措施。

18日～19日　孟建柱在南昌市考察，先后在南昌市城区、郊区和南昌县，对江西锅炉化工石油机械联合公司、江铃集团公司、城市防洪大堤、洪城大市场、洪都航空工业集团公司、高新技术产业开发区、民营科技园、江中制药厂、南昌深圳农产品中心批发市场、南昌县小蓝乡养鸭专业户、南昌县饲料原料批发市场、汇仁集团公司、远东世纪花园、南昌市朝阳污水处理厂、红谷滩中心区等进行调研。考察期间他强调指出：南昌是江西的形象、江西的窗口，要充分发挥南昌经济中心城市带动辐射功能，推动全省经济跃上新台阶；要进一步加大城市管理建设的力度，使南昌市早日成为环境幽雅、适应居住的现代文明的花园城市。

20日 省委常委中心组集中学习贯彻江泽民在全国社会主义治安工作会议上的讲话，以及关于坚持四项基本原则等问题的论述。孟建柱主持学习并在会议结束时讲了话。

21日 分宜县水务局成立。2000年11月14日，全省首家地级市水务局——萍乡市水务局成立。至2000年底，全省共有32个市、县（区）成立水务局，实行城乡水务一体化的水务管理体制，对水资源（含空中水、地表水、地下水）实行统一管理，对防洪、除涝、供水、节水、排水、污水处理与回用等涉水事务实行统一管理。

23日~24日 孟建柱在九江市考察。先后在星火化工厂、共青开放开发区、庐山国家级风景名胜管理区、九江市城防堤、永安大堤、瑞昌亚东水泥厂、九江石油化工总厂、清华同方七一三厂、九针集团等考察。强调要跳出九江看九江，通过进一步扩大对外开放来促进九江的发展，发挥九江区位交通优越、工业基础较好和旅游资源丰富等方面的优势，在发展中争创新优势，更上一层楼，把九江建成长江沿岸城市中一颗璀璨的明珠。

24日 来自北京大学、清华大学、华中科技大学、中国社会科学院等16所高校、科研院所及政府教育主管部门的31名专家教授，开始对南昌大学“211工程”一期建设的14个项目进行为期两天的检查验收。“九五”期间，南昌大学“211工程”的一期建设拨出专项资金2000万元，省政府拨出专项资金1亿元，加上学校自筹和引资，总投入建设资金2.035亿元。办学规模从并校时的在校本科生6000多人，迅速增加到1.6万多人，博士生从零增加到39人。南昌大学“211工程”一期建设子项目以全优通过验收，获得二期建设“准入证”。“211工程”总体目标是：到2010年左右，建设成为在教育质量、科学研究、管理水平和办学效益等方面总体上达到国内同类高校的一流水平，部分学科达到国内外先进水平。

25日 省政府决定授予武宁县、铜鼓县、崇仁县、南康市、泰和县、南昌市青云谱区“江西省第三批社会文化先进县（市、区）”称号。

25日~26日 孟建柱在景德镇市考察。先后对华意冰箱厂、德宇集团、吉窑瓷厂、陶瓷历史博物馆、西门子公司、华意压缩机股份有限公司、昌河收音机制造公司、雕塑瓷厂、中国直升机设计研究所、彩印包装厂、陶瓷股份公司、环球陶瓷有限公司、金昌利陶瓷大市场和景德镇机场等进行调研。强调要进一步解放思想、开阔思路，加快经济发展步伐，重振瓷都雄风，把景德镇建成具有较强经济实力的经济重镇；要深入挖掘城市历史文化底蕴，使景德镇成为一座历史文化和现代文明融为一体的江南旅游都市。

26日 全省整顿和规范市场经济秩序工作领导小组第一次工作会议在南昌召开。黄智权主持并讲话。会议审议并原则通过《江西省整顿和规范市场经济秩序工作总体实施方案》。

27日 孟建柱先后到省军区和省武警部队，看望慰问部队官兵。

27日~30日 国家信访局局长周占顺来南昌、九江、景德镇等市调研。孟建柱、黄智权等看望周占顺及随行人员。

28日 孟建柱会见以叙利亚复兴社会党副总书记阿卜杜拉·艾哈迈尔为团长的叙利亚复兴社会党代表团一行11人。该代表团是应中国共产党邀请来访的，他们在江西参观工业、农业等项目。

29日 省政府各部门主要负责人会议在南昌召开。黄智权讲话。

29日 步正发会见以坦桑尼亚革命党总书记菲利普·曼谷拉为团长的坦桑尼亚革命代表团。

29日~5月2日　孟建柱在赣州市考察，先后到兴国县、宁都县、瑞金市、于都县、赣县、章贡区、南康市、大余县等地进行调研。考察时强调，赣州市要大力弘扬革命传统，争做全省改革开放的先锋，在向新世纪的宏伟目标迈进中再创新辉煌。首先要以招商引资为工作重点，进一步扩大开放，大力推进工业化进程；要努力做好农业、旅游和矿产三大资源深度开发的大文章；要以道路建设为重点，进一步改善赣南交通条件，形成便捷、快速的交通网络，加速形成南北、东西干道和铁路线，解决制约赣南经济发展的“瓶颈”，把赣州建成闽粤湘边界的中心城市；进一步加快城市的发展和建设，形成以赣州城区为中心的各具特色的城市群。

本月　孟建柱先后走访省人大常委会、省政协机关；到省军区、省武警部队走访慰问部队官兵；看望白栋材、傅雨田、狄生、许勤、吴平、刘建华等一批老同志。

公元2001年5月							农历辛巳年【蛇】						
日	一	二	三	四	五	六	日	一	二	三	四	五	六
		1 劳动节	2 初十	3 十一	4 青年节	5 立夏	6 十四	7 十五	8 十六	9 十七	10 十八	11 十九	12 二十
13 廿一	14 廿二	15 廿三	16 廿四	17 廿五	18 廿六	19 廿七	20 廿八	21 小满	22 三十	23 闰四月	24 初二	25 初三	26 初四
27 端午节	28 初六	29 初七	30 初八	31 初九									

1日　2001年江西省重大科技攻关招标项目签约仪式在南昌科技大市场多功能会议厅举行。有6个项目的中标单位与省科技厅当场签约。省级重大科技攻关项目首次实行公开招投标。2000年省科技厅决定将“DNC通讯网络及管理系统”等6个重大科技攻关项目率先在全省公开招标，并于2000年10月下旬在《江西日报》发布招投标项目公告。省科技厅委托省科技评估中心组织有关专家，按科技部发布的《科技评估规程》对各类投标项目进行科学评估，确定了每个项目评分排序第一的单位为中标单位。省科学院、省火炬高新技术发展总公司及南京航空航天大学最终中标。

1日　为期近一个月的《双艺合璧——瑞士摄影家鲜伊代克镜头中的贾珂梅蒂》摄影作品展在江西省博物馆展出，瑞士驻中国大使馆文化参赞岑达意出席开幕式。此展览是庆祝中瑞建交50周年，由中国16家博物馆联合引进的巡回展，南昌为第六站。

1日　江西省从今日起在全省推行“电子口岸”系统，目前许多企业正在积极进行身份认证、资格审查、集中审批发放IC卡工作，届时企业办理进出口业务可驶入“快车道”。“电子口岸”是运用现代信息技术，借助国家电信公网资源，将海关、外贸、税务、银行等多个部门分别管理的进出口业务信息流、资金流、货物流等电子数据集中存放在公共数据中心，实现数据共享和数据交换。“电子口岸”推出的第一批应用项目有：出口收汇核销单联网申领发放检查核销、自理报关企业的进出口报关单联网申报、出口加工区企业电子账册联网备案核销等。据悉，企业的进出口业务手续将逐渐在网上办理，没有加入“电子口岸”的企业都不能办理出口业务。

2日　备受省内外各界关注的江西南昌科技大市场正式开业。科技大市场经营面积7200平方米，已有150多家商户入驻其中，经营计算机、计算机配件、计算机软件、计算机耗材、网络集成、网络产品、办公自动化等高新技术产品，同时还开展科技成果交易、信息咨询、科技人才交流等。预计年交易额可达10亿元。江西南昌科技大市场还将加快与国内各省市科技市场接轨步伐，以实现资源共享。应上海技术交易所邀请，江西南昌科技大市场还将作为会员加盟上海技术交易所。

3日 土耳其客商塞里哈丁先生与德兴市泗州镇签订合同，投资500万元创办纳萨比思浩发展有限公司。德兴有丰富的地表、地下资源，为把资源优势转化为经济优势，为外商创造了优良的投资环境，一批外商先后落户该市。继印尼、加拿大等外商来该市投资后，土耳其客商成为该市第五个外商。

3日 孟建柱、彭宏松瞻仰方志敏烈士墓，看望其后代。孟建柱说，方志敏烈士为中国革命作出了巨大贡献，他坚定的革命信念、高尚的革命情操，给我们留下了取之不竭的宝贵精神财富。

4日 来自北京、江苏、上海、湖南等十几个省市的2000余名共青团员，在井冈山烈士陵园内，参加"信念与誓言——走向井冈山"宣誓活动。

8日 由辽宁省省长薄熙来率领的辽宁省经贸代表团270余人抵达南昌。孟建柱、黄智权会见薄熙来等辽宁客人。

9日 辽宁（南昌）商品展销暨经济合作洽谈会在江西省展览中心举行。辽赣两省当天签订《关于进一步加强经济技术合作的协议》。本次洽谈会签约项目达1100多个，合同签约金额116.10亿元，协议签约金额20.68亿元，意向签约金额15.8亿元（至11月，赣辽两省签署的合作项目已完成和正在实施的项目达到65项，实际完成投资额9.74亿元，中心合同项目完成52个，完成金额7.81亿元，占合同项目总金额的20%）。

10日 省委召开全省解放思想学习教育活动动员大会。对在全省范围内开展一次"以'三个代表'重要思想为指针，弘扬井冈山革命精神，学习兄弟省市改革开放先进经验，走加快江西发展新路"为主题的解放思想学习教育活动进行动员部署。孟建柱作动员讲话，黄智权主持大会。辽宁省省长薄熙来应邀作专题报告，重点介绍了大连市改革开放和经济发展的经验。

11日 江西省申报中宣部第八届"五个一工程"奖的作品——6集理论文献片《共和国摇篮》看片座谈会在南昌举行。《共和国摇篮》由中共中央党史研究室、中共江西省委宣传部、江西省广播电视局、江西电视台、江西有线电视台联合摄制。该片拍摄历时两年，摄制组行程万里，采访了40多位苏维埃时期的老战士和20多位专家、学者，着重表现了中国共产党的政权建设史，表现了中国共产党人实事求是、百折不挠、艰苦奋斗、不畏牺牲的伟大精神。《共和国摇篮》在建党80周年和中华苏维埃共和国成立70周年之际推出，具有很强的指导意义。

11日 江西省委副书记、代省长黄智权在南昌会见了以沙丽为团长的世界银行贷款江西省综合农业现代化项目准备团一行8人。进行综合农业现代化项目的实施，对提高全省农产品的国际竞争力将发挥巨大的推动作用。世界银行贷款江西省综合农业现代化项目于1998年3月经国家计委批准立项，总投资16.6亿元人民币，其中贷款1亿美元。项目目标是增加项目区农民的收入，建设内容包括农田水利、改善农业生产和市场体系建设3个子项目和项目监测、管理和评价。

13日 《江西日报》报道，瑞金市叶坪乡洋溪村农民在拆墙修屋时，意外发现6张中华苏维埃共和国经济建设公债券。债券用当地土纸印刷，呈边长10厘米正方形，上半部分为公债票面，印有"中华苏维埃共和国经济建设公债"字样和债券编号，正中是一幅半圆形农民挑粮运粮的劳动场景图，图上有红色的中华苏维埃共和国临时中央政府财政人民委员会印章和债券面值，左右两边注有"本公债周年利息厘于每年十月一日付息"和"本公债从一九三六年十月起分五年还本"的字样，下边有主席毛泽东、国民经济人民委员林伯渠、财政人民委员邓子恢的印章，四周有图案精美的黑色花边；下半部分为付息凭据，分7张总付利息的小张凭据。据当地史料专家考证，这些经济建设公债券实为苏区革命文物的珍品，现存量极其稀少。

14日 省委、省政府发出《关于在全省开展解放思想学习教育活动的通知》，要求充分认识开展解放思想学习教育活动的重要意义，精心组织，周密部署，迅速在全省兴起解放思想的新高潮。

15日 全国工商联八届八次常委会议在南昌举行。全国政协副主席孙孚凌，全国政协副主席、全国工商联主席经叔平和刘延东，省领导黄智权、朱治宏等出席开幕式。全国工商联党组书记、副主席梁金泉主持会议。

16日~17日　省九届人大五次会议在南昌召开。会议决定，接受舒惠国辞去江西省第九届人民代表大会常务委员会主任职务的请求，补选孟建柱为江西省第九届人民代表大会常务委员会主任，补选黄智权为江西省人民政府省长。

16日　全国政协副主席、全国工商联主席经叔平、全国工商联副主席保育钧和全国工商联部分常委在红谷滩开发区、南昌国家高新技术开发区参观。

17日　孟建柱、黄智权在南昌会见上海市领导干部“环境保护与综合决策”专题研讨班赴赣考察团一行。

17日　上海市外经贸考察团在南昌考察。

17日~23日　中共中央政治局候补委员、国务委员吴仪，先后在南昌、宜春、吉安等地对企业和市场进行考察。孟建柱、黄智权、钟起煌和朱英培分别陪同考察。吴仪指出：井冈山精神70多年来一直鼓舞全党全军和全国人民团结奋斗。至今仍然是我们实现民族伟大复兴的力量源泉，新形势下弘扬井冈山精神，必须认真实践“三个代表”重要思想。当前进一步解放思想，必须确立市场经济观念、开放意识、竞争意识和效率意识，促进经济加快发展。

18日　被指定为供港澳地区供应生猪的生产基地、省市菜篮子工程的江西国鸿实业有限公司，与韩国普瑞纳公司、省科学院、江西农大签订技术合作协议。该公司选择普瑞纳饲料加工和肉食加工为合作项目，采用普瑞纳高科技生物技术研制的饲料生猪，生产出营养猪肉；利用省科学院生物组培技术，发展名贵、特优产品种苗产业；与江西农大合作进行生猪优良品种培育，建立人工授精中心，兴办优质种猪基地。江西国鸿实业有限公司将建成产、学、研、科、工、贸一体化的现代化企业。

18日　绿色食品产品质量定点监测中心在江西省农科院成立。国家绿色食品发展中心有关负责人向南昌定点监测中心授牌。江西省对发展绿色食品高度重视，把生态农业和有机食品作为新的支柱产业重点培育。全省已开发绿色食品100多个，其中AA级产品4个，占全国总量的10%，原料生产基地监测面积达40万亩，综合生产已达一定水平。

18日　井冈山师范学院正式挂牌，吉安老区从而有了自己的本科院校。中科院院士王梓坤教授亲临庆典，并被聘为井冈山师范学院名誉院长。副省长胡振鹏、省政协副主席黄定元出席了庆典大会，并为井冈山师范学院揭牌。

18日　省直机关解放思想学习教育活动动员大会在南昌举行。孟建柱强调，开展解放思想学习教育活动，是省委、省政府从省情出发作出的重大决策。省直机关要把改进机关工作作风，增强服务意识，提高办事效率作为开展解放思想学习教育活动的重点，争做解放思想的先行者。

18日　《江西日报》与清华泰豪科技股份有限公司联合举办“泰豪论坛”（共办12期），以江西与现代化为命题开展讨论和探索，寻求江西走向现代化的发展新路，受到广泛关注。孟建柱亲临泰豪论坛并提出了“我们现在在做什么？我们明天将做什么？我们准备好了吗？”的研讨论题。

19日　来自香港、澳门等地的148位游客和安远县新园、镇岗两乡的210余名干部，在三百山栽种象征北京申奥成功的山绿树2008棵，已全部认领并负责养护。

20日　由孟建柱任团长，黄智权、朱治宏任副团长的江西省赴粤学习考察团启程，在广东省进行为期7天的学习考察活动。赣粤两省当天签订了《关于进一步加强两省经济技术合作的协议》。中共中央政治局委员、广东省省委书记李长春主持召开了赣粤两省座谈会，介绍了广东改革开放以来的经验和成果。广东省省长卢瑞华介绍了广东的基本情况。

22日　江西省与留美专家企业家兴赣创业座谈会在南昌举行。会议宣布江西省将实施留学生创业工程，“十五”期间，将在美、俄、日、澳等国建立江西籍留学科学人员联谊会、联络站；支持留学科技人员在江西创办科技型企业100家左右；与江西企业对接高新技术项目100项左右；引进经济、科技发展急需的海外高层次留学人员200名左右；吸引海外高层次科技人员来赣短期工作、讲学和指导300人次左右；向海外推出一批高新技术创新及国际化工程，并推出了一系列政策保障和资金保障，以鼓励留学生来赣创业。

23日 经省民政厅批准，信丰县星村乡等7个乡被撤并，全县由原来的23个乡镇撤并为16个乡镇。仅此一项，一年可减轻农民负担280万元。在新设立的乡镇中，人口多的13万，少的也有5万。

25日 2001年江西横向经济联合协作（珠海）项目洽谈会在珠海举行。本次洽谈会共签约合同项目864项，项目合同金额161.19亿元。

29日~6月3日 中共中央总书记、国家主席、中央军委主席江泽民和随行的中央政治局候补委员、书记处书记、中央组织部部长曾庆红在孟建柱、黄智权陪同下，先后深入上饶市、景德镇市、九江市、南昌市的企业、农村、学校、科研院所视察指导工作。江总书记在视察指导工作时强调，加强党的思想建设、组织建设、作风建设，都要把密切党同人民群众的血肉联系作为重要目标和重要内容。密切党与群众的联系，关键要为群众办事，要深入群众、深入基层、深入实际。加强和改进党的建设，必须联系改革和发展的实际来进行，必须联系解决群众发展生产和改善生活的愿望来进行，必须联系解决群众的实际问题来进行。这个原则，必须坚持不懈地贯彻到加强党的建设的各项工作中去。陪同江泽民考察江西的中央有关部门负责人有：王刚、曾培炎、华建敏、刘积斌、戴相龙、胡富国、由喜贵、虞云耀、王沪宁、贾延安等。

29日 63岁的九江市民袁奇郑重地将一支跟随自己48年的英国产苹果牌、枪号为517的双管猎枪主动交到九江市公安局浔阳分局浔阳楼派出所，并再三要求公安机关妥善保管，不要销毁这支有文物价值的猎枪。这支枪是美国记者爱德加·斯诺亲手赠给袁奇祖父袁良的礼品。20世纪30年代红军长征到达延安，当时还在北京任教的斯诺想去延安采访红色政权，受到了多方阻挠。时任北平市市长的袁良积极协助并开出特别通行证，使斯诺得以成行，并写出了轰动世界的《西行漫记》，使世界了解了红军，了解了中国共产党。为感谢袁良的帮助，斯诺先生特意将这支名牌猎枪相赠。1953年袁良病逝前将枪赠予长孙袁奇。

30日 峡江警方对非法储存枪支的水边镇沂溪村曾群根等11人执行公捕，收缴枪支26支、子弹96发、底火2500粒，新空弹壳13盒计325发以及制造猎枪子弹的工具一套。同宗同姓的水边镇沂溪村、加坊村为备宗族械斗，1990年以本村的名义从重庆、辽宁等地邮购5支猎枪，并从江西钢铁厂购买长钢管、短钢管21根，加工成16支长铳，5支短铳，以及子弹若干，并将枪支编号，分到各宗族和约会成员家保管，以备与邻村宗族械斗时使用。

31日 截至当日，江西省新批合同外资项目89个，累计签约金额1.17亿美元，比上年同期增长31%；实际使用外资6469万美元，增长27.5%，这是各地加大招商引资力度，大力改善投资及经营软环境的初步成效。南昌市1月至5月引进合同外资逾5000万美元。签约的21个项目中，不少外资额在100万美元以上。美国摩根环太国际投资集团公司独资1888万美元在南昌开发计算机系统集成与计算机配件项目，以及台湾“统一”集团首期独资1200万美元开发食品项目都具有良好效益和市场发展前景。宜春、鹰潭、萍乡今年引进合同外资额也都比去年同期增长一倍以上。英属维尔京群岛中天国际投资集团有限公司独资988万美元在宜春市发展奶牛养殖及乳制品加工项目。

31日 在“严打”整治斗争中，江西省检察机关充分发挥检察职能，依法从重从快打击各类犯罪，取得阶段性成果。从4月1日至今日，全省共受理审查批捕各类刑事案件3180件5106人，批准逮捕2620件4168人，其中批捕“严打”三类重点案件1605件2811人；受理移送审查起诉刑事案件2030件3252人，提起公诉1619件2469人，其中起诉“严打”三类重点案件944件1578人；受理审查提请批捕破坏市场经济秩序犯罪案件90件146人，批准逮捕65件116人；受理移送审查起诉破坏市场经济秩序犯罪案件46件62人，提起公诉22件31人，其中重特大案件6件13人；立案查办国家工作人员职务犯罪案件159件171人。

公元2001年6月							农历辛巳年【蛇】						
日	一	二	三	四	五	六	日	一	二	三	四	五	六
					1 儿童节	**2** 十一	**3** 十二	**4** 十三	**5** 芒种	**6** 十五	**7** 十六	**8** 十七	**9** 十八
10 十九	**11** 二十	**12** 廿一	**13** 廿二	**14** 廿三	**15** 廿四	**16** 廿五	**17** 廿六	**18** 廿七	**19** 廿八	**20** 廿九	**21** 夏至	**22** 初二	**23** 初三
24 初四	**25** 端午节	**26** 初六	**27** 初七	**28** 初八	**29** 初九	**30** 初十							

3日　江西省"十五"规划建设20个大市场之一的江西石材大市场在星子县奠基兴建。该县石材资源丰富，花岗石和青石资源蕴藏量分别达到15亿立方米和1.5亿立方米。近几年来，随着石材行业的迅猛发展，各种规模生产基地均已形成，产品畅销全国，并成为出口创汇拳头产品。江西石材大市场投资1个亿，占地面积约17公顷，属以石材为主的综合性的交易市场。

4日　江西省食品专项打假斗争取得阶段性成果，仅半个月就查获假劣食品标值57万多元，取缔了71个制售假劣食品的窝点。其中查处的毒河豚鱼和掺甲醛、吊白块的豆制品违法活动引起了卫生部重视，推动了全国食品专项打假活动的开展。截至当日，吉安市共封存和销毁河豚鱼及其制品3028公斤，赣州市查处140公斤，制止了食用河豚鱼中毒事件的再次发生。南昌市卫生局先后还查处了掺入有毒的甲醛、二氧化硫等有害物质的豆皮、豆丝、豆条等豆制品窝点3个，销毁豆制品2807公斤；鹰潭市查获伪劣儿童食品470公斤，食品添加剂160公斤，啤酒、无标识洋酒等共1000余瓶。

4日　孟建柱在南昌会见以中国旅美科技协会会长肖水根为团长的旅美科技人员访赣创业团一行21人。该团带来科技合作项目45项，涉及计算机信息、医药、材料等领域，与12个单位签订合作意向14项（中国旅美科技协会海外留学人员科技创业代表团来访，是江西省实施全省留学生创业工程的一个重要步骤。他们的来访，为全省利用海外智力资源，寻找海外技术支持及合作伙伴架起一座桥梁）。

4日　黄智权在南昌会见来访的津巴布韦马旬戈省省长洪韦一行。

4日　中国—欧盟科研项目：生态、鸟类研究基地揭牌仪式在南昌天香园举行。西班牙、意大利等国的欧盟专家认为，"天香园的鸟类密度之大、看鸟距离之近、人与家园的环境之美好均为天下第一，可谓鸟类的天堂。"

5日　从北京铁道部工程管理中心传来消息，在青藏铁路第一期工程招投标中，中铁四局以3.3亿元中标第二合同段，成为全国首批取得青藏铁路施工资格的单位，也是江西省第一家进入青藏铁路施工的单位。第二合同段位于青藏铁路北部，线路全长57公里，所处地区海拔3300余米。主要工程量有隧道2座，桥梁21座及大量涵洞和土石方。中铁四局在承接施工任务后，立即行动起来，调集精兵强将和先进的机械进藏（担负工程技术交桩的首批技术人员6日出发，大批工程技术人员10日将汇聚格尔木进行适应性培训）。

5日　樟树市大桥乡筑卫城遗址被正式批准申报第五批国家重点文物保护单位。该遗址面积约14万平方米，是樟树市最早的开发地之一，属赣江流域“樊城堆文化”，文化堆积厚约3米至4米，分上下两个文化层，上文化层相当于商周时期，下文化层相当于新石器时期，距今有4500年历史，其建筑之雄伟，保存之完整，国内罕见，是江南地区目前印纹陶遗址的核心地区，1957年、1987年两次被列为省重点文物保护单位。

5日　截至当日，江西省各主产区各级政府已派出督导组527个，抽调7504名干部和专业技术人员，对近9000个烟花爆竹生产经营企业（家庭作坊）进行了全面的检查和清理，发现安全事故隐患1926起，取缔烟花爆竹生产经营企业186个，限期搬迁生产经营企业71个，发出整改通知书1511份，责令限期整改生产经营企业367个。这次集中清理整顿，要求通过三个月的集中重点整顿，达到杜绝特大烟花爆竹死亡事故（一次性死亡10人及10人以上）和杜绝校园烟花爆竹伤亡事故以及减少重大死亡事故和一般死亡事故。使全省烟花爆竹生产经营秩序有根本好转。目前，各地各部门正进一步加大集中整治工作力度。

5日　省委举行常委扩大会议。孟建柱主持会议并讲话。会议集中学习贯彻江泽民在江西考察工作时的重要讲话，要求全省各级党委和广大党员以江泽民重要讲话精神为指导，深入基层为群众办好事、实事，把密切党同人民群众的血肉联系，作为加强党的思想建设、组织建设、作风建设的重要目标和重要内容，全面推进新世纪党的建设的伟大工程；要大力弘扬井冈山精神，进一步解放思想，坚定信心，振奋精神，为加快江西发展建功立业。

5日　凌晨，省广电发展中心艺术幼儿园一间寝室发生火灾，现场共发现13名儿童死亡。事故发生后，孟建柱作出指示，黄智权、钟起煌等立即赶赴现场，指挥抢救工作。

6日　由上海市园林建筑学家付德亮博士，江西省社会科学院原院长、历史学家周銮书教授组成的专家团近日考察了吉安市青原区文陂乡渼陂吉村，古村内有保存完好的明清古建筑群。渼陂古村的祖先系南宋高宗时从陕西长安迁居此地，距今已有近千年历史。如今的渼陂古村仍保存有明清时期的商业街、数十幢清朝中期的民居、气势恢弘的古宗祠建筑群及毛泽东、朱德、曾山等老一辈革命家的旧居。这些古建筑气势雄伟，雕梁画栋，虽历经岁月沧桑，仍保留有众多精美的门楣石刻、石雕、楹联、雕屏。同时，古村还是土地革命时期红四军总部所在地，著名的“二七会议”旧址也坐落在村内。据悉，像渼陂古村这样同时具有建筑、商业、书院、宗族、革命遗址五种文化特色的古村落，在国内鲜见。

6日　江西省定南县驻村干部在该县鹅公乡岸口村发现一座明代独拱石桥。该桥始建于明神宗万历二年（1574），次年竣工，距今有426年历史。石拱桥长度为21.65米，宽3米，桥身大部分用长70厘米、宽25厘米、高15厘米的花岗岩建成。

6日　赣粤两省在九江签订《联合勘定行政区域界线协议书》，标志着历时两年的勘界工作圆满结束。两省联合勘界工作始于1999年2月，2000年6月赣粤两省822千米边界线全线贯通。

7日　自即日起至14日，全省普降大到暴雨。暴雨中心在赣江上、中游。全省平均降雨98毫米，赣州、抚州、吉安降雨分别达到124.6毫米、112.5毫米、103.8毫米。樟树、石城、全南等30个县市下了大暴雨。13日，石城发生3小时降雨达到160毫米的集中强降雨。宁都、石城、瑞金、兴国等县市多处山体滑坡，部分乡镇遭受洪涝灾害，部分房屋倒塌、农田受淹，因灾致死1人。

8日　“庆祝中国共产党建党80周年纪念套瓷”首发式在瓷都景德镇隆重举行。该套纪念瓷是由景德镇市奥林国礼瓷轩精心制作，由甲、乙、丙三块10寸盘有机地构成中国共产党历史画卷和丰碑。由传统和现代装饰手法精心制作的纪念套瓷，寓意了在中国共产党的领导下，全国各项建设事业的丰硕成果，表达了全国各族人民喜迎建党80周年的喜悦心情。

8日　国家经贸委日前通报表彰了2000年度全国自营出口1000万美元以上的589家先进生产企业，江西省6家企业名列其中。此项表彰主要以生产企业2000年的自营出口额为依据，江西省江西铜业公司、新余钢铁厂、景德镇华意电器总公司、赣州有色冶金研究所、赣州虔东工业公司、江西凤凰光学（集团）有限公司分别以自营出口6436万美元、2076万美元、1449万美元、1442万美元、1169万美元、1133美元的较好成绩名列第五十四位、第二百三十九位、第四百位、第四百零一位、第四百九十四位、第五百零四位。

8日　由江西省市政公用业协会主办的首届中国江西建设博览会在南昌开幕。来自北京、上海、广东、山东、福建、江苏、浙江、湖北等近20个省市及欧美、东南亚等国的近百家企业参展。博览会融住宅智能化建筑、制冷暖通、城市照明设备及设施、太阳能技术应用和给排水设备等配套产品2000余种，吸引了众多省内外有关行业管理部门、建筑工程公司、市政工程公司、施工安装公司、自来水公司、房地产开发商前来洽谈。

8日　世界文化遗产考评机构——国际古迹遗址理事会中国委员会秘书长郭旃一行，应邀来赣进行5天实地考察，并与副省长胡振鹏及有关专家、领导进行了座谈。郭旃一行考察了景德镇古瓷业遗址乐安流坑古村、赣州古城墙等，为申报世界文化遗产做好充分准备。

8日　全省领导干部会议在南昌举行。孟建柱主持并讲话，步正发传达江泽民在江西考察时的重要讲话精神，黄智权就学习贯彻江泽民重要讲话和赴粤学习考察情况总结发言。

9日　安远县博物馆日前发现大量保存完好的苏区时期珍贵革命文献资料350余件。安远县是中央革命根据地21个县之一，毛泽东、邓小平、朱德、陈毅等一批革命领袖在此引导农民群众发动革命斗争，留下了大量的珍贵革命文献资料。该县博物馆的工作人员深入乡镇探访革命战争年代的踪迹。他们相继在天心、车头三排村等地发现一些1931年至1934年间的苏区时期革命文献资料，其中包括：中华苏维埃共和国临时中央政府《红色中华》机关报、苏区干部袖珍日记本、《江西省苏区反帝工作大纲》、苏区中央机关报《斗争》等一批引导农民群众发动革命斗争的报纸、杂志。目前，该县博物馆已组织工作人员对这批文献资料进行整理登记，并对资料进行保护。

10日　由中共中央党史研究室和江西省委宣传部等拍摄的6集文献电视片《共和国摇篮》摄制完成，在北京举行座谈会，部分老红军和党史专家出席。

11日　江西省政府反假货币工作联席会议办公室按照国务院部署，在全省范围内开展“反假币宣传周”活动。活动于17日结束（12日，省市人、农发、工、农、中、建、交、招、商等11家金融机构在南昌八一广场举行现场宣传咨询活动）。

11日~12日　孟建柱在抚州市考察，先后赴南城县、南丰县、宜黄县、临川区的企业、农村、学校，了解干群的生产生活情况，共商致富大计。他在考察时强调，要认真学习、深刻领会、坚决贯彻落实江泽民在江西考察时的重要讲话精神，进一步解放思想，艰苦奋斗，奋起直追，充分发挥抚州市区位开放前沿优势，争取用5年时间努力达到全省经济发展中等水平，实现创文化名城，建经济强市的目标。

12日　南昌市郊区肢残人协会成立并召开第一次代表大会，来自全区各镇和区直单位的肢残人代表及相关人员出席会议。会议选举产生了协会第一次代表大会主席、副主席、委员。

12日　由国家邮政局邮资票品管理司、中国集邮总公司和江西省邮政局主办，南昌市邮政局、江西省集邮公司承办的“中比联合发行《陶瓷》特种邮票首发式暨中比邮票展览”在南昌市举行。此套中比《陶瓷》特种邮票由中国的“陶器”与比利时的“瓷器”两图组成。这枚邮票所选取的粉彩壶既有典型的欧洲造型，又有传统的中国的装饰纹样，中西交融，珠联璧合，为定烧瓷中有代表性的珍品，体现了中比两国文化和经贸往来源远流长。同时举办的中比邮票展览共展出邮集54部210个标准展框，是全省历次邮展中规模最大、规格最高、类别最多的一次综合性展览。展品中有比利时邮政提供的1970年到1989年发行的邮票以及比利时邮政博物馆收藏的邮票设计图稿等16框；有中国集邮总公司特为本次邮展提供的邮集34框；有全省近年来在世界、国际邮展中获奖的邮集160框。

13日 副省长朱英培在南昌大学会见经济学家、世界贸易组织官员方明博士（德籍）。方明博士是世界贸易组织国际贸易中心市场分析部主管，长期担任贸易统计分析、市场调查、国家潜在出口量调查研究、战略性市场营销研究等工作，个人演讲会一百多次，足迹遍布近百个国家，特别对亚洲国家的经济发展、市场分析、企业战略性营销有着独到的见解。方明博士此次来南昌主讲的题目是《世界贸易体系与中国》。

13日 美国福州十邑同乡会主席、纽约华人社团联合总会常务副主席、美国天峰集团董事长林天欢一行来赣考察投资环境和投资项目。

14日 老党员钟惠志日前把一份珍藏了32年的革命文物交到了赣州市委党史工作办公室干部手中。钟惠志是在赣南造纸厂准备用来打纸浆的废书堆中偶尔发现了这张宣传单，便带回家中珍藏至今。这张宣传单系黄皮毛边纸，9厘米宽，15厘米长，印有陈赞贤烈士遗像，遗像下方还写有陈赞贤烈士生平事迹。宣传单最下方写有“赣州各界追悼大会印”。据党史专家考证：大革命时期，江西省著名工人运动领导者、赣州总工会委员长、赣州党组织创始人之一陈赞贤于1927年3月6日不幸惨遭国民党右派杀害，“三六”惨案震惊全国。

14日 省政府召开全省安全工作电视电话会议。黄智权到会讲话。会议总结“六五”省广播电视发展中心幼儿园火灾事故的惨痛教训，强调要牢固树立“责任重于泰山”的思想，提高认识，振奋精神，切实做好新形势下的安全工作，坚决遏制各种事故特别是杜绝重大、特大和恶性事故的发生，为加快江西经济发展创造良好的社会安全环境。

15日 孟建柱参观江西省博物馆的历史馆、革命史馆、自然馆，观看了“20世纪江西书画名家与新秀作品展”。

15日 省政府发出《关于在全省各级行政机关加快推行行政执法责任制和评议考核制的通知》。

16日 为期4天的全国法院审理破坏市场经济秩序犯罪案件工作座谈会在吉安市召开。会议主要议题是进一步加强刑事审判，配合当前全国范围内正在进行的整顿和规范市场经济秩序工作。最高人民法院副院长刘家琛出席会议并讲话，全国各高院刑庭庭长参加了会议，省高院院长李修源出席会议。会议要求各级法院要把依法审理好破坏市场经济秩序犯罪案件，当做与“严打”整治斗争密切相关且同样重要的工作任务，切实抓紧抓好，依法从严惩处破坏市场经济秩序犯罪。来自全国各高院的刑庭庭长交流了“严打”整治斗争和整顿规范市场经济秩序的情况和经验，重点研讨了当前审理破坏市场经济秩序犯罪案件遇到的有关适用法律问题。

16日 南昌大学科技园在南昌高新技术产业开发区开工。

16日 经国务院批准，位于彭泽县的桃红岭梅花鹿省级自然保护区晋升为国家级自然保护区。

16日～17日 孟建柱在新余市考察，先后到渝水区、分宜县的企业、学校、农村，考察城市建设、企业改革和发展、旅游开发、民办教育以及农业科技推广的情况。考察时强调，新余市要以江泽民考察江西时的重要讲话精神为强大思想武器，进一步解放思想，在新世纪里争创新优势，率先在全省建立比较完善的社会主义市场经济体制，率先实现工业化和城市化，建立一个产

新余市汽车站

业结构合理、人民生活质量比较高、生态环境比较优美的工业经济中心城市。

17 日 《江西日报》报道，江西省制定了至2010年全省防沙治沙规划纲要。据最新监测结果显示，江西目前有沙化土134.84万亩，全省的沙区已成为全省乃至南方生态最为脆弱的地区。规划纲要提出，从沙化地区资源及环境条件出发，针对沙化土地类型的不同，将采取不同的办法，以根治沙害、防止沙化土地继续扩大为基本前提，完善防护体系，改善生态环境，提高沙地生产能力。防沙治沙工作坚持因地制宜、分类实施、重点突破的原则、对风沙危害最为脆弱的鄱阳湖沙区，重点抓好防护林工程建设，控制沙丘的流动，遏制沙土地扩大；在贡江流域沙区抓好果、桑基地建设；在信江流域沙区实施高产笋用竹、工业原料林和经济果木林建设；在抚河流域沙区实施板栗、竹类基地建设。

大山笋竹两用林基地

18 日 婺源县文化与生态旅游4A级景区日前通过省旅游局初审，作为县级整体文化与生态旅游申报4A级景区，全国仅此一家。按照4A级景区标准，该县高起点、高标准开发了全国百家民俗文化村里坑、灵岩洞国家级森林公园、省级自然保护区鸳鸯湖等20余个景区（点），开辟了以县城紫阳镇生态文化区为中心的“一区四线”（东线观赏田园风光、西线体验湖光山色、东北线领略古村风情、西北线探访奇洞民俗）的旅游格局。

18 日 省党建研究会纪念建党80周年，学习“三个代表”重要思想研讨会暨第四届理事会换届大会在省委党校举行。会议选出第四届理事会机构。孟建柱、步正发、傅克诚为新一届理事会顾问。

19 日 为期两天的江西省科技厅和上海市科委联合主办的赣沪科技合作项目洽谈会，双方参会人员经过一天的洽谈，达成初步意向的项目有62个，签约项目5个，总合作金额3.2亿元。上海方面有33个单位41人789个项目参加洽谈会，全省各市、县、高等院校、科研院所、企业和省直有关部门等20多个单位近500人参会。江西和上海合作的全面临床医学教育基地等5个项目在南昌科技大市场举行了签字仪式。

19 日~21 日 孟建柱在宜春市考察，先后到樟树、丰城、高安、上高、万载、袁州等市、县、区，深入田间地头、企业车间、居民家中，向基层干部群众了解生产生活情况，共商改革发展稳定大计。他强调，要以江泽民考察江西的重要讲话精神统一广大干部的思想，以思想大解放促进大发展，以经济大开放促进大发展，把宜春建成一个产业结构合理，县域经济综合实力雄厚，生态环境优雅的赣西经济中心城市。

县域经济的快速发展成为全省经济发展的一个突出特点。图为高安县外墙砖生产线

20 日 南昌市梅岭风景区新发现“奇洞群”。“奇洞群”位于梅岭旅游区的北端，罗亭镇东南山区，千百年来一直藏于深山密林之中。“奇洞群”全长400多米，有天池、南天门、剑劈崖、一线天、船石、龟石、龟底世界、石松、朝圣石、蛤蟆石、瀑布、雄狮石、猛虎石、蛟龙宫、石壁挂珍珠等景观聚集一洞。目前，“奇洞群”已经南昌市旅游局批准开发。

20 日 全省重点花炮产区安全生产工作座谈会在万载县召开。孟建柱主持会议并讲话。

21 日 江西省副省长胡振鹏在南昌会见了以妇女部副部长斯丽·哈里贾蒂·哈特马吉女士

为团长的印尼妇女代表团一行。胡振鹏简要介绍了全省情况及妇女在接受教育、参政议政、发展经济等方面的情况。印尼妇女代表团此次应全国妇联邀请来访，主要是了解妇联在带领农村妇女脱贫、帮助发展经济方面的做法。在赣期间，代表团将到南昌、庐山等地参观访问。

21日 省卫生厅负责人与省直医疗卫生单位行政一把手逐一签订安全生产责任状，督促各单位对医疗仪器、设备加强监管，采取有效措施，把安全生产落到实处。省卫生厅要求省直医疗卫生单位对超期服役的高压氧舱、压力容器、电梯等设备和设施要坚决停用，对带病运行或存在安全隐患的仪器设备要进行大修、防患于未然，对仪器设备使用过程中可能出现的突发事件要有处理预案，同时加强对毒麻药品、放射源、消毒隔离等管理的监管，提高特殊工作岗位职工的安全意识，切实防止各种意外事故的发生。

21日 安远县三百山管理人员在旅游景点库区发现通体透亮、颜色血红的黄鳝、泥鳅、草鱼等的水生野生动物，数量多达20余只，这在国内极为罕见。有关专家介绍，这主要有三个原因：一是三百山水质清洁无污染，并富含易改变水生野生物表皮色素的铁、铜等矿物质元素；二是三百山阔叶林木资源丰富，树叶掉落后腐殖质层深、泥质肥沃、疏松，易产生多种矿物质元素；三是三百山海拔高，水质纯洁、水温较低。

22日 省政府在奉新召开全省三峡移民住房建设工作现场会，传达贯彻全国三峡工程重庆库区外迁农村移民建房和搬迁工作协调会议精神，研究部署下一阶段的移民安置工作。2001年是全省接受三峡移民安置人数最多、对接难度最大、建房任务最重的一年。到目前为止，靖安、永修、峡江、奉新四个安置县今年已调出水田4320.6亩、旱地1063.7亩、山林844.75亩、宅基地345.8亩，所有土地的四周界线也已划定，移民对接超过今年安置任务的13%。由于各级政府用真情和友情关心移民，用科技和行动帮助移民，用政策和措施稳定移民，目前，移民们的生产生活情况良好，情绪稳定。

22日 省工行与省上市公司高峰会在南昌召开。孟建柱到会讲话时强调，金融是现代经济的核心，金融市场是推动经济运行、优化资源配置的“中枢”神经，金融活了，全盘皆活。各级领导干部要努力学习现代金融知识，掌握资本运作，搞活资本市场，增强江西经济竞争能力。

23日～24日 孟建柱在萍乡市考察，先后到安源区、安源经济开发区、湘东区和省属企业萍乡钢铁厂、安源煤矿走访农户慰问职工，考察城市建设和企业、农村、矿山的生产情况。考察时强调，江西是很有希望的好地方，只要全省上下团结一致，大力弘扬井冈山精神，解放思想，坚定信念，真抓实干，紧紧抓住加快工业化发展这个核心，敢闯新路，改进思想作风和工作作风，改进领导方式方法，加强学习，加快经济发展的目标一定能实现。萍乡市要以解放思想为先导，着力深化改革，扩大开放，调整结构，在发挥区域功能上狠下功夫，经过5年努力把它建设成经济实力比较雄厚，产业结构比较合理的工业中心城市。

远眺萍乡城

萍乡市公共汽车停车场

24 日　中华苏维埃共和国国家政治保卫局旧址揭幕仪式在瑞金举行。公安部长贾春旺和钟起煌为旧址揭幕并讲话。

25 日　中国与埃及合作的首批两架 K8E 飞机在埃及开罗首飞成功。与此同时，由洪都集团提供散件，在埃及进行总装的首架 K8E 飞机顺利总装下线。这是我国出口飞机生产的重要里程碑（1999 年 12 月 27 日，中埃签署了合作生产 80 架 K8E（针对埃及的 K8 改进型）飞机的合同。合同包括出口飞机散件和生产线，在埃及组装整机，合同总金额为 3.45 亿美元，成为我国重点外贸工程）。

26 日　由美国、加拿大、英国等国的数个跨国公司共同组建的欧美风险投资基金派代表团考察中美环太科技数码港（江西数码港）。作为 2000 年江西（南昌）招商引资会上引资金额最大的高科技项目之一，江西数码港的一期工程顺利竣工，众多国际国内知名品牌已签约进驻数码港，其中仅东莞（香港）威达电子公司一家就签下了近 1000 平方米的营业面积。此次欧美风险投资基金特派代表团除考察数码港的一期招商工作外，还将与中方就一些新的大型投资项目进行意向性接触，其中包括基因工程等高科技项目。

27 日　全省乡镇、县市领导部门“三个代表”重要思想学习教育活动交流会在南昌召开。孟建柱、步正发到会并讲话。

27 日　目前，由美国惠黎基金会捐资 9.8 万余元的生态农业助学项目正式在兴国县启动，这是惠黎基金会首次在江西省捐资助学。惠黎基金会是设在美国马萨诸塞州的公益型运营机构，积极扶持亚洲贫困地区的基础教育。此次在兴国县方太乡初级中学实施生态农业援助项目，主要为养殖市场行情看好的新西兰兔、比利时兔等。由乡政府无偿为学校新建厂房两间，赣州市天泽兔业公司为学校提供信息、技术、预防防治病等方面的帮助并负责收购。兴国县教委每年提供助学金 800 元，附近村民承诺义务为学校建立长久经济来源，帮助贫困学生接受基础教育，并逐步改善办学条件。

28 日　中国进出口银行副行长赵文章一行 5 人赴赣了解江西省机电产品、高新技术产品出口及该行出口信贷项目执行情况。此后与华意、江光、省机械设备进出口公司等 16 家企业进行座谈。“九五”期间，全省机电产品累计出口 4.35 亿美元，年均增幅为 10% 以上，其中 1997 年至 2000 年连续 4 年保持 30% 以上的增长速度。从 1996 年开始，全省出口企业争取出口信贷累计 2.83 亿元，贷款余额 1.05 亿元，这些政策性出口融资业务不仅缓解了出口企业的资金压力，还直接支持了 3342 万美元的机电产品出口，而且由于实行优惠利率，降低了企业的财务费用和债务成本，增强了出口竞争力。

28 日　江西省纪念中国共产党成立 80 周年文艺晚会《先锋颂》在南昌举行。孟建柱、黄智权等出席。

28 日　孟建柱会见上海新闻采访团并接受采访。孟建柱指出：上海同江西一向有着割不断的密切联系，两省市要加强协作，扩大交流，推进共同发展；江西经济发展水平与沿海发达省份相比还有较大的差距，根本就是思想观念的差距，本质是体制、机制上的差距。

29 日　省委召开纪念中国共产党成立 80 周年大会。孟建柱讲话，黄智权主持。步正发宣读省委表彰决定，江西省公安消防总队井冈山市大队党总支等 27 个先进基层党组织和崇义县等 3 个农村基层组织建设先进县委，以及 30 名优秀共产党员、30 名优秀党务工作者受到表彰。

30 日　省政府决定，国有煤矿矿办小井至今日止全部关闭，所有乡镇煤矿一律停产整顿。省政府要求，凡与个人联营或者实行个体承包的国有煤矿矿办小井，要立即解除联营合同或承包合同；凡国有煤矿经营者和政府公职人员在矿办小井参股入股的，要立即退出，违法违纪的，一律依法予以查处。对证照不全、非法开采；在河流、铁路、公路、村庄和建筑物下开采；矿井没有采用机械通风和合理排水系统；没有使用专用防爆电器设备或井下有抽烟现象的乡镇煤矿，立即实施关闭取缔。停产限期整顿的乡镇煤矿包括通风系统不健全、不完善；瓦斯检查不正常，检查人员不够，检定器数量不足、失效、误差较大，没有瓦斯检查报表的；特种作业人员未取得操作证的；维检费没有完全用于改善井下安全条件、挪作他用的；存有水患，没有探放水设备和措施的以及没有井上井下电话通讯的。对属于关闭取缔的矿井，必须撤除设备，遣散人员，炸毁井巷，填平井口。对属于停产限期整顿的矿井，整顿期间只许施工整改，排除隐患，不许出煤。

30日 江西省国内贸易行业管理办公室发布关于清理核换化学危险物品经营许可证的公告。根据《江西省整顿和规范市场经济秩序工作总体实施方案》的统一部署，从2001年7月1日起，在全省范围内开展清理和核换化学危险物品经营许可证工作。凡是已领取化学危险物品经营许可证的单位和个人，请于2001年7月20日前到所在地商业主管部门联系办理换证登记手续。自2002年1月1日起，原省商业厅颁发的化学危险物品经营许可证停止使用。

30日 省政府与国防科工委共建华东地质学院签字仪式在南昌举行。这是在赣部属高校下放地方后，进行实质性共建管理并举行正式签字仪式的第一所高校。该院成立于1956年，于1959年从山西迁至江西省抚州市，为我国国防建设和国民经济发展作出了应有的贡献。目前，该校已有本科专业24个，9个硕士学位授权点，在校生8000多人。该学院被指定为国际原子能机构铀矿地质和同位素水文学高级培训中心以及国际原子能机构东亚地区同位素水文数据库主办单位，学院的国家级"分析测试研究中心"被指定为国际原子能机构的参比实验室。

30日 今日零点起，龙南县在全县范围内推行火葬。这在赣州市乃至全省尚属首列。早在1999年6月初，龙南县就发布了《关于加强殡葬管理的通告》，并把全县划分为县城强化火葬区和农村逐步推行火葬区。2000年，该县被赣州市定为殡葬改革示范县，又被省里定为全省殡葬改革试点县。经过一年的实践，取得了较好的效果，杜绝了丧事中的封建迷信、大操大办现象。据初步统计，该县推行火葬一年来共节约土地4765平方米，节约木材1900立方米，节约各种费用26万余元。

30日 截至当日，今年上半年江西省固定资产完成投资123.11亿元（不包括城镇集体、城镇私营个体、城镇和工矿区私人建房投资，下同），同比增长18.3%。其中基本建设完成投资同比增长0.2%；更新改造完成投资同比增长63.8%；房地产开发完成投资同比增长35.4%；其他完成投资同比增长57.3%。上半年全省固定资产投资呈如下特点：更新改造投资增速强劲。随着国家对技术改造投资力度的加大，全省更新改造投资增幅逐步加大。上半年全省更新改造完成投资31.99亿元，同比增长63.8%，其中地方更新改造完成28亿元，同比增长102.0%，增幅为近年来最高。尤其是邮电通讯业及钢铁工业投资增势强劲。房地产开发投资持续高速增长。房地产业作为国民经济的基础产业之一，逐步成为新的经济增长点。上半年，全省共完成房地产开发投资18.60亿元，同比增长35.4%，呈持续高速增长的态势，其中：商业营业用房投资3.82亿元，同比增长75.5%；商品住宅投资11.09亿元，同比增长22.1%。基本建设投资前5个月连续下降，到6月止降略增。1月至6月，基本建设投资完成68.17亿元，同比增长0.2%，6月份净增20.99亿元，主要为能源、运输及邮电通讯业投资增长。

30日 江西省生产企业自营出口仍保持了稳定增长态势。1月至6月自营出口达9242万美元，比上年同期增长12%。景德镇华意电器总公司、新余钢铁厂等自营出口分别超过1000万美元；江西凤凰光学股份有限公司、南昌硬质合金厂、江西江纺有限责任公司、南昌钢铁厂等自营出口也均在500万美元以上。全省生产企业自营出口的主要特点有：一是自营进出口生产企业队伍不断发展壮大。到6月底止，全省自营企业队伍已发展到320户。二是在我国即将入世的压力下，各企业勇于参与国际市场竞争，积极实施"走出去"战略。三是自营企业出口产品结构进一步优化。四是加强工贸合作，实现优势互补。生产企业在开展自营出口的同时，注重加强与外贸公司、工贸公司的合作，相互配合，优势互补，共同发展。

公元2001年7月							农历辛巳年【蛇】						
日	一	二	三	四	五	六	日	一	二	三	四	五	六
1 建党节	**2** 十二	**3** 十三	**4** 十四	**5** 十五	**6** 十六	**7** 小暑	**8** 十八	**9** 十九	**10** 二十	**11** 廿一	**12** 廿二	**13** 廿三	**14** 廿四
15 廿五	**16** 廿六	**17** 廿七	**18** 廿八	**19** 廿九	**20** 三十	**21** 六月小	**22** 初二	**23** 大暑	**24** 初四	**25** 初五	**26** 初六	**27** 初七	**28** 初八
29 初九	**30** 初十	**31** 十一											

1日　省领导成员集体收看了江泽民总书记在庆祝中国共产党成立80周年大会上的重要讲话。同日，省委举行常委扩大会议，集中学习讨论江总书记的重要讲话。孟建柱主持会议并作了讲话。

1日　由国家邮政局发行的首套系列反映江西秀美山水、人文景观的《江西风光》邮资明信片首发式在南昌滕王阁举行。

2日　孟建柱在南昌大学考察并与南昌地区高等院校负责人座谈。他在考察与座谈中强调，人才是最宝贵的资源，拥有更多的人才是江西的希望所在；经济竞争是科技的竞争，科技竞争是人才的竞争，人才竞争归根结底是教育的竞争；江西要加快发展，必须加快人才的培养，高等院校要在培养人才、构筑人才高地中发挥重要作用，全面推进素质教育，培养高素质的创新人才，在教育质量、科学研究、管理水平和办学效益等方面，努力学习、赶超国内同类学校一流水平。

3日　省政府近日对全省14所技工学校增设的技术学院名称予以纠正。2001年4月省有关部门发出文件，批复全省14所技术学校，增设技术学院。技校招生办刊发出《江西省技工学院、技工学校2001年招生简章》以及江西航空技术学院、江西电力技术学院、江西省电子信息技术学院、江西省建材技术学院、江西赣州技术学院、江西省中医药技术学院等“学院”的简介。对此，省政府发出通知：根据《中华人民共和国高等教育法》及《国务院关于发布〈普通高等学校设置暂行条例〉的通知》精神，经省人民政府研究确定，江西航空技术学院等14所技术学院校名须在“学院”前加上“培训”两字。

3日　江西省最大的专业运输集团——江西赣运有限责任公司在宜春正式挂牌成立。该公司是全省新组建的跨路区运输企业，由宜春、吉安、萍乡、新余、抚州、上饶、九江、景德镇8市汽运总公司共同出资组建。公司注册资本1.576亿元，主要从事道路运输客运业务，营运线路辐射粤、闽、浙、皖、鄂、湘、苏、沪、桂等省市。

5日　省政府在南昌召开加快公路建设会议。会议确定，“十五”期间全省公路建设目标：新建高速公路1000公里，改造国道省道4000公里、县乡公路6000公里。

6日 昌河股份正式挂牌上市，这标志着昌河汽车股份公司真正步入资本市场，进入产品经营和资本经营相结合的新格局。昌河股份公司是

景德镇昌河汽车股份公司鸟瞰

由昌河飞机工业集团公司作为主要发起单位，联合合肥昌河公司、哈尔滨东安汽车动力股份有限公司、中国民用飞机开发公司、中国航空工业供销公司、安徽江南机械股份有限公司设立的股份有限公司。本次发行股票实际募集资金7.76亿元，主要用于开发微型汽车新车型、提升公司的研究开发实力、现有生产线的技术改造和完善销售网络等项目。

6日 省委、省政府在南昌召开“解放思想，加快发展”座谈会。孟建柱出席并讲话，黄智权主持会议。

7日～13日 由孟建柱任团长，黄智权、步正发、朱治宏任副团长的江西省学习考察团在上海、江苏学习考察。7日，赣沪两省（市）人民政府《关于进一步加强两省市全面合作的协议》签字仪式在上海举行。中共中央政治局委员、上海市市委书记黄菊、上海市市长徐匡迪与孟建柱、黄智权等参加签字仪式。8日，孟建柱、黄智权率考察团在上海考察国企改革、资产盘活、资本运

赴上海学习考察的江西省党政代表团

作以及文化教育产业发展的情况。9日，在上海重点考察了浦东新区开发开放和卢湾区社区建设。10日，2001年江西（上海）招商引资项目推介会在上海举行，孟建柱出席并讲话。同日，孟建柱、黄智权率考察团在苏州市出席苏州情况介绍会，江苏省委书记回良玉主持会议并讲话。会议结束后，学习考察团在苏州进行考察，13日返回南昌。

9日 德安县车桥镇近日在江西省军区、九江市军分区的指导帮助下，引爆了56枚侵华日军遗留的炮弹。这56枚炮弹是1938年“并平型关，台儿庄鼎足而三”的万家岭战役中，侵华日军一〇六师团留下的，解放后由当地政府从老百姓手中收回。由于当时条件有限，一直没有销毁，存放于政府办公楼的一个角落里，并逐渐被人遗忘。适逢车桥镇要建新办公楼，在拆除旧办公楼时发现了这一大堆隐蔽了近半个世纪的炮弹。

9日 由中铁大桥局集团九江船舶工程总公司设计制造的165吨吊船近日在孟加拉帕克西桥工地安装试吊成功，并正式投入使用。

9日 世界自然基金会与江西省山江湖开发治理委员会办公室合作的“江西省鄱阳湖湿地生态旅游开发沙湖试点项目”启动，拉开了鄱阳湖地区湿地生态保护的序幕。星子县沙湖乡是鄱阳湖中的一个“小岛”，是用圩堤围出的一个移民乡。该试点项目由世界自然基金会提供50万元启动经费，预计于年底建成以候鸟观赏与湿地农业观赏为特色的生态旅游示范点。今年4月，世界自然基金会决定，与省山江湖办合作，在鄱阳湖地区实施湿地生态保护与社区发展项目，并将其纳入世界基金会长江项目范畴，提供资金支持。省山江湖办也将该项目纳入山江湖办“十五”计划重点支持领域，除负责项目的实施外，积极筹措国内外资金用于项目完善与扩展。

10日 2001年江西（上海）招商引资项目推介会在上海国际会议中心隆重举行。来自海内外的客商及江西省各行业、各设区市代表2000余人参加。签订外资项目合同、协议185个，合同、协议外资额7.86亿美元，已签订引进省外项目合同500个，项目资金50.4亿元，两地部门、行业、市县（区）间签订了一批对口合作协

议。此次推介会上签订的685个项目涉及工业、农业基础设施、教育、卫生、科技等各个领域，其中工业项目占50%，房地产项目占20%。最大的项目为江西亚东水泥公司扩建第二条生产线，总投资8456万美元，其中新加坡亚洲投资（私人）有限公司投资8033万美元。省教育厅是第一次参加此类招商会，已签约6个项目，意向投资额12亿元。

11日 由洪都集团生产、中航技总公司以技术转让形式向埃及出口的首批两架K8E飞机，正式向埃方交付。首批K8E飞机的成功交付，标志着我国航空产品制造水平上了一个新台阶。在今后的39个月中，将以每月两架飞机的速度交付，同时为埃方建立研究发展中心，完成技术转让。

12日 省委常委、省纪委书记马世昌在南昌会见了加拿大热疗治癌研究基金会理事长、加拿大锦程集团董事长林记秋先生一行。马世昌对林记秋先生来赣考察访问表示欢迎，并就江西与加拿大热疗治癌研究基金会在高新技术领域的开发合作事宜进行了探讨。林记秋先生一行是在参加了2001年江西（上海）招商引资项目推介会后来赣访问的。在江西省期间，将与江西公路开发总公司和省肿瘤医院洽谈合作项目。

15日 省政府发出《关于全面加强本省残疾人事业建设的通知》。

15日 为期3个月的江西省清理整顿警用车辆专项行动拉开序幕。本次清理整顿的范围是各级公安、法院、检察院、安全、司法等机关的警用车辆。重点查纠和取缔以下九种：民用号牌车辆喷涂警车标志，安装警灯、警报器的；无牌无证的车辆安装警灯、警报器或喷涂警车标志的；退役警车仍然喷涂警车标志或安装警灯、警报器的；不符合警车使用范围的单位和个人使用警车的；擅自将带有警车标志的车辆转卖给非政法机关和个人的；滥用警灯、警报器的；将公安专段民用号牌核发给经营单位和个体户的；政法系统人员使用假牌假证、无牌无证、套牌套证、报废机动车的；挂靠在政法系统的警车和公安专段民用号牌车辆。为确保清理整顿的各项措施落到实处、取得实效，省公安厅诚请社会各界通过“江西省公安厅110信箱”对存在上述行为的单位或个人进行举报。

15日 截至中旬，江西省共签约横向经济联合协作项目合同1471个，合同资金总额185.6亿元，其中客方投资175.76亿元，在已签约的这些项目中，有1198项正付诸实施，实际进资额54.72亿元。在全省招商引资前列的赣州市，上半年已实际引进省外资金17亿元，九江、宜春、抚州市分别实际进资7.1亿元、6.9亿元和6.8亿元，在履约项目中，大项目和特大项目占有一定的比重。

16日 省建设厅作出决定，按照国家整顿规范建筑市场规定，对302项自查违规建筑提出整改。在为期一个月的自查自纠中，对2000年竣工和2001年竣工、在建工程共检查4044项，已查处规避招标111项，无证、越级承接工程8项，未办理质量监督工程32项，不执行工程建设强制性标准24项，未办理施工许可证135项，不依法委托监理168项，接到举报投诉84起，查实42起。

16日 国务院第五批全国重点文物保护单位中，江西省有7处文物古迹和两处合并项目。至此，江西省全国重点文物保护单位已达24处95个点。

16日 省政府发出通知，批转省监察厅《关于对烟花爆竹家庭作坊整顿后仍非法生产失察行政责任追究暂行规定》，共10条。

17日 孟建柱、黄智权等会见台湾远东集团董事长徐旭东一行。

18日 《江西日报》报道，江西省挺进国际市场承包工程成为全省外向型经济加快发展的一个突出标志。2001年上半年，在外人数已突破6000人，完成营业额5713万美元，均比去年同期增长。全省已有42家企业取得外经经营权，尚有近10家企业正在报批中，年内可望突破50家，其中有一半以上企业获国家建设部颁发的资质证书，可对外承包各类工程，可向境外派遣各类劳务人员，可开展对外项目设计、咨询、勘测及监理业务已在60多个国家和地区承包工程，向50多个国家和地区输出劳务，不少技术含量较高的管理型人才源源外派，承接工程能力不断增强。

18 日 万安博物馆工作人员在该县涧田乡涧田村发现大量红军标语。据当地老人回忆说，彭德怀领导的红军第三军团曾在该村驻扎过。红军在该村留下了大量标语，标语用繁体字行书竖式书写，标语有“国民党十大罪状”，“发展革命战争，夺取中心城市”，“努力春耕，帮助红军家属耕田”，“耕种红军公田，巩固交通运输，努力向外发展，发展革命战争，节省经费，节省粮食”，“帮助红军耕田，切实执行红军优特条例”，“红三师十一团四支青年二组宣”。村民钟石林家的墙上留有《红军中的优特条件》，长 10 米、宽 1.5 米，全文共 18 条款、880 多字。同时还发现了 1932 年、1933 年中华苏维埃共和国经济建设公债券，中华苏维埃共和国借谷票。

19 日 台北江西同乡会首所会馆——南昌会馆落成典礼在南昌高新开发区举行。这座会馆占地 467 平方米，总建筑面积约 1401 平方米，具备食、宿和办公的功能，总投资 130 多万元，全部由赣籍台胞集资，以同乡会的名义兴建。南昌会馆将成为台湾江西籍同胞与家乡沟通、联系的窗口、成为旅台同胞返赣探亲、旅游、观光的聚集地和中转站，将对增进两岸交流与合作，推进祖国和平统一大业发挥作用。

20 日 江西省最大的人造板生产企业——宜春中密度纤维板厂与德国霍马内特公司、马来西亚罗宾集团合资合作，共同组建新的林业龙头企业——德国 HWH 人造板公司。合资公司组建后，注册资本为 1.6 亿元，其中外企出资 1.3 亿元。公司将在宜春兴建 15 万至 20 万立方米的中密度板生产线，建成投产后可向当地农民收购木材 20 万吨，增加当地农民收入 5000 万元。公司还将用 5 年的时间，营造 50 万亩工业原料林；并向人造板的相关产业发展，用外企的品牌、技术和管理提升产品质量，争取进入全国先进行列，进一步促进当地经济发展和农民增收。

20 日 全省政法系统召开深入开展解放思想学习教育活动电视电话会议。孟建柱讲话，钟起煌主持，彭宏松作动员报告。

22 日～23 日 省军区党委七届九次全体会议在南昌召开，会议讨论形成了省军区党委《关于进一步加强师团领导干部教育管理的意见》。省委书记、省军区党委第一书记孟建柱出席会议并讲话。

24 日 投资近百万元的江西出入境检验检疫局烟花爆竹检测中心正式投入使用，凡江西省申请出口的烟花爆竹均需在此“体验”合格后，方准成行。烟花爆竹是极具危险性的爆炸品，也是全省出口创汇超亿美元的大宗商品。为此江西出入境检验检疫局投入巨资，在较短时间内建成检测中心并投入使用。该中心已正式开展了出口烟花爆竹单个样品含药量、禁限用药剂、爆发点、着火温度、吸湿性、摩擦感度等 10 多个项目的检测，受理药剂配方的检测申请，并将药剂检测与出口企业登记考核工作相结合。凡申请登记考核的出口烟花爆竹生产企业需先向江西出入境检验检疫局烟花爆竹检测中心申请其产品的药剂安全性能型式的试验，合格后才能核发专用出口代码允许产品出口。

24 日 南昌市公安局在全市部署了为期 20 天的“治爆缉枪”集中统一行动。据统计，全市共收缴各类非法枪支 724 支、子弹 4080 发、炸药 842 公斤、黑火药 637.3 公斤；查处涉爆涉枪案件 116 起，查处有关人员 122 名。治安部门加强对涉爆、涉枪单位的安检和督管，及时发现安全隐患，督促整改；刑侦部门加大对涉爆涉枪案件的侦破力度，并查清涉案爆炸物品、枪支弹药的来源、去向，为治安部门提供线索。各参战单位打防并举、管控并重、加大力度全面收缴流散在社会上的非法爆炸物品和枪支弹药。

24 日 省政府召开第七十次常务会议。黄智权主持，讨论并通过了《江西省实施〈中华人民共和国气象法〉》、《江西省实施〈中华人民共和国防洪法〉办法（草案）》和省政府《第二批清理行政审批事项工作意见》。

25 日 省民政厅组织开展了全省民政专项资金管理使用情况的检查。该厅成立了民政专项资金检查工作领导小组，同时抽调了各设区市财务人员，组成 7 个检查组对各设区市分别进行检查，根据资金的主要流向有针对性地选择了 30

个县（市、区）进行检查、并随机抽查62个乡镇、124个村民小组、664户灾民、48个移民项目点。从检查结果看，救灾款在发放审批程序上均由民政部门提出方案，与当地财政部门协商，报政府分管领导同意后，再与财政部门联合行文发放；民政专项资金的管理使用纳入了规范化、严格化的管理轨道。

25日 由世界自然基金会（WWF）发起并组织的“湿地使者行动——把知识带回家乡”活动，在鄱阳湖湿地生态旅游开发试点项目区启动，部分专家学者以及高校学生奔赴鄱阳湖地区参加此次活动。来自南昌大学和江西财经大学的同学们，利用一个月左右的时间在星子县等地进行实地调研，以各种方式将有关湿地保护与可持续利用的知识和理念带回家乡，传递给不同的群众。世界自然基金会还将组织参加活动的“使者”进行为期两天的湿地保护知识培训。

25日 省政府发出通知，批转省交通厅《关于“十五”期间加快江西公路建设若干意见》。今后五年江西公路建设的奋斗目标是：新建高速公路1000公里，改造（建）国道、省道和县乡公路1万公里。基本建成全省高速公路主骨架，实现出省主通道和省会到各设区市县通高速公路，实现公路干线到县城通二级公路，县县之间通三级以上公路，力争乡镇通混凝土路。

26日 国务院正式批准了赣州赣粤高速公路赣定段建设的报告，这条赣州至定南，全长130公里，总投资为45亿元的高速公路年底前开工兴建。最近国务院批准立项的赣粤高速公路赣定段，采用市场化运作方式，依法组建起项目法人——赣州高速公路有限责任公司。赣州市现已吸纳社会资金共计70多亿元，占基本建设重点项目总投资的65%。目前，赣州市开工在建投资亿元以上的项目有15个，投资总额达40多亿元。

26日 由文化部，江西省文化厅、省剧协联合主办的全国革命历史题材戏剧创作研讨会在南昌召开。“新世纪怎样抓好革命历史题材戏剧创作，革命历史题材戏剧创作如何创新突破”是为期两天研讨会的主题。文化部副部长潘震宙及全国各地专家和省内戏剧界百余人出席了研讨会。

26日 中央电视台，南昌市委、市政府为庆祝中国人民解放军建军74周年，在南昌共同主办“军旗升起的地方——《同一首歌》”“八一”专题演唱会。孟建柱、黄智权、钟起煌、步正发、朱治宏等省领导观看了演出。

26日 由省委组织部、宣传部、省文化厅、省文联联合举办的“‘三个代表’的颂歌——江西省纪念中国共产党成立80周年图片展”在省文联艺术展览中心开幕。

27日 孟建柱、黄智权在南昌会见由清华大学党委书记贺美英率领的清华大学赴赣代表团全体成员。

28日 江西省儿童医院与上海第二医科大学附属新华医院、上海儿童医学中心建立协作医院正式挂牌（7月10日，两院与省儿童医院在沪正式签订协议）。协作医院正式挂牌后，双方将本着“以病人为中心，互相学习、共同提高”的原则，精诚协作，加速省儿童医院在医学、教学、科研、管理等方面的发展。

28日 省建设厅发布公告，根据《中华人民共和国招标投标法》规定和《工程建设项目招标代理机构资格认定办法》，现将建设部认定批准的江西省招标代理机构资格甲级3家、该厅认定批准的招标代理机构资格乙级27家、建设部批准认可的招标代理机构资格暂定级23家和该厅认定批准的招标代理机构资格丙级76家单位名单向社会予以公布。甲、乙、暂定级招标代理机构可以跨省、自治区、直辖市承担工程招标代理业务，丙级招标代理机构只限本省范围内经营，出省资格无效。任何单位和个人不得限制或者排斥工程招标代理机构依法开展工程招标代理业务。同时，原江西省建设厅2000年12月前认定颁发的招标代理机构资格证书自公告之日起一律废止。

30日 省委、省政府在南昌召开“八一”座谈会，庆祝中国人民解放军建军74周年。

30日 乐平市塔前镇座山采石场发生因违规爆破采石引发山体坍塌事故，28人死亡，8人受伤。

31日 省委常委理论学习中心组集中学习江泽民“七一”讲话。孟建柱在学习结束时讲了话。

公元2001年8月 农历辛巳年【蛇】													
日	一	二	三	四	五	六	日	一	二	三	四	五	六
			1 建军节	2 十三	3 十四	4 十五	5 十六	6 十七	7 立秋	8 十九	9 二十	10 廿一	11 廿二
12 廿三	13 廿四	14 廿五	15 廿六	16 廿七	17 廿八	18 廿九	19 七月小	20 初二	21 初三	22 初四	23 处暑	24 初六	25 初七
26 初八	27 初九	28 初十	29 十一	30 十二	31 十三								

1日　省委决定，中共江西省委党校、江西行政学院合并。

1日　在江西省话剧团排演厅内，一场由盲人、聋哑人、肢残人、弱智儿童等残疾人倾情表演的声乐、器乐、舞蹈和戏剧小品节目，不时博得观众热烈的掌声。这是全省参加第五届全国残疾人艺术汇演节目的审查演出。此届全国残疾人艺术汇演一改以往选送录音带的方式，而是首次以现场表演形式参赛。艺术团有来自全省的40余名视力、语言、肢体、智力等方面的残疾人优秀演艺人才，在南昌日夜苦练一个多月，20个节目上了舞台。

1日　自今日起，江西现行车辆通行费收费标准将进行调整，一般公路车辆通行费上调约66%，高速公路车辆通行费上调约10%。此次调整分一般公路车辆通行费和高速公路车辆通行费两大类型，涉及原大、中、小型车及摩托车、简易农用车等类别。参照外省市有关做法，对车辆类型进行了重新划分，分别制定了不同的收费标准，对一、二级公路，全省现行收费标准是按车辆吨位计征。

2日　江西省第三期移民建镇示范工程——湖口均桥移民新镇破土动工兴建。均桥移民新镇距湖口县城约10公里，处于景湖公路与九景高速公路交汇点，交通便利，占地670亩、安置移民924户4158人。均桥新镇由省城乡建设规划设计所规划设计，先期投资2000万元，建成后既是个现代花园城镇，又是个集商工贸为一体的新兴城镇，是全省最大的移民建镇示范点。

3日~5日　省委十届十三次全体（扩大）会议在井冈山召开。会议始终突出“解放思想，加快发展”这一鲜明主题，审议并原则通过《中共江西省委关于进一步解放思想加快经济发展的若干意见》，通过《中共江西省委十届十三次全体（扩大）会议关于召开中国共产党江西省第十一次代表大会的决议》。会议提出面向新世纪的战略思路。旗帜鲜明的提出“以工业化为战略核心”，“以大开放为主战略”，大力推进农业产业化、农村工业化、城市化和城市工业现代化，不失时机地推进信息化，努力使江西成为沿海发达地区的产业梯度转移承接基地、优质农副产品供应基地、劳务输出基地和旅游休闲的“后花园”。

中共江西省委十届十三次全体（扩大）会议会场

4 日 第六届全国青少年生物和环境科学实践活动评选在福州市揭晓。江西省报送的 9 个项目全部获奖，其中一等奖 2 项、二等奖 3 项、三等奖 4 项。赣州市青少年科技辅导员协会荣获全国优秀组织奖。此次活动由中国科协、国家教育部、国家环保局和国家自然科学基金会联合主办。以针对青少年在课余开展生物、环保科学实践有关活动为主要内容，目的在于加强对青少年科学精神、科学方法的培养。

8 日 新余钢铁有限公司在发展建设史上投资规模最大的转炉、高线工程正式开工。新余公司转炉、高线工程是经国务院办公会议批准，国家经贸委、国家计委列入国债项目予以实施的工程。按照国债项目的有关要求，经过公开、公平、公正的招投标，转炉工程由重庆钢铁设计研究总院一举中标。这是迄今为止国内冶金行业最大的工程总承包项目，也是全国唯一一个由国内钢铁设计研究院总承包的完整炼钢厂“交钥匙”工程，高线工程整体设计则由武汉钢铁设计院中标。工程完工后对于新钢公司炼钢和轧钢技术装备、工艺操作、企业管理、产品品种和质量、自动控制技术等都将提高到一个新水平，为新余钢铁公司跨入国家特大型企业行列打下坚实的基础。

9 日 江西省血吸虫病、地方病防治领导小组全体会议在南昌举行。副省长、省血吸虫病地方病防治领导小组组长胡振鹏在会上指出：江西省血吸虫病防治工作“九五”期间取得显著成绩，但是全省血吸虫地方病防治工作的形势依然十分严峻，必须引起全社会的高度重视。“九五”期间，全省血防事业得以持续发展，到 2000 年底，全省钉螺面积压缩了 70%，居民血吸虫病感染率下降了 70%，耕牛血吸虫病感染下降了 60%，37 个流行县（市、区）有 19 个达到血吸虫病传播阻断标准，有 7 个达到血吸虫病传播控制标准。但是全省仍有 18 个未控制血吸虫病流行的县（市、区），主要分布在鄱阳湖区和沿长江流域以及怀玉山区等地，血吸虫病流行环境没有发生根本的改变，还有 106 万余亩钉螺面积、10 万余病人、2 万余头病牛存在。“十五”期间，全省将围绕“综合治理、科学防治”的方针，新增 2 个县达到阻断传播标准。全省查螺面积 11.3 亿平方米，灭螺面积 7728 万平方米，灭光钉螺面积 2500 万平方米，使疫区 6 岁以上居民 90% 以上接受血吸虫病基本知识教育。

10 日 省委召开座谈会，邀请部分省人大常委会委员、省政协常委、省决策咨询委员会成员共商解放思想、加快江西发展大计。

11 日 省委书记孟建柱、省委副书记步正发在南昌会见台湾太平洋建设集团公司总裁章民强一行。孟建柱对章民强一行来赣考察表示热烈欢迎，并简要介绍了江西省情。台湾太平洋建设集团公司是台湾上市公司，是首次来江西省考察投资项目。

12日 省委书记孟建柱、省长黄智权在南昌滨江宾馆分别会见了中国工程院院士张涤生、国家重点基础研究发展规划（973）项目首席科学家曹谊林一行。2001年7月，江西省第二人民医院集团整形外科医院与上海市整复外科研究所签订了医疗技术合作协议。张涤生、曹谊林此行一是接受省政府的聘任，担任江西省卫生厅医学顾问兼省第二人民医院集团整形外科医院名誉院长；二是通过实际考察调研为沪赣医疗技术进一步合作打好基础。

13日 江西广播电视大学与上海电视大学和江苏广播电视大学在南昌举行合作办学签字仪式。据悉，江西电大与上海电大开展了开放式专科经济与行政管理、社区管理和公务员岗位培训三个项目的合作，与江苏电大开展了五年制高职教育项目合作。

14日 中共江西省委发出《关于进一步解放思想，加快经济发展的若干意见》。

15日 江西省建设优质产品基地工作会议在南昌召开。会议研究了把全省建成东部沿海地区优质农产品供应基地的方案。省委书记孟建柱到会讲话并强调，在推进工业化进程中，农业的基础地位不能动摇。各地要瞄准沿海市场建设优质农产品基地，加快推进农业产业化。会议认为，江西省具有丰富的农业资源、良好的生态环境和区位优势，特色农业也有一定基础。实现省委、省政府提出的“把全省建成东部沿海地区优质农产品供应基地”，提高全省农产品商品率、外销率和在沿海市场的占有率，大幅度增加农民收入，使全省农业发展水平跃上一个新台阶。全省农产品基地建设要按照竞争性布局、规模化生产、产业化经营、市场化运作、标准化建设的要求加快步伐。孟建柱要求各地党委、政府创新思路，大胆探索，努力做好新世纪农业发展这篇大文章。首先要转变三个观念：一是转变农业部门只抓生产的观念；二是转变封闭搞农业的观念；三是转变传统农业重产量轻效益的观念。

16日 省文艺界座谈会在南昌举行，18位文艺工作者围绕解放思想，更新观念，繁荣文艺事业，发展文化产业，畅谈意见和建议。孟建柱到会并讲话。

16日 孟建柱在全省大中型企业座谈会上强调，实施以工业化为核心的发展战略，做大做强一批优势企业，是实现江西工业化的重要途径。

17日 省政府印发《关于落实〈中共江西省委关于进一步解放思想加快经济发展的若干意见〉的实施办法的通知》。

18日 江西水运集团暨江西水运集团有限公司成立。该公司作为江西水运集团的核心企业，是江西交通水运行业大型国有骨干企业，是全省第一家按《公司法》和现代企业制度并规范运作的水运国有企业。目前，江西水运集团正参股建设和经营交通部投资的重点工程项目——江西国际集装箱码头有限公司，充分体现了“领先一步”的整体经营优势，为江西交通事业的发展作出新的贡献。

21日 省政府发出《关于进一步优化外商投资及经营环境的意见》。

22日 临川一中近日被全国中小学现代教育技术实验学校领导小组办公室授予“全国现代教育技术实验学校评估成果突出学校”称号。现代教育技术在基础教育中有着广泛的运用与发展前景。临川一中注重进行电化教学的实验与研究，先后投资近200万元，兴建电教大楼，以及多媒体教学网络。积极开展“多媒体教学软件研制、开发与应用”、“计算机与网络教学”等省级以上课题的科研活动，自制课件140多件，其中获全国奖的6件，获省级奖15件，并先后获省“电教工作示范学校”、“全国现代教育技术实验学校”、“全国电教工作先进单位”等荣誉称号。

23日 省长黄智权主持召开省政府第七十二次常务会议，审议并通过《江西省妇女发展纲要（2001～2010）》、《江西省儿童发展纲要（2001～

2010)》，讨论并原则通过了《江西省实施〈中华人民共和国会计法〉办法（草案）》，提出了2001年至2010年江西省妇女儿童发展目标及策略措施。这两个《纲要》作为全省各级政府和全社会做好妇女儿童工作，全面提高妇女儿童素质、进一步促进妇女全面发展、儿童健康成长和妇女儿童事业持续发展的省级行动纲领。会议指出，为认真实施《中华人民共和国会计法》，进一步规范会计行为，保证会计资料的真实性和完整性，切实加强经济管理和财务管理，维护社会主义市场经济秩序，有必要结合全省实际制定《江西省实施〈中华人民共和国会计法〉办法》，并确定了《江西省妇女发展纲要（2001～2010）》和《江西省儿童发展纲要（2001～2010）》，经修改后由省政府颁发实施；《江西省实施〈中华人民共和国会计法〉办法（草案）》经修改后，由省政府提请省人大常委会审议。

23日 孟建柱、黄智权在南昌会见了中国华能集团总经理李小鹏一行。24日，李小鹏等人出席华能井冈山电厂一期工程60万千瓦机组投产仪式。

24日 为期两天的江西省九届人大常委会第二十五次会议在南昌闭幕。省委书记、省人大常委会主任孟建柱出席全体会议并讲话。全体会议有五项议程。（一）关于2001年国民经济和社会发展计划上半年执行情况的汇报；（二）关于2000年省本级决算的报告和2001年上半年预算执行情况的汇报；（三）关于2000年度省本级预算执行和其他财政收支的审计工作报告；（四）关于全省“三五”普法规划执行情况及“四五”普法工作安排意见的汇报；（五）关于省政府机构改革组织实施情况的汇报。孟建柱指出，要深化对人民代表大会制度的认识，进一步增强做好人大工作的自觉性和责任感；要坚持以“三个代表”重要思想为指导，努力做好人大各项工作，更好地发挥地方国家权力机关在加快江西发展中的作用；要进一步密切同人大代表和人民群众的联系，努力为人民群众谋利益；要增强创新意识，要切实改进工作作风，要按照省委的统一部署，认真搞好机关的机构改革，要切实抓好机关干部队伍建设。

24日 江西省第九届人民代表大会常务委员会第二十五次会议今日通过以下几个决定：一、《江西省人民代表大会常务委员会关于修改〈江西省农业机械管理条例〉的决定》，《条例》共8章，45条。第一章：总则；第二章：管理责任；第三章：质量监督；第四章：社会化服务；第五章：推广和维修；第六章：教育培训；第七章：法律责任；第八章：附则。二、《江西省人民代表大会常务委员会关于修改〈江西省计量监督管理条例〉的决定》，《条例》共8章，47条。第一章：总则；第二章：计量单位；第三章：计量器具；第四章：计量检定与计量认证；第五章：商品量计量；第六章：计量监督；第七章：法律责任；第八章：附则。三、《江西省人民代表大会常务委员会关于修改〈江西省各级人民代表大会代表选举实施细则〉的决定》，《细则》共10章，64条。第一章：总则；第二章：选举工作机构；第三章：代表名额和分配；第四章：选区划分；第五章：选民登记；第六章：代表候选人的提出；第七章：选举程序；第八章：对代表的监督、罢免和补选；第九章：对破坏选举的制裁；第十章：附则。四、《江西省人民代表大会常务委员会关于修改〈江西省技术市场管理等条例〉的决定》，《条例》共6章，37条。第一章：总则；第二章：科学技术行政主管部门和技术贸易机构；第三章：技术贸易活动和技术合同管理；第四章：技术贸易的收益分配和税收；第五章：法律责任；第六章：附则。以上《条例》和《细则》自即日起施行。

24日～25日 在全国社会治安综合治理工作会议上，广昌县荣获“全国社会治安综合治理工作先进集体”光荣称号。至此，该县自1991年以来，已先后10次被国家、省、地（市）评为综治工作先进单位。

25日 由中国南昌对外工程总公司承建的国家经援项目——马里共和国体育场工程正式竣工。该体育场位于马里首都巴马科近郊。占地25.5公顷，工程总造价3000万美元。这个椭圆形体育场可容纳6万人，场内有400米环形国际标准的跑道和由法国草坪铺就的标准足球场。南昌对外工程总公司自1991年进驻马里共和国以来，先后承建了马里共和国最大的商业中心——尼马格拉商业中心等50多项工程，优良的施工质量受到马里共和国领导的高度赞扬，马里总统亲自点名将造价300万美元的总统别墅工程以及总统府的装修工程指定由南昌对外工程总公司承建。

26日 经省政府批准的独立卫生监督执法机构——江西省卫生监督所成立。全省首批36名专职卫生监督员进行了到岗宣誓。这是全省卫生改革与发展的一个重要成果，标志着江西省卫生管理法制化建设迈上了一个新台阶。副省长胡振鹏及卫生部、省卫生厅有关负责人为省卫生监督所成立揭牌。

26日 为纪念中国共产党建党80周年，由中国博物馆学会举办的全国革命纪念馆“延安杯”讲解邀请赛于8月22日至8月26日在陕西省延安市举行。江西省代表队取得了团体赛二等奖的好成绩。其中南昌八一起义纪念馆林楠红获得了个人三等奖，赣州市博物馆杨奕、安源路矿工人运动纪念馆李磊、井冈山革命博物馆张颖获得个人优秀奖。

28日 由江西省粮油总公司与中粮集团境外子公司——中粮（BVI）米业投资有限公司共同组建的中粮江西米业有限责任公司成立大会暨奠基仪式在南昌举行。该公司的成立，标志着全省粮食建立起了走向世界的重要桥梁，对促进全省早稻转化，缓解粮食库存压力，增加农民收入将起到推动作用。中粮总投资额1.2亿元，设计能力为日产蒸谷米600吨，产品全部外销，预计年创汇3420万美元，年利润770多万元。该项目是目前国内唯一的一家蒸谷米生产加工厂，它的建设填补了国内大米加工的空白。

29日 上海市常委、副市长蒋以任率领上海市政府代表团一行20人抵达南昌。江西省——上海市合作项目签约仪式暨项目洽谈会举行。孟建柱、黄智权等会见了蒋以任一行。

30日 省政府印发《江西省妇女发展纲要》和《江西省儿童发展纲要》。

31日 据省质量技术监督部门统计，全省已有80个县（市、区）通过了国家级或省级验收，实现了“消灭无标生产”。该计划从1997年开始实施，是江西各级质量技术监督部门的“一号工程”。经过4年的努力，完成“消灭无标生产”的县（市、区）产品标准覆盖率由原来的40%左右提高到了95%以上，有的县甚至达到99%，产品质量合格率普遍提高了10个到15个百分点。通过质量技术监督部门帮助其制定科学合理的标准，强化质量管理，顺利地将产品推广出去，有的甚至走出了国门。

31日 景德镇陶瓷股份公司生产的“红叶”牌日用瓷运抵北京，进入中南海，6000多套（件）瓷器一次开箱检验全部合格，产品无论瓷质或花面均受到高度赞誉。这是景德镇瓷器相隔30多年再次成为高规格的接待用瓷。这批中南海用瓷共有三种花面，分别是古典园林、吉祥如意和双蕾花，总量近两万套（件）。该公司生产的瓷器不但配方、工艺先进，瓷质细腻，釉面晶莹，无铅无镉，而且装饰风格极具民族特色，代表了当今国内制瓷的先进水平。另外，他们自行研制的新骨瓷、抗菌瓷均为高科技含量的新品种，在国内外独树一帜。

公元2001年9月							农历辛巳年【蛇】						
日	一	二	三	四	五	六	日	一	二	三	四	五	六
						1 十四	**2** 十五	**3** 十六	**4** 十七	**5** 十八	**6** 十九	**7** 白露	**8** 廿一
9 廿二	**10** 廿三	**11** 廿四	**12** 廿五	**13** 廿六	**14** 廿七	**15** 廿八	**16** 廿九	**17** 八月大	**18** 初二	**19** 初三	**20** 初四	**21** 初五	**22** 初六
23 秋分	**24** 初八	**25** 初九	**26** 初十	**27** 十一	**28** 十二	**29** 十三	**30** 十四						

1日　全省城镇以上小学三年级开始开设外语课。

1日　中央学习“七一”讲话宣讲团成员、中央党史研究室主任孙英近日在井冈山、兴国、瑞金等地考察。孙英对江西各级党组织认真学习贯彻江泽民总书记“七一”重要讲话精神，紧密结合江西实际，解放思想，加快发展所采取的一系列举措给予了充分肯定。在井冈山、兴国和瑞金考察时，肯定了三地对革命旧址旧居和史料的管理保护工作。并对中华苏维埃中央政府成立70周年有关纪念活动，作了具体指示。

2日　省委书记孟建柱在南昌会见了外交部赴赣考察团一行33人。孟建柱对考察团说，改革开放以来，在党中央、国务院的正确领导下，外交战线的同志为创造和平的外部环境做了许多卓有成效的工作，促进了改革开放和经济建设的顺利进行。多年来，外交部对江西的外事工作和经济发展也提供了大力的支持和帮助，我们表示衷心的感谢。考察团将在九江、南昌、吉安、鹰潭、上饶等地参观考察，并向玉山县冰溪镇殿口村小学捐赠物品。

3日　在全方位对外大开放的推动下，宜春市一批优势企业集中市外优质资本，朝着建立现代管理制度，把企业做大做强的方向迈进。目前，全市已有43家优势企业和优势资产同市外民营企业组合。通过资产重组和股份制改造，全市优势企业技术改造投入年底将达到2亿元。还有4家优势公司为上市储备了应有的资源。

4日　省政府九届十八次常委会议在南昌举行。黄智权到会作《关于江西进一步解放思想、加快经济发展》的报告。朱治宏主持会议。

5日　农业部部长杜青林在江西省调研。他指出，当前农业生产已进入了一个新的发展阶段，各地要通过解放思想，转变观念，从实际出发，大力推进农村经济结构战略性调整，确保农业增效、农民增收。省委书记孟建柱、省长黄智权看望了杜青林一行。副省长孙用和及省有关部门负责人陪同调研。杜青林一行先后深入南昌、九江等地实地考察了南昌县小兰禽蛋批发市场、向塘镇优质稻生产基地、彭泽县杨梓乡优质棉生产基地和东升乡棉花加工厂，并听取了有关部门农业情况汇报。调研期间，杜青林充分肯定了江西农业生产取得的成绩，杜青林指出，在经济结构调整中，要大力推广良种良法，不断提高科技含量，推动农业产业化进程，要从实际出发，尊重农民意愿，按市场经济规律办事。生产要向流通延伸，以大流通促进大生产。各地要进一步重视农产品市场信息体系建设、建立推广服务体系、质量标准体系、检验检测体系。在推进农村经济结构战略性调整中，决不可放松粮食生产，要进一步巩固农业基础地位，确保国家粮食安全。在推进粮食、棉花流通体制改革中，各地要针对改革中出现的新情况、新问题、转变观念，创新思路，破解难题，将改革推向深入。

5日 在江西省首批药品集中招标采购中介机构竞标大会上，北京环宇心智公司经过激烈竞争，终于击败海虹公司、易星公司，成为采购中介机构。该公司的中标，拉开了江西药品集中招标采购工作的序幕。首批药品集中招标采购工作在省属11家医院进行，上饶、鹰潭两市同时进行试点。副省长胡振鹏到会并讲话。江西将于11月中旬召开设区市卫生局长会议，对此次招标采购情况进行全面总结，研究布置药品招标采购工作，争取年底在各设区市全面铺开。

6日 孟建柱察看省老干部活动中心综合楼工地，强调要高标准、严要求，确保工程质量，为老干部提供安全、便捷的学习和娱乐场所。

6日 为加大引进人才工作力度，适应加快经济发展的需要，经省政府批准，省人事厅、省科技厅组团，部分高校、企业和南昌高新技术产业开发区的人员共16人带着数百项关于人才、高新技术的需求，赴华盛顿参加首届北美高新技术项目与人才交流大会，宣传介绍江西的发展形势和优势，积极引进人才和高新技术成果项目。

6日 江西省重点新产品GS－2000盾铃型钢纤维研究计划项目通过专家鉴定。来自大连理工大学、空军工程设计研究局、铁道部科学研究所、铁道部科学院工程院、清华大学的院士及专家参加鉴定会。副省长胡振鹏会见了专家组。GS－2000盾铃型钢纤维工艺及设备研究，由江西工程纤维科学技术研究所承担，依托东南大学、大连理工大学、武汉工业大学等院所的科研实力，历时三年完成。经国家科技检测，该成果为国内首创，达到国际领先水平。

7日 省委书记孟建柱、省长黄智权在南昌会见了中国人民解放军第二军医大学校长李家顺一行。孟建柱、黄智权代表省委、省政府对客人来访表示热烈欢迎。他们说，第二军医大学在医疗、教学、科研等方面在全国都有较高的水平，希望江西省人民医院在与第二军医大学进行全方位合作过程中，认真学习对方过硬的医疗作风和管理经验，学习新技术、新疗法，不断提高江西的医疗水平。上午，副省长胡振鹏及第二军医大学校长李家顺少将为省人民医院成为第二军医大教学基地揭牌。省人民医院派出的首批8名医务人员今天赴第二军医大进修硕士学位。这标志着省卫生厅与第二军医大的医疗技术合作进入具体实施阶段。

8日 遂川县人民医院的《癌痛散治疗常见晚期肿瘤临床研究》和《自拟退黄汤治疗病毒性肝炎重度黄疸临床应用》两项科研成果，近日通过专家鉴定。其中《癌痛散治疗常见晚期肿瘤临床研究》被鉴定为省内领先，达到国内同类研究的先进水平。

8日 据中国机械工业质量管理协会和中国资信评价中心组织的产品质量日前跟踪调查显示，江西起重机械总厂生产的“樟树”牌系列起重机械产品质量满意度、品牌美誉度和服务满意度三项指标已进入全国同行业前十名。

8日 江西省学习江泽民总书记“七一”重要讲话专题报告会在江西艺术剧院主会场举行。中央党校常务副校长郑必坚作了学习江泽民总书记“七一”重要讲话的报告，题为《新世纪中国共产党全面加强自身建设的马克思主义新觉醒》。孟建柱在报告结束后指出，郑必坚同志给我们作了一场高水平的辅导报告，我们要进一步全面加强各级党组织的自身建设。

8日～12日 江西代表团赴厦门参加第五届中国投资贸易洽谈会期间，共签订外贸项目36项，合同、协议外资额1.09亿美元；签订内资项目15项，合同、协议金额1.4亿元人民币。其中工业项目占50.4%，房地产占24.9%。与前四届相比，此次赴厦门参加投洽会虽然在引资数量上有所下降，但在营造江西开放声势上收获颇大。各设区市、省直有关部门早在4月就开始精心筛选项目，派出多路小分队，深入到各沿海城市以及境外地区掌握信息。在投洽会期间，各地又组织精干队伍赴会，在积极进行投资贸易洽谈的同时，较好地完成了宣传江西、接触新客户、洽谈新的合作意向的任务，为下一步进行更大规模招商引资活动奠定了扎实基础。

9日　江西驻京办召开在京江西籍企业家座谈会，主题是为加快江西发展献计献策出力。孟建柱、黄智权到会并讲话。

10日　江西省部分大中小学教师代表在南昌举行庆祝新世纪第一个教师节暨优秀教师表彰大会。省领导钟起煌、陈癸尊、胡振鹏、刘运来及有关部门负责人参加大会，钟起煌代表省委、省政府，向全省各级各类学校的在职教师、离退休教师以及全体教育工作者致以节日的祝贺和亲切的慰问。他说，在新的历史条件下，全省广大教师和教育工作者，要以受表彰的优秀教师和教育工作者为榜样，虚心向他们学习，学习他们的改革创新精神，学习他们的求真务实精神，学习他们的乐于奉献精神，最核心的就是，学习他们全心全意献身教育事业的崇高精神。要扎实推进师德师风建设，努力建设一支高素质的教师队伍。要切实加强对教育工作的领导，努力创造教育改革与发展的良好环境，要全面落实省委、省政府确定的"科教兴赣"战略，进一步在全社会弘扬尊师重教的良好风尚。加强综合管理，多管齐下，形成有利于青少年学生身心健康发展的社会环境，让年轻一代茁壮成长。大会还宣读了《关于二〇〇一年表彰优秀教师和教育工作者的决定》，并为优秀教育和教育工作者颁奖。省委宣传部、省教育厅、省人事厅、省教育工会的负责人参加了会议。

10日　从菲律宾传来消息，江西省在菲律宾的16.5公顷水稻不育系繁殖基地连续三年实现增产，年均递增率高达40%，且种子纯度稳定在99%以上。该基地面积虽然很小，却为菲方提供了20%的不育系用种。承担此项合作项目的省农科院水稻研究所在杂交水稻制种技术上的卓越成效，赢得了菲律宾同行的一致肯定。菲律宾水稻研究所主动提出参与江西省农科院在菲杂交水稻种子商品化生产，实现研究、生产、销售一条龙。省农科院在菲开展的雨季300亩商业制种项目已经启动，旱季制种面积也将达1000亩。

10日　《中国互联网黄页》（以下简称《黄页》）江西分册正式开编，预计明年5月面世。《黄页》将首次超大容量编录国家有关政策法规、国内各网站网址、各单位和团体电子信箱及相关入刊信息，同时采用超高智能化的搜索手段，科学标准的多角度分类，并与国际同类网站链接。《黄页》以省为单位制作分卷，逐年补充、更新，除以互联网、光盘、书刊三种形式传播外，还将通过报刊、电视等手段重点展示。《黄页》江西分册的完成将为江西提供互联网的工具网站，使江西相关的政策法规、网站网址和企业单位的信息可以全面向全球开放，最大限度实现其价值，促进江西经济发展。

12日　国家用于煤矿安全技术改造项目的第五批国债专项资金最近下达。江西省又有五个项目入选，获国家财政补助资金2700万元。国务院非常重视煤矿安全，将其列入了国家第五批国债专项资金项目，省煤矿安监局、萍乡矿业公司、丰城矿务局、英岗岭矿务局、乐平矿务局五个单位总投资3300万元的安全装备更新改造项目列入国家重点技术改造项目（即国债专项资金项目），并获得中央补助资金2700万元。这批补助资金，将对乐平矿务局等5个单位的煤矿安全项目的顺利实施发挥重要作用，并将大大改善江西煤矿的安全条件。

12日　华东六省一市机关党建工作交流会在南昌召开。会议总结交流了加强和改进机关党建经验，探讨新形势下机关党建工作面临的新情况、新问题，以及加强和改进机关党建工作的新思路、新举措。华东六省一市机关党委负责人出席会议，吉林、广东、海南省直机关工委及南昌市直机关工委应邀到会交流机关党建工作经验，中央国家机关工委代表、江西省委组织部负责人出席会议。

13 日 《江西省旅游业发展总体规划》在北京通过中科院院士吴传钧、陈述彭等全国知名专家的终评。根据总体规划，江西省旅游业的发展思路是：以生态理念为主脉，做足地域文化文章；以名山、名水、名城为支撑，重点发展自然生态和文化生态及其复合型旅游产品，突出独特山水、陶瓷艺术、红色摇篮、道教文化、养生保健、客家风情六大主题特色产品。规划成果除了常规的规划文本、说明书、旅游规划图以外，还提供了江西省旅游发展 21 世纪议程、江西省旅游总览、江西省旅游精品资源普查表、多媒体光盘文本《江西行》、江西旅游卫星遥感影像图等总计 41 项。副省长朱英培参加了由省政府与国家旅游局联合主持的评审会并讲了话。

13 日 国家计委系统工业发展会议在南昌召开。全国各省、自治区、直辖市、计划单列市、副省级省会城市计委主管工业的副主任、工业处长参加了会议。省长助理凌成兴及南昌市政府负责人到会讲话。国家计委有关部门负责人作了题为《优化工业结构，增强国际竞争力》的报告。会议指出，经过 20 年的改革开放，我国市场结构发生相对变化，工业产品由供给不足转为需求不足。加入世贸组织后，又将面临国内市场国际化的挑战。加快工业结构调整，提高产业升级是当前面临的迫切任务。

14 日 2002 年度全省报刊发行工作会在南昌召开。会议的主题是各级党委要认真贯彻江泽民总书记“七一”讲话，以“三个代表”重要思想为指导，把《人民日报》、《求是》杂志、《江西日报》等重点党报党刊发行工作作为一项重要任务来抓，切实负起责任。省委办公厅、省政府办公厅、省委宣传部、省委组织部、省邮政局、省新闻出版局的有关负责人参加了会议。会议总结了 2001 年度报刊发行工作，表彰了先进单位，人民日报社驻江西记者站、江西日报社等新闻单位的负责人讲话，新余、赣州市委宣传部负责人作了典型发言。

15 日 南昌对外工程总公司近日在阿尔巴尼亚地拉那商业中心综合楼工程招标会上，战胜了来自希腊、奥地利、意大利等地的数家竞标公司，夺取了一项 475 万美元的海外大工程，为江西争得了荣誉。地拉那商业中心综合楼位于阿尔巴尼亚首都地拉那中心广场附近，是该国最大的商业综合楼，由马来西亚方投资兴建，总建筑面积为 12560 平方米。当该工程在马来西亚首都吉隆坡公开招标时，来自中国、意大利、奥地利、希腊、阿尔巴尼亚等国的建筑公司也参加了招标会。南昌对外工程总公司凭借过硬的工程质量和良好的信用中标，是南昌对外工程总公司今年继在非洲马里中标经商处工程后中标的又一海外工程。

16 日 在国家质量监督检验检疫总局对全国 22 个省、直辖市 91 家企业的 99 种月饼产品质量进行国家监督抽查的基础上，第七届中国月饼节组委会公布了 2001 年“中国名牌月饼”产品名单，江西乔家栅食品厂生产的“滕王阁牌乔家栅月饼”继连续五年摘冠之后，再次获此殊荣。

21 日 中宣部公布的第八届“五个一工程”获奖名单中，江西有 9 件作品获得大奖：电影《毛泽东与斯诺》名列该项目第一，广播剧《铁窗英雄》名列该项目第五。其他分别为：电视剧《兵歌兵妹》；戏剧《远山》；歌曲《永远的井冈山》；广播剧《大禹的传说》；图书《从民主新路到依法治国》；理论文献电视片《共和国摇篮》；理论文章《中国共产党是中国先进文化前进方向的忠实代表》等。

21 日 为期一周的第八届全国新闻校对研讨会在银川结束。有全国 33 家新闻单位代表参加了这次会议，并举行了全国新闻校对优秀论文评选及“全国十佳新闻校对员”和“全国优秀新闻校对员”的评选活动。江西日报社王佩琴撰写的《校异同与校是非》获论文二等奖，龚之浩获“全国十佳新闻校对员”、钱明获“全国优秀新闻校对员”称号。这是自举办全国新闻校对研讨会以来江西日报社取得的最好成绩。

21 日～25 日 第十三届全国发明展览会在昆明举行。江西省参展的 14 个项目中，有 11 个项目获奖，其中获金牌 2 枚、银牌 5 枚、铜牌 4 枚。构思巧妙、设计新颖，具有创新性、实用性，技术水平较高，拥有自主知识产权，是江西省送展项目的显著特点。其中“微生物循环组合平衡技术”获金奖，采用这一技术生产出来的生物肥料，通过利用微生物“自净作用”功能，能消除土壤中的有害物质，减少农作物病虫害。金奖项目“高楼自救器”，是一种个人自救器械，在高楼起火或发生地震等意外事故时，它可安全迅速地把人从高层建筑运送到地面。

26日 全省矿产资源管理秩序治理整顿工作会议在南昌召开。会议针对当前局部地区存在无证采矿、越界采矿、乱采滥挖破坏环境等矿业经济秩序混乱的问题，江西省将重拳出击，标本兼治。会议传达了全国会议的精神，对江西矿产资源管理秩序治理整顿工作进行了专题研究部署，副省长王君出席会议并讲话。

26日 江西省文艺评论家协会第一次会员大会在南昌召开。60多位老中青文艺评论工作者欢聚一堂，共商文艺评论事业繁荣发展大计，并选举产生领导机构。大会审议并原则通过了《江西省文艺评论家协会章程》，选举产生了省评协第一届理事会和主席、副主席。刘华当选为主席，方家驷、王秀凡、邓伟平、陈东有、杨玲玲、季晓燕、徐希茅、梁勇、黄晔明、赖大仁当选为副主席。

27日 在农业部举办的“全国猕猴桃产品鉴评暨无公害栽培技术、信息交流会”上，奉新县果业局选送的“金魁”牌猕猴桃近日被评为优质猕猴桃，成为江西省唯一获此殊荣的产品。

27日 省委统战部召开各民主党派省委会、省工商联学习中共十五届六中全会精神座谈会。省政协副主席、九三学社省委会主委黄懋衡，省政协副主席、民进省委会主委刘运来，民盟省委会主委倪国熙出席会议。各民主党派代表表示，要和中国共产党同心同德，并组织本党派的干部认真学习中共十五届六中全会精神，按“三个代表”重要思想严格要求自己，加强自身作风建设，做好参政议政工作，迎接中共第十六次全国代表大会的召开。

28日~10月7日 在第五届中国花博会上，江西共有5大类12项近200件展品参展。

29日 省委召开全省党员领导干部会议，传达学习中共十五届六中全会精神，研究贯彻落实措施。随后省委再次召开全省党员领导干部会议，就贯彻落实中共十五届六中全会精神进行了全面部署，并讨论《省委关于贯彻落实〈中共中央关于加强和改进党的作风建设的决定〉的意见》。

29日 江西第一家养殖水面交易服务中心在九江县挂牌成立。这标志着全省水产养殖水面已经告别粗放经营，进行深度开发并走上市场化、集约化的正轨，水面流转也将拉开帷幕。同时各地的可养殖水面将由当地水产部门及水面交易服务中心统一和盘向外推出，通过推介、招商引资等方式流转起来，从而提高单位产出和水面效益，促进当地财政增长和农民增收。

30日 由香港华中国际置业发展有限公司投资的江西万德科技园落户龙南县。英、美、法、德等国以及香港、澳门、台湾地区的客商和各界人士参加了开工典礼。园区总投资23亿元。当天，美国、英国、韩国等国客商签订电脑、电子元件加工意向合同。

30日 江西省城镇职工基本医疗保险制度和医药卫生体制改革工作会议在南昌召开。会议强调，认真学习贯彻国务院青岛会议精神，坚定信心，扎实工作，积极探索，大胆实践，为全面完成今年医改的各项工作任务，促进江西省经济和社会发展作出积极的贡献。副省长王君、胡振鹏出席会议并讲话。会议要求，各地务必要结合当地医疗保险制度改革工作的实际，围绕“狠抓启动、稳步扩面、理顺体制、强化政策配套”的工作思路和既定目标，加强领导，明确责任，采取有力措施，坚定不移地加快推进医疗保险制度改革，确保今年医疗保险制度改革工作任务的完成。会议提出，要稳步推进医疗保险的扩面工作。重点抓好属地化管理，将中央驻赣企事业单位和省属企业纳入统筹地区医疗保险范围，并切实抓好私营企业、中外合资企业等单位的参保工作以及困难企业和下岗职工的参保工作。会议还要求，各地要尽快理顺医疗保险管理体制，要针对当前医疗保险制度改革过程中存在的重点、难点问题，有针对性地研究相应地解决办法。要坚持“三改并举”，强化和完善医疗服务管理。各级政府和有关部门要站在切实维护职工群众合法权益、保障职工群众身体健康的高度，进一步加强领导，强化协调检查，狠抓工作落实，确保三项改革同步推进。

30日 全省移民建镇工作会议在南昌召开。会议传达贯彻了国家计委最近召开的长江中下游干堤加固和平垸行洪、退田还湖、移民建镇工作座谈会精神，通报全省第三期移民建镇清点墙基情况，总结了永修现场会议以来全省移民建镇工作，研究部署了第四期移民建镇工作。

30日 为贯彻落实国家有关部门《关于严格控制新建加油站问题的通知》，省政府召开全省成品油市场整顿和规范工作电视电话会议，部署了全省成品油市场整顿和规范工作，确保全省成品油市场逐步走向制度化、规范化、法制化。副省长蒋仲平出席会议并讲话。

本月 江西省工业生产发展步伐明显加快，全省全部国有及年销售收入500万元以上非国有工业企业完成工业增加值24.41亿元，比去年同月增长12%，增速比上月加快5.5个百分点，比去年同月加快2个百分点。1月至9月累计完成工业增加值205.34亿元，比去年同期增长10.6%，继续保持稳定的增长态势。私有企业的高速增长，继续成为9月份江西工业生产的一大亮点。私营企业增长47.3%，遥遥领先于其他经济类型企业的发展。三资企业也继续保持较高增速。处于全省工业支柱地位的大中型企业生产形势良好，对整个工业较快增长起到明显的推动作用。占全省工业企业数12%的大中型企业生产总量占全部工业生产总量的65%，增速为13.4%，高于全省工业平均增幅1.4个百分点，其中国有控股大中型企业增长14.3%，高于全省工业平均增幅2.3个百分点。

本月 江西省消费品市场呈现快速增长态势，实现社会消费品零售总额64.3亿元，比上年同月增长9.4%，扣除物价因素后实际增长11.1%。城市市场增长快于农村市场。各大城市的商家为迎接“国庆、中秋”佳节，开展了一系列的商贸促销活动，在一定程度上促进了城市市场的繁荣。城市市场实现社会消费品零售总额31.6亿元，比上年同期增长12.3%；农村市场（县及县以下）实现社会消费品零售总额32.7亿元，比上年同期增长6.8%，低于城市市场5.5个百分点。餐饮业、制造业、批发零售贸易业务增长迅速。全省大中型批发零售贸易企业零售额增势强劲，实现零售额5.5亿元，比上月增长26%，比上年同期增长13%。

公元2001年10月							农历辛巳年【蛇】						
日	一	二	三	四	五	六	日	一	二	三	四	五	六
	1 国庆节 中秋节	**2** 十六	**3** 十七	**4** 十八	**5** 十九	**6** 二十	**7** 廿一	**8** 寒露	**9** 廿三	**10** 廿四	**11** 廿五	**12** 廿六	**13** 廿七
14 廿八	**15** 廿九	**16** 三十	**17** 九月小	**18** 初二	**19** 初三	**20** 初四	**21** 初五	**22** 初六	**23** 霜降	**24** 初八	**25** 重阳节	**26** 初十	**27** 十一
28 十二	**29** 十三	**30** 十四	**31** 十五										

1日　省委、省政府、省军区领导分别走访慰问干部职工和各界群众。孟建柱一行在南昌看望公安民警消防官兵，慰问下岗职工，了解南昌市容环境整治情况。黄智权在重点工程——省科技馆的建设现场和南昌钢铁厂慰问工人。步正发在崇仁临川的企业和农村，走访生活困难的群众。冯金茂看望基层官兵。晚上，孟建柱、黄智权等观看由赣、湘、鄂三省联合现场直播的“江南三大名楼国庆中秋晚会”，与各界群众共度佳节。

4日　20多位前来三百山旅游的香港、澳门两地青年和新园、镇岗等三百山周边乡镇的青年一道，在安远县三百山开展“情系东江源、爱献三百山”的环保宣传活动。三百山是香港同胞饮用水东江之源头，不少香港同胞都把这里当做是观光赏景的一大胜地。在香港同胞带动下，许多澳门同胞也慕名前来三百山旅游。听说当地政府已全面实施“保护母亲河，绿化东江源”工程后，有4位港澳青年当场买来32棵红枫树苗，兴致勃勃地把树苗种植在三百山上。参加此次环保宣传活动的赣港澳青年有410多人，共散发宣传资料3270余份，栽下幼树近700棵。

7日　从江西滨湖农科所传来喜讯，由江西省著名杂交水稻育种专家颜龙安及其课题组科研人员，历经3年选育出来的三系杂交稻新组合“金优”752、“菲优”752在大田里试验试种获得成功。经现场割、打、称、计算，这两个三系杂交新组合的结实率都很高，金优752亩产638.3公斤，菲优752亩产595.7公斤，与外省引进的亩产600公斤的超级杂交稻单产不相上下，一季单产接近普通水稻二季的单产。来自农业、种子、科技方面和农业大学、农科院的专家认为，由江西人自己选育成功亩产超千斤的新组合，其优质、高产符合当前粮食生产要求。这两个三系杂交新组合的成功选育，将把技术成熟的三系杂交稻生产提高到一个新水平。

7日　在第五届中国花卉博览会上，江西省有33个展品获得等级奖，其中根雕展品更是艺压群芳，根雕类的5块金牌，江西夺得2块。在大会评出的10个最佳组织奖中，江西榜上有名。景德镇市还获得贡献奖。

7日　由江西省文联和省摄影家协会共同主办的第十七届江西省摄影艺术展在省文联展厅内

展出。本届摄影展分社会生活与社会风貌；科教、文体、军事；风光、花卉、动物；人像、广告、静物、电脑制作四类，共展出作品 273 幅。这些作品从不同的角度反映了改革开放以来江西省两个文明建设所取得的巨大成就，讴歌了祖国大好河山和新人、新事、新风貌，同时也从另一个侧面表现了全省广大摄影工作者把握时代脉搏，关注社会、关注人生以及在艺术上的积极思考、探索与追求。展览还评选出金奖作品 3 幅，银奖作品 9 幅，铜奖作品 14 幅。

8 日 景德镇陶瓷大世界（展销大市场）正式启用。该市场地处景德镇中心，占地面积 3.1 万平方米，总投资 7000 万元。

8 日 江西省建设厅日前宣布，以后境内的建筑工程一律打破地区垄断，实行公开招投标，在招投标活动中不能再有任何形式的地方保护主义行为，任何单位不得限制和排斥本地区、本系统以外符合资质条件的建筑企业参加招投标。为进一步规范招投标行为，规定县级以上建设主管部门具体监管本行政区域的招投标。同时要求招标人在实施招投标活动前，必须将开始进行招投标活动的内容告知同级监察部门。

8 日 上高国家粮食储备库继扩建项目通过国家粮库竣工验收委员会验收之后，又经国家有关部门批复为中央储备粮上高直属库，隶属中国储备粮管理总公司，正式纳入中央储备粮垂直管理体系。该库是 1992 年 11 月经国家粮食储备局批复挂牌的国家储备库。1998 年经国家投资 3944 万元，扩建了 0.7 亿公斤仓容，总仓容达 1.5 亿公斤，已跻身全省粮食储备大库前列。目前新库已喜装 0.7 亿公斤新粮。中央储备粮上高直属库的正式成立，不仅可以平衡该区粮食流通市场秩序，而且将为促进当地农业产业的结构调整发挥积极的作用。

8 日 第九届全运会“走进新时代”别克杯江西省火炬传递交接仪式在江西省体育馆西门广场隆重举行。省领导孟建柱、黄智权、冯金茂、陈癸尊、胡振鹏、梅亦龙出席仪式。副省长胡振鹏在传递仪式上致辞。9 时 10 分，省委书记孟建柱亲手点燃了主火炬，并将火炬交到省体育局局长、组委会执行主任刘鹰手中，刘鹰将火炬传给主火炬手——江西优秀运动员张开岩，张开岩高举主火炬走下主席台。随后进行了精彩的安塞锣鼓、健美操、舞龙表演。9 时 30 分，在主、副火炬手的引领下，由省体工大队、省体校、南昌市体校和着装方队，共 1000 多人组成的火炬传递队伍进行了火炬传递起跑活动。省直有关部门和南昌陆军学院负责人及各界群众 1500 人参加了仪式。

9 日 江西省首届优秀儒商及儒商企业评选工作揭晓，共有 21 名企业家当选为首届儒商，20 家企业当选为首届优秀儒商企业。

9 日 江西省大茅山集团金山金矿在试验爆力运矿采矿方法的同时，经过两个多月的试验，近日成功地运用了柱状药包无槽节能爆破成巷技术，形成了长达 24 米的凿岩上山。这在我国尚属首次。用此法上山时，在工作面几乎可以不用人工扒渣，而全被爆力抛到上山入口处，大幅度降低了成本，提高了工效。

9 日 省政协在南昌举行座谈会，纪念辛亥革命 90 周年。省委副书记钟起煌到会并讲话。省政协主席朱治宏，副主席黄懋衡、江国镇、韩京承、刘运来、沃祖全、张华康、金异，秘书长蒋如铭，老同志厉志成等出席了座谈会。省政协副主席梅亦龙主持座谈会。张华康以及省台联、省政协“三胞”联谊委员会有关负责人和辛亥革命先辈的后裔代表等先后作了发言。出席座谈会的还有在昌部分省政协委员、全国政协委员、省各民主党派、工商联负责人、部分参加辛亥革命先辈的后裔、省社会科学界代表，以及省各界人士代表共 150 余人。

10 日 桃红岭梅花鹿国家级自然保护区挂牌成立。至此，江西省国家级自然保护区增加到 3 个，另两个是鄱阳湖候鸟国家级自然保护区和井冈山国家级自然保护区。进入 20 世纪后，野生梅花鹿种群数量急剧减少，据了解，全国野生梅花鹿数量不过千余头，生息在桃红岭的南方梅花鹿亚种更是濒临灭绝。为了保护这一种群，经省政府批准于 1981 年建立了江西省桃红岭梅花鹿保护区。现在保护区总面积为 1.25 万公顷。

此外，这里的生物多样化，有鸟类 140 种，兽类 24 种。省级保护区成立 20 年来，通过宣传教育，周边群众爱鸟护兽意识普遍增强，从未发生过重大伤害梅花鹿的事件。调查表明，区内梅花鹿从 1981 年的 60 头繁衍到目前的 400 头左右。我国野生动物保护管理、研究领域的著名专家中国工程院院士马建章参加揭牌仪式并题词。

11 日～15 日 在首届厦门国际果蔬博览会上，作为协办者之一的江西代表团共签订合同及协议项目 72 个、订单总金额为 3.5 亿元。

11 日 江西省首届民间工艺美术精品展和百年江西书画展同时在景德镇市展出。首届民间工艺美术精品展共展出了南昌、景德镇、九江、吉安、萍乡、宜春、抚州、鹰潭等地市的陶瓷、棉麻织品、剪纸、微雕、漆画、傩面具、根雕等近三百余件作品，均来自民间生活，具有强烈的民间艺术特色和鲜明的时代感；百年江西书画——20 世纪江西书画名家与新秀作品展中隆重推出了近百年来在全国各个时期产生了重要影响的江西籍书画家作品，以及数十年活跃在江西艺坛的老、中、青三代艺术家的精品力作，其层次之高、规模之大、范围之广在江西省书画界尚属首次，是对 20 世纪江西书画艺术成果和实力的一次大检阅。“两展”共吸引了来自社会各界上万人参观。

11 日 省政府在南昌召开全省部分旅游景区公路建设工作会议，提出要像抓干线公路建设那样抓好旅游公路建设，尽最大努力改善旅游景区交通条件，把旅游业培育和发展为支柱产业，使江西成为沿海发达城市旅游休闲的“后花园”。副省长朱英培出席会议并讲话，省长助理凌成兴主持会议。近年来，全省旅游景区公路建设取得了较大进展，建成或在建的泰和至井冈山、鹰潭至龙虎山、寻乌至安远、靖安至宝丰、九江至威家、三清山南山公路、柘林湖旅游公路等一批旅游公路项目，进一步改善了进出重点旅游景区的公路状况，为加快旅游业发展提供了良好的交通条件。“十一”黄金周期间，全省公路运输完成客运量 631 万人次，比上年同期增长 7%，取得了较好的经济效益和社会效益。

11 日 为期 5 天的内蒙古——江西书法联展在省艺术展览中心开幕。省政协副主席张华康、原省政协副主席罗明以及内蒙古代表团成员与各界人士参加了开幕式。展览共展出两地的 120 余件行、楷、隶、篆书法作品。这是江西书法界的首次省际交流。

12 日 省委常委理论学习中心组深入学习党的十五届六中全会决定，结合实际，讨论《中共江西省委贯彻落实〈中共中央关于加强和改进党的作风建设的决定〉的意见》。孟建柱在学习结束时讲话。

12 日 副省长王君在南昌会见了以张力为团长的澳华国际商会代表团一行。王君代表省政府介绍了江西省情。张力认为江西充满着商机，商会会员将把投资重点从沿海城市转移到江西。他希望今后在合作过程中能把先进的科学技术引进来，把江西的好产品推出去。参加会见的还有省政府办公厅、省外事侨务办负责同志。

13 日 省政府在深圳阳光酒店举行国外及港澳人士恳谈会，邀请海内外朋友共商江西“实施开放主战略，推进经济大发展”的大计。副省长胡振鹏出席恳谈会并讲话。全国政协委员、澳门科技暨生产力转移中心主席杨俊文博士，英国利物浦工商会英中贸易联络中心主席吴克刚博士，香港科技园公司经理杨天宠先生等，在恳谈会上表达了与江西合作的愿望。恳谈会上，南昌高新区管委会与香港科技园公司签订了《科技世界 2002 推广代理协议书》。

13 日 国家农业综合开发验收组抵赣，对江西省 1998 年至 2000 年度农业综合开发项目落实进行验收。国家验收组将对第四期农业综合开发的投资计划完成情况和资金使用管理、任务完成情况及工程质量情况、项目效益情况等进行为期 15 天的考察验收。按照国家农发办的规定，本省对 1998 年至 2000 年度农业综合开发项目已进行了省级验收，项目计划总投资 15.6 亿元，实际完成投资 14.9 亿元，完成了计划的 95.6%；用于土地治理项目资金为 10.4 亿元，用于多种经营项目建设资金为 4.5 亿元，分别占总完成投资的 69% 和 30.1%。

15 日　省政府森林防火总指挥部决定从 10 月 19 日开始，在全省县级以上城市统一设置使用“96119”森林火灾报警电话号码。

15 日　省委书记孟建柱在省民族宗教局调研时强调，要以“三个代表”重要思想为指导，从讲政治的高度，充分认识新时期民族宗教工作的重要性，认真做好民族宗教工作，进一步增进民族团结，维护社会稳定，为全省经济发展创造一个良好的社会环境。孟建柱和随行的省委副书记步正发，省委常委、省委政法委书记、省委秘书长彭宏松，省政协副主席、省委统战部部长梅亦龙，在省民族宗教局负责同志的陪同下，考察了省民族宗教局机关，并与省民族宗教局等有关部门负责人进行了座谈。在听取了省民族宗教局等部门的工作汇报后，孟建柱讲了话。陪同调研的还有省委办公厅等部门的负责同志。

15 日　第九十届中国出口商品交易会在广州隆重开幕。江西省 70 家进出口公司、工贸公司、地市公司、自营进出口企业、外商投资企业及民营企业参加了此次国家级国际贸易盛会。副省长朱英培应邀出席开幕式。凤凰光学推出的数码摄像显微镜、30 万像素数码相机、光圈优先自动曝光照相机，华意电器推出的酒柜、冰柜及为欧洲市场开发的 R600a、环保压缩机，齐洛瓦家电推出的微电脑数字温控冰箱均在广交会上受到青睐。

16 日　江西省九届人大常委会第二十六次会议在南昌举行。省委书记、省人大常委会主任孟建柱主持第一次全体会议。省人大常委会副主任卢秀珍、周懋平、陈癸尊、钟家明、黄多鑫、华桐、钱梓弘、周述荣、张克迅、全文甫，秘书长崔林堂出席会议。会议应到 57 人，实到 50 人，符合法定人数。列席会议的有：副省长王君、省高级人民法院负责同志、省人民检察院检察长丁鑫发。上午的全体会议有十四项议程。下午，委员分组进行了讨论。列席会议的还有，有关省人大专门委员会委员，省纪委、省委组织部、省人大常委会各工作部门，各设区市人大常委会的负责同志，部分省人大代表和省卫生厅负责同志及正处级单位主要负责人。

16 日　全国法院学习贯彻党的十五届六中全会精神电话会议之后，江西省高级人民法院召开电话会议，要求全省法院系统广大党员干部深入学习贯彻十五届六中全会精神。省高级人民法院院长李修源出席会议。会议指出，全省各级人民法院要以“三个代表”重要思想为指导，以“公正与效率”为主线，按照《关于加强和改进党的作风建设的决定》中提出的“八个坚持、八个反对”的要求，进一步加强和改进人民法院党的作风建设，切实解决在思想作风、学风、工作作风、领导作风和干部生活方面存在的突出问题。会议强调，全省各级人民法院要充分认识新形势下加强和改进党的作风建设的紧迫性和重要性，坚持把思想作风建设摆在第一位，深入基层，加强调查研究，坚持民主集中制原则，抓好法官队伍的思想道德建设，加强党风廉政建设，建立符合审判工作特点的用人机制。

16 日　全省水土保持工作经验交流会在南昌举行，水利部副部长陈雷、副省长孙用和等出席会议并讲话。《水土保护法》颁布实施十年来，全省各级党委、政府和水利水保部门与广大干部群众一道，坚持“预防为主，全面规划，综合防治，因地制宜，加强管理，注重效益”的水土保持工作方针，取得了显著成绩。10 年来共治理水土保持面积 2800 万亩，水土流失面积由 80 年代末的 4.62 万平方公里下降到 3.52 万平方公里。到目前为止，全省已完成小流域综合治理 841 条，已建各类水土保持防护工程 22 万多座（处），每年可拦蓄地表径流 20 亿立方米。会议还对全省 31 个水土保持先进单位和 52 名全省水土保持先进个人进行了表彰。

16 日～19 日　江西省九届人大常委会第二十六次会议在南昌召开。省委书记、省人大常委会主任孟建柱主持会议。省人大常委会副主任卢秀珍、周懋平、陈癸尊、钟家明、黄名鑫、华桐、钱梓弘、周述荣、张克迅、全文甫，秘书长崔林堂出席会议。会议应到 57 人，实到 54 人，符合法定人数。会上，根据《江西省人民代表大会常务委员会人事任免办法》的有关规定，孟建柱向会议任命的省司法厅厅长黄素英、省建设厅厅长宋晨光、省人民检察院副检察长李智颁发了任命书。新任命的省人民政府副省长彭宏松、省司法厅厅长黄素英、省建设厅厅长宋晨光、省人民检察院副检察长李智分别在会上作了表态发言。孟建柱在会议结束时指出，常委会开展述职评议和改进人事任免工作，是人大工作贯彻党的十五届六中全会精神和省委解放思想、加快发展要求的具体体现。

17 日 全省清理整顿烟花爆竹生产经营秩序工作领导小组办公室，对已查处的 20 起非法生产经营烟花爆竹的典型案例，在《江西日报》上进行公开曝光。

17 日 省长黄智权主持召开省政府第七十三次常务会议，讨论并原则通过《江西省河道管理条例》等 9 件地方性法规修正案（草案）、江西省人民政府关于修改《江西省公共安全技术防范管理规定》等 9 件省政府规章的决定（草案）。上述地方性法规是：《江西省河道管理条例》、《江西省商品交易市场管理条例》、《江西省种畜种禽管理条例》、《江西省实施〈中华人民共和国土地管理法〉办法》、《江西省征用土地管理办法》、《江西省旅游管理条例》、《江西省测绘管理条例》和《江西省城市居住小区物业管理条例》等。省政府规章有以下 9 件：《江西省公共安全技术防范管理规定》、《江西省民族工作办法》、《江西省宗教事务管理办法》、《江西省化学危险物品经营许可证管理办法》、《江西省重点工程建设施工招标投标管理暂行规定》、《江西省测绘成果管理实施办法》、《江西省外商投资企业用地管理办法》、《江西省水资源费征收管理办法》和《江西省工程建设施工招标投标管理办法》。

17 日 全省电视电话会议传达贯彻第五次全国信访工作会议精神，研究部署江西省信访工作任务，加强领导，落实措施，努力开创信访工作的新局面。

17 日 省委宣传部召开学习十五届六中全会精神暨理论宣传工作座谈会。省直邓小平理论研究中心的负责人和专家学者作了专题发言，畅谈学习六中全会精神的体会；"一报两台"负责人和省直主要社科理论类期刊主编就新形势下如何进一步加强和改进全省的理论宣传工作进行了交流和探讨。

18 日 安福县文博和古建人员近日在维修该县东山文塔时，发现了两尊距今 600 年历史的青铜像，一为弥勒佛，一为孩童像，两像作为镇塔之宝，被置放于塔顶的塔刹之中，两像被初评为国家二级文物。弥勒佛高约 0.2 米，重 0.6 千克，该像双手合十，盘坐在莲花座上，像的底部还有一木质座垫。孩童像高约 0.1 米，重约 0.4 千克，身围肚兜，一手指天，一手指地。据专家介绍，江西省尚未发现过类似的孩童像，其名称还待进一步考证。两像造型别致，铸造工艺精美，体现了古庐陵文化的博大精深，在东山文塔修复完毕后，两尊青铜像还将放回塔刹之中。

18 日 清华科技园江西园区奠基典礼在南昌隆重举行。省领导孟建柱、黄智权、彭宏松、朱英培、胡振鹏和清华大学党委常务副书记陈希、常务副校长何建坤等，出席奠基典礼并为园区奠基。清华大学常务副校长何建坤和南昌市市委书记吴新雄分别在典礼上讲了话。典礼上，诚志股份与清华科技园（江西）发展有限公司签署了诚志股份入园协议；中国银行江西分行与清华科技园（江西）发展有限公司签署了银企合作协议；江西省地矿局与清华科技园（江西）发展有限公司签署了投资 1.2 亿元建设陶瓷电子项目产业化示范基地的协议。

18 日 江西省九届人大常委会第二十六次会议举行联组会议。省人大常委会副主任卢秀珍、周懋平、钟家明、黄名鑫、华桐、钱梓弘、周述荣、全文甫，秘书长崔林堂出席会议。省人大常委会副主任陈癸尊主持会议并讲话。列席会议的有副省长胡振鹏、省高级人民法院负责人、省人民检察院负责人。省人大常委会组织的对省卫生厅厅长熊小江进行述职评议工作，已完成了自查、重点检查、评议调查等工作。这是省人大常委会第一次开展的述职评议，是加大人大监督工作力度的一个重要举措。

18 日 九江市荣获"中国优秀旅游城市"授牌庆典仪式在九江白水湖公园隆重举行。这是江西省继南昌市、井冈山市之后第三个获此殊荣的城市。九江市党政军领导及各界群众1万多人出席了典礼。仪式上，国家旅游局负责同志宣读了国家旅游局授予九江市“中国优秀旅游城市”称号的决定，并向九江市授牌，九江市市委书记刘上洋接牌，九江市市长刘积福为“中国优秀旅游城市标志”揭牌。

18日 全省创建中国优秀旅游城市工作座谈会在九江举行，副省长朱英培、国家旅游局监察局局长李广和出席了座谈会并讲话。会议指出，各地必须加大“创优”力度，以城市、景区为载体，努力打造最佳旅游品牌，提高全省的旅游业水平。会议要求各地必须借鉴九江市、南昌市“创优”的成功经验，党政领导亲自挂帅，班子工作要得力；坚持以人为本，凝聚人心，全员动员，全员参与；政府主导，部门联动，抓住重点，突破难点；旅游部门开拓创新，当好参谋，扎实工作，积极投入到“创优”工作中，壮大江西省“全国优秀旅游城市”队伍。

18日 由省计委、省民族宗教局共同编制的《江西省民族地区经济和社会发展“十五”规划》，已经有关方面审议通过。从今年起将全面启动这一规划。这是新世纪全省第一个指导民族地区经济工作的规划，也是江西首次制定的此类专项规划，它充分体现了省委、省政府高度重视民族工作、做好民族大事的工作要求。

18日 应江西省人事厅、省委党校和省外国专家局邀请，香港金融界知名人士叶志钊到江西举办题为《中国企业境外融资》的讲座。省委党校、省人事厅有关负责人、省委党校市厅班、县处班、中青班、公务员班学员及南昌市高新技术开发区有关负责人参加讲座。为大力引进国外智力、借鉴海外先进的管理模式和经验，探索江西经济发展的新路，省外国专家局陆续邀请多位海外经济、融资、法律、科技和管理等方面的专家来江西举办“海外高层次人才系列讲座”，叶志钊主讲第一讲。叶志钊现为加拿大怡东融资有限公司执行董事及中国部主管，在海外融资方面有很深造诣。

18日 2001年长江流域打击电毒炸鱼等非法作业统一专项整治行动，于10月18日至28日进行。国家渔政局、农业部渔政指挥中心和长江渔业资源管理委员会三部门联合对长江江西段八里江水域等进行了检查，当场对无证捕捞作业行为进行了查处，收缴了定置网等非法作业工具，并向渔民广为宣传打击电毒炸鱼的重要性和紧迫性。

18日 中国商业企业协会“亨得利、亨达利”（简称“两亨”）分会以中商企协全国“两亨”钟表分会的名义在国家工商总局集体注册了“亨得利、亨达利”的服务商标。这标志着全国首例集体注册商标成功（“亨得利、亨达利”分别创建于1864年和1874年，1985年7月组建了全国“两亨”联保组织，实现了“一地买表，全国保修”。经过几代人的共同努力，“亨得利、亨达利”已成为全国知名品牌）。

19日 经江西省森林防火总指挥部会议研究，省通信管理局同意，全省县级以上城市统一审核配备“96119”森林火灾报警电话号码，免缴号码占用费，成为全国第二家开通森林火灾报警电话的省份。省森林防火总指挥部要求，各级森林防火指挥部办公室要积极主动与电信部门联系，办理相关手续。森林火灾报警电话统一为“96119”特种号码后，森林防火办公室原值班、报警电话号码及功能不变。

19日～20日 江西省党员领导干部会议在南昌举行。会议认真学习了江泽民在党的十五届六中全会上的重要讲话和六中全会通过的《中共中央关于加强和改进党的作风建设的决定》，讨论了《中共江西省委关于贯彻落实〈中共中央关于加强和改进党的作风建设的决定〉的意见》。会议强调，贯彻落实六中全会精神，关键是要联系实际，解决问题。各级党组织和领导干部要用改进作风的精神抓好六中全会精神的贯彻落实，按照“三个代表”要求切实加强和改进本省党的作风建设。要坚持把思想作风建设摆在首位，努力保持与时俱进的思想观念和奋发有为的精神状态，进一步解放思想、更新观念，切实加大改革开放的力度，加快江西发展的步伐。孟建柱、黄智权、钟起煌、步正发出席会议。省委书记孟建柱就贯彻落实六中全会精神进行了全面部署。省委副书记、省长黄智权对加强和改进党的作风建设提出了要求，对以改进作风的精神抓好当前的各项工作进行了部署。省委副书记步正发作了动员讲话。各设区市委和部分省直单位负责同志作了大会发言。

20日　京九线上第一趟铁路第四次提速列车——T168次列车（南昌至北京西）首发仪式在南昌火车站一号站台举行。

20日　第十二届华东车管工作会日前在井冈山市举行。来自华东六省一市的交警部队领导及有关车管人员就新近颁布的《中华人民共和国机动车登记办法》如何贯彻实施，车管工作中遇到的新问题如何解决等一系列新政策、新问题进行了专题研究探讨。会议交流了近年来车管工作的成功经验，探讨了车管部门贯彻落实《中华人民共和国机动车登记办法》的新思路、新方法。并就如何规范车管业务，在车辆管理中加强和提高科技手段提出了宝贵的意见和建议。

21日　横南铁路正式开通客运。该铁路是江西和福建两省共同筹资兴建的地方铁路，1999年10月全线贯通并开通货运。

22日　省委书记孟建柱、省长黄智权、副省长朱英培在南昌市滨江宾馆会见了国家对外贸易经济合作部部长石广生一行。石广生是在参加完上海APEC会议之后，专程来江西瑞金出席中华苏维埃对外贸易总局纪念馆落成揭幕仪式的。石广生向省领导简要介绍了APEC会议的有关情况。

22日　江西省粮食行业协会成立暨第一届会员大会在南昌召开。大会通过了协会章程，选举通过了理事、常务理事、会长、副会长、秘书长。副省长蒋仲平、省粮食局局长熊根泉担任名誉会长。省长黄智权、中国粮食行业协会会长白美清到会祝贺并讲话。省人大常务副主任华桐出席会议，副省长蒋仲平讲话。国家粮食局、中国粮食行业协会、中国储备粮管理总公司及兄弟省、市、区的粮食局和行业协会发来了贺信贺电。

23日　江西省老干部活动中心、江西省老同志大学综合楼落成。孟建柱、黄智权、钟起煌、步正发等以及老同志白栋材、刘仲候、许勤、吴平等出席落成典礼。

24日　纪念中共革命根据地创建暨中华苏维埃共和国临时中央政府成立70周年座谈会在北京举行。中共中央政治局常委、国家副主席、中央军委副主席胡锦涛出席会议并发表重要讲话。党和国家领导人吴邦国、张万年、邹家华、任建新、张震等出席会议，曾庆红主持会议。孟建柱出席会议并发言；黄智权及赣州市、瑞金市的党政主要负责人参加了会议。

25日　红都瑞金叶坪中华苏维埃共和国旧址内刚刚修建的中华苏维埃共和国对外贸易总局纪念馆暨全国外经贸干部职工革命传统教育基地落成揭幕仪式在瑞金市隆重举行。国家外经贸部部长石广生、副省长朱英培出席并为修建后的纪念馆揭幕。在揭幕仪式上，石广生对中华苏维埃共和国临时中央政府对外贸易总局纪念馆修建工作给予了高度评价。出席揭幕仪式的还有省外经贸厅及浙江、安徽等省外经贸厅负责人以及赣州市、瑞金市等有关部门代表共300多人。揭幕仪式结束后，石广生、朱英培等领导参观了纪念馆内外经贸发展史陈列展览以及叶坪、沙洲坝革命旧居旧址等。

26日　江西省道教第一次代表会议在南昌举行。步正发到会讲话。

27日　全省社区建设工作会议暨社区建设学习观摩培训班在南昌举行。国家民政部部长多吉才让、孟建柱到会讲话，黄智权主持。

27日　曾驾驶摩托车飞越黄河壶口的朱朝辉，驾驶国产轿车成功飞越井冈山百竹园景点的两座山峰，飞越距离25米，来自全国各地的2万多人目睹实况。此次义飞收入无偿捐献给中华慈善总会北京示范村和井冈山福利院。

27日　南昌市湾里区政府与中国晨讯（香港）国际机构集团有限公司举行兴建南昌市野生动物园项目签约仪式。该园占地333.33公顷，总投资5亿元人民币，是我国投资规模和占地面积最大的野生动物园。

27日　孟建柱、黄智权、朱治宏在南昌会见港澳地区政协委员来赣视察团一行。

28日　江西省广播电视网络传输有限公司和江西广电信息网络有限公司成立，它标志着江西省广播电视网络建设和发展进入了一个新的发展阶段。北京大学副校长吴志攀、副省长胡振鹏、省政协副主席刘运来出席成立大会并为两公司揭牌。钟起煌在会上讲话。

28日　经国家电力公司批准建设的全省基础设施建设重点工程，江西省有史以来电网建设投资规模最大的项目——220KV输变电工程在瑞金开工建设。该工程主变容量本期为1×120MVA，本期总投资为2.255亿元，预计工程将于明年秋竣工。据介绍，该项工程开工建设，将大大提高赣州电网的稳定性和供电可靠性，解决赣州东北部革命老区六县市（兴国、宁都、石城、瑞金、会昌、于都）电网薄弱和长期电能质量差的问题。

29日　中华苏维埃共和国工农检察委员会旧址修建竣工揭幕仪式在瑞金举行。最高人民检察院检察长韩杼滨和钟起煌等出席仪式并讲话。

30日　桂凯、王日高荣获全国见义勇为先进分子称号，邹吉星、艾穆奇荣获全国首届见义勇为先进工作者称号。江西自1993年以来，受全国表彰的见义勇为先进分子共74人，其中有6位英勇牺牲。

30日　省委发出关于贯彻落实《中共中央关于加强和改进党的作风建设的决定》的意见。

30日～11月5日　以孟建柱为团长，黄智权、朱治宏为副团长的江西省赴湘、鄂学习考察团赴湖南、湖北省学习考察。30日下午，赣湘两省签订《关于进一步加强两省经济技术合作的协议》。11月2日，赣鄂两省签订《关于进一步加强两省经济技术合作的协议》。

31日　孟建柱、黄智权、朱治宏率江西省赴湘鄂学习考察团在湖南省领导张正午、张云川、谢康生等陪同下考察了长沙卷烟厂、远大空调有限公司、湖南杂交水稻研究中心、LG曙光电子有限公司、湖南省博物馆、五一广场、平和堂实业有限公司、湖南广播电视产业以及长沙市城市建设，学习长沙企业改革、建立健全现代企业制度，农业科研成果转化，新形势下商业零售企业如何发展，以及加强城市建设、强化城市管理，发展文化产业等经验和做法。

31日　副省长朱英培、南昌市市委书记吴新雄在滕王阁亲切会见了美国福特汽车公司副董事长韦恩·布克先生、福特副总裁兼亚太地区总裁柯世康先生一行。这是布克先生第四次踏上红土地，他愉快地回忆起历次到江西的美好经历，表示福特愿意致力于向中国市场提供优质的产品与服务，全顺是福特汽车在中国的第一个产品，是福特技术与中国生产能力相结合的成功产物，福特将为中国的汽车工业作出更大的贡献。

31日　中华苏维埃共和国内务人民委员部（简称内务部）旧址揭幕仪式在瑞金市隆重举行。国家民政部部长多吉才让，省委常委、常务副省长彭宏松在仪式上讲话，并为旧址揭幕。参加揭幕仪式的还有省政府办公厅、省民政厅以及赣州市、瑞金市的负责人。仪式完毕，并参观了内务部旧址、中央苏区内务史陈列馆和瑞金革命烈士纪念馆和考察了瑞金市福利院和“浙江爱心”光荣院。

31日　江西省物价局、省建设厅联合就加强全省城市供水价格管理发出文件。文件规定，城市供水价格按照统一领导、分级管理的原则，实行政府定价。全省城市供水价格根据使用性质统一调整为5类：即居民生活用水价格、行政事业用水价格、工业用水价格、经营和基建用水价格、特种行业用水价格。城市供水企业和自建设施供水企业的水质必须符合饮用水质量标准。

公元2001年11月							农历辛巳年【蛇】						
日	一	二	三	四	五	六	日	一	二	三	四	五	六
				1 十六	2 十七	3 十八	4 十九	5 二十	6 廿一	7 立冬	8 廿三	9 廿四	10 廿五
11 廿六	12 廿七	13 廿八	14 廿九	15 十月大	16 初二	17 初三	18 初四	19 初五	20 初六	21 初七	22 小雪	23 初九	24 初十
25 十一	26 十二	27 十三	28 十四	29 十五	30 十六								

1日　副省长朱英培在南昌会见了德国技术合作公司北京办事处主任邓柯博士一行。对其首选江西进行有关项目合作表示感谢，并简要介绍了江西的经济和社会发展情况。邓柯博士表示很愿意与江西进行合作。

1日　副省长胡振鹏在南昌会见了日本客人伊东菊夫一行。伊东菊夫是日本（株）武藏野化学研究所代表取缔役社长，此次来赣参加省科学院与日方合资的“高光学纯度L—乳酸产业化工程”项目竣工典礼。由江西省科学院控股、江西省科学院生物技术有限责任公司与日本（株）武藏野化学研究所合资兴办的江西武藏野生物化工有限公司（小兰基地）第一期工程，经过10个月的紧张建设，已如期竣工并正式投产。高光学纯度L—乳酸及其系列产品已经广泛应用于食品、医学、化工等领域，在国际市场上十分抢手。特别是其衍生物聚合L—乳酸，这种全生物可降解塑料能自然分解成二氧化碳和水，可以根治目前日益严重的“白色污染”。该公司的一期产品已经订购一空。

2日　结束在湖南为期两天半的学习考察活动后，江西省学习考察团飞抵湖北省武汉市。上午10时，湖北省省委书记蒋祝平，省委副书记、省长张国光，省委副书记、省政协主席杨永良等，与江西省委书记、省人大常委会主任孟建柱，省委副书记、省长黄智权，省政协主席朱治宏率领的江西省赴湘鄂学习考察团举行座谈会，就如何进一步加强两省之间的经济技术合作进行坦诚友好的交流与磋商。本着“优势互补、互惠互利、长期合作、共同发展”的原则，赣鄂两省人民政府共同签订了《关于进一步加强两省经济技术合作的协议》。座谈会上，九江市与黄石市签署了两市结为友好城市，进一步加强经济技术合作的协议。

2日　中华苏维埃共和国消费合作总社旧址揭幕仪式在瑞金举行。全国供销合作总社党组书记、常务副主任王金山，省政府秘书长王飚受省长黄智权委托为旧址揭幕并讲话。参加揭幕仪式的还有省供销社负责人、赣州市和瑞金市的领导、部分县区供销社代表及老红军代表顾玉平等。揭幕仪式后，王金山一行参观了中央苏区消费合作总社社史陈列馆等，并向红军广场革命烈士纪念塔敬献花圈。

3日　中华苏维埃共和国交通管理局旧址揭

幕仪式在瑞金市隆重举行。国家交通部部长黄镇东、副省长王君在仪式上讲话，并为旧址揭幕。仪式完毕，黄镇东、王君等还参观了中华苏维埃共和国临时中央政府旧址，瞻仰了瑞金红军烈士纪念塔，考察了瑞金、兴国等县市的公路交通建设。参加揭幕仪式的还有省政府办公厅、省交通厅以及赣州市、瑞金市的负责人。

3日 641台公交车IC卡收费机和数十万张从法国进口的IC卡运抵南昌市公交总公司，南昌乘车刷卡工程已进入全面试行阶段。预计11月上旬市区部分线路将试营运刷卡乘车，待条件成熟后，再向市区19条公交线路的600多辆公交车全面推广。目前，南昌市公交总公司6个购买点的基建工作已完成。刷卡乘车不但可避免纸质公交车票造成的环境污染，以南昌本地风光为首选图案的IC卡还可成为收藏爱好者的收藏品。

南昌公交总公司领导班子会议

5日 大唐咸通六年梁龙德年间的一座萧江氏始祖——董公陵墓基地，日前在婺源县大畈镇水路村发现。董公殁于后梁龙德四年，陵墓为大明嘉靖乙巳吉裔孙江追远立，墓基地处三面环水、一面靠山，风光旖旎的水路洲上，其人文生态景观可谓“丽质天成”。目前，婺源县今朝旅游公司已着手对萧江始祖陵园旧址复貌，并在陵园旧址依山傍水处的茶园、果园中修筑凉亭、茶楼、钓鱼池等仿古建筑，以供游人品茶、观光、垂钓休闲。

5日 以省委书记、省人大常委会主任孟建柱为团长，省长黄智权、省政协主席朱治宏为副团长的江西省赴湘鄂学习考察团从武汉返南昌。江西此次赴湘鄂学习考察，受到两地的真诚欢迎。湖南省委书记、省人大常委会主任杨正午，代省长张云川，湖北省委书记蒋祝平，省长张国光等分别详细介绍了湘鄂两地改革开放和经济发展的成果和经验，并陪同参观考察。赣湘、赣鄂分别签订了《全面合作协议》，商定在工业、农业、投资、旅游、商贸、劳务、建筑工程、科技、教育、文化等领域拓展全方位合作。考察团重点学习考察了长沙、武汉等地体制创新、科技创新、国企改革、培育市场、资本运作、优化环境、加快产业结构调整、建设工业园区和发展高新技术产业、加强现代化城市建设规划与管理推进社会主义精神文明建设等方面的经验和做法。

5日 江西省参加第十届上海全国消费品交易会代表团成员陆续抵沪，各项准备工作有条不紊地进行（参展展位、参展参会人数居各省市首位。全省各地共有400多家企业参展，组织展位64个，参展产品近1500种，会内外参展参会人数达900余人）。

6日 江西省移动公司南昌营销中心、昌河汽车股份有限公司日前荣获由中国质量管理协会表彰的“2001年度全国用户满意服务”称号，南昌铁路局工程总公司承建的南铁上饶站站房荣获该协会表彰的“2001年全国用户满意建筑工程”称号。

6日 新干县果业局的“新干特早甜柚”收到国家“农业部柑橘及苗木质量监督检验测试中心”的通知，其产品被定为品质极优产品。该品种是新干县果业局在开发甜柚良种选优过程中发现的，经过几年的精心选优，专心培育，提出了《加快新干特早甜柚开发》的可行性报告和提案。经过县政府研究，决定立项开发“新干特早甜柚”，并从县财政每年拨款10万元建立苗圃和丰产示范园。

6日 由全国中共党史学会、江西省中共党史学会和赣州市委、瑞金市委举办的中华苏维埃共和国成立70周年学术研讨会在瑞金隆重召开，中共中央党史研究室副主任、中央党史学会副会长石仲泉作了专题报告。中共中央党史研究室原秘书长魏久明，省委宣传部、省委党史研究负责同志，北京、湖南、福建、广东、上海、陕西等省（市）以及赣州市、瑞金市的有关领导和党史工作者共60多人参加了会议。会上有15位中共党史专家学者进行了大会交流，会议还有13篇论文分别获得了二、三等奖。

7日~12日　江西代表团在2001年中国国际农业博览会上荣获农业部颁发的最佳组织奖和优秀设计奖，有16个参展产品获名牌产品认定证书。

7日　纪念中央革命根据地创建暨中华苏维埃共和国临时中央政府成立70周年大会在瑞金市沙洲坝“二苏大”会址隆重举行。省委书记孟建柱出席会议并讲话。省委副书记、省长黄智权，省委常委、省委农工委书记彭崑生，省委常委、省军区司令员冯金茂，省人大常委会副主任黄名鑫，省政协副主席韩京承出席会议。中央党史研究室副主任石仲泉，教育部副部长章新胜，新闻出版总署副署长桂晓风，中央党史研究室原秘书长魏久明，中央文献研究室室务委员廖心文，以及老红军代表顾玉平、杨家华等应邀出席大会。中央和国家有关部委办局，省直有关部门，革命纪念地、中央苏区“全红县”，瑞金市友好县（市、区），赣州市和瑞金市的领导，瑞金籍在京知名人士，老红军、老同志代表和干部群众代表，参加70周年学术研讨会的专家、学者等800多人出席了纪念大会。

7日　200多名台湾同胞代表全省各条战线的台胞出席在南昌召开的江西省第六次台湾同胞代表大会，同贺省台联成立20周年。中共中央委员、全国侨联副主席林丽韫为大会题词，省委副书记步正发出席会议并讲话。全国台联副会长曾重郎、省人大常委会副主任周懋平、省军区政治部主任王峰、省政府秘书长王飚、省政协秘书长蒋如铭出席会议。大会还表彰了本省14位台胞先进个人，并为他们颁了奖。江西省第六次台湾同胞代表大会选举产生省台联第六届理事会。新一届理事会由31人组成，何大欣任会长，曾鲁台、廖云龙、许进来、吕春华（女）任副会长。

8日　经国家旅游局旅游区（点）质量等级评定委员会批准，三清山风景区、赣州通天岩景区、弋阳龟峰景区达到国家4A级旅游景区标准。第一批获得4A级旅游区的有庐山、井冈山、龙虎山、滕王阁景区，江西4A级旅游区已达7个；婺源文化与生态旅游区、景德镇陶瓷历史博览区成为首批国家3A级旅游区。

滕王阁

青山碧水绿井冈

庐山观音桥外观

天下第六泉（庐山招隐泉）

巨蟒出山（三清山）

女神峰（三清山）

弋阳龟峰

龙虎山羞女岩

景德镇市明清古窑瓷厂

8日　江西省教育厅、江西日报社联合召开全省民办高校对外宣传报道座谈会，45所民办高校的负责人参加了座谈。近几年，江西民办教育坚持正确办学方向，取得了长足发展，到今年，仅民办高校就有45所，在校生达9万人，其中具有颁发大专文凭资格的民办高校3所，文凭试点民办高校28所。全国有两万在校生规模的民办高校仅两所，江西就有一所，另有3所在校生超过1万人。

9日　南昌大学举行材料科学与工程博士后科研流动站揭牌仪式。

9日　全省"扫黄"、"打非"工作座谈会在南昌举行。全国"扫黄"、"打非"工作小组副组长兼全国"扫黄"办主任、新闻出版总署副署长桂晓风，省委副书记、省"扫黄"、"打非"工作领导小组组长钟起煌出席了会议。省委宣传部、省检察院、省政府办公厅以及省新闻出版、文化、公安、工商等部门的有关负责人出席了会议。桂晓风对江西"扫黄"、"打非"工作成绩给予了充分肯定，并通报了全国"扫黄"、"打非"工作情况，并对江西省"扫黄"、"打非"工作提出了具体意见。

9日　江西省第三届青年志愿者行动先进个人和集体表彰大会在南昌举行，省委副书记步正发到会并讲话。省人大常委会副主任周懋平、副省长王君、省政协副主席黄懋衡出席了会议。中国青年志愿者协会发来贺信。会议表彰了新钢公司运输部团委书记刘昌明等十大杰出青年志愿者和江西医学院青年志愿者绿色基金会等十大杰出青年服务集体。

10日　江西代表团在第十届上海全国消费品交易会上，共达成贸易合作金额8.02亿元，比上届增长18%，其中签署贸易合同协议6.72亿元，投资协议金额1.28亿元，零售171万元。

11日　中国"入世"的第一天。江西省18家上市公司和21家拟上市公司的董事长、总经理汇集先锋软件股份有限公司，参加"信息披露与再融资"培训。这是江西上市公司的企业家们在"入世"后上的第一堂课。目前清华泰豪、长运股份、长力板簧、安源实业和新鑫实业5家公司已正式提交上市发行的申请，其他拟上市公司也都在分别抓紧做好上市前的各项准备工作。

12日　江西企业家经济学家联合会、江西财经大学、江西省国际信托投资公司在昌联办"2001企业家经济学家论坛"，主题是"坚持可持续发展战略，加快江西工业化城市化进程"。孟建柱出席并讲话。

12日～14日　国家劳动和社会保障部部长张左已在江西考察。

15日　黄智权主持召开省政府第七十四次

常务会议，讨论并原则通过《江西省农村镇规划建设管理条例（草案）》。

16日 在“蜜橘之乡”——南丰县的橘都大市场，6.7公斤南丰蜜橘以1.78万元的竞价拍卖成交，掀起了2001年中国（抚州）南丰国际蜜橘节的高潮。来自全国各地和海外宾客共500多人参加了蜜橘节。蜜橘节期间还举办了蜜橘擂台赛、精品拍卖会、遨游橘海活动。

16日 省政府在南昌召开城市规划专家电视电话报告会。省委常委、常务副省长彭宏松主持会议并讲话，省人大常委会副主任黄名鑫、省政协副主席黄懋衡出席报告会。报告会由上海市规划管理局局长夏丽卿主讲。省政府各部门负责同志和南昌市有关领导在南昌中心会场参加了报告会，各设区市分管城建、规划的副市长，各县（市、区）委书记、县（市、区）长及相关人员在分会场参加了会议。

17日 经国家烟草局评比，南昌卷烟厂“金圣”品牌卷烟荣登2001年度全国烟草行业名优卷烟榜。这是该品牌连续两度获此殊荣，也是江西唯一荣获全国名优卷烟称号的品牌。目前“金圣”年产销量已达6万多箱，产品畅销全国各大城市，并将出口新加坡、菲律宾、日本等国家。

17日 微软公司的专家学者为江西1600多名干部、科技工作者进行“信息技术发展与应用”讲座。省委书记孟建柱在报告会上指出，信息化是工业现代化的核心，要充分认识信息产业在国民经济发展中的重要地位和作用，进一步解放思想，抓住机遇，加强对外合作，加快江西信息技术和信息产业的不断进步，实现江西经济的跨越式发展。

18日 赣粤高速公路泰和至赣州段工程奠基仪式在泰和县举行，孟建柱、黄智权、钟起煌、步正发、朱治宏等出席奠基仪式。该段工程是世界银行贷款项目，总投资36.7亿元，其中世界银行贷款2亿美元。

18日 中国赣州首届脐橙节暨招商引资洽谈会在赣州举行，17个国家和地区的700多位商客和各界代表、宾客3000多人参加。全国柑橘学术年会同时在赣州召开。

19日 赣南最大的生态工业园——沙河工业园在赣州火车站旁破土动工。该园总面积为3.8平方公里，已有7家企业签订入园合同，签约资金共计2亿元人民币。

20日 副省长朱英培会见了加拿大大诚电讯有限公司董事局主席刘世凯先生一行。介绍了江西省以工业化为核心、以大开放为主战略，大力推进经济全面发展的情况。

20日 华东六省一市高教协作会在南昌召开。今年以来，全省高教改革步伐加快，推进了高教管理体制改革和布局结构调整，启动了二级学院的建设，扩充了优质本科高教资源，9所本科院校举办了二级学院，招生3300多人；大力发展高等职业教育，增设了新高职院校，审批设立了2所民办职业技术学院，使全省高职高专招生3.75万人。同时，江西还加强了高校教学质量监控体系。

国家35所示范性软件职业技术学院之一——江西先锋软件职业技术学院

21日 十省（区）信访工作联席会议在南昌召开。会议的任务是，交流贯彻实施第五次全国信访工作会议精神的情况，总结各省区好的经验和做法，探讨做好新形势下信访工作、维护社会稳定的新思路。江苏、安徽、福建、河南、湖北、湖南、广东、海南、江西等十省（区）党委或政府分管信访工作的秘书长或办公厅主任和信访部门的负责人共30多人参加了会议。

21 日 省委宣传部召开总结表彰会，表彰解放思想学习教育活动宣传报道先进集体和优秀作品。省委副书记钟起煌出席会议并讲话。省委宣传部决定授予江西日报社经济部、省电台新闻部、省电视台新闻部、省重点报刊阅评小组四个单位“解放思想学习教育活动宣传报道先进集体”称号，授予《红红火火蕴希望》等 42 篇（件）报道解放思想学习教育活动宣传报道优秀作品奖，《泰豪论坛》和《解放思想看江西》两组系列报道解放思想学习教育活动宣传报道优秀作品特别奖。省委副秘书长虞国庆对全省解放思想学习教育活动宣传报道进行了总结，省委宣传部副部长何庆怀宣读了表彰决定。会议还为先进集体和优秀作品颁发了奖牌、证书和奖金。

22 日 奉新碧云牌大米近日荣获国家农业部绿色食品定点监测中心授予的“AA 级”绿色食品证书，是江西省大米类中唯一获此证书的产品。

23 日～26 日 江西省首届优质农产品展示展销会暨招商引资洽谈会在上海市举行，共销售农产品 366 万元，签约 8.21 亿元。

23 日 省科技厅对首批入选的重大科技项目面向社会公开招标。这是江西省科技项目实行“阳光征集”积极推进科技计划管理改革的又一重大举措。

30 日 省委发出《中共江西省委贯彻〈公民道德建设实施纲要〉的意见》。

30 日 玉山县是江西省第二大轴承生产基地。截至月底，玉山县轴承业销售额近 4000 万元，总产量 1200 万套，同比增长 30% 以上。全县从事加工配套及流通的轴承企业迅速发展，成立了特种轴承厂、明兴轴承厂、滚动轴承厂、微型轴承有限公司等等。轴承年生产能力 4000 万套，销售达到历史最高水平的 3 倍，年纳税百万余元，1500 多名下岗工人重新就业。玉山已是全省最大的轴承工业基地，轴承企业个数占全省总数的 80%，产值、产量占全省的 50%，产品占据了国内市场的 70%，并销往 67 个国家和地区，其产量和规模在全国仅居浙江慈溪之后。

30 日 今年，江西省工业生产快速增长，工商税收大幅度增加，固定资产投资力度增大，成为全省经济运行中的三大明显特点。截至月底，全省 GDP 达 2170.8 亿元，按可比价格计算增长 8.8%；财政收入可达 200 亿元，增长 16.6%；全社会固定资产投资 660 亿元，增长 20.4%；消费品零售总额 756 亿元，扣除物价因素实际增长 9.6%。在全省 GDP 中，工业所占份额比上年增长 10.6%。1 月至 11 月份，全省规模以上工业企业增加值 256 亿元，同比增长 10.2%。特别是省政府对 1127 项行政审批事项进行全面清理，取消了 711 项，取消率达 63%，外资企业和私营企业增长分别达到 19.3% 和 35.1%。工商税收大幅度增长，已成为推动财政总收入的主导力量。据初步统计，今年全省实际利用外资 5.5 亿美元，实际引进省外资金 180 亿元，同比大幅增长。

本月 110 千伏寻乌输变电工程建成运营。至此，江西电网完成了对全省 93 个县级供电区域的覆盖。

本月 江西省委举行党外人士座谈会，征求对省第十一次党代会工作报告（征求意见稿）的意见。孟建柱主持会议并讲话。

公元2001年12月							农历辛巳年【蛇】						
日	一	二	三	四	五	六	日	一	二	三	四	五	六
						1 十七	2 十八	3 十九	4 二十	5 廿一	6 廿二	7 大雪	8 廿四
9 廿五	10 廿六	11 廿七	12 廿八	13 廿九	14 三十	15 十一月小	16 初二	17 初三	18 初四	19 初五	20 初六	21 初七	22 冬至
23 初九	24 初十	25 十一	26 十二	27 十三	28 十四	29 十五	30 十六	31 十七					

1日　江西省党员领导干部会议在南昌举行。会议传达学习中央经济工作会议精神和江泽民总书记、朱镕基总理的讲话。孟建柱主持会议并讲话，黄智权讲话。

1日　省委十届十五次全体会议在南昌召开。全会由省委常委主持，孟建柱就关于召开中共江西省第十一次代表大会有关事项作了说明。会议确定省第十一次党代会于12月12日至16日在南昌召开；会议讨论并原则通过十届省委工作报告和省纪委工作报告，决定将两个报告提交省第十一次党代会审议。

2日　省委日前在南昌举行座谈会，征求各民主党派、工商联和无党派人士对《中国共产党江西省第十一次代表大会的报告（征求意见稿）》的意见。省委书记孟建柱主持会议并讲话。省委副书记步正发，省人大常委会副主任、民盟省委会名誉主任陈癸尊，副省长胡振鹏，省政协副主席、省委统战部部长梅亦龙，省政协副主席、省九三学社主委黄懋衡，省政协副主席、民建省委会主委喻长林，省政协副主席、民进省委会主委刘运来，省政协副主席、农工党省委会主委沃祖全，省政协副主席、民革省委会主委张华康出席座谈会。

3日　省政府与浙江大学签署《江西省人民政府与浙江大学全面合作协议》。

3日　会议回顾总结了十年来，特别是第八届“五个一工程”的工作经验，并对今后一个时期的工作进行了研究部署。会上，江西省“五个一工程”组织工作奖的代表——省广电局、省文化厅、省新闻出版局、省出版总社的负责人及“五个一工程”创作先进个人代表作了发言。省委宣传部有关负责同志作了工作报告。9件获中宣部第八届“五个一工程”奖的电影、电视剧、戏剧、歌曲、图书、理论文献电视片和理论文章以及16件获江西省第八届精神文明建设“五个一工程”奖的电视剧、戏剧、歌曲、广播剧、图书和理论文章受到表彰。

4日　12月4日是我国第一个法制宣传日。上午，江西省高级人民法院和省司法厅在南昌八一广场开展了以“增强宪法观念、推进依法治省”为主题的宣传咨询活动。省人大常委会副主任黄名鑫，省政协副主席黄懋衡到现场指导。全省各级法院都开展了法制宣传活动。南昌市还组织两级法院的审判长到江西革命烈士纪念堂举行了法官宣誓活动。

5日 在第五届亚洲有机农业科学大会上，婺源绿色企业集团被国际有机农业运动联盟接纳为新会员。国际有机农业运动联盟是当今世界上最广泛、最有权威的有机农业组织，该组织目前有来自115个国家和地区的570多个集体会员。婺源县按照“产品有机化、投资多元化、经营产业化”的要求，着力培植有机食品龙头企业——婺源绿色企业集团。目前，该集团有机茶基地有60余个，面积3万余亩，年产有机茶2万余担，产值达2000多万元，创造了有机茶面积、产量和出口创汇三项全国第一。

5日 中欧国际工商学院、省经贸委和江西经济管理干部学院联合组织中欧管理论坛，邀请中欧国际工商学院飞利浦市场营销教席教授、市场营销与战略学教授 Willem Burgers 博士在南昌主讲《市场营销新趋势》。省委、省政府有关部门负责人、部分企业管理人员和一些专家学者参加论坛。

6日 省委宣传部、省委组织部、省邮政局联合召开全省重点党报党刊发行工作电视电话会议。会议强调，各地要进一步增强责任感和紧迫感，采取果断措施，坚决完成党报党刊发行任务。会上，新余市、会昌县介绍了党报党刊发行的经验和做法。省委副秘书长虞国庆通报了“四报一刊”的发行情况，省委宣传部、省邮政局的负责同志在会上部署了有关工作。

6日 经省政府批准，南昌市工人业余大学正式更名为南昌市职工科技大学。省政协副主席刘运来参加揭牌仪式。该校与清华大学合作开办了工艺美术专业远程教学站，成为清华大学在江西唯一的艺术类教学站。

7日 江西画家罗时武个人书画展在位于日内瓦的联合国万国宫举行。展览共展出罗时武的书法、水墨画、工笔画、陶艺作品52件。中国常驻联合国日内瓦代表团团长沙祖康和瑞中友好协会会长皮埃尔阿兰·弗米加等观看了画展。

7日～9日 中央政治局候补委员、中央书记处书记、中央组织部部长曾庆红到吉安、南昌等地考察工作。

8日 赣州至福建龙岩的赣龙铁路（江西段）在赣县破土动工。该路获亚洲开发银行2亿美元贷款，贷款偿还期为25年，其中包括5年宽限期。

8日 美国与香港特别行政区金融界人士访赣团抵达南昌，对江西进行参观考察。

9日 2001年全省经济社会发展重大招标课题鉴定会在南昌召开。经过与会专家认真评审，《江西主导产业问题研究》等五个重大研究课题通过鉴定。其中《江西主导产业问题研究》（黄新建）、《发挥江西比较优势，提高全省综合竞争力问题研究》（尹世洪）、《充分利用资本市场问题研究》（伍世安）、《充分利用资本市场问题研究》（阮正福）达到省内同类课题研究的领先水平，被鉴定为一等成果，《江西财政问题研究》（雍忠诚）、《江西大开放战略研究》（何维达、陈绵化）被鉴定为二等成果。今后，课题招标工作将逐步实现制度化，以更好地为省委、省政府的决策服务，为两个文明建设服务。

9日 2001年全国高中物理竞赛江西赛区授奖大会在临川一中举行，该校又一次获得全国高中物理竞赛江西赛区团体总分第一名，并有4名学生获得一等奖。至此，自1990年以来，全国高中各学科竞赛江西赛区授奖大会共有7次（10项）在临川一中举行。临川一中是全省首批优秀重点中学之一，其教学质量稳定在全省先进行列，被评为全国普通高中课改先进单位，还27次获全国高初中学科竞赛江西赛区团体总分（个人）前三名。省人大常委会副主任陈癸尊、省政协副主席刘运来出席授奖大会。

10日 南昌大学博士生导师张华教授主持的“爬行式位置焊机器人补充的研究与产品开发”项目列入国家“863”计划项目，该项目在国际上尚属空白。

10日 江西省减轻农民负担监督管理领导小组召开成员会议，通报各地减轻农民负担执法检查情况，研究部署近期全省农民负担抽查工作。会议认为，今年全省各级党委、政府和有关部门进一步加大了工作力度，各项减轻农民负担政策基本落到实处。会议强调，各地必须从实践“三个代表”重要思想的要求出发，对存在的问题认真进行整改，坚决把不合理的农民负担减下来，坚决杜绝“下不为例”的现象，取信于民，维护党的农村基本政策的严肃性，以确保农村社会的长治久安。

11 日　中共江西省第十一次代表大会在滨江宾馆综合楼会议厅举行预备会。大会应出席代表和特邀代表 663 人，实到 650 人，符合有关规定。会议以举手表决的方式一致通过了大会主席团名单和秘书长名单；通过了大会代表资格审查委员会名单；通过了大会议程；通过大会秘书处的工作任务及机构设置。

11 日　在中国科协最近召开的全国企业科协创建科技工作者之家经验交流暨表彰会上，洪都航空集团公司科协同时获得“全国企业科技工作者之家”和“第三届全国企业科协先进集体”两项荣誉称号，成为江西唯一获两项奖牌的企业。

12 日～16 日　中国共产党江西省第十一次代表大会在南昌召开。孟建柱代表中共江西省第十届委员会向大会作报告。会议选出新一届中共江西省委员会和中共江西省纪律检查委员会，通过《关于中共江西省第十届委员会报告的决议》和《关于中共江西省纪律检查委员会工作报告的决议》。省委十一届一次全会选举孟建柱、黄智权、步正发、王君、傅克诚、彭宏松、冯金茂、董君舒、吴新雄、陈达恒、刘上洋、舒晓琴、潘逸阳为省委常委；孟建柱为省委书记，黄智权、步正发、王君、傅克诚为省委副书记。省纪律检查委员第一次全体会议选举傅克诚为省纪委书记，曾页九、陈发芳、汪毓华、胡波为省纪委副书记。江西省第十一次党代会面对新的发展形势提出了实现江西在中部地区崛起的宏伟目标，实现 GDP2176 亿元，按可比价格计算增长 8.8%，增幅比上年加快 0.8 个百分点；财政收入突破 200 亿元大关，增长 16.6%，加快 5.8 个百分点；城乡市场商品丰富，购销活跃，实现消费品零售额 763 亿元，扣除物价因素增长 10.1%，加快 2 个百分点；城镇居民人均可支配收入达 5506 元，比上年增加 402 元；农民人均收入 2232 元，比 2000 年增收 96 元。全年实际利用外资 5.5 亿美元，比上年增长 68%；实际引进省外资金 183 亿元，比 2000 年增长 1.09 倍。

中共江西省第十一次代表大会会场

15日 昌河飞机工业集团有限责任公司与中央电视台在景德镇市签订了《直11型直升机购销合同》和《直11中继航拍双发型直升机购销意向书》，开创了国产直升机进入民用市场的先河。

17日 陈毅纪念小学在南昌县麻丘镇竣工。中国人民对外友好协会会长陈昊苏参加了竣工典礼。

18日～22日 江西省九届人大常委会第二十七次会议在南昌举行。孟建柱主持全体会议。会议任命凌成兴为省政府副省长。

19日 国内首个地方猪种资源基因库在江西农业大学建成。该库采集了国内现存的70多个地方猪种（群）、4000多个猪个体的血样和组织样，提取保存了1.2万个DNA样品。

19日 省委召开常委会议。孟建柱主持并讲话。会议认为，江西正处于新世纪加快发展的重要时期，本届省委领导班子成员，都要切实担负起历史赋予的重任，把全部心思和精力用到加快江西改革开放和经济发展的大业上。要加强自身建设，发挥省委的领导核心作用。要全面贯彻民主集中制原则，按照"总揽全局，协商各方"的要求，加强和改善党的领导。要着重体现在把好方向，抓好大事，出好思路，管好干部等方面，确保中央的路线方针政策在江西得到全面贯彻落实。要按照"勤奋、开拓、团结、实干、廉洁"的要求，树立新一届省委常委会的良好形象：坚持开拓创新，与时俱进，努力塑造思想解放、锐意进取的良好形象；坚持讲政治，顾大局，努力塑造联系群众、清正廉明的良好形象；坚持实事求是，力戒浮躁浮夸，努力塑造脚踏实地、务实高效的良好形象；坚持谋全局、抓大事，努力塑造敢干事、能干事、会干事的良好形象。

20日 纪念宁都起义70周年座谈会在宁都县举行。省委副书记傅克诚和中国人民解放军总政治部宣传部副部长熊焰少将出席讲话。起义参加者和红五军团老战士的亲属等100余名代表参加了座谈会。

21日～23日 2001年江西食品展销洽谈会在上饶举行，总成交额15.84亿元，其中零售5500万元，签约15.29亿元。

22日 江西省领导干部双休日新知识讲座在南昌举行。最高人民法院副院长、国家法官学院院长曹建明应邀主讲《WTO与中国法治建设》。

23日 为期3天的2001年江西食品展销洽谈会在上饶大市场圆满结束，展销洽谈会总成交额15.83亿元，其中零售额5169.35万元；上饶、南昌分别以3.5亿元和3亿元的成交额名列11个设区市前茅。

23日 为期两个月的江西省首届大学生"校园之星"歌手大奖赛在江西师范大学落下帷幕。大奖赛分通俗歌曲、艺术歌曲业余组、艺术歌曲专业组、原创歌曲4个组。来自全省的1万多名大学生参加了本次大奖赛。其中有34所大专院校的171名选手进入复赛，经过预赛、复赛和决赛三轮角逐，最后产生四个组一、二、三等奖共55名。此次大奖赛由共青团江西省委、省文化厅、省学生联合会、江西电视台、江西人民广播电台主办。

24日 省委副书记步正发在南昌会见前来江西考察访问的澳门客人黄琼成一行。步正发对客人的到来表示欢迎，并希望能够加强合作与交流，黄琼成也就几天的考察访问谈了自己的看法。

24日 中科院技术科学部主任、清华大学校长王大中院士率领20名全国知名院士来到南昌。他们是应南昌市政府之邀，来为南昌经济发展"把脉"的，这也是建国以来到江西人数最多、规模最大、档次最高的一次院士访问团体。

25日 孟建柱会见中科院院士访问团。访问团由中科院技术科学部主任、清华大学校长王大中院士率领的20名全国知名院士组成。同日，"加快南昌经济发展高级论坛"在南昌举行。

26日 经人事部批准，景德镇华意电器总公司设立博士后科研流动站。此前，包括江中制药厂、洪都航空工业集团、江西凤凰光学仪器集团3家企业已分别设立了博士后科研工作站。

26 日～27 日 由全国文艺界、新闻界领导及著名作家、摄影家、书法家、记者组成的红土地采风团在瑞金、于都、赣县采风考察。

28 日 原定于2008 年开工的赣粤高速公路赣（赣州）定（定南）段，经过赣南人民的努力，迅速筹措到高速公路建设所需的46 亿元资金，今日正式开工。赣粤高速公路全长126 公里，总投资45.8 亿元，计划于2004 年建成通车。

28 日 南昌市委、市政府和市人大、市政协机关正式在红谷滩新址办公。

29 日 南昌火车站第三、第四高架候车室顺利交验，工程质量为优良。至此，该站春运候车能力增容了7000 人。该工程建筑面积4073 平方米，工期300 天，于2000 年3 月1 日开工，是南昌铁路局重点工程，施工单位采取了碳纤维加固、澳洲卓能胶等10 项具有国内先进水平的施工技术，保证了工程的优质、快速、安全的完成。

30 日 《江西日报》公布了省粮食行业协会认定的江西第一批"放心粮油"产品名单，绿叶牌大米、昌碧牌大米、玉珠牌大米、碧立牌大米、九九香牌大米、绿叶牌面粉、雪莲牌面粉、仙人牌食用植物油、春丝牌面条（不含添加物）、滕王阁牌面条（不含添加物）10 种产品获第一批"放心粮油"称号。

31 日 江西省移动通讯公司全力打造精品工程，力创网络领先优势。至年底，该公司当年新增用户数突破100 万，全省移动用户总数达到200 多万户，全年实现总收入比上年增长25.6%，实现利税超亿元。本年，江西移动投入10 亿元建成了GSM 五期扩容工程，工程涵盖了GSM 交换子系统和11 个设区市基站子系统，新增和扩容基站1185 个，新增载频4539 个，交换网总用户容量达到了360 万户。江西移动还全面启动"乡乡通移动电话"工程，共投资5.7 亿元，重点解决全省经济发展较为活跃的乡镇所在地、部分经济发达的行政村或位于农村的工矿企业等区域的GSM 网络覆盖。目前，此项工程已在南昌、宜春、景德镇、新余等市顺利完成。

31 日 截至当日，国家计委共安排江西省国债项目399 个，国债项目总投资488.33 亿元，国债资金184.4495 亿元，国债项目涉及农林、水、交通、农网改造、技术改造等14 个方面，绝大多数项目可在2001 年年底完成。

31 日 江西省参加第九届全国运动会总结表彰大会在南昌举行。王君等出席并为获奖代表颁奖。在九运会上，江西获金牌3 枚、银牌9.5 枚、铜牌5.5 枚，总分422 分，奖牌、总分均超历史。全团严守赛风赛纪，荣获九运会组委授予"体育道德风尚奖"。女子举重运动员熊美英被国家体育总局授予体育运动一级奖章。省政府决定，给予张开岩（射击）、秦广（举重）、陈昌荣（射击教练）、刘一武（举重教练）等四人记一等功，欧阳鲲鹏、徐宁等八名优秀运动员和冯上豹、刘显斌等七名优秀教练员记二等功，张炳贵、钱率等十名运动员、教练员记三等功。

本月 奉新县溜头乡港尾村发现一株高22 米、眉围65.2 厘米的特大毛竹，是至今中国发现的最大的毛竹，被评为"毛竹之王"。

本年 江西出入境检验检疫局检验进出口机电产品额近3亿美元，比上年增长59%，其中进口额2.3亿美元，增长79%；出口额7000万美元，增长15%。随着江西企业对国际市场的销售力度加大以及一些省外企业纷纷到江西投资建立出口产品生产基地，江西的机电产品出口额大幅度增加。深圳思达公司在九江建立电表生产出口基地，2001年出口量跃居全省第三位；江西凤凰光学公司在香港、美国等地设立销售分公司，照相机的出口额上升28%，手动单反相机约占国际市场的20%。目前，江西已形成以华意、凤凰、思达等8个年出口额超100万美元的机电出口大户，产品远销88个国家和地区。

本年 据统计数据显示，交通、通讯、住房、教育成为江西省现阶段城镇居民的消费热点。本年，江西省城镇居民人均用于交通和通讯方面的开支为310.94元，比上年增加55.68元，增长21.8%。其中，用于通讯的支出增长28.7%；在居住方面，人均用于居住的支出为527.16元，比上年增加68.16元，增长14.8%，占消费支出的比重为13.5%，住房消费已成为城镇居民消费中仅次于食品消费的第二大类消费；排第三位的是娱乐文教服务类，其中增幅较大的是教育支出，今年人均用于教育方面的支出为329.38元，比上年增加64.08元，增长24.2%。

本年 乡镇企业运行质量提高。2001年，全省乡镇企业完成增加值458亿元，实现营业收入1568亿元，分别比上年增长10.2%和11.4%，实交入库税金34.2亿元，占财政收入的17.1%，在全省GDP总额中的贡献达21%。农业产业化龙头企业总数已发展到249个，年销售收入逾48.8亿元。全省乡镇企业完成工业增加值比上年增长11.3%，在乡镇企业增加值中，工业企业份额占65.7%。个私企业完成增加值374亿元，同比增长24.1%，分别比全部企业、集体企业增幅高出13.9个和50.6个百分点。

本年 江西省与上海的经济合作呈现出高层次、大规模、紧密型、全方位推进的特点，形成强劲的发展势头。据统计，今年两省市共达成经协合同项目190个，合同投资额39.4亿元。其中，合同引进资金总额34.9亿元，已实施的项目164个实际进资16.6亿元，项目履约率和实际进资率分别达86.3%和47.6%。在190个合作项目中，投资千万元以上的大项目达68个，超亿元以上的特大项目有9个，独资项目136个，占签约项目的2/3多。上海南方证券公司在江西省投资年产4.5亿万只继电器的独资项目，投资总额近4.2亿元、上海大众汽车制造公司等单位投资1.5亿元，兴建占地100亩的洪城汽配城。据不完全统计，已经付诸实施的合作项目，今年实现产值22.85亿元，实现税金1.45亿余元，安排就业人员7600余人。

本年 江西省利用境外、省外资金有新突破，全年新批外商直接投资企业309家，合同外资额5.27亿美元，增长98.2%；实际利用外资5.4亿美元，增长64.8%。后两项指标增幅均高于全国增幅，列第二位。实际引进省外资金183亿元，增长1.09倍。2000年新批的外商投资企业中，工业项目占主导地位，占62%，工业项目合同外资占80%；外商投资项目规模进一步扩大，项目平均外资额达128万美元，总投资大于3000万美元的项目有4项，有17项超过1000万美元。全省有53家外企追加投资，增资合同金额达8000万美元，占新批合同外资总额的15.2%。行政审批制度改革力度明显加大，全省分两批取消了65%的审批事项，3000万美元以下的项目审批权下放给各设区市，南昌市率先改审批制为登记制。

工作方针。即在经济社会发展中，坚决不搞危及劳动者生命和人民群众健康的项目，坚决不搞严重污染和破坏生态环境的项目，坚决不搞“黄赌毒”项目。征用土地必须按规定审批并办理手续；征用土地必须依照法律规定给予农民经济补偿并落实到位；经营性土地使用权出让必须全部进入市场；进行规范化的招投标，工业园区建设资金必须按市场化运作方式筹集，严禁搞群众性摊派集资。

招商引资 全省进一步加强了省内外的经济合作，扩大招商引资。年初，省委、省政府召开横向经济合作扩大招商引资工作会议，特别邀请江苏省苏州工业园区、昆山市有关负责人来我省介绍经验。4月，江西省首批赴上海、浙江、广东、江苏三省一市挂职培训的百余名年轻干部陆续启程，拉开了选派青年干部去经济发达省市挂职培训的序幕。接着，派出江西省农业考察代表团先后赴福建、浙江两省考察，进行形式多样的招商引资活动。8月，孟建柱、黄智权率江西省学习考察团一行100多人在福建进行了为期5天的学习考察，并举行横向经济合作项目洽谈会签约仪式，与来自闽、粤、浙、沪及港、澳、台地区的企业家260多人进行座谈。

传达学习贯彻党的十六大精神 省委在党的十六大胜利闭幕后，立即召开全省领导干部会议，传达学习贯彻党的十六大精神，孟建柱主持会议，并就如何全面准确领会十六大精神，抓好十六大精神的学习贯彻，提出了明确要求。

全省本年主要经济指标情况 全年国民经济呈现快速增长态势，国内生产总值2450亿元，按可比价格计算，比上年增长10.5%。增幅同比加快1.7个百分点，是1998年以来首次出现两位数增长，高于全国平均水平2.5个百分点，其中：第一产业增加值536亿元，增长4.4%；第二产业增加值938亿元，增长18.3%；第三产业增加值976亿元，增长6.9%。经济结构调整取得积极成效，国内生产总值中二次产业比例由上年的23.3∶36.2∶40.5调整为21.9∶38.3∶39.8。人均国内生产总值为5828元，比上年增加607元，按可比价格计算，增长9.5%；全社会劳动生产率11676.4元/人，比上年提高10.4%。公有制经济在改革开放中稳定发展，国有大中型企业改革和脱困成果进一步巩固，混合所有制经济和民营经济快速发展。全省个体业户和私营企业63.8万户，比上年增加3.3万户，增长5.5%；城乡私营企业从业人员和个体劳动者214.2万人，比上年增加19万人，增长9.7%。全省财政总收入234.4亿元，比上年增长17.1%，其中地方财政收入完成140.5亿元，增长15.1%。

2002年

2002 年，全省上下认真贯彻“三个代表”重要思想，以迎接党的十六大为动力，按照省第十一次党代会确定的各项部署，进一步解放思想，开拓创新，转变作风，扎实工作，超额完成了省九届人大六次会议确定的经济社会发展各项任务，实现了江西在中部地区崛起的良好开局，全省呈现出良好的发展态势：一、经济发展速度进一步加快，近五年来第一次实现了两位数增长；二、以工业化为核心，推进经济结构战略性调整，取得明显成效。工业生产快速发展，工业增加值比上年增长 16.3%，工业对经济增长的贡献达到 5 个百分点以上；三、大开放主战略全面实施，在加快与全球经济对接和与沿海地区互动中进一步拓宽了空间。先后在温州、厦门、香港等地举办了卓有成效的招商引资活动，在利用外资方面取得了历史性的重大突破；四、改革创新力度进一步加大，经济发展活力不断增强。全省农村税费改革试点进展顺利，确保了农民负担明显减轻，农民人均减负 38.3%。省属国有企业改革全面展开，市县乡政府机构改革基本完成，省政府各部门的行政审批事项已从原来的 1127 项减到 315 项，压缩了 72%；五、基础设施建设全面推进，城乡面貌正在发生深刻变化。“十五”计划前四年新增高速公路 1000 公里的 6 个项目全面展开，其中全长 245 公里的梨温高速公路已建成通车；六、城乡居民收入增加，各项社会事业全面进步，社会保持稳定。

“塑造江西人新形象” 省第十一次党代会提出，进入新世纪，江西要有新面貌，江西人要有新形象，要着力塑造江西人“求新思变、开明开放、诚实守信、善谋实干”的新形象。从 2002 年 4 月中旬起，省委宣传部在全省范围内组织开展了一次声势浩大的“塑造江西人新形象”主题教育活动。新形象主题教育，由省里直接抓的活动有 20 多项。主要举办了“塑造江西人新形象”专家学者、企业家等系列论坛活动；拍摄和放映了 5 集电视形象宣传片《新江西，新形象》；编辑出版了《我们江西人》等通俗读物；组织开展了“庆‘七一’——塑造江西人新形象”文艺晚会和歌咏比赛；举办了“塑造江西人新形象”摄影、美术、书法展览；开展了“新形象楷模”评选活动等。通过一系列活动，丰富了人们的精神文化世界，提高了思想境界，增强了精神力量，净化了道德情操，促进了江西经济社会的快速发展。

“三个坚决不搞，四个必须” 2002 年，省委、省政府提出了“三个坚决不搞，四个必须”的

公元2002年1月							农历壬午年【马】						
日	一	二	三	四	五	六	日	一	二	三	四	五	六
		1 元旦	2 十九	3 二十	4 廿一	5 小寒	6 廿三	7 廿四	8 廿五	9 廿六	10 廿七	11 廿八	12 廿九
13 十二月大	14 初二	15 初三	16 初四	17 初五	18 初六	19 初七	20 大寒	21 初九	22 初十	23 十一	24 十二	25 十三	26 十四
27 十五	28 十六	29 十七	30 十八	31 十九									

1日　自即日起，江西省推出离休干部优待新举措：离休干部凭《离休干部荣誉证》，可免费进入全省各地的公园、博物馆、科技馆、图书馆、展览馆、纪念馆等场所，优先购买火车票、长途汽车票和飞机票。

1日　孟建柱一行走访慰问江西省军工、煤炭、农垦企业困难职工。黄智权先后走访南昌地区的军工、煤炭、农垦大型企业，慰问部分下岗、困难的干部职工。

2日　国家教育部正式确定南昌大学为教育部重点支持的大学，是部省共建的高校。

3日　截至2001年12月31日，全省国税收入首次突破百亿元大关，达到100.83亿元，同比增长12.9%，增收11.55亿元。

4日　江西省外国专家局和省水产科学研究所经过3年努力，使江西农业引智项目"'斑点叉尾鱼'引进与推广"获得成功。在省级技术鉴定会上，该项目受到专家一致好评。"斑点叉尾鱼"被农业部列为淡水养殖优良品种之一，是江西省调整养殖品种结构的主推品种。"斑点叉尾鱼"是原产于中、北美洲的一种经济鱼类，又称河鲶、沟鲶，它不但适应性强，病害少，生长速度快，而且肉质鲜美，无鳞少刺，营养价值比较高。目前，该鱼在美国占淡水养殖鱼类总产量的80%。

5日　国家科技部日前确定：江西省组织申报的"东乡野生稻强耐冷基因的克隆及应用研究"项目列入国家"863"计划。这是江西省首次以主持单位的身份争取到国家"863"计划生物与现代农业领域项目。

6日　"江西省主要农作物硫素营养及硫肥需求预测研究"项目在南昌通过了中科院、中国农科院等知名专家的鉴定。该项目是江西省"九五"期间确立的"主要学科跨世纪学术和技术带头人培养计划项目"中第一个通过省级鉴定的。

6日　由省委组织部、省人事厅和省外国专家局联合举办的领导干部"区域经济发展"培训班离开南昌，赴德国进行为期21天的专题考察学习和培训。他们将围绕区域经济发展主题，深入到德国的机关、企业考察。

8日　全省计划会议在南昌召开。2002年江西省经济社会发展主要预期目标初步安排意见为：全年国内生产总值增长9%，江西力争

10%；财政收入增长 8%；全社会固定资产投资增长 16%；社会消费品零售总额增长 9%，居民消费价格总水平保持基本稳定；农民人均收入增长 6.5%，城镇登记失业率控制在 4.5% 左右，人口自然增长率控制在 9‰以内。会议强调，要实现预期目标，需采取六项措施即扩大投资、加快工业园区建设、推进农业产业化经营、进一步启动消费需求、进一步扩大对外开放、增强可持续性发展能力。

8 日 ~9 日 全省经济工作会议在南昌召开。会议进一步学习领会了中央经济工作会议精神，分析总结了去年江西省经济发展的情况，全面部署了今年以经济建设为中心的各项工作。会议强调，当前要继续实施大开放战略，要把招商引资的重点瞄准香港、台湾和沿海发达地区以及日本，发挥江西省工业园区的招商引资优势，进一步改善投资环境，在市场体系和制度上加快与发达地区接轨；要通过最大限度地放宽投资领域、消除民间投资的体制性障碍等有效手段，促进民间投资，加快民营经济发展；要进一步加快以公路建设为重点的基础设施建设；要以农村税费改革为突破口，推动农业和农村各项工作。

10 日 江西省基础教育工作会议在南昌召开。江西省劳动者中文化程度较低的人比例大，全省人口整体文化素质不高，针对农村义务教育“实行在国务院领导下，由地方政府负责，分级管理，以县为主”的新体制，黄智权要求：一要结合农村税费改革，做好教师工资发放工作；二要合理调整农村中小学校布局，进一步精减与优化教职工队伍；三要保证义务教育正常运转的必要投入；四要在保证义务教育投入的基础上，积极鼓励和支持社会力量以多种形式举办非义务教育，在发展民办教育方面迈出更大的步伐。他强调，要努力为基础教育发展创造良好的环境。切实加强领导，各部门要通力协作、密切配合，减少和规范对学校的各种检查，为基础教育的发展营造宽松的氛围。

11 日 江西铜业公司控股的江西铜业股份有限公司发行的股票在上海证券交易所挂牌上市。至此，该公司成为中国有色金属行业首家在国际、国内资本市场同时发行股票的企业。

11 日 南昌市中级人民法院采取注射方法对一罪犯执行死刑，这在江西省尚属首次。采取注射方法执行死刑，是《刑事诉讼法》规定的执行方法之一，是我国法制建设逐步健全和完善的具体体现，是死刑执行制度向文明化、人道化方向发展的重要标志。

13 日 南昌大学举办 2002 年度普通院校毕业生供需洽谈会。参加洽谈会的省内外用人单位近 300 家，应届毕业生 2 万余人。这是江西省首次举办如此规模的以应届毕业生为服务主体的“双选”会。今年江西省普通院校毕业生有 54068 人（不含设区市属中专学校毕业生），其中博士研究生 23 人、硕士研究生 560 人。这次洽谈会共有 6000 个职位供毕业生选择，用人单位除本省外，还有广东、浙江、湖南等来自全国各地的国有企事业单位、私营企业、三资企业和国家重点企业。据统计，共有 1.2 万人次与用人单位签订了意向协议。

13 日 应中国国际贸易促进委员会江西分会邀请，以南非德拉德拉市长为团长的代表团一行 30 人（来自南非共和国 18 个城市，其中有 16 位市长）抵达南昌，对江西省进行为期两天的访问。访问期间将参加“南非投资洽谈会”，并了解江西的投资环境和项目。

14 日 中国工程院院士钱七虎教授受聘华东地质学院名誉校长仪式在南昌举行。副省长胡振鹏向钱七虎颁发江西省政府聘任书。钱七虎院士现为总参科委副主任，少将军衔，全国政协委员，曾任南京工程学院院长，博士生导师，是我国著名的岩土工程专家，长期从事防护工程、军事系统工程和岩土工程的教学与科研，直接参加过中央和国家重大科技项目决策与攻关。聘请钱七虎院士是华东地质学院“十五”规划所确定的“实施超常发展，建设省内一流、全国知名大学”发展目标的重大举措之一。

14 日 自即日起，全球最大的中文网站——新浪网正式推出分类信息江西站。这是继北京、上海、深圳等地区站点开通后该网站推出的又一新站点。

15日　黄智权主持召开第七十六次省政府常务会议，会议审议并原则通过江西省人民政府《关于废止〈江西省三资企业管理暂行规定〉等87件省政府规章的决定（草案）》；江西省人民政府关于修改《江西省森林限额采伐管理暂行办法》等5件省政府规章的决定（草案），由省政府颁布施行。

16日　全省科技工作会议在南昌召开。会议贯彻落实全国科技工作会议精神和省第十一次党代会精神，总结2001年科技工作，部署2002年任务，提出科技要为实现江西在中部地区崛起提供强大动力。会议指出，省委、省政府高度重视科技对全省经济发展的重要作用，要努力培养和造就一支高素质的科技队伍，要切实加强领导，推进科教兴赣战略全面实施。

17日　省政府与省总工会第三次联席座谈会在南昌召开。

18日　江西省戏剧表演大赛在江西艺术剧院闭幕。大赛共评出成人组一等奖12名、二等奖22名、三等奖30名，学生组一等奖5名、二等奖11名、三等奖15名，另评出组织工作奖4个。这是江西省新世纪的首次戏剧表演大赛，有166名专业、业余演员同台表演，共进行了采茶戏、赣剧、京剧、越剧、话剧11场比赛。

18日　为统一电信投诉电话特服号，在信息产业部的统一部署下，自即日起，省电信用户申诉受理中心正式启用新的全国统一投诉特服号“12300”，从而形成全网品牌效应。

中国电信江西分公司大楼

18日　中国联通江西CDMA网正式开通运营，这标志着江西省移动通信技术进入一个全新领域。江西联通CDMA网络一期工程总交换容量为27万户，覆盖11个设区市的80多个县及铁路沿线、旅游景点。目前，CDMA江西网二期工程已启动，工程完工后，总容量将达到100万户。

中国联通江西分公司大楼

18日~19日　全省横向经济合作扩大招商引资工作会议在南昌召开。受特别邀请的江苏省苏州工业园区、昆山市有关负责人在会上就招商引资工作介绍了经验。

19日　由江西日报社和七宝山酒业股份有限公司联合主办的“江西，准备好了吗?”高峰论坛会在南昌举行。

19日　高安市兰坊镇兰家水库附近发现古代残墓两座。出土“枢府印花福禄”碗一件，印花折腰碗一对，印花盘一件，龙泉窑盘、碗各一件，铜镜两枚，水晶饰物一件。据考古人员初步考证，两墓为夫妻合墓，陪葬物枢府釉瓷器，据记载俗称“卵白”釉瓷，是元代中央机构枢密院在景德镇定烧的瓷器，造型美观，制作工艺精湛。

20日　国家邮政局发行《八大山人作品选》特种邮票1套6枚。这6枚邮票的图名分别为：双鹰图、孤松图、墨荷图、瓶菊图、双鹊大石图和仿董源山水图，面值分别为：60分、80分、80分、80分、2.6元和2.8元，发行量分别为：1360万枚、1430万枚、1430万枚、1430万枚、1350万枚和1350万枚。

21日　省、市各界纪念江泽民总书记关于台湾问题重要讲话发表七周年座谈会举行。傅克诚出席并讲话。

23 日～29 日　江西省第八届人民政治协商会议第五次会议在南昌举行。会议通过了政协江西省第八届委员会第五次会议决议和提案审查情况的报告，增选王林森为政协江西省第八届委员会副主席。

25 日～29 日　江西省第九届人民代表大会第六次会议在南昌举行。会议通过了关于政府工作报告的决议；通过了关于江西省 2001 年国民经济和社会发展计划执行情况与 2002 年国民经济和社会发展计划的决议；通过了关于江西省 2001 年省级预算执行情况与 2002 年省级预算的决议；通过了关于江西省人大常委会工作报告的决议；通过了关于江西省高级人民法院工作报告的决议；通过了关于江西省人民检察院工作报告的决议。会议补选钟起煌、张海如为江西省人民代表大会常务委员会副主任。

28 日　江西省粮食系统首家股份制企业——江西金佳谷物有限公司在南昌成立。金佳谷物股份有限公司以资产为纽带，把中国科学院生物物理研究所、中国水稻研究所的科研优势与省粮油总公司的粮食加工、仓储、销售优势结合起来，形成一条从稻种繁育、研发、生产到粮食收购、加工销售完整的粮食产业化链条，走“品种优质化、生产基地化、购销一体化”的新路子，使其成为全省粮食产业化的龙头企业，推进粮食产业化进程，把粮食产前、产中、产后联系为一个完整的产业体系。

29 日～2 月 4 日　由省海外交流发展中心和越南越中文化交流中心联合举办的“中国江西陶瓷展”在河内越南文化艺术中心举行，共展出 300 多个品种、5000 多件陶瓷制品。

30 日　为期 3 天的江西省城乡电网建设与改造成果展结束。此次展览在省展览中心举办，全省 12 个供电单位参展，设计展板 100 多块，采用图片、文字、图表等多种形式，反映江西省城乡电网发展变化、电力优质服务、新技术应用、推动花园城市建设等内容。至去年底，首期建设工程累计投资 80.32 亿元，城市供电可靠率达 99.89%，城市电网拉闸限电基本消除，农村供电可靠率达 90% 以上，农村电价每千瓦时平均下降 0.6 元，降幅居全国之首。到目前为止，全省新建 110 千伏变电站所 31 座，新建改造 35 千伏变电站所 235 座，新建改造 10 千伏及以上线路 36669 公里，低压线路 117817 公里，有效地提高了供电可靠率。

31 日　孟建柱、黄智权、步正发、王君、傅克诚、彭宏松等专程考察南昌市城市建设情况时要求，南昌作为省会城市和区域性中心城市，要增强现代城市意识，用全新的理念和机制建设城市、经营城市、管理城市。城市规划要适度超前，眼光要长远。要扩大城市规模，提升城市品位，把英雄城做大、做强、做优、做美。南昌在城市建设和规划上提出“三个率先”：率先实现工业化，率先建立社会主义市场经济体制，率先建设现代文明花园城市。南昌规划用 10 年左右的时间，把南昌建设成一个中心城人口达 300 万，中心城用地面积达 300 平方公里的现代化区域中心城市。

南昌市人民广场

南昌市司马庙立交桥

南昌杏花楼（水观音亭）

南昌市胜利路南路口

南昌抚河故道新貌

南昌八一公园

31 日 省委、省政府在南昌召开全省农村工作暨农业科技大会。会议明确提出今年农村工作和今后农业科技工作的目标和任务，今后 5 年至 10 年，江西省农业科技工作的主要目标是，通过深化农业科技体制改革，提高农业科研和成果转化的综合实力，不断推进新的农业科技革命，力争用 10 年左右的时间，初步解决优化农业结构、提高农业效益、增加农民收入、农业产业化及可持续发展等方面的主要科技问题，建立以企业为主体、产学研结合的农业科技创新和技术推广体系。农业科技工作要为调整农业结构、增加农民收入、开拓农产品市场、促进农业可持续发展提供科技支撑；要深化农业科技体制改革，加快人才高地建设，健全完善科技推广体系，改革农业科技管理体制，建立多渠道的农业科技投入机制，确保农业科技投入充足稳定。会议为受表彰的 2001 年度农业和农村工作先进市和全省农业科技先进工作者颁了奖。

公元2002年2月							农历壬午年【马】						
日	一	二	三	四	五	六	日	一	二	三	四	五	六
					1 二十	2 廿一	3 廿二	4 立春	5 廿四	6 廿五	7 廿六	8 廿七	9 廿八
10 廿九	11 三十	12 春节	13 初二	14 初三	15 初四	16 初五	17 初六	18 初七	19 雨水	20 初九	21 初十	22 十一	23 十二
24 十三	25 十四	26 元宵节	27 十六	28 十七									

1日 为期两天的全省出版经济工作会议在南昌结束。会议对江西省出版产业实现快速发展所取得的成绩给予肯定，2001年省出版集团主要经济指标均实现了两位数的增长，全年销售净收入比上年同期增加了2.36亿元，增幅为11.3%，增速比上年加快了23.8个百分点。与上年相比，集团实现利润总额增加3890万元，由上年的负增长30%转变为正增长18.6%。会议指出，要大力实施精品战略；要大力深化改革，建立健全管理体制和运行机制；坚持党管媒体原则，转变职能，政企分开，优化出版资源；要大力培养和造就高素质人才队伍。

1日 为期两天的全省审计工作会议在南昌结束。会议强调，要加强审计工作，以全面提升审计质量和水平，保障经济建设健康、有序、快速发展。会议指出，审计机关是重要的经济监督部门，在维护财政秩序，促进廉政建设，保障国有资产的完整和安全性，推动依法治省和依法行政等方面发挥着重要作用；要继续坚持“全面审计，突出重点”的方针，合理有效地配置和使用审计资源，全面提升审计成果的质量和水平；各级政府要高度重视审计工作，切实加强领导，支持审计机关依法履行职责。

1日 中共中央、国务院在北京人民大会堂隆重举行2001年度国家科学技术奖励大会。K-8飞机获国家科学技术进步一等奖。K-8飞机现已有51架落户亚、非等多个国家。

2日 全省维护稳定工作会议在南昌召开。

3日 江西南华医药有限公司在南昌成立，该公司注册资本1.8亿元，是江西省目前最大的医药批发零售企业。江西南华医药有限公司由江西省医药集团公司以9000万元实物资产、上海市医药股份有限公司出资9000万元共同组建。公司在医药批发上实行统一资源配置、统一价格定位、统一销售策略的集约式经营；在零售上依托我国目前最大的医药零售连锁企业——江西黄庆仁栈华氏大药房有限公司的近千家门店，实行统一标识、统一管理、统一结算、统一质量规范、统一采购进货、统一储运配送的连锁经营。

3日 经省政府批准，南康市赤土畲族乡成立。至此，江西省已有5个少数民族乡。赤土畲族乡现有人口3.8万，其中畲族人口近1万，土地面积157平方公里，是江西省5个少数民族乡中人口最多、面积最大的乡。它的设立，将推动赤土乃至该地区经济和社会各项事业的发展，同时也将为促进江西省畲汉人民的团结作出积极贡献。

4日 投入国家矿产资源补偿费200万元的矿产勘察项目——《江西省上栗县前古塘煤矿普查地质报告》，日前由中国煤田地质总局组织的有关专家评审通过。经省煤田地质勘察研究院及二二六地质队9个月的野外钻探、测井和地质填图工作，查明了普查区内地层层序和含煤地层时代，初步确定了普查区内的煤类为中灰、特低硫、低磷的三号无烟煤，煤炭资源量为C+D级共计638万吨。

4日 井冈山会师纪念馆最近考证了一批新发现的革命遗址。在柏露乡一村民家中，发现了1930年袁文才、王佐部下16名共产党员联名写给彭德怀和中共湘赣边界特委的一封信。这封信对进一步搞清袁、王被杀的原因将起到重大作用。同时，还发现了井冈山斗争时期中共宁冈中心县委办公用的桌、椅、吊钟、油灯等一批革命文物。

5日 金鼎软件集团在香港创业板上市。这是江西省首家高科技企业在香港创业板上市，创下了高科技企业、软件企业、民营企业、江西留学归国人员企业成功上市四个第一。

6日 江西省高校博士生导师、学科带头人代表座谈会在南昌举行。

6日 经省委、省政府研究，省委办公厅、省政府办公厅最近发出《关于进一步精简会议和文件的规定》，要求大力减少各种会议，压缩会议规模和数量，从省委和省政府机关做起，各地、各部门安排会议一律要从严掌握，能不开大会的坚决不开，可以合并的不单独召开；减少领导同志陪会，以省委、省政府名义召开的全省性专业工作会议，一般只安排分管省领导到会讲话。会议强调，大力精减各类文件和减少领导的应酬活动；各级领导机关和领导干部要带头深入基层调查研究，注重解决实际问题，在狠抓各项工作的落实上下功夫；改进领导参加会议活动的新闻报道。

9日 南昌市“共创美好明天”万人环城长跑活动在八一广场举行。南昌市直机关、东湖区、西湖区等单位组成的23个方阵，共有1.3万余人参加此项活动。上午9时，万人长跑队伍在市领导领跑下进入八一大道，途经阳明路、沿江路、中山路等地，于10时返回广场，全程6.8公里。

南昌万人长跑盛况

11 日 孟建柱等从南昌来到奉新县冯川镇赤埇村村民家中和农民兄弟一起吃年夜饭过大年。

12 日 南昌十七中西藏班学员喜迎藏历水马新年。孟建柱打电话表示祝贺，黄智权等来到西藏班311名学员中间，与他们一起庆贺新年。

16 日 黄智权、彭宏松等领导到赣粤高速公路昌傅至泰和段的建设工地，慰问建设工人，视察工程建设情况。

19 日 吉安红毛鸭位居全国三大名鸭行列，与北京鸭、绍兴鸭齐名。2001年5月，农业部将《吉安红毛鸭产业化生产技术》列为2001年全国农业科技跨越计划，这是江西省第一个农业科技跨越计划项目。

22 日 江西省侨联四届六次全委会在南昌召开。会议审议通过了《江西省侨联2001年工作总结和2002年工作要点（草案）》，审议通过了《关于召开江西省第五次归侨侨眷代表大会的决议》，审议通过了《江西省第五次归侨侨眷代表大会组织方案（草案）》，商定了江西省第五次归侨侨眷代表大会其他事宜。

24 日 江西省药品监督管理工作会议在南昌举行。会议指出，2001年是江西省药品监督管理局成立运行的第一年，全省继续推进药品监督管理体制改革，市、县药监机构的组建是药监体制改革的重点。省药品监督部门要以重点案件查处为突破口，狠抓重点品种、重点地区、重点市场的治理整顿，严厉惩处违法犯罪分子。

25 日 江西省机构改革工作电视电话会议在南昌召开。省委副书记步正发在讲话中强调，要善始善终完成省级机构改革任务。省有关部门的“三定”方案已经印发，尽快把“三定”方案落实到位，确保完成机构改革任务。要抓紧抓好市县乡机构改革的组织实施工作。重点是机构设置到位、职能转变到位、人员定岗到位，要妥善安排分流人员。各地要结合实际研究制定具体的实施方案；要不折不扣地完成人员编制精减任务；要大力推进乡镇事业单位改革；要做好乡镇中小学布局调整和教职工的重新定编工作。要严格控制机构编制。要切实加强对机构改革工作的领导。各地各部门要严格遵守机构改革的纪律，对机构改革中出现的违纪问题，要按有关规定和程序严肃查处。

25 日 省政府召开省移民建镇工作指挥部扩大会议，贯彻国家计委最近在武汉召开的长江干堤加固和移民建镇工作现场办公会议精神，研究部署2002年全省移民建镇工作。自1998年9月实施移民建镇工程以来，全省第一期11.5万户的移民建镇任务已基本完成，竣工房屋达113432户，占总任务的98.6%；第二期3.1万户的移民建镇工程已基本验收，竣工的房屋29200户，占总任务的94%；第三期3.7万户，已竣工的房屋18513户，占总任务的50%；第四期3.8万户，已开工建房27122户，占总任务的71.4%，已竣工房屋1944户。

26 日 各民主党派省委会、省工商联专题调研成果汇报会在南昌举行。

27 日 省农业厅举行春季百名专家科技人员下乡出发仪式，傅克诚等出席，并为科技下乡服务团授旗。

27 日 省政府召开安全生产工作会。

28 日 江西省信息产业工作会议在南昌召开。会议指出，全省信息产业系统要紧紧围绕加快工业化这个战略核心，以信息化带动工业化，以发展为主题，以结构调整为主线，以技术创新和体制创新为动力，加快江西省信息产业发展步伐，把信息产业培育成江西省国民经济新的增长点。会议制定出今年全省信息产业发展的目标和任务：在电子信息制造业方面，工业产值要达到58亿元，同比增长12%；工业增加值要达到10亿元，同比增长61.3%；出口交货值3.1亿元，同比增长19.2%；产品销售收入32亿元，同比增长46.1%；利税总额3.3亿元，同比增长175%。在软件业方面，销售收入要达到6亿元，同比增长36%，其中纯软件收入要达到1.8亿元，同比增长40%。

28 日 清华科技园江西园区首期建设工程开工。

本月 全省各级机关和部门抽调7万名干部组成驻乡镇宣讲督察团1855个、驻村（站所）宣讲督察组26168个，指导、督促村级开展“三个代表”重要思想集中学习教育活动。

公元 2002 年 3 月 农历壬午年【马】													
日	一	二	三	四	五	六	日	一	二	三	四	五	六
					1 十八	2 十九	3 二十	4 廿一	5 廿二	6 惊蛰	7 廿四	8 妇女节	9 廿六
10 廿七	11 廿八	12 廿九	13 三十	14 二月大	15 初二	16 初三	17 初四	18 初五	19 初六	20 初七	21 春分	22 初九	23 初十
24 十一	25 十二	26 十三	27 十四	28 十五	29 十六	30 十七	31 十八						

1 日 出席全国“两会”的全国人大代表和全国政协委员乘飞机离开南昌前往北京。当天，出席全国人大五次会议江西代表团的 40 名代表向大会递交了江西代表团第一份建议——鄱阳湖控制工程。该工程由一个综合水利枢纽和两处分蓄洪区组成，工程总投资 80 亿元。

1 日 省教育工委、省教育厅 2002 年教育工作会在南昌召开。全省小学生 2001 年秋季已从五年级改制（实行小学六年制）的学校共 10231 所，3097 所小学的五年制学生改为六年制。全省普通高中招生比上年增加 4 万多人。2001 年，全省高校获国家自然科学基金项目 24 项，国家社科基金项目 7 项，教育部项目 5 项；社会力量办学步入快速健康发展轨道，2001 年新审批设立非学历民办高等教育机构 5 所，审批进行国家高等教育学历文凭考试试点教育机构 3 所；全省批准新办高职学校 13 所，筹建 9 所。

1 日 日本青年会议所的 10 多名成员在全国青联副秘书长汤本渊和江西青年联合会及九江市负责人的陪同下，来到九江县沙河街镇后山山头项目区参加第二期工程的启动仪式并揭碑铭志，与九江县青年共栽纪念树。这个项目是为了推进中国的“保护母亲河行动”，改善长江流域的生态环境，拓展中日青年交流领域而启动的。中华全国青年联合会偕江西省、九江市青年联合会和日本青年会议所联合接受日本国“日中绿化交流资金”于 2002 年在九江县兴建生态绿化工程。

1 日 由国家计委、建设部联合发布的《关于规范住房交易手续费的通知》自即日起开始正式施行。按通知规定，从本日起，南昌市的住房转让类中，新商品房及存量房交易手续费由原每平方米 10 元和 8 元降至每平方米 3 元和 6 元，经济适用房交易手续费也将减半收取，即每平方米 3 元。租赁手续费最高只能按每套 100 元收取。最高降幅的手续费较原手续费减少 60%。

2 日 由中国科学院过程工程研究所、江西省生态工业技术研究中心联合承担的“秸秆生物量全利用新技术及其秸秆生态工业技术集成”项目，在北京通过国内权威专家鉴定。该项目部分内容已被列入国家“十五”农业专项项目。在鉴定会上，张广学院士等国内著名专家认为，秸秆生物量全利用创新技术体系具有集成化、系统化和工程配套化的特点，以秸秆分层多级利用的生态工业群模式，建立了以秸秆为原料的生态工业园区技术集成体系，为国内外首创。目前江西省已在吉安市征地500多亩，准备兴建我国第一个秸秆生态工业园。该工程计划投资1.1亿元，以秸秆为主要原料，形成5大秸秆生物量全利用生态、生产系统，生产8个绿色产品，以10个主要车间和与配套的辅助生产车间、公用工程设施组合而成。

3日 江西省教师资格制度实施工作会召开。会议决定江西省今年开始全面实施教师资格制度。教师资格一经取得，教师将具有国家认定的教师资格证书。只有依法取得教师资格者，方能被教育行政部门依法批准举办各级各类学校和其他教育机构聘任为教师。教师证一经取得，非依法律规定不得丧失和取消。教师资格一旦丧失者，不得重新申请认定教师资格，被撤销教师资格者，从撤销之日起5年内不得重新取得教师资格，5年后再次申请教师资格时，需要提供相关证明。

5日 中共中央总书记、国家主席江泽民参加了九届全国人大五次会议江西代表团的全体会议，同代表们一起审议政府工作报告。中共中央政治局候补委员、中央书记处书记、中央组织部部长曾庆红参加了江西代表团的审议。江西代表团团长孟建柱主持会议。黄智权就落实江泽民总书记视察江西时的重要指示，加快江西经济发展作了汇报。

8日 中共中央政治局常委、国务院总理朱镕基参加了九届全国人大五次会议江西代表团的全体会议，听取代表审议政府工作报告的意见和建议。

11日 孟建柱在北京接受中央人民广播电台记者采访，纵论江西崛起。

12日 孟建柱、黄智权和吴新雄、陈达恒、陈癸尊、胡振鹏一行访问北京大学。北京大学校长许智宏、副校长陈章良、林均敬、林久祥等陪同。双方签署了《江西省人民政府与北京大学全面合作协议》，同时举行了江西省与北京大学科技项目对接洽谈会，签订项目8个，总投资约1.6亿元。

12日 “中德合作江西省扶贫技术援助项目”在南昌启动。

12日 全省森林生态效益补助资金试点启动工作电视电话会议在南昌召开。全省有57个县（市、区）、2个市属林场、7个省级以上自然保护区列入全国试点范围，2002年将完成126.67万顷的森林补助资金试点工作，占全省生态公益林面积48.7%。

13日 参加九届全国人大五次会议的江西代表团在人民大会堂台湾厅举行了记者招待会。孟建柱、黄智权就江西如何实现在中部地区崛起等问题回答了中外记者的提问。

14日 江西省土地流转暨减负工作会议召开。会议强调要坚持党的各项农村政策不动摇，充分认识落实党在农村政策的重要性，进一步提高政策观念、政策水平和指导能力，依法正确引导和规范农户承包地流转，切实做好减轻农民负担工作，从根本上维护农民的经济利益和合法权益。会议提出，各地要高度重视第二轮土地延包工作中的遗留问题，严格按照中央［2001］18号文件规定，把土地承包期再延长30年不变的政策落实到具体农户和具体地块上去，对明显违反中央政策的行为和做法要坚决予以纠正。

18日 泰（和）赣（州）高速公路是赣粤高速中的一段，全长128公里，世界银行为该项目贷款2亿美元。本月初以川田安宏先生为团长的世行江西二号公路项目（泰赣高速公路）启动代表团与省交通厅、财政厅等部门与泰赣高速公路项目办讨论了项目组织机构、泰赣高速公路土建工程进度、资金需求计划、设备采购、征迁和移民安置、环境监测、连接线、农村道路改造、交通安全和培训等问题。

18日 《江西日报》报道，江西省94个电网趸售县（市、区）的供电企业全部完成股份制改革，江西由此成为全国唯一全面完成县级供电企业股份制改革的省份。自1998年实施农村电网改革以来，全省共投入54亿多元，农村到户电价平均每千瓦小时下降0.6元，降幅为全国之最，累计为农民减轻用电负担9亿余元。

20 日　全省利用外资工作会议和全省旅游工作会议在南昌召开。

21 日　中国质量认证中心向江铃汽车集团公司车厢内饰件厂颁发 QS9000 质量体系认证证书，这是中国质量认证中心首次向国内颁发 QS9000 证书。国家认证认可监督管理委员会主任王凤清出席颁证仪式并讲话。

江铃汽车集团公司 2002 年第五万辆汽车下线仪式现场

22 日　中国村社发展促进会为婺源县 11 个村庄举行全国民俗文化村挂牌仪式。这是该县继 2000 年沱川理坑村成为全国民俗村之后获得的又一殊荣。至此，该县已有 12 个村庄被命名为全国民俗文化村，总数名列全国第一。

22 日　在联合国粮农组织（FAO）资助下，一项治理畜牧养殖污染的工程，近日在万年县正式启动。该项目由 FAO 出资 35.8 万美元，利用养殖场的废弃物，帮助万年建生态肥工厂，这是江西省唯一享受联合国资金援助的项目。万年是生猪饲养大县，年饲养生猪 20 多万头，成了发展经济实现农民增收的重点支柱产业，但生猪生产的废弃物的处理却造成很大污染，还严重威胁鄱阳湖的生态环境。经联合国粮农组织专家多次考察论证，决定为万年县提供养殖废料处理和建生态肥料厂的资金，并提供所有技术。项目完工后，可年产生态肥 10 万吨，销售收入 200 多万美元，实现利税 20 万美元，并将大大改善万年的生态环境，促进生猪养殖和农业生产的大发展。

24 日　孟建柱在南昌会见出席建立国产软件操作系统产业化基地论证会的清华大学信息学院院长、中科院院士李衍达，中科院计算机所研究员、中国工程院院士倪光南等专家。

25 日　中国人民解放军海军与南昌大学共同培养军队干部协议签字暨中国人民解放军海军驻南昌大学后备军官选拔培训办公室正式成立仪式在南昌大学举行。省委副书记傅克诚、海军副政治委员胡彦林中将、海军南海舰队政治部主任张鸿富少将、副省长胡振鹏、省军区政治部主任王峰少将、南昌大学校长潘际銮在签字仪式上讲话，省委、省政府有关部门负责人参加签字仪式。

25 日　江西省赣南数字遥测地震台网历经两年建设和试运行通过专家验收，投入正式运行。它标志着江西省地震监测工作进入了一个新阶段。这次建设的数字遥测地震台网，充分采用了当今较为先进的数字地震观测技术、通信技术和计算机技术，分别在赣州、大余、龙南、安远、寻乌、会昌、石城、万安建起了 8 个地震台网的子台，从而使赣南和南昌之间连起了一张非常大的地震监测网。这个网络对地震活动的反应更灵敏，发现更及时，对震源的定位更准确，有关信息 15 分钟之内可传到南昌。赣南数字遥测地震台网是“九五”期间国家和地方共同投资建设的全国第 29 个区域台网。

26 日　列入江西省十大旅游公路新建项目的三清山旅游公路建设项目在南昌举行签字仪式。省交通工程公司拟投资 3 亿元，与三清山风景名胜区管委会合作完成该项目。三清山旅游公路全长 95 公里，从玉山横街经三清山风景区至德兴白沙关，按二级公路标准建设。该公路与九景高速公路、梨温高速公路连接。

27 日　全国农村“三个代表”重要思想学教活动督察组在结束对江西省村、站所“三个代表”重要思想学教活动督察工作之际，向省委领导反馈意见。督察组指出，江西省的“学教”活动进展顺利，村和站所干部思想作风和工作作风有了较大转变；学习教育活动与扶贫开发有机结合，加快了群众脱贫致富的步伐；切实为群众办实事、办好事，解决了群众提出的部分热点难点问题。

28日　投资1300万美元的日商独资企业——前泽给装（南昌）有限公司，在南昌国家级高新技术产业开发区破土动工。该企业生产的高档水暖器材将全部出口。同时，投资20亿元的中智投科技产业园、投资5亿元的润田工业园等大型项目也正在开工建设。截至2001年，全省共批准建设县级以上工业园区（开发区、工业小区）107家，其中国家级2家，省级开发区20家，设区市级11家，县级74家。全省已进入工业园区企业总数达2510家，实现技工贸总收入约150亿元，实现利税约19亿元。

28日　江西省第九届人民代表大会常务委员会第二十九次会议通过《江西省村镇规划建设管理条例》。

28日　浙江大学远程教育学院江西分院在南昌成立。

29日　全省加强党风廉政建设大会暨省纪委第一次全体会议在南昌召开。大会由黄智权主持。王君传达了江泽民总书记在中央纪委第七次全会上的重要讲话；傅克诚代表省纪委常委会作工作报告。孟建柱讲话。

30日　孟建柱、黄智权分别在南昌会见了新加坡金鹰国际董事局主席陈江和一行。

30日　《纵横中国·江西篇》在香港凤凰卫视中文台、资讯台、欧洲台、美洲台播出，全篇共分“地灵江西”、“人杰江西”、“风情江西”、“民生江西”四集。

31日　中铁五局承建的梨温高速公路A3－3标段的饶北河大桥，经过全体职工400多个日夜奋战，提前7个月竣工，今日通车。饶北河大桥总长245米，投资额1416万元，为12孔20米先张法预应力空心板梁桥。该大桥的顺利架通，标志着梨温高速公路A3－3合同段主体工程已全部完工，提前完成了各项目标任务。

本月　江西省考古专家在吴城商代遗址城壕发掘出10个完好无损、纹路清晰的商代人头骨，初步考证为战俘头骨。

本月　第六届江西省职工职业道德“双十佳”评选活动揭晓。修水县渣津国税局冷建新等10人被评为“江西省职工职业道德十佳标兵”，泰和县中医院等10个单位荣获“江西省职工职业道德十佳单位（集体）”称号。

公元2002年4月							农历壬午年【马】						
日	一	二	三	四	五	六	日	一	二	三	四	五	六
	1 十九	2 二十	3 廿一	4 廿二	5 清明	6 廿四	7 廿五	8 廿六	9 廿七	10 廿八	11 廿九	12 三十	13 三月小
14 初二	15 初三	16 初四	17 初五	18 初六	19 初七	20 谷雨	21 初九	22 初十	23 十一	24 十二	25 十三	26 十四	27 十五
28 十六	29 十七	30 十八											

1日　中国共产党江西省第十一届委员会第二次全体会议在南昌举行。出席全会的省委委员以无记名投票的方式，圈选确定了江西省出席党的十六大代表候选人预备人选名单。全会一致通过了《关于召开中国共产党江西省代表会议决议》，决定于2002年6月召开中国共产党江西省代表会议，选举产生江西省出席党的第十六次全国代表大会的代表。

1日~2日　全省农村税费改革工作试点工作会议在南昌召开，动员和部署全省农村税费改革试点工作。

1日~2日　国家防汛抗旱总指挥部总指挥、水利部部长汪恕诚率领国家防总检查组到江西省检查指导防汛抗旱工作。孟建柱、黄智权与汪恕诚进行了座谈，并陪同实地察看了九江长江大堤。

2日　江西省首批赴上海、浙江、广东、江苏等3省1市挂职培训的百余名年轻干部出发，拉开了选派年轻干部到经济发达省市挂职培训的序幕。

2日　省纪委、省监察厅召开机关干部大会，省委副书记、省纪委书记傅克诚作“关于向汪洋湖同志学习”的动员讲话。他说，汪洋湖同志是继焦裕禄、孔繁森之后的又一位领导干部的杰出代表。他的先进事迹，继承和发扬了我们党的优良传统和作风，同时又具有鲜明的时代特征，集中体现了江泽民同志“三个代表”的重要思想，体现了中国共产党人与时俱进的政治品格，体现了当代党员领导干部的理想追求和精神风貌。傅克诚要求纪检监察干部认真学习汪洋湖的好思想、好品德、好作风。他强调，开展向汪洋湖同志学习活动，是加强机关党的建设的一件大事，必须切实抓紧抓好。要切实加强领导，改进工作作风，为改革提供坚实的组织保证。

3日　民办高校联合展示暨民办高等教育论坛在北京举行。江西的蓝天职业技术学院、江西大宇专修学院、江西渝州科技职业学院进入了民办高校行列。

4日　江西省宗教工作会议在南昌召开。会议由省委常委、常务副省长彭宏松主持，副省长凌成兴传达了全国宗教工作会议精神。孟建柱指出，要进一步提高各级干部的思想认识，要把大家的思想统一到江总书记重要讲话和中央决定的精神上来，真正把宗教工作作为党和国家工作中的重要组成部分，重视宗教工作；善于做宗教工作，花大力气做好宗教工作，要抓住难点、重点问题不放松，在破解难题中不断增强工作能力；要切实加强基层工作，特别是农村基层工作，实现宗教工作关口前移，把矛盾解决在当地，把问题化解在萌芽状态。王君指出，宗教工作历来是党和国家工作中的重要组成部分，在党和国家事业发展的大局中有着重要的地位。当前，我们要强化依法行政意识，进一步把宗教事务管理纳入法制化轨道；要加大工作力度，认真解决当前宗教工作中的重点、难点问题；要强化基层组织建设，重点加强农村宗教工作；要妥善处理突发性、群体性事件，切实维护宗教领域的稳定；要坚决抵御境外敌对势力利用宗教进行的渗透活动。

5日 龙虎山仙人城出土稀世灵函。该灵函体量之大、内涵之丰富、构造之精细，在江西省属首次出土。

6日~8日 国务委员兼国务院秘书长王忠禹在江西省考察了吉安市、南昌市。孟建柱、黄智权陪同考察。

6日~10日 以越南文化通讯部新闻通讯国际合作中心主任、越中文化交流中心副主任阮文仁为团长的越南友好交流代表团一行4人来江西省访问。阮文仁一行先后到南昌、景德镇等地参观访问，与江西师范大学、省展览馆、景德镇有关陶瓷企业等就加强双方文化教育、商贸展览等有关问题进行探讨。他们对江西省美丽的自然风光和悠久灿烂的陶瓷艺术十分倾慕，认为江西有很好的发展前景，并希望有更多的江西企业到越南投资兴业。在赣期间，阮文仁一行还与江西省海外交流协会就2002年度双方友好交流活动作出安排。

7日 江西财经大学举行顾问礼聘仪式，聘请王涛、王梓坤、李京文、何祚庥四位院士为学校顾问。

8日 全国贯彻落实《人口与计划生育法》座谈会在南昌结束。国务委员兼国务院秘书长王忠禹，国家计生委主任张维庆，江西省省长黄智权，全国人大法律委员会副主任委员、全国人大常委会法工委副主任乔晓阳，江西省委副书记、省纪委书记傅克诚等出席座谈会。会议由国务院副秘书长高强主持。

8日 永修县燕坊乡四联村后背山发现两件距今3000余年的商代晚期青铜器，是中国最早使用的青铜打击乐器，与新干大洋洲出土的青铜器为同一年代，这是江南与中原地区同样拥有辉煌青铜文明的又一佐证。

9日 省委书记孟建柱在滨江宾馆会见了全国政协委员、香港慈善总会主席郑苏薇女士和上海社会学院刘修礼教授等一行5人。孟建柱对郑苏薇女士热心慈善公益事业，关心支持江西省的扶贫帮困和兴办社会福利表示欢迎，希望郑苏薇女士多动员一些港、澳、台企业家、慈善家来江西兴办社会福利，为社会多做好事。

9日 2000年度公开选拔的副厅级领导干部座谈会在南昌举行。孟建柱出席座谈会并讲话。董君舒主持会议，并代表省委宣布了2000年度公开选拔的20名副厅级领导干部的正式任职决定。座谈会上，正式任职的20位副厅级领导干部，结合自身工作特点，畅谈了工作体会和思想认识以及今后的工作打算。孟建柱在听取了20位公选副厅级干部发言后指出，面向社会公开、公平、择优选拔副厅级领导干部，是全省深化干部人事制度改革的重要组成部分。他要求这20位干部要做努力学习、开拓进取、清正廉洁的表率；做勤奋工作、乐于奉献的表率；做联系群众、加强团结的表率。

10日 省人大环资委、省委宣传部等召开

上饶市区街景

赣州市区远眺

新闻发布会，“2002年环保赣江行”活动正式启动。省人大常委会副主任陈癸尊、彭崑生出席新闻发布会。活动以“节约资源、保护环境”为主题，目的是增强人们保护环境资源的忧患意识和责任意识。今年重点检查采访的设区市为赣州市、上饶市和景德镇市。

11日 中共中央政治局常委、全国政协主席李瑞环在赣州考察工作。孟建柱、黄智权、朱宏治陪同考察。

12日~18日 由孟建柱、黄智权、朱治宏率领的江西省赴浙江学习考察团先后在杭州、绍兴、宁波、台州、温州学习考察。12日，赣浙两省人民政府签订《关于进一步加强两省经济技术合作的协议》。13日，在浙江大学举行了“江西省·浙江大学合作座谈会暨签约仪式”，签订《关于建立浙江大学科技园（江西）的协议》。18日，在温州市召开企业家座谈会，并举行“2002年江西横向经济合作（温州）项目洽谈会”，共签订了经济技术合作项目942项，总投资额205.36亿元，合同引进省外资金额202.58亿元。

12日~20日 由舒晓琴率领的江西省政法系统学习考察团，先后对山东、湖南、安徽三省的政法工作和社会治安综合治理工作进行学习考察。

12日~27日 由潘逸阳率领的江西省农业考察团先后在福建、浙江两省考察。在闽期间，考察团考察了福州、泉州、漳州、厦门等地的农村改革与发展、农业产业化经营、农产品市场与流通、世贸组织与农业发展、农业现代化等有关情况。在浙期间，考察团在德清、宁波、鄞县、慈溪、绍兴、新昌、嵊州、诸暨、杭州、萧山等市（县）进行了实地考察，并进行了形式多样的招商引资活动。

15日 省委召开电视电话会议，动员和部署在全省范围开展一次声势浩大的“塑造江西人新形象”主题教育活动，为期3个月。孟建柱指出，要通过这次主题教育活动，进一步激励全省人民爱我江西、兴我江西、增强全省人民加快发展的自信心和责任感，增强江西的影响力和吸引力，为实现江西在中部地区崛起提供强大的精神动力和思想保证，向国内外展示江西人昂扬向上、奋发有为的精神风貌。

16日 省委、省政府在《江西日报》发表《致全省农民朋友的公开信》，详尽解释和说明了农村税费改革的基本原则和主要内容，希望广大农民朋友积极支持，密切配合，共同搞好这项改革。

18日~24日 广东省省长卢瑞华率代表团对江西省进行了为期7天的访问考察。在赣期间，孟建柱、黄智权等分别向广东代表团介绍了江西的经济建设情况，并就进一步落实2001年江西代表团在粤洽谈的经贸协作项目，促进区域经济更广泛的合作进行了洽谈。

20日 2002年全国基础教育软件企业高峰研讨会在南昌召开。

24日 全省地方志工作暨《江西年鉴》编撰工作电视电话会议在南昌召开，部署全省地方志工作和《江西年鉴》创刊及编撰工作。

25 日 全省“塑造江西人新形象”座谈会在南昌举行。与会的25位代表发出《齐心塑造江西人新形象倡议书》，倡议全省人民响应省委的号召，积极投身于“塑造江西人新形象”的主题教育活动，从我做起、从现在做起、从每一件具体的事情做起，以实际行动为江西人新形象增光添彩。

26 日 庆祝“五一”国际劳动节暨表彰大会在南昌举行。会议向江西铜业公司赣西供电局等4个单位和省高等级公路管理局邹家河管理所等3个班组代发了2002年全国“五一劳动奖状”；向周洁等23人代发了2002年全国“五一劳动奖章”；向江西月兔集团有限公司等20个单位颁发了2002年江西省“五一劳动奖状”；向喻冬明等107人颁发了2002年江西省“五一劳动奖章”。

27 日 全国党建研究会2002年度课题协调会在南昌召开。省委副书记、省长黄智权会见了出席会议的全国党建研究会会长张全景以及郑科扬、徐乐义、尚文、蔡长水等全国党建研究会领导。省委副书记王君、傅克诚，省委常委、省委组织部部长董君舒，省委常委、省委秘书长陈达恒，省政协副主席韩京承等参加了会见。黄智权代表省委、省政府对会议的召开表示欢迎并祝会议取得圆满成功。会见之后，黄智权等领导还看望了参加会议的有关省、市、区和中直机关的同志。

28 日 省委宣传部、江西日报社、省社科院、省社联在南昌联合举办“塑造江西人新形象”专家学者论坛。12位来自江西省科研机构、大专院校和有关部门的专家学者，紧紧围绕塑造江西人新形象的内涵、方法、途径、时代意义等，分别作了主题发言。这次论坛是省委宣传部和江西日报社联合主办的“塑造江西人新形象”系列论坛之一，随后还将陆续与有关部门联合举办企业家论坛、窗口行业论坛和综合论坛，将“塑造江西人新形象”主题教育活动不断引向深入。

28 日 江西月兔集团喜获全国“五一劳动奖状”。这是该集团继1999年获得全国精神文明建设工作先进单位和集团核心企业——广丰卷烟厂1998年获得全国“五一劳动奖状”称号之后获得的又一全国性殊荣。目前，该集团已成为江西工业十强企业、上饶市的龙头骨干企业和第一税利大户。企业拥有固定资产逾6亿元，职工总数5000多人，生产厂区占地面积400亩。“月兔”品牌被评为“江西省著名商标”，“月兔”系列产品被认定为“江西十大名牌产品”。

30 日 在首次实行“一届二期”（分别于15日至20日、25日至30日广州举办）的2002年中国出口商品交易会上，江西省交易团拥有摊位146个，参展企业92家，比上届增长31.4%。累计成交额1.69亿美元，创历届广交会最好成绩。

30 日 纪念中国共产主义青年团成立80周年暨“塑造江西人新形象——青年在行动”启动大会在南昌举行。

30 日～5 月 2 日 教育部部长陈至立在省长黄智权的陪同下，对全省的教育事业进行考察调研。陈至立此行十分关注江西老区基础教育事业，在几天的考察中，她先后深入到井冈山师范学院、吉水县八都中学、吉安市白鹭洲中学、吉安县永和镇锦源小学、泰和县碧溪中心小学、井冈山中学、茅坪小学等学校考察调研，并代表教育部党组向教职员工们致以节日的问候，要求教师加强师德修养，认真教书育人，争做新时期探索型老师。陈至立表示，江西作为革命老区，教育部将一如既往地支持江西的教育事业，并希望江西创造出更多更好教书育人的经验。

本月 由当代江西史编辑委员会编写的《当代江西简史》（中华人民共和国地方简史丛书之一），由当代中国出版社出版。孟建柱为该书作序。全书40万字，客观、真实、全面地叙述了当代江西从1949年至1999年间政治、经济、社会、文化发展的历史。

公元2002年5月							农历壬午年【马】						
日	一	二	三	四	五	六	日	一	二	三	四	五	六
			1 劳动节	**2** 二十	**3** 廿一	**4** 青年节	**5** 廿三	**6** 立夏	**7** 廿五	**8** 廿六	**9** 廿七	**10** 廿八	**11** 廿九
12 四月大	**13** 初二	**14** 初三	**15** 初四	**16** 初五	**17** 初六	**18** 初七	**19** 初八	**20** 初九	**21** 小满	**22** 十一	**23** 十二	**24** 十三	**25** 十四
26 十五	**27** 十六	**28** 十七	**29** 十八	**30** 十九	**31** 二十								

1日　孟建柱冒雨先后走访慰问了南昌铁路局、洪都航空工业集团有限公司、南昌市公安局、江西化纤厂等单位的劳动模范，并与他们进行了座谈，听取了他们的意见。他强调，要在全社会进一步形成关心劳模、尊重劳模、爱护劳模、学习劳模、争当劳模的良好风气，以劳模的精神激励我们搞好本职工作，为实现江西在中部地区崛起贡献力量。省委办公厅、省总工会、南昌市政府的负责人陪同走访慰问。

1日~5日　为纪念毛泽东同志《在延安文艺座谈会上的讲话》发表60周年，省委宣传部、中国美术家协会、省文联、省美协在南昌联合主办美术作品展，展出了156件作品，评出了一、二、三等奖作品16件。这16件作品也是江西省入选全国美术作品展的优秀作品。

2日　由省委宣传部、省总工会、省新闻工作者协会联合举办的2001年度全省“五一”好新闻评选近日揭晓，共有49篇作品获奖。《江西日报》选送的《发展：善抓机遇——江西铜业公司改革发展纪实》、《坚持“依靠方针”、落实“三个根本”》获一等奖。

3日　为促进职工在机关事业单位与企业之间的合理流动，推进市、县、乡机构改革，近日，江西省有关部门就职工流动时社会保险关系的处理作出了相应的规定。

4日　江西省近日加大出国（境）培训工作力度，增加专业技术培训项目，对农业、软件开发、高新技术产业、资源综合利用以及企业改革与发展等给予优先支持，有计划、有重点地开展高层次、复合型管理人才培训。

5日　经江西省专利奖评选委员会的评选，江西德宇集团的“绿茶生物保鲜方法”等六项专利技术近日被评为江西省专利金奖，江西钢丝厂的“新型防雹增雨火箭弹”等十六项专利技术被评为江西省专利优秀奖。

6日　进贤县文港镇近百名农民企业家，首次组团包专机飞赴北京，参加于10日在北京举办的全国文化用品交易会。文港镇仅笔类就占全国市场的25%，全镇从事文化用品产业劳动的共有1.75万人，占总劳动力的70%。在外经销人员达8000多人，几乎所有的全国县级城市都设有销售网络，达5000多个。此次的目的是展示文港品牌、唱响文港品牌、推介文港品牌。

7日 《江西日报》报道，845个QC小组活跃在江西省电力行业，一大批QC成果不仅在国内处于领先水平，而且跻身国际质量管理领域，江西省一些发供电企业的QC小组还数次代表国电公司参加国际质量管理小组代表大会，在国际交往中发布成果，介绍经验。这些成果，为江西电力企业创造经济效益3049万元。

8日 孟建柱在南昌会见了新加坡驻华大使陈燮荣率领的新加坡外交部代表团一行。

8日 孟建柱、黄智权分别会见了友利电子深圳有限公司董事长市川成。友利电子是无绳电话生产销售企业，已决定在吉安市吉州工作园投资办厂。

9日 省政府召开第八十一次常务会议，传达贯彻国务院第五十八次常务会议精神，进一步部署当前安全生产工作。省长黄智权主持会议并讲话。省领导彭宏松、孙用和、朱英培、蒋仲平、胡振鹏、凌成兴、赵智勇以及省政府秘书长王飚出席会议。省直有关部门负责人参加了会议。省安全生产监督管理局、省公安厅、省煤矿安全监察局、省交通厅等部门负责人发了言。

9日 副省长朱英培在南昌会见了前来参加“第二次南南合作政策研讨会”以及“赣中地区可持续发展项目启动会”的联合国开发计划署驻华首席代表格斯汀·莱特娜女士和联合国开发计划署南南合作局局长萨菲雅托女士一行。联合国开发计划署从今年开始，向江西提供总额为100万美元的技术援助，支持全省赣中地区开展“参与式”农村扶贫开发。此次会议由联合国开发计划署和中国国际经济技术交流中心主办，省外经扶贫厅具体承办，也是江西省首次承办此类国际性会议。

10日 孟建柱在考察江西财经大学、江西师范大学时强调，要加快教育改革，大力发展高等教育，实现教育资源的合理配置和充分利用，满足人民日益增长的教育需求，为江西的崛起提供人才保障。

10日～12日 新余市高新技术经济开发区概念规划国际招投标评审会在新余市举行。经过专家评审，澳大利亚BAU设计事务所与澳大利亚RATIO景观设计公司一举中标。开发区概念规划实行国际招投标，这在江西省还是第一次。2001年11月成立的新余市高新技术经济开发区，按照园林式、生态型和可持续发展要求，规划设计坚持高起点、高标准，与国际接轨，并在全省率先进行概念规划国际招投标。

11日～21日 全国人大内司委主任委员侯宗宾率领全国人大常委会消防法执法检查分组在江西省开始执法检查。全国人大常委会委员、江西省人大常委会副主任陈癸尊，全国人大常委会委员黄玉章，江西省人大常委会副主任黄名鑫为检查组成员。检查组在南昌听取了江西省关于贯彻实施《中华人民共和国消防法》情况的汇报，还深入吉安、九江等地实地检查。

12日 经省技术监督局的严格检验，由省重点蔬菜生产基地永丰县生产的“永丰”牌蔬菜，日前已达到国家规定的无公害标准。该县大力发展无公害蔬菜被列为全国首批23个创建无公害蔬菜生产示范基地县之一。“十五”期间，省农业开发主管部门也将重点支持该县发展无公害蔬菜生产。

12日 由南昌市财政局、南昌中级人民法院、江西省商业拍卖有限公司三家单位联合举办的江西省首届罚没受贿赃物拍卖大会在南昌市凯莱大酒店举行。举办方将对标的总额为260万的465件赃物进行公开拍卖，拍卖所得款项全部上缴国库。

12日 为提高效率，优质服务，公正执法，树立江西工商新形象，日前省工商部门出台了《关于更新观念，提高效率，优质服务，塑造江西工商新形象的意见》。《意见》包括强化宗旨意识，正确行使权力；提前主动服务，促进亲商、安商；监管服务结合，优化交易环境；支持依法办案，规范惩戒并举；转变工作作风，狠抓工作落实共5部分15条。

13日 省禁毒工作领导小组召开全体成员会议，分析当前面临的形势，部署今后一个时期的禁毒工作任务，研究调整禁毒工作领导机构。会议强调，要扎扎实实做好各项禁毒工作，采取有效措施，坚决遏制毒品违法犯罪发展蔓延。

14日~15日　由中央组织部、全国联系办组织的11省区农村“三个代表”重要思想学习教育活动座谈会在南昌召开。会议期间，孟建柱、王君、傅克诚等会见了与会代表。

15日　中宣部新闻局2001年6月8日编发的第272期《新闻阅评》，对江西日报社纪念建党80周年专栏提出表扬。

江西日报社纪念建党80周年采访活动授旗仪式

16日　2002年全省经济社会发展重大招标课题揭标，《中部地区各省经济社会发展状况比较研究》、《加入世贸组织后江西发展对策研究》、《塑造江西人改革开放新形象研究》、《壮大江西民营经济研究》4项课题中标。

17日　孟建柱、黄智权、彭宏松在南昌会见了国家开发银行行长陈元及行长助理高琪平一行。

18日　国家开发银行南昌分行开业庆典暨江西省与国家开发银行金融合作协议签字仪式在南昌举行。孟建柱、黄智权出席仪式并分别与国家开发银行行长陈元为南昌分行开业揭牌，签署合作协议。

18日　中华人民共和国吉安海关正式开关对外办理海关业务。

19日　由黄智权率领的出席江西（香港）投资洽谈会暨旅游推介会的江西省招商团抵达香港。21日，举行新闻发布会。23日，举行2002年江西（香港）投资洽谈暨旅游推介会。全国政协副主席霍英东、中联办主任姜恩柱，外交部驻港公署特派员吉佩定，全国人大常委、香港中华总商会永远名誉会长曾宪梓应邀出席开幕式，与黄智权一起为开幕式剪彩。香港特别行政区行政长官董建华于当日下午在特首官邸会见了黄智权一行。24日，举行签约仪式，共签约合同项目240个，总投资24亿多美元。

20日　国务院日前公布第四批国家重点风景名胜区，批准仙女湖、三百山风景名胜区为国家重点风景名胜区，从而结束了赣南、赣西无国家重点风景名胜区的历史。

20日　毛泽东同志《在延安文艺座谈会上的讲话》发表60周年前夕，孟建柱、王君、刘上洋来到江西艺术职业学院和省京剧团、省歌舞剧院考察。孟建柱强调，广大文艺工作者要深入学习《讲话》精神，按照江泽民“三个代表”重要思想，遵循先进文化的前进方向，自觉投身改革开放和现代化建设的伟大实践，努力创作更多无愧于时代的优秀作品。文艺战线要创新体制机制，努力探索有江西特色的文化发展新路，推动文艺事业的发展。

20日　省政府召开全省水库安全度汛工作会议，要求各地进一步采取有效措施，积极应对水库安全度汛，确保全省防汛总目标的实现。

21日~23日　江西省政协八届二十一次常委会在南昌召开。省政协主席朱治宏主持会议，省政协副主席梅亦龙、王林森、黄懋衡、黄定元、喻长林、刘运来，沃祖全、张华康、金异，秘书长蒋如铭出席了会议。省委常委、常务副省长彭宏松和刘运来分别作了报告。这次常委会议共有两项议程：（一）协商讨论关于全省优化环境与发展经济问题；（二）人事事项。在赣全国政协委员、各设区市政协、省政协办公厅和各专门委员会负责人列席了会议。

22日~29日 中共中央政治局委员、全国人大常委会副委员长姜春云分别在孟建柱、黄智权、王君的陪同下，先后到赣州市区、瑞金市、兴国县、赣县、吉安市区、井冈山市、南昌市考察工作。

22日 国家经贸委近日通报表彰2001年度全国自营出口1000万美元以上的683家先进生产企业，江西省4家企业名列其中。这次表彰主要以生产企业2001年的自营出口额为依据，江西稀有稀土金属钨业集团公司、新余钢铁有限责任公司、景德镇华意电器总公司、江西凤凰光学（集团）有限公司分别以自营出口4600万美元、1947万美元、1548万美元、1035万美元的较好成绩名列其中。

23日 全国省级计生协会长经验交流座谈会在赣州举行。中共中央政治局委员、全国人大常委会副委员长、中国计生协会长姜春云出席会议并讲话。孟建柱致辞。

24日 省文化界纪念毛泽东同志《在延安文艺座谈会上的讲话》发表60周年座谈会在南昌举行。

24日~26日 孟建柱前往赣州市考察。他强调，要按照江泽民"三个代表"重要思想的要求，解放思想，开拓进取，坚持贯彻发展是硬道理的思想，进一步发挥自身优势，扩大开放，把加快发展的各项措施落到实处。各级干部要努力加强作风建设，以良好的作风树立新形象，进一步凝聚人心，加快江西发展。孟建柱和随行的省委常委、省委秘书长陈达恒，在省人大常委会副主任、赣州市委书记张海如的陪同下，深入崇义县、上犹县、于都县的工厂、农村、学校、工业园区，与基层干部群众亲切交谈，广泛了解群众的生产和生活情况。

25日 第二届全国体育大会开幕。在第一项航空模型比赛中，来自吉安航校的运动员戴驰军战胜了由乌克兰教练执教的河南选手，夺得了本届大会首项比赛F1A国际级牵引模型飞机的冠军。同时，孙凡取得了第三名。另外，杨新光在F1B国际级橡筋模型飞机比赛中获得第三名。

26日~6月3日 全国人大常委会副委员长邹家华在江西省考察工作，检查《矿产资源法》实施执行情况。他希望全省各级干部群众与时俱进，解放思想，坚持改革开放，充分发挥矿产资源丰富这一优势，推动经济快速发展，努力把江西建设成为经济发达、环境优美的生态大省。陪同邹家华考察的还有全国人大环资委、国土资源部负责人叶如赏、王涛、张宏仁、蔡仁山、李元等。

27日 省人大常委会、省政府在赣州市召开汇报会，向全国人大常委会《矿产资源法》执法检查组汇报本省实施《矿产资源法》的工作情况。全国人大常委会副委员长邹家华出席汇报会并讲话，孟建柱主持汇报会。

28日 省委宣传部、省委政法委、省妇联近日联合作出《关于在全省开展向潘映新同志学习活动的决定》。潘映新是安远县人民检察院检察长，她几十年如一日，恪尽职守、公正执法、清正廉洁、心系群众，始终保持共产党员的政治本色，保持了人民公仆的优良品格和人民检察官的良好形象，为全省广大干部和全体共产党员树立了好榜样。

29日 江西省争创驰名商标恳谈会在南昌召开。会议宣布，截至5月，江西已有"凤凰"、"鸭鸭"、"昌河"、"汇仁"、"江铃"、"景德镇"6件中国驰名商标，207件江西省著名商标。所获中国驰名商标数量跃居中部地区省市第三位。

30日 全省精神文明建设表彰会暨全省文明委第五次全体会议在南昌召开。省委副书记、省文明委主任王君出席会议并讲话，省委常委、省委宣传部部长、省文明委副主任刘上洋主持会议，省人大常委会副主任、省文明委副主任周懋平，副省长赵智勇，省政协副主席张华康，省军区副政委、省文明委副主任周日扬和省委办公厅有关负责人出席会议。会上，南昌市、武宁县等20个文明城市工作先进城市（县）和江铃汽车集团公司等文明单位受到表彰，赣县、南昌卷烟厂负责人代表受表彰的先进单位作了发言。

30 日　副省长朱英培在南昌会见了以斯蒂文·马丁为团长的美国南加州市长访问团。他对访问团一行表示欢迎，并向美国客人简要介绍全省省情以及全省在社会发展、经济建设等方面所取得的成绩，希望南加州今后能在更多的领域与江西开展交流与合作。

31 日～6 月 1 日　全省社会治安综合治理工作会议在南昌召开。会议传达了全国社会治安综合治理工作会议精神和孟建柱关于加强社会治安综合治理工作的指示，交流了治安防范工作经验，研究部署加强社会治安综合治理和政法队伍建设工作。

公元2002年6月							农历壬午年【马】						
日	一	二	三	四	五	六	日	一	二	三	四	五	六
						1 儿童节	2 廿二	3 廿三	4 廿四	5 廿五	6 芒种	7 廿七	8 廿八
9 廿九	10 三十	11 五月小	12 初二	13 初三	14 初四	15 端午节	16 初六	17 初七	18 初八	19 初九	20 初十	21 夏至	22 十二
23 十三	24 十四	25 十五	26 十六	27 十七	28 十八	29 十九	30 二十						

1日 孟建柱在南昌会见了应邀到赣为领导干部双休日新知识讲座作演讲报告的诺基亚集团执行副总裁韦圣伯先生一行。

1日~5日 全省第二届少儿美术书法在省文联艺术展览中心展出。幼儿组、小学组、中学组的一、二、三等奖、优秀奖和入选作品共千余件，吸引了络绎不绝前来参观的学生与家长们。

2日 江西省电力公司与南昌供电局联合在胜利路名秀广场、青山湖湖滨公园、坛子口国贸广场、八一桥北侧四个地点举行了“树江西人新形象，做诚信电力职工”宣传咨询服务活动。与此同时，全省各市、县电力部门也在广场或街头举行了同样主题的活动。

3日 省委常委会认真学习江泽民总书记“5·31”重要讲话。会议要求，全省广大党员干部一定要认真学习和深刻领会江泽民总书记的重要讲话精神，把思想统一到讲话精神上来，认清形势，明确任务，为完成党肩负的庄严使命而努力奋斗。

3日 第二届全国体育大会结束，江西省体育代表团获7金4银6铜，这是参加历届全国综合性体育赛会的最好成绩，并荣获“体育道德风尚代表团奖”。

3日~5日 中国国民党革命委员会江西省第十次代表大会在南昌召开。会议选举产生了新一届领导班子，陈清华当选为民革江西省第十届委员会主任委员。

3日~6日 中国民主同盟江西省第十一次代表大会在南昌召开。会议选举产生了新一届领导班子，倪国熙当选为民盟江西省第十一届委员会主任委员。

4日~6日 江西省工商业联合会第八届会员代表大会在南昌召开。会议选举产生了新一届领导班子，金异当选为省工商联第八届执行委员会会长。

4日~6日 中国民主建国会江西省第六次代表大会在南昌召开。会议选举产生了新一届领导班子，胡振鹏当选为民建江西省第六届委员会主任委员。

4日~7日 中国民主促进会江西省第五次代表大会在南昌召开。会议选举产生了新一届领导班子，刘运来当选为民进江西省第五届委员会主任委员。

5日　孟建柱、傅克诚在南昌会见了出席中国监察学会第二届第二次理事会议暨理论研讨会的中央纪委副书记、监察部部长何勇，中国监察学会会长彭吉龙，中国监察学会副会长杨敏之，监察部副部长、中国监察学会副会长陈昌智，交通部纪检组组长金道铭一行。彭宏松等会见时在座。

5日~7日　中国农工民主党江西省第九次代表大会在南昌召开。会议选举产生了新一届领导班子，万学文当选为农工民主党江西省第九届委员会主任委员。

5日~7日　九三学社江西省第五次代表大会在南昌召开。会议选举产生了新一届领导班子，邵鸿当选为九三学社江西省第五届委员会主任委员。

8日　北京市民政局向江西省民政厅捐赠仪式在南昌举行，共捐赠人民币300万元，衣物110万件。

9日~10日　中共中央政治局常委、国务院总理朱镕基在孟建柱、黄智权陪同下，检查九江大堤加固工程和鄱阳湖重点圩堤整治工程，看望移民群众。

10日~13日　华东片当代中国地方史研讨会在南昌举行。当代江西史编委会顾问、老同志白栋材等看望了与会代表。

13日~15日　全省普降大到暴雨，抚州、赣州、吉安、萍乡、新余5市平均降雨100毫米以上，抚州达198毫米；全省有54个县下了暴雨、大暴雨，44个水文站降雨量超过200毫米，广昌县水南站、宁都团结水库站降雨分别达476毫米和421毫米；抚河、赣江部分支流水位超历史最高水位。

16日　副省长胡振鹏在南昌会见了前来江西访问的台湾慈心慈善事业基金会谢政达先生一行。谢政达是慈心慈善事业基金会董事长，此次率代表团访赣，是为了捐建江西省吉安县、永新县、袁州区、乐平市和九江县的六所小学。会见结束后，举行了捐建签字仪式。

16日~22日　江西省开展“2002爱护人民币反假人民币宣传周”活动。此次活动内容以法制宣传、爱护人民币和人民币防伪知识宣传为主，面向城乡居民，重点是广大农民群众，目的是帮助农民群众了解人民币防伪的基本常识，增强自我保护能力，认清制作、贩运和使用假币是属于违法行为，自觉与制贩假币作斗争。

17日　省公安厅有关负责人在新闻发布会上宣告：在全省实行了半个世纪的“农转非计划指标管理”正式退出历史舞台，今后实行“条件准入”。

17日~18日　孟建柱、黄智权在南昌会见了到赣洽谈合作的浙江省知名企业家代表团一行。

18日　傅克诚会见了以吕宪治为团长的海外知名台湾企业家经贸考察团一行。

18日　国家“十五”重点工程——北京至福州国道主干线江西温家圳至沙塘隘段高速公路全线开工。

18日　受高低槽和中层切变线共同影响，从13日至16日，江西省中南部普降暴雨、大暴雨和特大暴雨，赣州市5日平均降雨量达215.8毫米。是日16时赣江1号洪峰顺利通过赣州市，实测洪峰水位101.58米，超过警戒线2.58米。

19日　江西省委政法委召开塑造江西政法干警新形象座谈会。省委常委、省委政法委书记舒晓琴到会讲话，就增强塑造新形象的责任感使命感、着力解决影响政法队伍形象的突出问题、提高教育活动实效等方面提出了要求。

20日　凌晨4时，赣江洪峰安全通过南昌市。南昌市八一桥实测洪峰水位23.03米，超警戒水位0.03米。

21日　《江西日报》报道，由省监察厅会同省物价局、省法制办、省外资办共同组织实施的名商投资企业对行政执法机关管理部门评议评价活动于上旬结束。结果表明，全省投资及经营软环境明显改善。25个被评议单位得分均在80分以上，达到优良等次，其中8家单位得分在90分以上，省国税局得分最高为94.8分。

21日~23日　中国共产党江西省代表会议在南昌召开。会议选举产生了39名江西省出席中国共产党第十六次全国代表大会的代表；讨论通过了省委《关于学习浙江经验，进一步提高改革开放水平，加快经济发展的意见（讨论稿）》和省政府4个配套文件。孟建柱、黄智权分别就贯彻落实江泽民总书记"5·31"重要讲话，学习浙江经验，提高改革开放水平，加快江西经济发展作了全面部署。

23日 黄智权、王君在南昌会见了以中央统战部副部长、中华海外联谊会副会长张延翰为总领队，全国工商联副主席任淑清为团长的中华海外联谊会港澳地区理事江西考察团一行。

23日 中部地区个私经济工作经验交流会在南昌召开。

24日 江西省18项申报国家社会科学基金项目近日获准立项，获项目资助金额109万元。其中高校15项，占全省项目总数的83.4%。高校立项数和获资助金额数是全省历年来最多的一次，与去年同比分别增长了114.3%和140.5%。

24日 随着电视片《自强、拼搏、奉献——记单腿独臂闯市场的全国劳模李洪应》在江西省电视台的播出，以"实践'三个代表'要求、塑造江西人新形象"为主题的全省党员教育电视片展播活动正式拉开帷幕。这次展播活动由省委组织部举办。参加展播的13部党员教育片，真实地再现了13个生动感人的典型事迹。

25日 由中央电视台、中国戏剧家协会等单位主办的第六届中国少儿戏曲小梅花大赛复选工作近日在江苏扬州结束。江西省报送的赵仕媛、周伟、万鹏飞、秦玮珑四位选手获得本年度"小梅花"称号。这是江西省选手首次获得"中国少儿戏曲小梅花"称号。

26日 江西省"6·26国际禁毒日"宣传教育活动在省强制戒毒劳教所展开。该所是江西省唯一的大型强制戒毒劳教所。省委常委、省委政法书记、省禁毒委主任舒晓琴，省人大常委会副主任黄名鑫，省政协副主席黄懋衡参加了宣传教育活动。

27日~28日 江西中北部又普降大雨，局部大暴雨。27日，全省平均降雨量19.7毫米；28日，全省平均降雨22.3毫米。孟建柱、黄智权高度重视水雨情，要求做好迎战大洪水的准备。

29日 省政府召开紧急会议，研究部署部分受灾县（市、区）的救灾和灾后重建工作。会议决定立即安排4350万元救灾救济款，分发到受灾严重的抚州市的广昌、南丰、南城、黎川、乐安、金溪县，赣州市的宁都、于都、兴国、石城县，吉安市的永丰、吉水、泰和县和青原区以及其他几个受灾县，重点用于灾民救济、倒房重建、水毁水利工程修复、县乡公路修复、中小学倒房重建、防疫治病等。会议要求，各受灾县（市、区）要进一步加强组织领导，抓紧开展生产自救，努力减轻灾害损失。

30日 午夜，鄱阳湖星子站及长江站水位分别为19.01米和19.51米，是入汛以来鄱阳湖和江西省境内长江第一次超警戒水位。

30日 孟建柱在南昌会见了以章孝严为团长的台湾"中国台商发展促进协会"赴赣访问团。

30日 全省国税部门坚持依法征税、应收尽收，加强征管，强化服务，实现了时间过半，完成全省国税收入任务过半。据统计，截至当日，全省累计组织入库国税55.1393亿元，完成年计划的51.1%，比去年同期增长7%，实际增加收入3.6194亿元。其中"两税"入库47.3181亿元，完成年计划的50.5%，同比增长7%。

30日 上半年，江西省固定资产投资快速增长。据统计，城镇以上固定资产投资完成196.66亿元，同比增长39.5%。其中：国有及其他固定资产投资完成173.37亿元，比去年同时增长40.8%；城镇集体投资完成1.82亿元，同比增长25.7%；城镇私营个体投资完成10.46亿元，同比增长1.7倍。

30日 上半年，江西省工业产销两旺。全省全部国有及年销售收入500万元以上的非国有工业企业累计完成工业增加值155.59亿元，比去年同期增长15%，增速同比加快3.2个百分点；全省完成工业销售产值497.98亿元，同比增长10.61%。

30 日　婺源县农户小额信用贷款帮农民致富的成功经验，推动了全省农户小额信用贷款向规范、务实、高效发展。截至当日，全省已有97.63%的农村信用社开办了小额信用贷款业务，贷款余额56.16亿元，其中今年净投放40.09亿元，占全部新增贷款的84.99%。已核贷发证329.99万户，占全省需要贷款农户数的86.45%；对300.54万户发放的56.16亿元贷款，占需贷款户的78.73%。

30 日　上半年，江西省房地产开发投资继续保持高速增长的势头。全省共完成房地产开发投资27.95亿元，比去年同期增长50.3%，高于全国平均增幅17.4个百分点，增幅居全国第六位。其中商品住宅投资15.25亿元，增长37.5%，投资额占整个房地产开发投资的54.6%。

30 日　据江西省对外经济技术合作办公室统计，上半年全省共签约横向经济技术合同项目2409个，已付诸实施的项目2137个，履约率达88.7%，实施项目比去年同期增长78.4%；合同引进省外资金342.2亿元，实际进资148.4亿元，分别比去年同期增长94.7%和171.26%，进资率达43.4%。

30 日　上半年电力生产呈现高速增长态势。江西省统调发电量95.5亿千瓦时，全网售电量87.4亿千瓦时，同比分别增长19.9%、16.6%。

本月　根据中央要求，省委决定成立省委巡视组，建立巡视制度，加大对领导班子及其成员特别是主要负责人的监督力度。

本月　经国家科技部批准，南昌农业科技园成为全国36个国家级农业科技园之一，也是江西省唯一的国家级农业科技园。该园核心面积667公顷，示范区0.33万公顷，辐射区2万公顷。

公元2002年7月							农历壬午年【马】						
日	一	二	三	四	五	六	日	一	二	三	四	五	六
	1 建党节	**2** 廿二	**3** 廿三	**4** 廿四	**5** 廿五	**6** 廿六	**7** 小暑	**8** 廿八	**9** 廿九	**10** 六月大	**11** 初二	**12** 初三	**13** 初四
14 初五	**15** 初六	**16** 初七	**17** 初八	**18** 初九	**19** 初十	**20** 十一	**21** 十二	**22** 十三	**23** 大暑	**24** 十五	**25** 十六	**26** 十七	**27** 十八
28 十九	**29** 二十	**30** 廿一	**31** 廿二										

1日　“塑造江西人新形象”歌咏晚会举行。孟建柱、黄智权、王君、傅克诚等以及各界群众1300余人观看了演出。“塑造江西人新形象”摄影美术书法作品展开幕。

2日　孟建柱在鄱阳湖沿线检查防汛工作。

3日　泰豪科技在上海证券交易所上市，成功发行4000万A股，成为中国智能建筑电气产业第一股。

3日～6日　省长黄智权就全省农村税费改革、工业园区建设、城市建设等工作率领省直有关部门负责人前往鹰潭市、上饶市进行调研。他强调，全省各级党委、政府要从实践“三个代表”的高度，认真贯彻江泽民“5·31”重要讲话精神，立足本地实际，学好用活浙江经验，以工业化为核心，以大开放为主战略，以体制和科技创新为强动力，搞好工业园区建设，加速推进工业化进程；充分认识搞好农村税费改革的重大意义，按照中央和省委、省政府的要求和部署，积极稳妥地推进农村税费改革，为实现赣东北在江西的快速崛起而努力奋斗。

鹰潭市赣东商城

4日　全省市县乡机构改革工作电视电话会议召开，会议传达了全国编办主任会议暨机构编制系统先进集体和先进工作者表彰会议精神，对市县乡机构改革工作再安排、再部署。

4日　由江西省写作学会主办的江西省首届大学生写作大赛历时四个月，近日在井冈山师范学院落下帷幕。大赛评委会本着“发现和培养高素质写作人才，促进全省高校写作教学和研究”的宗旨，对各高等院校经过初赛选拔后推荐的近300篇优秀作品进行了认真的评审，从中评选出了一批佳作。此次大赛得到了各参赛学校领导和有关部门的大力支持，大赛以后将每两年举办一次。

5日　《当代江西简史》出版座谈会在南昌举行。王君到会讲话，指出:《当代江西简史》是一部具有重要意义和学术价值的著作，它的出版，将有助于增进和加深我们对当代江西历史的认识、对今天奋斗的理解和对未来发展的思考，是实现江西在中部地区崛起的生动教材和良师益友。陈达恒主持座谈会，舒圣佑和老同志白栋材等有关领导与专家学者50多人出席。《当代江西简史》获江西省第十一次社会科学优秀成果一等奖。

6日　科技部、教育部联合发文，批准同意南昌大学启动建设国家级大学科技园。这是迄今为止江西省唯一获准启动建设的国家级大学科技园。南昌大学科技园通过验收后，将被正式授予“南昌大学国家大学科技园”称号。

7日　为贯彻落实“三个代表”重要思想，深入实施人才强国战略，树立和宣传当代专业技术人员先进典型，引导和激励广大专业技术人员积极投身建设有中国特色社会主义的伟大事业，中共中央组织部、中共中央宣传部、人事部、科学技术部作出决定，授予50名同志“杰出专业技术人才”荣誉称号。南昌大学教授江风益获此殊荣。

8日　在日前召开的第十二届国际水土保持大会上，代表江西省水土保持科研最新成果的《红壤丘陵坡地水土保持与防洪减灾技术研究初报》等四篇论文得到国内外专家的关注并获得好评，标志着全省水土保持科学研究又迈上了一个新台阶。

8日　中组部、中宣部、人事部、科技部在北京人民大会堂联合举行全国杰出专业技术人才表彰大会。江西省国防工业战线代表中航第二集团公司高级工程石屏，结合K－8飞机设计、研制、出口生产线等事例，在表彰大会上讲述了自己和洪都航空工业集团职工赶超世界先进水平、研制国际一流教练机过程中忘我工作的情况，体现了科技工作者为推动祖国航空事业发展兢兢业业、呕心沥血、艰苦奋斗的精神。

8日　全省公安机关“严打”整治斗争暨反盗窃专项行动讲评会议召开。今年以来，全省公安机关开展的“严打”整治斗争取得显著成绩。据统计，截至目前，全省公安机关在破案攻坚和打流追逃战役中，共破获各类刑事案件23094起，查获犯罪集团910个，抓获犯罪嫌疑人17894人；在反盗窃专项行动中，破获各类盗窃案件10891起，摧毁犯罪团伙335个，抓获犯罪嫌疑人4548人，缴获赃款赃物价值1227万余元；在打击公共娱乐场所吸食、贩卖毒品统一行动中，查获吸毒人员230人，抓获贩毒嫌疑人22名，缴获摇头丸3750粒、海洛因223.1克、K粉602包、大麻6克。此外，还打掉一大批公安部挂牌督办的黑社会性质犯罪组织，抓获一大批涉案人员等。

8日~10日　孟建柱前往宜春市、新余市考察。他强调，各级党委、政府要紧紧抓住发展这个执政兴国的第一要务，进一步发挥好、引导好、保护好广大基层干部群众中蕴藏的社会主义建设积极性，不断提高改革开放水平和驾驭全局能力，以奋发有为、求真务实的精神状态，走出一条符合当地实际加快发展的新路。孟建柱和随行的省领导彭宏松、陈达恒一行先后在高安市、上高县、铜鼓县、宜丰县、万载县、袁州区、分宜县、新余城区深入工厂、农村、学校、工业园区，与基层干部群众亲切交谈，广泛了解经济发展和群众的生产生活情况。宜春市市委书记危朝安、市长宋晨光，新余市市委书记洪礼和、市长金细安先后陪同考察，省劳动和社会保障厅、省交通厅、省教育厅、省民政厅、省林业厅、省农业厅、省委政策研究室、省计委、省财政厅等有关负责人参加了考察。

9日 在庐山召开的全省煤矿安全整治暨安全监察工作会议，总结了去年以来全省煤矿安全整治和安全生产的情况，部署今年深化煤矿安全专项整治工作，出台了2002年全省深化煤矿安全专项整治实施方案。

10日 出席全国法院系统表彰大会的"全国人民满意的好法院"代表熊承俊、"全国人民满意的好法官"代表席维花载誉归来。省委常委、省委政法委书记舒晓琴看望了代表，并对受表彰的先进集体和个人给予了肯定。

10日 省民政厅近日对全省实施首批"星光计划"的17个城区和部分县进行检查考评与验收，全省首批"星光计划项目"已全部建成，所建的308个"星光老年之家"陆续面向社会开放。目前，全省第二批"星光计划"350个项目业已开始建设。

11日 省军区对机关和全区各单位军队预算编制进行重大改革，目前已逐步建立起财权财力集中、军费分配科学、项目个体透明、监督制约严密的军队预算新模式，使现行预算编制与国家新的预算制度相接轨。这是省军区按照新时期战略方针要求，与时俱进推动部队现代化建设的重要举措。

11日 江西—宁波经济技术合作项目洽谈会在南昌隆重举行。这次由宁波市政府组织部门负责人和企业代表共100多人组成的经济技术项目前期考察洽谈团，主要是为今年8月浙江省在江西举办的大型经贸活动进行项目对接。副省长蒋仲平、省政协副主席金异、宁波市考察洽谈团全体成员、江西省各设区市代表团成员、省直有关部门负责人共约800人出席洽谈会。

11日 国家体育总局在南昌召开2002年全国优秀运动队文化教育工作会议。国家体育总局副局长段世杰、副省长胡振鹏等出席会议，并向荣获"全国优秀运动队先进文化教师"、"全国优秀运动队先进教育工作者"称号的优秀教师和先进教育工作者代表颁发了荣誉证书。

12日 江西省领导干部学法用法工作电视电话会议在南昌举行。此次会议是贯彻全国领导干部学法用法工作电视电话会议精神，交流、部署全省领导干部学法用法工作的一次重要会议。

12日 省政府召开全省整顿和规范市场经济秩序电视电话会议，总结上半年集贸市场、加油站及其税收专项整治工作情况，研究和部署下半年整顿和规范市场经济秩序工作的重点。

13日 宜春市于2000年3月在袁州区湖田乡试点，率先在全国展开了农村无职党员设岗定责工作。两年来，该市已有4.68万农村无职党员上岗，占农村无职党员总数的2/3。目前，一批浙江绍兴客人专程前来探寻宜春农村无职党员设岗定责的工作经验。近几个月来，已有北京、江苏等10多个省（市）的30余个单位来宜春考察或电话索取资料，宜春农村党建工作经验正在全国推广。

14日 省旅游局发出消息：全省出国（境）游由江西省海外旅游总公司独家包揽的局面宣告结束。经国家旅游局批准，全省又有8家旅行社成为本年度出国（境）游组团社。与经营权逐步放开相配套，《江西省出国（境）旅游市场管理若干问题的意见》同时出台。

15日 省政府召开全省"学习浙江经验、加快工业崛起"电视电话会议。

15日～19日 中共中央政治局委员、国务委员、中央政法委员会书记罗干在江西省考察工作。他强调，各级党委、政府和政法部门要以高度的政治责任感，深入推进"严打"整治斗争，全面落实社会治安综合治理各项措施，确保中央确定的社会治安有新的明显进步的目标实现，为党的十六大胜利召开创造良好的社会治安环境。罗干在孟建柱、黄智权、王君等陪同下，先后考察了南昌市、井冈山市、景德镇市等地，了解当地经济社会发展和社会治安情况。中央政法委副秘书长张耕随同考察。

16日 江西长运在上海交易所上市发行，成为中国以公路客运为主业的第一家上市公司。

16日 交通部副部长张春贤一行在赣进行了为期5天的调研活动。副省长凌成兴陪同考察。张春贤一行驱车2300多公里，深入南昌、抚州、赣州、吉安、宜春、九江、景德镇、上饶等市的部分县市区，考察了江西的高速公路、国省道、县乡公路的现状。张春贤充分肯定了全省打破交通“瓶颈”制约的决心和魄力。

17 日 江西省最大的国际集装箱码头建设方案正式敲定。该工程总投资 1.5 亿元，占地 560 亩，年吞吐量为 10 万标箱，预计于本年 11 月初开工，2004 年元月建成并投入使用。这是全省交通建设史上最大的水上基础设施工程，也是全国内河第二大集装箱码头。

18 日 审计署副审计长令狐安日前在江西考察审计工作时强调，各级审计机关要继承和发扬革命传统，紧紧围绕党委、政府的工作大局，发挥审计优势，积极为实现江西在中部地区崛起服务。

18 日 由张家港市华夏交通设施材料有限公司和江西省航科交通设施有限公司投资 2000 万元开发的生产基地投产，结束了江西省依靠从外省购买高速公路安全设施系列产品的历史。

18 日 江西省规模最大、功能最全、辐射最广的农副产品专业批发市场——赣州南北蔬菜水果水产土特产批发大市场开业。该市场占地面积 141 亩，总投资 9500 多万元，是赣州市发展农业产业化的“龙头”项目，并将成为赣、粤、闽、湘四省边界的农产品集散中心。

新鲜蔬菜供应市场

19 日 全省农村“三个代表”重要思想学习教育活动总结表彰电视电话会议召开。孟建柱在讲话中强调，学习和实践“三个代表”重要思想是一项长期任务，各级党委一定要提高认识，统一思想，认真贯彻落实全国总结表彰会议精神，把全省学习教育活动的成果总结好、巩固好、发展好，进一步加强和改进农村基层组织建设，努力开创农村工作的新局面。省领导王君、傅克诚、董君舒、潘逸阳、韩京承等出席会议。王君主持会议，傅克诚宣读了省委关于表彰吉安县委等 89 个先进集体和万年县裴梅镇党委书记胡红英等 11 位基层干部标兵的决定，董君舒传达了全国农村“三个代表”重要思想学习教育活动总结表彰会议精神。会议在南昌设主会场，省委农村“三个代表”重要思想学习教育活动领导小组成员、省直有关部门负责人、各设区市学教活动办公室负责人和受表彰的先进集体和基层干部标兵代表参加；各设区市、各县（市、区）设立分会场，各设区市、县（市、区）委学教活动领导小组成员，乡镇、村和县直部门、乡镇站所主要负责人等，分别参加分会场会议。兴国县委等 4 个单位和个人在主会场发了言。对部分先进集体和基层干部标兵进行了颁奖表彰。

19 日 江西省体育代表团在第二届全国体育大会上获得 7 金 4 银 6 铜，团体总分 131 分，在全国 59 个代表团中金牌、团体总分均排第十名，这是江西省参加历届综合性体育赛会比赛成绩最好的一次，并荣获了“体育道德风尚代表团奖”。江西省体育代表团参加第二届全国体育大会总结表彰会在南昌举行，副省长胡振鹏出席并向运动员代表颁奖。

20 日 江西省农村税费改革工作电视电话会议在南昌召开。会议的主要内容是总结前一阶段全省农村税费改革工作，部署当前农业税收征管工作，规范农村各项主要收费。

21 日～24 日 全国广播影视局长座谈会在井冈山市召开。中宣部副部长、国家广电总局党组书记、局长徐光春出席。会前，孟建柱、黄智权、王君等在南昌会见了徐光春一行。

22 日 省政府在南昌召开第二十一次全省民政会议。孟建柱、黄智权、民政部副部长罗平飞出席会议并讲话。彭宏松作工作报告。

22 日 江西省电信业首家在境外整体上市的公司——江西移动通信有限责任公司揭牌。

22 日～23 日 国家建设部在南昌召开安徽、江西、湖北、湖南四省移民建镇工作现场会。建设部部长汪光焘在会上讲话。黄智权到会致辞。会议期间，孟建柱会见了建设部部长汪光焘一行。

23 日～29 日 省九届人大常委会第三十一次会议在南昌召开。省人大常委会副主任钟起煌、周懋平、陈癸尊、彭崑生、钟家明、黄名鑫、张克迅、全文甫、张海如，秘书长崔林堂出席会议。会议表决通过了《江西省人口与计划生育条例》、《江西省林木种子管理条例》、《关于修改江西省实施〈中华人民共和国工会法〉办法的决定》、《江西省人民代表大会常务委员会关于江西省第十届人民代表大会代表名额分配和选举问题的决定》、《江西省人民代表大会常务委员会关于县级人民代表大会选举时间的决定》、《江西省人民代表大会常务委员会关于县、不设区的市、市辖区人民代表大会常务委员会组成人员名额的决定》、《江西省人民代表大会常务委员会关于新余市人民代表大会换届选举有关事项的决定》、《江西省人民代表大会常务委员会关于吉安县人民代表大会代表名额的决定》、《江西省人民代表大会常务委员会关于批准 2001 年省本级决算的决议》、《江西省人民代表大会常务委员会关于预防和制止家庭暴力的决定》及任免名单。

25 日 孟建柱在南昌会见了深圳青年企业家赴江西商务考察团一行。

26 日 第七届华东六省一市新闻摄影作品评选日前在江苏省扬州市揭晓。《江西日报》选送的《飞车井冈山》（作者：周霖）、《江西有座古宅“船”》（作者：彭京）获得一等奖，另有 12 件作品分获二、三等奖。

26 日 省委、省政府十分重视今年全省安置三峡移民的房建工作。副省长蒋仲平、凌成兴冒着炎夏酷暑，现场察看了奉新县干洲镇和干洲垦殖场的沙田、刘边、枧下等 5 个正在建设中的三峡移民安置点房屋施工进展情况。目前，移民委托代建的 110 幢住房，已完成工程的 80% 以上，可保证三峡移民在 8 月下旬按时搬迁。

27 日 孟建柱亲切看望慰问了空军某部官兵和南昌钢铁有限责任公司转业复员退伍军人、军烈属。他代表省委、省政府、省军区向驻赣全体官兵和全省转业复员退伍军人、军烈属致以亲切的节日问候。他强调，各级党委政府、各级领导要进一步发挥好转业复员退伍军人在社会主义现代化建设中的重要作用；同时认真了解转业复员退伍军人的实际困难，关心、爱护、帮助他们，着力为他们排忧解难。

28 日 蔡冠深教育奖励基金第七次颁奖暨万修元先生、刘欢女士捐资办学仪式在南昌县三江镇举行。全国人大常委会委员、原江西省委书记万绍芬参加仪式并发言。省人大常委会副主任黄名鑫，省政协副主席梅亦龙、王林森等省市有关领导参加捐赠大会。27 日晚上，省委副书记王君在南昌会见了万绍芬、香港新华集团总裁蔡冠深的特别助理李宗伯先生、万修元先生和刘欢女士等。

29 日 共青团江西省委在南昌举行“十佳百优江西青年新形象标兵”表彰会。

30 日 江西省工程咨询协会在南昌成立，这标志着全省工程咨询行业管理步入正规化、法制化轨道。省长黄智权为协会成立发来贺信，中国工程咨询协会会长佘健明，省委常委、常务副省长彭宏松出席成立大会并讲话。

30 日 庆祝建军 75 周年全国书画作品展在江西省博物馆开展。省政协副主席刘运来、省军区政治部主任王峰出席开幕式并参观展览。展览由省军区政治部、省文化厅、文化部中国对外艺术展览中心、省文联、南昌市委宣传部主办。

31 日 孟建柱、傅克诚会见了上海希望工程爱心之旅全体成员。

2002 8月 August

公元2002年8月 农历壬午年【马】													
日	一	二	三	四	五	六	日	一	二	三	四	五	六
				1 建军节	2 廿四	3 廿五	4 廿六	5 廿七	6 廿八	7 廿九	8 立秋	9 七月小	10 初二
11 初三	12 初四	13 初五	14 初六	15 初七	16 初八	17 初九	18 初十	19 十一	20 十二	21 十三	22 十四	23 处暑	24 十六
25 十七	26 十八	27 十九	28 二十	29 廿一	30 廿二	31 廿三							

1日　江西省“四特杯”第十一届运动会“中国移动GPRS杯”火炬传递活动点火仪式在八一起义纪念塔下隆重举行。孟建柱、黄智权、吴新雄等出席仪式（2日，火炬传递车队从南昌洪城大市场出发，在全省11个设区市之间传递）。

2日　国家电力公司和华中电力公司考评组近日在对江西电力高度通信中心进行考评时，为该中心的创建工作打出了486.8的高分，名列全国电调之首。这标志着江西电网调度自动化水平步入全国电网的先进行列。目前，全省已形成了以南昌机构为中心，北起九江，南至赣州，东接上饶，西抵萍乡的统一大电网。江西电网调频合格率始终保持在99.9%，创全国一流调度水平。

2日　江西省浙江企业联合会在南昌正式成立。作为国家民政部组建“异地商会”的试点，江西省浙江企业联合会是适应改革开放和国内合作深入发展的需要，由在江西参与开发建设的各个行业、不同所有制的浙江企业自愿参加的全区性合作组织。

2日　我国第一套全国统一的税收征管软件CTAIS软件在南昌市国税系统成功上线运行。该软件系统的上线，标志着南昌市国税系统税收征管的信息化迈上新台阶，为南昌经济发展服务提供了又一条“高速通道”。目前，该系统已成功推广到全国15个省市的22个试点城市，南昌是江西省唯一的试点城市。

3日　由中国人民对外友好协会、中国国际友好城市联合会、中日友好协会、中国乒协、日本日中友协、日本乒协等单位联合举办的中日友好交流城市初中生乒乓球大赛在北京举行，江西省与日本友好县——岐阜县初中生联队进入前八名，获得本次大会的最高奖——优胜奖。

4日　省委、省政府发出《致全省农民朋友的第二封公开信》。号召全省广大农民朋友要以税费改革为动力，把党中央、国务院的关怀变为实际行动，解放思想，开拓进取，努力学习新的生产技术，不断开拓致富门路，勤奋工作，为实现江西在中部地区崛起作出应有的贡献。同时，省委、省政府公布了《江西省农村主要收费项目和标准》。

4日　由中共浙江省委书记张德江，省委副

书记、省长柴松岳率领的浙江省党政代表团乘飞机抵达南昌，开始对江西省进行考察访问。当天，江西、浙江两省领导座谈会在南昌举行。江西省领导孟建柱、黄智权、王君、傅克诚、彭宏松、董君舒、吴新雄、陈达恒、陈礼久、张海如、蒋仲平和浙江省领导张德江、柴松岳、齐传秀、黄兴国、张曦、茅临生及代表团其他成员参加了座谈会。会后，举行浙江省向江西省老区赠款5000万元的捐赠仪式。随后，两省领导共同出席了两省经贸洽谈暨经济技术合作项目签约仪式，共签约138个项目，其中投资类项目124个，协议总投资104.5亿元，浙江方投资合计98.95亿元。5日至7日，浙江省领导以及浙江省党政代表团其他成员，先后到井冈山、吉安市和南昌市参观考察。江西省领导孟建柱、黄智权等陪同考察。7日，在赣浙江企业家座谈会在南昌举行。浙江省长柴松岳主持。浙江省党政代表团全体成员出席了座谈会。江西省委副书记王君、副省长蒋仲平等省领导出席了座谈会。

5日 由省计生委、南昌市计生委、青山湖区计生委联合组织的“学习贯彻《人口与计划生育法》三下乡活动”在南昌市青山湖区扬子洲三联村举行，由此拉开了江西省《人口与计划生育法》宣传月活动的帷幕。《人口与计划生育法》9月1日正式实施。

6日 香港龙山基金会向江西捐赠175万元，用于扶助文化教育事业。

6日~7日 民建中央法制委员会第六次全体会议暨我国社会保障法律问题研讨会在南昌召开。全国政协常委、民建中央副主席冯梯云等出席会议。

7日~10日 以陈迪光为团长的西班牙知名侨领代表团访问江西省。在南昌期间，孟建柱会见了代表团一行。

8日 江西省企业联合会、企业家协会年会暨表彰大会在南昌召开。孟建柱到会讲话。

11日 安徽省政府考察团一行来赣进行为期4天的考察。黄智权、彭宏松会见了考察团一行。13日，孟建柱在南昌会见了安徽省政府考察团一行。

12日 孟建柱、黄智权在南昌会见了中国科协党组书记、中国科协副主席张玉台为团长的中国科协“科学家学习考察团”一行。

14日~18日 孟建柱、黄智权率江西省学习考察团一行100多人，在福建进行为期5天的学习考察。在闽期间，14日下午与福建省委书记宋德福、省长习近平、省政协主席陈明义、省委副书记卢展工、梁绮萍等一起，参加了在福州举行的两省交流座谈会和《关于进一步加强两省经济技术全面合作的协议》签字仪式；15日至17日，先后考察了福州、福清、泉州、厦门等地的市政建设和经济技术发展情况；18日，与福建省领导习近平、梁绮萍一起出席了“2002年江西横向经济合作（厦门）项目洽谈会”开幕和签约仪式，并在仪式前与来自福建、广东、浙江、上海及香港、澳门、台湾地区的企业家260多人进行了座谈。会后，孟建柱、黄智权分别接受了赣、闽两省新闻记者采访。

19日 省委组织部组织的赴香港“人才开发与培训管理”专题研究班在南昌开班，研究班由33名分管干部教育或专职干教的干部组成，分别来自各设区市委组织部、党校等单位。这是江西省首次在境外举办干教干部专题研究班。专题研究班采取两头在内、中间在外的方式进行。

20日 江西省科学技术奖励大会在南昌举行。孟建柱出席大会并讲话。黄智权主持大会。省领导王君、朱治宏、彭宏松等出席会议。胡振鹏宣读了《江西省人民政府关于2000年、2001年度江西省科学技术奖励的决定》。

21日 孟建柱在全省高校书记、校长暑期研讨会上强调，要充分认识高等教育在实现江西崛起中的重要作用，进一步增强办好高校的责任感、使命感，积极鼓励各高校解放思想、勇于开拓、积极探索、大胆实践，加快江西省高水平的高等教育体系建设，力争建成一至几所在国内有一定知名度的大学。

21日 全省纪检监察系统优化发展环境、源头治理腐败工作座谈会在抚州举行。省委副书记、省纪委书记傅克诚强调，全省各级纪检监察机关要以“三个代表”重要思想为指针，认真贯彻省委关于“解放思想、加快发展要坚定不移，从严治党、惩治腐败也要坚定不移”的指导思想，紧紧围绕服从服务于经济建设这个中心，加强反腐败三项工作，进一步优化发展环境，加大源头治理腐败力度，促进全省改革开放和经济建设更快更好地发展。会上，抚州、南昌、上饶、萍乡、省国税局、省国土资源厅等6个单位介绍了优化发展环境，源头治理腐败工作的经验。

21日 国家林业局及省“十五”期间重点建设项目——江西省林木种苗示范基地建设项目组培中心大楼在昌北省林科院正式破土动工，这是目前我国中部地区最大的在建林木种苗基地。该项目建设总规模为149.6公顷，总投资2361万元。其中，高新技术示范园2公顷，苗木生产示范园45公顷，种质资源收集区62.6公顷，实验示范区40公顷，组培中心大楼将作为应用生物技术开展植物新品种选育、技术创新及成果转化的技术平台，是原种创制和孵化中心。

22日 司法部在南昌召集上海、江西、浙江等8省市司法行政系统有关负责人进行座谈，讨论正在制定的《中华人民共和国司法部2003～2005年司法行政系统人民警察队伍建设规划纲要》。司法部主持制定该《纲要》旨在促进建设一支规范化、专业化、高素质的司法行政队伍。该《纲要》年内在全国颁布实施。

23日 江西省有9个食品工业项目日前通过了国家计委组织的农副产品深加工专项工程项目专家评审。这些项目将作为国家农副产品深加工食品工业示范工程，由国家计委按总投资额10%左右的比例给予专项资金支持。9个项目总投资为9.02亿元，这意味着全省可得到约9000万元的专项资金。这些项目建成投产后，可新增年销售收入约21亿元。9个项目包括德兴市异VC钠公司年产2万吨D－异抗坏血酸钠扩建项目、江西省猕猴桃酒业股份有限公司年产万吨猕猴桃干酒项目、江西汪氏蜜蜂园有限公司年产万吨汪氏蜂蜜项目、江西省武冠油脂食品有限公司茶油深加工及茶粕综合利用项目、中粮集团18万吨燕谷米加工项目、江西英雄乳业股份有限公司功能性营养乳项目、兴国县灰鹅深加工项目、横峰县葛系列产品深加工项目和江西煌上煌集团有限公司年产万吨新含气调理保鲜食品工程项目。

23日 洪都航空工业集团与福克及麦道飞机公司正式签订了民用飞机项目全面合作协议，双方可合作生产民用飞机。此项目协议金额高达8亿美元，在南昌设立合资公司。其中，中方占有45%的股份，外方占有55%的股份，双方合作生产福克支线客机和麦道飞机。合资公司成立前三年，外方负责提供全套成熟的福克支线客机与麦道飞机设计生产技术、零部件及成附件供应，合资公司负责总装交付150架支线客机和500架麦道飞机，并由外方负责销往国际市场。三年后，合资公司在此基础上，逐步实现部分零部件的国产化，并积极开拓国际国内市场。

洪都航空工业集团公司生产车间

24日 中国国际农产品深加工食品工业成果展开幕，以“绿色江西，绿色食品”为主题的江西展区，深受国内外宾客的青睐。展台上，得雨活茶、泰和乌骨鸡、万年贡米等名牌产品、绿色食品，引人注目。江西展区组织了100多家企业的200多个产品参展，极大地丰富了展示内容，具有鲜明的赣地特色，充分展示了江西新形象。

形成产业化生产的泰和乌骨鸡

25日 115户共469名三峡移民顺利抵达奉新县。这是江西省2002年接收安置727名三峡移民的最后一批。至此，江西省全面完成了国务院下达的5000名移民安置任务。这5000名移民分别安置在靖安、奉新、永修、峡江4个县34个乡（镇、场）的94个安置点。

26日 应挪威工党和冰岛、芬兰两国政府的邀请，中共中央候补委员、中共江西省委书记孟建柱一行启程前往上述3国进行友好访问。

27日 国务院三峡建委办公室召集迁入地和迁出地负责人在南昌召开江西省三峡移民工作座谈会，副省长凌成兴出席并讲话。国务院三峡建委办公室党组成员张宝欣对江西省的三峡移民接收安置工作给予了高度评价，认为江西省省、市、县、乡各级政府十分重视三峡移民接收安置工作，调整田地、移民建房、基础设施建设等各项措施扎实，扶持移民发展二、三产业尽心尽力，工作效果比较明显，移民生活条件不错，发展生产势头很好，整体思想情绪稳定。

28日 全省农村税费配套改革工作电视电话会在南昌召开，会议总结回顾了7月下旬以来的税费改革工作，并对全省农村税费配套改革工作进行了全面部署。省委常委、常务副省长彭宏松出席会议并讲话。会议强调，积极稳妥地推进农村税费配套改革，必须突出重点，明确目标。今后一段时间，要重点抓好以下8个主要方面的配套改革：认真做好撤并部分乡镇的工作；切实抓好村组合并的工作；合理调整农村中小学网点布局；精简乡镇机构和人员；精减和优化教师队伍；完善县乡财政体制，规范县、乡、村之间的分配关系；建立有效的农村负担监督机制；健全和完善“一事一议”制度。

28日～29日 国家防总副总指挥、水利部部长汪恕诚一行在省领导黄智权、傅克诚、孙用和的陪同下，检查指导江西省的防汛工作。在赣期间，检查团视察了九江市城防四、五号闸和九江大堤王以珍段、鄱阳湖的水情和防汛工作。汪恕诚称赞江西省长江干堤整治工程质量过得硬，他指出，长江、鄱阳湖高水位将持续一段时间，沿江沿湖各地一定要克服麻痹思想，确保防汛最后胜利。

29日 新干赣江大桥工程建设正式破土动工。大桥及连接线工程是赣粤高速公路的重要组成部分，全长16.72千米，总投资1.46亿元。

31日 省领导干部双休日新知识讲座在南昌举行，国家税务总局副局长郝昭成作了《关于推进依法治税问题的若干思考》专题讲座。共有1600多人参加听讲座。郝昭成长期从事财税工作，曾参与研究了加入世贸组织对我国税收的影响和应对措施，参与起草了现行的《中华人民共和国外商投资企业和外国企业所得税法》等。此次讲座，他从落实“三个代表”重要思想和贯彻依法治国方略高度，深刻分析了我国当前依法治税面临的形势，精辟阐述了依法治税的重要性和必要性，全面介绍了我国推进依法治税的指导方针、目标任务和具体措施。

公元2002年9月 农历壬午年【马】													
日	一	二	三	四	五	六	日	一	二	三	四	五	六
1 廿四	2 廿五	3 廿六	4 廿七	5 廿八	6 廿九	7 八月小	8 白露	9 初三	10 初四	11 初五	12 初六	13 初七	14 初八
15 初九	16 初十	17 十一	18 十二	19 十三	20 十四	21 中秋节	22 十六	23 秋分	24 十八	25 十九	26 二十	27 廿一	28 廿二
29 廿三	30 廿四												

1日　以彭宏松为团长的江西省经济友好代表团离开南昌启程前往美国、加拿大进行友好访问。

2日　省妇联与省外国专家局在南昌联合举办“一村一品”科技讲座，邀请日本大分县国际交流中心专务理事后藤佐代子女士，讲授妇女在“一村一品”建设中的作用，并传授日本大分县“一村一品”的经验。大分县的“一村一品”运动，是帮助每个村开发一种独创的新产品，带动当地的人力资源和新产品开发，最终达到促进农村经济发展的作用。

3日　《江西日报》报道，“江西省超级稻云南示范项目”获得成功。由江西省农科院水稻所选育的三系杂交稻组合“中优752”示范0.062公顷，每公顷产16227千克；两系亚种间组合“安两伏1218”示范0.021公顷，每公顷产15249千克，水稻单产创江西历史最好水平，在2002年云南示范的几个省份中产量也为最高，表明江西水稻科研和良种推广仍居全国领先水平。

3日　省中医院近日引进“外星人”双能X线骨密度检测技术，使骨质疏松症的检测更客观、准确。该院引进的“外星人”骨密度检测技术，能以最佳精密度和准确性对骨骼的矿物质状况进行评估，对骨质密度提供准确的诊断，同时还可测定骨结构和骨强度，预测骨折危险度。

4日　黄智权、王君、傅克诚在南昌看望了由全国政协副主席罗豪才率领的部分在京全国政协常委、委员赴赣视察团一行。

4日　安福县近日出土一批东汉出土文物，文物保存完整，造型美观，具有典型的东汉风格，有很高的研究和欣赏价值。这批出土文物包括东汉鸟兽纹青铜镜1面、兽首纹青铜带钩1条、桥形纽青铜印玺1枚、琉璃鼻塞1个、素面磨光石砚板1块、铁刀1把、东汉盘口陶罐5个、汉五株铜钱10余枚和大量碎陶片。其中，东汉鸟兽纹青铜镜保存完好，纹饰繁缛，非常精美；东汉兽首纹青铜带钩造型美观，纹饰清晰可见；东汉桥形纽青铜印玺保存完整，底部刻有篆体文字。经初步鉴定，此三件青铜器为汉代典型的标准用器，属国家二级珍贵文物。

5日　在云南省昆明市召开的第十六届全国

荷花展览暨荷花分会年会上，与会代表对《广昌白莲志》格外青睐。《广昌白莲志》是广昌县离退休老干部符镇国和白莲研究所谢克强所著，是全国首次用“志”写莲的科普作品，该书荟萃了该县白莲研究所的成果，提炼了当地莲农在长期生产实践中积累的宝贵经验，同时还详尽地介绍了广昌人研制的“莲宴”美食菜谱。

6日　江西省首届“花博会”上，占地面积最大的南昌“豫章园”成为11个地市中最早显露芳容的园区。“豫章园”位于“花博会”会场的主入口右侧，占地面积4087平方米。它以模拟的赣江为构图中心，上面铺上27毫米厚的双层钢化玻璃，形成“人在水上走，水在脚下流”的效果。道路的北侧为一面艺术性的军旗状景墙，长28米，高约2米，有6个滚动的灯箱广告窗，用来展示南昌花园城市建设的各项成果。军旗右侧是杆高4.2米的花岗岩步枪，旁边有江泽民的亲笔题词“军旗升起的地方”。南侧的文化柱广场颇具特色，中间立有9根高6.6米、直径70厘米的浮雕花岗岩柱，每根柱子都再现了南昌深厚的历史文化底蕴，其内容按历史时间顺序分别为“灌婴筑城”、“滕王阁”、“万寿宫”、“八大山人”以及“军旗升起的地方”等9个图案。

7日　为期两天的江西省首届连环画交流大会在新余市举行。共有103件拍品竞拍。其中一本由著名连环画家刘旦宅绘制的《李时珍》，原价不足1元钱，竞拍底价为500元，经几轮竞价，最后以3000元成交。

8日　第六届中国投资贸易洽谈会在厦门开幕。江西代表团480余人出席了开幕式。

9日　人民防空宣传工作会议在南昌召开。会议指出，要充分认清加强人防宣传工作的重大意义，积极营造人防建设的良好氛围；要大力推进人防宣传工作的改造创新，不断提高人防宣传效果；要努力加强对人防宣传工作的组织领导，把人防宣传工作搞扎实。

9日　南方宝元债券型基金在江西省11个设区市同时发行，这是江西省首次代理发售开放式基金。该基金是由南方基金管理公司发行的首只债券型开放式基金，发行基金总额50亿元，认购面值1元，认购费率为0.3%至0.8%，赎回费率为0.3%，各种费率仅为其他几只开放式基金费率的一半。该基金以债券投资为主，股票投资为辅。投资对象为国内依法公开发行的各类债券、股票以及中国证监会允许基金投资的其他金融工具。该基金资产配置是，债券投资的比例最低为45%，最高为95%，股票投资比例超过35%。

10日　江西省首次成立输血与血液管理专业委员会，对医院临床输血、采供血机构、采浆站进行统一管理，这标志着全省输血与血液管理工作走向了科学化、规范化。委员会成立后，将开展临床输血、采供血（浆）方法与管理调查研究，推广先进的采供血（浆）方法和安全有效的输血方法，提供相关咨询服务，并承担全省医院输血科、血库、血站、采浆站工作人员的业务培训任务。

11日　在2001年度铁道部进京、进沪、进穗直通旅客快车和较大车站客运工作竞赛中，南昌铁路局有五对列车（南昌至北京西T168/7次、南昌至上海K288/7次、南昌至广州东T171/2次、南昌至北京西T145/8、T147/6次和南昌至北京西1453/4次）获“红旗列车”称号，三对列车（鹰潭至上海2183/2、2184/1次，南昌至南京西2239/40次，九江至上海2135/8、2136/72次）获“质量达标列车”称号，南昌站获“全路文明车站”称号。

12日　为期两天的全省停产关闭破产国有企业党的工作现场会在九江召开。会议的主要议题是以江泽民“三个代表”重要思想和“5·31”重要讲话精神为指导，总结交流近年来江西省停产关闭破产国有企业党的工作经验，研究部署在新的历史条件下进一步加强和改进基层党建工作，为推进改革和发展，维护企业和社会稳定提供坚强的组织保证。王君在讲话中要求，要全面贯彻“三个代表”重要思想，以改革创新精神推进党的基层组织建设；要加强停产关闭破产国有企业党的工作，为改革发展稳定大局服务；要切实加强领导，确保基层党建工作的各项任务落到实处。

13日　中国景德镇陶瓷文化精品展在里加拉脱维亚外国艺术博物馆揭幕。共有200多个品种的3000多件陶瓷制品向拉脱维亚观众展现了“白如玉、明如镜、薄如纸、声如磬”的独特风采。参展的作品包括种类繁多的器形、玲珑剔透的薄胎、斑斓瑰丽的色釉、变化奇诡的窑变、典雅秀丽的青花、五彩缤纷的彩绘、巧夺天工的雕塑等，都是中华民族文化的艺术瑰宝，其造型之美、工艺之精、题材之广、风格之新可谓空前，具有极高的收藏价值。

14日 在杭州举行的2002年中国精品名茶博览会上，于都县送展的“盘古神茶”以98.62的高分夺得国家级金牌。据国家茶叶检测中心检验，“盘古神茶”有害物质含量为零，达到国家、行业无公害农产品标准，被认定为“无公害农产品”。该茶采用春分至谷雨前的初展鲜芽，经摊青、炒青等20多道工序制成，2000年曾在江西良种名优茶评比中获第一名。美国、加拿大、日本等国茶商相继来场订购，卖价高达每500克2000元。

15日 江西省重点工程——上海至瑞丽国道主干线江西昌傅至金鱼石高速公路全线开工建设。

16日~20日 在北京召开的中国佛教协会第七次全国代表会议上，江西佛教协会会长、永修县真如寺、靖安县宝峰寺方丈一诚法师被选为中国佛教协会第七届理事、常务理事、会长（10月8日，黄智权会见了一诚法师）。

18日 江西省扶贫帮困基金会和江西省慈善总会在南昌成立。孟建柱、黄智权等出席成立仪式。黄智权代表省委、省政府讲话。

19日 省领导孟建柱、钟起煌、彭宏松到江西日报社、省广播电视局、省电台、省电视台等新闻单位考察指导。

省领导在江西日报社考察

20日 江西科技馆开馆。该馆位于赣江之滨，1997年立项，2000年4月初动工，占地面积4.6万平方米，建筑面积1.6万平方米，总投资1.45亿元。

21日 由南昌市园林绿化管理局、南昌市奇石收藏协会共同主办的江西省首家奇石展馆“天奇阁”开馆。馆中展出80多个石种的1500多件精美的石头作品，大的几百公斤重，小的可玩于掌心，它们或色泽斑斓或怪异百态，凝集了不同地域高山大川的诗情画意，镂刻着大自然的鬼斧神工。其中不仅有曾荣获国际金奖的《雄鹰》和在中国第六届根艺作品展荣获金奖的《庆回归》，还有在全国花卉博览会上一举夺冠的《祈盼和平》等优秀奇石作品。

22日 王君、朱治宏、彭宏松等在南昌会见了港澳地区省政协委员赴赣视察团一行。

23日 全省宣传部长会议在南昌召开。孟建柱在讲话中强调，做好党的十六大的宣传，是当前宣传思想工作的头等大事。一定要精心组织，周密部署，尽职尽责，扎实工作，用“三个代表”重要思想统领宣传思想战线的各项工作，把“三个代表”的要求贯穿于迎接十六大宣传工作的始终，为党的十六大营造团结奋进、昂扬向上、开拓创新的良好氛围。

24日 孟建柱、黄智权、王君、朱治宏在南昌会见了来赣参加江西海外联谊会第四届理事会的港澳台及海外理事。

25日 江西海外联谊会第四届理事会在南昌举行。大会选举产生了以王林森为会长的江西海外联谊会第四届常务理事会。

26日~28日 日本大分县知事平松守彦一行来江西省访问。平松守彦是日本“一村一品”运动的倡导者，在赣期间，平松守彦一行参观了永修县和南昌市两地，并在江西农业大学以《开展“一村一品”运动，活跃地区经济的发展》为题作了演讲。孟建柱、黄智权分别于26日和28日会见了平松守彦一行。

27日 南昌市举行国有企业重组推介会。共推出59家工业企业资产重组招商项目，吸引了来自美国、日本等国及国内知名企业、上市内资公司的150名客商，当地签约合同项目12项，投资总额10.8亿元，外资360万美元，协议项目18项。同时，青山湖区民营科技园、昌东工业区28个项目开工奠基，投资总额达9.86亿元，其中外资1250万美元。

28日 全省机械行业机电一体化暨信息化高峰会在南昌召开。会前，孟建柱、黄智权、彭宏松会见了与会的中国工程院院士、国家CAD支撑软件工程技术研究中心主任、清华大学教授孙家广等专家。

28日~10月8日 中日鸟类环志研讨会在遂川县营盘圩乡举行。此处系鸟类迁徙路线的"遂川鸟道"。会议期间，中、日鸟类专家们通过晚上网捕和白天CD模拟声引诱及人为驱赶捕捉，共捕获候鸟46种185只，做了环志后放飞。

29日 江西省体育代表团参加第三届全国特殊奥林匹克运动会总结表彰大会在南昌举行。在此次特奥会上，江西省派出34名运动员，参加了游泳、田径等6个项目的比赛，共夺得38枚金牌、15枚铜牌。

30日 "庆国庆，迎十六大，颂歌献给党"大型交响音乐会在南昌举行。孟建柱、黄智权、傅克诚、吴新雄、朱治宏、钟起煌等与群众一起观看了演出。

本月 江西省鄱阳湖地区的灾后移民安置项目获2002年迪拜"国际改善居住环境范例奖"。这是江西省移民建镇工作继2001年12月获国家建设部"中国人民环境范例奖"之后，第一次在国际上获奖。

公元2002年10月							农历壬午年【马】						
日	一	二	三	四	五	六	日	一	二	三	四	五	六
		1 国庆节	2 廿六	3 廿七	4 廿八	5 廿九	6 九月大	7 初二	8 寒露	9 初四	10 初五	11 初六	12 初七
13 初八	14 重阳节	15 初十	16 十一	17 十二	18 十三	19 十四	20 十五	21 十六	22 十七	23 霜降	24 十九	25 二十	26 廿一
27 廿二	28 廿三	29 廿四	30 廿五	31 廿六									

1日　T168/7、K288/7两趟列车冠名授牌仪式举行，分别被冠名“映山红”号和“井冈明珠”号。

2日　在韩国举行的第十四届亚运会男子轻量级单人双桨决赛中，江西省运动员朱智福以7分12秒55的成绩夺得金牌。这是本届亚运会上中国队夺得12枚男子赛艇金牌中的第一枚，同时也是江西籍运动员连续四届亚运会在赛艇项目上收获金牌。

3日　科研工作者在江西龙南县九连山自然保护区发现了较大面积的恐龙时代植物——粗齿桫椤。这是江西南部首次发现如此众多且密集分布的桫椤，为研究南岭山地的古植物学、古气候学和古地理学提供了极其珍贵的科学依据。

6日　江西优质农产品（北京）展示展销会暨农业招商引资洽谈会在北京开幕。有300多个龙头企业600多种产品参展。开幕式后举行招商引资签约仪式，签约项目共20项，签约金额7.27亿人民币和500万美元。

9日　在第十四届亚运会跳水男子双人3米板决赛中，中国选手王克楠、彭勃以346.14分夺得金牌。彭勃为江西省输送的运动员。

9日　安远县博物馆工作人员在长沙乡小山村征集文物时发现24块清代碑刻和碑匾。其中一块长1.8米、宽0.6米的清乾隆三十六年立的登科匾，保存最为完好。上书“钦点江西正主考内阁学士兼礼部侍郎”等字仍清晰可辨。

10日　由省政协副主席江国镇率领的视察团一行，考察了中国储备粮总公司南昌分公司辖区中央储备粮管理工作。视察团指出，南昌分公司克服新旧体制转轨、管理职能等困难，齐心协力，勤奋务实，各项工作取得了可喜成绩，为在新形势下进一步做好中央储备粮管理工作奠定了良好的基础。中储粮南昌分公司成立两年来，遵循“国家至上、紧密团结、勤奋务实、勇于创新”的团队精神和“以人为本”的文化理念，紧密围绕确保国家粮食安全这一根本任务，以管理为中心，以轮换为重点，以转变作风为动力，整体推进队伍建设，辖区中央储备粮粮情稳定，储存安全，15个直属库的管理水平走在全国同行业前列。

12日　中国农业银行在南昌与江西铜业公

司、江西洪都航空工业股份有限公司、江西联创光电科技股份有限公司和江西广播电视实业公司4家企业集团签订了授信32亿元的协议，创下该行在江西省授信额度新纪录。

12日~13日 全省再就业工作会议在南昌召开。会议要求把劳动保障工作的重点转到促进下岗失业人员就业上来，努力实现全省城镇从业人员跨省劳务输出总量逐步增长，逐步缓解城镇就业问题突出的矛盾，尤其要抓好增加就业岗位和帮助“4050”人员再就业两项工作。

13日 参加第四届中国国际高新技术成果交易会的江西展团在深圳举行江西省高新技术项目推介会洽谈会。经洽谈会对接，产生首批11项订单，成交金额7.3亿元。

13日 江西省运动员杨文军与国家队队友王兵在皮划艇男子双人划艇500米决赛中，以1分43秒的成绩夺得金牌。由江西省运动员何静与队友范丽娜、高毅、钟红组成的中国队，在皮划艇女子4人皮艇500米决赛中，以1分37秒夺得银牌。

14日 位于赣粤高速公路建设工地信丰县小河镇路段的一处明代客家民居遗址的发掘，是江西省今年考古工作取得的一项重大成果。此处明代客家民居遗址在信丰县小河镇光荣村卢富芫围岽高，从发掘的1000平方米范围分析，这是一处建筑面积近500平方米的大型建筑群。主体房屋坐北朝南，前后两栋，包括正厅、左右厢房、后厢房、厨房等在内共计14间。其中最大的为正厅，面积达20平方米，左侧最小的附属建筑约5平方米，在小型建筑厨房内发现有灶台、水缸、暗沟等遗迹现象。后有一排每间面积约10平方米的厢房6间，外有围墙，主体建筑右侧有一较大的活动场所。建筑遗址内现已发现200多件生活陶瓷器。其中有青花碗、盘、碟、杯、笔洗等瓷器和洗（即脸盆）、执壶、水滴、水缸、钵等陶器。此次考古发掘，对于研究我国客家人的历史沿革、民俗、民风等都具有重要价值。

16日 铅山县举行江东源支流水力资源开发使用权拍卖会，在省内首次将水力资源开发使用权向社会进行公开拍卖。铅山县境内水力资源丰富，可开发利用的水电资源蕴藏量达28万千瓦，居全省前列。此次该县在全省率先向社会公开拍卖水力资源开发使用权，旨在进一步深化水电开发投融资机制改革，吸引社会资金投入，加快小水电开发步伐，促进县域经济可持续发展和生态环境保护。拍卖的江东源支流水力资源开发使用权水系四级开发期限为5年，年发电量3025万千瓦时，工程静态投资为4931.4万元，使用期限为50年。

16日 南丰蜜橘设施栽培（温室大棚）试验获得成功，通过了以中国柑橘研究所何天富教授为组长的省、市有关专家组成的专家小组阶段性验收，填补了我国柑橘类设施栽培的空白。南丰蜜橘结果树在大棚设施条件下树势良好，坐果率高达65.6%；裂果率仅为0.5%，降低了18个百分点；生理成熟提早了40天以上；疮痂病得到有效控制；可有效防止树体冻害。到目前为止，南丰蜜橘成功实现设施栽培，在全国柑橘类果品中属于首家。

17日 江西省工程造价协会成立。该协会旨在加强工程造价管理、服务经济建设，紧紧围绕工程建设管理中心工作，当好政府主管部门的参谋和助手，对建设项目实行全过程的计价监督管理，使造价管理逐步规范化、制度化，从而合理确定工程造价，提高投资效益，保障工程质量和建设市场主体各方特别是施工企业的正当利益。

17日 由中组部、团中央有关部门负责人率领的新华社、中央电视台、《光明日报》等6家新闻单位记者组成的采访团抵达南昌。他们来到省肿瘤医院采访了第一批来赣服务的“博士服务团”成员、省第二人民医院总院长、省肿瘤医院院长高国兰博士等。

17日 中国工程院院士、中国医学科学院北京阜外心血管病医院教授刘玉清受南昌“金秋医学高层论坛”邀请，来到南昌市第二医院举行讲座。刘玉清是国内外著名的放射——影像学专家，我国心血管病放射学的主要创始人、博士生导师，擅长放射医学影像学。

18日 招商银行南昌支行升格庆典仪式举行。黄智权在仪式上讲话，并与招商银行行长马蔚华共同为“招商银行南昌分行”揭牌。彭宏松等出席仪式。此前，孟建柱、黄智权会见了马尉华一行。

18日 江南证券有限责任公司在南昌举行揭牌仪式。黄智权出席仪式并与中国航空工业第二集团党委副书记、常务副总经理池耀宗一起为公司揭牌，彭宏松在仪式上讲话。

18日 位居世界制冷行业第三位的香港格林柯尔集团与科龙集团投资3.6亿美元建设的格林柯尔—科龙工业园在南昌经济技术开发区举行奠基仪式。该园占地166.7公顷，集科研、生产、生活等多种功能于一体，将于2003年3月正式投产，形成年产150万台“绿色空调”的能力，到2006年形成400万至500万台的生产能力，年产值可突破100亿元，园区配套项目产值可达80亿元，提供就业机会1万个。

19日 井冈山机场扩建工程奠基典礼在泰和县举行。该工程总投资近2亿元，扩建后将建成4C级国家旅游支线机场，满足空中客车320、波音737等以下机型的客机起降，设计年吞吐量28万人次。

19日~23日 以上海市政协主席王力平为团长，在沪全国政协委员赴赣考察团一行38人，先后在江西省鹰潭、赣州、南昌考察高新技术开发区、工业园区建设和旅游发展情况。

24日 第五届全国农民运动会江西省筹备工作委员会第一次会议召开。黄智权出席会议并讲话。

24日 由南昌先锋软件股份有限公司投资5亿元兴建的先锋国际软件园开工仪式在南昌市梅岭举行。该园占地333.6公顷，计划用5年至8年时间分三期建设完成，将容纳近百家软件企业。

24日~26日 2002年“庐山杯”全国万人健美操大众锻炼标准大赛在庐山举行。全国23个省、直辖市、自治区100多支代表队700多名健美操选手参加了比赛，江西省代表团获得9枚金牌。

25日 国家东乡野生稻原位保护点项目通过有关专家验收。这标志着被誉为中国水稻种质资源“国宝”的东乡野生稻濒临灭绝的势头得到有效扼制。

26日~27日 中国共产党江西省军区第八次代表大会在南昌举行。会议审议通过了省军区第七届党的委员会工作报告和省军区党的纪律检查委员会工作报告，选举产生了江西省军区第八届党的委员会和新一届党的纪律检查委员会。

28日 省第十一届运动会开幕。孟建柱出席开幕式并宣布运动会开幕。黄智权致开幕词。胡振鹏主持开幕式。王君、傅克诚、吴新雄、彭宏松、朱治宏等出席开幕式。这次运动会共有4人打破4项全省纪录，5个打破5项全省青年纪录，9人次打破4项全省少年纪录，20人次打破12项全省少年乙组纪录。南昌市、江西师范大学、省交通厅分列青少年组、高校组、系统组金牌榜首。运动会于11月2日闭幕。

28日 南方粮食交易市场在九江开业。黄智权在仪式上讲话，并为首场交易开锣。中国粮食行业协会会长白美清，浙江省副省长章猛进出席。蒋仲平主持庆典仪式。

29日 廖坊水利枢纽工程正式开工建设。该工程位于抚河干流中游的临川区鹏田乡境内，为加大Ⅱ型水利枢纽工程，总库容4.32亿立方

建设中的廖坊水利枢纽工程

米，防洪库容3.1亿立方米，装机容量近5万千瓦，年平均发电量1.5亿千瓦小时，工程立项批复总投资为12.5亿元，预计2006年4月完工。该工程是省级重点工程，又是国家水利“九五”计划的重点工程和《长江流域利用计划》确定的治理开发抚河的大型控制性工程。

29日 樟树第三十三次全国药交会闭幕。该次药交会参会药商、药厂3500多家，参展品种8500个，参会人数4.5万余人，成交额10.5亿元，均为近年之最。

30日 《江西省人民政府与中国五矿集团经济技术合作协议》在南昌举行签字仪式。省长黄智权在讲话中强调，这次五矿集团与江西省的携手合作，标志着双方的经济技术合作进入了一个崭新的阶段，必将进一步加快江西省有色金属工业做大做强的步伐。此次合作协议的签署，可进一步提高双方的合作水平，扩大合作领域，深化合作层次，通过真诚合作和共同努力，一定能更好地促进江西有色金属资源的开发和利用，加速江西工业崛起，也必将促进五矿集团的持续健康发展。当天下午，省委书记孟建柱在南昌会见了中国五矿集团总裁苗耕书一行。

30日 江西省政务信息网纵向网工程线路招标签约仪式在南昌举行。这标志着一个支持数据、语音和视频业务，可实现省级党政部门、省直各部门与设区市党政部门的网络互联、信息互享、安全保密和业务协同的电子政务网络将覆盖全省。

31日 “激情红土地——欢庆十六大江西经典作品音乐会”在南昌举行。省领导孟建柱、黄智权、王君、吴新雄、彭宏松、朱治宏等与各界群众一道欣赏音乐会。

31日 “崛起中的江西”图片展正式开展，孟建柱、黄智权分别参观了展览。

公元2002年11月　　农历壬午年【马】													
日	一	二	三	四	五	六	日	一	二	三	四	五	六
					1 廿七	**2** 廿八	**3** 廿九	**4** 三十	**5** 十月小	**6** 初二	**7** 立冬	**8** 初四	**9** 初五
10 初六	**11** 初七	**12** 初八	**13** 初九	**14** 初十	**15** 十一	**16** 十二	**17** 十三	**18** 十四	**19** 十五	**20** 十六	**21** 十七	**22** 小雪	**23** 十九
24 二十	**25** 廿一	**26** 廿二	**27** 廿三	**28** 廿四	**29** 廿五	**30** 廿六							

1日　全省农村税费改革工作电视电话会议召开。会议要求各地在农业税征管过程中，不准收过头税、不准搭车乱收费、不准动用公安民警参与收税、不准打骂群众和不准上门牵牲口、搬家具、扒粮食，以巩固税费改革成果，确保农村社会稳定。

1日　中华商标协会向南昌卷烟厂颁发“金圣”商标品牌无形资产价值评估金匾。该商标经中国企业商标评估中心评定并经中华商标协会鉴定，估价为41.8亿元。

2日　为期3天的首届鄱阳湖螃蟹节在南昌举行。共有20个项目签约，引进资金3.34亿元。一只来自进贤军山湖、重达508克的雄蟹以其“青背、白肚、金爪”的外貌战胜众多竞争对手，一举称王。另一只来自九江、重332克的雌蟹封后。

享有盛名的军山湖大闸蟹

2日　江西省目前唯一的网上音频发布中心——今视网开通运行。省委常委、省委宣传部部长刘上洋出席开通仪式并讲话。今视网是由江西广电信息网络公司、江西电视台和江西人民广播电台共同投资270万元组建的江西省广播电视行业的门户网站。它依托广电新闻资源和广电网络的技术支持，以在线收听收看广电节目为突出特点。组建今视网网站，是全省广播电视系统适应集团化、产业化发展趋势的一个重要举措，也是贯彻落实“三个代表”重要思想，做大做强文化产业，不断丰富人民群众精神文化生活的具体行动。

3日　来自全省高校的200余位多媒体教学课件设计制作教师代表聚集江西农业大学，参加“2002年江西省高等院校优秀多媒体教学课件展评会”。展评会是省教育厅为了鼓励高校教师采用、研制多媒体教学课件，促进高校教学方法、教学手段的改革，提高教学效率和教学质量，进而推进高等院校教学现代化进程而举办的。据统计，2001年以来，高校共新增教学设备值2亿多元，生均设备值列全国第七位。

4日　洪都航空集团公司飞机设计研究所，依靠自身实力进入国家"863"计划705主题指南发布单位，日前在飞机总体综合设计技术专题和先进结构关键技术专题申请中获得成功。"863"计划705主题是航空航天领域飞机基础技术主题。该主题是航空高技术进入国家"863"计划的"切入点"，其总体目标是突破飞机基础技术中的飞机总体综合设计、航空动力技术、先进结构设计、飞行控制等关键技术，带动我国航空技术的进步，发展具前瞻性和创造性的军民共用航空高技术。

4日　《江西省人民政府志》编纂工作总结会议在南昌召开。彭宏松在会上指出，《江西省人民政府志》的编纂出版是省政府乃至全省各级政府、省政府各部门的一件大事，也是江西学术界与出版界的一件喜事。《江西省人民政府志》的编纂实际上是对41年来省政府施政工作的总回顾，是全省社会主义革命和建设的大检阅。它不仅有很高的存史价值，更具有重大的现实指导作用。《江西省人民政府志》编纂时间跨度长、内容广、难度大。全书220多万字，按志书的体例，记述了从1949年6月到1990年12月期间江西省人民政府的施政历程。该书以施政决策为中心，忠于史料，科学、翔实、可靠，凝聚着数以百计的编纂人员的心血和汗水。

5日　江西省出席党的十六大代表启程抵京。先期抵京的十六大代表孟建柱、黄智权、傅克诚等到代表团住地迎候。出席党的第十六次全国代表大会的江西省代表共39名，其中，各级党员领导干部29名，占74.4%；生产和工作一线的党员10名，占25.6%；代表中有：女党员6名，占15.4%；少数民族党员1名，占2.5%，代表构成具有广泛的代表性和先进性。

6日　由日本岐阜县土岐市市长率领的日本岐阜友好植树访问团一行22人近日来到井冈山参观访问，实施"生态示范林"计划。岐阜县绿化推进委员会积极倡导，组建岐阜县友好植树团，并捐资750万日元，在井冈山拿山乡实施为期3年的"生态示范林"计划。该计划利用3年时间培植生态示范林500亩。

6日　江西省长江干流江岸堤防加固整治工程在九江市顺利通过竣工初步验收，标志着长江干堤江西段完全可以抵御"1954年型"大洪水，实现了江西在全国长江干堤建设第一个验收的目标。江西省长江干流加固整治工程批复总投资19亿多元，目前已按设计要求全部完成加固整治任务。该工程1998年10月开工以来，已经安全度过了4个汛期，特别是经受了1999年长江有记录以来第二高水位洪水的考验，大堤安然无恙。经过加固整治后大堤防洪能力明显提高，治理效果明显。

6日　江南证券有限责任公司北京管理总部暨北京安立路证券营业部闪亮登场。这是江西省内券商在首都北京设立的第一家证券营业部。新设立的安立路证券营业部现场交易以服务机构客户、培育战略合作伙伴为主，对中小投资者提供以电话委托，网上交易等非现场交易方式。

7日　中共中央政治局候补委员、中央书记处书记曾庆红和中共中央宣传部部长刘云山、中共中央办公厅副主任令计划来到江西代表团住地，代表党中央和江泽民亲切看望了出席党的十六大的江西代表团全体成员。在省委书记孟建柱，省委副书记、省长黄智权代表的陪同下，曾庆红、刘云山、令计划来到中国职工之家饭店会议厅，受到了江西团代表们的热烈欢迎。

8日　在南昌的省委、省人大常委会、省政府、省政协领导及有关部门负责人集体收看了党的十六大开幕式盛况。收看结束后，彭宏松作了讲话。

10日　中共中央政治局候补委员、中央书记处书记曾庆红参加江西代表团讨论。孟建柱主持讨论会，黄智权、王君、傅克诚、吴新雄、朱治宏等出席会议。

12日　江西省话剧团喜庆建团50周年。50年来，该团的文艺工作者立足全省实际，坚持"二为"方向和"双百"方针，深入群众、深入生活，共创作演出大型话剧116台、小戏56个，产生了《方志敏》、《八一风暴》、《安源风雷》、《古井巷》、《宣战》等一批在省内外有影响的剧目，其中《古井巷》获中宣部第七届“五个一工程”奖和文化部第九届“文化新剧目”奖。进入新的发展阶段，省话剧团决心继续发扬优良传统，以“三个代表”重要思想为指导，坚持先进文化的前进方向，努力进行文艺创新，创作更多讴歌时代的优秀作品，为进一步繁荣全省舞台艺术和推动先进文化建设作出新贡献。

12日　在北京出席党的十六大的省委书记孟建柱，省委副书记、省长黄智权，省委副书记王君，省委常委、省委宣传部部长刘上洋看望了江西省十六大报道随团记者。他们充分肯定了《江西日报》、江西电视台、江西广播电台的十六大宣传报道工作，希望各新闻单位要以对党的深厚感情和饱满的政治热情，再接再厉，深入宣传十六大精神，为动员全省党员、广大干部群众实现十六大提出的各项任务提供舆论支持和精神动力。

13日　南昌市住房公积金管理中心揭牌成立，21位政府部门、用人单位、工会和职工代表被聘任为住房公积金管委会委员。今后，南昌市对住房公积金实行“管委会决策，管理中心运作”，县级住房公积金管理机构一律拆并。

14日　由交通部和江西省共同投资9933万元的赣江航道整治工程胜利完工。整治后，南昌—樟树段92公里长的航道的通航能力已达到300吨级（5级航道），枯水时水位可由原来的1米提高到1.5米，在中水位时可允许500吨级的船只通航。

15日　来自国务院学位办及全国农业类院校的负责人、专家、学者会聚南昌，就农业推广硕士专业学位研究生培养与管理工作交流经验、提出建议。江西农业大学从2001年开始与南京农业大学、北京林业大学联合招收农业推广硕士生，2002年获准开展农业推广硕士和兽医硕士两种专业学位教育。

16日　由江西省人事厅、吉安市人民政府联合举办的“江西省首届为农服务人才智力交流暨农业科技项目洽谈大会”，在新干县金川广场举行。省人大常委会副主任周懋平、省政协副主席江国镇出席了会议。

17日　江西省纪委检查委员会召开常委扩大会议，传达学习党的十六大精神。省委副书记、省纪委书记傅克诚主持会议并讲话。傅克诚强调，各级纪检监察机关要按照中央和省委的部署，迅速掀起学习贯彻十六大精神的热潮。要坚持解放思想加快发展坚定不移，从严治党惩治腐败坚定不移，深入开展党风廉政建设和反腐败斗争，为改革发展稳定大局服务，为实现江西在中部地区崛起、全面建设小康社会提供坚强的政治保证。

17日　投资300万元兴建的全省首家县级海关商检联检大楼在龙南县金塘经济技术开发区内竣工剪彩。该大楼的建成，极大地方便了龙南县及周边县（市）企业的报关和产品的检验检疫，为江西省南部县（市）吸引沿海产业转移创造了更优越的条件。

18日～19日　中国赣州第二届脐橙节举行。脐橙节期间，共签约内外资项目105个，投资总额达49.56亿元，其中外资项目53个，投资总额3.06亿美元，商品展销成交额达1000多万元。

赣南脐橙丰收情景

19日　江西省领导干部会议在南昌召开。会议动员全省广大共产党员和干部群众，认真学习贯彻党的十六大精神，紧密团结在党中央的周围，高举邓小平理论伟大旗帜，全面贯彻“三个代表”重要思想，按照十六大指引的道路和方向，努力掀起思想解放的新热潮，实现改革开放的新突破，迈出加快发展的新步伐，为实现江西在中部地区崛起，全面建设小康社会而不懈奋斗。孟建柱主持会议。黄智权、王君、傅克诚分别传达了十六大会议精神和有关文件。吴新雄、彭宏松、朱治宏等领导出席会议。

20日 省直离退休干部学习党的十六大精神报告会在南昌举行。孟建柱、王君、董君舒分别传达了十六大的主要精神和有关文件。省直单位1600多名离退休干部认真听取了报告。

21日 应美国FMC技术公司和FMC技术公司巴西分公司的邀请，省委常委、省委农工部部长潘逸阳率江西省农业代表团一行6人赴巴西、美国进行为期14天的考察访问。访问期间，代表团参观了目前世界上最大的脐橙鲜销公司和世界上第五大橙汁加工公司，就其规模化种植、标准化生产、产业化经营等进行实地考察。

22日 省委常委中心组学习十六大精神，研究讨论《党的十六大精神学习宣传方案》，要求在全省上下迅速兴起学习宣传贯彻十六大精神的热潮，全面推进江西的各项工作。孟建柱主持学习并讲话。

22日 九江市委、市政府在北京钓鱼台国宾馆举行"九江之春——北京国际合作交流会"。会议期间开展了多项商务洽谈与合作活动，并举行了6个项目的签约仪式，项目总投资17.5亿元。全国人大常委会副委员长邹家华出席会议。

23日 省委发出《中共江西省委关于贯彻〈中共中央关于认真学习贯彻党的十六大精神的通知〉的意见》，要求各级党组织要增强政治意识、大局意识、责任意识，围绕主题，把握灵魂，狠抓落实，切实抓好学习贯彻十六大精神的工作。

23日 由霍英东基金会发起，赣州市委、市政府承办的"红三角"（指以南沙为中心，辐射韶关、赣州、郴州三市的红三角经济圈的构想）经济发展座谈会在大余县举行。全国政协副主席霍英东出席座谈会并讲话。

23日~26日 江西农产品（上海）展示展销暨农业招商引资洽谈会在上海举行。会议举行前一天，赣沪两地举行了农业招商引资项目签约仪式，签约项目22个，协议金额8.336亿元。

25日 省政府召开党组会议，学习贯彻党的十六大精神。会议要求各级政府和各部门一定要认真学习、传达、贯彻好十六大精神，把这当作当前首要的政治任务，进一步实践好"三个代表"重要思想，扎实抓紧做好全省各项工作，为实现江西在中部地区崛起而努力奋斗。

26日 全省党的十六大精神宣传工作会议在南昌举行。会议对迅速在全省掀起学习宣传贯彻十六大精神的热潮进行研究部署。会议要求，把抓好十六大精神的学习宣传和贯彻落实作为当前和今后一个时期的首要任务，迅速在全省掀起一个学习十六大、宣传十六大、贯彻十六大的热潮，把全省广大党员干部的思想统一到十六大精神上来，把全省人民的力量凝聚到十六大确定的目标任务上来。

27日 万年县林业部门近日对全县古树名木进行普查时，在大源镇盘岭村意外发现野生红豆杉林，约在100株以上。野生红豆杉是一种珍贵的用材树种，又是优美的园林绿化树种，枝叶浓密，四季常青，木材性质良好。此树常生于海拔1300米以下的山区、沟谷和较阴湿的山坡。

27日 由德国技术合作公司、欧盟支持中国加入世贸组织项目办和南昌大学中德食品工程中心共同主办的食品安全与食品贸易国际研讨会在南昌举行。来自德国和欧盟其他国家及美国的20多位官员、专家、学者，以及国内120多位政府官员、食品界的专家和企业界代表参加了这次国际研讨会。此次研讨会旨在提高我国食品行业对世贸组织有关规则的认识，了解发达国家和地区在执行世贸组织食品规则方面的成功经验，推动我国食品安全体系的建立和法规标准一体化建设进程，提高我国食品行业在国际上的竞争力，促进我国与国际食品安全有关组织和机构的协调与合作。

28日 中央电视台"心连心"艺术团到萍乡慰问演出。

28日 南昌科瑞集团有限公司、南昌百瑞生物高新技术有限公司、江西省华东特种气体研究所有限公司、九江民生集团有限公司、江西青龙集团有限公司、南昌先锋软件股份有限公司、江西清华泰豪科技集团有限公司7家企业被中华全国工商联合会等单位评为“中国优秀民营科技企业”，郑跃文、熊贤忠、李华、王翔、吴慧、鄢建华、涂国身、龚斌、陈苏等9位企业家荣获“中国优秀民营科技企业家奖”。

29日 境外千人包机旅游团的首批新加坡游客抵达南昌，省政府在滕王阁举行欢迎仪式。

30日 第八届全国青少年信息学（计算机）奥林匹克分区联赛（江西赛区）决赛在南昌开赛。来自全省各级设区市经初赛选拔的210名优秀中小学计算机选手参加了此次决赛。决赛分小学、初中、高中三组进行，竞赛内容包括计算机基础知识、软件知识及应用基础知识以及规划程序框图、编写程序上机调试等方面。

30日 为期两天的全国首届李觏学术思想研讨会在南城县举行。来自全国各地50多位专家、学者，对北宋著名思想家李觏的思想、事迹、活动，作了进一步的深入探讨。参加这次研讨会的专家、学者，在会上发表了40篇论文，站在更高的层面，结合现实，提出了许多新的见解。李觏（1009～1059），字泰伯，南城县人，是北宋中期著名的思想家、教育家。

本月 南昌市民营科技园获得“全国十佳民营科技园区”荣誉称号。该园成立于1998年，是江西省第一家省级民营科技园区，现有入园企业75家，吸引企业建设投资达10亿元以上。2001年园区企业上缴税金3500万元，占青山湖区财政收入的15%。

本月 经国家人事部批准，江西省药物研究所、清华泰豪科技股份有限公司和国营第七一三厂等3个单位设立博士后科研工作站。至此，全省共有8家博士后科研工作站。

公元2002年12月							农历壬午年【马】						
日	一	二	三	四	五	六	日	一	二	三	四	五	六
1 廿七	2 廿八	3 廿九	4 十一月大	5 初二	6 初三	7 大雪	8 初五	9 初六	10 初七	11 初八	12 初九	13 初十	14 十一
15 十二	16 十三	17 十四	18 十五	19 十六	20 十七	21 十八	22 冬至	23 二十	24 廿一	25 廿二	26 廿三	27 廿四	28 廿五
29 廿六	30 廿七	31 廿八											

1日　“血染的丰碑——上饶集中营革命斗争事迹爱国主义教育全国巡回展北京首展”在中国革命博物馆开展。

1日　黄智权会见了到赣考察的中国联通董事长杨贤足一行，并一同考察了中国联通南昌分公司。

1日　东江源被国务院列为国家级生态功能保护区。保护区涵盖总面积为6003平方公里，项目投资概算为7亿元，计划近期4亿元，中期2亿元，远期10亿元。

2日　江西省高级人民法院在景德镇市召开俞坚敏先进事迹报告暨记功表彰大会，决定为俞坚敏记个人一等功，并号召全省法院系统向俞坚敏学习，学习他克己奉公、任劳任怨的奉献精神；淡泊名利、清正廉洁的无私精神；刚正不阿、公正司法的职业精神；紧跟时代、更新知识的求学精神；自强不息、奋发有为的拼搏精神，塑造江西法官新形象。

2日　全国消防部队在南昌召开为期两天的政治部主任座谈会，就继续深入学习贯彻党的十六大精神进行了部署。与会代表就如何深入学习贯彻党的十六大精神，全面加强消防部队政治建设进行了座谈、讨论。会议强调，学习十六大精神要大力发扬理论联系实际的学风，坚持学以致用，把理论和实际、思想和行动统一起来，努力把十六大精神贯彻落实到各项工作中去，贯彻落实到建设消防部队坚强的党组织和高素质的干部队伍的实践中去。要把贯彻十六大精神的过程，变为巩固和发展消防工作和部队建设成果，进一步解决当前部队存在的一些突出问题和基层实际困难的过程，扎扎实实做好部队各项工作，为全国的改革开放大好形势创造良好的消防安全环境。

3日　孟建柱在南昌会见了中国普天信息产业集团公司总裁欧阳忠谋一行（4日，该公司在南昌签约，决定在南昌经济技术开发区创办中国普天南昌信息产业园。该园占地面积60余公顷，总投资不少于20亿元）。

4日　省工商联喜庆成立50周年。全国工商联发来贺信。钟起煌等出席庆祝酒会。

5日　江西省政府与中国铝业公司技术合作协议签字仪式在南昌举行。黄智权与中国铝业公司总经理郭声琨到会祝贺并讲话。晚上，孟建柱会见了郭声琨一行。

5日　在景德镇召开的全省农村能源与农业生态会议宣布，全省农村能源与生态农业建设已取得显著成效。到2002年，已建成生态农业示范县9个、示范乡镇507个、示范村2782个，建设生态示范户25万户，全省农村用沼气池保有量达83万户，占总农户11.2%，累计沼气池保有量居全国前三位，占农户数的比例居全国第二位。

6日　省委常委中心组分专题深入学习党的十六大精神，重点围绕深入理解“三个代表”重要思想的指导地位和贯彻“三个代表”重要思想的根本要求，进行了认真学习和讨论。与会人员一致认为贯彻“三个代表”重要思想，重在实践，重在落实。要紧紧抓住发展这个执政兴国的第一要务，把“三个代表”重要思想贯彻落实到加快全省发展、推进各项工作的实际行动上来。孟建柱主持学习并讲话。朱治宏、钟起煌等作了中心发言。省委常委、省人大常委会副主任、党组成员，省政府副省长、党组成员、省政协主席、党组成员参加了学习。

7日　全省各市、县（市、区）副科级以上领导，省直各单位副处级以上领导干部，省属大型企业高层管理领导，共10万余人，在本地、本单位集中参加法律知识考试。此次参试的时间、试卷、参考对象全省统一，是江西省有史以来参考人员最多、规格最高、考试范围最广的一次法律知识考试。

8日　全省贯彻学习党的十六大精神报告会在南昌举行。中央宣讲团成员、中国著名经济学家、国家计委宏观经济研究院原常务副院长林兆木作十六大精神宣讲报告。王君主持报告会并讲话。傅克诚、彭宏松、朱治宏等省领导以及省直机关副厅级以上党员干部，中央和省属大中型企业及事业单位党委成员、离退休老干部，省直6个邓小平理论研究中心的理论工作者和部分高校师生共1600人参加了报告会。

9日　为期4天的全省基层党校教学骨干学习党的十六大报告培训班在南昌开班，举办这次培训班旨在帮助基层广大党员干部全面、正确、深刻地学习和领会十六大报告，将思想认识统一到十六大精神上来，进一步提高基层党校学习贯彻十六大精神的教学水平，确保全省在新世纪新阶段的奋斗目标和各项任务落到实处。各设区市委宣传部和省直工委宣传部的负责人，党员教育科长，县、市、区委宣传部、党校，乡镇党委和企业党委的领导干部共150余人参加了培训。

10日　中央宣讲团成员、国家计委宏观经济研究院原常务副院长林兆木日前与省委宣讲团成员、省直机关6个邓小平理论中心研究组的理论工作者座谈，交流学习党的十六大报告体会和宣讲经验。座谈会上，省委宣讲团成员和理论工作者就如何全面准确把握党的十六大精神，如何深刻理解报告中的新观点、新思路、新论断，如何紧密结合江西改革发展实际和干部群众思想实际，增强宣讲的针对性和实效性等问题发言提问，与林兆木交换意见、深入探讨。

10日　全国工商联、国家质量监督检验检疫总局近日在北京联合表彰了57家工商联重质量、守信誉先进会员企业，江西省骨干企业江西恒大集团和汇仁集团有限公司榜上有名。

10日　江西省经营性土地使用权招标拍卖挂牌出让会议在南昌召开。傅克诚在会上指出，建立和完善土地市场，实行经营性土地使用权招标拍卖挂牌出让，是深化土地使用制度改革的一项重要内容，是转变政府职能，通过市场动作提高土地配置效率的有效途径。我们要按照中央和省委、省政府的要求，明确目标，采取切实措施，建立公开、公平、公正、规范、有序的土地市场，扎扎实实地把经营性土地使用权招标拍卖挂牌出让工作做好。凡经营性土地使用权，为实现抵押权进行的土地使用权，司法机关裁定、决定处分的经营性土地、土地使用权均必须在土地交易中心进行交易。这既是一项政策，又是一条纪律，具有强制性。

11日　省委宣讲团分赴全省设区市进行党的十六大精神宣讲。

12日　吉尼斯世界纪录颁证典礼在北京人民大会堂隆重举行。江西省《庐山恋》电影院以

"一个连续放映首轮电影时间最长的电影院"荣获桂冠，英国吉尼斯世界纪录审核者斯图尔特·纽波特先生给庐山管理局党委书记欧阳泉华颁发了证书，中央和国家有关部委的负责人和《庐山恋》电影主要演员张瑜、郭凯敏及海内外来宾500多人参加了仪式。

13日~14日 全省第五次归侨侨眷代表大会在南昌举行。曾华新当选省侨联主席。

15日 由浙江亚菲达铜业有限公司投资3980万元建设的江西亚菲达铜业有限公司正式动工兴建。这是2001年浙江客商在鹰潭开工建设的第20个上规模的投资项目。近年来，浙江客商纷纷看好鹰潭，在鹰潭掀起一股投资热潮。到去年12月中旬，浙江客商在鹰潭的合同投资额已逾10亿元，占全市引进内资的64%。

16日 江西省政法系统召开电视电话会议，对全省政法系统深入学习贯彻党的十六大精神，开展"星级创优"活动，全面加强政法队伍建设，推进政法工作的创新与发展，进行了动员和部署。孟建柱在会上强调，各级政法部门要紧密联系政法工作实际，全面准确领会十六大精神，坚持用"三个代表"重要思想统领政法工作，围绕发展这个第一要务，为江西崛起、全面建设小康社会提供更好的司法环境，围绕在全社会实现公平和正义，推进司法改革，建设一支高素质的政法干部队伍。

17日 江西省城市居民最低生活保障工作会议在南昌举行。彭宏松在会上强调，要按照党的十六大的要求，从落实"三个代表"重要思想的高度，以对人民群众高度负责的精神，采取得力措施，切实把低保工作办好。他在讲话时指出，要从实践"三个代表"重要思想的高度，充分认识低保工作的重要意义；要严格政策，规范管理，加大投入，推动低保工作迈上新台阶；要加强领导，密切配合，把低保的各项工作落到实处。

17日 安远县孔田镇下魏村果农魏海民在自家山塘口果园开挖条带时，从距地表1.1米深的土层中挖出4把青铜宝剑。经博物馆工作人员鉴定，这4把宝剑均铸造于距今2000多年的战国中期。它的发现对研究战国时期军事、政治以及我国金属铸造、冶炼史提供了实物依据。

18日 由省文联、省美术家协会主办，省美协油画艺委会承办的《江西省首届油画大展》，在江西省文联艺术展览中心结束。这次为期5天的油画大展是江西省最高水准的一次油画展览。画展注重艺术性与学术性，在油画语言、油画个性等方面作出有益的探索。

19日 南昌市规划最大，集休闲、观光、健身于一体的南昌市体育公园正式破土动工，将于2003年上半年建成。该园位于南昌市中环枢纽地带，北接青山湖滨公园，西连洪都大道，东临玉带河，以"森林与健康"为主题，占地面积10.8万平方米。

20日~22日 2002年江西食品展销洽谈会在萍乡举行。本次洽谈会总成交额13.42亿元，其中零售额2929万元，签约金额13.13亿元。

22日 省政府与北京大学合作建设"江西北大科技园"协议签字、园区揭牌及奠基仪式在南昌举行。下午，黄智权会见了由北京大学副校长林钧敬率领的北大访赣代表团一行。

22日 江西省地质找矿战略研讨会在南昌举行。会议期间，孟建柱会见了出席会议的中国科学院、中国工程院院士陈毓川、翟裕生、常印佛、谢学锦、任纪舜、裴荣富等知名专家学者。

23日 省委召开常委扩大会议，贯彻落实中央政治局常委会会议精神，研究解决好困难群众生产生活问题。会议要求，各级党委、政府一定要把解决好困难群众生产生活问题作为当前的一项重要政治任务，列入重要议事日程。

23日 兴国县高兴镇高多村退休教师谢灵家拆老屋时发现一批中华苏维埃共和国时期的印花税票和债券，印花税票包括3种不同的面值，分别为10枚、5枚和2枚，其中一套2枚张，存世不多。这套印花税票为中华苏维埃共和国中央印刷厂印刷，1929年发行。债券为1932年发行，面值5圆，为64开宣纸，浅绿色，中间有"中华苏维埃共和国"印章，方形隶体。此外还有3枚印章，分别为"中华苏维埃共和国主席毛泽东"、"中华苏维埃共和国、中央政府秘书长林伯渠”、“财经委员会主席邓子恢”。

23日 赣县韩坊乡红星村砖厂刘志文日前在取土烧砖时，意外发现4件1500多年前的瓷器。它们是：青瓷盏托、青瓷三足炉、青瓷六尊盘、青瓷杯。如此久远的墓葬品，在赣县还属第一次发现。

24日 江西师范大学瑶湖新校区破土动工。新校区占地190.7公顷，总投资预计10亿元。

25日 孟建柱在南昌会见了以葛郁芝博士为团长的美中江西同乡会创业投资代表团一行。

26日 南昌航空工业学院红角洲新校区破土动工。新校区占地150.3公顷，总投资预计8亿元，2004年全面完工，总建设面积达65万平方米，可容纳学生2万人。

27日 孟建柱在江西师范大学给高校学生作贯彻党的十六大精神的宣讲报告，4400多名高校学生分别在主会场和分会场收听了报告。

28日 国家重点工程——上海至瑞丽国道主干线江西玉山梨园至进贤温家圳高速公路通车典礼在玉山梨园举行。这是江西省第一条出省大通道，也是至今江西一次性开工里程最长、投资最大的高速公路建设项目。孟建柱讲话，黄智权主持典礼，并与劳模代表、先进单位代表一道为梨温高速公路通车剪彩。

28日 由江西中医学院与江中制药集团联合申报的“中药固体制剂制造技术国家工程研究中心”获国家发改委批准，在南昌挂牌成立。该中心的成立，结束了江西省无国家级工程研究中心的历史。

29日 全省个体私营经济工作暨表彰会议在南昌举行。会议公布，到2002年底，江西省个体工商户、私营企业数已达到62.8万户，注册资本金达373.7亿元。当年新增私营企业数和新增注册资本金同比分别增长72.9%和129.5%；近两年私营企业新增注册资本金139.5亿元。比前5年新增的126亿元，高出9.9%。个私经济占全省GDP的比重，已上升到15.6%；占全省财政收入的比重，提高到17.3%；个私经济领域的从业人员已达220万人。

29日 南昌大学前湖新校区破土动工。新校区占地面积226.7公顷。建筑面积预计近100万平方米。总投资10亿元，可容纳3万名学生。

29日 由方大（集团）企业投资兴建的南昌世界贸易中心在南昌红谷滩举行开工庆典仪式。该中心集国际会议中心、国际展览中心、国际商务中心、国际信息中心和国际俱乐部为一体，占地24公顷，总投资20亿元。其中一期工程占地11.8公顷，建筑面积30万平方米。

30日 江西省长江干流江岸与堤防加固整治工程竣工仪式在九江举行。该工程西起瑞昌市巢湖。东至彭泽县牛矶山，河道全长152千米，有防洪堤197千米，其中干堤123千米，江心洲堤74千米。1998年10月开工建设，2002年8月提前完工，工程施工质量总体优良。

30日 全省部分旅游景区公路建设工作会议公布2003年旅游公路计划：投资8.4亿元左右，基本建成井冈山宁冈至厦坪、三百山旅游公路、婺源旅游公路，完成好三爪仑旅游公路躁周线、鹰潭至龙虎山公路已形成垫层通车路段的路面工程，全年总计要建成路面工程248公里。

31日 省政府召开第八十七次常委会议，决定取消部门现有的416项行政审批事项中的101项，取消率达24.28%。经过前后三次清理，省政府部门的行政审批事项已由1127项减少到315项，减幅达72%。

31日 中国稀土金属钨业（集团）有限公司组建签字仪式在南昌举行。该公司由江西稀土金属钨业集团与中国五金矿产进出口总公司共同出资组建，是江西省首家打出“中国”牌的强势企业。

31日 由海南客商投资10亿元建设的江西省投资最大的生态旅游项目——资溪大觉山旅游区开工建设。该项目分两期进行，一期工程投资3亿元，2004年7月竣工营业，二期工程将在2010年全面完成。

本月 上海交通大学与上饶市合作开发建设科技城项目在上海正式签约。上饶科技城为国家级上海交通大学科技园分园，总投资10亿元。

本月 “傩舞之乡”——南丰的傩戏等10种音乐、舞蹈、戏剧被联合国教科文组织列为世界无形文化遗产。

本年　全省国税、地税收入稳步增长。据统计，全省国税收入已达112亿元，比上年增收10.49%，占年计划的104%；地税累计征收入库68.6亿元（不含屠宰税），剔除企业所得税，比上年度增长23.4%。其中，个人所得税首次突破10亿元，达10.14亿元，比上年增长28.2%。南昌、萍乡、赣州市国税收入分别比上年增收4.26亿元、1.07亿元和1.18亿元。

本年　全省粮食销售创1998年粮改以来最高量，全年全省周转粮销售达48.85亿公斤（原粮），其中陈粮库存下降近35亿公斤，全年粮食销售总量超过50亿公斤；全省周转粮库存由年初的72亿公斤下降到35.5亿公斤，周转粮年末库存量自1998年以来第一次实现下降，比往年约75亿公斤净减少20亿公斤。为了让江西的粮食走出省门、走出国门，不断开拓市场，搞活销售，江西省粮食部门积极主动地与浙江、广东、福建等省签订了每年40亿公斤粮食的购销协议，并组织力量先后到武汉、厦门等地，不断巩固和扩大粮食销售市场份额。

本年　江西省国债投资建设创佳绩，完成投资99.41亿元。项目涉及农林水利、交通通信、城市设施、城乡电网、粮库、教育文化以及技术改造等14个方面，有效地带动了银行、地方、部门、企业等资金的投入。全年全省国债投资农林水利工程建设成为加快基础设施建设的重要方面，共完成投资21.16亿元、占同期国债投资的21.3%，这些工程的实施，大大增强了江西省抵御水旱灾害的能力。交通通信、城市设施和城乡电网改造三项投资，共完成52.64亿元，占同期国债投资的53.0%。这些基础项目的建设，进一步改善了江西省的交通条件和全省城乡居民的用水用电问题，也成为吸纳国债专项资金的主要行业。

本年　江西省各地大力改善投资环境，加大对台湾招商引资力度，促使利用台资工作蓬勃发展。台商投资额已达4.46亿美元，同比分别增长13.7%、80%、96.6%，创历年利用台资最高纪录，在我国中部地区名列前茅。随着投资环境的不断改善，2001年，台湾华新丽华、东元电机、宝来证券、和桐化工、全兴工业集团等大公司、大财团的负责人和工商界知名人士前来江西省考察投资。总投资5000万美元的南昌统一企业有限公司竣工投产，投资2000万美元的大余台冠鞋业有限公司现已开工，台湾大元集团投资1亿美元的南昌八一广场改造项目动工在即，南昌大润发超市、南昌海洋世界、赣州特绿园林公司等投资1000万美元左右的项目正式签约。

本年　全省“四费一税”征收突破26亿元。与2001年相比，增长26.1%；这是稽征部门自组建以来，超收幅度最大的一年。

本年　近年来全省深化土地使用制度改革，大力推进经营性土地使用权招标拍卖，土地出让收入在各地财政收入比重逐年增加。据统计，全省有98%以上的市、县（区）建立了土地收购储备中心，70%的市、县制定出台了土地收购储备办法，全省已有72个市、县开展国有土地使用权招标拍卖挂牌出让工作。

2003年

全省围绕江西在中部地区崛起和全面建设小康社会的宏伟目标，大力弘扬井冈山精神，解放思想，实事求是，与时俱进，扎实工作，超额完成了经济社会发展的各项任务，开创了改革开放和经济发展的新局面。主要表现在：国民经济持续快速增长，国内生产总值比上年增长13%，是1993年以来的最高增幅；经济运行质量明显提高，全省规模以上工业企业盈亏轧抵后实现利润52.1亿元，增长1.2倍，工业经济效益综合指数首次超过100%；固定资产投资大幅度增长，全社会固定资产投资同比增长49.3%；就业状况超过预期目标；居民收入增长较快。

经受“非典”、洪涝及干旱三大严峻考验 4月份以来，“非典”疫情在我国一些地区蔓延，江西也先后发现1例输入性诊断病例和3例输入性疑似病例，特别是在广东、北京等地务工的400多万江西农民中，有70多万人返乡，给江西防治“非典”造成较大压力。在党中央、国务院的坚强领导下，全省上下紧急动员，及时采取有力措施，取得了“非典”病人“零死亡”、医务人员“零感染”、疫情“零扩散”的重大胜利。五六月份，江西局部地区遭受了强降雨，11个设区市都遭受到不同程度的洪涝灾害，部分地区受灾特别严重，各地各部门团结奋斗，科学调度，取得了抗洪抢险的重大胜利。7月份后，全省持续高温少雨天气，遇到罕见的旱灾，由于全省齐心协力抗旱，把旱灾损失减少到了最低限度。

深化改革、扩大开放，不断增强发展活力、拓展发展空间 省委、省政府出台了一系列重大改革措施，如改革财政管理体制、发展开放型经济、建设工业园区、实施科教兴赣和人才强省等等。由于改革，特别是在规模以上工业企业增加值中，非国有部分占58.3%，在全社会固定资产投资中，非国有投资占57.2%。农村税费改革出台了八项配套措施，乡镇工作人员精简23%，撤乡并镇20%，等等。

“弘扬井冈精神，兴我美好江西” 根据省委部署，从4月中旬开始，在全省上下广泛开展了一次声势浩大的“弘扬井冈精神，兴我美好江西”主题教育活动。活动开展以来，全省各级党组织精心组织，狠抓落实，广大干部群众热情高涨，积极参与，新闻媒体大力配合，整个活动轰轰烈烈，扎实有效。尤其是11月中下旬，省委宣传部会同有关部门在北京国家博物馆举办的《井冈山精神大型展览》，将活动推向高潮，短短的16天展览，共有12万人次参观，引起了强烈的社会反响。

通过宣传教育活动，使井冈山精神渗透于全省各行各业、各个部门的实际工作之中，渗透于广大干部群众的思想和行动中，为加快全省经济社会发展起到 4 了积极作用。

交通建设速度加快 本年是江西交通建设速度最快的一年。泰和至赣州，赣州至龙南的高速公路建成通车，全省高速公路通车里程突破了 1000 公里，达到 1038 公里，完成国道、省道改造 1097 公里，改造农村公路 6895 公里，江西交通“大天字”框架已形成，出省公路全部实现高速化。

城镇建设日新月异 全省城市化进程加速推进。新增城市人口 87.7 万人，城市绿化率达 34.02%，城市基础设施和重点环保工程建设继续加强，小城镇建设有序推进，全省城镇建设呈现出日新月异局面。

全省本年主要经济指标情况 全年国民经济持续快速增长，生产总值 2830 亿元，按可比价格计算，比上年增长 13.05%，增幅同比加快 2.5 个百分点，其中：第一产业增加值 560 亿元，增长 2.7%；第二产业增加值 1227 亿元，增长 24.4%；第三产业增加值 1043 亿元，增长 7.4%，人均生产总值 6677 元，比上年增加 848 元，增长 12.1%。经济结构调整取得明显成效。全省个体业户和私营企业 64.28 万户，比上年增加 0.53 万户，增长 0.83%；城乡私营企业从业人员和个体劳动者 236.22 万人，比上年增加 21.99 万人，增长 10.27%。

公元2003年1月							农历癸未年【羊】						
日	一	二	三	四	五	六	日	一	二	三	四	五	六
			1 元旦	2 三十	3 十二月小	4 初二	5 初三	6 小寒	7 初五	8 初六	9 初七	10 腊八节	11 初九
12 初十	13 十一	14 十二	15 十三	16 十四	17 十五	18 十六	19 十七	20 大寒	21 十九	22 二十	23 廿一	24 廿二	25 廿三
26 廿四	27 廿五	28 廿六	29 廿七	30 廿八	31 廿九								

1日　江西省16个依照世界气象组织业务观测标准建设的自动气象站经过3个月的试运行，今日正式投入使用。该系统可以自动测量风向、风速、温度、降水、辐射、日照、能见度等气象要素，连续探测的时间间隔仅为1分钟。自动气象站的投入使用，将大大提高江西省对突发性灾害天气的预警能力。

3日～9日　以中央纪律检查委员会副书记刘峰岩为组长的中办、国办督察组在赣对全省学习贯彻党的十六大精神情况和解决困难群众生产生活问题的情况，进行督促检查。在南昌期间，督察组听取了省委、省政府的汇报，孟建柱、黄智权、王君、傅克诚、彭宏松出席汇报会。王君、彭宏松分别作了专题汇报。彭宏松陪同督察组进行督促检查。

4日　新年第一场领导干部双休日新知识讲座在南昌举行。中共中央台湾工作办公室、国务院台湾事务办公室副主任周明伟应邀作报告。

5日　江西省国家农作物品种区域试验站和全省首家种子质量监督检验站同时挂牌成立。两站检测手段、设备在全国均处领先水平。区试站主要承担国家和省里的农作物品种区域试验、新品种选育、良种繁殖和新品种展示等四大任务。种子质检站是目前全省唯一的种子质量检测机构，主要承担农作物种子质量监督检验、委托检验和仲裁检验以及认证种子的质量检验，年承检能力4000份，可望建成国家级农作物种子质量监督检测中心。

6日　江西铜业集团公司与美国耶兹公司年产6000吨铜箔合资项目签字议式在南昌举行。省委副书记、省长黄智权会见美国耶兹公司总裁保罗·埃斯彼尔一行，并出席签字仪式。江铜集团总经理何昌明与美国耶兹公司总裁保罗·埃斯彼尔分别代表双方签约。江铜与美国耶兹公司合资兴建高档铜箔项目，正是为了充分发挥江铜集团的资源和国际上资金优势，进一步发挥铜和硫酸的潜在价值，增强企业的抗风险能力和国际竞争力。

6日～9日　中共中央政治局委员、中央书记处书记、中央政法委副书记、公安部部长周永康在孟建柱、黄智权、王君、吴新雄等分别陪同下先后在南昌、赣州等地调研并听取工作汇报。

7日　上犹县有关专家近日在五指峰乡进行原始森林资源调查时，发现该乡黄沙坑村黄沙组一个叫贼牯坑的山谷密林里，生长着百亩奇特的茶树。经调查考证，这是清朝乾隆年间遗存下来的老茶园。这种遗存的茶树与普通茶树有着明显的区别，遗存的茶树树枝修长，茶叶原实，色泽深绿泛光，无任何病虫瘢痕和污染等特点。遗存茶园采摘期较晚，一般是普通茶园无嫩叶可采摘，茶叶下市时，这里遗存的茶园才开始进入盛采期。

8日　国家干细胞工程技术研究中心江西分中心及天津脐带血造血干细胞库江西工作站成立启动会在江西医学院第二附属医院召开。此次组建的江西分中心和工作站，是与江西医学院第二附属医院共同合作的，其目的是发挥双方的优势，共同开展干细胞的技术研究临床医学应用相关生物技术关键技术，逐步探索基础、应用、研究与产品开发应用相结合的途径，促进江西生物技术的发展、生物制药产业化进程。江西干细胞分中心和工作站的成立，可有效地保护好江西省的脐带血造血干细胞资源。

8日　省政府印发《关于江西省人民政府第三批行政审批事项取消项目》的通知。通知强调：一是对取消的行政审批项目，要采取切实有效措施，强化后续监管，防止管理脱节。二是对保留的行政审批项目，要按照效能、责任和监督原则的要求进一步规范，制定监督制约的具体办法。三是要进一步改进审批方式。四是要进一步强化监督制约机制。五是要相应修改有关的地方性法规、规章。这次清理是在前两次清理取消711项的基础上，再取消101项。其中，省农业厅5项、省国土资源厅12项、省林业厅3项、省水利厅5项、省对外贸易经济合作厅1项、省工商行政管理局2项、省科学技术厅2项、省教育厅4项、省卫生厅6项、省广播电视局2项、省新闻出版局5项、省文化厅2项、省民族宗教事务局1项、省经贸委3项、省质量技术监督局3项、省煤炭行业管理办公室1项、省交通厅9项、省建设厅9项、省国防科学技术工业办公室5项、省药品监督管理局2项、省国家保密局1项、省发展计划委员会1项、省司法厅1项、省统计局1项、省地方税务局1项、省民政厅2项、省经济体制改革办公室1项、省财政厅2项、省公安厅6项、省劳动和社会保障厅3项。

8日　台湾金星窑业股份有限公司等多家企业与景德镇签订了14项投资合作意向协议，总金额近13亿元。此后，150多位中外客商又云集瓷都景德镇，就近百个招商引资项目与当地广泛开展了洽谈对接，成功签约合作项目18个，总投资11.45亿元，合同引进资金10.06亿元。其中引资额在2000万元以上的项目有11个，超亿元的项目有4个，涉及范围包括工业、农业、高科技、旅游、房地产开发、基础设施建设等领域。此外，景德镇高新开发区管委会和美国新都兴业有限公司就景德镇陶瓷工业园项目的开发也达成了协议，项目总投资为5亿元人民币。

9日　新余钢铁股份有限公司正式成立。新钢公司按照股份改制上市的要求，将烧结厂、炼铁厂、三钢厂、中板厂等18家单位和在建的高炉、转炉项目等优质资产投入到股份公司，上海宝矿进出口有限公司、上海宝旺实业有限公司、佳力（香港）有限公司、广州市天高有限公司、上海卓祥企业发展有限公司则以现金资产投入到股份公司。目前，股份公司净资产规模为9.72亿元，总股本为6.4亿股。

11日～12日　中共中央政治局常委、中央书记处书记曾庆红一行，在孟建柱、黄智权、王君等陪同下，到井冈山等地走访慰问群众并进行考察调研。曾庆红在考察中指出，要继续发扬艰苦奋斗执政为民的优良传统，坚持与时俱进，开拓创新。

12日　江西省政务信息网纵向网建成。彭宏松出席开通仪式。

13日～17日　省政协九届一次会议召开。会议选举钟起煌为省政协主席，韩京承、王林森、黄懋衡、黄定元、刘运来、张华康、金异、殷国光、雍忠诚、倪国熙、一诚为副主席，蒋如铭为秘书长。

14日～20日　省十届人大一次会议召开。会议选举孟建柱为省人大常委会主任，钟家明、彭崑生、孙用和、朱英培、蒋仲平、全文甫、张海如、万学文为副主任，崔林堂为秘书长；选举黄智权为省人民政府省长，吴新雄、胡振鹏、凌成兴、赵智勇、危朝安、孙刚、蔡安季为副省长。

14日 省发展计划委员会主任孙刚在省第十届人民大表大会第一次会议上作《关于江西省二〇〇二年国民经济和社会发展计划执行情况与二〇〇三年国民经济和社会发展计划草案的报告》。一、关于2002年全省国民经济和社会发展计划执行情况。预计全年国内生产总值2450亿元，增长10.5%，实现了近5年来首次两位数增长，高于上年1.7个百分点，超额完成了年初提出的“保9争10”目标。财政总收入增长17%。全省经济运行开始进入快速增长的新阶段。工业化和城市化进程明显加快，新的经济增长点开始涌现；农业结构调整继续深入，农业产业化水平有新的提高；实施大开放主战略卓有成效，利用外资的规模和质量显著提高；国债项目和重点工程加快实施，投资对经济增长的拉动作用进一步增强；居民收入明显提高，消费需求稳步增长；各项改革顺利推进，体制环境有新的改善；科技教育取得新成就，社会事业继续发展。二、关于2003年全省经济社会发展的预期目标和主要任务。全年全省国民经济和社会发展的主要预期目标是：国内生产总值完成2720亿元，增长11%；其中，一产增长4%，二产增长17%，三产增长9%；财政总收入260亿元，增长11%；居民消费价格总水平上升1%；新增城镇就业人数26万人；城镇登记失业率控制在4.5%以内。全年全省国民经济与社会发展的主要任务；第一、大力推进新型工业化，增强工业持续增长能力；第二、加强对农业的扶持，千方百计增加农民收入；第三、继续推进城市建设，提高城市化水平；第四、全面实施大开放主战略，更好地利用两个市场、两种资源；第五、多渠道扩大投资规模，继续发挥投资带动经济增长的重要作用；第六、拓宽就业渠道，提高人民群众消费水平；第七、继续深化各项改革，进一步创造良好的体制环境；第八、坚持科教兴赣和可持续发展战略，大力发展各项社会事业。

15日 黄智权在十届人大代表会上所作的政府工作报告中指出，2002年实现了江西崛起的良好开局。2002年全省经济发展速度进一步加快，近五年来第一次实现了两位数增长。初步统计全年国内生产总值2450亿元，按可比价格计算，比上年增长10.5%，同比加快1.7个百分点。其中，一产增长4.4%，二产增长18.3%，三产增长6.9%。财政总收入增长17%。全社会固定资产投资925亿元，增长40%。社会消费品零售总额832.7亿元，增长9.1%。发电量248亿千瓦时，增长14.6%。货物周转量增长9%，旅客周转量增长12%。经济结构战略性调整取得明显成效。工业增加值比上年增长16.3%，工业对经济增长的贡献达到5个百分点以上。全省118个工业园区和开发区已落户企业4264户，全年完成销售收入253亿元，创造就业岗位30万个。大开放主战略全面实施，在加快与全球经济对接和与沿海地区互动中进一步拓宽了发展空间。全省上下全力推进对内对外开放，实际利用国外、境外资金12.47亿美元，增长1.3倍；利用省外资金426亿元，增长1.32倍。国内外一批著名企业在江西落户。外贸出口10.52亿美元，增长1.3%。对外交往进一步扩大。建设“三个基地、一个后花园”显示了广阔的前景。改革创新力度进一步加大，经济发展活力不断增强。全省农村税费改革试点进展顺利，农民人均减负38.3%。省属国有企业的净资产已有90%实现了投资主体多元化。全省私营企业的数量、注册资金分别比上年增长33.7%和41.95%。基础设施建设全面推进，城乡面貌正在发生深刻变化。全年改造国道、省道1000公里、县乡公路1450公里。长江干堤江西段加固整治工程、安置三峡移民等任务圆满完成。农村电网改造今年一季度可全部竣工，农村电价大幅度下降。城市建设大规模推进，人居环境正在逐步改善。城乡居民收入增加，各项社会事业全面进步，社会保持稳定。预计全省城镇居民人均可支配收入6336元，增长15.1%；农民人均纯收入2334元，增长4.6%。

抚州市金巢工业园远景

17 日　省、县两级陆地行政区域界线勘定任务于日前全面完成，从而结束了二千多年来赣鄱大地省与省、县与县的行政区域没有明确分界线的历史。江西省于 1996 年启动，经过 6 年的精心勘测，不仅勘定了江西省与浙江、福建、广东、湖南、湖北、安徽等 6 省长达 3877 公里的省界，也勘定了总长度达 1.4 万余公里的县界 259 条。

17 日　婺源县日前在太白镇一自然保护小区发现濒临灭绝的珍稀鸟类中华秋沙鸭，一共有 7 只（4 只雄，3 只雌）。中华秋沙鸭是国家一级保护动物，体型类似野鸭，雄鸟体长达 58 厘米，嘴长而宽呈红色，两肋羽片白色，雌鸟与雄鸟类似但色暗。此次发现，对婺源今后的生态保护和野生动物研究有极大的价值。

17 日　江西省 2003 年重大科技招标项目“制造业信息化管理系统企业应用示范”评标会在省科技评估中心举行，洪都航空工业集团公司、江西中机科技有限责任公司、江西江联能源环保有限责任公司等 13 家投标企业参加答辩。经专家评议和省科技厅审定，昌河飞机工业（集团）公司、江铃汽车股份有限公司、洪都航空工业集团公司、江西金世纪新材料股份有限公司和泰豪科技有限责任公司 5 个单位中标。科技厅给每个中标单位安排科技三项费 20 万元作为项目的引导经费。

21 日　领导干部新知识讲座在南昌举行。中共中央对外宣传办公室主任、国务院新闻办公室主任赵启正应邀作报告。孟建柱主持讲座，黄智权、王君、彭宏松等参加讲座。

21 日　孟建柱、黄智权在南昌会见由浙江大学党委书记张浚生率领的访赣代表团一行。

21 日　江西省重点新闻网站——“中国江西网”（http：//www. jiangxi－china. com/）正式开通。中共中央对外宣传办公室主任、国务院新闻办公室主任赵启正点击启动按键。刘上洋主持开通仪式。

22 日　江西省“国家果蔬水产肉禽产品质量监督检验中心”在南昌揭牌。这标志着江西省的农产品质量指标将走向权威性和统一有效性，有利于企业创品牌和走向国际市场。该中心的设立，填补了中部各省以及长江以南地区没有国家级相关产品质量监督检验机构的空白。它不仅对江西省的农业经济发展具有极大的促进作用，还将辐射中部地区、周边省及长江以南广大地区，在应对加入世贸组织后我国农业所面临的冲击和压力，促进农村持续健康发展，营造公平竞争的市场环境，维护广大消费者的利益等方面将发挥积极作用。据质监局有关同志介绍，该中心在果蔬水产肉禽产品质量安全指标的检测能力上，尤其是在农药残留、兽药残留、重金属元素和食品添加剂等有毒有害物质的检测水平居国内前列。

22 日　浙江大学国家大学科技园（江西）揭牌奠基仪式在南昌国家高新技术产业开发区举行。黄智权、浙江大学党委书记张浚生出席仪式并为科技园揭牌。

24 日　在江西省首批《江西省下岗失业人员再就业优惠证》发放仪式上，来自江西耐火材料厂、南昌工具厂、南昌电缆厂等6家企业的100名下岗职工领取到证书，这意味着他们今后可以享受到鼓励下岗失业人员再就业的各项优惠政策。据了解，持有《再就业优惠证》的下岗失业人员，在自谋职业从事个体经营时，可享受减免税收优惠，并免收20个部门63种行政事业性收费，可获得小额贷款，从事微利项目时还可以获得贴息补助；用人单位招收持证下岗人员达到一定比例可以享受减免税收优惠；下岗失业人员持证每年还可享受2次免费职业介绍服务、1次免费职业培训服务以及劳动保障部门提供的再就业援助服务。

25 日　全省各界人士迎春文艺晚会举行。孟建柱、黄智权、王君、吴新雄、彭宏松、钟起煌等观看晚会。

26 日　标准化绿色大米发展计划在江西省全面启动。由省农业厅组织实施的这一计划主要内容是：以稻鸭共栖（未栽秧之前先放养鸭，以鸭粪作肥料）为主要技术模式生产绿色大米，力争在三年内把绿色大米面积扩大到300万亩，年产绿色大米5亿公斤。目前，省农业厅已成立标准化绿色大米计划领导小组和技术指导小组。根据规划，省绿色大米重点发展区域为赣西北、赣东北和赣西南地区。上高、奉新、宜丰、安义、南昌、进贤、新干、都昌8个县为万亩示范县，永新、崇义、婺源、上犹、金溪、吉水、修水等15个县为不少于3000亩的示范县。省绿色大米生产将实行标准化，推行“基地十龙头企业”的产业化运作模式，打造江西省粮食绿色品牌。

27 日　有着100多年历史的俄罗斯国家芭蕾舞剧院近两日在南昌演出芭蕾舞剧《天鹅湖》，这是该团第一次到江西演出。

29 日　省委、省政府举行老同志迎春茶话会。孟建柱、黄智权、王君等出席茶话会。

30 日　在国务院决定增加的2.5万三峡农村外迁移民中，江西省接受安置任务为3500人，居全国各省、市之首。三年来，全省共接受安置三峡移民5022人，分别安置在江西省奉新、靖安、永修、峡江四个县，目前已迁入江西省的三峡移民思想安定、情绪稳定，生产、生活秩序井然，逐步融入了当地社会，移民们正在喜迎新春，基本实现了国务院提出的“搬得出、稳得住、逐步能致富”的目标。据悉，江西省有两个单位、6名个人分别被国务院三峡建委评为三峡库区农村移民外迁工作先进单位和先进工作者。

31 日　省委、省政府在南昌举行2003年春节团拜会。团拜会由孟建柱主持，黄智权讲话。

公元2003年2月							农历癸未年【羊】						
日	一	二	三	四	五	六	日	一	二	三	四	五	六
						1 春节	2 初二	3 初三	4 立春	5 初五	6 初六	7 初七	8 初八
9 初九	10 初十	11 十一	12 十二	13 十三	14 十四	15 元宵节	16 十六	17 十七	18 十八	19 雨水	20 二十	21 廿一	22 廿二
23 廿三	24 廿四	25 廿五	26 廿六	27 廿七	28 廿八								

4日　由江西省麻类科学研究所副研究员汪剑鸣提供的苎麻种子搭载“神舟”四号无人飞船绕地球108圈返回后，由国家航天育种中心寄回宜春。这是我国无人飞船首次搭载苎麻种子，标志着江西省苎麻育种又开辟了新的领域。

9日　省政府召开全省开放型经济工作座谈会，为今年加快开放型经济发展理清思路、明确目标、落实措施。来自全省11个设区市的分管市长出席会议。吴新雄在讲话中强调，今年江西省发展开放型经济的目标，就是要确保实际利用外资15亿美元，争取16.5亿美元，实际利用内资确保512亿元，力争600亿元，增长20%。充分发挥园区的主阵地作用，打好园区建设的基础设施、招商引资、开工投产、机制体制创新、优质服务的五个硬仗。

江西省代表团赴国外招商引资

12日　全省经济工作会议在南昌召开。会议的主要任务是进一步贯彻落实党的十六大和中央经济工作会议精神，系统总结江西省去年的经济工作，精心谋划进一步加快发展的新对策，全面部署今年的经济工作。会议指出，各地各部门要围绕持续快速发展的目标，放眼全局，在谋划今年的经济工作时把握好5个重点；一是进一步加快基础设施建设，加大体制机制创新力度，全面提高对外开放水平。二是以提高工业园区投入产出率为重点，大力培育壮大支撑地区经济发展的重要增长点。三是统筹城乡经济社会发展，全面打破城乡分割，开创农业和农村工作的新局面。四是把维护社会稳定放在更加突出的位置，千方百计扩大就业进一步完善社会保障体系。五是十分注重保护生态环境和合理利用资源，切实维护群众利益，走可持续发展道路。会议强调，各级党委、政府要与时俱进，不断提高领导经济工作的水平和能力，切实加强和改进对经济工作的领导。要坚持执政为民、艰苦奋斗，以高尚的品行凝聚人心，成就事业；要不遗余力地真抓实干，狠抓各项工作的落实。会议于13日结束。

13日 省人口资源环境工作座谈会在南昌召开。副省长赵智勇宣读《关于表彰2002年人口资源环境工作先进单位的通报》。会议强调，人口资源环境工作事关长远和大局，全省上下要切实把这项工作统一到党的十六大精神上来，统一到省委、省政府的决策部署上来，坚持以“三个代表”重要思想为指导，切实把人口资源环境工作放在突出的战略地位。真正把实施可持续发展战略和做好人口资源环境工作摆上重要日程，为开创江西省人口资源环境工作新局面，实现经济可持续发展作出更大贡献。对于国土资源管理，黄智权指出，各级党委、政府和国土资源部门要充分认识国土资源在经济和社会发展中的战略地位，努力提高资源利用效率，正确处理国土资源与经济发展的关系，把国土资源管理行为统一到中央和省里的决策上来。关于环境保护，黄智权指出，要加大力度，标本兼治，着力抓好重点流域、区域和重点城市的污染治理。各级党委、政府要摒弃“先污染、后治理”的陈旧观念，树立“保护环境就是保护生产力”的理念。黄智权还指出，要统筹兼顾，综合治理，切实重视水资源的节约和保护。要以水资源的可持续利用，为江西经济社会发展和全面建设小康社会提供有力的支撑和保障。

14日 全省农村工作会议在南昌召开。会议的主要任务是，传达贯彻中央农村工作会议精神，研究部署当前的农业和农村工作。会议强调，各级党委、政府和有关部门，要自觉把农村和农村工作放在实现江西在中部地区崛起的大局中来考虑，按照全面建设小康社会的总体要求来谋划，统筹城乡经济社会发展，更多地关注农村、关心农民、支持农业，把解决农业、农村和农民问题作为全省工作的重中之重，放在更加突出的位置。会议指出，推进农村小康建设，实现农村经济社会全面进步，关键是增加农民收入，重点是推进农村产业结构和经济结构的战略性调整。要把转变农业增长方式，发展优质、高产、高效、安全、生态农业作为结构调整的核心，把转移农村劳动力、增加农民收入、推进农业现代化作为结构调整的基本目标，按照建设“三个基地、一个后花园”的总体要求，着重在优化农业区域分布、建立优势农产品产业带、发展农产品加工业、推进农业产业化经营、加快城镇化进程等方面争取有大的突破。会议强调，贯彻落实好这次会议精神必须与深入学习贯彻党的十六大精神紧密结合起来，与加快建设“三个基地、一个后花园”的发展战略紧密结合起来，与落实农村政策、深化农村改革紧密结合起来，与促进农村社会事业结合起来。会议表彰了2002年度农业和农村工作先进设区市。参加会议的有各设区市、县（市、区）分管农业的领导同志以及省直有关部门的负责同志。

15日 江西省冶金集团与中国五矿有色金属股份有限公司就双方合资合作组建南昌硬质合金有限责任公司在南昌举行协议签字仪式。副省长凌成兴出席了签字仪式。据悉，双方此次携手打造南昌硬质合金有限责任公司，是按照省政府、中国五矿集团《经济技术合作协议》确立的合作项目之一。合作双方认为，合作将把各自的优势充分结合在一起，形成更强的发展能力和市场竞争能力。

17日 《江西日报》报道，庐山率先实行九年义务教育全免费。据悉，此项举措在全省尚属首例。今日，庐山小学、庐山中学近1200名中小学生怀着无比兴奋与自豪的心情走进学校。凡是庐山户口和庐山管理局直属单位职工的子女，在庐山就读小学（不含学前班）、初中的学生，其学费、杂费和书本费全免，学生只凭户口及证明到班主任处报名，不需交一分钱便能入学。据了解，九年义务教育全免费的举措是在“庐山管理局今年提出庐山提前15年全面建设高水平小康社会、在2010年基本实现现代化的奋斗目标”的大氛围下提出并实施的，庐山管理局每年将由财政专项拨款予以落实。九年义务教育全免费举措的实施，足以说明庐山管理局对教育的重视，激发了每一名教师的教学热情、每一位家长对教育的关注程度及每个庐山人建设庐山的荣誉感和使命感。

18日 江西举行2003年就业和再就业春季招聘洽谈大会。期间，孟建柱、黄智权、彭宏松分别来到南昌主会场，深入洽谈现场与招聘单位、应聘人员亲切交谈。

20日 南昌八一广场改造工程正式动工，吴新雄出席开工典礼并讲话。

21日 全省拥模范城（县）命名表彰大会召开。孟建柱、黄智权、钟起煌等出席大会。傅克诚主持大会，陈礼久在会上讲话。孙刚宣读表彰决定。

22日 全省移民建镇工作总结表彰大会在南昌召开。孟建柱、黄智权到会讲话。大会对10个先进县（市）、84个先进单位和186名先进个人进行了表彰。

25日 省级科技计划项目《池蝶蚌育珠性能及繁育技术研究》科技成果通过专家鉴定，该成果填补了国内空白。池蝶蚌的引种、驯养、繁育成功，为我国淡水育珠生产开辟了新的优质蚌源，大大缩小了与国际淡水育珠领先水平的差距，具有广阔的推广应用前景。

26日 《江西日报》报道，以实施“五个一工程”为龙头，江西省涌现一批精品力作。江西省准备申报“五个一工程”的作品，题材丰富，形式多样。既有历史题材的广播剧《范仲淹》，又有文化底蕴深厚的舞剧《瓷魂》、音乐剧《围屋女人》、图书《中华文明大视野》；既有关注民营经济的电视剧《与我同行》，又有歌颂政法战线英雄的电视剧《燃烧的忠诚》、采茶戏《乡里法官》。另外，作品的整体质量较高。电影《同喜同喜》在国家电影局送审时一次性通过，并获得了专家好评。由江西电视台与中央电视台等联合摄制的电视剧《我们的连队》获得中国人民解放军2002年度“金星奖”二等奖。理论电视专题片《军旗从这里升起》在中央电视台一套播出后，专家与普通观众都认为该片选题重大、思想深刻、感染力强，是一部进行党史、军史教育的好片子。图书《中华圣地》、《中华文明大视野》在北京人民大会堂召开座谈会后，引起较大反响。这些优秀作品实现了社会效益与经济效益的双赢。《中华圣地》首印5000册，现全部售完，盈利近10万元。

27日 《江西年鉴》创刊号首发式在南昌举行。吴新雄参加首发式并讲话。

28日 省纪委第三次全会召开。孟建柱出席并讲话，黄智权、王君、吴新雄、彭宏松等出席会议。傅克诚主持会议。

28日 全省“十大道德标兵”电视电话表彰会在南昌举行。彭宏松到会讲话。受表彰的“十大道德标兵”是：丁晓君、廖长春、张岳、孙霞林、王跃、王东秋、张清香、徐正华、李洪应、潘桂河。此前，省委、省政府作出《关于表彰江西省“十大道德标兵”的决定》。

本月 历时4年的“平垸行洪、移民建镇、退田还湖”工程基本完成，使鄱阳湖湖区面积由原先的3900平方千米扩大到5100平方千米，基本恢复到1954年的水平。

公元2003年3月							农历癸未年【羊】						
日	一	二	三	四	五	六	日	一	二	三	四	五	六
						1 廿九	2 三十	3 二月大	4 初二	5 初三	6 惊蛰	7 初五	8 妇女节
9 初七	10 初八	11 初九	12 初十	13 十一	14 十二	15 十三	16 十四	17 十五	18 十六	19 十七	20 十八	21 春分	22 二十
23 廿一	24 廿二	25 廿三	26 廿四	27 廿五	28 廿六	29 廿七	30 廿八	31 廿九					

1日　新一届省政府召开第一次全体会议。黄智权出席并讲话。吴新雄主持会议。

1日　江西省与全国政协港澳委员、知名企业家委员共谋发展联谊会在北京举行。九届全国政协副主席霍英东到会讲话，中央统战部副部长胡德平，全国工商联主席黄孟复、全国工商联党组书记梁金泉，中央政府驻香港联络办副主任邹哲开，中央政府驻澳门联络办副主任李勇武，参加全国政协十届一次会议的部分港澳委员和知名企业家委员，投资江西签约项目的客商代表等应邀出席联谊会。孟建柱、黄智权发表讲话，吴新雄主持联谊会，彭宏松、钟起煌等出席联谊会。在联谊会上，共签约项目29个，项目投资总额达62.82亿元。

4日　江西黄金行业工作会议日前在南昌召开。全省共生产黄金9590公斤，与上年同比增长5.34%，其中全省独立矿山实现利润2510万元，同比增长47.6%，新增储量和资源量9.2吨。会议指出，去年江西省黄金生产实现了三个超历史：一是黄金产量超过了国家下达的指令性计划的33%；二是黄金利润超历史；三是黄金矿山的技术改造超历史。努力实现黄金行业三年翻一番。

6日　由日本国政府无偿援助给吉州区的价值2.293亿日元（折合人民币1600万元）的教学器材，已通过中国海关陆续运抵吉安市职业中等专业技术学校。首批运达的教学器材包括电子电器、维修电工、计算机、机械模具等10多个专业所需要的教学仪器180多台（件），价值1000万元人民币。其中的变频制冷制热教学器材属全国一流教学装备，其他不少教学仪器也达到国际领先水平。第二批价值600万元的教学器材将于15日前后运抵该校。

6日　中共中央政治局常委、书记处书记曾庆红来到人民大会堂江西厅，参加出席全国“两会”江西代表团的审议。孟建柱主持会议。

7日　孟建柱、黄智权在北京会见了中国华能集团公司总经理李小鹏一行。

7日　南昌高新区非公有制企业党委正式成立。这是江西省首家专门管理非公有制企业的党委。它将为进一步加强高新区内各单位党组织的思想建设、组织建设和作风建设，促进全区经济建设和社会发展起到积极作用。目前，南昌高新区这类党组织已达46家，党员数达849人。

9日 上午，由昌河飞机工业集团公司和中国直升机设计研究所共同研制生产的直十一 MB1 型机（单发改型直升机）在景德镇成功实现了首飞。这标志着该型飞机在提高国际竞争力、拓展市场应用领域方面取得了重大突破。此次首飞成功的直十一 MB1 型机是直十一型直升机的改进产品，可乘员 6 名。其飞行速度、航程、载重量及巡航时间都有所提升。

12日 黄智权在北京会见了中国国电集团公司总经理周大兵、副总经理朱永芃一行。

12日 2003 年武警部队干部转业复员工作会议在南昌召开，中共中央委员、武警部队政治部主任李栋恒中将，江西省委副书记傅克诚到会讲话。

13日 江西师范大学近日举行颁奖仪式，69 名品学兼优的贫困学生喜获首届国家奖学金。江西省共有 36 所高等学校的 669 名同学于近日分别领取了国家奖学金。

20日 近日，由国家文化部主办的“中国民间艺术之乡”命名会召开。江西省四县市区被文化部命名为“中国民间艺术之乡”，南昌市青山湖区（灯彩）、波阳县（戏剧）、樟树市（版画）、铜鼓县（漫画）等获此殊荣。全省已有 16 个县市、区荣获“中国民间艺术之乡”称号。“中国民间艺术之乡”命名评选是文化部于 20 世纪年代末在全国开展的旨在弘扬中国民间艺术繁荣发展的一项重要工作。江西省民间艺术资源丰富并得到了良好的保护与弘扬，现已有涉及傩舞、书画、剪纸等 32 个“江西省民间艺术之乡”。

21日 全省领导干部会议召开。会议传达学习全国十届人大一次会议和政协十届一次会议精神，联系江西实际就贯彻落实“两会”精神进行部署。孟建柱主持会议并讲话，黄智权、王君、傅克诚、吴新雄、彭宏松、钟起煌等在主会场参加会议。

22日 全国机关事务工作协会秘书长座谈会在南昌举行。吴新雄，国务院机关事务管理局副局长、全国机关事务工作协会副会长唐树杰到会讲话。

24日 江西省统计局发布《江西省二〇〇二年国民经济和社会发展统计公报》。一、综合。1. 国民经济呈现快速增长态势。2002 年全省实现国内生产总值 2450 亿元，高于全国平均水平 2.5 个百分点，其中：第一产业增加值 536 亿元，增长 4.4%；第二产业增加值 938 亿元，增长 18.3%；第三产业增加值 976 亿元，增长 6.9%。2. 市场价格稳中略升。全年居民消费价格指数为 100.1%，比上年上涨 0.1%。3. 财政收入继续增长。全省财政总收入 234.4 亿元，比上年增长 17.1%，其中地方财政收入完成 140.5 亿元，增长 15.1%。二、农业。1. 农业生产稳定增长。全省农业总产值 825 亿元，按可比价格计算，比上年增长 4%。2. 林业生产加快发展。3. 畜牧业生产平稳发展。全年全省生猪出栏 1955.4 万头，比上年增长 0.3%；牛出栏 67.1 万头，增长 12.5%；家禽出笼 2.9 亿羽，增长 4.7%；牛奶产量 7.9 万吨，增长 32.8%；鲜蛋产量 35.4 万吨，增长 5.1%；肉类总产量 196.72 万吨，增长 1.9%。4. 渔业生产稳步增长。全省水产品总产量达 138.2 万吨，比上年增加 5.9 万吨，增长 4.3%，其中特种水产品增长 15%。5. 农田水利设施建设继续加强，农业生产条件不断改善，机械化程度稳步提高。年末全省农业机械总动力达 1111.8 万千瓦，比上年增长 11%。三、工业和建筑业。1. 工业生产快速增长。全年全省完成全部工业增加值 692 亿元，比上年增长 16.3%。2. 工业产品结构继续调整和优化。3. 工业经济效益不断改善。全省规模以上工业企业共实现利润 21.38 亿元，同比增长 32.1%。4. 建筑业生产发展加快，经济效益继续提高。全年全社会建筑业增加值 246 亿元，比上年增长 24.6%。5. 地质矿产勘查工作取得新的进展。全年共安排地质勘查项目 14 项，完成钻探工作量 2060 米，新增查明资源储量矿产 1 种，完成货币工作量 2.85 亿元，比上年增长 20%。四、固定资产投资。1. 固定资产投资迅猛增长。随着江西省加大招商引资力度和工业化、城市化步伐的加快，投资需求已成为江西省经济增长的主动力。全年全社会完成固定资产投资 925 亿元，比上年增长 40%。2. 投资结构不断改善。3. 房地产开发投资增长强劲，商品房购销两旺。全年全省房地产开发投资完成

95.37亿元，比上年增长73.7%。4. 重点项目建设成效显著。全年共安排省重点建设项目62项，其中省重点基本建设项目52项，累计完成投资119亿元。5. 全省基本建设和更新改造投资新增加的主要生产能力：发电机组容量47万千瓦，11万伏及以上变电设备能力79万千伏安，输电线路长度222.82公里。五、国内贸易。六、对外经济。七、交通、邮电和旅游。八、金融和保险业。九、科学技术和教育。1. 科技队伍不断壮大。2. 科技活动日渐活跃。3. 科研成果层出不穷，整体科技实力进一步增强。全年全省获国家级科技进步奖3项，比上年增加2项。4. 科学技术对江西省经济发展的贡献程度逐渐加大，社会科学研究取得一批成果，部分已被有关部门采纳，产生了良好的社会效益和经济效益。5. 教育事业稳步发展。全年共扫除文盲102871人。十、文化、卫生和体育。1. 文化事业健康繁荣。2. 卫生事业不断进步。年末全省共有各类医疗卫生机构9419个包括个体机构。3. 体育事业继续发展。十一、环境保护。1. 环境综合整治力度加大，环保事业发展加快。2. 生态环境保护工作继续得到重视。全省已批准国家级生态示范区（含生态示范区建设试点地区）26个，面积达6180029公顷。十二、人口、人民生活和社会保障。1. 人口总量低速增长。2. 城镇居民收入水平继续提高。3. 劳动领域改革步伐加快，就业和再就业工作稳步推进。全省就业人员2130.6万人，比上年末增加64.7万人。4. 社会福利事业成效显著。全省有社会福利事业单位2518个，收养人数5.8万人。

全省新增城镇人口454万人，平均每年接纳将近91万农村人口进城转为市民。全省城镇施工房屋面积6592.42万平方米，增长1.1倍；竣工房屋建筑面积3604.43万平方米，增长70.5%。商品房购销两旺。图为城市新建的居民小区

24日 由美国、澳大利亚、日本、新加坡等地义工组成的“晨光行动”医疗队一行27人抵达赣州市人民医院进行为期3天的义诊。他们将免费为赣州70名贫困的唇颚崩裂儿童进行修补手术。“晨光行动”是一个非牟利的国际组织，专门替先天性患有唇颚崩裂症的人士提供免费修补手术，组织成员是来自世界各国的专业医护人员。

26日 新加坡金鹰国际集团投资2.15亿美元建设的赛得利（江西）化纤有限公司奠基仪式在

九江举行。孟建柱在南昌会见了该集团董事局主席陈江和一行。黄智权出席奠基仪式。吴新雄在庆典仪式上讲话。

27 日 全省防汛工作会议召开。孟建柱、黄智权出席会议并讲话。傅克诚主持会议。

28 日 江铃集团—昌北基地“陆风”越野车总装线正式竣工投产。标志着陆风汽车正式批量生产。江铃汽车集团昌北基地一期占地面积48万平方米。汽车冲压、焊装、涂装、总装四大车间及拖拉机相关生产厂房的土建公用工程设施均全部完工。一期工程全部项目投产后，将新增5万辆汽车的年生产能力，并形成年产齿轮箱20万套、拖拉机1.5万台和发动机3万台的规模。陆风越野车的批量下线，将成为江铃新的产销增长点，预计全年销量有望达到6000辆，为江铃集团年产销汽车10万辆奠定基础。

28 日 法国专家让·保罗·莫理斯，来到东乡县江西华绿保健食品集团有限公司，进行为期8天的畜禽生产指导，这是我国农业部与法国农业部的协作项目之一。几年来，经他指导生产的绿壳鸡蛋每个生产成本降低了1.2元，每只鸡年产蛋增加120多个，蛋的免疫球蛋白量增加20倍以上，大大提高了绿壳蛋的营养保健作用。据悉，莫理斯还对种猪挑选、饲料、防疫等问题进行指导，经他指导的生猪出栏期可减少35天，每公斤生产成本可降低0.64元。

29 日 大型舞剧《瓷魂》在江西艺术剧院汇报演出。孟建柱、傅克诚、彭宏松、钟起煌等观看了演出。

31 日 华东交大与澳大利亚维多利亚理工大学日前签订合作办学协议，决定首期开设商科2+2项目，共同培养适应经济全球化发展所需要的复合型国际商业人才。据悉，学生在华东交大学习两年，完成英语培训和相应课程，双方联合教学，使用维多利亚理工大学原版教学大纲和教材。学成后学生赴维多利亚理工大学学习两年左右的专业课程，经考核合格后可获得维多利亚理工大学本科学士学位。该项目每年招收85人至100人，所招学生必须是参加当年高考英语成绩良好以上的高中毕业生或同等学历学生。

公元2003年4月							农历癸未年【羊】						
日	一	二	三	四	五	六	日	一	二	三	四	五	六
		1 三十	2 三月小	3 初二	4 初三	5 清明	6 初五	7 初六	8 初七	9 初八	10 初九	11 初十	12 十一
13 十二	14 十三	15 十四	16 十五	17 十六	18 十七	19 十八	20 谷雨	21 二十	22 廿一	23 廿二	24 廿三	25 廿四	26 廿五
27 廿六	28 廿七	29 廿八	30 廿九										

1日　省政府廉政工作会议召开。黄智权讲话。傅克诚应邀出席会议。吴新雄主持会议。

1日　江西省国有资产管理委员会办公室正式挂牌成立。黄智权到会讲话，并与吴新雄一道为省国资办揭牌。

1日　《江西省价格监测报告制度》规定，从即日起，江西省将对关系国计民生的重要商品及服务价格变动情况进行全面监测。江西省已选定11个设区市物价局（计委）及50个价格监测定点县（市、区）物价局，共61个单位为价格监测报告单位。纳入监测项目的有11大类近500个品种，涵盖面非常广泛，涉及粮食价格、主要农副产品收购价格、城市居民食品零售价格、城市居民日用工业消费品零售价格、工业生产资料销售价格、涉农产品价格和涉农收费、城市居民服务价格、成品油价格、房地产价格、汽车价格和药品价格。

2日　江西省民族宗教工作会议在南昌召开。省长黄智权在讲话中强调，各级党委、政府要认真贯彻落实中共十六大精神，与时俱进开展民族宗教工作，继续维护好社会和政治稳定，为经济建设创造良好环境，把全省12万少数民族群众、110万信教群众的积极性发挥好，把不同民族、不同信仰群众的力量凝聚到全面建设小康社会、实现江西在中部地区崛起的伟大事业上来。据悉，江西省民族工作社会化、贯彻全国宗教工作会议的“十六字”工作思路以及天主教爱国主义教育等三方面经验，分别被国家民委、国家宗教局转发各省参阅施行，这充分说明江西省民族宗教工作跻身全国先进行列。

2日　江西省卫生系统纠风工作座谈会召开。从4月份到10月底，全省卫生系统将分四个阶段，开展以纠正医疗服务中小病大治、拿回扣、收受甚至索要红包和医药购销中的商业性贿赂为重点的卫生行风专项治理行动，实现卫生行业作风的明显好转。省委副书记、省纪委书记傅克诚在讲话中强调，抓好卫生系统行风专项治理工作要坚持标本兼治、纠建并举，首先，要在卫生系统开展广泛的思想道德、职业道德教育；其次，要严肃查处违规违纪行为；第三，要坚持“标本兼治，综合治理”的方针，从改革、创新中寻找治本之策。

3日　江西国际信托投资股份有限公司成立。该公司是按照国务院清理整顿信托公司的要求，经中国人民银行批准、直属于省政府的非银行金融机构，由原江西省国际信托投资公司、江西发展信托投资股份有限公司、赣州地区信托投资公司合并组建而成。公司注册资本为3亿元人民币，其中外汇1500万美元。

3日 为期两天的江西省科技工作会议在南昌举行。会议提出了2003年全省科技工作的目标：全省R&D（研究和开发）投入占GDP的比例达到0.40%，高新技术产值增加值增长20%，专利申请量增长10%，民营科技企业技工贸总收入达到160亿元，技术贸易成交额达到17亿元。王君在会上强调指出，要大力推进科技体制机制的创新，促进科研院所的管理体制改革尽快到位，积极推动企业成为技术创新的主体，建立健全科技创新服务体系，进一步增强科技事业发展的活力和动力。会议表彰了全省科技系统先进集体和先进工作者、省科技馆建设先进工作者，向12个省级重点实验室和工程技术研究中心、4个省级民营科技园授牌。

3日 全国农村税费改革试点工作电视电话会议召开。孟建柱在江西分会场代表江西作典型发言。

5日 香港多伦多企业集团投资有限公司与江西师大共建科技学院签字协议在南昌举行。吴新雄等出席并讲话。

6日～10日 中共中央政治局委员、中央书记处书记、中宣部部长刘云山在江西调研。孟建柱、黄智权等分别陪同。

8日 南昌科技大学奠基。吴新雄出席典礼。

10日 从今日零点起，由国家林业局统一部署的“春雷行动”在包括江西省在内的全国各省市全面铺开。此次行动打击的重点是非法经营野生动物的宾馆、饭店、酒楼，非法出售野生动物的集贸市场、野生动物集散地及贩运窝点，非法运输野生动物的流通渠道，非法收购、出售野生动物的驯养繁殖场。

10日 江西省农业特产税改革工作会召开。省政府决定，从2003年起，江西省取消毛茶、水果、花卉、苗木、油茶、药材、蚕茧七种农产品生产环节的农业特产税，这是江西省进一步减轻农民负担，支持和保护农业，推进农业和农村经济结构战略性调整的重大举措。省长黄智权指出，今后江西省将逐步取消农业特产税，降低农业生产成本，给农民更多的实惠，更好地调动和保护农民生产积极性。各地要从战略和全局的高度，充分认识调整农业特产税政策的重要性，把握好政策，确保调整农业特产税政策落实到位。

10日 江西省企业信用担保有限责任公司等8家来自全省各地的信用担保机构在南昌签署《江西担保业联盟协定》，标志着江西省担保业联盟正式宣告成立。江西省担保业联盟的成立，有利于省内担保机构扩大担保资金规模、提高抗御风险能力，不仅为江西省担保业的不断规范和成熟提供了广阔的空间，而且对中小企业发展、产业结构调整、财政收入增长和就业渠道拓宽起到积极的促进作用。

12日 中国江西留学人员创业园挂牌仪式在南昌举行。吴新雄，国家人事部副部长戴光前出席挂牌仪式，胡振鹏主持仪式。王君、戴光前为创业园揭牌。吴新雄、戴光前分别在挂牌仪式上致辞。该创业园是国家人事部和江西省人民政府共建的国家级留学人员创业园，是全国14个国家级创业园之一，实行“有园无界”的管理模式，设有电子信息、光机电一体化、生物医药等孵化区，已吸引30多位国外留学人员，创办高新技术企业25家。

14日 最近，2002年全国十大考古新发现评选揭晓，江西省李渡元代烧酒作坊遗址入选。据考证，此遗址是继四川成都水井坊之后，我国发现的又一处时代最早、延续时间最长且具有鲜明地方特色的古代烧酒作坊遗址，为我国蒸馏酒酿造工艺起源和发展研究提供了实物资料。这是新《文物法》颁布后江西省文物考古工作获得的第一个全国性大奖，它对于推动江西省文物保护工作有着极大的意义。

15日 国家民政部副部长杨衍银率工作组来江西进行为期5天的考察，主要内容是城市居民最低生活保障、救灾救济、社区建设等民政工作。期间，省委书记孟建柱、省长黄智权看望了杨衍银一行，并与他们进行了交谈。省委副书记彭宏松、副省长孙刚陪同考察。杨衍银一行工作组先后到南昌、赣州、吉安等地，重点了解城市居民最低生活保障、春荒期间农村困难群众的生活安排以及社区建设等方面的情况。考察期间，杨衍银在井冈山市主持召开了全国部分省救灾救济工作座谈会，听取了江西、安徽、广东、江苏、河南等省民政部门的工作汇报。

16日　全省非典型肺炎预防工作会议在南昌召开。孟建柱、黄智权分别讲话。

16日　“弘扬井冈精神，兴我美好江西”主题教育活动正式启动。全面动员和部署该项活动的电视电话会议召开。会议传达了孟建柱对开展主题教育活动提出的要求。彭宏松到会动员部署。

17日　江西省与驻沪外国（境外）公司合作恳谈会在上海举行。吴新雄出席并讲话。

18日　江西省与沪、浙、苏知名企业家合作恳谈会在上海举行。吴新雄出席并讲话，上海市人大常委会副主任任文燕为恳谈会致辞，赵智勇主持会议。恳谈会签订项目19个，签约资金达65.8亿元。

19日　为期10天的江西省“春雷行动”结束。在此次专项行动中，江西省共收缴包括1只国家一级珍贵濒危野生动物，4372只国家二级保护动物在内的各类野生动物72340只，其中68452只已经放回大自然，为国家挽回直接经济损失1097.4万元。此次“春雷行动”旨在震慑犯罪分子，提高人们保护野生动物的意识，遏止非法盗猎、走私野生动物及产品流入市场的势头。据统计，此次行动江西省共出动警力1.61万人次，清查有违法嫌疑的宾馆、饭店、酒家3909家，市场1418个。共查处各类野生动物案件723起，打击各类违法犯罪人员748人，收缴各类野生动物72340只，非法野生动物制品1578.25公斤，猎具983套，土枪24支。

20日　省预防非典型肺炎协调小组在南昌召开会议。黄智权主持会议并讲话。彭宏松出席会议。

20日　南昌集装箱码头开工建设。该码头是江西省最大的内河港口建设工程，总投资1.49亿元，陆域面积16.3万平方米，码头岸线长400米，并预留岸长1500米，将建成两个1000吨级泊位、年吞吐能力达5万个标准集装箱的现代化港口，结束江西省无大型集装箱专用码头的历史。

21日　孟建柱主持省委常委扩大会议，传达学习中央关于进一步加强非典型肺炎防治工作的重要指示精神，分析前一段江西省防疫工作情况，进一步研究部署切实做好江西省非典型肺炎防治工作。会议指示，全省各级党委、政府和各级领导干部，要从实践“三个代表”重要思想、维护人民群众根本利益的高度，充分认识防治非典型肺炎工作的极端重要性和紧迫性，切实按照中央的部署和要求，真正做到思想认识到位、组织领导到位、各项防治措施到位，全力防止非典型肺炎传入江西省，保护人民群众的身体健康和生命安全，维护江西省改革发展稳定的大好形势。

22日　孟建柱、黄智权、王君、傅克诚、吴新雄、彭宏松等分别来到医院、防疫站、疾病预防控制中心、学校、车站、空港，就进一步做好非典型肺炎预防工作进行认真检查。

22日　寻乌县澄江镇周田村近日发现一处从明朝万历年至清朝咸丰年间古围屋群，方圆3平方公里内共有古屋28栋，是目前该县发现时间跨度最长、规模最大、保存最完好的古代客家民居。田塘湾围屋是面积最大、建筑艺术价值最高的一座方形围屋。它建于清朝嘉庆十九年（1814），占地10余亩，属砖石土木结构，房屋设计为四进四厢，八厅十二井，共有50个房间，结构合理，造型美观，它们从设计建造到室内装饰风格各异，无一雷同，充分体现了当时建筑者独具匠心的智慧。古建筑群除有方形围屋外，还有学堂、茶亭、客栈、水车油坊、寺庙等多种古代建筑。据悉，这座古建筑群规模之大，保存之完好，在省内罕见，是反映江南客家民居建筑特色的“活标本”，具有较高的研究价值。

22日　江州造船厂为德国凤凰航运公司建造的1.2万吨散货船“诺卫德”号，在瑞昌码头顺利下水。这艘巨轮是该厂目前建造的出口船中吨位最大的船舶。按合同规定，江州厂还要为凤凰公司再造三艘1.2万吨级的散货船。此次万吨轮下水，结束了江西省无万吨船舶建造记录的历史。

24日　全省领导干部会议在南昌举行。孟建柱主持会议并讲话。黄智权做工作部署。王君、傅克诚、吴新雄、彭宏松分别通报有关工作。钟起煌出席会议。

25日　国家级杂志《当代中国史研究》杂

志2003年第二期发表了《从〈当代江西简史〉的编纂探析地方史的编写规律》和《十年研修，萃成宏篇——读〈当代江西简史〉》两篇署名文章。陈达恒阅后作重要批示："《当代江西简史》凝聚着全体编纂人员的心血，现受到国史学术界的重视与好评，实属可喜可贺。"

25日 为了贯彻执行《国家发展和改革委员会关于开展全国防治非典型肺炎药品和相关商品市场价格专项检查的紧急通知》精神，省发展计划委员会向各级设区市计委、物价局发出通知，要求各地从即日开始，开展江西省防治非典型肺炎药品和相关商品市场价格专项检查。此次专项检查按属地原则开展，全省境内所有从事药品生产、批发、零售的生产、经营企业、单位及相关经营者（含解放军、武警有关单位），所有从事主要食品及副食品的生产、批发、零售的企业、单位及相关经营者，不分隶属关系，均由其所在地价格主管部门实施。据悉，这次检查的均属政府定价的药品，按国家公布的最高限价执行，对政府定价而未下达正式价格的，按省公示药品价格执行，政府定价药品未在本省进行公示的一律不得销售。

28日 江西省计划生育领导小组会议在南昌召开。会议传达了中央人口资源环境工作座谈会精神，研究综合治理人口问题，部署江西省对出生性别比升高问题的整治工作。截至2002年末，江西省总人口4222.43万，人口出生率为14.74‰，人口自然增长率为1998年首次降至10‰以下，总和生育率降至2002年的1.9‰左右，人口再生产类型实现了"低出生、低死亡、低增长"的历史性转变，全省人口计划生育工作进入了稳定低生育水平的新时期。但是，我们还应该清醒地看到，江西省人口与计划生育工作基础比较薄弱，整体工作水平还不高，发展不平衡，与先进地区相比差距较大。省委副书记傅克诚在讲话中强调，要对出生人口性别比偏高问题引起高度重视，要认识到综合治理出生人口性别比升高是当前江西省人口与计划生育工作迫在眉睫的任务。各级领导要以对历史、对子孙后代高度负责的精神，对综合治理出生性别比问题加强领导，确保整治工作责任、措施到位，推动出生性别比偏高问题的整治工作取得预期的成效，并推动出生人口性别比逐渐趋向正常。

28日 国务院督察组来赣督导"非典"防治工作。孟建柱、黄智权、彭宏松等会见了督查组一行，并听取了督察组组长安立敏关于全国"非典"防治形势的介绍，黄智权代表省委、省政府汇报有关情况。

28日 省重点工作项目、江南第一大矿井丰城矿务局曲江矿井正式投产。黄智权为曲江矿井投产典礼作书面讲话。

29日 江西省防治非典型肺炎指挥部成立。黄智权任总指挥，彭宏松、胡振鹏任副总指挥。

30日 江西省重点保护水生野生动物资源保护管理收费将从月底在全省全面铺开。今后捕捉一只棘鱼段虎要交费1元，捕捉一只白鳍豚要交费20万元。江西省水生野生动物资源保护费征收涉及的物种包括列入《濒危野生动物种国际贸易公约》附录二的物种，国家二级保护的物种和省级重点保护物种。对批准出售、经营利用的省重点保护水生野生动物及其产品，按其成交额的3.5%向供货方收费；对利用列入重点保护水生野生动物或其产品，加工制成品的，除中医药生产企业按其制成品实际销售额的0.75%收取资源保护管理费外，其他均按其制成品实际销售额的1.5%收取资源保护管理费。

30日 国务院非典型肺炎防治工作督察组安立敏一行深入江西省农村、社区、医院、防疫站、长途汽车站等单位，就江西省贯彻落实党中央、国务院非典型肺炎防治工作部署和要求的情况，进行为期3天的检查。检查过程中，督察组就江西省非典型肺炎防治工作提出要求：一是要按照"早发现、早报告、早隔离、早治疗"的要求，积极稳妥做好农村在外务工返乡人员的健康检查和跟踪观察；二是要继续加强医务人员的防护工作，各级领导要关心一线医务工作者的健康，切实落实各项卫生防护措施，医务人员要提高自身防护意识，提高自我保护能力；三是要继续加强对医护人员和卫生防疫人员的业务培训，准备更充足的医疗防疫梯队，要加强省、市防疫部门和定点医院建设，强化对基层的技术指导。

公元2003年5月　　农历癸未年【羊】													
日	一	二	三	四	五	六	日	一	二	三	四	五	六
				1 劳动节	2 初二	3 初三	4 青年节	5 初五	6 立夏	7 初七	8 初八	9 初九	10 初十
11 十一	12 十二	13 十三	14 十四	15 十五	16 十六	17 十七	18 十八	19 十九	20 二十	21 小满	22 廿二	23 廿三	24 廿四
25 廿五	26 廿六	27 廿七	28 廿八	29 廿九	30 三十	31 五月大							

1日　为期5天的第一届中国（江西）国际汽车博览会在江西国际汽车城隆重开幕。这将是江西省首次由政府主办的国际性车展，同时也是江西省汽车行业有史以来，规模最大、档次最高的一次汽车盛会。参加本次展会的既有价值千万元的豪华宾利，百万元的劳斯莱斯、保时捷等世界顶级名车，又有个人收藏的普利茅斯、凤凰等绝版老爷车；同时奔驰、宝马、大众、奥迪、雪铁龙、丰田、日产、沃尔沃、马自达、现代、福特和通用等数十家全球著名汽车企业的多款新车，以及一汽、二汽、上汽、东风、吉利、江铃和昌河等近百家国内企业的最新下线车型也将驶入展会。

1日　孟建柱、黄智权、吴新雄等在九江市领导陪同下，来到九江第一人民医院和第三人民医院，深入“非典”防范工作第一线，进一步检查“非典”防范工作落实情况，慰问坚守岗位的医务人员。

2日　国务院“非典”防治督察组在即将结束在江西省督察指导工作之际，向省委、省政府反馈督察意见。孟建柱、黄智权、彭宏松及省防治非典型肺炎指挥部成员到会听取意见，孟建柱、黄智权分别讲话。

3日　中共中央政治局委员、国务院副总理回良玉在孟建柱、黄智权陪同下在江西进行了为期4天的调研。

6日　吴新雄先后前往南昌高新技术开发区、南昌民营科技园和南昌经济技术开发区，调研指导重点企业抗“非典”及发展情况。

7日　省防治“非典”指挥部召开第二次会议。黄智权主持会议并讲话，彭宏松、胡振鹏出席会议。

9日　省政府在南昌召开全省农村非典型肺炎防治工作电视电话会议。黄智权到会讲话，吴新雄出席会议，彭宏松主持会议。

10日　江西省政府召开建立特色工业小区会议，专题研究如何建立特色工业小区，加快工业化进程。吴新雄在讲话中强调，要建立特色工业小区，做大做强优势企业。他指出，建立特色工业小区，主体企业必须要有一个做强做大的发展目标和扎实的措施，要确立做大做强的思想观念，确立企业规模、实力、产品、技术创新的明确目标，确立一套苦练内功、夯实基础的扎实措施。要制定合理的特色工业小区发展规划，小区的区域布局要以江西省具有一定产业优势的龙头企业为依托，以发展配套工业为重点，迅速做强做大江西省主体企业。

10 日 彭宏松、胡振鹏考察了作为收治非典型肺炎患者和疑似病人的专治医院江西省乌石桥医院。

13 日 吴新雄在南昌市就一手抓防治"非典"不松劲、一手抓经济建设不动摇工作进行调研。

15 日～20 日 中共中央政治局常委、全国人大常委会委员长吴邦国在孟建柱、黄智权陪同下，深入南昌、赣州、吉安等 8 个市县的工矿企业、城镇乡村和建设工地，考察"非典"防治工作和经济建设情况。

17 日 江西省首条植物全降解一次性环保餐具生产线，在高安市新世纪工业城绿色家园环保用品厂投产成功。该产品由武汉大学研究开发，并获得国家专利。主要以农产品下脚料谷壳、秸秆、甘蔗渣为生产原料，使用后 7 周内可自行化解，也可回收用作饲料和肥料。

18 日 新鸿盛（曼谷）有限公司与江西造船有限责任公司举行签约仪式，合作建造"滕王一号"新型两江游船。据悉，该项目总投资 1000 万元，是目前江西省设计最新、设施最豪华、乘坐最舒适的游船。"滕王一号"为双体豪华游轮，载客量 400 人，设计航速每小时 20 多公里，适应赣江、鄱阳湖、长江旅游，船上餐厅可供 270 人同时用餐，主要用于南昌至厚田间赣江段的航行。

19 日 23 时，2003 年赣江 1 号洪峰顺利通过南昌市，实测洪峰水位 22.09 米，比警戒线低 0.81 米。受降雨影响，赣江上游及其支流全面发生超警戒线洪水，中游吉安水文站、峡江水文站及蜀水、禾水、泸水、孤江等都发生了超警戒线洪水。此次洪水过程是江西省入汛以来第一次较大洪水过程。由省防汛抗旱总指挥科学调度，省水文局准确预报，万安水库提前预泄，腾出库容，大大减轻了赣江中下游的防汛压力，削减了洪峰水位，致使吉安比赣州先出现洪峰。万安水库 18 日 22 时至 23 时最大入库流量达 10700 立方米/秒，19 日 8 时最大出库流量 6060 立方米/秒，削减洪峰流量 34%。

21 日 全省非典型肺炎防治工作座谈会在吉安召开。彭宏松、胡振鹏到会讲话。

23 日 江西省投资公司与省电力公司正式签订地方控股发电公司移交协议，由省投资公司正式全面接管丰城、新余、萍乡和东津四座电厂。这标志着江西省地方发电集团组建工作迈出重要的一步。据悉，地方控股发电公司管理移交后，将把原有体制下发电公司、中央企业或中央、地方混合企业性质统一转变为电力行业、地方企业；电力行政管理职能将从省电力公司逐渐移交给地方政府。新的电力管理体制，有利于充分发挥地方电力企业的龙头作用，并不断降低成本、降低置换、债转股以及联合兼并转让等形式调整优化资产结构，通过产权转让、多方融资等手段筹集资金，尽快将全省的电力行业做强做大。

25 日 日前，经国家有关部门批准成立的水生野生动物救护中心在湖口正式挂牌。湖口八里江段是长江和鄱阳湖交汇处，这里生活着国家一级保护动物白鳍豚等珍稀水生动物和珍稀鱼类。10 多年来，江西省渔政局湖口分局有组织地放流因误捕、击伤中华鲟 21 头、白鲟 2 尾、胭脂鱼 12 尾、江豚 4 头。

25 日 由印尼金光集团投资 140 亿元的林浆纸一体化投资项目在赣州市正式签字，这标志着该项目在赣州开始进入实质性运作阶段。印尼金光集团是印尼最大的财团之一，所投资的赣州林浆纸项目分两步实施，首期投资 2.4 亿元开始租山造林，建设原料林基地 60 万亩。

26 日 富大有堤青山闸至高新大道段除险加固工程在南昌开工。富大有堤是江西省的重点防洪圩堤，也是南昌市城区的主要防洪屏障，保护着堤内 122 平方公里，近 120 万人的安全。富大有堤青山闸至高新大道段除险加固工程全长 3300 米，总投资 2800 万元，工程建设包括堤防加固、堤身土方达标、堤顶公路及穿堤建筑物改造等项目。总体工程预计2004年2月底完工。

26日 省综治委召开今年第二次全体会议。彭宏松到会讲话，舒晓琴主持会议，蔡安季通报了今年上半年综治工作情况。

27日 由巨石集团九江有限公司（前身为九江玻璃纤维厂）投资1.5亿元兴建的年产1.6万吨无碱玻纤池窑拉丝生产线正式投产。项目投产后该公司的生产能力突破了41000吨，年产值突破4亿元大关，跻身全国玻纤行业前五强。

28日 由江西省新闻工作者协会、江西省新闻学会主办的第十届江西新闻奖近日评选揭晓。全省共有247件作品获奖，其中29件作品获一等奖，1件作品获特别奖，60件作品获二等奖，147件作品获三等奖，报纸版面奖作品10件。《江西日报》共有28件作品获奖，其中一等奖5件，二等奖10件，三等奖11件，版面奖2件。新闻论文作品首次纳入江西新闻奖的评选范围，使江西新闻奖的评选覆盖面更广，内容更丰富。评选出的作品，客观、真实地记录了2002年江西省发生的重大事件。

28日 总投资2.7亿元的江西省重点建设工程——安源工程玻璃厂在萍乡高新技术工业园破土动工。该项目是江西省规模最大的低辐射玻璃工程项目，填补江西省建材工业的一项空白。占地495亩，可年产低辐射玻璃及其复合产品200万平方米，预计明年7月竣工投产。

28日 中绿华夏有机食品认证中心江西省分中心于今日在南昌正式挂牌。该分中心的成立，标志着有机食品开发和认证工作将在江西省全面展开，并标志着江西省农产品质量安全认证体系的建设已正式与国际接轨。

28日 全省防汛指挥长会议在昌召开。孟建柱、黄智权出席会议并讲话。彭宏松主持会议。

29日 省国防动员委员会办公会议召开，黄智权主持会议并讲话。

29日 九江三期发电工程第二台35万千瓦机组顺利通过168小时试运行，各项指标良好。至此，装机70万千瓦的九江三期发电工程全面竣工投产，从而使九江发电厂的总装机容量达到135万千瓦，一举成为华中电网最大的火力发电企业。该工程是江西省第一个涉外发电项目，利用日本海外协力基金贷款建设，工程概算总投资为37.17亿元，其中外资296亿日元（折合人民币16亿元）。在第二台机组竣工投产后，年发电量可达46亿千瓦时。据悉，该工程的建成投产，不仅改善了江西电网的电源结构，而且成为鄂赣联网的重要电源支撑点，可有效承担起三峡电站的调峰任务。

30日 江西省首例输入性“非典”重症患者聂春兰，经过省、市、县专家和医务人员34天的全力救治，在吉安县人民医院康复出院。她的治愈出院，标志着江西省抗“非典”取得了病人零死亡、一线医务人员的工作人员零感染、疫情零扩散的阶段性成果。

30日 江西辖区代储中央储备粮管理工作会议召开。来自全省60多个直属库、中心库、代储库的主任参加了会议。江西省中储粮管理名列全国前茅，中储粮宜存率达到90%以上，轮换总量达到338万吨，其中185万吨未新陈置换的老粮全部轮换置新，占全省老粮比例的98.3%，基本消灭了陈化粮。中央储备油也全部实现了转换。南昌分公司辖区江西、福建两省的18个直属库和100多个代储库绝大部分实现了轮换不亏损，并略有盈利。

31日 省政府举办全省开放型经济领导干部培训班，来自全省县（市、区）的领导及省直有关部门负责人约200余人参加了培训。这是江西省首次举行开放型经济领导干部培训班。培训班上，吴新雄围绕加快开放型经济发展，作了专题报告，他指出，江西省经济总量小，与沿海存在巨大差距，江西要缩小差距，实现在中部地区崛起的目标，就要发展开放型经济。当前，江西要尽快形成机制体制新优势，加快与国际经济接轨，大力发展开放型经济。

公元2003年6月							农历癸未年【羊】						
日	一	二	三	四	五	六	日	一	二	三	四	五	六
1 儿童节	**2** 初三	**3** 初四	**4** 端午节	**5** 初六	**6** 芒种	**7** 初八	**8** 初九	**9** 初十	**10** 十一	**11** 十二	**12** 十三	**13** 十四	**14** 十五
15 十六	**16** 十七	**17** 十八	**18** 十九	**19** 二十	**20** 廿一	**21** 廿二	**22** 夏至	**23** 廿四	**24** 廿五	**25** 廿六	**26** 廿七	**27** 廿八	**28** 廿九
29 三十	**30** 六月小												

1日　全省第一部关于邮政的专门地方性法规——《江西省邮政条例》自今日起施行。条例共分六章50条。内容分别为：总则、规划与建设、服务与保障、管理与监督、法律责任、附则。

1日　一本以卡通书形式出版的公民道德教育读本《公民道德三字经》近日在萍乡问世。该书根据少年儿童的阅读习性，将书设计成卡通书的形式，图文并茂、语言简洁、朗朗上口、易读易记，并配有注释。同时还出版了适合成人阅读的《公民道德教育简明读本》。

2日　南昌市第一医院护理部原主任章金媛荣获第三十九届南丁格尔奖章，这是江西省首次获此殊荣的护理人员。

2日　江西省建设厅历时半年多，编制完成2000册《江西省村镇小康住宅通用图集》，从即日起免费发至全省乡镇。编入的16套村镇住宅图集，计400多个页码，图文并茂，通俗易懂，具有较强的适用性和推广性。它的出版发行，旨在为村镇建设服务，为广大农民服务。通过在全省广大农村、集镇、建制镇进一步推广建房新设计、新材料，努力提高全省村镇房屋的建设水平，力争做到形式多样，风格各异，以展现新世纪江西村镇建设发展的新面貌。

4日　弋阳县档案馆最近在搬迁过程中发现3件土地革命时期闽浙赣革命根据地的珍贵文物。其中一件是《赣东北省苏维埃政府土地委员会土地使用证》，编号7455，加盖“赣东北省苏土地委员会”印章。另一件是《土地税早（晚）田税收条》，共3张，纳税人为弋阳县七区七乡罗桥村村民汪忠发，纳税金额均用大米折算。纳税时间分别为1932年11月和1933年11月。还有一件是江西东北革命委员会颁发的优待红军家属《执照》。

4日　2003年度江西省重大科技攻关项目公开招标活动圆满结束，昌河飞机工业（集团）有限责任公司等14家中标单位分别与省科技厅签署科研合同，科研经费达262万元。

4日　宜丰县潭山镇龙冈、店上等村内最近发现3棵罕见千年“五子樟”。这3棵五子樟树围在5米以上，树高都在20余米，在同一树蔸上均匀地分生出五根粗细不一、间距一致的大枝桠，其中一根主枝略粗些，其余四根略小些，酷似一位母亲怀抱四个孩子，当地群众称之为“五子樟”。

5日 王君考察部分省属医疗卫生单位，并慰问第一线的医疗卫生人员。

5日 经国务院批准，九连山自然保护区晋升为国家级自然保护区。至此，全省国家级自然保护区共有5个。九连山位于我国南岭山地东部腹地，属中亚热带与南亚热带过渡地带，赣江的源头，是亚洲东部生物多样性最丰富的地区之一。该保护区分布有高等植物2796种，脊椎动物384种，昆虫1404种。到目前为止，在九连山发现并鉴定的有1个新属、17个新种、1个中国分布新纪录、2个新亚种、71种江西省分布新纪录。

6日 省政府在南昌召开全省农村特困群众社会救助工作会议。彭宏松在讲话中指出，做好农村特困群众社会救助工作，使之走上经常化、规范化、制度化的轨道，是完善社会保障体系的一个重要方面，解决“三农”问题、维护社会稳定的重要举措，也是全面贯彻“三个代表”重要思想和党的十六大精神的具体体现；是为改革和发展创造良好社会环境的迫切需要，也是密切党和人民群众的联系、巩固党的执政基础的必然要求。各地各部门特别是各级领导干部，一定要从全局和战略的高度来充分认识这项工作的重要意义，把救助农村特困群众作为一项重要的政治任务抓紧抓好。

江西省九连山自然保护区景观——南岭云海

6日 《江西日报》报道，在2003年美国大学生数学建模竞赛中，南昌大学3个参赛队取得了1个二等奖、2个三等奖的优异成绩。这是江西省高校选手首次获此殊荣。大学生数学建模竞赛首创于美国，1985年开始举办。本次竞赛共有来自9个国家263所院校的638个队参加。参赛队中有来自哈佛大学及国内清华大学等一流大学的学生。

6日 鄱阳湖区结合经济开发综合治理血吸虫病项目在南昌启动，江西省鄱阳湖沿岸6个不同类型的血吸虫病重疫区村成为首批试点村。该项目因地制宜将综合开发与血吸虫病治理优化组合，建立以村为单元，能获得血防、经济双重效益的血吸虫病综合治理模式。从今年开始，该项目分三年实施，总投入1540.59万元。副省长胡振鹏出席项目启动会。血吸虫病综合治理模式，主要通过建立村旁安全带、调整村内产业结构、创建疾病控制新模式、村内改水改厕、开展健康教育等方法，达到既发展经济，又控制血吸虫病的双赢效果。项目实施后可使当地血吸虫病传播强度下降85%，生产总值和人均收入提高80%。

6日 中国电力投资集团公司召开系统电话会议，宣布江西、河南、东北3个分公司成立。中电投资集团是5家全国性大型发电集团公司之一。该集团从原国家电力公司发电企业中接收资产和股权企业共102户，分布于东北、华北、西北、华东、华中、川渝、南方等7个区域，拥有可控发电容量3015万千瓦，权益容量2222万千瓦。在江西，该集团接收了贵溪发电厂、南昌发电厂等10户发电企业，控股发电装机容量160万千瓦，职工人数9500余人，并决定在南昌设立江西分公司。

7日 省市10万干部群众参加“清洁环境、共建美好家园”义务劳动。孟建柱、黄智权、王君、傅克诚、彭宏松、钟起煌等省四套班子的领导参加。

8日～10日 宜春、赣州、上饶、新余四设区市分别在浙江的温州、台州、金华举办了与知名企业家的合作恳谈会。吴新雄专程赴浙出席各场恳谈会。

11日 孟建柱与刚刚从中央党校春季班学习归来的江西学员座谈时强调，要坚持与时俱进、执政为民，以勤奋学习为终生的第一需要，不断提高素养，增长才干，树正气、讲团结、谋全局、求发展，争做优秀的高素质的党政领导干部。

11日 由中共中央宣传部根据中共中央要求组织编写的《“三个代表”重要思想学习纲要》一书开始在全省发行。

11日 中科院庐山植物园、江西省林业科学院和上海实业集团有限公司在南昌举行合作开发上海国际生态居住区环境建设签约仪式。这一签约仪式为江西省丰富的绿化资源商品化提供了机遇和巨大的市场，为全省园林绿化和种苗行业的发展提供了很好的平台。

11日 省政协在南昌召开市县政协工作委员会暨省政协委员联络组第一次工作会议。会议交流了今年以来全省各设区市政协工作的新做法、新举措，并就如何搞好市县政协工作委员会和省政协委员联络组的工作进行了研究。钟起煌在会上指出，成立市县政协工作委员会和省政协委员联络组，是新一届省政协加强对市县政协工作的联系和指导，充分发挥在市县的省政协委员作用采取的新举措。其目的主要是把全省各级政协和广大政协委员的积极性充分调动起来，形成参政议政的合力，新成立的市县工作委员会要在总结交流市县政协工作经验、研究探讨加强政协工作共性问题等方面发挥作用。

12日 省政府与省总工会第四次联席座谈会召开。黄智权出席并讲话。

13日 省委举行常委会议，贯彻中央关于在全党兴起学习贯彻“三个代表”重要思想新高潮的战略部署，联系全省实际，讨论《中共江西省委关于迅速兴起学习贯彻“三个代表”重要思想新高潮，进一步开创江西改革开放和经济发展新局面的意见（讨论稿）》。会议指出，“三个代表”重要思想是党的十六大的灵魂，也是贯穿十六大报告的一条主线。学习贯彻十六大精神，核心是学习贯彻“三个代表”重要思想；把学习贯彻十六大精神引向深入，最重要的是兴起学习贯彻“三个代表”重要思想的新高潮。会议讨论研究了进一步改革财政管理体制、加快发展开放型经济、加强公共卫生工作、大规模培训干部等方面的工作。省人大常委会、省政府、省政协的领导及省直有关部门负责人列席了会议。

14日 江西省首座Boomer大功率移动通信基站近日在上饶建成开通，使鄱阳湖面任何一点都能接收到CDMA手机信号。解决了过去通信信号不能对整个湖面进行有效的覆盖，渔民之间，交通船只之间在发生突发事件时很难相互取得联系和报警这一难题。

15日 位于滕王阁对面的中顺国际大酒店在南昌正式全面开工。酒店投资方杜帮帝亚（香港）有限公司高调宣布投资8亿元人民币，严格按国际五星级大酒店的标准建设，拟建成后为全省首个集4万平方米商场酒楼、5万平方米酒店式公寓、写字楼和379间豪华标准间于一体、总建筑面积16万平方米的38层五星级产权式酒店，其南北双楼分别高达145米、147米。

16日 中央苏区山林水利局旧址揭牌仪式在瑞金市举行，水利部部长汪恕诚、水利部长江水利委员会党组书记周保志、江西省副省长孙刚出席。在揭牌仪式上，汪恕诚指出，中华苏维埃山林水利局是我党建立的历史上第一个领导水利建设事业的政府机构，曾为当年苏区根据地的巩固和发展作出了巨大贡献，体现了在党领导下，广大苏区军民团结奋斗，艰苦创业的光荣传统。继承和发扬苏区水利建设的光荣传统，就是要始终坚持与时俱进，不断进行现代水利、可持续发展水利的实践探索，下大力气解决好洪涝灾害、干旱缺水、水土流失和水污染问题，满足人民群众在饮水安全、防洪安全、经济发展以及生态环境等方面的用水需求，努力实现、维护和发展最广大人民群众的根本利益。

16日 江西省春禁领导小组在长江湖口段组织鄱阳湖及长江江西段渔业资源人工增殖放流活动，共人工投放“四大家鱼”原种子一代鱼种400万尾。这是全省继去年以来举行的第二次大规模长江渔业资源增殖放流活动。投放鱼苗的目的在于补充鄱阳湖及长江“四大家鱼”种群数量，加快恢复渔业资源，实现全省渔业可持续发展的战略目标。从本年起，江西每年3月20日至6月20日对鄱阳湖及长江江西段进行春季禁渔。

17日 湖口县日前已着手向联合国教科文组织申报青阳腔为“人类口头与非物质遗产”。青阳腔与我国昆曲同时形成于明代，当时同昆曲列为明代时尚雅调。四川的川剧、湖南的湘剧、湖北的清戏、江西的赣剧、安徽的徽剧等著名剧种都与青阳腔有着血缘关系。青阳腔演变成徽剧，徽剧成为青阳腔的一个支流，四大徽班进京产生了京剧。青阳腔这一珍稀古老戏剧种亟须全面的搜集、整理和抢救（2003年9月，九江市正式决定向联合国教科文组织申报。2006年6月6日，湖口县青阳腔被国务院公布列入第一批国家级非物质文化遗产名录）。

17日 一座按国际标准设计施工的体育场在赣州市水南新区竣工。该体育场占地30亩，总投资为2500万元，拥有全省面积最大的悬挑网架和电子显示屏。

17日 赣州市章贡区赣江办事处街道社区劳动保障事务所成立，这是江西省首家社区劳动保障所。该社区劳动保障事务所的建立，即可促进社会保障工作与街道社区便民利民业务的衔接，又能通过与企业保持密切联系，有效地缓解下岗失业人员“管理难”与“就业难”的问题。

18日 《江西日报》报道，全国唯一一个中小学陶艺培训基地落户景德镇。该项目选址在古窑历史博览区西侧，占地318亩，规划建筑面积2.2万平方米，总投资约4600万元。内设陶艺培训会展中心、陶艺制作中心、住宿餐馆中心、休闲购物中心四个功能区。

18日 江西省中小企业协会在南昌成立。目前，全省中小企业个数已占全省工业企业总数的90%以上；全省工业140多万职工中，有104万人分布在中小企业，占总数的74%；中小企业实现的工业总产值、利税和出口总额分别占全省的70%、60%和50%左右，为全省国民经济持续快速健康发展发挥了积极的作用。成立中小企业协会，旨在搭建整体服务平台，加强政府与企业间的沟通，加强企业与企业之间的合作与交流，促进中小企业进一步发展和提高。

18日 江西省劳动力资源推介会在上海国际会议中心举行。48家国内外知名企业的代表参加了推介会，其中18家企业与江西驻沪劳动部门代表现场签订了总用工量达3600人的用工协议书。全省各级劳动保障部门于6月初组成三个工作组，分赴福建、浙江、江苏、海南、广东、上海五省一市进行劳动力资源推介活动，目前，已与沿海地区17个城市建立了劳务合作关系，同时与69家企业签订了总数达1.61万份的劳务输出合同。

18日 有关部门近日批准，江西医学院第二附属医院的分子医学和干细胞研究中心成为江西省首家可面向社会开展有偿司法鉴定服务的机构。该中心已为省内20多位当事人进行了DNA亲子鉴定。中心除不能受理涉及刑事诉讼当事人的DNA鉴定申请外，可以接受公证处、律师事务所、海关、移民局部门的委托鉴定，也可受理私人请求进行亲子鉴定和个人身份识别。

19日～21日 中共中央政治局委员、中央书记处书记、中央组织部部长贺国强由孟建柱、黄智权、王君、傅克诚等分别陪同，在江西调研。

20日 中国井冈山干部学院在井冈山举行开工建设典礼。中共中央总书记、国家主席胡锦涛等中央领导同志分别作重要批示，中央军委主席江泽民为学院题写院名，中共中央政治局常委、国家副主席曾庆红发来贺信，中共中央政治局委员、中央书记处书记、中央组织部部长贺国强出席开工典礼。省委书记孟建柱、中央组织部副部长王东明分别讲话。省长黄智权主持开工典礼。省委副书记王君宣读曾庆红的贺信。开工典礼后，王东明宣读了中央关于贺国强兼任中国井冈山干部学院院长、王君兼任第一副院长的决定。

井冈山干部学院开工的情景

22日 江西省文艺界人士祝贺著名赣剧表演艺术家潘凤霞从艺60周年。

23日 孟建柱、黄智权在南昌会见了中国国际工程咨询公司副总经理邱志明一行。

24日 我国首台具有自主知识产权的洁净燃烧锅炉——江西分宜发电有限责任公司410T/H循环流化床锅炉技改项目，其10万千瓦发电机组，日前正式投入商业运行。该公司410T/H循环流化床锅炉技改项目是江西省第三批国债项目之一。该机组于2000年12月28日开始建设，去年11月17日建成并网发电，经过十大项数个月的完善化改造和96小时试运行，日前正式投入商业运行，这标志着我国掌握了410T级循环流化床锅炉生产制造、安装运行方面的全部技术。

25日 团省委、省教育厅、省财政厅、省人事厅结合江西省实际，近日制定了2003年江西“大学生志愿服务西部计划”的配套政策。志愿者服务期满考核合格的，授予“江西省优秀青年志愿者”称号，并作为“江西省十大杰出志愿者”及“大学生志愿服务西部年度人物奖”候选人；报考江西高校研究生给予加分，在同等条件下优先录取，具体政策在当年的研究生招生政策中予以明确；报考江西省党政机关公务员的志愿者，可适当加分，同等条件下优先录取，具体规定由省级公务员考试录用主管机关在当年招考中予以明确；已签约用人单位，但又自愿去西部服务的志愿者，由省毕业生分配办与用人单位协商免除违约金。据悉，江西省共有207个赴西部服务指标，其中53个赴新疆，其他赴广西。共有1135人报名。

25日 黄智权来到省防汛抗旱总指挥部，听取防汛形势汇报，部署防汛工作。

25日 江西省学位与研究生教育实现历史性突破，江西师范大学、江西农业大学为新增博士学位授受单位，全省实际增列硕士单位授权点69个。

26 日　孟建柱、吴新雄在南昌会见了宁波三星奥克斯集团总裁郑坚江一行。

南昌奥克斯电气制造有限公司空调生产基地

27 日　江西省“严打”整治斗争总结表彰电视电话会议召开。彭宏松讲话。

27 日～29 日　鹰潭、九江、宜春、抚州、赣州 5 市分别在福州、石狮、泉州、厦门举办招商引资洽谈会。吴新雄赴闽出席各场洽谈会。

28 日　昌泰高速公路通车暨泰井高速公路奠基典礼在泰和县举行。孟建柱下达通车及奠基令，黄智权讲话。

30 日　于都红军大桥通车典礼举行。由老红军、外商、受表彰的优秀党员和优秀党务工作者等组成的车队通过大桥。于都县是享誉全国的“长征第一渡”，1934 年，8.6 万名红军主力从于都河上 8 个渡口渡河。当时，于都河上没有一座桥，于都人民搭浮桥，摆渡船，把红军送上了震惊世界的二万五千里长征路。解放后，于都人民先后在当年红军渡河的渡口上建起了于河大桥、长征大桥等 7 座大桥，使两岸 87 万于都人民结束了摆渡的历史。2001 年 12 月，该县在最后一个渡口西门渡口开始修建长 450 米、宽 40 米的红军大桥。经过 18 个月的建设，红军大桥竣工，总投资 1500 万元。大桥一头连着面积 1 万亩的于都工业园，一头连着新建的长征广场和县委大楼等，使工业园和县城连为一体，形成一江两岸的格局。

30 日　江西省慈善总会在南昌市正式宣布，全国第一所慈善学院——江西涉外商学院正式成立。该院从 9 月 1 日起开始实施盲文、哑语、残疾生、社会福利及慈善等专业的无偿教育，实施对全省下岗人员技能的无偿培训。

30 日　民盟盟员、南昌市第一医院护理部原主任章金媛荣获第三十九届南丁格尔奖，在全国和江西省护理界产生反响。下午，南昌市、民盟江西省委、江西省红十字会和省红十字志愿护理服务中心为章金媛举行了祝贺仪式。

30 日　江西中医学院教授毛友昌潜心药剂学的教学、科研和开发，他先后申请发明专利 205 项，有 100 余项已拿到了国家知识产权局的初审合格通知书。

30 日　省委、省政府在江西艺术剧院召开防治“非典”工作电视电话表彰大会，总结全省防治“非典”工作取得的成果和经验，表彰在防治“非典”工作中作出突出贡献的先进基层党组织、优秀共产党员和先进集体、先进个人，孟建柱、黄智权分别讲话。

公元2003年7月 农历癸未年【羊】													
日	一	二	三	四	五	六	日	一	二	三	四	五	六
		1 建党节	2 初三	3 初四	4 初五	5 初六	6 初七	7 小暑	8 初九	9 初十	10 十一	11 十二	12 十三
13 十四	14 十五	15 十六	16 十七	17 十八	18 十九	19 二十	20 廿一	21 廿二	22 廿三	23 大暑	24 廿五	25 廿六	26 廿七
27 廿八	28 廿九	29 七月大	30 初二	31 初三									

1日 “弘扬井冈精神，兴我美好江西”万人歌咏大会在南昌举行。孟建柱、黄智权、王君、傅克诚、吴新雄、钟起煌等参加。

1日 经国家邮政局批准，由江西省综治委办公室、江西省邮政局联合开发的首套600万枚江西“见义勇为”邮资明信片，从即日起开始在全省发行。

1日 南昌市警方日前成功摧毁一起非法出售、制造假发票的犯罪团伙，涉案金额达1.3亿元人民币，这是江西省建国以来破获的最大一宗出售非法制作假发票案件。

1日 江西省外国专家局网站正式开通。该网站是江西省外国专家局宣传全省引进国外智力工作的对外窗口，下设政策法规、工作指南、引智项目、引智成果、出国培训信息、培训成果、优秀专家、引智论坛等窗口。

1日～2日 国务院督察组组长、农业部副部长刘坚一行在江西进行为期两天的检查调研指导“非典”防治工作。黄智权代表省委、省政府向督察组作汇报。

4日 江西省首家公司律师事务部——清华泰豪科技集团有限公司律师事务部在南昌成立。为应对加入世贸组织的严峻挑战，省司法厅决定在省属和南昌市的国有或民营大中型企业中选择2至3家进行公司律师工作试点。清华泰豪是第一个被省司法厅选定的试点企业。

5日 江西省政务信息网纵向网市县联网工程建设前期工作会召开，会议指出，在去年底实现省市政务信息网联网的基础上，江西省已启动了政务信息网市县联网工程。在这个平台上，政府“红头文件”将实现无纸化传输，省市县三级对口纵向部门的信息报送、交换和业务工作将迈入网络化管理，行政项目审批也将通过网络完成，同时，政务信息网还将陆续开发出灾害和突发事件应急指挥、社会保障、网上招商、纳税、企业年检、政府采购、产权交易等一系列具体应用。据悉，政务信息网纵向网市县联网工程已被列为省重点工程项目，工程预算总投资7892万元，计划用8个月时间完成。

7日 为期两天的江西省农村税费配套改革工作座谈会在南昌召开，会议研究部署了今年税费配套改革各项任务。省委副书记、省农村税费改革领导小组常务副组长彭宏松在讲话中强调，各地、各部门要强化监督机制，防止农民负担反弹，加强对农村税费配套改革工作的领导，抓紧组织实施。确保在9月底完成今年农村税费配套改革的各项任务。当前要切实解决好配套改革中几个问题，一是加大农业税征收力度。二是严禁用转移支付资金和两税附加抵缴农业税。三是确保有关专项转移支付资金使用到位。四是关于农村中小学公用经费和危房改造资金的问题。五是严格控制报刊征订费。六是进一步制止乱收费。要进一步强化公示制，对没有实行公示的涉农收费和农民负担监督卡以外的农业税负担，农民有权拒绝交纳。七是农业特产税改征农业税。

7日 新干县民工在赣江中淘沙，发现2枚60型迫击炮弹和1枚手雷。迫击炮弹头光滑，弹体略有斑锈迹，弹尾呈扇形，手雷锈迹严重。据悉，3枚炸弹均属抗日战争时期日军侵占新干县城时留下的物证。

7日 武警江西总队在南昌举行宣布命令大会。武警部队副司令员朱成友中将宣布国务院、中央军委命令：武警江西总队政治委员李恩德少将任武警指挥学院政治委员；张生枝任武警江西总队政治委员。武警部队党委任命张生枝为武警江西总队党委书记。

8日 江西省伊斯兰教召开第一次代表会议。王君、中央统战部及中国伊协的有关负责人出席会议。

8日 国土资源部副部长兼中国地质调查局局长寿嘉华、江西省副省长危朝安，在“江西省鄱阳湖及周边经济区农业地质调查”项目上签字，这标志着总投资达3000万元，涉及南昌、九江、抚州、鹰潭、上饶、景德镇和宜春7个设区市、面积约3.5万平方公里的这一项目在江西省正式启动。该项目的主要任务包括区域地球化学调查、区域地球化学评价、局部生态地球化学评价、总体综合评价。项目实施后，有助于对鄱阳湖区内农业资源与环境现状的了解，尤其是对名、优、特农产品基地土壤地球化学背景的认识：有助于农业生产按照比较优势的原则进行农业资源的置换；有助于发展绿色农业，提高农产品质量，提升农产品的市场竞争力，从而为加快农业结构调整，实现农业可持续发展提供基础资料和决策依据。

9日 南京军区国防动员委员会在井冈山市召开会议。中共中央政治局委员、中央军委副主席、国务委员兼国防部长曹刚川参加会议并讲话。南京军区司令员朱文泉、政委雷鸣球、副司令员董万瑞、江西省委书记孟建柱到会讲话。副总参谋长钱树根、南京军区副政委熊自仁、华东六省（市）领导韩正、吕祖善、卢展工、黄智权、何权、徐立全等出席了会议。

10日 《胡锦涛在“三个代表”重要思想理论研讨会上的讲话》自7月6日在江西省发行以来，4天时间发行了2万册。到目前为止，《“三个代表”重要思想学习纲要》已发行15万册，《深入学习“三个代表”重要思想100问》、《深入学习“三个代表”重要思想十八讲》等发行近2万册。

10日 由大江网站与行知教育软件公司联合举办的江西省首届青少年网上夏令营正式开营。在这个夏令营里，不用付高昂的活动费，就能在网上写日记，发表文章，下载共享游戏，查看旅游资讯，参加智力闯关大赛。

10日 为期两天的江西省人大财经委经济形势分析会召开。省人大各专门委员会、省人大常委会办公厅、各设区市人大财经委负责人应邀参加了会议。会议指出，今年以来，江西省国民经济保持了较快增长的好势头，经济运行质量和效益继续好转。上半年受“非典”疫情等多种因素的影响，尽管GDP增速比一季度回落0.2个百分点，但国民经济和社会发展计划，预算执行情况良好，全省国内生产总值实现1100亿元，比上年同期增长11.9%，其中：第一产业增长3.2%，第二产业增长21.2%，第三产业增长7.3%。财政总收入137.7亿元，增长20.8%，为近6年来历史最高水平。

11日 为期两天的江西省发展开放型农业工作会议召开。据悉，江西省已签订合同项目323个，合同外资69.4亿元，实际到位资金27.9亿元，比上年同期增加21.9亿元，其中国外境外项目14个，合同外资7.3亿元，到位资金2.57亿元。会上，与会者认为，优化投资环境力度的加大，是上半年开放型农业迈大步的“催化剂”。各设区市在税费、用地、仓储、水电服务和鼓励投资等方面制定了一系列优惠政策，营造一个亲商、安商、富商的好环境，推动了招商引资走上快车道。全省规模大的项目增多，超亿元的项目达6个。同时，重点做好江西省10大优质农产品生产基地、20个优质农产品品牌和100个农业产业化省级龙头企业，现代化农业科技示范园，无公害、绿色有机农产品基地建设等项目的包装、推介。以优质的项目吸引客商。全省农牧渔业综合开发、休闲旅游农业招商引资项目分别是去年同期的9.8倍，畜牧业、经济作物类分别比去年同期增长9.25倍和5.26倍。

12日 国家发展和改革委员会近日下达了江西省2003年中央预算内专项资金（国债）疾病预防控制项目投资计划，标志着江西省、市、县三级疾病预防控制网络体系建设全面启动。江西省三级疾病预防控制中心体系建设项目共103个，改扩建面积27.5万平方米，总投资24718万元，其中中央预算内专项资金11770万元，省投资4000万元，地方配套8948万元。此次国家下达项目投资计划建设内容为1个省级、9个市级、56个县级疾病预防控制中心，投资额为17807万元。

13日 《南昌市引进人才居住证实施办法》正式出台。今后，南昌引进的人才可获得政府颁发的居住证。持有该证，在购房、子女入托入学、公务员招考和因私出国等方面享受该市常住户口人员同等待遇，并可以享受基本养老保险和医疗保险及存缴住房公积金等优惠政策。

13日 江西省心理卫生协会在南昌正式成立。该协会由江西省心理卫生学、心理学、医学、社会学和教育学界等科技工作者自愿组成，具有跨学科跨行业特点，成为发展江西省心理卫生事业和提高全民素质的重要社会力量。

14日 由世界自然基金会举办、考察和宣传湿地的全国性活动——“走进国际重要湿地”评比揭晓。该活动每年通过竞选形式，从全国各类高校的环保协会中择优选出一批“湿地使者”进入全国的国际重要湿地考察。今年的主题是“追寻通江湖泊”。共有来自全国的25所高校的环保社团通过网络参加竞标，江西省财大绿派社、宜春学院医学院青年志愿协会分别以“探讨利用营销手法更好进行环保宣传与调查活动”和“关注湖泊的微生物”为主题的竞标方案，获得了来自国内外评委的青睐，他们将接受专门的培训，并于7月底前往江西省的鄱阳湖、赤湖、赛湖以及湖北的武山湖进行调查。

14日～16日 全省有53个县市（次）日最高气温超过40℃，其中黎川县最高达41.5℃。气温连续3天如此之高，为有气象纪录以来之最。

15日 中国共产党江西省第十一届委员会第四次全体会议在南昌召开。会议由省委常委会主持。孟建柱、黄智权讲话。王君、傅克庆、吴新雄、彭宏松等出席会议。

16日 世界一流设计公司美国RTKL专家一行5人抵达南昌，与南昌市规划部门一道对南昌市青山路商业街规划设计总体方案进行磋商、论证。香港南益集团投资9亿港元对青山路全长5公里整条街进行改造和绿化、美化、亮化建设，目前该集团已聘请曾规划上海APEC会展中心的美国RTKL事务所，对青山路商业街进行规划设计，使之成为南昌最具吸引力的高档居住、文化和旅游热点区域。

17日 最近，江西省都昌县多宝乡洞子李村通过国家鸟类专家的考察成为我国最大的鹭鸟栖息地。鹭鸟为涉禽类鸟，嘴直而尖，脚高颈长，形似鹤，多活动在湖沼岸边和水田中，好群居，喜食小鱼虾。据悉，在洞子李村栖息的鹭鸟主要有大白鹭、中白鹭、中波鹭、白琵鹭、牛背鹭、夜鹭、苍鹭等，其中有多个国家一、二类保护鸟类。据统计，今年夏季千亩林地中有各种鹭鸟10万余只。

17日 《江西日报》报道，江铃齿轮公司是“九五”全国CIMS应用示范企业。在实施CIMS应用示范工程的过程中，公司建立了以销售、采购、库存、经营和财务为核心的管理信息分系统（MIS），以 CAD/CAPP/PDM 为核心的技术信息分系统（TIS），以 DNC 和车间作业管理及控制管理为核心的制造自动化分系统（MAS），以质量计划、控制、统计、分析为核心的质量管理分系统（CAQ）等分系统，将企业的人、才、物、产、供、销等资源和信息有效地集成起来，使企业的生产经营综合管理水平得到了很大提高，增强了综合竞争能力。据统计，从产品设计到批量生产的时间由原来的 3 年缩短到 1 年左右，新产品产值比重由 17.4% 提高到 69.8%。

18 日　吴新雄在南昌分别会见了以周晓波先生为团长的荷兰华人经济技术发展中心投资考察团一行和新加坡建筑（私人）有限公司董事主席水铭漳先生一行，对他们来赣访问表示欢迎。荷兰华人经济技术发展中心是第一次正式组团赴赣专察访问。其考察团成员由华侨企业家和专业技术方面的专家学者组成，目的是考察合作项目，推介江西，扩大江西省在欧洲招商引资的影响。新加坡客人水铭漳先生一行在南昌红谷滩、南昌高新区、新建县等地参观访问，并考察城建规划、房地产开发、基础设施、制造业及酒店等项目。

18 日　井冈山公安消防大队先进事迹报告会在南昌举行。会上宣读了孟建柱对学习井冈山公安消防大队先进事迹作出的批示。

18 日　第十二届“江西十大杰出青年”评选揭晓，他们是占任生、邱小林、邱金发、汪春雷、林洪彪、胡国华、钟胜、饶立新、钱文清、戴闽。

19 日　南昌“中国江西人才市场”举行开业典礼。省长黄智权、国家人事部副部长侯建良出席典礼仪式。中国江西人才市场是由国家人事部和省政府共同组建的国家级人才市场。

19 日　孟建柱会见《经济日报》总编辑冯并、副总编辑洪波一行。

19 日　由省人民政府批准设立的唯一的省直属工业园区——南昌英雄经济技术开发区的开发建设工作正式启动。开发区设为“一区两园”格局，即位于南昌市北大门的英雄工业园和位于南昌市南大门的银三角产业园，规划总面积 44.6 平方公里。按照规划，英雄工业园在 5 年内将建成集食品工业、机械电子、新型材料、生物工程为一体的功能完整的现代工业园区；银三角产业园区在 5 年内将建成集休闲度假、市场物流、高新产业及生态农业为一体的功能完整的现代产业园区。

20 日　首届全省年度十大经济人物评选揭晓，10 位当选者分别为：黄日高、郑伟、胡建华、符念平、涂建民、黄平、丁忠国、黄代放、陈年代、林印孙。

21 日　黄智权在南昌会见了上海汽车工业（集团）总公司董事长陈祥麟一行。吴新雄参加会见。

21 日　省领导和江西省工商界的民营企业家就进一步优化民营企业投资发展的大环境问题进行座谈。刘上洋、孙刚分别讲话。

21 日　省安福县文物工作者在日前进行的一次文物普查中发现了一册距今 260 多年的清代科举应试范本。这册名为《大题文府》的应试范本现存 80 余页，由安福县洋溪镇店背村的古稀老人郁鼎文保存。它用上乘毛边纸印制，长 16 厘米，宽 9.2 厘米，厚 2 厘米。全书共有 240 篇文章，每篇约 800 字，均为 10 号石印小楷。这册书汇集了清代敬敷、钟山、文澜、月湖、羊城、江汉、广陵等 30 多家书院学生的应试作品。文章主要以《四书》、《五经》中的内容为题，多角度论述了治国、治家、治学和修身养性之道，每个相同的命题收入多个作者不同风格的文章。据悉，这一范本的发现，对研究清代科举制度提供了实物资料。

22 日　全国人大常委会副委员长顾秀莲和以全国人大常委会委员、内务司法委员会副主任委员张志坚为组长的执法调研组来江西省进行为期 5 天的考察工作，检查江西省《老年人权益保障法》执行情况。顾秀莲强调，要按“三个代表”重要思想的要求，做好老龄工作，为老年人解决实际问题，切实保障老年人的合法权益，推动老龄工作的发展。各级党委、政府要把为老年人办实事作为贯彻落实“三个代表”重要思想的具体行动，进一步健全机构，明确责任，为做好老年维权工作提供坚强的组织保证；要通过法律的形式，把维护老年人合法权益的职责规定下来，为做好老年维权工作提供法律依据，明确在老年维权工作中应尽的法律义务。

23日 南昌市卫生防疫站对市场流通的保健食品、化妆品、消毒产品等进行了为期两天的集中监督检查，查封存在夸大宣传或暗示疗效的产品830余瓶（盒），价值3.2万元。

24日 根据中国科协与联合儿童基金会非正规教育合作项目要求，为期6天的江西省校外儿童科技夏令营在赣州市举行，来自瑞金市、上犹县贫困山区的30名农村失学儿童有机会参加此次夏令营活动。校外儿童科技夏令营活动的对象为江西省固定贫困县中的失学儿童，其目的为帮助贫困地区少年儿童开阔视野、接受新生事物，促进城乡同龄人之间的相互理解和交流。

25日 全省卫生系统防治非典工作先进表彰电视电话会在南昌召开。

25日 江西省援建的西藏经贸培训中心大楼竣工典礼在西藏自治区拉萨市举行。赵智勇率江西代表团参加了竣工典礼。

26日 吴新雄在南昌会见了方大集团股份有限公司董事长熊建明博士一行。双方就在赣投资事宜进行了深入友好的交谈。会见中，吴新雄强调，江西具有生产要素成本低和承东启西的区位等明显的比较优势，在近两年来大开放主战略的积极推动下，江西的投资环境和基础设施建设日臻完善，全省招商引资的氛围浓、势头好、成效显著。这些都是方大集团做大做强、投资回报快的有利条件。我们将继续为投资企业创造一流的投资环境（总投资12亿元、由方大集团投资兴建的大型高科技工业园区——方大（江西）新材料科技园，于28日在南昌新高技术开发区开工奠基）。

26日 应日本冈谷钢机株式会社与荷兰POSO. international. V. B公司的邀请，省委副书记、常委副省长吴新雄率经济代表团一行6人赴日本、荷兰进行为期12天的访问。代表团在日本访问期间，分别拜访了日本经济产业省、日本通信网络协会（CIAJ）等有关单位；还与CIAJ机构就在江西建立日本工业园区事宜，与日本铃木公司冈谷钢机公司就和江西省昌河集团进行合作等事宜进行了洽谈。在荷兰访问期间，代表团就江西客车厂消防车的生产和欧洲城落户南昌等合作项目进行洽谈，拜访了有关客商并介绍了江西省省情、投资环境。

27日 “法官进社区”活动近日在全省城区法院全面启动。这是江西省法院由坐堂问案、关门办案到打开大门、送法于民的一项重大举措。“法官进社区”的内容有：派有经验的法官担任社区法律“咨询员”或“指导员”，设立“法律咨询服务点”，实行挂牌服务；建立社区民调组织网络，做好培训工作，发挥社区民调组织的作用；在社区开设诉讼咨询热线，将“查询服务”电话号码向社区公布，帮助居民了解打官司等法律知识。

27日 安远县成立一支由税务、工商、质检、农机等部门技术人员组成的农机具质量督查和导购服务小组，免费为农民提供咨询服务，并做好农机具“技术鉴定证书”、“合格证”等产品“身份证”的检查和农机具的质量抽查工作。

27日 南昌市青山湖区进顺村投资7000万元，正式开工兴建全省首个农民公寓式居住小区——进顺小康家园。该小区位于南昌市天香园游乐园东北角，建设用地47067平方米，建筑面积76956平方米，建筑以六层半住宅为主，同时设有运动、休闲、娱乐等场所。小区建立后，可容纳554户农民居住。

27日 江西宜丰县日前发现了一座始建于宋朝时期的古关隘，为古中国边赛关防和史志方面的研究提供了颇有价值的实证资料。这座关隘位于潭山镇找桥村八叠岭海拔891米处，30米的城墙依山而建，高2米至4米不等，发现时被密林覆盖。文物考古人员实地考察和查阅资料后认定，关隘系宋朝设立的巡检司修建，已经过了800多年的风雨历程。

28日 江西省学习贯彻“三个代表”重要思想报告会在江西艺术剧院举行，中央宣讲团成员、中华全国新闻工作者协会主席邵华泽在赣作首场报告。

28 日　浮梁县日前被国家交通部列为全国农村客运网络化示范工程 13 个试点市（县）之一。该县争取用一年时间实现村村通班车，形成完善的农村客运班线网络。

28 日　从即日起至 10 月，南昌开展人员密集场所消防安全疏散通道、安全出口专项治理。此次治理的范围为：容纳 50 人以上的影剧院、礼堂、夜总会、舞厅等公共娱乐场所；容纳 50 人以上就餐、住宿的旅馆、宾馆、饭店和营业性餐馆；容纳 50 人以上的商场、超市和室内市场；学校、托儿所、幼儿园、养老院的集体宿舍，医院的病房楼；劳动密集型生产企业的车间、员工集体宿舍。

28 日　在大余县境内近日发现丹霞地貌，据有关专家考证，该地貌的地质与广东省丹霞山同为 6500 万年，属国内罕见，具有极强的考察、观赏价值。该地貌位于大余县青龙镇平岗村石人寨，分布在两座山头，约 54000 平方米。由于平岗石坑地貌外力作用的方式不同，造成该地岩石粗细不等、形状不一，加上郁郁葱葱的林木，风景秀丽，景色怡人，有较强的观赏价值。不少山体形似狮、虎、猴、兔等，它们或站、或坐、或远眺、或沉思，还有一座山峰直刺云霄。

28 日　铜鼓县近日发现两张民国邮政储蓄卷。储蓄卷呈红褐色，一张保存完好，另一张损毁严重，面值均为壹拾元，卷面右边印有到期本息表，并标注免扣所得税，日戳显示存入时间是民国 32 年 12 月 5 日，“铜鼓”字样清晰，由邮政储金汇业局发行。

28 日　最高人民检察院副检察长赵虹一行 5 人在江西省进行为期 3 天的调研。调研组一行先后到南昌、新余等地调研，就有关检察业务工作听取了省检察院的工作情况汇报，察看了南昌市青云谱区检察院。赵虹充分肯定了江西检察工作和检察队伍建设，指出江西检察工作近年来发展快、潜力大，工作走在了前列，在全国创造了不少好经验。

29 日　江西省治理教育乱收费、优化教育环境工作座谈会在南昌召开。傅克诚出席会议并在讲话中指出，治理教育乱收费，是学习贯彻“三个代表”重要思想、维护人民群众根本利益的具体体现，是保证江西省教育事业持续、健康发展的必然要求，是加强党风廉政建设和反腐败工作的一项重要内容；要突出重点，加大力度，确保今年治理教育乱收费工作取得群众满意的成效；要标本兼治，综合治理，进一步改善和优化教育发展环境。

29 日　江西省组织部门领导干部进修班（第一期）在省委党校开班。王君出席开班式并在讲话中强调，要把学习贯彻“三个代表”重要思想摆在首位，以学习的新成效全面推进江西省党的建设和组织工作。举办进修班，是落实大规模培训干部要求、把学习贯彻“三个代表”重要思想进一步引向深入的需要，是提高组织部门领导干部素质、更好地担负起新世纪新阶段赋予的历史重任的需要，是坚持与时俱进、不断开创组织工作新局面的需要。

29 日　为贯彻落实省委十一届四次全会精神，加快江西省开放型经济的发展，省政府组织南昌、九江、新余、上饶四市赴日本东京举行招商引资推介会，寻求与日本各界合作发展的机会。江西与日本经济产业省就在赣投资建设日本工业园进行了深入磋商，达成了共识：双方共同推进日本工业园的建设发展。据不完全统计，四场推介会共签订投资项目 12 个，项目总投资额 2.89 亿美元，项目涉及工业和旅游业等领域。推介会于 31 日结束。

30 日　全省加快农村公路建设电视电话会议在省政府会议室举行。会议强调，全省各级党委、政府和有关部门要从实践“三个代表”重要思想、执政为民的高度，充分认识加快农村公路建设的重要意义，下大力气，用真功夫，苦干实干，切实把这件关系广大农民群众切身利益的大事办好、办实、办出成效。会议提出，全省农村公路建设力争实现在五年内改造硬化农村公路 2.82 万公里，确保到 2005 年底，实现县到乡镇通等级水泥路或油路，到 2007 年底，60% 的行政村通水泥路或油路的农村公路建设目标。孟建柱在讲话中强调，当前，各级干部要深入一线，把抗旱、防火、防暑、安全作为一件大事来抓，为实现江西在中部地区崛起和全面建设小康社会作出更大的贡献。

30 日 江西省一批工作在维护妇女儿童权益战线的先进集体和先进个人获得全国表彰。江西省妇联权益部、南昌市妇联、吉安市吉州区妇联 3 个集体被评为先进集体；新余市妇联权益部部长刘小华、宜春市妇联权益部部长易启玲、上饶县妇联副主席周超英、贵溪市流口派出所指导员施华山、广丰县人民法院民一庭副庭长黄万年、南昌市委宣传部副部长魏运花 6 人荣获先进个人称号。

31 日 庆“八一”建军节电影晚会在南昌举行。孟建柱、黄智权、王君、傅克诚、彭宏松等出席晚会。晚会开始前，孟建柱、黄智权、王君、傅克诚、彭宏松会见了参加晚会的副师长以上的驻南昌部队领导。

31 日 由中科院红壤生态实验站和鹰潭市共同合作的国家“863”计划重大节水农业课题——南方季节性缺水灌区节水农业综合技术研究项目日前在鹰潭市正式启动。位于鹰潭市西郊的红壤生态实验站，是中国科学院直属的野外重点开放研究实验站，实验站积极参与当地重大农业建设项目的规划和论证工作，并把鹰潭作为科技成果示范推广的首选之地。实验站在当地建设了 11 个红壤低丘陵种养食物链优化模式示范区，进行“顶地林草、坡上果牧、谷地农耕、底部鱼珠”的优化利用模式示范推广，林草、养猪、制沼、种果、农田、鱼塘有机结合，提高复合生态系统物流利用率 20% ~30%，提高能量利用率 15% 以上。2000 年，双方合作建立了鹰潭市生态农业示范区，目前，核心区已建成 3000 亩花卉苗木基地。实验站还积极从全国各地引进水果、水稻、玉米、花生等几十种品种，在当地红壤地区试种推广。与此同时，实验站的科技人员还积极帮助该市一批“农”字号企业进行产品开发，先后受聘作为鹰潭飞鹰农贸公司、鹰潭阳光葛业、江西葛仙茗绿色食品有限公司等企业的技术依托单位，与这些企业建立了 4300 多亩生态农业技术示范基地。在实验站的大力支持下，葛仙铭公司开展的生态茶园建设和有机绿茶的开发卓有成效，并取得了国家环保总局颁发的有机食品认证证书。

31 日 九江市直工委、市残联等 14 个部门联合启动的“助听、助行、助明”爱心工程。共收到社会捐款 16 万元，捐款单位多达 135 家，“三助”活动还现场接受捐款 2247 元。九江市将用这些捐款为 200 名贫困残疾人免费开展康复治疗。

公元2003年8月 农历癸未年【羊】													
日	一	二	三	四	五	六	日	一	二	三	四	五	六
					1 建军节	2 初五	3 初六	4 初七	5 初八	6 初九	7 初十	8 立秋	9 十二
10 十三	11 十四	12 十五	13 十六	14 十七	15 十八	16 十九	17 二十	18 廿一	19 廿二	20 廿三	21 廿四	22 廿五	23 处暑
24 廿七	25 廿八	26 廿九	27 三十	28 八月小	29 初二	30 初三	31 初四						

1日 由潇湘电影集团、萍乡市、萍乡市安源区联合拍摄的纪念毛泽东诞辰110周年的电影作品《毛泽东去安源》，在湖南省岳麓书院开机拍摄。

1日 即日起，江西省崇义、樟树等7个参加新型农村合作医疗试点县（市）的农民，可以按规定报销医疗费用。到2010年，江西省农村将普遍实行新型农村合作医疗，农村人口覆盖率将达到80%以上，是一项造福农民的“民心工程”。农村合作医疗实行农民个人缴费、集体扶持、政府适当支持和社会多方筹资相结合的筹资机制，农民每人每年的缴费标准不低于10元，中央、省、设区市、县财政对参加农村合作医疗的农民补助标准每人每年分别不低于10元、4元、3元、3元。这三部分资金共同组成各县农村合作医疗基金。参加农村合作医疗的农民因病到当地的定点医疗机构就医，就可根据各县（市）政府确定的费用报销比例、起付标准及最高支付限额，凭“新型农村合作医疗证”报销就医费用。对年内没有动用农村合作医疗基金的农民，定点医院要安排一次常规性体检。

1日 南昌市八一中学正式成立，它由南昌市八一学校和南昌市第十一中学合并而成。原中共中央政治局委员、中央军委副主席张万年题写了校名。两校合并后拥有师生员工5000多人。

1日 江西省首家由医疗单位投资建立的老年颐养院在南昌县向塘镇正式开张。这是南昌铁路中心医院利用该院向塘分院的闲置资产和人员，走多元化经营之路，把以往单纯的医疗服务转变为以医疗为主，兼顾提供养老、康复、护理、休闲等服务。

1日 由江西省政府主办的为期3天的2003年江西（香港）招商引资项目推介会在香港会展中心举行。此次活动按照“省市联动、以市为主”的原则，省直和6个设区市共举办了7场项目推介会，在港引起了广泛关注。省委副书记、常务副省长吴新雄在香港主持了筹备协调会，详细了解推介会的准备工作，并要求各地、各部门要高度重视，确保此次活动取得圆满成功。此次推介会共签约项目164个，签约外资金额10.65亿美元。全国政协副主席霍英东、全国人大常委曾宪梓、中国侨联副主席庄世平出席了赣州招商引资恳谈会。

1日 江西省第十届人民代表大会常务委员会第四次会议通过《江西省发展个体私营经济条例》，该条例共37条，9月1日起施行。

2日 全省抗旱工作电视电话会议召开。孟建柱、黄智权出席会议并讲话。

2日 省政府在深圳举办粤港企业家恳谈会。省委副书记、常务副省长吴新雄站在投资者的角度，分析了近两年江西经济发展和改革开放所带来的发展机遇，并在讲话中指出，环境就是品牌，江西正在全力营造安全文明的法制环境、诚实守信的人文环境、开明开放的政策环境、高效快捷的政务环境、优美舒适的人居环境，一定能为投资创业者提供安全可靠的保障。他强调，全方位开放是省委、省政府坚定不移的战略方针；替投资者着想，帮投资者成功，让投资者发展，为投资者服务是江西对外开放的基点。江西将用“成本低、回报快、信誉好、效率高”的投资环境，赢得国内外客商的精诚合作。

3日 教育部、国务院纠风办在南昌召开华东、中南13省（市、区）治理教育乱收费工作汇报会。教育部党组成员、中纪委驻教育部纪检组组长田淑兰，国务院纠风办副主任胡玉敏出席会议。

3日 为期9天的2003年全国青年男子手球锦标赛在九江县体育馆落下帷幕。北京部队队以22:16战胜广东队，获得第一名，江西省代表队位列第五。这次比赛主要是为了锻炼新人，培养和发现人才，表现优秀的队员将被选拔进国家队，为2004年亚运会做准备。

4日 棠阴是宜黄县历史悠久的古镇，近日迎来旅游高峰。这里有保存完好的谭纶墓、大司马石碑坊、佛教“马祖第一道场”石巩寺、本寂和尚墓、中港古代围屋、华光殿古戏台、乐史木牌楼等20多处古迹。吸引着大批游客前来访古探幽，每年旅游收入近100万元，创利税10余万元。

4日 省委宣传部、省新闻工作者协会在南昌召开全省新闻界抗击“非典”宣传工作表彰大会，授予江西日报理论评论部等17个单位“全省新闻界抗击‘非典’新闻宣传先进集体”荣誉称号，授予江西日报社记者刘之沛等26人“全省新闻界抗击‘非典’新闻宣传优秀记者”荣誉称号，《三个“零”是这样创造的》等66篇（件）作品被评为“全省新闻界抗击‘非典’优秀新闻作品”。刘上洋在会上强调，做好新闻宣传工作，必须加强领导、加强指导；必须把握大局、把握导向；必须贴近群众、服务群众；必须严明纪律、严格管理。当前，学习贯彻“三个代表”重要思想新高潮正在全省上下蓬勃兴起，全省新闻工作者要以“三个代表”重要思想为指导，认真学习宣传贯彻省委十一届四次全会精神，再接再厉，努力工作，为解放思想、加快发展，开创全省改革开放和经济发展的新局面作出新的更大的贡献。

“非典”时期实行严格检查，防止疫情扩散

5日 由江西出入境检验检疫局牵头，召集省农业厅、林业厅、环保局和南昌海关等有关部门在南昌召开江西省防范外来有害生物传入首次联席会议。会上，讨论并通过了联席会议制度，并就成立江西省外来灾害生物风险分析评估专家组进行酝酿。这标志着江西省政府各职能部门联手防范外来有害生物传入工作正式启动。这一举措在全国尚属首例。省政协副主席王林森到会讲话。

5日 由国家计委立项投资1200万元建设的吉安新一代多普勒气象雷达，日前竣工并投入运行。吉安根据该雷达提供的云图及有关参数，成功地实施了一次人工增雨作业，有效地缓解了该市的旱情。新一代多普勒雷达的使用提高了对灾害性天气预测的精确度，并能将观测的气象参数向联网的气象台站全天候实时传输，增强气象预测的时效性和协调性。

5日 中国登山队专家组对三清山进行实地考察，专家组中两名登山运动员还徒手攀上了梯云岭景区一块岩壁的顶峰。国家登山队“登”三清山，目的是为国家登山运动管理中心选定大型集训基地。三清山峰奇岩绝，幽谷千仞，被专家组誉为攀岩胜地。经过实地考察，专家组在三清山选中了多处岩壁，作为国家登山运动员的训练场所，每年都将在此进行实体攀岩训练。

6日 信丰县大塘埠镇的脐橙协会近日邀请澳大利亚和德国专家为果农们上课，重点介绍脐橙先进栽培技术和农业生物技术的运用，并现场示范。该县农民通过各种渠道聘请美国、澳大利亚和德国等国的果业专家前来指导脐橙生产，所产脐橙品质不断提高，脐橙销往韩国、美国等国家，仅去年就实现产值100多万元。

6日 省纪委、省委宣传部、省新闻出版局联合召开全省治理党政部门报刊散滥和利用职权发行电视电话会议，传达全国治理党政部门报刊散滥和利用职权发行工作会议精神，专题部署全省治理党政部门报刊散滥和利用职权发行工作。省委副书记彭宏松强调，要明确要求，切实解决党政部门报刊散滥和利用职权发行现象。当前，突出抓住三个重点：一是治理散滥；二是制止摊派；三是改进发行。

6日 科技部副部长刘燕华一行先后考察了科技特派员在余江新湖村、倪桂村的苗木花卉基地和香菇栽培示范基地，听取了省科技厅、鹰潭市关于科技特派员试点工作的汇报。刘燕华对全省科技特派员试点工作予以充分肯定。他指出，推行科技特派员工作是新形势下破解“三农”难题的创新之举，是从体制和机制上解决“三农”问题的新突破，鹰潭市结合本地实际，成功将技术、市场、管理等带入农村，发展了农村经济。通过考察调研，更加坚定了科技部下一步推动科技特派员工作的信心。考察期间，副省长胡振鹏会见了刘燕华一行。考察于7日结束。

7日 省政府在南昌召开全省清理整顿各类开发区加强建设用地管理工作会议。省委书记孟建柱、省委副书记、省长黄智权出席会议并讲话。会议强调，做好清理整顿各类开发区工作，加强建设用地管理，关系到广大人民群众的根本利益，关系到加快江西发展的大局，涉及面广，政策性强，各级党委、政府要高度重视，加强领导，精心部署，以细致扎实的工作作风，切实抓紧抓好。

7日 南昌亚洲啤酒有限公司和江西燕京啤酒有限责任公司，被江西省整顿和规范市场经济领导小组及省食品工业协会授予江西省啤酒市场“诚信企业、诚信产品”称号。此举旨在进一步营造诚实守信、规范经营的良好市场秩序，提升著名品牌知名度，优化省产啤酒的行业组织结构。

7日 省政府第八次常务会议审议通过《江西省长江河道采砂管理实施办法》。该《办法》共25条，10月1日起施行。

8日 永新县林业部门近日在三湾九陇山村周家地山上发现500余亩珍稀野生兰花群。经专家鉴定，这片野生兰花属国家级保护植物，分布之广全国罕见。这些野生兰花分夏兰、春兰两种，夏兰株高1尺以下，春兰株高1至1.5尺，花色均为天蓝色，叶子四季常青。

8日 石城县琴江镇梅福村村民熊东生用毛笔楷体字微书抄写的全长20.8米的《毛泽东选集》注释，历时一年零八个月，近日书写完毕。熊东生从2001年冬天开始，按照1:1的长宽比例楷体抄写了《毛泽东选集》第一卷全卷注释，随后又按照0.95:1的比例抄写了其他卷注释（此后，熊东生还用毛笔小楷抄写了85万字的《邓小平文选》一卷至三卷）。

8日 省长黄智权在南昌会见了国家食品药品监督管理局局长郑筱萸一行。郑筱萸一行此次来赣，主要是考察江西省农村药品监督网络和供应网络的建设情况。

8日 省质量协会、省科学技术学会、省总工会、团省委联合评出164个优秀质量管理（简称QC）小组，其中一等奖33个、二等奖53个、三等奖78个。赣南卷烟厂动力车间、南昌火车站售票车间等12个QC小组被推选参评全国优秀QC小组。

8日 江西省首届农民科技知识竞赛揭晓：上饶、九江、宜春农民代表队分别荣获一、二、三等奖，新余、赣州等3个代表队获优胜奖。

8日 在安远县召开的三百山国家风景名胜区总体规划专家评审会上，《三百山国家风景名胜区总体规划》通过专家组的评审。总体规划按照“严格保护、统一管理、合理开发、永续利用”原则，注重保护生态环境，突出景点资源特点，坚持可持续发展，将三百山风景区分为东风湖、九曲溪、福敖塘、三叠潭、仰天湖五大景区和东生围、虎岗温泉两个独立景点。

9日 中国电力投资集团公司江西分公司揭牌仪式在南昌举行。黄智权、中电投资集团公司总经理王炳华出席仪式并为公司揭牌。

9日~10日 江西省残疾人联合会第四次代表大会在南昌召开。孟建柱、黄智权等出席开幕式，并为受表彰的先进颁奖。王君代表省委、省政府讲话。

10日 2003年全国青年男子柔道锦标赛在南昌县莲塘体育馆结束。32支代表队共152名运动员展开了为期4天的激烈角逐，江西队、北京队、辽宁队、江苏队获体育道德风尚奖。

11日 弋阳县中畈乡芳墩村村民自发集资10万余元，历时4年时间，使赣东北省苏维埃遗址恢复原貌。赣东北省苏维埃遗址即芳墩吴氏祠堂，始建于明朝万历年间。1930年8月1日，方志敏等在此召开了赣东北工农兵代表大会，成立了赣东北苏维埃政府。

11日 历经3天的2003年江西省武术套路锦标赛在九江县体育馆结束。来自省体校、吉安、南昌、赣州、景德镇、九江、宜春、鹰潭、新余等地16支代表队共176名武术健儿经过激烈角逐，南昌市体校以团体总分222分获得冠军，九江、宜春体校分获团体二、三名。南昌、景德镇体校获体育道德风尚奖。

12日 为期两天的江西省农村药品监督供应网络建设工作会议在赣州举行。会议交流了全省开展农村药品监督网络、农村药品供应网络建设的体会，研究部署下一步深入开展农村药品监督供应网络建设工作。会议指出，全省已初步形成了以县药监分局为轴心的农村药品监督网，初步形成了以药监网建设专兼职队伍相结合、供应网建设一乡一店、一村一点为特点的赣南地区药品监督供应网建设模式；以上下联动、全县统一、群防群治的赣东地区药监网络建设模式；以规范村级医疗机构个体诊所药品管理、委托乡卫生院统一代购为特点的赣中地区药品供应网络建设模式。药品供应网逐步向农村延伸，全省乡镇零售药店由2000年的1608家增加到了目前的2138家，维护了广大农民的身体健康和用药的合法权益。

12日 宜丰县邮政局日前推出“洞山塔林”、“崇文塔”和“岳王庙”一组三枚风景日戳。这三枚日戳戳径30毫米，戳面为钢制，有较高的收藏纪念价值和盖销邮票的功能。

12日 波阳县首期农村饮水解困工程全面竣工，并顺利通过了省水利厅的检查验收。工程投资780万元，打压水井2458眼，建起蓄引水工程7处，简易自来水工程3座，共惠及全县24个乡镇、62个村3.12万农村人口。

12日 由江西省建设厅IC卡应用服务中心与江西省城市通卡投资管理有限公司联合研制开发的“建设与房产应用信息管理IC卡系统”，日前在九江试点获得成功，并通过了建设部组织的专家评审。省建设厅近日发出通知，要求在全省房地产业推广这套管理系统。IC卡技术应用到房产管理系统中，在全国尚属首创。

13日 江西省工会十一次代表大会在南昌开幕。孟建柱、黄智权、王君、傅克诚、吴新雄、彭宏松、钟起煌等到会祝贺。中华全国总工会副主席周玉清代表全总到会致祝辞。

13日 婺源县文化与生态旅游区日前顺利通过ISO9001和ISO14001国际质量及环境管理体系标准评审，成为江西省首家以县为单位通过这一评审的旅游区。

13日 由赣州电视台选送、赣州育苗幼儿学校16名幼儿排练的群舞《金瓜瓜》启程赴中央电视台威海影视城，参加由中央电视台、中国广播电视学会等联合主办的第四届全国少儿音乐舞蹈电视大赛，这是全省入围参赛的唯一的代表节目。

14日 江西绿洲人造板有限公司中高密度纤维板项目一期工程竣工投产。这是江西省目前规划最大的人造板生产企业。该公司是经上海市政府和江西省政府批准，由上海绿洲实业有限公司和上海中盛投资管理有限公司建立的生产企业，项目总投资1.5亿元。工程分两期实施，一期工程为年产8万立方米中高密度纤维生产线，二期工程建成后，将形成年产16万立方米中高密度纤维板生产规模，年销售收入可达2亿元，利税4000万元。

14日 景德镇明、清官窑遗址近日取得重大考古发现：发掘出土了大量的官窑遗迹和陶瓷标本，修复完成了200余件明初永乐和宣德年间的珍贵陶瓷遗物，为陶瓷考古研究提供了可靠的实物依据。其中，明永乐年间的梅瓶、红釉盖盒、黑釉刻花香炉及里红釉、外釉里红赶珠龙纹大碗等均为孤品，十分珍贵。永乐年间的另一件红釉把盏纪年铭文清晰，尤为珍贵。由北京大学文博学院、江西省文物考古研究所、景德镇市陶瓷考古研究所三家联合组成的考古队，于2002年10月开始对景德镇明、清官窑遗址进行考古，至今共发掘遗址面积达515平方米。出土遗址有江西瓷业公司发行所遗址一处、明初官窑炉遗迹四座、埋藏明朝永乐和宣德早期官窑落选贡品的遗迹两处，并出土了数十万片的官窑陶瓷标本。

14日 吴新雄在南昌会见了交通部副部长冯正霖率领的交通部农村公路建设检查调研组一行。在赣期间，调研组一行走访了井冈山、兴国和瑞金等地，并对当地的农村公路建设情况进行重点检查和调研。

14日 南昌市120社区健康援助系统近日正式启用。只要在家中安装一台“健康援助自动呼叫器”，当发生病情时，按下呼叫器，该呼叫信号会自动传输到南昌120调度指挥中心，调度指挥中心接到信号，确定地址后，立即派车前往救治，在一定程度上赢得了抢救时间，提高了抢救成功率，方便了因病情严重而不能拨打急救电话的患者。

15日 李渡酒荣获2003年中国白酒典型风格金奖颁奖仪式暨新品上市新闻发布会在南昌举行。此次中国白酒典型风格金奖评选出的20个获奖品牌酒，是由中国食品工业协会白酒专业委员会继1997年以来首次对全国230多个品牌酒进行抽样监评，李渡酒是全省唯一一家获奖的白酒。李渡酒已有1500多年的酿造历史，其酿造工艺独特，香浓馥郁，曾作为南昌绳金塔镇塔之物。尤其是2002年李渡烧酒坊遗址的发掘，改写了中国白酒酿造历史这一特殊历史地位，使李渡酒闻名遐迩。

16日 奉新县“碧云”牌大米近日获得北京中绿华夏有机食品认证中心颁发的有机食品证书，同时获得瑞士SGS有机证书、日本OMIC有机证书、绿色食品AA级证书。1998年至当前，“碧云”牌大米先后获得A级绿色食品、国家免检食品、中国食品行业名牌产品、中国粮食行业“放心米”等24项（次）奖牌和证书。

16日 江西省第一所公办民助的外语学院——江西师范大学钟鸣外语学院成立。钟鸣外语学院的前身是南昌钟鸣外语学校。

16日 省委副书记王君率江西省科技信息代表团一行6人，离昌赴芬兰、奥地利进行为期12天的考察访问。代表团在芬兰、奥地利访问期间，与诺基亚集团高层人士就双方开展科技信息交流与人才培训合作进行具体商谈，并分别与芬兰、奥地利政府官员座谈，了解芬兰、奥地利高科技信息技术产业发展情况。

16日 省政府召开前7个月全省开放型经济调度会。会议指出，全省开放型经济保持了持续、快速发展的良好势头。1月至7月，全省实际利用外资10.23亿美元，同比增长84.18%，进资绝对额和增长速度均列中部地区首位；实际利用省外资金443.66亿元，同比增长1.5倍，已完成全年任务的85.3%；外贸出口7.99亿美元，同比增长44.3%，高于全国14个百分点，达到近几年来的最高水平。

16日 由福建省西山教育集团投资新建的

南昌西山文武学校在南昌揭牌，总投资1.2亿元，第一期工程已落实资金5000万元，总建筑面积5万多平方米。该校是一所集幼儿园、小学、高中为一体的寄宿制民办学校。

16日 日本东京都立大学社会人类学教授渡边欣雄博士、成城大学民俗学研究所研究员蔡文高博士等一行3人抵达龙南，对龙南客家围屋及客家民俗风情进行为期两天的考察。他们在龙南参观了全国重点文物保护单位关西围屋，并对客家方言、客家服饰等客家民俗和当地居民的生活习俗进行了深入考察。

16日 中国商品交易市场信息发布会暨全国城乡市场发展研讨会在义乌召开。南昌洪城大市场2002年以年交易总额102.38亿元的成绩，荣登全国百强工业品交易市场第九名。江西洪大集团董事长胡建华被选为中国商品交易市场专业委员会副主任委员。

17日 在昆明举行的2003年全国健美操锦标赛落下帷幕，代表江西省参赛的江西科技师范学院健美操队夺得4枚金牌。该队的林志文和熊德良分别夺得健美操一级组和青年甲组单人操桂冠，一级组三人操和青年甲组三人操的金牌也被该院选手夺得。此外，该院还获得19块奖牌以及青年甲组三人操最佳表现奖和一级组最佳完成奖。同时，该院秦勇、宗星两名队员入选国家健美操队（秦勇在2003年世界杯健美操大赛中夺得第四名，并被国际体协授予国际健将运动员）。

18日 全省2002年度工业崛起奖励表彰电视电话会议召开，授予省冶金集团公司、省电力公司、南昌卷烟厂、赣南卷烟厂、江中制药（集团）公司等39个单位“年度贡献奖”；授予南昌高新技术产业开发区（南昌高新技术产业开发区始建于1991年3月，1992年11月经国务院批准为国家级高新开发区。到2000年，进区企业475家，其中获“高新技术企业证书”171家。全区累计技工贸总收入达72.2亿元，其中工业总产值55亿元，实现利税4.5亿元。）、南昌县小蓝工业园、兴国县工业园区等19个单位“园区发展专项奖”；授予江铃汽车集团公司、江西铜业集团公司、新余钢铁有限责任公司等10个单位“江西工业十强企业”称号。

高新开发区火炬广场

19日 我国内河航运最大吨位的一艘自航自卸式散装水泥船“长亚一号”，近日在江西省瑞昌市亚东水泥专用码头实现首航。“长亚一号”长106米、宽19.6米，于2003年5月18日下水，平均载重吨位5000吨，总投资约3100万元，是一艘完全由中国人设计制造的全密闭环保型货轮。它隶属于由中国长航集团与江西亚东水泥合资组建的武汉长亚航运有限公司。“长亚一号”的船体设计，充分考虑了长江航运的特点，设计航速达18公里/小时，最高可抗8级风力；其装卸系统设计则采用了“亚泥”的成熟技术，装卸速度达600吨/小时，全部自动化操作，并可全天候装卸，不受天气影响，不产生任何灰尘。

19日 安福县公安局洋门乡派出所近日在一走私嫌疑人家中搜缴出一春秋战国时代的青铜燎炉，这在古代属达官贵人用的保暖物。整个青铜燎炉高50厘米，底径16厘米，分为底座、罩身、罩顶三个部分。底座为鼎型，下承3只兽面足，体呈圆筒状，周身可见清晰的兽面纹和云雷纹；罩身下部纹饰和底座基本相似，但罩身上部规则有序地排列4组“品”字形圆孔，似4朵开放着的梅花；罩顶空心葫芦状，插入罩身，浑然一体。

20日 江西省环境保护模范企业表彰会在南昌召开。大会授予江西丰城发电有限公司等27家企业“2002年度江西省环境保护模范企业”称号，并予以表彰。此活动由省环保局与省经贸委联合开展。

20日 国内首台倾动炉在江西铜业集团贵溪冶炼厂建成，并投入试生产。江西铜业的年生产能力从此可由30万吨增加到40万吨。倾动炉项目总投资达1.46亿元。该项目投产后，每年可处理杂铜10万吨。

20日 江西省高校党委书记、校长暑期研讨会在南昌举行，会议探讨了全省高考系统贯彻省委十一届四次全会精神，推进高教事业改革发展的新思路、新举措，表彰了2002年度省级教学成果。会议强调，当前，各高校要继续深入学习贯彻“三个代表”重要思想，做好高校系统知识分子工作，加强高校的建设和管理，做好毕业生就业指导以及新学期高校收费、特困生扶助等工作。会议于21日结束。

21日 《医疗与疾控机构疫情报告信息系统》通过省科技厅组织的专家组鉴定。该系统是通过网络、数据库技术等现代信息技术实现医疗机构向疾控机构报告疫情的信息化，填补了国内该领域的空白。该系统已在南昌市推广应用。

22日 安福县林业工作者近日在章庄乡三江村王株坪山场进行森林资源普查时，发现了一棵古老的孑遗种（即残留种）稀有树种，处于严重濒危的国家一级重点保护植物“伯乐树”。这一稀有树种的发现，对研究被子植物的系统发育及古地理等均有较高的科学价值。这棵树是在海拔800多米的木荷林内发现的，高27米，胸径50厘米，冠幅60平方米，花萼特征明显。

22日 由省委组织部、省委宣传部、省委老干部局联合举行的全省学习贯彻“三个代表”重要思想宣讲报告会在南昌举行。老同志刘仲侯、刘建华等以及1600多名离退休干部在江西艺术剧院主会场认真聆听了宣讲报告；在各分会场听取报告的有市县两级党政主要负责人和离退休干部共2.1万多人。报告会上，孟建柱结合江西实际，从“三个代表”重要思想的历史地位、科学体系、精髓、主题等方面，对学习贯彻“三个代表”重要思想进行了宣讲。他指出，要从全面建设小康社会、实现中华民族伟大复兴的高度，充分认识兴起学习贯彻“三个代表”重要思想新高潮的重要意义。今年以来，全省上下深入学习贯彻党的十六大精神，全面落实“三个代表”重要思想，坚持一手抓防治“非典”这件大事不松劲，一手抓经济建设这个中心不动摇，迎难而上，奋力开拓，经历了“非典”疫情、洪灾、旱灾的严峻挑战和考验，经济继续保持健康快速增长的势头，改革开放深入推进，社会事业全面进步，社会保持稳定，各项工作都有新的进展。在看到取得成绩的同时，我们必须始终保持清醒头脑，增强忧患意识，加倍珍惜来之不易的好形势，在实现江西崛起、全面建设小康社会新的征途中，始终坚持用“三个代表”重要思想统领全局，团结一致，坚忍不拔，共同成就兴赣大业。

22日 省委、省政府在南昌召开全省公共卫生工作会议。会议的主要任务是：以“三个代表”重要思想和党的十六大精神为指导，认真学习贯彻全国防治“非典”工作会议精神，研究和部署继续抓好“非典”防治工作，加强公共卫生建设，进一步推动经济社会协调发展。黄智权在会上指出，做好公共卫生工作，提高人民健康水平，是实践“三个代表”重要思想的具体体现，是实现小康和现代化目标的重要内容，是促进全省经济快速发展和社会全面进步的重要保障。各级党委和政府要从全面贯彻“三个代表”重要思想的高度，充分认识加强公共卫生建设的重要性和紧迫性，按照党中央、国务院的部署和要求，把做好公共卫生工作作为各级党委、政府的一项重要职责，切实摆上重要议事日程，努力开创江西公共卫生工作新局面。

22日 由中华全国总工会组织开展的全国职工学习党的十六大知识竞赛决赛在重庆落下帷幕。江西省直工会组队代表江西参加决赛，在全国省、自治区、部分产业工会的29支参赛队中，取得了团体银奖、个人演讲比赛一等奖的优秀成绩。

22日　第十二届全国中学生生物学奥林匹克竞赛在成都举行。江西省有3名选手获得好成绩。分别是：鹰潭一中的曹毅获得一等奖，临川一中的张劢、鹰潭一中的丁一分别获得二等奖，此次竞赛实现了江西省金牌零的突破。曹毅还以理论成绩全国第一、总分排名第七的成绩入选国家预备队。

23日　美国IGC国际采购集团与江西企业界经贸合作恳谈会在南昌举行。IGC集团总裁史帝弗·诺威一行，与江西恒大集团、南昌齿轮有限公司、泰豪科技股份有限公司、洪都集团等20余家江西外贸出口企业人士，就进一步加强多方领域的经贸合作进行了广泛友好的交流，探讨如何实现双方在美国市场业务的共同发展。此次恳谈和对话，为加强双边互利合作搭建了桥梁，为江西省出口企业迈向国际市场开启了一个重要窗户，让江西企业界看到了企业在质量意识、商业意识、商业文化等方面的差距。

23日　全省首届腹腔镜外科学术交流会在南昌举行，来自全省各地医院的腹腔镜外科医师参加了会议。腹腔镜手术于1991年开始广泛应用。十余年来，腹腔镜技术蓬勃发展。目前，已在普外、妇科、泌尿、胸外、骨科、五官及小儿科等领域内顺利完成了2万例以上手术，取得了可喜的成绩。

24日　全国最大的五步蛇养殖基地——赣宁生物科技有限公司日前正式落户永新县。该公司是由南京客商杨晓宁先生投资3260万元，在永新县埠前镇创建的一家高科技企业，主要提取蛇毒并进行生物制药。该公司建成后，每年可饲养五步蛇3000条，企业年产值可达1.2亿元。

24日　美国教育测试服务中心职业英语（ETS－TOPE）与南昌曼彻斯特商务管理学校签署合作协议，授权该校独家在江西实施ETS－TOPE职业英语培训和考试。ETS－TOPE职业英语考试是由美国教育测试服务中心开发的产品，专门为中国国内工作中需要使用英语的个人而设计。这次南昌曼彻斯特商务管理学校签署合作协议，标志着ETS－TOPE职业英语继进军北京、上海等13个大中城市后，开始在江西实施。

25日　上饶日前投资1200万元对上饶集中营纪念馆进行全面改造，并新增华侨展馆，以此作为全国华侨爱国主义教育基地。改造后的上饶集中营纪念馆共设四个展厅。新建的华侨展馆内除陈列叶挺将军的历史照片、书信、诗作，另有历史上对上饶有过贡献的24位海外赤子的珍贵史料，并以电脑模拟三维动画形式再现他们的爱国事迹。新馆将于10月7日正式对外开放。

25日　遂川县创新“希望工程”筹资方式，建立了全省首家专业希望工程网站——遂川县希望工程爱心援助网站，将全县360多名家庭贫困、学习成绩较好的中小学生的有关资料制作上网，向社会寻求救助。目前，通过该网站已收到来自全国各地的捐赠30多万元，成功救助了56名学生。

25日　一种自身可抵抗各种食叶害虫，且生长速度快、不畏低寒天气的杨树苗日前在宜丰县潭山镇引种成功。该树种是由中国林业科学院研究所研究开发的新品种，分为北抗1号和N－2号两类别。这种树苗栽种后，不用施药，五六年就可成材，是一般杨树苗生长速度的两倍。每亩可年产用材7立方米，年收入达2000元以上，市场价格是同类产品的4倍。

25日　泰和县螺溪镇境内近日发现两座汉朝古墓。这两座古墓均呈长方形砖室顶墓，墓室分甬道、前室、后室三部分，高1.86米，宽1.92米，总长10.72米，全部用同心花纹砖砌成。此次出土文物有青瓷器、青铜器、瓷罐等，部分文物属国家珍贵文物。根据墓葬形式和出土文物，文物考古专家初步认定，该墓建于东汉初，距今约有2000多年的历史。

25日　2003年江西省经济社会发展重大招标课题中期检查汇报会在南昌举行。四个课题组的成员，省委、省政府有关综合部门负责人及招标课题评审组成员参加了会议。其中《构建江西经济持续快速增长机制问题研究》、《进一步深化我省投融资体制改革问题研究》、《江西开放型经济发展战略研究》三个课题组汇报了课题进展情况及成果。刘上洋在对各课题组前一阶段工作给予肯定的同时，要求课题组成员继续努力，进一步提高质量，完善对策，以优异的成绩向省委、省政府交出一份满意的答卷。并强调，经济社会发展重大课题研究要做到三个“统一”，即战略性与战术性的统一、前瞻性与现实性的统一、理论性与可操作性的统一。

25 日 “三个代表”重要思想暨新时期统战理论学习研讨班在江西省社会主义学院举行开学典礼。王林森出席开学典礼，并为学员们作了《认真学习党的统一战线理论，努力开创统战工作新局面》的报告。

26 日 《中国少年报》百余名小记者近日相聚井冈山。这批来自北京、上海、杭州、广东的小记者年龄最小的只有6岁多，最大的才13岁。他们爱好摄影、写作，《中国少年报》有90%的稿件出自这些小记者之手。在井冈山期间，他们参观了井冈山革命烈士陵园、井冈山革命博物馆等革命旧居旧址，认真聆听了井冈山革命史专家毛秉华教授主讲的井冈山精神报告。并深入到井冈山市茅坪乡采访，去农家吃农家饭，参加劳动，体验农村生活，与宁冈希望小学的小朋友举行“手拉手”联谊活动，向他们捐赠学习用品，还给每人赠送了一份《中国少年报》。

26 日 江西省党风廉政宣传教育联席会在南昌召开。省纪委、省委组织部、省委宣传部、省委党校、江西日报社、省文化厅、省广播电视局、省新闻出版局等联席会议成员单位的领导出席了会议。会议对切实做好党风廉政宣传教育工作进行了讨论，并通过了《江西省党风廉政宣传教育联席会议制度》。省委副书记、省纪委书记傅克诚出席会议并讲话，强调要加大党风廉政宣传教育工作的组织协调力度，建立有关部门密切配合、各展所长的“大宣教”格局，形成党风廉政宣传教育的整体合力，推动党风廉政宣传教育工作深入发展。

26 日 洪都航空集团国家高技能人才（机电项目）培训基地揭牌仪式暨中航第二集团公司首届数控操作技术培训班开学典礼在南昌举行，洪都集团正式成为国家首批高技能人才培训基地。

26 日 2001年度、2002年度第十六届、第十七届全国电视文艺“星光奖”和第二十二届、第二十三届全国电视剧“飞天奖”颁奖典礼在北京隆重举行，江西省6部作品获奖。它们是：江西电视台《爸爸的彩虹》荣获第二十二届“飞天奖”短篇电视剧三等奖；江西电视台《中国江南三大名楼中秋晚会》、南昌电视台《江湾》、九江电视台《千年书院——白鹿洞》分获第十六届“星光奖”综艺节目、文学节目、专题节目三等奖；江西电视台《点亮春天——2003年华东六省一市春节联欢晚会》和《大型舞剧〈瓷魂〉》分获第十七届“星光奖”综艺节目地方组二等奖和歌舞节目地方组三等奖。

27 日 投资1000多万元、占地1000多亩的江西省最大规模黄颡鱼主养生产基地日前在湖口县建成。

27 日 总投资近亿元，占地10万平方米的全国最大板鸭市场近日在大余县城动工兴建。

27 日 吴新雄在南昌会见了美国沃尔玛百货公司亚洲区总裁兼首席执行官钟浩威先生一行。钟浩威先生此行是来赣参加沃尔玛南昌八一广场分店开业典礼，并就加强与江西省的进一步沟通与合作进行探讨。

27 日 胡振鹏在南昌会见了以李农合为团长的世界华人工商互助联合总会考察团一行。世界华人工商互助联合总会是由有意到中国内地投资做生意的国外华商所组成的华人工商社团组织。应省科技厅邀请，考察团在江西省就投资环境、政府配套、合作项目等进行了为期两天的考察访问。

27 日 江西省人口与计划生育综合改革试点工作座谈会在新余召开，会议总结回顾了2001年以来江西省在新余、宜春两市和18个县（市、区）开展人口与计划生育综合改革试点工作的进展情况，研究部署了下一步的工作。会议指出，要把人口与计划生育工作全面纳入依法行政的轨道，尽快建立和完善“依法管理，村（居）民自治优质服务，政策推动，综合治理”的人口与计划生育工作新机制，为人口与计划生育综合改革提供保障，为实现江西早日在中部地区崛起，创造良好的人口环境。会议于28日结束。

28 日~9 月 1 日 中共中央总书记、国家主席胡锦涛和随行的中共中央政治局候补委员、书记处书记、中央办公厅主任王刚，在孟建柱、黄智权等陪同下，先后到赣州、南昌等地，就加快

胡锦涛视察兴国革命烈士纪念馆

胡锦涛参观井冈山革命博物馆

经济社会发展，关心群众生产生活和加强干部作风建设等进行调查研究。胡锦涛在考察时强调，要继承发扬党的优良革命传统，加快全面建设小康社会步伐。希望全省广大干部群众牢固树立协调发展、全面发展、可持续发展的科学发展观。他在听取省委、省政府工作汇报后说，从这两年江西的发展情况看，现在的省委、省政府班子的工作是得力的，各方面反映是好的，中央对江西的工作是充分肯定的。希望江西的同志加强团结、加强学习、加强实践，齐心协力、富民兴赣，努力开创江西各项事业发展新局面。

28日 为了更好发挥先进典型的模范带头作用，推动“弘扬井冈精神，兴我美好江西”主题教育活动深入开展，省委宣传部决定在全省范围内开展“井冈之子”评选活动。这次活动的评选对象不受户口、年龄、工作单位及性质等限制，只要是为全省经济发展作出了突出贡献，或在改变本地、本部门的面貌方面有较大建树，或在平凡的工作岗位上作出了出色成绩，或一切从群众利益出发、为群众办实事、谋利益的先进人物都可参加评选。评选活动采取各地积极推荐、媒体深入宣传、群众广泛参与的方式（4个月间，各地市各单位共向省委宣传部推荐了90名候选人，省级新闻媒体共报道160余人次。2004年1月，省委宣传部确定了20位“十大井冈之子”候选人。2004年2月26日，评选揭晓，三清山风景名胜区管委会党委书记、主任王晓峰，江西四特集团董事长、总经理、党委书记廖昶等10人获得“井冈之子”称号）。

28日 万达购物广场、沃尔玛购物广场、红星美凯龙国际家具广场三大名店在南昌隆重开业。省委副书记、常务副省长吴新雄和沃尔玛亚洲区总裁钟浩威先生等应邀出席开业庆典并为仪式剪彩。项目总投资逾3.5亿元人民币、建筑面积达5万平方米的南昌万达购物广场，是万达集团在全国推行商业和地产开发相结合模式的第三大商业购物广场。首层为室内名品步行街；二、三层为沃尔玛广场；四层为全国家居市场连锁机构——红星美凯龙国际家具广场；地下一层是可容纳200个车位的停车场。整个购物广场集购物、休闲、娱乐、餐饮为一体，为南昌市民和广大消费者提供了一站式购物场所。

28日 江西省5个项目近期列入了国家发展和改革委员会下达的2003年企业技术进步和产业升级国债项目投资计划。它们分别是：江西铜业公司电解铜箔改造、江西变压器科技股份有限公司整流变压器改造、江西华源江纺有限公司高档提花功能性面料改造、江西煤炭集团公司矿井机械化改造、江西江中药业股份有限公司信息化改造。5个项目总投资达9.55亿元，同时国家还下达了国债专项资金6336万元，这些项目的实施有力地促进江西省企业的技术进步和产业升级。

28日 以中共中央对外联络部副部长、全国人大常委会外事委员会副主任委员马文善为团长的中联部党务干部考察团一行对井冈山、南昌等地进行为期9天的参观考察，旨在增强中联部党务干部对国情、社情、民情的认识，了解改革开放的形势，加强革命传统教育，深刻领会“三个代表”重要思想的内涵，强化做好党务工作的责任意识，更好地促进党的对外工作的发展。省委副书记、常务副省长吴新雄于29日在南昌会见了考察团一行。

28日 在韩国大邱举行的第二十二届世界大学生运动会上，江西师范大学学生欧阳鲲鹏在男子100米的仰泳比赛中，以54秒99的成绩勇夺冠军，这个成绩刷新了他自己保持的55秒11的全国纪录。24日欧阳鲲鹏曾力挫群雄，勇夺男子200米仰泳冠军，并打破大运会纪录，实现了江西省大学生在世界大学生运动会上金牌零的突破。

28日 仙女湖旅游码头在新余市仙女湖全面竣工并投入接待使用。码头岸线总长600米，面积1.17万平方米，是目前江西省码头岸线最长的旅游码头。该码头总投资概算为3500万元，由码头岸线、候船楼及休闲广场三部分组成。投入使用后，可提高仙女湖旅游接待能力，使接待量由过去的3000人次/日，提高到3万人次/日。

29日 经国家发改委近日正式批复同意，在江西宜春市建设以江西省农科院和宜春市农科所为技术依托的优质稻米生产基地。该基地建设总投资3000万元，其中国家安排中央预算内基本建设投资2000万元，地方配套资金1000万元。项目建成后，可年生产“新香优80”等优质稻原种1.5万公斤，良种300万公斤，优质稻1亿公斤。

29日 江西省首座大型民用飞机维修机库日前在昌北机场正式落成。这座机库由东航江西分公司投资建设，于2002年5月开工，总建筑面积3086平方米，工程总投资1441万元；其规模在中部省份各机场当中居于前列。

29日 江西与浙江大学省校环保领域合作协议在南昌签字。为加快江西省环保产业的发展，江西环保股份有限公司、南昌求是科技咨询有限公司、浙江浙大网新电子信息有限公司和杭州三和环保技术工程有限公司，协议四方将依托浙江大学雄厚的技术研发实力和自身丰富的污染治理工程设计、实施经验，引进先进的烟气脱硫技术，积极推动烟气脱硫技术在江西的应用，开展烟气脱硫项目的工程实施，同时逐步在高浓度有机废水治理、工业危险废弃物的处理与处置，环保技术和成果产业化项目、环境保护产业投资项目、生态科研项目以及教育培训等领域开展广泛、深入的合作。

30日 省政府与中国科学院在南昌举行科技合作协议签字仪式。吴新雄与中国科学院副院长杨柏龄共同签署了《江西省人民政府中国科学院科技合作协议书》。胡振鹏主持签字仪式。中科院20多位领导、院士和专家参加了签字仪式。

30日 一种肿瘤疾病的新型治疗仪器近日在新余市研制开发成功，填补了我国医疗器械制造业中的一项空白。该治疗仪通过向肌体注射光动力治疗药物，即光敏剂使用相应波长的光照射，引起光化学反应，进而杀伤肿瘤细胞，达到安全治疗肿瘤目的。目前，该产品已通过国家权威机构检测，各项性能技术指标安全可靠，经多家医院临床证明，效果良好，并已获国家知识产权局的专利和国家医疗器械注册证。

31日 省各级审计机关从5月开始对2001年至2002年扶贫专项资金进行全面审计。江西省各级审计部门从资金的流向和项目入手，采取资金下审一级的方式，重点查处国家扶贫政策是否落实，资金的分配是否符合扶贫开发规划，资金使用是否按计划项目实施，是否专款专用，有无虚报冒领、挤占挪用、滞留、抵扣等问题。其次，审计扶贫贷款是否符合扶贫开发总体要求，是否存在擅自改变贷款用途、扶富不扶贫、贷款明显偏离扶贫目标以及弄虚作假骗取贷款和贴息等问题。此项审计工作于8月底结束。

公元2003年9月							农历癸未年【羊】						
日	一	二	三	四	五	六	日	一	二	三	四	五	六
	1 初五	2 初六	3 初七	4 初八	5 初九	6 初十	7 十一	8 白露	9 十三	10 十四	11 中秋节	12 十六	13 十七
14 十八	15 十九	16 二十	17 廿一	18 廿二	19 廿三	20 廿四	21 廿五	22 廿六	23 秋分	24 廿八	25 廿九	26 九月小	27 初二
28 初三	29 初四	30 初五											

1日　全省领导干部会议在南昌召开。孟建柱主持会议并讲话。黄智权传达胡锦涛总书记在江西考察时的重要讲话精神。王君、傅克诚、吴新雄、彭宏松、钟起煌等出席会议。省人大常委会副主任、党组成员，省政府副省长、党组成员，省政协副主任、党组成员等在南昌主会场出席会议。

2日　吴新雄在南昌会见了由天津市政协副主席卢金发率领的天津市政协港澳委员赴赣考察团一行。

3日　首张江西原创音乐大碟《映山红》面市。《映山红》是由江西人民广播电台与江西文化音像出版社合作，历时4个半月制作的一张记录江西原创音乐精品的CD碟。该碟集中收入了《井冈山下种南瓜》、《毛委员和我们在一起》、《盼红军》等脍炙人口的红色经典歌曲，《斑鸠调》、《请茶歌》等广为传唱的江西民歌，《永远的井冈山》、《山里山外》等荣获“五个一”工程的优秀歌曲，都是江西省音乐工作者创作的原创音乐，是红色经典大汇唱。全国知名的歌唱演员戴玉强、万山红、祖海和黑鸭子演唱组等倾情演绎，使《映山红》中的红色歌曲、江西民歌更具时代特征；传统与现代结合的音乐配器，使这些脍炙人口的老歌融入了时尚的特色，其HDCD音效在江西音像史上写下了新的一页。

3日　由人民日报社、国家环保总局、庐山风景名胜区管理局主办的“庐山杯”中国环保30年征文颁奖仪式在庐山举行。董岩的《留住泉水让历史延续》被评为特等奖，朱爱华的《敬一丹的环保信封》、李专的《别再“迟钝”下去》获得一等奖。活动自4月份开始以来，共收到社会各界来稿千余篇。

3日　江西省环境保护工作座谈会在南昌召开，全省各设区、市分管领导、省直有关单位的负责人在座谈会上就如何切实做好环境保护工作交流经验和体会，就如何进一步加强全省环境保护工作、促进全省经济与环境协调发展，保持经济社会可持续发展进行了全面的部署，明确了下一步工作的目标和措施。会议强调，环境保护是一项长期而又艰巨的任务，涉及多方面、多行业、多领域，需要社会各界共同关注，积极参与。要通过方方面面的共同努力，使江西在全面建设小康社会、实现在中部地区崛起的进程中，青山常绿，绿水长流，资源永续利用。

3日 吴新雄在江西宾馆会见了来赣考察的日本国际钢铁成套设备株式会社（简称 JSP 公司）社长藤原义之先生一行。日本 JSP 公司是由日本钢管株式会社、住友重机械工业株式会社、川崎重工业株式会社、日立造船株式会社四家世界 500 强企业总公司或控股公司合并成立的超级企业，在世界钢铁业界有着强大的影响力和综合实力。考察团此行的主要目的是全面考察、评估南昌及江西的投资环境，寻求双赢的合作机会。

4日 为期 4 天的 2003 年全国大学生男、女篮球（CUBA）四强对抗赛在经过 16 场激烈的比赛后，在九江县体育馆落下帷幕。青海师大队以 88:76 战胜华中科技大学队，获得女子组第一名；华中科技大学队以 86:72 战胜湖南大学队获得男子组第一名。

5日 全省城市社会治安防控体系建设现场会议在南昌召开。舒晓琴、安蔡季出席会议并讲话。会议于 6 日结束。

7日 南昌市规划顾问委员会正式成立，来自清华、同济、南京、东南、南昌大学及上海、广州等城市的 7 名专家学者被聘请为顾问，省人大常委会副主任、高级规划师万学文也接受了聘书。

7日 第六届“金话筒”奖暨“百优”电视节目主持人评选活动日前揭晓，江西省电视节目主持人刘玲华和包丽平榜上有名。

8日 第七届中国投资贸易洽谈会在厦门开幕。中共中央政治局委员、国务院副总理吴仪出席。开馆前，吴仪副总理在吴新雄的陪同下参观了江西展位。在当日江西省“9·8”中国投资贸易洽谈会代表团举行的早餐会上，吴新雄及香港总商会中国委员会主席李大壮分别致辞，赵智勇出席。吴新雄、赵智勇出席了开馆仪式以及江西省外商投资恳谈会暨签约仪式。并由赵智勇接受香港凤凰卫视主持的“中国省、部长经贸论坛”电视采访。

8日 由中共江西省委宣传部，上饶市委、市政府与贵阳市委宣传部，贵阳市直机关工委，贵阳市教育局，贵阳军分区政治部联合主办的“血染的丰碑——上饶集中营革命斗争事迹爱国主义教育全国巡回展”在贵州省博物馆开幕。展览于 19 日结束。

9日 江西省参加第七届中国投资贸易洽谈会的景德镇、抚州、上饶三个设区市在厦门举行外商投资恳谈会。吴新雄分别出席三场恳谈会并讲话。

10日 吴新雄向省直机关干部作《围绕江西崛起，我们想什么做什么》的专题报告。

12日 江西省科研成果与企业见面推介会召开。孟建柱、黄智权、吴新雄、钟起煌等出席了推介会。

12日 省委人民武装委员全体会议在南昌召开。黄智权主持会议并讲话。

13日 吴新雄向应邀来赣的部分外国驻华使节和新闻记者介绍省情并回答了他们的提问。

14日 省政府邀请中央驻赣的金融、税务、海关、检验检疫、铁路、民航等有关单位的负责人，就如何相互配合，更好地服务于江西经济发展等话题进行座谈。省委副书记、常务副省长吴新雄到会讲话，指出要很好地把握政策，既规范操作，更服务于发展，围绕发展攻难点、抓重点、解决薄弱点，为加快经济发展多办好事、实事：一是在提高扩大外资利用的水平和规模上搞好服务；二是按照合理、合法、合规的原则，对真心实意的投资创业者必要的资金贷款予以支持，并在增加企业出口创汇、加快出口退税、降低出口成本等事宜上创造有利条件；三是供电、供水等部门要讲信誉、讲质量，提高管理水平，加强调度；四是要将江西关于加快开放型经济发展的一系列政策进一步细化并切实落实好。

14日 以副省长赵智勇为团长的省外经贸考察团一行 6 人离开南昌赴澳大利亚、新西兰、新加坡考察访问。考察团此行拜访澳大利亚西澳大利亚议会议长，专门负责亚洲区投资及贸易事务的澳大利亚新南威尔士洲上议院议员，亚洲投资专员曾筱龙先生，拟投资 5000 万美元开发江西省德兴市金山金矿田项目的澳大利亚珀斯吉斯曼澳柏龙黄金矿山有限公司总裁史蒂芬先生，以及新西兰与江西省开展进出口贸易的主要客户和新加坡金鹰集团。考察团希望通过此行能增加互相的联系，加快项目进展，促进交流与合作。

14日 在武功山脚下的安福县洋溪镇发现一座保存完整的明清蟹形建筑古村落——桥头下矾村。桥头下矾村内存祠堂、民居庭院等古建筑100多栋，以明清建筑居多。这种四面围挡式方块状建筑格局俨然螃蟹的壳体。古建筑所有的门都偏左开，右面几乎不开门，意喻为螃蟹"横着向左走"。

15日~17日 由当代中国研究所和江西省社科院主办的第三届国史学术年会在井冈山召开。全国政协副主席、中国社会科学院院长陈奎元，中国社会科学院副院长朱佳木，江西省委常委、宣传部长刘上洋等出席（13日，孟建柱在南昌会见陈奎元一行）。

18日 省"扫黄"、"打非"暨版权保护成果展在南昌进行为期11天的展出，展示江西省15年来开展"扫黄"、"打非"和12年来开展版权保护工作取得的重大成果，向广大群众宣传非法出版活动和非法出版物的严重危害性，以此警示社会，教育群众，提高广大人民群众依法保护版权，抵制盗版盗印的法律意识，推动全省"扫黄"、"打非"和版权保护工作的深入进行。

18日 全国人大环资委《固体废物污染环境防治法》执行情况调研座谈会在南昌举行，《固体废物污染环境防治法》执法调研组先后到全南县大吉山钨矿，龙南县稀土矿、江西721铀矿和德兴铜矿进行了实地考察。

18日 江西省各界纪念《公民道德建设实施纲要》印发两周年暨"公民道德宣传日"座谈会在南昌召开。会议总结了两年来全省公民道德建设的经验，部署全国首个"公民道德宣传日"（9月20日）活动，彭宏松在讲话中强调，各地各部门要精心组织，把加强公民道德建设与正在兴起的学习贯彻"三个代表"重要思想新高潮结合起来，与各种群众性精神文明创建活动结合起来，使道德建设与业务工作融为一体，形成党组织领导，全社会共同参与，共同推进公民道德建设的良好局面。

18日 全省推进"一村一品"运动先进单位表彰会在南昌举行。南昌县莲塘镇墨山村和莲花县六市乡海潭村获"一村一品"推进奖。"一村一品"运动是指一个村子，充分利用本地资源优势，发展有地区特色的产品与文化，振兴农村经济的活动。它是由日本大分县知事平松守彦于20世纪80年代倡导的。

19日 经全国公共管理硕士（MPA）专业学位教育指导委员会专家评审，国务院学位委员会批准，南昌大学成为全国第二批公共管理硕士（MPA）学位授予单位，填补了江西省MPA专业学位教育的空白，标志着高级公务员专业学位教育实现了新突破。

19日 由吉安市环卫处研制的全省第一台大吨位立式垃圾压缩机近日投入使用。该机日处理垃圾达200吨，压缩率达60%，极大地提高了车辆运输的实载率、降低了运输成本。

20日 江铜贵冶三期工程竣工投产典礼举行。孟建柱宣布江铜贵冶三期工程投产，黄智权讲话。

21日 南昌海关关衔授予仪式在南昌举行。孟建柱、黄智权、吴新雄等为179位授衔海关关员颁发授衔命令证书。

21日 在2003赣台经贸合作研讨会即将开幕前夕，孟建柱、黄智权、吴新雄，国务院台办副主任周明伟在南昌会见了台商焦廷标、徐旭东、林蔚山、林伯丰等62位客人。

21日 省政府就2003赣台经贸合作研讨会举行记者见面会，吴新雄接受了中央电视台、台湾《投资中国》杂志社和省内主要新闻单位记者的采访。

22日 2003赣台经贸合作研讨会开幕。孟建柱宣布开幕，黄智权致开幕词，国务院台办副主任周明伟到会祝贺，吴新雄主持开幕式，省领导钟起煌等出席。台湾工业总会代表团团长林伯丰先生代表600多名台商在会上发言。

23日 江西省欢送第三批博士服务团。

24日~25日 全国社会治安综合治理工作会议在南昌召开。中共中央政治局常委、中央社会治安综合治理委员会主任罗干出席会议并讲话。中共中央政治局委员、国务委员、中央综治委副主任周永康主持会议。中央综治委副主任、最高人民法院院长肖扬，中央综治委副主任、最高人民检察院检察长贾春旺，部分综治委委员、中央有关部门的负责同志；各省、自治区、直辖市及新疆生产建设兵团党委主管社会治安综合治理工作的负责同志、政法委书记、综治办主任，公安厅（局）长；各省会城市（自治区首府）、计划单列市党委主管社会治安综合治理工作的负责同志出席了会议。江西省领导孟建柱、黄智权、彭宏松、舒晓琴、蔡安季出席会议。孟建柱、舒晓琴在会上分别发言。会议期间，罗干、周永康、肖扬、贾春旺和与会代表还分别实地深入南昌市社区、企业、治安查报站、派出所、基层综治办、戒毒所等，了解南昌市开展治安防范工作的情况。

24 日　中共中央政治局常委、中央社会治安综合治理委员会主任罗干在孟建柱、黄智权等陪同下，来到南昌市公安局昌北治安查报站，考察南昌市治安防控体系建设情况。

25 日　孟建柱、黄智权在南昌会见了民政部部长李学举。李部长还在省领导陪同下考察了南昌市建设桥社区，听取了省民政厅的工作汇报。

26 日　省政府在南昌召开全省旅游经济工作会议，研究部署进一步加快全省旅游业的发展。会议强调，要充分认识积极发展旅游业在推动江西经济社会发展，实现江西在中部地区崛起中的重要作用，全面落实“后花园”发展战略，尽快把旅游业培育发展成为全省国民经济的重要支柱产业，努力把江西建设成为旅游大省。孟建柱在讲话中强调，旅游业是一个凝聚希望的产业，各级党委、政府要加强领导，采取有效措施充分调动各部门的积极性和创造性，营造全社会共同促进旅游业大发展的良好环境。省长黄智权在会上要求各地要加强区域横向联合与合作，整合旅游资源，合力开拓旅游市场，推动区域旅游开发；强化同沿海和周边省市的合作，建立紧密的旅游协作网络，拓展旅游发展空间。

27 日　江西省首次举行公共卫生周活动。孟建柱、黄智权、王君等省市四套班子领导在南昌参加了公共卫生劳动。

30 日　“红谷滩之夜”国庆大型文艺晚会在南昌举行。孟建柱、黄智权、彭宏松等省领导和社会各界 5000 多名观众观赏了精彩的文艺演出。

30 日　孟建柱在南昌会见了美籍华人陈香梅女士。为期 9 天的南昌天香园首届国际都市候鸟节正式拉开帷幕。吴新雄出席开幕式并讲话，著名美籍华人陈香梅女士应邀出席。

公元2003年10月							农历癸未年【羊】						
日	一	二	三	四	五	六	日	一	二	三	四	五	六
			1 国庆节	2 初七	3 初八	4 重阳节	5 初十	6 十一	7 十二	8 十三	9 寒露	10 十五	11 十六
12 十七	13 十八	14 十九	15 二十	16 廿一	17 廿二	18 廿三	19 廿四	20 廿五	21 廿六	22 廿七	23 廿八	24 霜降	25 十月大
26 初二	27 初三	28 初四	29 初五	30 初六	31 初七								

2日　江西财经大学成立80周年庆典大会召开。孟建柱、黄智权等出席。

4日　国家基础测绘设施项目——江西省测绘局单位工程建设完成，并于日前通过了国家发展和改革委员会、国家测绘局的竣工验收，江西省由此成为国家基础测绘设施项目首批启动的省级单位之一。该工程的建设完成，从根本上改变了江西省多年来存在的基础测绘设备投入严重滞后于生产技术发展的被动局面，对于江西省测绘生产全面向数字化生产模式转轨，具有积极的促进作用。

4日　江西省森林公安机关在全省范围内开展严厉打击破坏森林资源违法犯罪活动的专项整治行动，代号“霹雳行动”。“霹雳行动”针对乱砍滥伐林木，乱征滥占林地，非法采挖林木和非法收购、运输、加工、出售珍贵树木或者国家重点保护的植物情节严重的案件等五个整治重点。

5日　中国最大的陶瓷博物馆在景德镇市昌南大道紫金岩路口奠基。该项目基地面积为86451平方米，建筑面积2.6万平方米，项目总投资2.5亿元。建成后的中国陶瓷博物馆藏品将达到15万件。

5日　武警抚州市支队四级士官李进明荣获“中国武警首届十大标兵”荣誉称号。

9日　中国“五会”（南昌）经贸恳谈会召开。省委书记孟建柱宣布开幕，省委副书记、省长黄智权致开幕词，中共中央统战部副部长、全国工商联合会党组书记、第一副主席、中华海外联谊会副会长、中国光彩事业促进会副会长胡德平讲话。当天签约项目47个，引进内资51.95亿元，引进外资1.73亿美元。吴新雄主持开幕式，钟起煌等出席。

9日　孟建柱在南昌会见欧洲联盟欧洲委员会驻华代表团团长安高胜大使。

11日　中央统战部副部长、全国工商联党组书记、第一副主席胡德平在南昌考察江西省社会主义学院和部分民营企业、民办学校。省政协副主席、省委统战部部长王林森，省政协副主席、省工商联合会会长金异随同考察。

11日　应法国法中新千年国际交流协会与荷兰上艾瑟尔省议会邀请，省人大常委会副主任钟家明率人大友好访问团一行赴法国、荷兰进行为期12天的访问。

11日　国家级基础教育新课程骨干培训者研修班在江西教育学院开班，来自全国29个省、市、自治区的220名基础教育骨干培训者参加了为期10天的培训。这是江西省首次承办的国家级培训。教育部依照中小学新课程学科分类，全面实施基础教育新课程骨干培训者国家级培训计划，以进一步提高培训者实施新课程师资培训的能力和水平。经过教育部的严格评审，江西教育学院一举获得了初中生物、数学、综合实践3个学科的骨干培训者的国家级培训任务。

12日　中央音乐学院正式在新余市设立艺术考级基地。这是该院在江西省设立的第一个音乐考级承办点，也是该院的第19个省市考级基地。

12日　2003年华东地区省级电视台台长协作会暨第十六届技术年会在南昌举行。来自华东六省一市及青岛、宁波、厦门三个计划单列市电视台负责人、技术人员120多人参加了会议。省委常委、省委宣传部部长刘上洋到会讲话时强调，要虚心学习兄弟省市的经验，不断加强与华东地区乃至全国电视界的合作与交流，不断提高节目质量，多出精品，使江西的电视事业迈上新台阶。

13日　省政府在深圳富临大酒店举行江西省高新技术成果推介会，首批23个项目签约金额7.158亿元。

14日　江西省唯一一所生物类科技职业学院——江西生物科技职业学院举行揭牌仪式。该院前身为江西省畜牧水产学校。学院以生物技术为优势，集经济类、管理类、信息类、农业技术类、工程类等学科于一体，主要培养适应生产、建设、管理、服务第一线需要的高级应用型人才。

14日　由宜春学院承担的省级重点科研项目《水稻短光敏雄性不育性发现和短光敏雄性不育水稻‘D38S’选育》课题研究，近日通过技术鉴定。它的发现极大地拓宽和丰富了我国两系杂交稻的研究范围和内容，是我国独特的珍贵杂交水稻材料。经专家鉴定，“D38S”的选育达到了同类研究国内领先水平，它非常适合在我国中低纬度地区广泛推广运用，具有重大的应用价值。

14日　赣县湖江乡日前在整修夏府村戚氏聚顺堂时发现一副孙中山撰写的楹联。楹联刻在戚氏聚顺堂中厅的红砂岩石柱上。上联：尉和平景象，振国是风声，发扬章贡英灵崆峒秀气；下联：恢家族规模，建明治基础，光大楚丘宏业阀阅宗功。落款为：孙文。对联表达了孙中山期望祖国和平振兴，倡导发扬革命先烈光荣传统的心愿。

14日　华东地区第十三次人大财经工作座谈会在南昌举行。华东六省一市以及河北、黑龙江、湖南、广东、广西等省区的人大常委会的领导以及财经委的负责人参加了会议。全国人大财经委副主任杜宜瑾出席会议并讲话。省委副书记彭宏松致欢迎词。杜宜瑾在讲话中要求，在新的形势下，各级人大及其财经委要认真总结以往的工作经验，坚持创新，与时俱进，努力开创人大财经工作新局面。

14日　中国人力资源开发研究会女性人才研究会与江西女性人才资源开发研究会在南昌联合召开“中国城市化与农村妇女”学术研讨会。中科院院士、著名天文学家、中国人力资源开发研究会女性人才研究会理事长叶淑华，省领导刘上洋出席研讨会开幕式。来自北京、上海、江西、重庆、四川、黑龙江、山西等9个省市的100多名代表出席研讨会。

15日　在北京举行的中国第三届文房四宝名师名作精品大赛展上，由江西省石城县文联退休干部赖德廉精心制作参展的一方《山河统一·珠玉重光》砚台荣获金奖以及《龙凤对眼》和《石涛遗风》两方砚台获银奖。《山河统一·珠玉重光》以中国版图为砚台图案花纹，作品构思巧妙，技法精湛，雅趣横生，寓意深刻，主题高昂，抒发了老艺人心中浓浓的爱国之情，表达了期盼祖国早日完成统一大业的心声。

15日　离休干部沈慰祖近日将他家祖传清朝光绪年间版的《康熙字典》一套40册捐赠给

庐山图书馆。该线装字典是字书，收录 47035 个字，字迹清楚，保存完整，具有较高的收藏价值和版本价值。

15 日 省人大常务副主任张海如率团赴英国、瑞典进行为期 12 天的考察访问。访问期间拜会了英国和瑞典斯德哥尔摩市政府相关部门，就加强双方经济贸易往来，寻求双方合作进行洽谈；考察英国、瑞典的经济状况及其管理模式，为促进江西省开放型经济的发展，努力提升全省外向型经济发展水平提供可以借鉴的经验；考察英国钨制品企业山特维克集团公司并与其洽谈，考察瑞典钨业公司并与其进行商务洽谈，寻求与英国、瑞典间的产品进出口贸易。

15 日 第十三届中国厨师节在南昌举行，赣州市烹饪餐饮协会代表团选送的"阳明宴"获得大会最高奖"中华金厨奖"，另有两台餐宴被评为"中国名宴"金奖、16 道地方菜被评为"中国名菜"金奖。厨师节于 18 日结束。

16 日 江西省妇女儿童活动中心落成典礼举行。大楼总投资 1900 余万元，占地 1616 平方米，总建筑面积 1 万多平方米。

17 日 省委召开全省领导干部电视电话会议，传达党的十六届三中全会精神。

18 日 黄智权在南昌会见世界知名科学家——美籍华人何大一博士。何大一博士祖籍江西新余，在艾滋病研究方面取得过突出成就。

19 日 吴新雄在南昌会见了荷兰鹿特丹港务局董事长兼首席执行官威廉姆先生一行。威廉姆先生此行是专程去九江市考察港口、码头建设及造船业洽谈投资项目。

19 日 应德国黑森州代表经济、交通、城乡发展部主任 Axel Henkel（阿克塞尔·亨克尔）先生、德国 Wetzlar（维特拉）市议员 Thielmann（蒂尔曼）先生和荷兰旅荷华侨总会会长胡永央先生的邀请，以副省长孙刚为团长的江西省友好交流访问团一行 7 人赴德国、荷兰进行为期 10 天的考察访问。

19 日 江西省永丰县日前发现一处造型奇特的豪华古宅，总占地面积 4000 多平方米，拥有 200 多间房，可容纳百余住户。这栋保存完整的罕见大型古建筑对研究清代江南民居建筑具有很高的参考价值。这一名为"罗家大屋"的古宅位于永丰县龙冈畲族乡毛兰村，距县城 100 多公里。据当地族谱记载，古宅原名"元善堂"，始建于公元 1785 年，为当时巨商罗仕元历经 6 年建成。

20 日 省武警部队举行反恐演练，孟建柱讲话，黄智权、彭宏松、钟起煌等观看演练。

21 日 中组部、团中央组织的第四批博士服务团抵赣，孟建柱出席欢迎会并讲话。王君主持欢迎会。

22 日 全省市厅级主要领导干部学习贯彻"三个代表"重要思想专题研讨班开班仪式在省委党校举行。孟建柱在讲话中强调要深入学习贯彻"三个代表"重要思想，做到思想上与时俱进，行动上执政为民。

23 日 浙赣闽皖首次签署旅游区域合作宣言，四省携手打造旅游经济圈。

24 日 省政府召开全省地税征管改革工作会议，专题研究和全面部署新一轮地税征管改革。此次地税征管改革的内容是：按照一体化原则，依托省政务信息网，用 5 年时间建立一个硬件环境统一，网络通讯环境统一，业务需求统一和应用软件统一的基本统一规范的应用系统平台；依托计算机广域网，建立一个信息集中，功能齐全，保障有力的地税管理信息系统；根据税收征管专业化的要求，遵循依法设立、利于征管、属地管辖、精简效能的原则，设立基层征管机构；统一规范全省的地税征管业务流程和表证单书；全面推行多元化申报纳税；完善各项地税征收管理办法等。省委副书记、常务副省长吴新雄在讲话中强调，以信息化为核心的地税征管改革，对于促进依法治税，提高征管质量，增加地税收入，改善税收环境，具有十分重要的意义。各级政府要正确处理征管改革和组织收入的关系，确保征管改革和组织收入双促进。

24 日 中国海外地理信息科学协会（CPGIS）与江西师范大学携手共建"鄱阳湖研究海外优秀留学人才库"，开创了国内高校与海外学术团体在人才引进、合作研究领域的新模式。

25 日　受中国稀土学会委托，由江西省分析测试研究所承办的第十届全国稀土元素分析化学学术报告会在南昌召开。来自全国高等院校、科研院所、公司、企业和国外分析仪器制造商等 70 多位代表参加了该会。代表们就稀土元素分析的成就与回顾、稀土元素分析的新进展及分析仪器新技术、稀土元素形态分析、稀土元素分离技术等方面的问题展开讨论和交流。

25 日　为纪念毛泽东诞辰 110 周年，缅怀毛泽东等老一辈无产阶级革命家的丰功伟绩，弘扬井冈山精神，弘扬中华民族的优秀传统文化，井冈山市书画协会在深圳市华夏英杰墨宝园博物馆举办井冈山图片暨书法展。共展出各类图片 80 余帧，书法作品 288 幅，竹雕书法作品 8 件，受到当地书画界同行和广大深圳市民的热烈欢迎和高度评价，同时也促进了老区和特区之间的文化交流。展览于 11 月 2 日结束。

26 日　江西省举办全国严打整治斗争成果巡回展。

27 日　一窝保存完整的恐龙蛋化石近日在大余县赣粤高速公路筑路工地被发现。这窝恐龙蛋化石共有 9 枚，其表面均呈灰白色，椭圆形。每枚恐龙蛋化石长 13 厘米，宽 12 厘米，大小均匀，排列有序。这在赣南尚属首次发现，它对于考古研究具有重要价值。

27 日　73 年前书写的“打到南昌武汉去”的红军标语近日在永丰县恩江镇水南背村一民宅老屋屋檐下被发现。据党史专家论证，该标语是 1930 年 7 月 30 日毛泽东、朱德率红一军团从汀洲向长沙进军，攻占永丰县城，沿途发动群众，支援革命战争时留下的。

28 日　第十届全国省级广播电台新闻工作年会在南昌召开，中央人民广播电台及 30 家省级广播电台近百名代表参加了会议。省委副书记彭宏松在讲话中强调，此次会议在江西召开，为我们提供了一个难得的学习机会，希望全省与会人员珍惜这一机会，进一步创新广播工作的思路、体制、机制和手段，使电台新闻宣传及各项工作更好地体现时代性，把握规律性、富于创造性，促进全省广播事业持续快速健康发展，为实现江西在中部地区崛起，全面建设小康，开创中国特色社会主义事业新局面作出新的更大贡献。

28 日　2003 年华东地区六省一市社会科学院院长联席会议在南昌召开。中国社会科学院和江西、上海、山东、江苏、安徽、浙江、福建，以及湖南、湖北等省市社科院的代表共 40 余人参加了会议。会议围绕深入学习领会“三个代表”重要思想，全面贯彻落实党的十六大精神，探讨社科院体制机制改革的主题，交流了地方社科院科研、人事、行政后勤管理等方面的工作和经验。

29 日　九江昌河发动机、汽车工程开工典礼在九江市隆重举行。省长黄智权出席并下达开工令。九江昌河发动机、汽车工程是昌河飞机工业集团公司实现汽车上规模、产品上水平，提高企业市场竞争力的关键项目，是全省十大重点工程之一。省委书记、常务副省长吴新雄在讲话中指出，九江昌河发动机、汽车工程的开工建设，对于培育和壮大全省汽车工业支柱产业，推进全省工业化进程，促进全省经济发展，都具有十分重要的意义。

本月　经调查人员发现，婺源县鸳鸯湖越冬的鸳鸯达 3000 多对，约占全世界已知野生鸳鸯数量的 2/3，是当今世界最大的野生鸳鸯越冬栖息地。

公元2003年11月							农历癸未年【羊】						
日	一	二	三	四	五	六	日	一	二	三	四	五	六
						1 初八	2 初九	3 初十	4 十一	5 十二	6 十三	7 十四	8 立冬
9 十六	10 十七	11 十八	12 十九	13 二十	14 廿一	15 廿二	16 廿三	17 廿四	18 廿五	19 廿六	20 廿七	21 廿八	22 廿九
23 小雪	24 十一月小	25 初二	26 初三	27 初四	28 初五	29 初六	30 初七						

1日 领导干部双休日讲座举行，知名健康教育专家洪昭光教授主讲“健康快乐100岁”，这是江西省首次将健康知识引入干部培训课堂。

1日 全国文化进社区经验交流会在南昌市红谷滩会展中心召开，彭宏松出席会议并致辞，中央文明办专职副主任翟卫华主持并讲话。

1日 赣籍中国画坛巨擘傅抱石代表作《毛主席诗意山水册》（八开）在北京举行的中贸圣佳2003秋季拍卖会上以1800万元的竞标价落槌。

2日 第二届全国“四进社区”文艺展演在南昌市滕王阁广场举行。孟建柱、黄智权等和3000余名群众一道观看演出。

在南昌市举行的第二届全国“四进社区”文艺展演现场

3日 全省科技特派员试点工作座谈会在鹰潭召开。会议传达了全国科技特派员试点工作经验交流会精神，总结了鹰潭的试点经验，并对全省下一步全面铺开科技特派员试点工作进行部署。会议要求各地在试点工作中，结合本地区经济建设和社会发展的实际，在实践中不断发展与创新，创造出具有区域特色的新的运行模式：通过制定政策，把科技特派员试点工作与地方科技工作、扶贫工作以及农村整体发展工作、体制改革工作有机结合起来，实现资源的整合集成；同时，在试点进程中，要在党委统一领导下，加强同组织、人事、农业、金融等部门的联系，充分调动各方面的积极性，形成合力，共同搞好试点。

4日 经国家环保总局批准，南昌市、井冈山市、德兴市日前被确定为全国生态环境监察试点地区。试点的重点分别是畜禽养殖生态环境监察、旅游区生态环境监察和铜矿开发生态环境监察。试点地区将通过开展生态环境监察，逐步建立起生态环境监察执法机制，使生态环境违法案件得到有效查处。

4日 大余县科技人员近日在进行林业资源普查过程中发现，梅岭丫山国家森林公园生长有珍稀植物——观光木，又名香木楠、香花木群落。它们连绵分布于方圆近600公顷的范围内，数量超过500株，其中最大的每树胸径达2.06米，其规模和数量在我国热带和南亚热带森林中也是罕见的。观光木被《中国植物红皮书》列入稀有种、国家二级保护植物，对研究该科分类系统具有重要科学意义。

5日 中国青年企业家协会八届二次理事会在共青城举行。吴新雄出席并讲话。

8日 “庐山杯”江西省第二届全民健身运动会闭幕式在省体育馆举行（该运动会由省人民政府主办、省体育局承办）。

8日 领导干部双休日新知识讲座举行，外交部部长李肇星作国际形势报告。

8日 由江西师范大学、省教育厅、省发展研究中心联合举办的首届“江西发展论坛”在南昌举行，孟建柱出席并作主题发言。

9日 “流域综合管理国际研讨会”在南昌召开，黄智权出席开幕式并致辞，中科院副院长陈宜瑜院士主持开幕式。

10日 第五届全国农运会在北京举行第一次新闻发布会（第五届农运会将于2004年10月18日在宜春举行）。

11日 由赣南地质调查大队提交的《江西会昌锡坑迳矿田及周边地区锡铜多金属矿评价地质报告》近日在全国2003年度国土资源科学技术奖评选中荣获二等奖。该报告还被中国地质调查局南京地质矿产研究所评审为优秀成果报告，这一对成矿规律认识的研究成果，填补了我国锡矿成矿类的空白。

11日 全国税收计划统计工作会议在南昌召开。国家税务总局副局长钱冠林出席会议并讲话。会议确定了下一步税收计统工作的目标是：以党的十六大和十六届三中全会精神为指导，紧紧围绕组织收入这个中心，进一步完善工作制度，改进数据质量，推进计划改革，强化分析预测，加强税源监控，提高干部素质，加快信息化建设步伐，促进国家预算的圆满完成和税收与经济的协调发展。

11日 吴新雄在南昌会见了台湾元电机集团董事长黄茂雄一行。黄茂雄此行主要是考察坐落于南昌高新技术开发区的东元家电工业园建设情况。

11日 江西铜业集团公司华南营销中心在深圳正式开业。这是江铜集团顺应整体发展需要，为实现公司做大做强，建成世界一流矿业公司而采取的一个重要战略举措。该中心的成立，旨在把自身的资源优势与华南的市场优势结合起来，以进一步拓展海内外市场。华南营销中心成立后，将作为江铜集团在华南地区的原料采购用产品销售总代理，负责铜精矿、粗杂铜、硒、铋等稀贵金属的原料采购，以及铜杆、铜线等产品的国内贸易和进出口业务。开业当天，中心分别与格力、美的等9家公司签订了价值30亿元的电线电缆购销合同。

12日 由农业部主办的为期6天的首届中国国际农产品交易会在北京农展馆隆重举行，江西代表团有50家企业参展，其中40家参加室内展馆的展示活动，10家龙头企业参加室内农产品交易和室外销售广场的展销，参会规模位居全国中上游，且10家龙头企业所携产品均为绿色产品，特色鲜明。

12日 全国18省市区政协经济委员会第十一次联系会议在南昌举行。会议的主要任务是交流各省市区工业园区的发展情况和经验，提出破解工业园区建设过程中难题的建议，探讨政协参与工业园区建设的方式和途径。

14日 50余万只候鸟在鄱阳湖保护区越冬，比最多年份还多20万只，数量创历史之最。

15日 井冈山精神大型展览在北京隆重开展。

16日 中共中央政治局常委、中纪委书记吴官正，在孟建柱、彭宏松等陪同下，在北京参观井冈山精神大型展览。

17日 中共中央政治局常委李长春，中共中央政治局委员、书记处书记、中宣部部长刘云山，中共中央政治局委员、中央书记处书记、中央组织部部长贺国强，分别在省委书记孟建柱等省领导的陪同下，参观了在北京举行的井冈山精神大型展览。井冈山精神大型展览通过丰富的史料、大量的实物、形象生动地展示了中国共产党人艰苦奋斗、敢闯新路的辉煌历史。李长春和刘云山对展览给予了充分肯定，指出，弘扬井冈山精神，首先要把以井冈山为重点的革命传统教育阵地建设好、管理好，把革命文物征集保护好。要通过各种形式宣传，弘扬井冈山精神，全面建设小康社会。贺国强强调，要大力弘扬包括井冈山精神在内的党的优良传统，使之成为推进党的建设新的伟大工程的强大精神力量（为期16天的井冈山精神大型展览北京首展于30日圆满落幕，共接待观众11.8万人。北京首展后将在全国进行为期两年的巡展）。

17日 江西船用阀门厂自主研制开发的船用七氟丙烷灭火系统已通过中国船级社武汉分社现场产品检验，近日正式交付用户装船使用。这是国内首家用七氟丙烷系统装置替代哈龙系统装置进入船用灭火市场企业。

17日 世界银行日前发布了《中国23个城市投资环境调查报》，其中南昌、北京、深圳等城市的投资环境被列入第四等级。23个城市按A+至B+设立了6个等级，上海、杭州两城市为A+，而深圳、北京、郑州、南昌同属B+。

18日 省老年体协成立20周年庆祝大会举行，孟建柱、黄智权等出席。

19日 为期两天的全省党校工作会议在南昌举行。孟建柱出席会议时强调，要时刻牢记党校神圣使命，努力培养造就高素质的干部队伍；要以提高教育质量为中心，努力构筑适应时代要求的党校教育新格局；各级党委要进一步加强和改进对党校工作的领导，形成促进党校事业发展的整体合力。

20日 2003年度"中国企业信息化500强"发布暨颁奖会日前在北京举行，洪都航空集团公司榜上有名（洪都航空集团还分别入选2004年度、2005年度和2006年度"中国企业信息化500强"）。

20日 电视专题片《春风化雨铸丰碑——国债项目在江西》首映式在江西电视台举行。专题片以国债项目在江西的实施为切入口，用大量的事实，展现国债资金在江西省交通、水利、移民建镇等14个建设领域所起的重大作用。

20日 副省长危朝安应邀率江西农业减灾考察团一行6人赴澳大利亚、新西兰考察访问。访问期间，双方就防灾减灾等领域的合作与交流进行探讨。

21日 江西民航机场交由省政府管理。

21日 江西省勤政廉政先进典型表彰大会在南昌举行，来自全省各条战线的20位勤政廉政先进典型受到表彰。孟建柱、黄智权等出席。

22日 上饶市信州区95名地方科技人员庄严宣誓加入中国人民解放军预备役队伍，组建成全国首支地方科技人员部队。95名计算机、防化、光学仪器、有线通信和公路工程5个专业的地方科技人员被编为5个分队，开始服预备役。

23日 江西省在大连举行经济合作恳谈会。来自京三角和环渤海地区的300余名客商与江西招商代表团共谋发展双赢大计。会上共签订项目35个，其中内资项目31个，合同引资46.15亿元，外资项目4个，合同引资2128万美元。超亿元项目共10项，最大项目落户景德镇市，引资额达10.5亿元。

23日 以全国人大农业与农村委员会委员景学勤为组长的执法调研组一行5人，来江西省进行气象法执行情况调研，调研组先后在南昌、吉安、景德镇和鹰潭等市进行调研，听取了当地政府有关情况汇报，并深入到省气象局、吉安市气象局、景德镇市气象局、鹰潭市气象局、吉安县气象局和井冈山市气象局等气象部门，实地考察气象执法和依法发展气象事业的情况。

24日 2003年韩中（江西）经贸洽谈会在南昌举行。来自韩国的20家企业同江西省的150多家企业在会上进行现场洽谈，寻求对口合作。吴新雄在讲话中指出，企业要发展，最重要的是把握好三个方面，一是必须要有发展机会和巨大的市场空间，江西一头连着沿海，一头连着内地，独特的区位优势和良好的发展势头，一定能为韩国企业在江西投资提供巨大的市场空间和难得的发展机会；二是要打破区域界限，实现资金、人才、技术、市场的最佳组合，韩国资金、人才、技术优势明显，江西省资源丰富，劳动力成本低，两者相结合一定能创造出很好的合作成果；三是合作双方的信誉、效率和诚信。江西省各级政府正致力于打造成本最低、回报最快、信誉最好、效率最高的“四最”投资环境，让广大客商感到江西是讲信誉和诚信的，在江西投资效率是高的。

24 日 全国人大教科文卫委执法调研组到赣进行为期 6 天的关于《中华人民共和国体育法》贯彻实施情况的调查。

25 日 毛泽东诞辰 110 周年暨《寻乌调查》、《反对本本主义》发表 73 周年纪念大会在寻乌举行。国内外 100 多名专家、学者、干部、群众参加会议。省委书记孟建柱发来贺信。毛泽东《寻乌调查》已被翻译成英文在美国出版发行，该书出版后，成为社会科研类畅销图书。被译成英文的《寻乌调查》共 268 页 10 多万字，穿插了寻乌 19 世纪二三十年代的一些社会生产和民情风俗图片，图文并茂。

26 日 为期两天的全省纪检监察案件审理工作会议在南昌召开。会议传达了全国纪检监察案件审理工作会议精神，总结了近五年来的全省案件审理工作，对当前和今后一个时期的案件审理工作作出了全面部署。傅克诚出席会议并讲话指出，各级纪检监察机关必须统一思想，深刻认识做到案件审理工作的极端重要性，切实把案件审理工作做好做实；各级纪检监察机关要转变审理观念，积极探索创新，努力提高新形势下案件审理工作的质量和水平；各级纪检监察机关要加大领导力度，加强队伍建设，进一步打牢案件审理工作基础。

26 日 为期 3 天的全国果茶良种场建设及产业发展经验交流会在赣州市召开，来自全国各地的 200 多位果茶专家参加会议。

27 日 省人大常委会审议通过《江西省鄱阳湖湿地保护条例》（自 2004 年 3 月 20 日起施行），这是继《黑龙江湿地保护条例》后中国湿地保护方面的第二部地方性法规。

27 日 经国务院有关部门批准，九江市被列为全国电子政务试点城市。

28 日 赣南卷烟厂近日被中国企业联合会、中国企业家协会授予“中国优秀企业”称号，该厂厂长黄平被授予“中国优秀企业家”称号。赣南卷烟厂产品“赣”、“红日”两大系列跻身江西五大卷烟品牌之列。“赣”牌无形资产达 10.556 亿元，红金“赣”品牌被评为“江西著名商标”、“江西名牌产品”和“消费者满意产品”，企业先后荣获省优秀企业、省五一劳动奖状和利税突出贡献奖称号，现已成为省重点骨干工业企业。

28 日 抚州市马克思主义学研究会成立。它是我国第一个马克思主义学学术团体。原中顾委委员夏征农、中国科学社会主义学会会长赵曜教授担任该研究会顾问。

28 日 福建凤竹集团投资 5 亿元在彭泽县建设 20 万锭棉纺项目正式签约。该企业投产后，彭泽棉纺加工能力可达 48 万锭，年加工棉花 80 万担，从而成为赣、鄂、皖交界处的棉花集散地。

28 日 江西省信息中心与华为 3Com 公司联合主办的“江西网络技术培训中心”挂牌成立，重点为江西省电子政务工程培养网络建设、管理、维护、应用的专门人才，加速全省政务信息化建设步伐。

29 日 清华泰豪科技股份有限公司、江西省药物研究所、国营七一三厂博士后科研工作站分别举行揭牌仪式。当前，全省已有博士后科研流动站 3 个，博士后科研工作站 8 个，先后招收博士后研究人员 19 人。吴新雄在揭牌仪式上讲话时指出，博士后科研流动站、工作站的建立和发展，为全省培养、使用和吸纳高层次优秀人才，推进产学研紧密结合和科技成果的转化，提高企业技术创新和科研开发能力，加快重点发展领域和学科的建设，发挥了极为重要的作用。

29 日 由省科协、省教育厅等单位主办的第九届全国青少年信息学（计算机）奥林匹克分区联赛（江西赛区）决赛在江西师范大学开赛，来自全省各地的 296 名经计算机初赛选拔的中小学优秀选手参赛。此次决赛同时分三组进行：小学组（初级组）108 名、初中组（普及组）73 名、高中组（提高组）115 名。他们分别角逐全国计算机分区联赛江西赛区初级组、普及组、提高组的一、二、三等奖，并根据全国规定择优选拔高二年级以下选手组队代表江西参加2004 年全国青少年信息学（计算机）奥林匹克竞赛。

30 日 全省累计引进外资项目 1043 个，实际到位资金 52 亿元，超额完成计划的 3.17 倍。出口创汇超过 8228 万美元，全省出口创汇农业出口企业已增至 76 家。南昌、赣州、上饶三市农产品出口提高最快，其中南昌市占全省农业品出口总额的 65% 左右。

公元2003年12月							农历癸未年【羊】						
日	一	二	三	四	五	六	日	一	二	三	四	五	六
	1 初八	2 初九	3 初十	4 十一	5 十二	6 十三	7 大雪	8 十五	9 十六	10 十七	11 十八	12 十九	13 二十
14 廿一	15 廿二	16 廿三	17 廿四	18 廿五	19 廿六	20 廿七	21 廿八	22 冬至	23 十二月大	24 初二	25 初三	26 初四	27 初五
28 初六	29 初七	30 腊八节	31 初九										

1日 由省委宣传部、中国记协联合举办的“知名记者看江西”活动正式启动。

1日 吴新雄率省经贸考察团赴台湾，进行为期8天的经贸考察和交流。

2日 孟建柱、黄智权会见了由中宣部、中央文明办组织的“南昌创建文明城市”中央新闻单位采访团。

3日 应澳大利亚、新西兰政府的邀请，中共中央委员、中共江西省委书记孟建柱率中共代表团对澳、新进行友好访问。

4日 《春风化雨铸丰碑——国债项目在江西》电视专题片座谈会在北京人民大会堂海南厅举行，副省长孙刚出席座谈会。首都经济界、新闻界共50余人参加了座谈会。

5日 江西省“学习贯彻‘三个代表’重要思想，大力实施小康文化工程”研讨会在省文化厅举行。近20位专家、学者参加了研讨会。全省实施小康文化工程的奋斗目标是：力争5年到10年内把江西建成一个拥有现代化的文化基础设施、先进的文化体制和机制、优质的文化产品与服务、发达的文化产业和繁荣有序的文化市场和高素质人才队伍的全国文化先进省。

6日 领导干部双休日新知识讲座举行，中国科学院国情研究中心主任、清华大学公共管理学教授、著名经济学家胡鞍钢博士主讲“树立新的发展观”。

7日 江西省“弘扬井冈山精神，兴我美好江西——毛泽东足迹图片展”首展仪式在南昌大学科技学院举行。该展览旨在回顾以毛泽东为主要代表的中国共产党人领导中国革命、创建新中国和建设社会主义的卓越贡献，教育广大青少年树立正确的世界观、人生观和价值观，弘扬井冈精神，继承和发扬党的优良传统和作风，为加快江西经济发展、实现江西在中部地区崛起而努力奋斗。展览以毛泽东的革命道路为线索，由少年立志出乡关、众志成城上井冈、万里长征迎日出、开天辟地撰华章、继往开来创盛世5个部分组成。展出的图片再现了毛泽东在革命道路上的主要活动、日常生活，以及部分诗词、书法作品等，重点突出在江西的革命历程。

7 日　金溪县文物部门日前收集到 17 块明清时期的木刻印刷雕版，其中包括《聊斋志异》、《烧饼歌》等典籍和孤本的珍稀雕版，为研究我国古代印刷史提供了重要的实物价值。这批印刷雕版都出自金溪县浒湾镇的书铺街。

8 日　全省水处理技术交流讲座在南昌举行。来自全省高校、科研所、环保局的 40 余名环保专业人士出席了讲座。该讲座为全省环保事业的发展构筑了一个交流的平台，有利于引进先进技术，力争污水处理率达到 40% 以上，从而促进经济与环境协调发展，实现可持续发展战略。

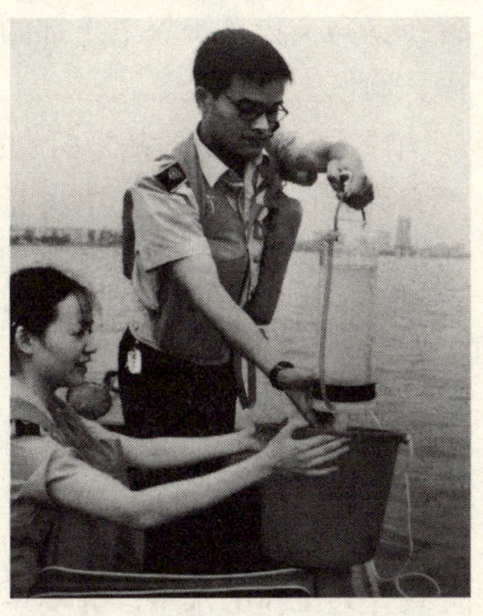
环保人员在进行水源水质测试

新建的城市污水处理工程

8 日　江西省政府参事聘任仪式在南昌举行。新聘、续聘的 18 位参事，涵盖了经济、法律、工业、农业、艺术等多个领域，为历次选聘参事数量最多、涵盖面最广的一次。省长黄智权为新聘、续聘参事颁发聘任书，并在讲话中说，面对新形势、新任务，各位参事要以“三个代表”重要思想为指针，进一步增强做好新时期参事工作的责任感和紧迫感，发扬老参事们的优良传统，不断提高建言献策和参政议政水平，把全省参事工作推向一个新水平。

8 日　检测手段居国内先进、检验装备为全省一流的江西省法医鉴定中心在省高级人民法院正式揭牌启用。该中心遵循“创新、先进、准确、实用”的建设目标，设立了眼损伤检查室、耳损伤检查室、神经电生理检查室、彩超室、DNA 实验室、测谎室等专科检查室，装备了 DNA 测序仪等 20 余台先进设备，检测手段达到国内领先水平。

9 日　在鄱阳湖候鸟保护区的核心区——大湖池，近日首次发现一只沙丘鹤在此栖息越冬。沙丘鹤，又称加拿大鹤、棕鹤，主要分布于俄罗斯西伯利亚、北美洲的加拿大和美国等地，属于大型涉禽，为我国二级重点保护野生动物，已列入濒危野生动植物种国际贸易公约（CITES）附录Ⅱ。它的骨骼化石曾发现于距今 900 万年前的上新世的地球堆积中，是世界鸟类骨骼化石最古老的一种。国际鹤类基金会专家、鹤类研究博士李风山认为，此次在鄱阳湖保护区发现沙丘鹤是一个奇迹，说明该区在湿地生态环境保护方面的工作取得了显著成效。全球共有 15 种鹤类，目前已有白鹤、白枕鹤、灰鹤、丹顶鹤、沙丘鹤六种鹤类在鄱阳湖越冬。

9 日　瑞金市政协日前在开展文史资料普查工作中，发现了一本保存完好的抗战时期发行出版的歌本《抗战呼声》。歌本出版发行时间为 1939 年 2 月初版，由福建省闽侯县县立苍霞小学发行，福州远东书局印刷，定价为壹角，封面用黑色标画着五线谱，《抗战呼声》四字为红色。歌本共收集了《保卫中华民族》、《新的中国》、《还我河山》、《军民抗战歌》等 18 首歌曲。

9 日　全省科学技术奖励表彰大会在南昌召开。黄智权在会上强调，各级党委、政府，各有关部门要充分认清当前面临的形势，时刻牢记时代赋予的历史使命，切实把思想认识统一到党的十六大和十六届三中全会精神上来，统一到省第十一次党代会确立的“科教兴赣、人才强省”的发展战略上来，统一到省委十一届四次全会确定的“对接长珠闽、融入全球化”的发展思路上来，进一步深化全省科技体制改革，加快创新体系建设，提高科技创新能力，不断提升科技实力，争创江西发展新优势，促进国民经济持续、快速、协调、健康发展。大会表彰的获奖项目共68个，其中自然科学奖6项，技术发明奖3项，科技进步奖59项。

9日 省政府在南昌召开全省深化农村信用社改革工作会议，学习贯彻《国务院关于印发深化农村信用社改革试点方案的通知》精神，进一步明确全省深化农村信用社改革的任务和要求，部署改革实施工作。黄智权在会上强调，农村金融是农村经济发展的重要支撑，作为农村金融的中坚力量，农村信用社必须适应农业和农村经济发展的新情况、新特点、新要求，通过深化改革，逐步增强为“三农”服务的功能，提高服务水平，为解决“三农”问题提供强有力的金融支撑，促进城乡经济协调发展；各级政府和有关部门一定要深刻领会和认真贯彻党中央、国务院的方针政策和部署，统一思想，提高认识，以高度的责任感和紧迫感，扎实有效地做好农村信用社改革试点工作。并指出，农村信用社改革要把握好五项原则：一是按照市场经济规则，明晰产权关系，促进信用社法人治理结构的完善和经营机制转换。二是增强服务“三农”的功能，进一步拓宽支农服务领域，改进服务方式，创新服务品种，提高服务水平；尽量简化农民贷款手续，加快发放农户小额贷款的力度，方便农民借款；进一步加大资金投放力度，尽量满足“三农”合理的资金需求。三是用好扶持政策，建立良好的经营机制。四是增强自身竞争力和防范风险的能力。五是按照权责利相结合原则，充分发挥各方面的积极性，明确信用社监督管理体制，落实对信用社的风险防范和处置责任。

10日 永新县龙源口镇近日发现一处珍贵的清代古祠群雕。古祠坐落在龙源口镇白口村，修建于清咸丰三年（1853）。古祠属砖木结构，坊前及前栋井顶间和中栋后栋门窗上，均有精致独特的木雕，有花草鱼虫、飞禽走兽、人物造型等。其中有一幅栩栩如生的“郭子仪拜寿图”，长约3米，宽约5米，整个图形为一繁体“寿”字，“寿”字上面雕刻着100多个活灵活现的人物。据专家分析，这些古祠木雕代表了晚清江南派木雕艺术的风格和成就，有很高的艺术鉴赏价值和研究价值。

10日 为期7天的全国文物安全技术防范业务培训班在南昌举办。来自全国31个省（市、区）和国家文物局有关直属单位的70名保卫处长或一级风险单位保卫干部参加了培训。培训班旨在提高文物系统保卫干部的业务素质和技术水平，确保文物安全。

11日 全国党史部门发挥资政育人作用经验交流会在南昌召开。中央党史研究室主任孙英在报告中要求，要以邓小平理论和“三个代表”重要思想为指导，进一步深化对发挥党史资政育人作用重大意义的认识。省委副书记王君在讲话中要求江西党史研究部门要以这次会议为契机，认真贯彻落实会议精神，虚心学习兄弟省市的先进经验，不断增强党史工作的生机和活力，提高资政育人工作的水平，为实现江西在中部地区崛起和全面建设小康社会作出应有的贡献。

12日 江西省第一条全封闭、全立交、双向六车道高速公路——乐化至温家圳高速公路开工。

14日～17日 中共中央政治局常委李长春在孟建柱、黄智权、彭宏松等陪同下，在江西省考察。李长春在考察中强调，大力弘扬井冈山精神，深入贯彻“三个代表”，努力开创宣传思想工作的新局面。考察于12月17日结束。

15日 景德镇官窑遗址考古发展成果丰硕，考古结果入围2003年全国主要考古发现。

15日 清代木刻李氏族规匾额日前在吉安市古州区樟山镇文石村发现。此族规刻在一块长160厘米、宽81厘米、厚2厘米的木制匾额内，清同治六年（1867）由文石村李氏族人制订。通篇族规用楷书刻成，虽历经140余年，族规匾额字迹依然清晰可辨。族规共有20条，内容涉及贡赋、伦纪、风化、文教、职业、祭祀等多个方面，尤其是族规中的一些内容如：“赌博、洋烟最有害人，损精败神，倾家荡产，上累父母，下累妻子，必须人人痛戒，远避为上”。

16日 为了深入研究农民工问题，推动相关立法工作，全国人大常委会委员、全国人大内务司法委员会委员杨兴富率调研组来赣进行为期

6天的调研。在赣期间，调研组一行深入南昌、吉安、赣州实地考察，听取汇报。

17日 为纪念毛泽东诞辰110周年而拍摄的大型革命历史题材电影——《毛泽东去安源》江西首映式在萍乡举行。

17日 孟建柱、黄智权分别会见首都机场集团公司总裁李培英一行。

18日 南昌、广州加强区域合作，结成全方位互动发展友好城市。

19日 江西铜业集团公司2003年销售收入达到100亿元，在全省国有大中型企业中率先实现销售收入过百亿元。省委、省政府致信对此表示祝贺。

20日 由中央文献研究室、江西省委党史研究室主办的《寻乌调查》与毛泽东对马克思主义中国化的探索全国学术研讨会近日在寻乌县召开。近50名党史界著名专家、学者、教授在会上交流党史研究经验。

20日 全国欧阳竟无学术思想研讨会在宜黄县隆重召开。参加会议的有来自全国各地包括港、澳、台地区40多个社科研究单位和名牌大学、佛学院著名专家、学者、教授、法师，以及地方党政领导共67人。欧阳竟无（1871～1943），名渐，居士，江西宜黄人，人称“宜黄大师”，是我国近代著名的佛学家。他为佛学振兴作出了巨大的贡献，成为中国近现代最杰出的佛学大师。他是居士佛教的提倡者，提出“佛教既非宗教亦非哲学”的观点，认为佛教是包罗人生多门原理的独特的贯摄体系。他又是佛学教育家，培养了近二百名弟子，中国近现代著名的学者、思想家梁启超、梁漱溟、汤用彤、熊十力、吕澄等都是其弟子，跟随他研习佛学。他留下的著作《竟无内外学》26宗，30余卷，是我国佛学史和思想文化上的宝贵遗产。

21日 纪念毛泽东同志诞辰110周年座谈会暨《共和国的摇篮——红都瑞金旅游文化丛书》赠书仪式在瑞金举行。该丛书将革命史迹、民俗风情、诗词文章融为一体，由诗集《红都颂歌》、散文集《红都抒情》和介绍瑞金红色旅游的《红都览胜》三本书组成。

22日 江西省与清华大学省校全面合作6周年座谈会在南昌举行，省长黄智权、清华大学校长顾秉林出席座谈会并讲话。

22日 江西省纪念毛泽东同志诞辰110周年理论研讨会在南昌举行。

23日 全省第七次社科工作者代表大会召开，全国政协副主席、中国社科院院长陈奎元发来贺信，孟建柱、王君等出席。

24日 江西省举行座谈会纪念毛泽东同志诞辰110周年，孟建柱、黄智权等出席并讲话。

25日 第六届国家图书奖在北京颁奖，二十一世纪出版社出版的《中华文明大视野》获得国家图书奖，江西科技出版社的《阻击死亡——江西省抗击非典纪实》获抗击“非典”图书特别奖。

25日 江西省抚州市采茶戏《县官下乡》荣获“全国服务农民服务基层文化工作先进集体”，成为江西省唯一获此殊荣的集体。近4年来，抚州市坚持面向基层、根植农村、服务群众，深入开展送戏下乡活动，共演出375场，其中到农村演出310场，观众达18.6万人次。该剧曾两次由文化部选调进京演出，先后荣获“首届江西农民艺术节”一等奖，“全国群星奖”金奖，因而成为全市送戏下乡的品牌剧目。

文艺工作者送戏下乡

26 日　集优质、高产、抗逆于一体的陆地棉 11 号通过省级选育鉴定，由省棉花研究所选育的这一新品种不仅连续三年入选全省棉花主栽品种，而且被农业部列入国家新品种展示计划和“十五”重点推广 50 项技术之一。目前，该品种在我省大部分棉区及湖北、安徽等周边地区的累计推广面积逾 100 万亩。

27 日　《中国江西中科现代高效农业基地经济建设总体规划》在江西省南昌市通过专家评审，这标志着总投资达 8 亿元的中科现代高效农业基地建设项目正式落户于江西省。安义县鼎湖镇前溪水库旁。该基地划分为 10 个功能区、13 个产业布局，可提供 2500 个就业机会。中科院院士李文华、孙九林等一批专家担任项目实施的技术顾问。

28 日　江西钨业集团有限公司成立挂牌庆典仪式在南昌举行。省长黄智权、中国五矿集团总裁苗耕书出席庆典仪式，并为新公司揭牌。公司是由中国五矿集团所属中国五矿有色金属股份有限公司与江西稀有稀土金属钨业集团公司共同出资 9.6 亿元组建的，集钨、钽铌、稀土三大支柱产业及采选、冶炼、加工、科研、贸易于一体的大型企业集团。该公司的组建，走出了一条地方与中央国有重要骨干企业强强联合、互惠互利、共同发展的新路，同时是全省第一个省属企业集团整体改制的企业。

29 日　江西省德兴市发挥黄金资源优势，做好“金”色文章。实现了黄金经济新的跨越，截至今日全市黄金矿山实现销售收入 1.67 亿元，利润 4800 万元，共生产黄金 2006 千克，首次突破 2 吨大关。

30 日　萍乡最大的外资项目——香港维新集团（江西）有限公司今天正式投产，该公司主要业务从事涂料技术研发、生产和销售，该公司 2003 年投资萍乡，注册资本为 600 万美元，所生产的“高性能零 VOC 内墙漆及外墙漆”，已于 2003 年 9 月 17 日通过江西省科技厅鉴定，年产值可达 10 亿元。

31 日　江西华意电器总公司股权出让签字仪式在景德镇市举行，标志着华意这家大型国有企业完成了股份制改造，成为健力宝集团旗下的一员，健力宝集团不仅全部承担了华意的产权，也承担了华意的债务，成为华意下一步更大发展的投资者。这次华意出让的股权共计 1.0607 亿元。分别由三家公司受让，作为股权出让的条件。健力宝入主华意后，将在景德镇市投资 1.98 亿元建设健康产业园。

31 日　接国家旅游局批复，江西宾馆被国家旅游局涉外饭店星级评定委员会批准为五星级旅游涉外饭店。

本年

本年　全省发放当期企业离退休人员养老金 47.28 亿元，比上年增长 11.7%，当期养老金支付率为 100%。截至 2003 年 12 月底，全省养老金社会化发放人数 88.34 万人，社会化发放率 99.9%。2003 年全省基本养老保险费当期征缴 40.77 亿元，比上年增长 15.1%，其中宜春、鹰潭、吉安、上饶四市增幅在 15% 以上；失业保险费征缴 3.01 亿元，增长 25.5%，其中新余、上饶、宜春、吉安、赣州、抚州六市增幅超过 30%；医疗保险费征缴 9.54 亿元，增长 100.5%，各设区市医改步伐进一步加快。2003 年全省共发放国有企业下岗职工基本生活费和代缴社会保险费 6.09 亿元，下岗职工基本生活费足额发放率和下岗职工社会保险费足额代缴率均达到 100%。2003 年全省国有企业新增下岗职工 13.74 万人，实现再就业 15.35 万人，再就业率 37.9%，比上年提高 6.9 个百分点，连续两年实现了当年再就业人数大于当年新增下岗职工数。

2004年

全省人民认真落实国家宏观调控重大决策，开拓进取，扎实工作，经济社会保持了良好的发展势头，全面和超额完成了省十届人大二次会议确定的各项任务，主要经济指标提前一年完成了“十五”计划。主要表现在：一、经济持续快速发展。全省生产总值比上年增长13.2%；二、投资和消费平稳较快增长。全社会固定资产投资同比增长32%，消费品零售总额同比增长14.8%，增幅是近几年来最高的；三、市场物价保持稳定；四、城乡居民收入大幅度增加。

粮食增产和农民增收　年初，为贯彻落实中央1号文件精神，省政府制定了32条支持粮食生产和促进农民增收的政策措施。全面落实“两减免三补贴”政策，降低农业税税率3个百分点，取消除烟叶以外的农业特产税，仅此两项全省农民就直接受益11.1亿元。中央和省里对农民种粮直接补贴4.99亿元，良种补贴4.39亿元，农机具购置补贴250万元。全年用于农田水利建设的中央和省预算内投资与国债资金9.8亿元，并对928座病险水库进行了保险加固。推进农业结构调整，发展农业产业化经营，多渠道增加农民收入。对稻谷实行最低收购价政策，早晚稻实际收购价较上年每百斤高出20元，增幅近40%。由于政策好、粮价高，农业和农村发展出现了多年来少有的好形势。

“树立科学发展观，建设美好新江西”　全省集中开展了“树立科学发展观，建设美好新江西”主题教育活动。这次活动是落实中央提出的科学发展观这一重大战略思想，提升发展理念，完善发展思路的重大举措，是解放思想教育活动的继续和深化。此次活动主要抓了三个方面工作：一是广泛开展各种学习教育活动；二是举办了大型文化活动；三是组织开展了新闻宣传活动。活动对全省整体工作的提高起到推动作用。孟建柱说，联系江西实际，树立和落实科学发展观，必须紧紧抓住和切实用好重要战略机遇期；必须紧紧抓住统筹城乡发展这个重点；必须切实转变经济增长方式，走新型工业化道路；必须始终坚持以人为本，着力解决好关系人民群众切实利益的突出问题；必须始终坚持科学的发展观贯彻到进一步解放思想、加快发展的过程中去，为实现江西在中部地区的崛起而努力奋斗。各地各部门要加强领导，精心组织，狠抓落实，确保主题教育活动取得实实在在的成效。

治理整顿土地市场秩序　全省开发区由原来的137个减少到98个，撤并28.5%；开发区规划面积由173万亩调减到74.8万亩，减少56.8%。对全省4193个固定资产投资项目进行了清理，停建 11 个，整顿 181 个，遏制了部分行业盲目投资和低水平重复建设。

实施大开放主战略 江西积极参加区域经济合作，参与制定并签署了《泛珠三角区域合作框架协议》，卓有成效地开展了第二届赣台经贸研讨会等一系列招商引资活动。全年实际利用国外、境外资金 20.5 亿美元，增长 26.6%；引进省外单项投资 5000 万元以上的工业项目投资共计 383 亿元。由于实施大开放主战略，当年在出口商品、对外工程承包和劳务合作、口岸建设、机场建设、国际海铁联运、入境旅游等方面都取得了突出成就。

统筹经济社会发展 全面实施人才集聚工程、人才开发工程和领军人才建设工程，新增一批博士后科研工作站和科研流动站。加强了区域创新体系、科技基础设施和产业创新能力建设，组织了一批重点科技攻关项目。省部共建的景德镇国家陶瓷科技城正式运转。全省“普九”合格率达到 98%。各级各类学校办学条件得到改善。加强精神文明建设。实施小康文化工程和舞台精品工程。开展了第三次全省文物普查，等等。

维护社会稳定 全年认真落实促进就业和再就业的各项政策措施，累计发放再就业小额担保贷款 3.97 亿元，安排就业和再就业资金 5 亿元，免费培训下岗职工 16 万人。跨省劳务输出 502 万人。全年发放基本养老金 56 亿元、下岗职工基本生活费和社会保险费 3.1 亿元、失业保险金 2.5 亿元、低保金 5.9 亿元。清理并偿付农民工工资 4.93 亿元，清欠率达 96.9%。完成 34 万库区、深山区移民扶贫搬迁任务。改善了 1200 个扶贫重点村群众的生产生活条件。加强社会治安综合治理，严厉打击各种刑事犯罪，坚决抵御境内外敌对势力的渗透破坏活动，人民群众的安全感进一步增强。

全省本年主要经济指标情况 全年国民经济继续快速增长，生产总值 3495.94 亿元，按可比价格计算，比上年增长 13.2%，增幅同比加快 0.2 个百分点，是近 11 年来的最高水平，其中：第一产业增加值 711.70 亿元，增长 8%；第二产业增加值 1595.74 亿元，增长 18.6%；第三产业增加值 1188.50 亿元，增长 9.6%。人均生产总值 8189 元，增加 1511 元，增长 12.4%。经济结构调整不断推进。三次产业比例由上年的 19.8：43.4：36.8 调整为 20.4：45.6：34.0，二、三、一产业结构得以巩固和发展。与上年相比，第二产业比重提高 2.2 个百分点，其中工业增加值占生产总值的比重达到 31.8%，提高 1.8 个百分点，比上年多提高 0.1 个百分点。

公元2004年1月							农历甲申年【猴】						
日	一	二	三	四	五	六	日	一	二	三	四	五	六
				1 元旦	2 十一	3 十二	4 十三	5 十四	6 小寒	7 十六	8 十七	9 十八	10 十九
11 二十	12 廿一	13 廿二	14 廿三	15 廿四	16 廿五	17 廿六	18 廿七	19 廿八	20 廿九	21 大寒	22 春节	23 初二	24 初三
25 初四	26 初五	27 初六	28 初七	29 初八	30 初九	31 初十							

1日 江西铜业贵溪冶炼厂上年产出黄金10吨、白银220吨，金银产量再创历史新高，金银生产规模继续保持全国第一。

1日 与人民生活息息相关的一项重要政策今起开始实施——全省城乡居民生活用电全面同价，价格水平统一为每千瓦时0.56元。全省城乡居民生活用电采取全省同价，分两步走的方式进行，是经省委、省政府研究同意，国家发展和改革委员会批准，并召开了价格听证会，对于享受国家低保政策的困难户，可凭相关低保证明生活用电价格仍执行同价前的水平不提价。

1日 一批与百姓生活密切相关的法律法规相继出台，今起生效。由全国人大常委会颁发的《居民身份证》正式生效，由国务院颁发的《工伤保险条例》，由建设部颁发的《城市房屋拆迁估价指导意见》，新出台的《物业服务收费管理办法》，新实施的《广播电视广告播放管理暂行办法》同时生效。

2日~3日 省长黄智权在广昌、南丰、南城走访慰问困难群众时强调，坚持以人为本，把人民群众利益放在首位，是实践“三个代表”重要思想，做到立党为公、执政为民的根本要求，是保持党和人民群众血肉相连的必然选择，也是维护改革发展稳定大局的重要工作。为使城乡困难群众过上一个欢乐祥和的新春佳节，各级党委和政府要切实转变作风，时刻不忘困难群众的疾苦，把解决好群众生产生活这个最基本的民生问题作为一项重要政治任务。做到高度重视，保证领导到位；完善政策，保证措施到位；全面落实，保证工作到位。真心实意为困难群众排忧解难，真正把党和政府的温暖送到每一家困难企业、每一个困难家庭和每一位困难群众。

3日 江西省政府驻江苏办事处、赣苏经济促进会在南京邀请了200位江西籍在宁的两院院士、科技工作者、企业家，党、政、军、文化艺术各界人士参加“振兴江西2004年新年茶话会”。与会者纷纷表示要发挥各自的优势，支援家乡早日在中部地区崛起，为振兴江西多作贡献。

4日 江西省全面超额完成党报党刊发行计划。全省《人民日报》共完成发行52587份，完成发行计划的102.51%；《求是》42380份，完成发行计划的106.75%；《江西日报》206254

份，完成发行计划的100%；《光明日报》6632份，完成发行计划的118.43%；《经济日报》13364份，完成发行计划的100.4%。与上年相比，“四报一刊”发行均有不同幅度增长。

4日 投资600万元、建筑面积达3100平方米的三湾改编纪念馆，日前在江西省永新县三湾乡“三湾改编”旧址建成。

5日 江西省龙南县林业工作者近日在九连山自然保护区进行森林资源普查时，发现一棵古老的处于严重濒危的国家一级重点保护植物“伯乐树”。这棵树是在海拔800米的一河谷山林中发现的。树高23米、胸径48厘米、冠幅68平方米，花萼特征明显。

5日 中国工程院院士增选结果揭晓，南昌有色冶金设计研究院副总工程师张文海和江西洪都航空工业集团有限责任公司飞机设计研究所总设计师石屏在58名新院士中榜上有名，填补了新世纪以来江西无中国工程院士的空白。

5日 吉水县获新中国成立以来首次颁发、全省唯一的“全国文物工作先进县”称号。

6日 省建设厅通报全省建筑施工安全生产大检查情况，查出安全隐患4576处，下达整改通知1340份。安全隐患主要表现为：部分施工企业安全生产责任制不健全，安全措施落实不到位；部分施工现场的安全施工专项方案编制敷衍了事，有的工程项目负责人置职工生命安全于不顾，让工人冒险作业；一些企业或施工现场不按国家有关规定对职工组织上岗前的安全培训，野蛮施工，违章作业现象经常发生。

7日 最高人民检察院党组副书记、副检察长邱学强率慰问团来江西省进行为期两天的走访，慰问检察机关和困难干警。在赣期间，孟建柱、彭宏松、舒晓琴等与邱学强进行了工作交谈。慰问团先后走访慰问了省检察院机关、新建县检察院，向战斗在一线、为检察事业付出了辛勤劳动的广大检察干警和干警家属，表示亲切慰问。邱学强要求江西省检察机关牢牢把握高级检察院的工作思路，以“三个代表”重要思想统领检察工作，加强基础工作建设、基本素质建设、基本保障建设。要搞好“五个结合”：把贯彻落实高检院会议精神与江西工作实际紧密结合起来，因地制宜，创江西检察工作特色；把紧紧依靠上级院领导与发挥自身主观能动性结合起来；把总结完善检察工作中规律性的经验与创新发展结合起来；把抓队伍建设与抓业务建设结合起来；把做好长远规划与抓好当前工作结合起来。

7日 南昌火车站正式启用两台自动售票机。旅客通过按键选择自己的目的地、车次和车票数量后，投入票款，售票机就会自动从取票口发售车票。

8日 在北京召开的全国“双拥”工作会上，江西新钢公司获“全国爱国拥军模范单位”称号。

9日 中共江西省委十一届五次全体（扩大）会议在南昌召开。会议的主要任务是贯彻落实党的十六届三中全会和中央经济工作会议精神，审议通过《省委常委会工作报告》，审议并原则通过《中共江西省委关于贯彻〈中共中央关于完善社会主义市场经济体制若干问题的决定〉的意见》，总结2003年工作，部署2004年的工作。会议于11日结束。

10日 在中共江西省委十一届五次全体（扩大）会议期间，省委统战部召开党外代表人士座谈会，传达学习孟建柱、黄智权等在中共江西省委十一届五次全体（扩大）会议上的讲话，并对《中共江西省委关于贯彻落实〈中共中央关于完善社会主义市场经济体制若干问题的决定〉的意见（讨论稿）》进行座谈讨论，提出修改意见。

11日 江西省举行“鄱阳湖湖泊生态和生物资源利用”重点实验室现场论证会。赵智勇及省教育厅、省山江湖办等有关部门负责人参加论证会。中国科学院院士王梓坤教授、中国工程院院士钱士虎教授等13位在国内外有影响的专家应邀听取重点实验室总体汇报，现场考察实验室，对实验室建设提出意见和建设性的建议。教育部在全国新建一批重点实验室，旨在完善和优化高校重点实验室的学科布局和区域布局，推进高校科技创新体系建设。2003年，江西师范大学和南昌大学联合申报的“鄱阳湖湖泊生态和生物资源利用”重点实验室，经教育部批准，确定为教育部立项建设的省部共建重点实验室（江西中医院申报的“现代中药制剂”也被教育部批准为教育部立项建设的省部共建重点实验室），这次教育部共批准立项47个省部共建重点实验室，江西省高校获得2个。

12日 在近日结束的第十六届亚洲国际邮展中，江西省送展的12部展品全部获奖，其中2个大镀金奖、1个镀金奖、1个大银奖、1个银奖、5个镀银奖、2个铜奖，奖级在全国名列第三。江西送展的邮品质量和数量均超过历届，其中集邮文献展品就达8部。江西送展的3部集邮专著《江西集邮文献》、《豫章集邮文萃》及《红印花邮知多少》，分别获得铜奖和镀银奖，3部青少年集邮作品获得2个大镀金奖、1个镀金奖，展品《聆听树的故事》获得特别奖和国家青少年最佳奖。

12日 江西省宜丰县近日发现了一片极为罕见的“花毛竹”。经林业部门专家考证后，初步认定这丛毛竹是竹类中的稀有品种“花毛竹”，又称为“黄金嵌碧玉”，具有很高的观赏价值，属于竹类中的一个变种。竹杆黄绿相间，主体都呈金黄色，在每节之间都夹嵌着对称的两对绿色直条纹，且纹路清晰、色彩斑斓，极似人工雕刻。且相邻的两节绿条纹又是呈90度夹角错开。相互交织，构成一件天然艺术品。

12日 国务院、中央军委授予江西公安消防总队吉安市支队井冈山大队“井冈山模范消防大队”荣誉称号命名大会在北京人民大会堂召开，中共中央政治局委员、书记处书记、国务委员、公安部部长周永康到会讲话。

12日～13日 省军区党委八届四次全体（扩大）会议在南昌举行。省委书记、省军区党委第一书记孟建柱到会讲话，省军区党委书记、政委陈礼久作工作报告，省军区党委副书记、司令员郝敬民部署新年工作。

13日 省委办公厅、省委组织部、省委老干部局联合举行全省离退休干部专场形势报告会。1600名离退休干部在江西艺术剧院主会场听取报告，市县两级主要负责人和离退休干部共2万多人在各分会场听报告。

14日 江西省律师行业日前制定《江西律师诚信执业公约》。在公约中，全省律师承诺：加强个人的内在品行修养，正确处理社会效益和经济效益的关系；正确处理好同行间的关系，开展业务活动中，遵守诚信原则，展开公平竞争；保守国家秘密和当事人的商业秘密，不得泄露当事人的隐私；参加公益活动，面向基层、面向社区、面向贫困地区提供法律服务。

15日 省委召开常委扩大会议，研究部署党风廉政建设和反腐败工作。

16日 赣粤高速公路泰和—赣州—龙南段通车暨全省高速公路建成1000公里庆典大会在南康市举行。

17日 国务院批准江西省农村信用社改革方案。这次改革方案的重点是管理体制改革和产权制度改革。首先，完善农村信用社管理体制改革，国家把农村信用社管理权交给省政府，并要求管理权不层层下放，即市、县（区）、乡（镇）政府不具管理权。省政府组建专门管理机构——省联社行使管理职能；其次，以法人为单位进行产权制度改革。在新余、景德镇两个设区市和农村信用社经营效益较好、管理较规范、资产质量较好的安义等10个县市进行组建农村合作银行试点，对通过享受国家政策扶持和地方配套政策后可力争达到统一法人条件的67个县（市、区）联社及所属农村信用社撤销法人资格，进行县一级法人改造，对其他13个县（市、区）继续实行乡镇信用社、县（市）联社二级法人的体制。

18日 南昌市“扫黄”、“打非”办将70余万册（张）盗版书刊、盗版光盘封面送往造纸厂销毁。此次销毁的盗版书刊、盗版光盘封面，是去年一年以来南昌市“扫黄”、“打非”办收缴的。盗版光盘的封面不仅有工具类、游戏类，还有电影类、卡通类等。

19日 由省政协、省委办公厅、省委宣传部、省文联、省电视台联合摄制的12集电视专题片《江西名文化》在南昌举行了首映式。孟建柱为该片题词“努力开掘江西文化宝藏，辛勤耕耘江西沃土家园，精心谱写江西崛起华章，共同创造江西美好明天”。该片高扬时代的主旋律，站在文化的高度，运用文化的视野，在历史和现实的结合中，在比较和联想中，较为完整地展示出江西“物华天宝、人杰地灵”的深邃文化内涵。并从改革开放，走向世界的新高度，全面深刻地审视并揭示了江西优秀名文化传统及其在今天的发展和创造，体现了先进文化的前进方向，是本省全面建设小康社会，加速在中部地区崛起和努力打造“三个基地、一个后花园”过程中的一次积极而有益的文化探索。

20日 九江市最长的一条二级公路修武南线公路日前建成通车。修武南线公路是指修水至武宁的二级公路，2001年3月动工兴建，长75.98公里，宽9米，投资12480万元。此公路的建成通车，使修水至南昌的路程缩短了80公里，修水至九江的路程缩短了50公里。

21日 中国—欧盟性病艾滋病防治合作项目日前在南昌市启动，该项目是由欧盟和我国合作开展的国际项目。该项目在南昌下设江西省皮肤病专科医院墩子塘社区卫生服务中心、青山湖区湖坊社区卫生服务中心、南昌洪都社区卫生服务中心三个点及江西省皮肤病专科医院性病中心一个转诊中心。

21日 在宜春春台公园，展出了约2000个瓷盘、3000个瓷勺、1200个瓷碗和4000个瓷杯等“餐具”拼制而成的“瓷龙”，该“瓷龙”长25米，工艺精湛令人赞叹。

22日~26日 中共中央政治局常委、中纪委书记吴官正在孟建柱、黄智权等陪同下，深入景德镇、上饶、南昌等地看望干部群众，了解经济社会发展和党风廉政建设情况，同全省人民共度新春佳节。吴官正考察时强调，大兴求真务实之风，进一步加强党风政风建设，与时俱进，团结奋斗，不断开创各项工作新局面。

23日 国家人事部日前批准，同意江西省人民医院、南昌先锋软件股份有限公司、汇仁集团有限公司3家设立博士后科研工作站，开展博士后工作。至此，江西省已有博士后科研流动站3家、工作站11家，先后招收博士后研究人员19人。

公元2004年2月							农历甲申年【猴】						
日	一	二	三	四	五	六	日	一	二	三	四	五	六
1 十一	**2** 十二	**3** 十三	**4** 立春	**5** 元宵节	**6** 十六	**7** 十七	**8** 十八	**9** 十九	**10** 二十	**11** 廿一	**12** 廿二	**13** 廿三	**14** 廿四
15 廿五	**16** 廿六	**17** 廿七	**18** 廿八	**19** 雨水	**20** 二月大	**21** 初二	**22** 初三	**23** 初四	**24** 初五	**25** 初六	**26** 初七	**27** 初八	**28** 初九
29 初十													

1日　省政府召开驻外办事处主任座谈会。会议提出，要突出重点，找准定位，围绕对接长珠闽，融入全球化的战略要求，抓好招商引资，重点围绕六大支柱产业开展招商并做好前期工作，对牵线引进的项目着重跟踪落实；发挥信息灵、渠道广的窗口优势，帮助全省富余劳动力赴外寻找就业渠道；要注重质量，扩大影响，努力提高对外宣传和信息调研工作新水平；加强队伍建设，创新工作思路，完善工作机制，树立良好的外部形象，展示江西人的新形象，为全省的改革开放和经济建设发挥好“窗口、桥梁、纽带、抓手”作用。

2日　全省就业和再就业春季招聘洽谈会在省内100多个分会场同时举行，有50万个就业岗位提供给求职者。

就业岗位招聘现场

2日　江西省防治高致病性禽流感指挥部成立，危朝安任指挥长，指挥部设在省农业厅。

3日~4日　中共江西省纪律检查委员会第四次全体会议在南昌召开。孟建柱出席会议并讲话。黄智权、王君、吴新雄、彭宏松、钟起煌出席会议。傅克诚主持会议并作工作报告。

4日~5日　全省农村工作会议在南昌召开。会议表彰了2003年度全省农业和农村工作先进单位。

5日　江西接到国家禽流感参考实验室鉴定报告，已确诊贵溪市志光镇皇桥道家村飞龙生态养殖场发生的禽流感为H5N1亚型高致病性禽流感。危朝安立即赶赴现场指挥，并派出督察组督促并协助当地政府扑灭疫情，落实各项措施，防止疫情扩散。

6日　江西省旅游摄影协会成立。该协会是由省内旅游爱好者自愿组成的专业性社会团体，属非营利性社会组织。它的成立，不仅可提高江西省旅游摄影水平，繁荣旅游摄影事业，多出旅游摄影作品，加强摄影家和旅游摄影爱好者的相互学习和交流，并且对宣传江西旅游资源，拓展旅游市场，全面落实“后花园”发展战略，把旅游业培育成江西省国民经济的重要支柱产业具有重要意义。

7日 省政协九届二次会议开幕。孟建柱、黄智权、王君、傅克诚、吴新雄、彭宏松等应邀出席。钟起煌主持大会，韩京承作常委会工作报告，殷国光作提案工作报告。出席会议的委员有622名。会议通过了省政协九届二次会议决议和提案审查报告。会议于11日结束。

8日 孟建柱看望由四川省委常委、成都市委书记李春城，市长葛红林带领的成都市党政代表团一行。

9日 江西省第十届人大第二次会议在南昌开幕。主席团常务主席孟建柱主持大会，省长黄智权作《关于政府工作报告的决议》。出席会议的代表共588人。会议通过了《关于政府工作报告的决议》等六项决议。会议于13日结束。

10日 联合国粮农组织驻华代表艾哈迈德、世界卫生组织驻华代表贝汉卫向农业部通报了两组织有关专家对江西高致病性禽流感防治的考察情况，对江西省防治高致病性禽流感工作表示满意。

11日 中国机构工业联合会近日授予8家企业“机械工业现代化管理企业”称号，江铃汽车股份有限公司等荣获这一代表着当代机械工业企业管理最高水平的荣誉。近年来，江铃应对经济全球化和社会信息化的挑战，坚持做大做强，在营销、制造、信息化等方面不断创新，具前瞻性和战略性的各项经营管理引领企业走在全国同行业前列，产销量连续跨越新高，而实现利润远大于产销增幅，充分说明了管理现代化对提高企业核心竞争力的重要作用。最近江铃还被评定为中国企业信息化500强中最具发展潜力的十家企业之一。

11日 由江西、湖南、湖北、安徽、江苏、上海五省一市开展的对长江中下游沿江湿地及南黄海沿岸的越冬水鸟调查日前结束，这是五省一市首次进行该项目同步调查。此次同步调查发现鄱阳湖区有鸟类116种，其中水鸟72种计13.38万羽，猛禽9种计42只，其他鸟类35种。按湿地辖区分，鄱阳湖区九江市辖湿地有水鸟45种计1.79万羽；鄱阳湖国家级保护区湿地有水鸟56种计8.41万羽；南昌市辖湿地有水鸟53种计9155羽；上饶市辖湿地（含婺源和弋阳县）有水鸟53种计2.24万羽。

12日 省委、省政府发出《关于加快林业发展的决定》，为江西的林业和生态建设注入了新的活力。《决定》共分10个部分30条，对全省林业的战略地位、发展林业的指导思想、基本思路、奋斗目标、战略布局、管理体制和政策措施等一系列问题进行了重大调整，突出了加快发展的主题，确立了以生态建设为主的林业发展方向。

12日 全省党管武装座谈会在南昌召开。

13日～15日 以吴忠泽为组长的国务院防治高致病性禽流感督察组结束了在江西的检查。在赣期间，彭宏松主持汇报会，危朝安代表省政府向督察组汇报江西防治高致病性禽流感的工作情况。督察组组长吴忠泽在向省领导反馈检查信息时指出，江西防治高致病性禽流感工作取得了阶段性成效。

14日 2004中国南昌青云谱区经贸恳谈会举行。来自海内外的300余客商聚集南昌，投资兴业，当天签约项目26个，签约内资8.92亿元、外资5760万美元。

15日 吴新雄在南昌会见以中亚集团董事长刘宝棋为团长的台湾知名企业家江西投资考察团一行15人。

16日 国家防总派出工作组到达江西，开始为期3天的旱情考察。1月，全省平均降雨量为58毫米，比多年同期均值少17%；全省大型水库蓄水总量为39.76亿立方米；中型水库蓄水量6.77亿立方米，比多年同期均值少60%。省内部分河流也出现了新中国成立以来的历史最低水位，1月9日，南昌站水位降至14.54米，创下历史最低纪录。

17日 江西省中央直属水库移民工作会议在南昌召开。会议提出，从2004年开始，用5年时间，基本解决水库移民温饱问题，使移民的生活水平逐步达到安置县农村人口平均水平。会议要求，一方面对移民资金的使用，坚决按规定进行把关，加强对移民资金使用的监督，严防违纪现象的发生。另一方面切实加强移民机构建设，解决人员编制和工作经费，选派一些有责任心、工作能力强的干部到移民工作岗位上来。同时，切实加强移民职业技能培训，切实帮助移民提高收入。

17 日 江西省食品药品监督管理局举行新闻发布会，向社会公布了2003年药品质量公告。公告指出2003年全省各级药监、药检机构共抽验药品6186件，检出不合格产品1007件，全省药品抽验合格率为95.85%，比2002年上升了2.65个百分点，全省药品质量稳步提高。

17 日 为期两天的2004年全国农民体协工作会议在宜春举行。会议主要听取宜春市关于第五届全国农运会的筹备工作情况汇报，安排部署农运会的各项任务。全国政协常委、中国农民体协主席陈耀邦，国家农业部党组成员、中国农民体协副主席于永维，国家体育总局副局长张发强，江西省副省长胡振鹏等出席了会议。

18 日 全国水政工作会议在南昌召开。近年来，江西省各级水政主管部门紧紧抓住法规配套和执法体系建设两个重点。到目前为止，全省已经出台地方配套水法规5部，政府规章和规范性文件10余件，组建省、市、县三级专职水利执法队伍128支。2003年，全省各级水政主管部门以河道采砂执法为突破口，强化水资源的统一管理，共查处水事违法案件687起，调处水事纠纷365起，均未发生水行政诉讼败诉或行政复议被改变、撤销的情况，有力地保障了江西省水利事业的健康发展。

18 日 在刚刚揭晓的第五届"中国十大杰出检察官"评选活动中，南昌市反贪局副局长曹运革当选为"中国十大杰出检察官"。曹运革从事检察工作16年来，先后审查起诉各类刑事案件200余件。担任反贪局副局长后，他和战友连破窝案、串案114件，为国家挽回经济损失8000多万元。他的拼搏精神和工作业绩受到多方肯定，曾先后荣获中国杰出青年卫士、江西省优秀公诉人、南昌市十大"执法标兵"等称号，并荣记一等功、三等功多次。

18 日 为期3天的全国教育事业"十一五"规划编制工作暨2004年高等教育招生计划工作会议在南昌召开。会议要求，各地和有关部门要高度重视教育事业"十一五"规划编制工作，要正确判断教育发展和改革面临的形势；要围绕全面建设小康社会的需要，科学地制订目标与任务，切实提出保障政策与措施，对"十一五"期间及至2020年教育的改革与发展作出全面规划；要求真务实，突出重点，加强调查研究；要充分发扬民主，要切实加强领导，落实人员与经费，确保规划编制进度。会议对2004年全国高等教育招生计划工作作出部署。会议强调，今年我国高等教育的发展，要认真贯彻"巩固、深化、提高、发展"的方针，切实把握好发展节奏，严格执行国家下达的招生计划。

19 日 由江西省体育局编撰的《江西省体育志》近日由中国方志出版社出版发行。《江西省体育志》全书共计67万字，分为概述、群众体育、竞技体育、体育竞赛、体育交往、人才培养、科研宣传、管理、体育产业、苏区体育、人物、大事纪年和附录13个部分。该书真实地反映了江西体育的历史风貌，再现江西体育的兴起、发展和现状，对每一时期各项目的运动成绩都确保收录完整。全书资料丰富、翔实，并有部分珍贵的历史照片，是广大体育工作者和体育爱好者了解江西体育、研究江西体育的重要参考书。

19 日 省委常委、省委宣传部部长刘上洋在省社科院、省社联2004年工作会议上强调，全省社科界要始终以"三个代表"重要思想统领哲学社会科学工作，坚持和巩固马克思主义在意识形态领域的指导地位，进一步加强对哲学社会科学宣传阵地和哲学社会科学研讨会、报告会、及各类讲座的管理，加强对哲学社会科学各类协会、研究会的引导和管理，加强对民办社会科学研究机构的管理，加强对互联网上哲学社会科学网站和论坛的引导和管理，决不能为错误的思想观点提供传播的渠道和途径，确保哲学社会科学沿着正确的方向繁荣和发展。

20 日 危朝安在南昌会见了以日中青年研修协会副会长早川正一为团长的日中青年研修协会代表团一行。代表团此行主要是赴共青城参加保护母亲河——中日青年共青城生态防护林工程启动仪式，与江西省青年共同开展生态绿化活动。该工程是江西省共青团组织争取日本政府对华环保援助专款——“小渊基金”援助的第三个中日青年生态林项目，规划面积416公顷，投资额4000万日元。

21日　全省统一战线、宗教工作会议在南昌召开。

21日　全球最著名的经济学教科书——《经济学》一书的作者，迈克尔·帕金及其夫人罗宾·巴德来赣进行为期4天的讲学，并在江西财经大学开设专题讲座。

23日　黄智权主持召开第十六次省政府常务会议，传达学习全国安全生产会议精神，研究全省安全生产工作，作出《江西省人民政府关于进一步加强安全生产工作的决定》。

23日　安远县欣山镇日新村三位郑姓农民近日在该村集体山场上发掘出一件西周时期的青铜卣。青铜卣净重6.7公斤，呈筒形，子母口无盖，平底、腹微鼓，内侧呈铜黄色，外表呈灰黄色，青铜器整体完好，纹饰清晰可辨。西周青铜卣的发现，为研究西周冶炼铸造史以及政治、经济、文化等方面的情况，提供了珍贵的实物资料。

24日　南昌航空口岸对外国籍飞机开放国家验收签字仪式在江西宾馆举行。

24日~25日　省委、省政府在南昌召开全省人才工作会议。

24日　高安市司法局近日被国家司法部授予“全国司法行政系统模范县区司法局”荣誉称号，并荣记集体一等功。

25日　省委发出《关于深入学习宣传贯彻〈中国共产党纪律处分条例〉的通知》。

25日　省政府召开第二次廉政工作电视电话会。

26日　全省行政许可法报告会在江西艺术剧院举行。国务院法制办副主任汪永清应邀向江西干部作《中华人民共和国行政许可法》专题报告。孟建柱等出席报告会。

26日　江西省“十大井冈之子”评选揭晓，他们是：王晓峰、廖昶、王立、陈宣华、李宇、刘陆锋、李友礼、朱润元、龙红、宋财华。

27日　全省政法综治工作电视电话表彰会召开。会议对全省300名“人民满意‘五星’干警”、100个“人民满意‘五星’单位”和社会治安综合治理工作先进单位进行表彰。

28日　省政府在南昌召开全省安全生产工作会议，传达贯彻《国务院关于进一步加强安全生产工作的决定》和国家安全生产工作会议精神，部署落实当前和今后一段时间的安全生产工作。省长黄智权出席会议并在讲话中强调，全省各级政府、政府各部门务必深刻认识安全生产工作的极端重要性和现实紧迫性，把思想统一到党中央、国务院的决策和新中国上来，落实到具体行动中去，贯穿于经济建设和安全的全过程，进一步增强责任感和紧迫感，以对党和人民高度负责的精神，扎扎实实做好安全生产工作，努力开创全省安全生产工作的新局面。

28日　10位来自全省检察机关的女检察官在江西省首届“十佳女检察官”表彰大会上受到表彰。她们是：《检察日报》驻江西记者站站长、省人民检察院检察员周文英，赣县人民检察院控告申诉检察科科长任超，乐安县人民检察院检察长陶英华，宜春市人民检察院副检察长皮德艳，南昌市人民检察院民事行政检察处处长刘立娜，安福县人民检察院公诉科科长黄秀英，景德镇市人民检察院职务犯罪预防处处长朱璀琳，上饶市人民检察院起诉处副处长叶中红，九江市人民检察院法律政策研究室主任王文琴，新余市渝水区人民检察院政工科科长章翠红。

28日　江西省政府驻浙江办事处邀请了在浙的江西同乡200余人及20余位浙江企业家，在杭州举办振兴江西经济座谈会。通过座谈，增进了友谊，联络了乡情，扩大了赣浙两省的交流与合作。

29日　中国留学人员回国创业成就展在北京展览馆开幕。中共中央政治局委员、书记处书记、中宣部部长刘云山，全国人大常委会副委员长韩启德，国务委员、国务院秘书长华建敏，国务委员陈至立，全国政协副主席徐匡迪等党和国家领导人到江西展区观展。

公元2004年3月 农历甲申年【猴】													
日	一	二	三	四	五	六	日	一	二	三	四	五	六
	1 十一	2 十二	3 十三	4 十四	5 惊蛰	6 十六	7 十七	8 妇女节	9 十九	10 二十	11 廿一	12 廿二	13 廿三
14 廿四	15 廿五	16 廿六	17 廿七	18 廿八	19 廿九	20 春分	21 闰二月	22 初二	23 初三	24 初四	25 初五	26 初六	27 初七
28 初八	29 初九	30 初十	31 十一										

1日 2004年中国庐山读书节在庐山文化旅游活动中心广场拉开帷幕。此届读书节共安排庐山申报世界地质公园成功新闻发布会、首届中国庐山白鹿洞书院论坛、“绿色家园的呼唤”生态环境摄影展、建设学习性世界名山书画摄影、2004年中国庐山读书节首日封发行仪式、旅游英语演讲比赛、图书展销活动、社区读书活动、招商引资签字仪式、文艺演出十大系列活动。

2日 江西省与北京地区民营企业家合作恳谈会在北京长富宫饭店会议大厅举行。来自北京、天津、河北、山东、辽宁等环渤海地区省市的500余名国内民营企业家在此会聚一堂，与江西招商代表团共商投资合作事宜。恳谈会还举行了项目签约仪式，共签约项目48个，项目总投资为57.54亿元人民币，合同引资额为56.8亿元人民币。有23个签约项目引资额超亿元，其中最大的项目在九江市，引资额达10亿元。签约项目结构好，二、三产业项目引资额占97.2%。

3日 江西省政府、中国国电集团公司在北京钓鱼台国宾馆举行会谈，并共同签署黄金埠电厂建设协议，根据协议，由中国国电集团控股在江西省建设黄金埠电厂4×60万千瓦项目，首期建设2×60万千瓦。孟建柱、黄智权与国电集团公司总经理周大兵等进行会谈，并出席签字仪式，吴新雄与周大兵分别代表双方在协议书上签字。

4日 各民主党派省委会、省工商联2003年度调研成果（工业经济类）汇报会在南昌举行。汇报会上，各民主党派、工商联的负责人分别作了题为《培养高技能技术人才是“人才强省”的重要任务》、《以工业园为载体，实现我省新型工业化发展新跳跃》、《以循环理念发展我省生态工业园区》、《江西省高新技术产业化布局的建议》、《大力发展民营经济，努力扩大社会就业》的调研成果汇报。

5日 中共中央政治局常委、国家副主席曾庆红来到人民大会堂江西厅，参加江西代表团审议温家宝总理所作的政府工作报告。他强调，要集中精力开好“两会”，畅所欲言议论国事，把思想统一到全面落实党的十六大、十六届三中全会精神和中央一系列重大决策、部署上来，在新的一年里，更加紧密地团结在以胡锦涛同志为总书记的党中央周围，全面贯彻“三个代表”，时刻牢记“两个务必”，紧紧扭住“第一要务”，推动经济社会发展再上一个新台阶。

7日 由湖北省委常委、常务副省长周坚卫率领的湖北省政府代表团一行7人结束为期两天的赣域经济考察，返回武汉。在赣期间，代表团一行听取了江西省经济发展情况介绍，并来到南昌高新技术开发区、昌北经济技术开发区及奉新县冯田开发区、高安市新世纪工业城、上高县科技工业园，实地了解工业园区建设情况。

坐落在南昌高新技术开发区的江西鸿源公司技术产业化示范工程

8日 在赣县湖江乡夏府村，近日发现一条长近1.5公里、宽约2米用鹅卵石砌成的唐代古驿道，道路两旁还残存房屋骑楼古建筑，有3座六角凉亭保存完好。古驿道建于唐朝肃宗乾元年间，夏府地处赣江上游“十八险滩”中段。此段河道暗礁横生，水流湍急。因此，夏府村成了赣江上游水上运输的中转站和货物集散地。此古驿道的发现，对考证唐代道路修建有一定价值。

8日 省总工会、省劳动和社会保障厅在省职业介绍中心共同举办全省首届大型下岗失业女工专场招聘大会。王君强调，各级党委和政府要站在扩大党的群众基础的高度，充分认识做好新时期妇女工作的重要意义，切实加强对妇联的领导，牢固树立马克思主义妇女观，认真贯彻男女平等的基本国策，保护好、调动好、发挥好广大妇女的积极性和创造性。要通过各种行之有效的手段，推动全社会形成尊重和保护妇女、关心和支持妇女工作的良好局面，把全省妇女事业和妇女工作提高到一个新的水平。会议授予高国兰等100名人江西省“各行百佳”妇女和江西省“三八”红旗手荣誉称号；表彰了一批全省五好文明家庭、文明楼栋、五好文明家庭创建活动先进协调组织和全省“亿万妇女健身活动”先进集体。

9日 共青团江西省委十三届二次全体会议在南昌举行。会议强调，要高举邓小平理论伟大旗帜，坚持以“三个代表”重要思想为指导，解放思想，与时俱进，求真务实，真抓实干，团结带领全省广大青年，为实现江西在中部地区崛起、全面建设小康社会的宏伟目标作出新的贡献。会议表彰了占任生等10位“江西十大杰出青年”及一批全省五四红旗团委、全省五四红旗团支部（总支）和全省团建先进县（市、区）。

10日 南康市唐江镇卢屋村日前发现一块清朝道光年间进士牌匾，牌匾长2.6米、宽0.6米，是目前该村13块进士匾中保存最为完好的一块。此牌匾是曾任清朝知府、巡府的卢绂被封为进士时由宣宗皇帝赐予的，至今已有近200年历史。

10日 由省委宣传部举办的“江西省三项学习教育活动”专题报告会在南昌举行。刘上洋在会上作了题为《牢固树立、自觉实践马克思主义新闻观》的报告。省直新闻出版理论文艺单位共1600人参加报告会。刘上洋指出，牢牢掌握马克思主义新闻观的核心内容，必须首先做到坚持新闻工作的党性原则，这是马克思列宁主义新闻观的根本原则。二是坚持为人民服务、为社会主义服务的原则。三是坚持政治家办报办台的原则，坚持党管干部、党管人才，始终坚持“四个不能变”，即新闻媒体作为党和人民喉舌的性质不能变，党管新闻媒体不能变，党管干部不能变，党管舆论导向不能变，确保各级各类新闻媒体的领导权牢牢掌握在忠于马克思主义、忠于党和人民的人手里。四是坚持新闻的真实性原则，新闻报道不仅要求细节真实、准确，更要求本质、总体上真实，要从发展趋势上去把握事物的真实性。

11 日　“科学发展观与江西崛起”泰豪论坛在清华大学主楼学术报告厅举行。在京参加“两会”的孟建柱、黄智权特邀前往，与160多名清华大学、北京大学、中国人民大学、北京师范大学的江西籍学子围绕人才强省这一主题对话与交流，并对江西籍学子寄予深切的期望。

11 日　省科技厅组织有关专家对江西省农科院水稻所的杂交组合“中优752”进行了成果鉴定。结果表明，该品种产量高，品质优良，抗性较强，所有指标达到国优2级以上，成为江西第一个米质达国标的杂交稻，其示范单产也创江西历史最高纪录，并为全国同期最高水平。

11 日　1000余枚古钱币在定南县出土。这是在定南县城区胜利路通讯电缆的施工过程中发现的。专业人士初步考证认为：出土的古币大多数为西汉王莽时期的“货泉”，另有少量“五铢”、“大泉五十”和“货布”。

12 日　江西省就业局与南昌大学、永修县就业局等39家中标的培训机构签订培训协议，这标志全省8000名农民工将在未来两个月内获得由省政府出资400万元的免费培训。此举在全国尚属首例。省就业局还宣布，从2004年开始，江西省将由政府出资为农村富余劳动力跨省就业提供免费技能培训。

12 日　荣获第九届中宣部精神文明建设“五个一工程奖”（入选作品奖）的吉安现代采茶戏《乡里法官》，在全国“两会”召开期间，由中央电视台戏曲频道（CCTV－11）在当晚黄金时段播放。

13 日　中共中央政治局常委、中纪委书记吴官正看望江西代表团代表。在听取孟建柱、黄智权介绍江西发展情况后，吴官正指出，江西在加快发展的同时，坚持标本兼治、综合治理的方针，深入推进党风廉政建设和反腐败斗争，各项工作取得了明显成效。最后，吴官正衷心祝愿家乡的干部群众，在全面建设小康社会的伟大进程中，继续发扬优良的革命传统，弘扬伟大的井冈山精神，在以胡锦涛同志为总书记的党中央坚强有力的领导下，认真实践“三个代表”重要思想，结合本地实际，以更快的速度，更高的要求进一步解放思想，开拓进取，加快发展。

14 日　省质监局向社会公布2003年十大侵害消费者权益案例，再次向违规者发出警告。十大侵权案例是：高安市蓝天肉松厂用双氧水生产肉松案、抚州市轻纺城销售劣质口罩案、赣县“有毒沙河粉”案、景德镇市远方油店销售掺假食用油案、上高县死猪肉案、新余市城北卫生用品厂生产销售未消毒卫生口罩案、南昌市黄溪药业公司生产销售过氧乙酸短斤少两案、南昌扬子洲化工药剂厂生产销售不合格甲酚皂消毒液案、泰和上圯新泰铸钢厂生产销售“地条钢”案、南昌市食用油仓库生产掺假精炼油案。

15 日　为纪念世界消费者权益日，江西省围绕“诚信·维权”主题，开展系列宣传纪念和咨询服务活动。省工商系统在全省范围内组织开展了一次统一集中销毁假冒伪劣商品的行动。

16 日　第十届上海国际时装模特大赛中国总决赛颁奖典礼晚会在景德镇新落成的昌江广场举行。晚会分瓷源、瓷韵、瓷趣、瓷采四个篇章。此次大赛产生的16名选手将赴上海参加全球总决赛。

17 日　武警江西省总队、九江市委、九江市政府、九江军分区及万名群众在星子县广场举行追悼会，悼念在3月9日为扑灭星子县山火中牺牲的九江市武警支队上等兵谭守文烈士。

19 日　省委在南昌召开全省领导干部会议，传达学习十届全国人大二次会议和全国政协十届二次会议精神，联系江西实际就贯彻落实“两会”精神进行部署。孟建柱作重要讲话。

20 日　《江西省鄱阳湖湿地保护条例》正式实施。鄱阳湖湿地是中国第一批列入“国际最重要湿地名录”的湿地之一。

20 日　省司法厅、省民政厅组织全省首次村党支部书记和村委会主任法律知识考试，4万多名村干部在全省1527个考场同时参加统一考试。

21 日　省委副书记、常务副省长吴新雄在南昌会见了印度尼西亚侨领，印尼工商总会最高顾问、印尼材帝集团董事会主席黄双安先生一行5人。黄双安先生此次来赣主要是了解江西省经济发展情况，并就煤炭资源的钻探、开采、销售等进行考察，促进江西省与印尼的合作与交流。

22日　深圳市井冈春草实业有限公司生产基地在井冈山市砻市镇挂牌成立。该公司是集科研、生产、销售、保健服务于一体的多元化公司。该公司与井冈山市有关部门多次接触后，决定投资井冈山市成立生产基地，生产获得国家药监局批准上市的"井冈春草"系列产品。

22日　修水县近日发现清末民初爱国诗人黄伦屏的诗集手稿，这部诗集共有142首诗，表达了一个诗人的爱国忧民之情。此次发现的手稿是黄伦屏尚未发表的诗歌合集，为他本人用楷体誊抄而成，诗集分为《秣陵吟稿》、《沪上吟稿》、《山居吟稿》、《辛亥吟稿》和《赣江吟稿》五部分。据九江市文化部门有关人士称，这部诗集手稿的出土，对研究清末同光体派诗歌和当时的文化史有很大的价值。

22日　由靖安和南昌大学共同承担的省星火科研重点项目——"娃娃鱼人工繁育新技术综合开发利用"近日结出新成果，成功繁育出娃娃鱼子三代1600余尾。这标志着我国娃娃鱼繁育技术进一步成熟提高。靖安县是我国娃娃鱼的重要产区，早在20世纪70年代初，该县建立了我国第一个娃娃鱼自然保护区和第一个娃娃鱼研究所，1996年又承担省重点科研项目——"娃娃鱼人工繁育技术研究"，并形成了一套国内领先、有4个创新的规模繁育娃娃鱼的技术，分别在1996年、2000年繁育出娃娃鱼子一代、子二代。

22日　"送气象科技下乡"活动近期在江西省100多个乡镇的200多个村点举行。该项活动由省气象部门和省科协联合举办，300多名气象科技人员与各地科协一道深入乡村，共派送气象科技资料10万多份，涉及春播气象服务信息、农业实用气象技术、农村防灾减灾常识等内容。并现场接受农民群众有关咨询。

22日　2004首届上海民间艺术博览会在古镇西塘举行隆重的颁奖典礼暨闭幕式，中国民间文艺家协会会员、高级工艺美术师、著名南丰傩面雕艺术家罗春明雕刻的南丰傩面具《开山》荣获铜奖。

23日　首届江西"十大爱心人士"、"十大爱心集体"表彰大会在南昌举行。十大爱心人士是：王翔、王再兴、吴荣兰、邱小林、杨灿龙、应陈杰、林赛亚、罗淑兰、温显来、詹慧珍。十大爱心集体是：南昌卷烟厂、江铃汽车集团公司、江西移动通讯责任有限公司、蓝天职业技术学院、江西仁和集团、会昌金龙锡业有限公司、江西武冠实业集团、井冈山医学高等专科学校、南昌金童商厦、江西恒茂房地产开发公司。此次评选活动由省慈善总会、省工商联、江西日报社联合举办。

24日　全省晚期血吸虫病治疗康复行动工作会议在南昌召开。会议提出将在两年内对现有的晚期血吸虫病人进行免费治疗。会上，胡振鹏代表省政府与上饶、南昌、九江、宜春4个设区市领导签订了责任书。

25日～28日　中共中央政治局常委、全国政协主席贾庆林在孟建柱、黄智权、王君、傅克诚、钟起煌陪同下，先后深入赣州、南昌等6个市、县，就学习贯彻"两会"精神，树立和落实科学发展观，进一步做好统一战线和人民政协工作进行调查研究。期间，贾庆林前往瑞金、兴国、于都、南昌瞻仰革命旧址，专程看望老红军和苏区老干部代表。

26日　中华苏维埃共和国历史纪念馆兴建奠基仪式在瑞金举行。新的历史纪念馆在原瑞金中央革命根据地纪念馆的基础上建设，筹措资金2.5亿元。

27日　省委、省政府召开全省农业和粮食工作会议，确定扩大种粮面积，增加农民收入7条紧急措施：抓紧实施对种粮农民实行直接补贴的办法；调减农业税；实行良种补贴；对粮食实行最低收购价；稳定农业生产资料价格；坚决落实最严格的耕地保护制度；抓紧落实增加对农业投入的政策。

28日　宜春市红十字会为"中国造血干细胞捐献者资料库"征集志愿捐献者正式启动。这是该市在全省率先开展此活动。捐献者的血液将送深圳血液中心配型实验室进行分型检验，数据将储存到"中华骨髓库"。

28 日　经国家邮政局批准，中国优秀旅游城市九江市首枚专用邮资信封“烟水亭”正式发行。该专用邮资信封以九江市标志性景点烟水亭为图案，含邮资每枚售价 1.2 元。

28 日　乐安县文物考古工作者在第三次文物普查时，在该县罗陂乡罗田村的荒岭上发现大量古陶碎片和 3 件古陶器。经专家考证，该荒岭为汉代台地遗址，这些古陶碎片和古陶器属西汉时期的文物。这次出土的 3 件古陶器为两件完整的平口直壁平底单系印纹陶杯和一件完整的敞口丰肩平底印纹陶罐。与古陶器、古陶杯同时出土的还有大量印纹红陶和灰陶软、硬陶碎片。

29 日　全省纪检监察宣传教育工作会议在南昌举行，傅克诚出席会议并在讲话中强调，全省各级纪检监察机关要大力弘扬求真务实精神，大兴求真务实之风，认真贯彻全国纪检监察宣传教育工作座谈会精神，狠抓会议确定的各项任务的落实，努力开创全省反腐倡廉宣传教育工作的新局面。会议向纪检监察宣传教育工作先进单位和个人颁了奖，并组织与会人员参观了全省纪检监察宣传教育工作成果展览。

29 日　全省各级教育部门、公安部门、团委、残联、少工委共同启动了 2004 年“安全教育日”活动。活动以预防校园侵害为重点，教育、公安、残联等五部门将紧密配合，切实预防和减少各类校园侵害案件的发生。此次中小学生“安全教育日”的主题是“预防校园侵害，提高青少年儿童自我保护能力”，全省各级教育行政部门围绕这一主题，认真研究、分析当地校园侵害案件的特点和原因，确定今年安全教育的重点，制定活动计划或方案，有针对性地开展预防校园侵害、提高青少年儿童自我保护能力的教育活动。

30 日　省委、省政府派出的 6 个督察组分赴全省各市，对各地贯彻落实中央和省委一号文件，特别是全国、全省农业和粮食工作会议精神的情况进行督察。省委、省政府要求，通过督察促进各地进一步把思想认识统一到中央和省委的决策上来，采取更加有力、有效的措施，更快、更好地贯彻落实中央和全省农村工作会议、全国和全省农业和粮食工作会议的各项部署，确保粮食增产、农民增收。

31 日　省委、省政府在《江西日报》上刊登《关于促进粮食生产致全省农民朋友的公开信》。同日，省财政厅、省农业厅联合在报上刊登《二〇〇四年粮食风险基金对种粮农民直接补贴实施办法》和《二〇〇四年早稻良种补贴实施办法》。

31 日　安福县文物工作者最近在对该县境内著名风景名胜点进行勘察规划时，发现该县枫田镇西南一公里的石屋洞右壁 10 米高处，有一处北宋嘉祐元年（1056）的摩崖石刻群。石刻全文 60 多字，书法遒劲，刻工精湛，虽近千年，但点画清晰。内容为北宋嘉祐元年旱时，安福县令林积率吏民求雨之事。

本月　以南昌生态环境与农业气象试验站为中心的农田生态监测网建成运行，这是中国迄今唯一以水稻为主的农田生态监测网。

公元2004年4月							农历甲申年【猴】						
日	一	二	三	四	五	六	日	一	二	三	四	五	六
				1 十二	**2** 十三	**3** 十四	**4** 清明	**5** 十六	**6** 十七	**7** 十八	**8** 十九	**9** 二十	**10** 廿一
11 廿二	**12** 廿三	**13** 廿四	**14** 廿五	**15** 廿六	**16** 廿七	**17** 廿八	**18** 廿九	**19** 三月大	**20** 谷雨	**21** 初三	**22** 初四	**23** 初五	**24** 初六
25 初七	**26** 初八	**27** 初九	**28** 初十	**29** 十一	**30** 十二								

1日　全省“树立科学发展观，建设美好新江西”主题教育活动动员会举行。会议传达孟建柱的批示，彭宏松作动员讲话。省委办公厅发出《关于在全省集中开展“树立科学发展观，建设美好新江西”主题活动的通知》。

2日　全省立法工作会议在南昌召开，孟建柱到会讲话。

3日　由江西省大学外语教学研究会和上海外语教育出版社主办的江西省首届大学英语教学比赛决赛在江西财经大学举行。来自全省19所高校的36名英语教师参加了决赛。这次比赛是响应大学英语教学改革的要求，为英语教师特别是青年教师搭建一个实践和学习的平台，同时，也是对全省大学英语教学理论探索和课堂实践的一次检阅。

4日　景德镇市大学生消防志愿团近日宣告成立，它是我国首个大学生消防志愿团，是由景德镇市昌江区消防教育基地倡议并组织成立的。该团将帮助火灾受灾户，为他们募集消防基金；共建军校，为消防少年军校担任教员；普及消防知识，开展消防知识进社区、进农村等系列活动。

5日　全省科技工作会议在南昌召开。会议为全省优秀高新企业、先进民营科技企业和科技管理先进单位颁奖，为7个全国科技进步先进市县、5个国家“863”成果产业化基地、9个省级重点实验室和省级工程技术研究中心授牌。

6日　江西省落实党风廉政建设责任制领导小组在南昌召开省直机关落实2004年党风廉政建设和反腐败工作任务责任制会议。省委副书记、省纪委书记、省落实党风廉政建设责任制领导小组副组长傅克诚出席会议并在讲话中指出，实行党风廉政建设责任制是加强党风廉政建设和反腐败工作的“龙头”工程，省直各部门党组（党委）要认真执行党风廉政建设责任制，扎扎实实地推进党风廉政建设和反腐败工作。一是要进一步明确反腐倡廉的政治责任，切实把党风廉政建设责任制作为一项政治纪律来认真执行。二是要认真抓好党风廉政建设责任制的任务分解，明确责任主体，层层构建责任网络，做到目标、人员、措施三到位，计划、方案、运作三落实，保证各项工作有人抓、有人管、有人负责。三是要加强对党风廉政建设责任制落实情况的考核，严格实行责任追究。

6日 全国国家税务局系统财务工作会议在南昌召开。会议要求，要进一步强化财务管理和监督力度，强化财务改革力度，重点抓好预算编制、执行、基本建设审批、内部审计质量和政府采购工作，推进财务管理再上新台阶，确保税收工作基本目标的实现。

7日 为期3天的《庐山风景名胜区总体规划（2004～2020）》大纲专家论证会在庐山举行。副省长赵智勇与省内外规划学术界的专家120多人参加论证会。此次大纲修编在“严格保护、统一管理、合理开发、永续利用”和“整合资源、突出特色、理顺体制、实施可行”32字方针指导下，重新评估与分析了庐山的风景资源、现状、价值特色，形成了庐山风景保护与培育，因地布局规划结构的方案（9日下午，来自北京大学、中国城市规划院等院校和单位的20多名专家，经过审议与论证，一致通过了庐山总体规划大纲，并对庐山未来的发展提出许多宝贵建议）。

8日 中国数学奥委会经过层层选拔，2004年国际数学奥林匹克中国代表队的6名队员名单日前已经公布，鹰潭一中高三理科实验班学生彭闽昱榜上有名。这是自1985年中国首次登场国际学科竞赛以来，江西省零的突破。

8日 省委召开常委扩大会议，认真学习《中华人民共和国宪法修改案》和《中国人民政治协商会议章程修正案》，并就当前全省经济工作进行了研究和部署。会议指出，认真学习贯彻宪法和政协章程是当前和今后一个时期的重要工作，各地各部门要精心组织，抓好落实，促进三个文明协调发展。会议强调，要保持全年经济发展的好势头，进一步加快江西发展，一方面要巩固农业的基础地位，大力加强农业、支持农业、大力增加粮食生产、促进农民增收；另一方面要牢固树立科学发展观，坚持以工业化为核心，以大开放为主战略的发展思路不动摇，紧紧抓住和切实用好重要战略机遇期，促进经济既快又好地发展。

8日 中国农村社会学研究会与中共江西省委党校共同主办的为期3天的全国统筹城乡经济社会协调发展理论研讨会在省委党校举行。来自北京、上海等近20个省市区的研究“三农”问题的90余名专家学者，共同探讨交流不同经济发展阶段、不同经济区域城乡统筹发展的新思路、新经验。

9日 上海市党政代表团在江西进行为期3天的考察访问。期间，江西、上海两省市领导出席座谈会；共同签署《江西省与上海市关于进一步加强两省市经济技术合作的协议》；出席赣沪经济技术合作洽谈会签约仪式，双方共签署31个经济技术合作项目，总金额达34.36亿元；上海市向江西革命老区捐赠5000万元。代表团在江西省主要领导陪同下考察了南昌市、井冈山，向井冈山捐赠了500万元。

11日 2003年度全国十大考古新发现在北京揭晓，景德镇明清御窑遗址名列其中。

12日 第二十二次全省公安会议在南昌召开。会议的主要任务是全面贯彻落实《中共中央关于进一步加强和改进公安工作的决定》和第二十次全国公安会议精神，研究部署江西当前和今后一时期的公安工作。会上，宣读了省委、省政府《关于向“井冈山模范消防大队”学习的决定》。

13日 《江西社会科学》近日入选《中国人文社会科学核心期刊要览》，成为江西省唯一入选全国综合性人文社会科学核心期刊的刊物。中国社会科学院文献信息中心从1996年开始进行人文社会科学文献计量研究工作。

14日 圭峰单列国家重点风景名胜区新闻发布会在南昌举行。

弋阳圭峰

14 日～17 日 吴新雄、赵智勇率领的江西招商引资代表团赴香港招商。整个招商活动共签订项目 179 个，外资金额 22.14 亿美元，其中合同项目 125 个，合同外资金额 12.45 亿美元，协议项目 54 个，协议金额 9.69 亿美元。赣港双方还签署经贸、旅游、人才三方面合作备忘录和框架协议。

15 日 在永新县里田镇南城村龙世平家近日发现清咸丰年间名医龙学泰手抄巨著《医学通典》。《医学通典》共分 20 册，长达 120 万字，全用毛笔以楷体誊抄而成。该著作全面系统地论述了人体内外各种病症、发病原因、症状及治疗方法，特别是在中医学领域提出了一些首创性见解。

15 日 2004 江西（香港）招商引资项目推介会在香港展览中心隆重举行。应邀前往的香港、澳门、台湾的 500 多名各界知名人士和江西省招商团代表济济一堂，共商合作与发展，会上共签约项目 40 个，签约外资金额 9.56 亿美元，这标志着赣港两地经贸合作与交流正在进一步加强。全国政协副主席霍英东致电祝贺。

16 日 由香港、江西专家学者共同参与的赣港经贸合作研讨会在香港举行。两地学者对 CEPA（“内地与香港更紧密经贸关系安排”的英文简称）框架内赣港对接互动、全方位多领域的合作，双方发展应采取的措施等方面作了务实而卓有成效的探讨，对于赣港对接互动在理论上起到了指导作用。省委副书记、常务副省长吴新雄出席会议并在讲话中强调，今年 CEPA 开始实施，江西更要积极主动地融入香港，着力在市场、产业、交通通讯、机制上实现对接，并要加快八大服务体系建设：政务环境服务体系建设、法律法规服务体系建设、市场统一开发准入体系建设、人才劳动力服务体系建设、交通通讯服务体系建设、社会保障服务体系建设，金融信贷服务体系建设和资讯中介服务体系建设，从而使赣港合作进入一个崭新的发展阶段。

16 日 江西财经大学开通了江西省首个网上大学生性教育频道——江西财大明德网“性健康教育栏目”，把性知识直接教给学生，请性学专家在线释疑解惑。该栏目现设有“青春天地”、“健康指导”、“影视教育”、“关注艾滋病”、“专家在线”等板块。其中“专家在线”板块分为“性健康咨询留言”、“心事在线问答”两个小栏目。性教育网站的建立，给普及性科学知识提供了一个平台，有利于学生生理、心理的健康发展。

17 日 由上海复旦大学附属肿瘤医院与江西省人民医院合作的乳腺病防治中心在省人民医院正式成立。复旦大学附属肿瘤医院是国内第一家肿瘤专科医院，该院乳腺科是全国领先科室，并且在乳腺癌的早期诊断、早期发现、早期治疗及科学预防、综合治疗方面积累了丰富的经验。这次合作，可提高江西省乳腺癌的诊治水平。

18 日 由国务院资委研究中心、中国企业联合会企业管理宣传工作委员会、江西省国资委、南昌市政府联合主办，江铃集团协办的为期两天的“中国企业改革与发展高层论坛”在南昌举行。包括中国企业联合会、中国企业家协会执行副会长陈兰通，著名经济学家温元凯在内的国内外知名专家学者，企业代表 300 多人参加了论坛。论坛通过专家专题报告，互动讨论等形式，就“出资人职责与企业经营自主权，国有企业改革与健全公司治理，市场经济条件下的国有资产管理体制改革”等问题进行探讨交流，并对江西省相关企业的改制重组工作进行指导。

20 日 省政府召开第十七次常务会议，讨论并通过《江西省木材运输监督管理办法》、《江西省行政机关规范文件制定程序规定》、《江西省工程建设项目招标规模标准规定》。

20 日 21 时 30 分左右，江西油脂化工厂残存 20 立方米左右的液氯罐发生泄漏，导致 145 人出现中毒症状反应，其中 5 人病情较重。事情发生后，省、市领导指挥公安、消防、卫生、环保部门，开展救治、疏散工作。

21 日 乐安县文物工作人员日前在该县谷岗乡火嵊村一民宅内，发现两张 1933 年 9 月 6 日和 7 日出版的《红色中华报》。这两张报纸均为对开四版，粘贴在民宅的木板墙上，除报纸边缘有部分撕毁和中间小部分被损外，字迹依然可辨，其中一张头版头条刊登了毛泽东的文章《今年的选举——在南部选举运动会上的报告》。据史料记载，《红色中华报》是第二次国内革命战争时期的中央苏区报，1931 年 12 月创刊于江西瑞金。

21 日 中国植物营养与肥料学会第六届会员代表大会暨学术年会在南昌召开。270 余名专家学者总结我国近年来在土壤、植物营养与肥料科学技术发展上的新成果，并围绕“土壤肥料与无公害农业”这一主题，进行广泛的学术交流与探讨。中国科学院院士朱兆良、中国工程院院士刘更另、省政协副主席雍忠诚、省长助理熊盛文出席会议。

科研人员做植物组胚苗实验

23 日 都昌县林业生防站站长陈修厚独创的利用白僵菌防治茶虫的科技成果，近日获得江西省林业部门的论证，填补了我国茶虫生物防治的一项空白。

23 日 江西农业大学计算机应用技术、农业经济管理等两个专业日前获得全国中等职业学校教师在职攻读硕士学授予权，成为全省职教师资培训唯一具有硕士学位授予权的单位，标志着该校的职业教育又上新水平。

23 日 为期两天的全国蓄滞洪区建设与管理座谈会在南昌召开。江西省现有蓄滞洪区和分洪道 8 处，其中鄱阳湖唐山、珠湖、黄湖、方洲斜塘 4 处蓄滞洪区为国家蓄滞洪区，对确保长江中下游重要地区的防洪安全意义重大。这四处蓄滞洪区分别位于余干、鄱阳、南昌、新建四县境内，总集雨面积 794.63 平方公里，其中蓄洪面积 549.55 平方公里，有效蓄洪容积达 26.84 亿立方米。

23 日 省委、省政府信访局、省人大内司委、省人大法制委和省人大常委会法工委联合在南昌召开贯彻施行《江西省信访条例》新闻发布会。由省十届人大常委会第八次会议审议通过的《江西省信访条例》自 5 月 1 日起施行。该《条例》是依据宪法和国务院《信访条例》及有关法律法规，结合全省实际制定的一部规范信访工作的重要地方性法律。《条例》的颁布和施行，使群众信访有法可依，国家机关受理、办理信访事项有章可循，是江西省信访工作步入规范化、法制化的重要标志。

24 日 由江西省科协联合中国生态学会、江西省生态经济学会举办的“沧海论坛”——生态农业理论与实践国际学术研讨会在南昌召开。13 名来自美国、加拿大、英国等国以及国内的 120 多名专家学者参加了此次国际学术研讨会。

25 日 江西省举行为期两天半的首次注册咨询工程师考试。全省共设考点 2 个，考场 72 个，有 1696 名工程咨询及发改委、建设和相关教育系统的工作人员参考。今后，江西省每年都举行一次这种考试。在三年内通过规定的五门考试课程的人员，经注册登记后，就能以注册咨询工程师名义执业。

26 日 在石城县琴江镇西外村西华山南麓五龙岩洞中，近日发现宋元时期的摩崖石刻 30 多处。据文物专家初步考证，最早的摩崖石刻出自南宋嘉定年间（1208～1224），迄今已有 800 年的历史。石城五龙岩宋元摩崖题刻因石而异，尺寸大小各不一样，石刻的字体多为繁体阴刻，文体形式多种多样，以寻访游览的诗词律赋居多，或记事，或纪胜，或咏物，或明志，内容十分丰富。有关专家认为，这个罕见的摩崖石刻群的发现和保护，为研究宋元时期的旅游文化和书法艺术，提供了十分重要的实物例证和珍贵史料。

27 日 全省农村税费改革工作暨表彰会议在南昌举行。会议表彰 2003 年度全省农村税费改革工作先进县（市、区）和先进乡镇，分析当前形势，研究如何搞好 2004 年深化农村税费配套改革工作。

27 日　新余 500 千伏变电站 5021 六氟化硫开关对主变压器的冲击合闸成功。由江西送变电建设公司承建的新余 500 千伏变电站顺利送电投运，标志着投资 12 亿元的三峡 500 千伏输变电工程江西“两站三线”项目全部建成。为此，省政府向国家电网公司发贺信表示祝贺。

27 日　为期两天的全国非公有制经济工作座谈会在南昌召开。座谈会由国务院研究室、国家发展和改革委员会主办，江西省中小企业局承办，国家有关部委和全国部分省、市的代表参加。副省长凌成兴向与会代表简要介绍了江西省情和近年来经济社会发展情况。据不完全统计，去年全省非公有制经济中，仅个体私营企业就达 64.27 万户，注册资本 608.85 亿元，实交税金 56.92 亿元，占全省财政收入的 20.04%，从业人员 234 万人，吸收下岗人员 10.17 万人次，主要指标均呈快速增长态势。

28 日　由江西师范大学、民盟江西省委会、省文联主办的《彭友善传》首发式暨彭友善书画精品展在省文联艺术展览中心举行。中共中央政治局常委、中纪委书记吴官正，全国人大常委会副委员长、民盟中央主席丁石孙，中共江西省委书记孟建柱发来贺信。

28 日　江西首条国际航线——南昌至新加坡国际航线首航仪式在南昌昌北机场举行，黄智权宣布正式通航。

29 日～5 月 2 日　中共中央政治局常委、国务院副总理黄菊到江西考察，在孟建柱、黄智权、王君、傅克诚、吴新雄等分别陪同下，先后到南昌经济技术产业开发区和南昌高新技术开发区的部分企业、江铃汽车集团、洪都航空工业集团有限责任公司考察。考察中，黄菊充分肯定了江西贯彻落实中央重大经济决策态度坚决，行动迅速。近几年，江西各级干部紧密联系江西实际，开拓创新，求真务实，工作有新气象、新面貌、新成效。全省上下谋发展、奔小康劲头大，信心足、精神状态很好。他希望江西紧紧抓住发展这个第一要务，牢牢树立和认真落实科学发展观，走出一条全面、协调、可持续发展的新路子，为实现江西在中部地区崛起，建设美好新江西而奋斗。

30 日　南昌昌北机场成功晋升为国际航空港。5 年来，昌北机场共保障航班 8 万多架次，运输旅客 500 多万人次，运输货邮 8 万吨。南昌昌北机场年年实现安全年，荣获花园机场、文明机场、江西省文明单位、文明行业等称号，涌现出十多个省级青年文明号和两个全国级青年文明号集体，连续 8 年荣获省综治先进单位称号。2003 年，候机楼服务部门被授予全国三八红旗集体称号，飞机维修部门被授予全国质量信得过班组，机场获得中国民航协会“旅客话民航”第一名。

30 日　《中国农村扶贫开发纲要（2000～2010）》扶贫监测评价体系江西试点项目启动仪式在南昌举行。中德合作贫困监测江西试点是

南昌—新加坡国际航线首次通航仪式

我国扶贫领域开展的第一个双边政府技术捐助项目，项目尝试在江西吉安县、遂川县、于都县进行试点，建立起一个参与式的扶贫监测与评价体系，以便于对扶贫规划进行定期调整并提高扶贫项目的实施水平。项目将从2005年至2009年实施。实施期间，德国政府投入500万欧元，用于聘请专家、培训、软件开发等；中方提供2000万元用于人员和办公经费。

30日 中澳合作项目——中国南方和澳大利亚北方红壤地区反刍动物生产，在南昌通过来自澳大利亚和我国的8位专家的项目评估。该项目由澳大利亚国际农业研究中心投资，江西农业大学承担中方主要研究任务。项目立足生态环境的长远发展，解决农民种草无效益，种草难持久的问题，运用这项技术肉牛冬季日增重可达0.8公斤。目前，该项目在高安、泰和试点取得成功。专家认为，该项目通过种草养牛适用新型技术的推广，实现了水土流失的长效治理与农民增收的有机结合。饲料常年供应、草料与精料的合理配比等研究成果对我国南方地区的小型农户具有很高的推广价值。

30日 经国务院批准，波阳县名恢复为鄱阳县。今日举行授印揭牌仪式，中共鄱阳县委、县人民政府、县人大、县政协各机关的印章、牌子于5月1日正式启用。地处鄱阳湖之滨的鄱阳，古称番邑，公元前221年建县，东汉时更名为鄱阳，1957年5月1日以“鄱”为生僻字为由，将鄱阳改为波阳。鄱阳县总面积4215平方公里，是江西省区域面积最大的县之一，人口140万，是省第一人口大县。

30日 国际最大的白银现货交易市场管理机构——伦敦银行协会（LBMA）正式对外宣布：来自中国最大的铜供应商——江西铜业集团公司生产的“JCC”牌（江铜）白银的注册申请已经获得该协会通过，这标志着江铜生产的银锭可以在LBMA认可的仓库交割，可以以更高的价格在国际市场进行自由贸易，也标志着该公司白银生产、质量和化验达到了国际先进水平，不仅提升了江铜白银产品的价值，也为江铜国际化经营创造了更有利的条件。LBMA对申请注册的企业有最基本的要求就是其年白银产量必须大于30吨以上，企业资产净值不少于1亿元人民币。2003年，江铜全年生产阴极铜34.4万吨、硫酸98万吨、黄金10.129吨、白银220吨，年销售收入达106亿元，成为江西省和中国铜行业第一家年销售收入突破百亿元的企业。该公司的白银产量、资产总值和化验分析能力，完全满足了LBMA对申请注册企业的要求。

公元2004年5月　　农历甲申年【猴】													
日	一	二	三	四	五	六	日	一	二	三	四	五	六
						1 劳动节	2 十四	3 十五	4 青年节	5 立夏	6 十八	7 十九	8 二十
9 廿一	10 廿二	11 廿三	12 廿四	13 廿五	14 廿六	15 廿七	16 廿八	17 廿九	18 三十	19 四月大	20 初二	21 小满	22 初四
23 初五	24 初六	25 初七	26 初八	27 初九	28 初十	29 十一	30 十二	31 十三					

3日　来自台湾、香港、北京、上海、浙江、福建、广东、安徽、湖北等省市和地区及美国的400多名海内外詹氏后裔代表，会聚婺源参加为期3天的海内外詹氏后裔联谊暨詹天佑精神研讨会。詹天佑是我国近代科学与工程技术史上的先驱，也是我国近代史上杰出的爱国知识分子。他主持建设的京张铁路，显示了我国劳动人民的勤劳智慧和百折不挠、永不屈服的高尚民族气节。在婺源期间，詹氏后裔代表观看了电影《詹天佑》，并在婺源县浙源乡庐坑村祭祀先祖，参观了詹天佑故居，举行了“弘扬詹天佑精神研讨会”和盛大的联谊活动。代表们纷纷表示，要以詹天佑为学习榜样，大力弘扬詹天佑精神，为家乡、为社会多作贡献。

4日　由九江银星造船有限公司承建的1.65万吨化学品船开工建设。该船建成后产值将超亿元，并成为江西省制造的吨位最大的化学品船舶。

7日　应德曼罗兰印刷机械公司总经理史蒂芬·迪德曼先生、法国MAN Roland France SA公司和瑞典M2 Engineering AB公司的邀请，江西省委副书记彭宏松自即日起至18日率江西省印刷出版考察团出访上述三国。考察期间，彭宏松一行参观德国曼罗兰印刷机械公司、法国MAN Roland France SA公司和瑞典M2 Engineering AB公司，与其就加强印刷出版方面的交流与合作进行座谈，探讨合作的可行性；并参加5月在德国杜塞尔多夫举办的全球最大的国际印刷展——“德鲁巴”印刷展，与德国印刷出版企业开展印刷技术交流和出版发行合作交流活动。此次出访，考察团拟通过高层间的交往，加强扩大对外合作与联系，推动江西与三国在出版印刷等相关领域的合作。

10日　由景德镇文物局、景德镇陶瓷馆举办的“燃烧的辉煌——景德镇古瓷精品展”，参加在法国举办的“中国文化年”，并于当日在巴黎中国文化中心开展。该展是赴法中国文化年十大文物展览之一，是江西唯一的参展项目，也是江西首次赴法文物展。赴法中国文化年是中法两国领导人在去年共同发起的，是中国成立以来我国最盛大的对外文化交流活动。景德镇古瓷精品展汇集了宋、元、明、清四个朝代的60件瓷艺精品，其中一级文物12件，较系统地展现了景德镇千年瓷文化的独特魅力。参展著名古瓷品种有元代卵白釉高足杯、元代青花龙纹梅瓶、明代宣德五彩鸳鸯莲池纹盘、清康熙十二月花神杯、雍正粉彩八仙笔筒、乾隆斗彩诗文鸡缸杯、乾隆粉彩葫芦瓶等。

10日 江西省科技厅组织专家对宜春市农科所完成的新质源东乡野生稻细胞质雄性不育系统"东B11A"进行了技术鉴定，确认该成果处于国内同类研究领先水平。这是国内首次直接利用东乡野生稻细胞质选育出的大穗型新质源不育系，有利于配置超高产组合。新质源东乡野生稻细胞质雄性不育系株型较散，茎秆粗壮，稃尖紫色；分蘖力中等；田间抗性较强，所配组合植株高大、茎秆粗壮、穗大粒多，结实率较高，千粒重较大。

10日 庐山发现野生云豹。近年来，庐山十分重视生态环境的保护，做到人与自然的协调发展，全山森林覆盖率达99%以上，现有珍稀动植物达3000多种，野生动物有着良好的栖息场所。20世纪50年代，庐山还时有华南虎和金钱豹出没，这次又见野生云豹，说明庐山的生态环境保护取得了明显成效。

10日 省政府第十九次常务会议讨论并原则通过《江西省保护性开采的特定矿种管理条例（草案）》和《江西省突发公共卫生事件应急办法》。

11日 南京军区纪念红军长征出发70周年慰问演出在八一南昌起义总指挥部旧址举行。南京军区副政委李继松，省委副书记傅克诚，省委常委、南昌市委书记余欣荣，省军区副司令员丁善华，以及部分老红军观看演出。

12日 被列为国际濒危物种、国家一级重点保护动物的金斑喙凤蝶，近日在九连山国家级自然保护区被发现，其中两只雄蝶被采集制作成标本。

13日 中国航空工业第六〇二研究所博士后科研工作站获准成立。六〇二研究所是我国唯一的以直升机设计、试验和相关课题科研为使命的大型综合性科研单位，享有中国直升机"摇篮"之称。博士后科研工作站的成立，进一步促进企业技术创新和科研持续发展。揭牌仪式上，省政府拨出专项资金10万元，用于资助博士后科研工作站建设。

13日 全省市委书记、市长会议召开。孟建柱主持会议并讲话；黄智权通报全省当前经济形势，并就贯彻中央宏观调控政策措施，进一步做好全省经济工作进行部署；吴新雄和危朝安分别就清理固定资产投资项目和进一步开展土地市场治理整顿作具体部署；王君、傅克诚等出席。

17日 由省委组织部组织的省第二期赴新加坡领导干部经济管理培训开班式暨预培训会在南昌举行。近年来省委组织部已选派了572名干部出国（境）培训。会议指出，组织领导干部出国（境）培训，是落实中央关于大规模培训干部、大幅度提高干部素质要求的需要，也是实现江西省在中部地区崛起的客观要求，希望全体学员要珍惜机会，树立先进的学习理念。

18日 井冈山机场正式通航，国家民航总局局长杨元元、省委书记孟建柱、省长黄智权、空军总部参谋长助理季正杰、中国国际航空公司总裁李家祥、首都机场集团总经理李培英为机场通航剪彩。

正式通航的井冈山机场

19日 黄智权在南昌会见以布勒·斯达省长为团长的荷兰乌特勒支省经济代表团。

20日 省政府与在赣访问的荷兰乌特勒支省经济代表团举行经贸洽谈和项目推介会，吴新雄和荷兰乌勒支省省长布勒·斯达先后致辞并就各自省情作推介宣传。

21日 由江西师范大学、当代江西史编委会和江大江西校友会联合举办的纪念南昌解放55周年座谈会在江西师范大学举行。孟建柱、刘上洋和老同志万绍芬等出席座谈会。

22日 中国科技发展基金会茅以升科技教育基金第十三届颁奖大会在华东交通大学举行。王君、中国科学技术发展基金会理事长高潮和老同志卢秀珍等出席大会并为获奖者颁奖，铁道部副部长孙永福主持大会。

22日~24日 以印度全国妇女联合会总书记塞芭·法茹奇为团长的印度全国妇联代表团一行4人在江西进行友好访问。

23日 全省第一次经济普查工作会议在南昌召开，吴新雄出席会议并讲话。

24日 在省科技厅组织的科研成果鉴定会上，由江西农业大学动物生物技术国家重点实验室培育基地承担的“猪重要经济性状功能基因的分离、克隆及应用研究”通过鉴定，并达到国际先进水平。

25日 民革全国社会服务工作会议在南昌召开，全国政协副主席、民革中央常务副主席周铁农出席会议并讲话，民革中央副主席李赣骝，省政协副主席、省委统战部部长王林森，省政协副主席张华康和来自全国30个省、市、自治区的70余位民革代表参加会议。周铁农在讲话中指出，民革作为与中国共产党亲密合作、共同致力于建设中国特色社会主义的参政党，把参政议政和社会服务作为促进经济发展、社会进步的主要工作内容。省委副书记王君简要介绍了江西的省情和近年来经济社会发展情况，并对江西省各民主党派、工商联为推进江西改革开放和经济建设所作的成绩和贡献给予了充分的肯定，希望全省各民主党派要抓住民革全国社会服务工作会议在江西召开的机会，虚心学习，取长补短，努力把江西省统一战线工作提高到一个新水平，为推动本省三个文明建设作出新的更大贡献。

25日 省林业厅邀请中国工程院院士、浙江林学院院长张齐生等10位省内外知名专家，在南昌举办“山上办绿色银行”专家论坛，为加快江西林业发展献计献策。

26日 经国家半导体照明工程协调小组组织评审，南昌市成为国家半导体照明工程产业化基地，与上海、厦门和大连并称为四大基地。

26日 上高县近日在拾荒者的一堆古旧医学书籍中，发现一套由清代名儒朱轼等人合编的《历代名臣传》。《历代名臣传》全套共18卷，其中续集2卷，是清朝雍正七年（1729）编纂出版、由“世恩堂”承印，距今已有270多年。该书字体端正，镌刻精致，用纸考究，且保存良好。据史料记载，朱轼号可亭，江西高安人，康熙三十三年中进士，任潜江知县，雍正元年（1723）授吏部尚书衔晋加太子保，雍正三年后任文华殿大学士兼吏部尚书。朱轼还先后充任康熙、雍正皇帝实录总裁官，雍正至乾隆初年充任会试正考官。雍正皇帝还命朱轼为乾隆初入学之师，史称其为一代名儒。这套《历代名臣传》共收录汉代至元代217位名臣，雍正皇帝最为信任的封疆大吏李卫为该书作序。书中既描述了历代名臣所经历的重大历史事件和背景，又对各位名臣的思想、意识、历史事件和政绩作了注解和点评。

27日 为期两天的吕祖（洞宾）诞辰1206年纪念活动在庐山举行。来自中国台湾、香港、澳门地区以及马来西亚等地的海内外400多名道教界人士会聚一堂，齐声祈祷世界和平。全国人大常委会副委员长李铁映到会祝贺并讲话。江西是道教发祥地，庐山仙人洞是道教吕祖信仰的祖庭，在海内外具有广泛的影响。举办这次活动旨在进一步弘扬道教文化的优良传统，挖掘和延续道教“以人为本、以德为行”的文化内涵，把海内外广大道教信众团结起来，促进道教事业的健康发展，共同创造中华民族的美好未来，努力实现祖国的和平统一。

28日 江西省日元贷款公共卫生项目近日正式启动。江西省作为中部项目省份之一，获得的28.21亿日元（1.97亿元人民币）贷款，用于加强省、设区市两级疾病控制体系、医疗救治体系建设。该项目在抚州、赣州等10个设区市疾病控制中心、部分传染病医院和急救中心、省疾病控制中心实施，项目实施期从今年开始到

2006年止。

28日 为期3天的2004年国际陶瓷艺术教育大会在景德镇隆重开幕，海内外300多名陶瓷艺术家和教育家及陶瓷爱好者与会。大会共收到国外陶艺作品118件，国内陶艺作品近百件，并收到来自8个国家、30所大学作者交来的论文50余篇。

28日 国务院危险化学品安全专项督查组抵达江西，对江西省进行为期一周的安全督查，省政府当天向督查组一行汇报了全省危险化学品安全监管方面的工作。

29日 由省委办公厅、省委宣传部、省直机关工委共同举办的树立和落实科学发展观报告会在江西艺术剧院召开。孟建柱作专题报告，刘上洋主持报告会。

30日 为期5天的全省县（市、区）党政主要领导干部树立和落实科学发展观暨学习贯彻中央两个《条例》和深化干部人事制度改革专题研究班举行结业式。王君在结业式上要求，要以这期研究班为契机，精心组织，切实抓好科学发展观和中央两个《条例》以及干部人事制度改革五个法规性文件的落实工作，把学习研究的成果转化为推进和改进工作的新动力。要按照科学发展观和中央两个《条例》以及五个法规性文件的要求，注重解决自身存在的突出矛盾问题，创造性地把中央的精神落实到实处，把经过这次学习得到升华的思想成果，转化为促进发展的强大动力，转化为领导改革开放和现代化建设的能力和水平，不断把全省改革开放和现代化建设事业推向前进。

30日 中央苏区统战工作研讨会在瑞金举行。中央统战部副部长陈喜庆，省政协副主席、省委统战部部长王林森出席会议。

31日 九江市庐山区文物普查队在文物普查中近日发现了一块唐代的摩崖石刻。据考证，这是庐山目前发现的唯一一块保存完好的唐代石刻，也是庐山目前发现的最早的摩崖石刻。石刻的正面是行楷“海会寺”三个大字，字行间有“时唐证圣元年乙未岁”字样。“证圣”系武则天（武周）的年号，只用了一年，“证圣元年乙未岁”即公元695年，距今已有1309年。摩崖石刻的后面，有乾隆戊午年（1738）松畔子余氏书写的一首诗。

31日 由省委组织部、宣传部、省直机关工委、省人事厅、共青团江西省委、省委党校、省电视台等7家单位共同主办的“树立科学发展观，建设美好新江西——树立正确的政绩观”论坛在南昌举行。举办此次论坛，旨在对广大党员干部尤其是领导干部进行科学发展观的教育，引导和帮助党员干部尤其是领导干部正确认识和处理经济指标、社会指标、人文指标、环境指标的关系，“显绩”与“潜绩”的关系，坚持用全面的、实践的、群众的观点看待政绩，坚持求真务实，促进当地经济社会的协调发展。

31日 聘请著名美籍华裔科学家、中国工程院外籍院士何大一担任江西医学院名誉院长和终身教授仪式在该院举行。吴新雄说，何大一受聘江西医学院名誉院长，充分体现了他对家乡改革与发展的关心和支持，必将为加快江

江西医学院教学大楼

西医学事业的发展注入新的动力。希望江西医学院以此为契机，深化教育改革，不断开创教学、科研、医疗工作的新局面。何大一祖籍江西新余，是美国洛克菲勒大学教授、纽约艾伦·戴蒙德艾滋病研究所主任和总执行长，因最先发现可抑制艾滋病情的“鸡尾酒疗法”而闻名于世，曾先后被美国《时代》周刊选为年度风云人物、美国科学和医学界18位拥有开创性研究成果的顶尖人才之一。2002年，何大一以1美元象征性的价格，将他拥有的疫苗制造专利技术转让给中国政府，这是他对中国艾滋病防治的重大贡献之一。

公元 2004 年 6 月　农历甲申年【猴】													
日	一	二	三	四	五	六	日	一	二	三	四	五	六
		1 儿童节	**2** 十五	**3** 十六	**4** 十七	**5** 芒种	**6** 十九	**7** 二十	**8** 廿一	**9** 廿二	**10** 廿三	**11** 廿四	**12** 廿五
13 廿六	**14** 廿七	**15** 廿八	**16** 廿九	**17** 三十	**18** 五月小	**19** 初二	**20** 初三	**21** 夏至	**22** 端午节	**23** 初六	**24** 初七	**25** 初八	**26** 初九
27 初十	**28** 十一	**29** 十二	**30** 十三										

1 日　江西洪城水业股份有限公司在上海证券交易所上市，吴新雄为新股“洪城水业”开市鸣锣。

1 日~3 日　首届“泛珠三角”区域合作与发展论坛在香港会展中心举行，标志着“泛珠三角”区域合作正式启动。福建、江西、湖南、广东、广西、海南、四川、贵州、云南省政府负责人和香港、澳门特别行政区政府行政长官相聚一堂，围绕“合作发展，共创未来”这一论坛主题，共商交流合作大计。黄智权率江西代表团出席论坛，并发表题为《开放务实，携手同进，共创区域合作的美好未来》的演讲。“泛珠三角”区域合作论坛闭幕后举行记者招待会，特邀“9+2”政府领导回答记者提问，江西省省长黄智权回答记者提问。

2 日　中国绿色材料标志江西工作中心正式成立。这一机构对江西省建材市场绿色材料进行统一认证，消费者选购绿色建材时将有规可循。

3 日　赴京参加首届全国希望小学运动会的江西省希望小学清华泰豪代表队，获得了女子立定跳远第 6 名、男子掷沙包第 6 名、地方特色表演三等奖的好成绩。到目前为止，江西省累计筹集资金 2.66 亿元，资助贫困学生 14.1 万名，援建希望小学 810 所。

3 日　应日本国冈山县知事石井正弘先生和韩国地方自治团体国际化财团理事长曹永浩先生的邀请，省委常委、省委秘书长陈达恒率团自即日起至 13 日前往日本、韩国进行访问。访问期间，访问团拜访冈山县知事，与相关政府部门座谈，探讨进一步加强两省县的友好交流，拓展双方在行政、教育、经贸、文化、农业等方面的交流与合作；与韩国地方自治区团体国际化财团进行友好交流，巩固和扩大双方的经贸往来；考察日本、韩国电信业的生产技术及运营方式，学习其先进经验，推动全省信息产业的发展。

4 日　中国庐山白鹿洞书画院授牌仪式暨中国书画家协会首届“庐山书画艺术研讨会”日前在庐山文化旅游活动中心隆重举行。成立中国庐山白鹿洞书画院并开展书画艺术研究，旨在打造新的文化平台，继承中华文化的优秀传统，广泛开展书画艺术交流，为庐山的文化事业与旅游事业的发展赋予新的内涵。

4日 江西省安全生产协会在南昌正式成立并召开第一届会员代表大会。该协会的成立，标志着全省安全生产领域又增加了一个重要的研究平台、工作渠道和服务网络。

5日 为期两天的“中国英美文学研究：回顾与展望”全国学术研讨会在江西师范大学举行，来自全国各高校和科研机构的100多名外国文学研究者出席了研讨会。此次研讨会由江西师范大学外国语学院、《外国文学研究》杂志社和江西省外国文学学会联合主办，旨在推动江西省的外国文学研究和外语教育事业的发展。与会代表围绕“英美文学在中国的接受、英美作家在中国的接受状况、研究生的硕士论文选题方向”等选题展开讨论。

6日 江西理工大学举行揭牌仪式和更名庆典，胡振鹏等出席。5月17日，经教育部批准，创办于1958年的南方冶金学院更名为江西理工大学。

7日 省委、省政府在南昌召开全省林业工作会议，深入贯彻党中央和国务院《关于加快林业发展的决定》和全国林业工作会议精神。孟建柱、黄智权、国家林业局副局长雷加富出席会议并讲话，彭宏松主持会议并作总结，危朝安作工作报告。

8日 省反恐工作协调小组在南昌举行代号“金盾2004”江西省反恐处突综合演习。孟建柱观看演习并讲话，黄智权、傅克诚、钟起煌观看演习，彭宏松主持演习。

9日 在永丰县石马镇龙湾村西坑近日发现了一株古老的继木，是目前我国罕见的由灌木长成乔木的植物。经测量，继木胸围2.9米，树高15米，基径2米，冠幅180平方米。树龄虽有1500多年，但仍枝叶婆娑，繁密如盖。继木又叫继柴，属金缕梅科，为常绿灌木，生长极缓慢，仅能长成2米高，为伏质特科用材树种，是园艺珍品，有很高的观赏价值。经林业专家查阅有关资料发现，这样的继木灌木长成乔木在我国绝无仅有。

9日 江西理工大学在南昌举办“江西工业崛起与人才发展战略高峰论坛”。论坛结合江西省工业化进程与人才现状，深层次地探讨了人才的培养，使用与工业崛起之间的内在规律，促进全省高等教育进一步适应江西主攻工业的需要。研讨了如何树立全新人才理念，建立新型人才机制，落实科学的人才观；如何营造良好的舆论环境和氛围，提高全社会对人才在经济社会发展中重要地位的认识；如何办好江西理工大学，使之在江西工业化进程和江西高等教育发展中发挥更重要的作用。

10日 江西籍院士、省科协顾问、北京矿冶研究总院副院长、有色金属冶金专家邱定蕃荣获第五届光华工程科技奖。

11日 江西省与中央直属17家科研院所在南昌举行科技合作签约仪式，双方签署了《科技合作协议书》。

12日 联合国教科文组织中国全委会世界文化遗产处有关人士在婺源进行为期两天的考察，指导申报世界文化遗产工作，并作了专题讲座。婺源在申报世界文化遗产进程中又向前迈出一大步。婺源历史悠久、文风鼎盛，历代文化遗迹甚多，是目前我国明清古建筑保存最多、最完整的县之一。随着该县文化与生态旅游业的兴起，历史文化遗迹保护力度逐步加大，先后有6个古村落被评为“省级历史文化村镇”，12个古村落被评为“全国民俗文化村”。“理学名村”理坑、“商埠名村”汪口是该县积极申报世界文化遗产的两个古村落，其保存完好程度和特色在传统乡村中独树一帜，境内古祠堂尚保存有68座，汪口俞氏宗祠气势雄伟，风格独特，被古建筑专家誉为“木雕艺术宝库”。

13日 江西省双季稻丰产高效技术集成与示范项目近日已启动。这个项目是国家粮食丰产科技工程项目之一，项目课题由省农科院和江西农业大学共同承担。科技部副部长李学勇一行在省农科院水稻所实验基地考察项目实施和进展情况。目前，该项目计划在鄱阳湖平原的南昌市和余干县建立1万亩的核心示范区；在南昌县向塘镇设立15亩超高产试验田；在鄱阳湖平原、吉泰盆地和赣中西部等地区建立100万亩的示范区。

14日 在阿富汗遭恐怖袭击遇难的10名江

西省广丰籍工人遗体运抵南昌，吴新雄等出席灵柩迎接仪式并亲切慰问遇难者家属。

14日 由国家科技部和江西省政协主办，中国农村技术开发中心、省科技厅、吉安市政府承办的“2004·江西井冈山科技项目对接洽谈会”在吉安举行，签订合同或协议64项，项目投资额17.5亿元。

14日 省属（集团）公司创建“红旗党组织、红旗党员岗”表彰大会在南昌举行。省属企业22个党委、10个党总支、20个党支部、21个党员岗分别被授予“红旗党委”、“红旗党总支”、“红旗党支部”、“红旗党员岗”称号。孟建柱向受表彰单位和个人表示祝贺。

15日 为纪念中国人民解放军77周年和加强未成年人思想道德教育，在省委宣传部的精心组织下，由江西红星电子音像出版社编辑制作的光盘《军旗从这里升起》日前已经出版。《军旗从这里升起》以大量翔实的资料，分总述、起义经过、亲历者回忆、历史文献、研究论著、相关资料等六个方面，介绍了中国共产党领导革命武装力量向国民党反动派打响第一枪的伟大历史事件——“八一”南昌起义，歌颂了人民军队诞生之初艰苦卓绝的奋斗精神，揭示了中国共产党指挥枪是人民军队永远不变的军魂。有关专家指出，该光盘浓缩历史，传承未来，对进行革命传统教育、军史研究等有较好的参考价值。

16日 婺源县摄影家协会会员王汝春的摄影作品《冬天里的贴身伙伴》荣获联合国教科文组织与中国民俗摄影协会联合举办的第四届国际民俗摄影“人类贡献奖”年赛生活习俗类提名奖。该获奖作品以婺源县农村常见的御寒工具——火桶为题材，作品共包括《老人家坐一起就拉家常》、《乡村婚嫁不能少的一件嫁妆》、《过年的感觉真好》等10张照片。

16日 为纪念黄埔军校建校80周年暨黄埔军校同学会成立20周年，江西省黄埔军校同学会举办为期5天的黄埔史迹图片暨名流书画精品展览，展出100多件海内外的书画精品。此次画展有张学良、陈香梅、梅兰芳的对联和书画，国家一级画家、世界黄埔书画文化交流中心副主席杨铭仪的28幅书画展，其中有代表作《荷花》、《熊猫》。

16日 鹰潭市铁路中学移交地方政府管理后正式挂牌，《辞海》主编、原中共上海市委书记、中顾委委员夏征农为改名后的学校题写了“鹰潭市实验中学”校名。这是南昌铁路局深化企业改革，将铁路学校移交地方后首家挂牌的学校。

17日 在景德镇召开的江西省爱国卫生工作会议上，副省长胡振鹏向景德镇市领导授予了“江西省卫生城市”牌匾。至此，全省共拥有“江西省卫生城市”5个、“国家卫生城市”1个、“国家卫生县城”2个。

18日 中国高等职业教育研究会、省包装协会、省美术家协会、上海交大出版社，在南昌联合主办首届中国职业教育包装设计与美术作品大赛，展出200余件作品，此次大赛共收到来自全国高等职业院校的作品1000余件，作品的种类有设计、绘画、工艺、电脑网页等。

19日~20日 江西省境内京九铁路沿线的九江、南昌、吉安、赣州市共同开展“清除千里京九白色污染”活动，全省万名志愿者参加活动。

20日 野生鲶鱼人工繁殖日前在永丰县首获成功，这在全国尚属首次，孵化成苗率达85%以上。目前，这种稀有野生鲶鱼已在该县佐龙、坑田等乡镇推广养殖。

21日 修水县文物普查工作人员近日在该县新湾乡回坑村发现一幢清代建造的绣花楼。据刻在墙壁砖块上的文字和当地地方志记载，该绣花楼是光绪癸巳年（1893）所建，距今已有111年的历史。整个院落占地3亩，外大门左侧的雕花系马栓至今保存完好。主楼占地约500平方米，属砖木结构。它的发现对了解、研究当时的建筑艺术、建筑风格和当地风情等提供了实证。

22日 全省政务信息网开通仪式在南昌举行。

23日 由江西茶文化专家余悦任团长，陈文华任顾问的中国茶艺代表团一行8人赴法国巴黎，参加为期13天的“中国文化年”闭幕活动之一的“中国茶文化展”。“中国茶文化展”由江西省著名茶文化专家、江西省社会科学院研究员余悦策划和撰稿，展览以图文并茂的形式，充分展现了中国茶史、中国茶艺和中国茶馆的风采。这次参加“中国文化年”闭幕活动，是江西省茶文化界走向世界的又一次展示。

24日　树立和落实科学发展观座谈会召开。

25日　南方航空公司正式加盟赣州至广州航线营运，执行机型为波音737－300型客机，航班计划为每周二、五、七。南航客机加入赣州至广州航线的营运，标志着今年航班换季迫停的原东航武汉航空有限责任公司承运的赣州至广州航线正式恢复。这条快速通道重新启用，对优化赣州发展环境，促进赣州经济发展产生了积极作用。

25日　空间分析理论和方法在鄱阳湖环境、公共卫生及区域发展中的应用研究国际学术研讨会在江西师范大学举行。会议期间，中外专家对“空间分析在生态环境研究中的应用”、“公共健康与区域经济发展”、“鄱阳湖数据库开发”、“鄱阳湖研究回顾与重点实验室发展展望”等进行探讨与交流。来自北京师范大学、武汉大学、香港中文大学，美国加州大学、密西根大学的知名学者和专家出席了研讨会。

26日　由省委宣传部、省文化厅、吉安市委市政府和井冈山市委市政府主办的井冈山精神大型展览在上海展览中心开展。展出期间，上海市领导集体参观了展览。

27日　南昌航空工业学院日前组建了以国防生管理为主要职责的海军学院，这在全国80多所培养国防生的高校中尚属首家。投资2000多万元筹建的“海军园区”，有利于建立完善有效的管理体系和配套的训练手段，整合军地双方的优势资源，实现“入院为军校学员，出院为高校学生”的管教模式，促进国防生的素质提高。

28日　省政府第二十一次常务会议决定对《江西省野生植物资源保护管理暂行办法》等21件省政府规章进行修改，并废止《江西省林地保护管理试行办法》等2件省政府规章。

29日　由省纪委、省监察厅创办，江西日报社及大江网提供技术支持的“江西廉政网”开通。

30日　江西省高速公路联网收费开通仪式举行。江西省高速公路联网收费结算管理中心揭牌，标志江西省成为继浙江、山东等省之后，全国少数实行联网收费的省份之一。

公元2004年7月							农历甲申年【猴】						
日	一	二	三	四	五	六	日	一	二	三	四	五	六
				1 建党节	2 十五	3 十六	4 十七	5 十八	6 十九	7 小暑	8 廿一	9 廿二	10 廿三
11 廿四	12 廿五	13 廿六	14 廿七	15 廿八	16 廿九	17 六月大	18 初二	19 初三	20 初四	21 初五	22 大暑	23 初七	24 初八
25 初九	26 初十	27 十一	28 十二	29 十三	30 十四	31 十五							

1日　庐山世界地质公园揭牌开园仪式在庐山北山园门广场举行。国际地质科学联合会秘书长韦尔纳博士向庐山世界地质公园管委会颁发了世界地质公园证书和牌匾。2004年2月13日，庐山等世界范围内的25家地质公园被联合国教科文组织列入世界地质公园名录，成为首批世界地质公园。

2日　台盟中央七届七次中央常委会在南昌召开。台盟中央常委副主席林文漪主持会议，台盟中央副主席刘亦铭、李敏宽出席会议，台盟中央常委和各省市台盟主委等参加会议。江西省委副书记、常务副省长吴新雄到会祝贺并讲话。

2日　省政府决定，建立新闻发言人制度。

3日　为期两天的江西自学考试开考，全省共有48357人报名参加考试，考试人数比去年同期增长38.8%。

4日　中共江西省委十一届六次全会在南昌举行。会议根据中央关于深化干部人事制度改革的有关规定，首次以无记名投票方式，表决通过了省委常委会提名的有关设区市党委、政府领导班子正职拟任人选和推荐人选。

5日　省委在南昌召开全省人才工作会议。孟建柱、黄智权、王君等出席会议（12日，省委、省政府发出《关于贯彻〈中共中央、国务院关于进一步加强人才工作的决定〉的实施意见》，对当前和今后一个时期的人才工作做了全面部署）。

6日　江西省文物考古所向社会公布了玉山窑考古发掘成果。经专家认证，该所于2004年5月下旬开始在玉山县下镇镇渎口村发掘出土的一座窑场，为江西省东部紧邻浙江的一处中型烧造青瓷器的民间窑场，其烧造年代大致为晚唐，终烧时间约在五代至北宋初期。玉山窑位于玉山县东部约11公里的下镇镇渎口村，面积约6000平方米，瓷片堆积厚度最深处达4米多，目前已发掘面积达1000平方米。出土器物大多数为青釉瓷，出土壶、碗、罐、盆、杯、钵等完整和可复原器物2000余件，已修复了300余件。出土瓷器胎色有白色和灰褐色两种，釉色主要为青釉和酱褐色釉。青瓷占绝大多数。它的发掘不仅为江西陶瓷发展史充实了一段至关重要的实物资料，同时也为研究赣浙两省窑业的相互交流提供了新的佐证。

7日 省长黄智权主持召开第二十二次省政府常务会议，研究省粮食流通体制改革工作，审议4件地方性法规方案。会议传达学习了全国粮食流通体制改革工作会议精神，指出，省粮食主产区，必须从全局和战略的高度，深刻认识搞好粮食流通体制改革的重大意义，统一思想认识，准确把握政策，认真抓好落实，确保改革顺利实施。会议原则通过《江西省森林资源转让条例（草案）》、《江西省统计管理条例修正案（草案）》，同意废止《江西省经纪人条例》、《江西省体育经营活动管理条例》。

8日 全省巡视工作会议在南昌召开。孟建柱出席会议并讲话。傅克诚主持会议并讲话。董君舒宣布了中共江西省委三个巡视组的成员名单。

11日 江西省地矿局物化探大队近日在江西省中北部地区发现了总面积达1200平方公里的富硒土壤。这是江西省首次发现的富硒土壤。此次发现的富硒土壤处于环鄱阳湖地区的江西中北部地区的高安市相城——丰城市曲江一带，东西长约75公里、南北宽约16公里，总面积达1200平方公里，硒含量为0.3微克～0.8微克/克，局部峰值含量为2.87微克/克。

12日 省委、省政府颁布关于贯彻《中共中央、国务院关于进一步加强人才工作的决定》的实施意见。（一）提高思想认识，把实施人才强省战略作为一项重大而紧迫的任务；（二）以能力建设为核心，大力加强人才培养工作；（三）加大人才引进力度，积极吸纳各类人才；（四）建立健全科学的人才评价体系和人才使用激励机制；（五）加大政策扶持力度，推进非公有制经济组织和社会组织人才资源开发；（六）以高层次人才队伍建设为重点，推进人才资源整体开发；（七）完善人才市场体系，促进人才合理流动；（八）坚持党管人才原则，切实加强党对人才工作的领导。

13日 江西省邀请1000余名客商在广州中国大酒店隆重召开“江西省与珠三角地区经济合作洽谈会”。省委副书记、常务副省长吴新雄出席并讲话，广东省副省长宋海致辞。洽谈会由副省长赵智勇主持，省长助理熊盛文出席。洽谈会最后举行了合作签约仪式，共签约项目115个。

13日 为确保低保工作公平、有效地进行，江西省发动社会力量参与监督城市低保的实施情况，建立了低保监督员制度，此举在全国尚属首次。截至当日，已有两万余城市低保监督员持证上岗。全省低保监督员的聘请对象为各级人大代表、政协委员、老干部、老党员以及热心公益事业的市民，由县（市、区）政府统一聘请并颁发聘书。

14日 省交通厅发布信息：今年4月份上海市党政代表团访问江西期间捐赠给江西省的5000万元资金，经省委、省政府决定，全部用于省内老区公路建设。全省共有7个国、省道新建和改建项目从中获益，这些项目涉及9个县（市、区），总里程283公里。

14日 永丰县日前发现一批红军代表证、免税证明书、红一方面军先遣队信封等苏区的珍贵文物。这些文物虽然历经70多年，但上面的字迹仍然十分清晰。在红一方面军先遣队信封和选举证上都写有“江西杨殷县”这几个字。据党史资料记载，杨殷县是中央苏区为纪念广州起义省港大罢工的主要领导之一杨殷在1933年8月设立的，行政区域包括现在的赣县北部和兴国县南部。

15日 全国最大富氡温泉——庐山温泉所在地星子县为保护自然生态环境，实现资源永续利用，日前制定了投资额度控制标准，规定投资小于6000万元的项目不能进行温泉开发。今年该县引进的5个温泉开发项目合同签约资金均在1亿元以上。开发范围以建于1957年的原温泉疗养院为中心，编制了3平方公里的控制性规划方案，规定周边项目总量控制在20个以内。庐山温泉是我国最大的富氡温泉，水温常年保持在68℃～72℃，拥有硫磺物质、二氧化碳及氟等30多种人体有益的矿物质和微量元素，日溢水约5000立方米，素有“灵汤”盛誉。

15日 省科技厅、省农业厅、省财政厅、省粮食局与全省11个项目实施县人民政府在南昌举行了国家粮食丰产科技工程江西分项目启动签约仪式。粮食丰产科技工程是由国家科技部牵头，会同农业部、财政部和国家粮食总局共同组织实施的重大科技专项，旨在依靠科技进步，保障国家粮食安全和增加农民收入。通过该项目的实施，将有效提高全省水稻单产和综合生产能力。江西省将在南昌县和余干县建立1万亩核心示范区；在鄱阳湖平原、吉泰盆地和赣中西部等地建立100万亩示范区。

15日 中宣部、民政部、人事部、文化部日前决定，表彰34个全国爱国主义教育示范基地和50名先进工作者，井冈山革命纪念地、南昌八一起义纪念馆以及南昌八一起义纪念馆馆长法剑明、安源路矿工人运动纪念馆副研究馆员李建军受到表彰。

16日 国家工商总局近日授予全国19个地方工商局外商投资企业核准登记权。其中，江西省上饶市工商局、抚州市工商局、宜春市工商局、吉安市工商局、鹰潭市工商局五个设区市工商局名列其中。至此，江西省11个设区市工商局和省工商局已全部获得国家工商总局授予的外商投资企业核准登记权。

16日 鹰潭一中2004届理科实验班学生彭闽昱在第四十五届国际数学奥林匹克竞赛中夺得金牌，这是江西省首次获该竞赛金牌。

17日 为期4天的首届"泛珠三角区域经贸洽谈会"在广州琶洲国际会议展览中心胜利闭幕。本届洽谈会共签约项目847个，总金额2926亿元。其中江西省签约项目77个，金额150亿元。

18日 遂川县"狗牯脑"茶出口德国茶样日前经德国外贸商检，其农药残留指标符合要求，第一批成交量达850公斤。"狗牯脑"茶自今年2月正式实施原产地域产品保护后，首次出口德国，顺利进入欧盟市场，得益于该县近年来着力实施"有机茶工程"，杜绝施用化肥、化学农药及其他人工合成添加剂。目前，遂川县"狗牯脑"茶的种植面积已达3600公顷，年产量200万公斤，年产值1.2亿元。

18日 联合国农业发展基金会两位专家和国家环保总局有机食品发展中心席运官博士，近日到万载县茭湖乡考察有机农业。此次考察的主要内容是茭湖有机农业基地概况、生产营销情况、产品类型、涉外机构运作情况，以及农民进行有机农业生产后的优势和面临的问题。同时，他们还对茭湖村黄湖南、谢溪村易林福等三户农户进行了问卷调查。

19日 中央纪委中央组织部巡视组到江西开展巡视工作。省委召开常委扩大会议，巡视组成员与江西省四套班子领导见面。

20日 德兴市发现两枚三国时期通用的正元钱币。此钱币图像字迹清晰，直径2.5厘米，厚0.3厘米，至今已有1750年，因古币长年埋藏在古墓中，边缘出现分化。古币主人还有一套（12枚）康熙年间各省古铜钱，虽铜钱年限仅有240多年，但要收集到如此多，而且不同产地的铜钱，并非易事。

21日 文物工作者近日在万载县仙源乡（该乡曾是中共湘鄂赣省委、省苏维埃所在地）新市村发现一张中华苏维埃时期湘鄂赣省政府发行的股票。该股票为竖排版式，长180毫米、宽102毫米，正面为蓝色油墨印刷。股票上部题头横排写有：中华苏维埃共和国国家银行湘鄂赣省分行股票，中间主体部分竖排左起依次为：省字第〇四三一二四号，股金大洋壹元整，公历一九三三年壹月十日。股票背面用红色油墨印有股员注意八条事项。据专家考证，此股票是我党创建革命根据地时发行最早的股票之一，如今已很难找到，它充分证明了我党在革命早期和革命斗争形势严峻、条件艰苦的情况下，就已十分重视金融工作。此股票的发现对研究中国共产党早期如何利用各种金融工具发展苏区经济，支持革命斗争有很大的参考价值。

21日 《江西日报》报道，永新县文物部门在高溪乡东山村西南方的一座古井旁，发现《穆王井记》碑刻一块，碑由青色石板精制而成，长0.80米，宽0.50米，厚0.20米。据当地文物专家介绍，该碑的发现，对南宋时江西的抗金史和岳飞的治军思想具有较高的研究价值。清道光二十五年（1845）当地人为纪念岳飞，特树《穆王井记》碑刻一块，上面刻有："东山山麓有孔，道旁凿井一口，清澈芳洌，名穆王井……"碑文共200余字。

21日　景德镇市站前路红旗路段施工现场挖出一枚侵华日军投下的航空炸弹。经辨认，这是一枚长约60厘米、直径20多厘米的航空炸弹。根据炸弹样式和景德镇的历史记载，这枚炸弹是抗战时期，空袭景德镇的日军飞机投掷的。

22日　中德青年鄱阳湖夏令营在江西开营，共选派30名青年参加，其中有江西财经大学和江西师范大学的在校大学生。该夏令营是由GNF（总部设在德国的全球自然基金会）和MRLSD（江西山江湖可持续发展促进会）联合主办。旨在通过该活动，促进中、德两国青年的文化交流与合作，共同推动对鄱阳湖湿地资源的认识和保护，扩大鄱阳湖湿地在国际上的影响。活动地点涉及星子、永修、婺源、景德镇市和庐山等。活动于8月12日结束。

23日　德安县博物馆近日征集到一件汉代画像石文物。此件画像石长2.65米，宽1.5米，厚0.30米，是目前江西省内馆藏最大的汉代画像石。此画像石图案由三部分构成；左边1/3处是仕女歌舞图，5名女子正在翩翩起舞；右边上半部是两名官员分乘两辆车马正在出行途中；右边下半部是农夫耕作图，一名农夫在担水，另一农夫在赶牛犁田。此件汉代画像石是官宦人家的墓石，它反映了死者生前社会地位，寄托了死者想在另一个世界继续过歌舞升平、奢侈豪华生活的心愿。此件画像石对研究汉代的政治、经济、文化、生活习俗极有价值。

24日　教育部督察组来到鹰潭高招录取现场，对江西省今年高招录取工作进行为期两天的督促检查。督察组一行巡视高招投档、录检及其他各职能组的办公现场，慰问招生工作人员，与他们亲切交谈，认真听取省教育厅和省高招办负责人关于高考报名、考试、评卷、招生录取的工作汇报，对江西省以制度规范招生行为、通过补报志愿维护考生利益、考生家长代表巡视高招录取工作等给予了充分肯定，认为江西省的高招工作规范有序、公正透明。

25日　《江西日报》报道，江西省首个驻外流动人口协会——大余流动人口协会东莞分会在广东省东莞市清溪镇正式挂牌成立。自此，在东莞打工的3万多名育龄群众在异地他乡也能享受到快速办证、法律咨询、生殖保健、节育避孕等优质高效的计生服务。

26日　为全面落实公安部党委提出的161工程，大力推动《江西省消防部队建设与发展三年规划》，全省消防部队工作会议在南昌召开。会议强调，全省消防部队要以大力实施161工程和落实《三年规划》为载体，力争实现80%以上支队、大队、中队成为“井冈山模范消防大队”式先进单位，努力开创全省消防工作新局面。

27日　江西省十届人大常务委员会第十次会议在南昌召开。会议表决通过了《江西省人民代表大会常务委员会关于修改〈江西省征兵工作条例〉的决定》；表决通过了《江西省人民代表大会常务委员会关于废止〈江西省经纪人条例〉的决定》；表决通过了《江西省人民代表大会常务委员会关于废止〈江西省体育经营活动管理条例〉的决定》；表决通过了《江西省人民代表大会常务委员会关于停止执行江西省地方性法规中若干行政许可事项的决定》；表决通过了《江西省人民代表大会常务委员会关于批准〈南昌市人民代表大会常务委员会关于停止执行本市部分地方性法规设定的行政许可事项的决定〉的决定》；表决通过了《江西省人民代表大会常务委员会关于批准2003年省级决算的决议》；表决通过了人事任免及其他事项。会上，孟建柱给刚通过任命的省人民检察院副检察长、代理检察长孙谦颁发了任命书。会议于30日结束。

28日　全国经济特区开发区工会工作研讨会在江西九江举行。来自全国26个国家级经济特区、经济技术开发区、3个国家级高新技术产业开发区、13个省级经济技术开发区工会的140多名代表出席会议。会议认为，我国现有基层工会组织157万多个，工会会员1.23亿多人。其中，非公有制企业工会组织已达到80.8万家，工会会员2960.1万人。要真正认识到加强工会组建工作有利于维护党的领导，有利于维护职工的合法权益，有利于维护职工队伍和社会的稳定。目前，江西省88.8%的工业园建立了工会组织，发展会员19.7万人。

29日 余干县黄金埠镇隆重举行国电黄金埠电厂奠基典礼。工程规划总容量为4台60万千瓦燃煤机组。静态投资46.6亿元，计划2005年初开工建设，2007年竣工投产。该电厂的建设填补了赣东北地区无大型火电厂作为电源点支撑的空白。孟建柱、黄智权、国电集团公司总经理周大兵等领导为电厂工程奠基培土。

30日 省政府召开全省艾滋病防治工作会议。决定从2004年起，用3年时间，在全省所有县级疾病预防控制机构设立艾滋病抗体检测初筛实验室。全省三级医院、妇保医院和有条件的县以上医院也要建立艾滋病抗体检测初筛实验室，积极开展检测工作。孟建柱、黄智权就加强艾滋病防治工作分别作出批示。

30日 江西省第十届人民代表大会常务委员会第十次会议通过罢免丁鑫发第十届人民代表大会代表的决议和关于接受丁鑫发辞去江西省人民检察院检察长职务的决定。

31日 今年1月至7月全省服装行业共完成服装产量1.62亿件，跃居中部六省同行首位，全国同行业第七位。实现工业增加值和销售收入分别为5亿元、13.5亿元，同比增长1.6倍、3.2倍，增幅均列全国同行业之首。全省服装实现利润3000万元，同比增长3.3倍，占全省纺织服装行业利润的56.73%。据海关统计，1月至6月，全省服装出口2.42亿美元，同比增长31.19%，占纺织品服装出口的71.5%，其中针织服装出口1.54亿美元，针织服装出口列全国同行业第九位。

江西欣欣向荣的纺织工业

本月 安福县发现千年古建筑群。该古建筑群位于安福县金田乡境内，由宋代西凉郡守刘楚翁开基繁衍而来。进士亭、文昌阁、竹林寺构成独特的文化三角，将柘溪古村揽于其中，村中央内设金店的大夫祠由13幢分祠组合而成。村中100余幢明清古居配以曲折回环的走廊，排列结构严谨、错落有致。其中有古祠13座、书斋4所以及排列如北斗的“七星堆”和仙人阶等古迹。对研究明清时期江南地区的宗教民俗、文化教育和建筑绘画等具有重要价值。

本月 江西省在全国率先完成国民经济潜力调查，基本上掌握了全省国民经济的动员能力，这是依照《江西省国民经济动员办法》开展的一项事关国防建设的关键性工作，表明江西省国民经济依法动员走在全国前列。

本月 景德镇市中航第六〇二所的曾本银获第八届中国青年科技奖，他所负责的直升机疲劳定寿项目曾获2002国家科技进步二等奖，为今后的直升机型号定寿工作开辟了局面。在课题科研上，他先后获得中国高校一等奖、部级科技进步二等奖和部级科技进步三等奖。

公元2004年8月							农历甲申年【猴】						
日	一	二	三	四	五	六	日	一	二	三	四	五	六
1 建军节	**2** 十七	**3** 十八	**4** 十九	**5** 二十	**6** 廿一	**7** 立秋	**8** 廿三	**9** 廿四	**10** 廿五	**11** 廿六	**12** 廿七	**13** 廿八	**14** 廿九
15 三十	**16** 七月小	**17** 初二	**18** 初三	**19** 初四	**20** 初五	**21** 初六	**22** 初七	**23** 处暑	**24** 初九	**25** 初十	**26** 十一	**27** 十二	**28** 十三
29 十四	**30** 十五	**31** 十六											

1日　全省创建文明村镇工作会议在新余市召开。这次创建文明村镇活动的目标任务是，以整治脏乱差为突破口，以搞好村镇建设规划为重点，以提高农民文明素质为根本，以“环境整洁优美、思想道德良好、公共服务配套、人与自然和谐”为主要内容，整体推进农村精神文明建设，努力使全省农村面貌3年至5年有一个较大的变化。会议于2日结束。

3日　省政府在南昌召开全省生产企业出口大户座谈会，邀请省内50家自营出口生产企业的负责人共商做大做强之计。吴新雄在会上要求，要采取有效措施，尽快在全省形成一批年出口创汇超千万美元的骨干企业，形成专业外贸公司、自营出口生产企业、外资企业三路大军出口创汇的新格局，为江西外贸出口扩大规模，提高水平、增强实力打下坚实基础。

3日　为期4天的江西省中国舞学生考级在南昌开考。此次中国舞学生考级由北京舞蹈学院中国考级中心主考，是北京舞蹈学院首次在江西举办中国舞学生考级，也表明了江西省少儿舞蹈水平跃上了新台阶。

4日　江铃汽车股份有限公司等50家驻昌外资企业的代表聚集在一起，畅谈江西国税部门坚持科学的税收发展观，依法治税，强化服务，用好、用足税收优惠政策，为促进外资企业发展作出的积极贡献。南昌市国税局今年上半年就依法审批减免了外商投资企业所得税7200多万元，审批弥补亏损720多万元。在税收服务上，国税成功推行中国税收管理信息系统，建立起“一窗式”受理、“一站式”办结、“一户式”查询、“一网式”管理、“一体化”监控为主要内容的新型税收管理服务模式，不仅简化了办税手续，而且保证了办税时限承诺的兑现，为外资企业营造了良好的税收环境。

6日　修水县最近发现一处保存完好的“列宁小学”旧址。历经70多年沧桑巨变，这处旧址仍保存完好。它为研究我国教育史上颇富传奇色彩的“红色小学”历史提供了珍贵资料。这座“列宁小学”旧址坐落于修水县渣津镇莲花村的一处祖屋内，为清朝初期建筑。学校为砖木结构，一进三重，用麻石柱挑梁呈方格花纹，中间是天井。后上堂墙上，1931年县苏维埃政府办校时墨画的列宁遗像和像下的“列宁同志精神不朽”8个字清晰可见。

6日 江西省宜黄县中港乡鹿冈村近日发现四块有关王安石早年求学于宜黄的碑石原迹，经有关部门鉴定，被确定为国家三级保护文物。这四块碑石分别是《香林王氏同塔碑记》、《拿云书院》、《乡林名迹》和《杜君墓铭》，它们与《鹿冈王氏族谱》相互印证，成为揭示王安石在宜黄求学的有力证据。此外，还有两块碑石，均清晰地记载了王安石早年求学、生活及有关书院等情况。这为后人进一步考证王安石提供了真实可靠的依据。

7日 由北京音乐台、文化部艺术中心、中共九江市委宣传部联合主办的2004《中国歌曲排行榜》年度颁奖金曲演唱会在九江市体育场举行。

8日 上午9时至12时，同时在中央人民广播电台直播室和吉安市井冈山机场迎送大厅联合举办的大型特别节目——《直播井冈山》顺利进行并取得圆满成功，这是中央人民广播电台首次在地方为一座城市作长时间、大主题、远距离的大型直播活动。该节目分为《革命摇篮》、《井冈山精神》、《庐陵文化》、《今日吉安和井冈山》、《红土地走向未来》五大版块。

9日 永新县文物工作者近日发现私人收藏的宋代吉州窑木叶贴花纹茶碗。该茶碗口径11厘米，底约5厘米，高4厘米，碗内底为枫叶贴花，呈黑釉彩色，釉面明亮深沉，含蓄端庄。茶碗翻过来形似草帽，故又称斗笠碗。据史料记载，这种木叶贴花纹茶碗，由吉州窑工人采用黑釉瓷器以一种独特的技法制成。该茶碗的发现，不仅为研究宋代饮茶文化提供了可靠的物件依据，而且可以推断吉州窑及其陶瓷制作工艺当时在全国所占的重要位置。

9日 国家粮食丰产科技工程项目——“绿色大米标准化生产技术模式”项目正式落户宜春市奉新、上高两县。该项目分3年实施，示范面积5万亩，辐射面积60万亩，将为江西省乃至全国绿色大米生产提供一整套技术操作规程。

10日 全国首次群众艺术馆、文化馆评估定级名单公布。根据定级标准，江西省的武宁县文化馆、崇仁县文化馆、青山湖区文化馆被定为一级馆；新建县文化馆等7个馆被定为二级馆；九江市群众艺术馆等23个馆被定为三级馆。

11日 永修县白莲湖鱼种场斑鳜人工繁殖技术日前通过省科技厅成果鉴定。专家一致认定该技术填补了国内斑鳜人工繁殖空白。斑鳜，俗称岩鳜，蛋白质含量高，营养丰富，是出口创汇的水产珍品。目前已成功催产斑鳜21组，产卵5.5万粒，生产出水花2.55万尾，培育成夏花2.1万尾，培育成活率82%。斑鳜人工繁育的成功为斑鳜大规模养殖提供了苗种基础。

11日 由科技部组织的我国驻外科技外交官一行12人来江西省进行为期7天的考察调研，这是江西省首次接待由科技部组织的驻外科技外交官考察团。

12日 在北京举行的第二届中国策划大会暨著名策划评选颁奖大会上，江西省新余市民政局副局长刘和平的《另类地产——老年社区开发》脱颖而出，刘和平因此被评为“中国杰出策划人”，是江西省唯一获此殊荣的人。

12日 “小平同志在苏区”图文展在瑞金市邓小平故居中央军委旧址隆重举行。这次展出共收集小平同志在苏区的文字资料42篇，拍摄旧居旧址图片30幅。

13日 省政府在南昌召开全省农村教育工作会议。会议强调，全省各级党委、政府要从树立落实科学发展观，实践“三个代表”执政为民的战略高度，从实现江西崛起、兴赣富民的战略高度，充分认识发展农村教育的重要性、必要性和紧迫性，坚决贯彻落实科教兴赣、人才强省战略，满怀对农民群众的深厚感情，用更大的精力、更多的财力优先发展农村教育，为开创江西省农村教育工作的新局面而努力奋斗。孟建柱就抓好农村教育工作提出要求，他指出，发展农村教育，是直接关系农民切身利益的一件大事；是提高劳动者素质，从根本上解决“三农”问题的大事；是开发人才资源，走新型工业化道路，推进江西发展的一件大事。

14日 应欧洲华人华侨社团联合大会、瑞典斯德哥尔摩市技术访问局、挪威贝尔根市技术访问局的邀请，副省长孙刚率团赴英国出席第十二届欧华年会并顺访瑞典、挪威。

15日　全国工程机械行业首家具有自主出口权的民营企业——江西南特工程机械集团有限公司，首批整机出口意大利、英国的24台中小型挖掘机，近日运抵上海港交货装箱，标志着我国工程机械行业的挖掘机产品由依靠进口国向生产出口国转轨。靖安民营工程机械企业生产的中小型挖掘机，结束了我国同类产品主要从日本、美国进口的历史，且同性价比优于进口产品，价格低于国外同类产品20%多。

16日　省委、省人大、省政府、省政协、省军区在南昌举行邓小平同志诞辰100周年纪念大会暨邓小平同志业绩和思想报告会，隆重纪念这位伟大的马克思主义者，伟大的无产阶级革命家、政治家、军事家、外交家，久经考验的共产主义战士，中国社会主义改革开放和现代化建设的总设计师，邓小平理论的主要创立者。孟建柱在讲话时强调，我们对邓小平同志的最好纪念，就是要认真学习，深刻领会他的丰富思想，继承他的革命精神、崇高品格和风范，高举他创立的科学理论的伟大旗帜，把他开创的中国特色社会主义伟大事业不断推向前进。

17日　江西省出生人口性别比问题专项治理工作会议在抚州市临川区举行。省委副书记彭宏松强调，解决出生人口性别比升高问题，必须坚持标本兼治，在抓好整治打击工作的同时，要建章立制，强化管理，堵塞漏洞，着力建立和完善控制出生人口性别比升高的长效机制。

18日　在全国第三届女子数学奥林匹克比赛决赛中，景德镇市第一中学高三年级学生卢敏获得金牌。

18日　贵溪市塘湾镇刘文华、刘文正、刘树太、刘水太在扑救塘湾“2·14”山林火灾中英勇牺牲，被授予“革命烈士”称号。

19日　江西省领导干部“廉内助”表彰大会在南昌举行，梁亚群等100位来自全省各地的领导干部“廉内助”受到隆重表彰。傅克诚在讲话中指出，深入开展“争当‘廉内助’，树立好家风”活动，是新形势下加强党风廉政建设和反腐败斗争的一项重要举措。全省各级领导干部及其配偶，要加强学习，努力提高自身素质；要坚持原则，严把三关：一是要正确对待权力，把好权力关；二是要正确对待金钱，把好金钱关；三是要教育好子女，把好亲情关。

20日　中国驻外使节江西恳谈会在南昌召开，驻28个国家和地区的使节及其夫人共50余人，与江西省工业、农业、科技、旅游等部门的负责人会聚一堂，共同商讨加快江西发展的大计。

21日　由省委宣传部、南昌市人民政府、省文化厅、省文联联合举办的“纪念邓小平同志诞辰100周年——《世纪伟人邓小平》图片展暨江西摄影美术书法作品展”在省文联艺术展览中心展出。此次展览共展出100多幅作品，其中珍贵历史照片58幅。《世纪伟人邓小平》图片展通过大量生动珍贵照片，展示了邓小平同志伟大光辉和波澜壮阔的一生，使广大干部群众更多地了解邓小平的丰功伟绩。展览于25日结束。

22日　赣江樟树——南昌段的航道整治工程经过一年来的试运行后，日前正式通过验收并交付使用。至此，500吨级船舶可直接航行到樟树市浙赣铁路大桥附近水域。该工程是“九五”跨“十五”项目，是由交通部、江西省共同投资建设的内河航运建设项目。工程南起樟树市浙赣铁路大桥，北至南昌市外泄水文站测流断面，全长92公里。该工程完成后，将有力地促进沿线地方经济的发展。

24日　江西横峰县近日发现一封70多年前的信件，它是从当时的闽浙赣省劳动感化院寄出的。信笺为32开，印有“红色中华”字样。该信出自当时一少年犯之手，信中内容涉及当时感化院的生活、教育等情况。该信的发现对研究闽浙赣苏区时期的法律和劳动教育提供了重要史料。闽浙赣苏区劳动感化院1929年10月成立于弋阳县九区黄沙岭，1931年2月迁横峰葛源密坑谭家，1932年10月改称闽浙赣省劳动感化院，1934年10月撤销。

25日　江西省运动员彭勃在第二十八届雅典奥运会上获得男子三米板跳水冠军（28日，江西省运动员杨文军与浙江省的队友孟关良在第二十八届雅典奥运会上夺得男子500米双人划艇比赛金牌，这是中国皮划艇项目的第一枚奥运金牌，也是中国在历届奥运会水上项目上获得的第一枚金牌。30日，中华全国总工会决定，授予第二十八届雅典奥运会金牌得主全国“五一”劳动奖章，江西省的彭勃、杨文军获此殊荣。9月8日，省政府决定授予彭勃、杨文军和杨文军的直接培训教练彭浩“江西省先进工作者”称号（享受省级劳模待遇），同时给予彭勃、杨文军两人的教练组各50万元人民币重奖，这是江西省对获得殊荣的运动员奖励金额最高的一次）。

雅典奥运会冠军彭勃、杨文军回南昌时受到群众欢迎

26日 《江西日报》报道，景德镇陶瓷股份有限公司正式获得国家奥运会组委会的认可，被授予2008年北京奥运会用瓷特许经营权，绘有“中国印”特殊标志的第一批奥运瓷已于第二十八届奥运会开幕之前运抵雅典，供“中国之家”使用。首批奥运瓷为限量生产的腰鼓杯，共有4种花色品种，即奥运龙腾杯、奥运凤凰杯、奥运牡丹杯和奥运竞技杯。

27日 江西省制定《江西省历史文化名村名镇保护规划编制与实施暂行办法》，从即日起在全省各地试行。全省共有省级历史文化名村名镇29个、国家级历史文化名村名镇1个。《办法》规定：申报国家、省级历史文化名村名镇，必须按本办法编制和实施保护规划；已获得国家、省级历史名村名镇称号但尚未编制保护规划的，应按该办法完成保护规划的编制，并认真组织实施。历史文化名村名镇保护规划，由县级人民政府组织编制，其编制单位应具有乙级以上城市规划资质。根据《办法》，保护规划的保护对象包括：各级文物保护单位，尚未列为文物保护单位的不可移动文物，由不可移动文物和其他因素组成的街巷、场地等具有历史文化价值的空间形态；风景名胜、古树名木和有历史价值的自然遗迹；具有保护价值的水环境；其他具有历史文化价值的物体等6个方面。

27日 省委、省政府公开发表《关于贯彻〈中共中央、国务院关于进一步加强和改进未成年人思想道德建设的若干意见〉的实施意见》。

28日 第十届全国人民代表大会常务委员会第十一次会议通过批准免去丁鑫发的江西省人民检察院检察长职务。

28日 由六〇二所和昌河飞机工业公司共同研制的直八F型直升机成功实现首飞。直八F型直升机最大起飞重量13吨，使用温度可从零下45℃至零上50℃，具有运载能力强、搜救能力强、安全性能好，并具有水上起降和漂浮功能等特点，可广泛用于人员、物资的运输打捞救生、森林防火、电缆架设、抢险救灾、地质勘探、建筑施工和旅游等领域，可满足高温、高原、结冰等复杂气候地区使用要求。

30日 中国企业联合会公布的2003年中国企业500强排名中，新钢公司以79.8亿元的年销售额名列第二百二十位，较上年前进了46位。而在全国大型工业企业排名中，新钢公司去年名列第一百三十八位，较上年前进了18位。在世界钢铁企业产能排名中，新钢公司去年名列全球第八十五位。

31日 当代江西史编辑委员会主办的“当代江西：新世纪新三年”学术研讨会在南昌举行。会议探析江西进入新世纪三年来经济社会发展的新态势和经验。省内20多位知名专家学者和有关人士到会作了学术交流。《江西日报》、江西电视台对这次研讨会作了报道。《江西日报》于9月14日辟出专页，整版刊登这次研讨会的发言摘要。

公元2004年9月 农历甲申年【猴】													
日	一	二	三	四	五	六	日	一	二	三	四	五	六
			1 十七	2 十八	3 十九	4 二十	5 廿一	6 廿二	7 白露	8 廿四	9 廿五	10 廿六	11 廿七
12 廿八	13 廿九	14 八月大	15 初二	16 初三	17 初四	18 初五	19 初六	20 初七	21 初八	22 初九	23 秋分	24 十一	25 十二
26 十三	27 十四	28 中秋节	29 十六	30 十七									

1日 由国家质量监督检验检疫总局授权、中国名牌战略推进委员会按照《中国名牌产品管理办法》开展的2004年中国名牌产品评比中，江西金佳谷物股份有限公司生产的“金佳牌大米”、樟树粮油公司生产的“玉珠牌大米”，获中国名牌产品称号，实现了赣牌大米产品在中国名牌产品榜上零的突破。江西铜业公司生产的贵冶牌阴极铜、樟树金虎保险设备有限公司生产的金虎牌保险柜，同时被评为中国名牌产品。

2日 总投资10亿元人民币，占地666.67公顷的共青城野生动物园及旅游休闲度假基地项目正式启动，建成后将成为江西省最大的野生动物园。该园选址在共青城九仙岭。整个项目包括动物天地、植物王国等。

3日 在上海举行的全国第七届大学生运动会传来捷报，江西省大学生体育代表团勇夺两枚金牌和1枚铜牌，获得金牌选手分别是华东交通大学学生孙英杰和江西师范大学学生欧阳鲲鹏。获得铜牌选手是华东交通大学学生张存彪。欧阳鲲鹏创全国大运会男子乙组200米仰泳纪录。另外，江西省田径队还分别获标枪第五名和竞走第七名；武术队获女子对练第四名、棍术第五名、南拳第六名、太极拳第六名、剑术第六名、枪术第五名，女子团体总分排在第九位，并被大会组委会评为“体育道德风尚奖”运动队。

5日 华东交通大学迎来了首批国防生。该校是江西省目前唯一一所为南京军区培养军队干部的地方高校。首批80位国防生来自华东5省，均为理工类学生，其中78名男生、2名女生。

6日 10名先进模范教育代表被中国教科文卫体工会授予第三届全国师德标兵光荣称号。江西省星子县温泉镇观口小学教师钱茶花获此殊荣。

7日 由省文化厅、省广播电视局、江西日报社、江西移动通信有限公司联合举办的“阳光行动——百部优秀影片‘神州行’”活动启动仪式在南昌举行。该活动旨在通过送科教电影下乡、传播科教信息等方式，缓解农民看电影难、文化生活匮乏的问题，帮助农民发家致富，促进城乡协调发展。

8日 第二十四届全国电视剧“飞天奖”、第十届中国电影“华表奖”近日相继揭晓，江西省共有3部电影、电视剧作品榜上有名。“飞天奖”

是国家政府奖。少儿电视剧《让我如何对你说》获“飞天奖”三等奖，填补了江西省少儿剧在此奖项上的空白。该剧由海南影业公司、江西教育电视台千里马影视培训中心、南昌电视台、南昌市新建县委宣传部联合摄制。另外一部获“飞天奖”三等奖的作品是长篇电视剧《我们的连队》，它由江西电视台电视剧制作中心、中央电视台影视部、北京军区政治部战友电视艺术中心联合制作。中国电影“华表奖”是中国电影的最高奖，优秀故事片奖更是评选的重中之重，由萍乡安源区委、区政府、湖南潇湘电影集团联合摄制的《毛泽东去安源》获优秀故事片奖。

8日 南昌大学与台湾中正大学签订全面学术交流合作协议。今后，两校将加强在教学、科研等学术领域的具体合作与交流，每年召开一次两岸学术研讨会，并互招研究生，文、理、工、经、管、法各科教师实行互访。

9日 进入全国服装行业100强的共青鸭鸭集团公司，日前开展“鸭鸭在心中，质量在手中”竞赛活动，提升产品品质，维护“中国驰名商标”、“中国名牌”、“国家免检产品”的品牌形象，营造“人人创造质量、人人享受质量”的良好氛围。

9日 “华绿宝贝蛋”获得国家质量监督检验检疫总局颁发的原产地标记注册证。这是目前江西畜牧业第一个获得原产地标记注册证的禽蛋产品。禽蛋产品主要销往北京，上海、广东等地，今年1月至8月销售收入达620万元。

10日 景德镇世界陶艺公园开工。预计该工程总投资1亿元，规划总面积为20万平方米，全园分文化展览区、中国陶艺园、外国陶艺园、瓷宫、瓷塔等5个部分，园内所有标志性建筑，组合性以及单个的陶瓷艺术品将由世界各国著名陶艺家共同完成。来自15个国家60余名世界陶艺家参加了开工典礼。

11日 《江西日报》报道，本月上旬，清华同方七一三厂20万台卫星导航定位仪生产线在九江经济技术开发区开工，其规模居全国同行业首位。清华同方七一三厂20万台卫星导航定位生产线新厂区选址在九江开发区八里湖畔，占地面积100亩，项目总投资1.27亿元，主要产品为年产20万台的卫星导航定位用户机、年产1000台清分机以及50万台微机和其他高精尖电子信息产品，第一期工程近2万平方米的三幢钢结构厂房正式破土开工，计划年底竣工，2005年上半年实现生产线投产。

13日 在农业部、国家发改委等国家八部委公布的第三批农业产业化国家重点龙头企业中，江西省粮油总公司被认定为国家重点龙头企业。这是江西省第一家粮食产业化龙头企业进入国家重点龙头企业行列。在第三批国家重点龙头企业中，江西省的赣南果业股份有限公司、汇仁集团有限公司、煌上煌集团有限公司等5家农业产业化企业也榜上有名。

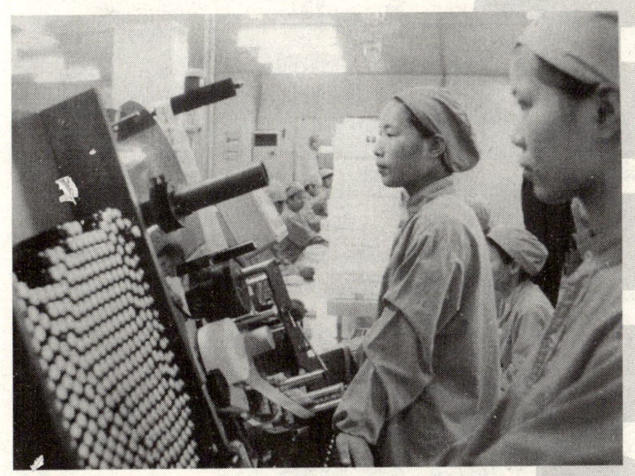

江西汇仁集团有限公司生物制药车间

14日 《江西日报》报道，1954年7月17日，在南昌市民德路市政府礼堂，由404名代表参加的江西省第一届人民代表大会第一次会议召开，江西省人民代表大会从此诞生。50年来，省人民代表大会延续到现在的第十届，共召开了40多次代表大会会议，省人大常委会共举行常委会议150多次，在江西省改革开放、经济建设和社会发展中发挥了重要的作用。1979年至2004年的25年来，省人民代表大会选举和补选883人次，通过人选217人次，罢免1人次，接受辞职42人次，免职10人次。省人大常委会成立以后，共任免国家机关工作人员4596人次。

15日 2003年11月12日，昌北机场旅客吞吐量首次突破100万人次大关，跻身百万吞吐量航空港的行列。

17日 农业部专家组通过对瑞昌市长江四大家鱼原种场的检查验收，近日批准对瑞昌长江青、草、鲢、鳙四大家鱼实施原产地域保护。瑞昌市长江四大家鱼原种原产地域范围为该市码头镇19.5公里长的长江段，这一地区水位、风向、水温等系列条例极为适宜四大家鱼原种鱼苗的生长，该段鱼苗具有品种全、生长快、成活率高的特点。通过筛选提纯，每年瑞昌市繁育长江四大家鱼鱼苗3000万尾纯度达到100%。

17日 《江西日报》报道，于都县马安乡上宝村保存着一个由18座钟氏祠堂组成的保存完好的古建筑群。该祠堂群建于清代雍正三年(1725)，距今已有279年的历史，整个祠堂群占地1500平方米，用优质的青砖建造而成，18座祠堂一座挨一座，座座相通，建筑工艺精美，品位极佳。2003年，该村被省政府列为首批历史文化名村。

17日 来自全国23个省、自治区和直辖市的80位台资企业协会会长相聚九江，参加由国务院台办主办的“2004年台资企业协会会长座谈会”。座谈会上，各地协会会长畅谈了开展两岸经济交流与合作的做法和体会，针对存在的不足提出改进意见，围绕“推动台湾企业在大陆上市”的主题进行了深入探讨。

18日 来自全国佛教界的高僧、长老、居士和国内学术界研究佛教文化的专家学者100多人相聚庐山，隆重纪念晋代慧远大师诞辰1670周年并进行学术研讨。此会是由中国人民大学、省佛教协会和庐山东林寺联合主办的。

20日~27日 中央统战部组织全国第五期中国科学院、中国工程院党外院士理论研究班到赣参观考察，考察团由中央统战部副部长陈喜庆担任领队，成员包括中国科学院院士、科技部副部长程津培，中国工程院院士、“世界杂交水稻之父”袁隆平在内的16位党外两院院士。孟建柱、黄智权在南昌会见了考察团一行。

21日 《江西日报》报道，1955年1月7日，政协江西省第一届委员会第一次会议在南昌市召开，标志着江西省政协组织步入成长发展阶段。目前，全省共有省、市、县（市、区）政协组织111个，各级政协委员2万余人。55年来，江西省政协召开全体委员会议38次，常委会议约200次。

21日 南昌海关和新钢有限责任公司、江铃进出口有限责任公司、江西铜业股份有限公司等7家企业签订了合作谅解备忘录（简称MOV）。这意味着江西省开始借鉴国际海关先进经验，将信用管理引入关企合作的轨道。此次与海关签订MOV的厂家企业，均为近年来进出口额位居全省前列，管理规范、守法经营、资信良好的海关A类管理以上企业。按照MOV规定，这些信誉良好的守法企业将享受海关在通关方面给予的一系列便利。

21日 省科技厅、省委统战部在南昌联合举办与中国科学院、中国工程院院士科技对接洽谈会。这次对接洽谈会共达成合作意向38项，有13位院士被聘为江西省26个研究项目的顾问。

22日 广东、福建、江西、湖南、广西、海南、四川、贵州、云南9个省区工商局长日前联合签署了《泛珠三角区域工商行政管理合作协议》。《协议》规定，各成员方将在四个方面建立合作协议机制：即建立9省区工商行政管理部门高层联席会议制度；建立承办会议制度；建立专题工作小组；建立情况通报制度。此次会议还审议通过了《关于创造开放的市场环境的工作方案》等4个专题工作方案；出台了《泛珠三角区域工商行政管理局服务区域经济合作发展的工作意见》，从创造开放的市场环境、促进企业合作发展、加强商标行政保护合作、加强市场监管和行政执法合作4个方面，提出了26条具体措施。

22日 第六届范长江新闻奖、韬奋新闻奖、全国百佳新闻工作者评选揭晓。江西日报社摄影记者燕平、江西人民广播电台记者温燕霞、上饶电视台记者张爱明荣获“全国百佳新闻工作者”称号。

23日 江西省日前出台了《江西省城市市容标准》，为设区市城市容貌的建设、管理制定了具体标准。《标准》的一些规定有利于根治城市现存的顽疾，如规定沿路两侧空调器的安装高度不低于2.4米，支架不得占用人行道，空调冷凝水不得排放到建筑物的外墙面和室外地面上；各类商品、信息、推销、传播、宣传单不得占道或强行向行人分发；沿路建筑物的防盗门窗要统一材料、式样等，外形设计和安装整齐美观，不得突出外墙等，都本着美化净化市容，方便百姓生活的原则订立。

23 日 黄智权签署第 135 号江西省人民政府令：《江西省计算机信息系统安全保护办法》已经 2004 年 9 月 7 日省人民政府第二十五次常务会议审议通过，现予公布，自 2004 年 11 月 1 日起施行。

23 日 当代江西史编委会在南昌举行纪念江西全境解放 55 周年座谈会。陈达恒出席并讲话。老同志许勤、吴允中发言，刘建华、吕良、廖延雄等出席。

24 日 景德镇市举办大型陶瓷史诗画卷——《千年窑火》首发仪式。该书采用全新体例，图文互动，填补了陶瓷书界的空白，是景德镇市委、市政府编撰的纪念景德镇千年的重点图书。《千年窑火》一书共分传世史料、原料生产、坯胎制作等 18 个方面，收集珍贵图片 1050 张，其中 300 张来自国内外，属首次公开出版。尤其是清代督陶官唐英的照片和他的 12 幅《陶冶图》及《陶冶图说》、民国政府赠送给英国女皇伊丽莎白结婚用瓷照片等，十分珍贵难得。该书还首次披露了若干珍贵史料，如“新平冶陶，始于汉世”、“景德元年置”等原始史料，“浮梁瓷局”成立的原始史料，300 年前法国人和 100 年前日本人描写景德镇的原始史料等。

25 日 江西省人大常委会公告：《江西省人民代表大会常务委员会关于修改〈江西省统计管理条例〉的决定》已由江西省第十届人民代表大会常务委员会第十一次会议于 2004 年 9 月 25 日通过，现予公布，自公布之日起施行；《江西省森林资源转让条例》也于本次会议通过，自 2004 年 11 月 1 日起施行；《江西省道路交通安全违法行为罚款具体执行标准规定》也于本次会议通过，自 2004 年 12 月 1 日起施行。

25 日 第十二届残疾人奥运会女子 67.5 公斤级举重比赛中，来自九江市的张丽萍夺得银牌，这是江西省运动员在残奥会上取得的最好成绩。

26 日 江西交通发展史上的重要里程碑——京福高速公路江西南段温沙高速公路、沪瑞高速公路江西西段昌金高速公路通车。这标志着江西“天”字高速公路主骨架形成。出省主通道全部高速化，形成省际 8 小时经济圈；省会南昌至各设区市主通道全部高速化，形成省内 4 小时经济圈，60% 的县市区都有高速公路通过，“十五”计划新建高速公路计划，提前 15 个月完成，江西由此成为新世纪初中国高速公路建设速度最快的省份；高速公路通车总里程由 2000 年中部六省末位前移至第二位。

26 日 第七届中国艺术节上，大型原创舞剧《瓷魂》获文化部第十一届文华新剧目奖和文华编导奖、文华音乐创作奖、文华舞台美术奖，演员吴健、杨奕获文华表演奖，杨奕同时获得“观众最喜爱的演员奖”。赣剧《詹天佑》获文华新剧目奖，演员于文华获文华表演奖。

大型舞剧《瓷魂》剧照

28 日 中国最大知识资源共享网络平台 CNKI 网络共享平台落户江西。CNKI 是中国知识基础设施工程的简称。由清华大学、清华同方光盘股份有限公司共同承担的国家级知识整合与传播项目，该平台已整合国内外数千个数据库，它将为江西省高校、公共图书馆、科研院所以及政府机关提供信息服务。

28 日　中国新闻奖第十四届评选揭晓，江西唯一获奖的是由省建设厅工作人员撰写的《鄱阳湖回复到原面积》，此文获二等奖。

29 日　我国首台采用自主知识产权技术建设的20万千瓦循环流化床发电机组，落户江西分宜发电厂。副省长凌成兴、中电投集团公司副总经理张晓鲁为开工剪彩。7 月，国家发改委批复项目可行性研究报告，同时确定分宜发电厂为国产大型循环流化床锅炉示范基地。该机组是在关闭并替代该厂22 万千瓦老机组，并在拆除的老厂房场地上建设，工程总投资 9.61 亿元，2006 年上半年并网发电。

29 日　一座现代化的客运站——徐坊客运站在南昌市井冈山大道旁正式投入营运。这座客运站总投资3000 万元，设计发车位32 个，全市联网微机售票窗口8 个，日发送旅客能力1 万人次以上。徐坊客运站隶属于江西长运股份有限公司，是南昌公路全枢纽建设项目之一，新站设计按照国家一级客运站标准兴建。

30 日　晚 8 时，改造竣工的南昌新八一广场正式向市民开放。孟建柱、黄智权、吴新雄等与10 万群众一道参加竣工暨开放仪式。广场改造2003 年2 月20 日开工，面积由原来的5 万平方米扩大为 7.8 万平方米，纪念塔高增加 8.1 米，绿化面积由 2.8 万平方米增加到 4.9 万平方米，总投资6000 万元。

本月　全省省市县三级农产品质量安全监控网络建设全面启动：在全省主要县市、农产品种植基地、大型农产品批发市场建立 80 个监测点，各监测点配置专门的检测人员、实验室和检测仪器，实现监测数据共享，并且制定专门的农产品安全量化指标体系和市场准入性监管法规依据。

本月　2003 年度全国“五一”新闻奖揭晓。《江西日报》胡勇飞的《关注高级技工“技能振兴”呼唤教育优先》；江西人民广播电台彭金明、邱乐群的《谁来保护农民工》获得一等奖。

公元2004年10月							农历甲申年【猴】						
日	一	二	三	四	五	六	日	一	二	三	四	五	六
					1 国庆节	2 十九	3 二十	4 廿一	5 廿二	6 廿三	7 廿四	8 寒露	9 廿六
10 廿七	11 廿八	12 廿九	13 三十	14 九月小	15 初二	16 初三	17 初四	18 初五	19 初六	20 初七	21 初八	22 重阳节	23 霜降
24 十一	25 十二	26 十三	27 十四	28 十五	29 十六	30 十七	31 十八						

1日　象征瓷都窑火千年不息的一座“千年瓷坛”在景德镇市开坛。历时21个月建成的这座“千年瓷坛”，坐落在景德镇陶瓷发祥地浮梁县，占地5476平方米，由水车、水碓、古驿道、古码头、古窑、瓷鼎、瓷龙柱、擎天瓷柱八大部分组成。其外形外圆内方，体现了“天地合一”的儒家文化。瓷坛的底座为水车造型，半径长2004厘米，寓意2004年恰逢景德镇千年华诞。瓷坛平台上耸立着8根影青瓷龙柱，代表宋代陶瓷文明。4条用不同石材建成的具有浮梁特色的古驿道，古码头，把瓷坛底部分成东西南北四个单元，分别标有“绕南”、“高岭”、“南市街”、“湖田”等地名，代表景德镇历史上四个最具代表性的陶瓷文化发祥地。最为壮观的是瓷坛中心的擎天瓷柱，它净高13.38米，直径1.5米，重量5000多公斤，是目前世界上直径最大，叠瓷最高的一件陶瓷巨作，堪称世界之最。新落成的“千年瓷坛”，浓缩和涵盖了景德镇各个时期制瓷历史和不同时期具有代表性的陶瓷精品，它是瓷都千年陶瓷文化和辉煌成就的象征和继承。

2日　参加第十二届残奥会的江西省5名运动员、1名教练员载誉归来。江西运动员取得1枚银牌、3枚铜牌、1个第五名的好成绩。

3日　第五届全国农民运动会江西代表团出征誓师大会在宜春举行。江西省将派出223名运动员，参加农运会14个大项目的比赛。

4日　20多名来自海内外的江西籍优秀青年和省青联委员聚集在江南都市报社，参加由团省委、江西省青年联合会、江西师大附中校友联谊会以及《江南都市报》联合主办的“青年心、家乡情”主题座谈会。

7日　安福县文物工作者近日在该县洋溪镇南安村发现明朝的39块雕刻印刷版。这些印刷版均为樟木质地，每块厚2厘米、长30厘米、宽29.5厘米，正反两面共有400字左右，共计1万余字，分行、草、楷三种字体，行楷字迹工整刚劲，草字风流洒脱，并配有12幅人物山水画，工艺精湛。这些雕刻印刷版是在儒学名家邹守益母亲刘氏家旧址发现的。

8日　经国家环保总局批准，宜春被列为全国生态示范区建设试点市。到目前为止，全市已建成国家级森林公园4个、省级森林公园3个、省级自然保护区3个、县级自然保护区11个；湿地总面积442.79平方公里；城市空气环境质量保持在国家二级标准，饮用水源达标率100%，声环境达到国家环境质量标准，全市的生态环境得到了全面的改善和提高。

9日 “十一”黄金周后统计，全省接待旅游人次总数483.43万人，同比增长27.69%；旅游综合收入13.9亿元，增幅达30.19%，与全国大部分地区10%左右的增长相比，江西旅游堪称“火爆”。

10日 由江西美术出版社出版的国家“十五”重点图书——《珠山八友》大型画册在景德镇正式发行。“珠山八友”是上个世纪20年代诞生于瓷都景德镇的一个瓷画艺术团体，起初由8名陶瓷艺术家组成，他们以会聚友、切磋技艺、品评画理，开辟了陶瓷装饰与陶瓷绘画艺术，是中国陶瓷发展史上第一个艺术流派，对于挖掘景德镇文化遗产，继承陶瓷艺术的优良传统有重要的意义。

10日 省委组织部举行江西省学习贯彻党的十六届四中全会精神报告会，1万多名干部和离退休老同志听取孟建柱的宣讲报告。

10日 部省共建国家陶瓷科技城暨陶瓷材料与工程国际研讨会在景德镇召开。全国人大常委会副委员长李铁映、科技部副部长李学勇、中国轻工总会副会长杨自鹏、中国工业经济联合会常务副会长杜金林、中国工艺美术协会会长石晓光出席。黄智权致辞，吴新雄主持。

10日～12日 首届南昌制造业博览会在省展览中心开展。博览会设有300个国际标准展位，总面积达1万平方米。有汽车、家电、纺织服装、飞机、医药和医疗器械、食品、电子信息等218家知名企业和品牌参展。省委常委、南昌市委书记余欣荣出席开幕式，300多位境内外知名客商参加开幕式。南昌市目前拥有制造业企业6500家，其中规模以上企业600多家，美国、德国、日本等国及香港、台湾等地的知名企业纷纷在南昌落户。

首届南昌制造业博览会开幕式

11日 由洪都集团与中航技总公司共同投资研制的K8飞机改装国产平显/多功能显示器系统近日首飞获得成功。该系统是K8飞机航电系统的一次重大升级，反映了当今教练机综合航电的先进水平，进一步扩充和提升了K8飞机的训练功能，尤其是高级训练功能，进一步增强了K8飞机在国际市场上的竞争力，销售前景十分广阔。

11日 由美国比尔·盖茨基金资助的全球多中心子宫颈癌防治项目在修水县人民医院正式启动。项目总耗资约500万元人民币，在修水县免费对2500名农村妇女进行宫颈癌筛查，每位筛查对象所用费用约700元左右，所筛查出的癌前期病变及宫颈癌病人将得到免费治疗。比尔·盖茨基金无偿向修水县人民医院提供了电子阴道镜、LEEP刀、电脑等一批设备。中国项目实施方中国医学科学院肿瘤研究所，也对修水项目实施提供了无偿技术援助。

12日 随着景德镇官窑主动发掘的进行，一批珍稀的明代成化年间瓷器被清理出土。考古专家从数百块碎瓷片中，出人意料地发现了目前世界上仅见的明皇室专用花卉罐、白釉小杯和绘画专用调色盒。这些新出土的文物被发现于珠山北麓发掘工地中的成化官窑遗存，这些明代成化年间的碎瓷主要分为三类：青釉盖罐、天球瓶、铺首天球瓶、贯耳瓶、渣斗式花盆、海棠形花盆与盆托；青花花卉纹碗盘、人物纹盘、双狮纹靶盏及各种花草纹盖罐；白釉制的精巧卧足小杯、菊瓣小杯与带子口的调色盒，器型多样，花色繁多，充分展示了当时官窑瓷器的优良品质，大大丰富了成化官窑的品类，为研究成化官窑提供了更多极为珍贵的实物史料。其中有四只不同花色的青花花卉罐，除一种在台北故宫博物院有收藏外，其余的款式花色均为目前世界所仅见，是难得一见的珍品。同时还发现明宣德年间的官窑瓷片，颜色为极为罕见的、属首次出土的青花孔雀绿。这些明宣德官窑瓷片，以孔雀绿釉为主，其中青花孔雀绿釉碗盘和青花孔雀绿梅瓶盖，尤为珍贵，为历年来考古发掘中首次见到。

12日 由中国轻工业联合会、中国国际贸易促进会、江西省人民政府共同举办的首届景德镇国际陶瓷博览会开幕。全国政协副主席王文元、中国轻工业联合会会长陈士能以及江西省领导吴新雄、钟起煌等出席开幕式。国内外知名陶瓷艺术家、国内外参展商和采购商、境外旅游采购团、国内各产瓷区政府代表团以及新闻记者共计2000余人参加开幕式。瓷博会经贸洽谈会有320位客商参加，9个招商引资项目和5个贸易合同成功签约。

12日 江西（浙江）经贸洽谈会在温州召开，450多位客商参加，共签约项目205项，签约资金124.8亿元。

13日 为期3天的华东地区纪检监察工作座谈会在南昌结束。中央纪委副书记夏赞忠出席并讲话，省委书记孟建柱致欢迎词，省长黄智权看望与会代表，省纪委书记傅克诚汇报江西省党风廉政建设和反腐败斗争情况。

13日 以全国政协副主席白立忱为团长的全国政协常委赴赣视察团到达南昌，对江西省食品安全保障体系建设情况进行为期12天的视察。省政府就食品安全工作举行汇报会，白立忱听取汇报，黄智权主持会议，钟起煌等出席。

13日 中组部、团中央赴赣第四批博士服务团总结暨第五批博士服务团欢迎会在南昌举行。孟建柱到会讲话，王君主持会议，董君舒出席。

13日 台湾竹旺国际股份有限公司在高安市上湖乡加工的100多吨盐渍红辣椒已于日前顺利抵达台湾。这批价值50多万美元的产品是9月27日由宜春检验检疫局签发证书直接出口台湾的，这是江西省农产品首次出口台湾，标志着全省对台直通贸易实现了零突破。

14日 省政府近日制定并下发了《关于实行城市居民最低生活保障工作责任制及责任追究的暂行规定（试行）》的通知，要求各地按时、足额发放城市居民最低生活保障金，否则将会受到责任追究。《暂行规定》要求，审计部门负责低保资金的审计工作，监察部门负责监督监察和对低保工作违纪违法案件的查处。

15日 在位于武夷山脉西侧的黎川县湖坊乡的一片森林中，近日发现了多块露出地面的硅化木化石。该化石直径86厘米，呈树兜型，树木的年轮、树皮保存完整清晰。据专家考证这是截至目前，在武夷山脉发现的首例硅化木。此次硅化木的发现对研究武夷山脉物理、古气候、生命起源和地质演变具有不可估量的研究价值。

15日 江西省首条8英寸晶园生产线在南昌经济技术开发区顺利投产，这不仅改写了江西省没有微电子制造业的历史，而且成为我国中部地区最大的半导体测试生产企业。该项目由台湾资深半导体制造企业与财团联合投资成立晶湛（南昌）科技有限公司，总投资为6.5亿美元。晶湛技术来源于美国赛米微尔公司，现有技术及技术发展都与国际先进水平同步，8英寸晶园生产线投产后，年产晶园70万片，年产值可达7.7亿美元，带动相关产业实现产值80亿美元。

15日 中日林业合作“小渊基金”项目管理工作现场会在南昌召开。省人大常委会副主任孙用和出席现场会。“小渊基金”成立于1999年，是由已故日本前首相小渊惠三访华时提议设立的一个民间造林绿化基金。该项目已经在江西省九江县、星子县和共青城三地投入了1.2亿元人民币，用于绿化造林1240公顷。

15日 江西农业大学黄路生博士成为江西省荣获国家杰出青年科研基金第一人，他将获得该基金资助的100万元从事动物遗传育种研究。在今年评出的国家级科研项目中，江西农业大学获资助项目数和项目经费均居全省高校前列。今年该校入选“国家队”的13个科研项目中有12个是由黄博士主持的。

15日 江西经济管理干部学院新校区正式开工。新校区占地41.67公顷，总投资2.8亿元，建筑面积18.1万平方米，建成后可容纳全日制学生6000人至8000人。

15日 全国第四批“放心粮油”产品评比揭晓，授牌仪式在南昌举行。稻盈牌标一晚籼米等10个赣牌大米榜上有名。

16日 由国家粮食局和江西省人民政府举办的2004年世界粮食日中国宣传周活动、中国（南昌）稻米交易展示会暨论坛在南昌开幕。国家粮食局局长聂振邦、中国粮食行业协会会长白美清、中国经济体制改革研究会副会长杨启先、中国粮油食品（集团）有限公司董事长周明臣、中国储备粮管理总公司副总经理文克勤、国家粮食局副局长张桂凤等出席。孟建柱、黄智权、王君、彭宏松等参加展示会。来自全国粮食行业的100家企业参加了稻米交易展示，成交总量80万吨。

16日 “江西省十大杰出青年”评选揭晓。杨文军、万凯、吴理鹏、傅云、韩小英、方勇军、汪洋、江祥林、周昌、王广伟获此殊荣。

16日 樟树第三十五届全国药材（药品）交易会举行。全国各地3800多家医药企业、3.5万人参加。

17日 《江西日报》报道，景德镇民间陶瓷艺人余鹏飞为向瓷都千年华诞献礼，耗时两年，精心烧制了一只直径1.9米、高1.2米、重1.5吨的青花浮雕大瓷缸，需30多人才能搬动。缸体主画面“云山松泉图”出自名家之手，上下雕刻蝙蝠和寿字图案，寓意“福寿吉祥”。据业内人士称，该瓷缸烧制难度极大，成功率低，为目前景德镇所生产的最大的瓷缸，价值至少在50万元以上。

17日~21日 中共中央政治局常委、国家副主席曾庆红在出席第五届全国农民运动会开幕式前后，在孟建柱、黄智权等的陪同下，就贯彻落实党的十六届四中全会精神在江西进行调研，强调要紧紧抓住执政能力建设这个连接点，努力开创伟大事业和伟大工程的新局面。曾庆红对江西这几年在不争论中发展、在不折腾中前进、在不甘落后中奋起，推动城乡面貌所发生的深刻变化给予高度评价。他勉励江西各级党委和政府按照四中全会《决定》精神，继续解放思想闯新路，求真务实谋发展，团结奋斗奔小康，努力实现在中部地区较快崛起。

18日 第五届全国农民运动会开幕式在宜春举行。中共中央政治局常委、国家副主席曾庆红出席开幕式并宣布农运会开幕，中共中央政治局委员、国务院副总理回良玉致开幕词，农运会组委会主席、江西省省长黄智权致欢迎词，农业部部长杜青林主持。全国政协副主席白立忱、阿不来提·阿不都热西提和杨汝岱，以及袁伟民、李志坚、陈耀邦出席。省领导孟建柱、王君、傅克诚、吴新雄、彭宏松、钟起煌出席。来自全国各地的2560名运动员参加14个大项、155个小项的比赛。江西以奖牌总数49枚高居榜首，广东和湖北分别以47枚、46枚排在第二位和第三位。农运会于24日闭幕。

19日 第七批全国“亿万农民健身活动”先进乡镇表彰会在宜春召开。江西省共有安源镇等13个乡镇获此荣誉。

19日 井冈山精神大型展览在江西省博物馆举行。展览于28日结束。该展览自2003年11月在北京首展以来，先后赴天津、杭州、嘉兴、上海等地巡回展览，参观人数达40余万人次。

20日 第四届中国上市公司百强（2003年度）在上海揭晓，江西省的“江西铜业”、“江铃汽车”分别列第六十八位和第六十九位。

21日 宜黄县日前发现3只形似华南虎幼虎的猫科动物，经省野生动植物保护管理局专家和南昌动物园兽类专家鉴定后，确认为国家二级保护动物金猫的幼崽。这是江西省20多年来第一次发现金猫幼崽。宜黄县地处中亚热带常绿阔叶林区，境内建有面积达87万亩的省级华南虎自然保护区，野生动植物非常丰富，是适宜金猫栖息的主要原因。

21日 海峡两岸台商投资（南昌）论坛开幕，黄智权、吴新雄出席，300多名客商参加。

23日 由宁夏回族自治区党委书记、人大常委会主任陈建国，自治区主席马启智率领的宁夏党政代表团抵达江西考察访问。两地领导出席江西、宁夏经济社会发展情况座谈会，陈建国、孟建柱讲话，马启智、黄智权分别介绍情况，傅克诚、吴新雄等出席。

25日 由建设部副部长黄卫，上海市委副书记王安顺，江西省委副书记王君，陕西省委常委、省委组织部部长杨士秋和中组部、国家发改委、建设部有关司局负责人组成的检查组到井冈山干部学院检查建设情况。

26日 中国古陶瓷学会2004年年会暨景德镇千年陶瓷文化研讨会在景德镇召开，来自国内外的200多名专家学者参加，国家文物局局长单霁翔到会讲话。

27日 婺源县文物部门日前在清华镇洪村洪氏宗祠，发现一块清道光四年（1824）刻制的“公议茶规”青石碑，其内容堪称我国古代诚信经营的典范。该石碑镶嵌在宗祠大门旁，高1.5米，宽0.7米，正文以“合村会议”名义，对村中茶叶经营行为进行了规范。公约规定，在村中设公平秤两杆，由专人保管，茶季将公平秤置于祠堂内，村里茶叶买卖，均可入祠校秤；对各地客商，在茶叶品质和“货价高低”上均要做到“前后如一”，不得有欺诈、投机行为，否则查出将“罚通宵戏一台”，银五两入祠。

27日 应联合国教科文组织地科联的邀请，以江西省副省长赵智勇为团长的中国江西代表团参加在意大利马多那召开的世界地质公园代表大会。大会就世界地质公园的管理、世界各国地质公园之间的联系、沟通等问题进行了探讨与交流。大会决定，在江西省庐山设立“联合国教科文组织世界地质公园促进会”和“世界地质公园中国办事处”。同时，中国庐山地质公园分别与北爱尔兰的马克·奥克公园、奥地利的阿尔卑斯山爱森沃尔塔公园、希腊的雷沃斯·佩呈菲尔德森林公园结成友好世界地质公园。庐山与三大公园约定，在相互宣传、交流管理经验，交流最新研究成果，制定游客交流计划等方面进行广泛合作。

28日 首届江西青年科学家学术年会举行。这次年会以“使命——江西崛起与江西青年科学家的时代责任”为主题，设开幕式大会场和20个专题会场。孟建柱出席开幕式并讲话。孟建柱、黄智权、傅克诚会见出席年会的院士和专家。

29日 江西省第一家医疗废物处置设施——赣州市医疗废物处置中心正式落成，并从今日起运营。该医疗废物处理中心总投资规模1500万元，配置有日处理8吨医疗废物的二次焚烧炉等配套的医疗废物处置设施，采用二次高温焚烧处置工艺，医疗废物处置残留不含细菌，废水经净化处理后循环使用，不排放污水，符合环境保护和卫生要求。

30日 赣州市今日起派员到全国高等院校公开选拔200名优秀大学本科生到基层工作。这是该市计划5年招收1000名大学生到基层工作的第一年。

公元2004年11月							农历甲申年【猴】						
日	一	二	三	四	五	六	日	一	二	三	四	五	六
	1 十九	2 二十	3 廿一	4 廿二	5 廿三	6 廿四	7 立冬	8 廿六	9 廿七	10 廿八	11 廿九	12 十月大	13 初二
14 初三	15 初四	16 初五	17 初六	18 初七	19 初八	20 初九	21 初十	22 小雪	23 十二	24 十三	25 十四	26 十五	27 十六
28 十七	29 十八	30 十九											

1日　江西省又一条出省主干道——景婺黄（常）高速公路开工新闻发布会在南昌举行。该高速公路是国家规划的重点公路，由通向安徽黄山的景德镇至婺源（塔岭）高速公路和通向浙江常山的白沙关至婺源高速公路组成，总长151.29千米，工程概算总投资67.7亿元。

1日　江西省开始启用新版《流动人口婚育证明》。新版《婚育证明》发放时，严禁乱收费或收取抵押金，严禁流动人口户籍地以任何理由使用非国家统一格式的《婚育证明》或无正当理由拒绝为流动人口办证。根据规定，新版《婚育证明》有效期仍为3年，旧版《婚育证明》尚有库存的，可以继续发放，已办理的旧版《婚育证明》在有效期内仍然有效。

1日　《江西日报》报道，记载汤显祖家族西汉时徙居临川的汤氏宗谱惊现金溪县左坊乡善山。这是继在临川区云山镇圳上、七里岗乡西塘，金溪石泉、南塘，安徽贵池等地发现汤氏宗谱之后的又一重大发现。新发现的汤氏宗谱共有5本，为1915年木刻活字宣纸印刷。卷首有《殷氏重修谱序》等近20篇序记。其中唐武德七年（624）自号“隐叟”的殷正行所作的《殷氏重修谱序》里面记载了汤显祖祖先殷正行家族从周朝初期就居住在临川小桨（今云山、唱凯、李渡一带）的史实，汤显祖家族原姓殷，宋初避赵宋皇帝父讳改姓汤，谱中的“宣慰公（万四公）”原名“殷崇礼（汤净）”。该序中还有唐文宗太和二年（828）至宋太祖乾德五年（967）殷分迁地域的详细记载，以及宋太祖乾德五年至明嘉靖二年（1523）共558年汤氏子孙繁衍生息的全部资料。关于汤显祖的祖籍，历来说法不一，以前的资料只能考证为南唐始徙临川。善山汤氏宗谱的发现，将汤显祖家族从中原南迁徙居临川的记载提前了近千年，为汤显祖家族从中原南迁至临川提供了有力的佐证。

1日~2日　中纪委、监察部依纪依法规范信访举行工作座谈会在景德镇召开。中央纪委副书记张惠新出席会议并讲话，傅克诚到会致词。

2日　江西省少数民族地区建设工作领导小组第五次会议在南昌召开。吴新雄出席并讲话，凌成兴主持会议。

3日　以“交流·合作·共赢”为主题的长

三角（3+2）青年论坛在江西举行。此次论坛由江西、上海、浙江、江苏、安徽五省（市）团委、青联共同主办，共青团江西省委、江西省青联承办。孟建柱等会见了出席论坛的五省（市）青年代表。王君出席论坛开幕式并致词，共青团中央书记处书记王晓在开幕式讲话。开幕式上，五省（市）团委负责人为论坛揭幕并共同签署了长三角（3+2）青年交流合作框架协议。

3日　广丰县管村乡日前发现一大批保存较好的明清古建筑群，既有民宅、祠、石拱廊桥，也有标志性牌楼式建筑小品等，面积较大、保存较完整。这批古建筑群中的代表建筑物有管氏宗祠、祝氏宗祠、文昌阁等。该建筑群布局上体现了古代的风水理念，也包含了古代合理的环境保护因素；建筑风格上延续了明清的建筑传统，又融合了皖、浙、赣、闽的建筑手法，形成了赣东北地方特色的建筑风格。

3日　科考专家日前在省级自然保护区官山，发现一批具观赏价值的中国特有植物银钟花。这些银钟花位于官山山北龙门林场海拔700米处，共有4棵，大的高20余米，胸径达40多厘米。此次是官山保护区组织专家为申报国家级自然保护区进行科考时发现的。银钟花系落叶乔木，野茉莉科，属国家二级保护植物，中国特有物种。此花在江西省其他地方有极少量的分布。这一发现，对研究植物演化及其当地地质、区系等具有十分重要的价值。

4日　全国综合交通发展规则座谈会在星子县召开。国家发改委副主任张晓强，省委副书记、常务副省长吴新雄出席会议并讲话。来自国家发改委、交通部、铁道部、民航总局等有关部委及各省、市、自治区的代表200余人参加了会议。

5日　全省专项治理损害群众利益突出问题工作汇报会在南昌召开。傅克诚强调，专项治理损害群众利益突出问题工作时间紧，任务重，要求高，各地各部门一定要以求真务实的精神和作风，狠抓工作落实，务使专项治理工作取得让人民群众看得见、摸得着的新的明显成效。

6日　江西省第五届老年人健身体育运动会在南昌八一体育场开幕。孟建柱宣布开幕，黄智权致开幕词。来自全省11个设区市和22个省直、行业系统的33个代表团，2000余名老年运动员争夺10个项目的奖牌。

6日　中粮（江西）米业有限公司在进贤县正式投产。该公司是由中国粮油食品（集团）有限公司和江西金佳谷物股份有限公司共同兴建的，总投资2.6亿元，年加工处理原粮40万吨，可年产蒸谷米18万吨、白米6万吨。它的建成，填补了中国蒸谷米生产及出口的空白，产品将主要销往国际市场。

7日　由孟建柱、黄智权率领的江西赴安徽学习考察团，启程赴安徽进行为期3天的考察学习。

7日　江西省100多家互联网相关企业负责人共同在一句誓言下签上自己的姓名。这句誓言是：“奉行行业自律规则，接受社会监督，共同推进中国互联网行业健康有序发展。”至此，江西省互联网企业签署《中国互联网企业自律公约》工作启动。

8日　第四届中国网络媒体论坛在南昌开幕。本届论坛的主题是“营造健康向上的网络环境”。中央外宣办副主任、国务院新闻办公室副主任蔡名照，省委副书记王君等出席并讲话。

9日　由人民网、新华网等全国26家知名网络媒体参与的“崛起江西”中国网络媒体江西行活动在南昌启动。中央外宣办副主任、国务院新闻办公室副主任蔡名照，副省长赵智勇出席启动仪式并讲话。

10日　江西省国家安全厅成立10周年纪念暨表彰大会在南昌隆重举行。会议传达了孟建柱对加强国家安全工作的批示，孟建柱在批示中要求，各级党委、政府和各有关部门要从巩固党的执政地位、维护国家安全、确保社会政治稳定的高度，进一步重视和加强对国家安全工作的领导，既抓大事，又办实事，切实为国家安全工作的顺利开展创造良好条件，不断开创全省国家安全工作的新局面。

10日　由嘉兴、南昌、北京有关部门联合举办的为期4天“红旗颂”书画联展在南昌隆重举行。三地知名画家创作了100余幅形象生动的作品参加次此联展。这些作品主题鲜明、技法娴熟、风格各异，内容既有反映革命历史题材的人物画，如《人民军队的缔造者》、《一大代表》、《延安五老》等，也有描绘祖国壮丽山河及革命领袖曾经战斗生活过的地方，如《巍巍井冈山》、《军旗升起的地方》、《南湖》等。

11日 由全国党建研究会社区党建研究专业委员会主办的全国社区党建论坛在南昌举行。全国党建研究会会长张全景、省委副书记王君出席论坛并讲话。论坛于12日结束。

12日 黄智权主持召开第二十七次省政府常务会议，研究部署加强食品安全工作，并原则通过《江西省农作物种子管理条例（草案）》和《江西省出版监督管理条例（草案）》。

13日 由省委组织部、省委宣传部、省司法厅联合组织的2004年江西省领导干部法律知识考试在全省11个设区市和省直部门同时举行，全省共有12万余名领导干部参加了考试。

14日 全省行政监察工作会议在南昌召开。

15日 第三届江西省"十佳记者编辑"表彰大会在南昌召开。燕平、桂榕、温燕霞、张爱明、曲歌、吴志刚、李良生、刘卫国、周炳炳、欧阳文成被授予第三届江西省"十佳记者编辑"。

16日 全省再就业工作表彰大会召开。

16日 省委、省政府发出贺信，祝贺新余钢铁有限责任公司年销售收入超过100亿元。

17日 全省再就业小额担保贷款工作座谈会在南昌举行。会议指出，要提高认识、统一思想，确保全省今年发放小额担保贷款2亿元。彭宏松在讲话中强调，各地、各有关部门要充分认识推进小额担保贷款发放工作的重要意义，增强紧迫感和危机感，确保发放工作继续走在全国前列。抓住重点，努力推进县（市、区）小额担保贷款的发放工作，进一步完善货款政策和操作办法。

18日 世界客属第十九届恳亲大会暨中国（赣州）客家文化节在赣州开幕。全国政协副主席、中央统战部部长刘延东宣布开幕，全国政协副主席罗豪才，省委书记孟建柱，省长黄智权，全国人大华侨委员会主任委员陈光毅，全国人大常委、香港金利来集团有限公司董事局主席曾宪梓，省委副书记王君，省委副书记、常务副省长吴新雄，省政协主席钟起煌，全国政协常委、中国文联副主席杨伟光，国务院侨办副主任许又声，中国侨联副主席李祖沛，全国政协港澳台侨委员会副主任张伟超，省委常委、省委秘书长陈达恒，省委常委、赣州市委书记潘逸阳，省人大常委会副主任朱英培，省政协副主席、省委统战部部长王林森等出席开幕式。省长黄智权、客属乡贤代表曾宪梓讲话。大会为期3天，有3000多名客属代表参加。

赣南客家文化游

19日 考古工作者近日在大余县池江镇西北的杨梅村，发现一座明代袖珍石城遗址。据考证，该城建于明嘉靖四十四年，因山岭形似杨梅果，故得名杨梅城，系"南安九城"之一，至今城中仍然居住着300多户、1500名王姓居民。杨梅土城长约350米，宽约200米，占地7万余平方米，呈南北向椭圆形，东南西北四面设城门，保留着少量的瞭望孔。南门外有护城河。城垣坍塌严重，西墙、南墙墙砖已完全被毁坏，仅存部分墙基；东墙、北墙仍有较完整的残基，其中东墙高3米至4米，墙厚2.5米，主要由青砖铺砌而成，一条宽1.5米的卵石小路环城而建。城内街巷曲折，古居密集，且大多为砖土木平房，另有两座客家祠堂。杨梅城地的发现对研究明代建筑、军事、民俗具有重大的历史价值，是不可多得的活生生的"明代博物馆"。

20日 省委举办统一战线工作报告会，邀请全国政协副主席、中央统战部部长刘延东作题为《深入学习贯彻党的十六届四中全会精神，开创新世纪新阶段统一战线工作新局面》的报告。

20日 首届江西农业产业化成果展暨项目推介会在南昌开幕。孟建柱、黄智权参观展示企业，彭宏松宣布开幕。1000余种农产品和252家企业向各方客商展示江西农业产业化成果。

21日 由中共中央党校学习时报社和九江市委、九江市政府共同主办的全国创建学习型城市论坛2004年年会在九江举行。来自全国各地的党政领导干部、专家300余人参加会议。

22日 江西省落实党风廉政建设责任制工作电视电话会议召开。省委书记、省落实党风廉政建设责任制工作领导小组组长孟建柱在会上讲话强调，各地区、各部门要立即行动起来，按照全国落实党风廉政建设责任制工作电视电话会议的部署，结合本地本部门的实际，抓住党风政风方面的突出问题，特别是要紧紧围绕群众关注的热点、难点问题，找准解决问题的切入点和工作的着力点，创造性地开展工作，扎扎实实地推进党风廉政建设和反腐败斗争。中央巡视组组长贾军、副组长张志新应邀出席。

23日~25日 国务委员唐家璇在江西考察对台工作。

24日 一块由南宋大理学家朱熹手书“碧落洞天”石刻在弋阳叠山书院对外展示，吸引了众多游客和书法爱好者前来观赏。南宋淳熙三年（1176）秋，46岁的朱熹来到弋阳龟峰游览，并选择碧落书院作为讲学处。临别前为碧落书院留下“碧落洞天”四个篆体大字，寓意为碧落书院虽小，却别有一番洞天之意。

25日 全省培养选拔党外干部工作座谈会在南昌召开。王君、董君舒到会讲话，王林森主持会议并作总结讲话。

26日 江西省第十届人民代表大会常务委员会第十二次会议通过《江西省保护性开采的特定矿种管理条例》、《江西省各级人民代表大会常务委员会讨论、决定重大事项的规定》、《江西省古树名木保护条例》，自2005年1月1日起施行。

28日 江西省江苏商会在南昌正式成立，成为联系在赣江苏企业，吸收和帮助江苏民间资金来赣投资，推进苏赣经济合作、技术交流的社会组织。

29日 横峰县近日新发现第二次国内革命战争时期闽浙赣革命旧址三处，分别是“闽浙赣红军总医院横峰分院”、“闽浙赣省劳动小学教员训练班”及“闽浙赣省少年模范团”。这三处旧址的发现对研究闽浙赣三省的历史及丰富当地的红色旅游资源有着重大的作用。

29日 部分在赣的全国人大代表、省人大代表前往赣州市、宜春市、南昌市等地，对江西省检察机关的工作进行视察。在12月4日的视察情况反馈会上，人大代表希望全省检察机关不断加强规范化、信息化建设，吸引更多的人才，进一步提高检察人员的法律业务水平，增强素质兴检，科技强检、业务兴检的能力，更好地适合检察工作的需要。

30日 省政府召开全省煤矿、烟花爆竹安全生产工作紧急会议，传达、贯彻落实孟建柱、黄智权对安全生产工作分别作出的批示和指示，通报、分析近期全国发生的几起特别重大安全生产事故和全省发生的两起重大安全生产事故，部署岁末年初安全生产工作。会议强调，要深刻吸取事故教训，着力做好以煤矿、烟花爆竹为重点的生产、交通、防火三大安全工作，着重做好打击非法生产，反对超量生产，严禁违规生产工作。抓好元旦、春节期间的生产、交通、防火安全，努力实现明年三大安全工作的良好开局，保持安全生产的平稳态势，为全省经济建设和社会发展创造良好的稳定的安全环境。

本月 共青团中央、水利部、农业部、财政部、国家林业局和全国青联共同组织开展的“中国十大杰出青年农民”评选揭晓，江西余江县青年农民万河保榜上有名。

公元2004年12月							农历甲申年【猴】						
日	一	二	三	四	五	六	日	一	二	三	四	五	六
			1 二十	2 廿一	3 廿二	4 廿三	5 廿四	6 廿五	7 大雪	8 廿七	9 廿八	10 廿九	11 三十
12 十一月小	13 初二	14 初三	15 初四	16 初五	17 初六	18 初七	19 初八	20 初九	21 冬至	22 十一	23 十二	24 十三	25 十四
26 十五	27 十六	28 十七	29 十八	30 十九	31 二十								

1日　江西省新增两条国际航线：南昌—上海—洛杉矶和南昌—上海—汉城。

1日　《江西省道路交通安全违法行为罚款具体执行标准规定》正式实施。该法规是江西省关于道路交通安全管理方面的第一个地方性法规。该法规是省人大常委会根据《中华人民共和国道路交通安全法》第123条的授权，根据江西的实际制定的。它规范的对象涉及所有交通参与者，包括行人、非机动车驾驶人、机动车驾驶人、运输企业、施工单位和交通警察，明确了有关道路交通安全违法行为在全省行政区域内罚款的具体标准，有利于提高全省交通参与者的道路交通安全意识，同时也统一了全省公安交通管理部门及交通警察的执法尺度，避免了对同一交通违法行为存在不同罚款标准的现象，有利于全省道路交通安全管理。

2日　杂交棉新组合"赣杂106"近日在新余市渝水区选育成功，它填补了江西省无自行选育杂交抗虫棉的空白。"赣杂106"是由省棉花研究所和渝水棉花原种场合作选育的，生育期为131天，株型大，具备生长势强、挂果多、后劲足、不早衰等特性，能夺高产。测产数据显示："赣杂106"平均亩产籽棉398.9公斤，亩产皮棉153.6公斤，与中棉所29号相比，亩产籽棉增长13.97%，亩产皮棉增长10.82%。该棉对棉铃虫、红铃虫等具有抗性，每亩可为棉农节约农药费100元至200元。

3日　江西省青年文明号活动组委会在南昌举行十周年表彰大会，省人大常务副主任孙用和、省政协副主席金异为获奖者和获奖单位颁奖。青年文明号活动是共青团联合各行业（系统）开展的弘扬高度职业文明、创造一流工作业绩的精神文明创建活动。会议授予井冈山市消防大队等14个集体为杰出青年文明号、授予新余市公共汽车公司1817号车组等14个集体优秀青年文明号、授予《江西日报》政教部等10个集体和陶武盛等10人突出贡献奖，授予江西省电力公司团委等81个集体优秀组织奖、授予李民园等80人先进个人奖。

3日　一部全面反映新世纪以来江西省大开放巨大成就的电视专题片——《开放潮头的江西》在江西卫视首播，并引起了省内外各方面对江西经济的关注。专题片大气磅礴，振奋人心，既是一部展示江西省对外开放新形象的宣传片，也是一部很好的对外招商片。这部由省发改委和江西电视台联手打造的专题片共分四集，分别为《八面来风》、《乘势而上》、《品牌筑基》和《崛起之光》。专题片用大量翔实的数据、生动的对比以及动人的故事，热情地讴歌了全省实施大开放战略取得的成就，同时也反映和总结了全省发展开放型经济的基本经验和基本理念。

3日 中国瓷都景德镇千年华诞陶瓷展览会在北京炎黄艺术馆亮相，2100多件陶瓷精品全面展示了景德镇陶瓷发展的历程。本次展览集陶瓷精品展示、陶瓷文化交流、陶瓷产品交易为一体，共展出陶瓷精品1000件，拍卖品100件，礼品瓷1000件，其规模之大、档次之高、品种之全、名家作品之多，超过了建国以来景德镇在北京乃至全国各地举行的任何一次展览。这批瓷器价值在3000万元以上，制作年代最早可追溯到晚清，囊括了景德镇近代、现代和当代陶瓷艺术大师的顶峰之作。展览展示了景德镇千年制瓷历史和文化，代表了中华民族深厚的文化底蕴，充分体现中国陶瓷传统文化和现代艺术的文化盛事。

4日 江西、湖北、河南、山西、湖南及武汉市主流媒体组成的"聚焦中部话崛起"采访团在江西进行为期8天的采访。

4日 共青团南昌市委、南昌市青年企业家协会在江西人才市场举办第三届青年创业暨百家企业招聘大会。大会为应聘青年提供就业岗位5000多个，涉及金融、教育、科技、网络、医药、旅游、房地产等多个行业，有近万人参加。

5日 由团省委、省电信有限公司、省青年志愿者协会联合组织的青年志愿者"创建绿色环境，推进健康上网"宣传教育活动在全省全面启动。为引导广大未成年人健康上网，青年志愿者决定联合起来，从我做起，带头健康上网，发挥示范作用，帮助青少年正确理解和使用互联网，向青少年推荐有利于其健康成长的网络产品，监督不良网站及不良上网行为，努力营造有利于青少年健康成长的网络环境。

6日 省委召开常委会，传达中央纪委关于丁鑫发严重违法违纪问题的处理决定。孟建柱在会上讲话。

7日 中外合资江西晨鸣纸业有限责任公司签字仪式在南昌举行。随着合资五方——山东晨鸣纸业集团股份有限公司、南非萨佩公司、韩国新茂林制纸公司、国际金融公司（IFC）和江西纸业股份有限公司代表在合同上签字，国际一流的大型造纸企业——江西晨鸣纸业有限责任公司正式成立。孟建柱、黄智权会见合资方代表，吴新雄出席签字仪式并讲话。

8日 国内最大的箭筒日前在景德镇问世。该箭筒高2.8米，历时6个月，由龙兴瓷厂烧制而成。箭筒过去用于放笔，现在经过演变成为一种装饰品。

8日 在宜丰县天宝乡辛联村近日出土东汉器物10余件，其中陶罐7件，陶壶、铁剑及铁鉴各1件。经文物部门初步鉴定，这些器物均为东汉时期物品，系古墓随葬品。这批文物的出土，对于研究陶业史、陶器工艺及铁器的铸造工艺，有着十分重要的价值。

9日 由中国气象局投资100万元，采用最新电子元件数字探空技术的江西省首部L波段测风雷达在南昌气象观测站安装成功。

10日 黄智权主持召开第二十八次省政府常务会议，通过《江西省行政机关实施行政许可监督办法》、《江西省粮食收购资格许可管理办法》和《江西省国有土地出让金用于农业土地开发专项资金管理办法》。

11日 为期3天的"中国女排——英雄城之旅"系列活动在南昌举行。中国女排领队李全强表示，这次英雄城南昌之行对我们这支队伍进行革命传统教育、艰苦奋斗的教育是非常有意义的，能激励我们在2008年奥运会上再创辉煌，奋力拼搏取得好的成绩。在赣期间她们参观了八一起义纪念塔、滕王阁、南昌县莲塘三中。

12日 2004年全国中学生数学联赛（江西赛区）颁奖大会在江西师大附中举行。大赛共决出一等奖37名，二等奖66名，三等奖107名。其中，江西师大附中的罗晔同学以257分的绝对优势夺得一等奖。团体总分前六名的学校分别是：临川二中、鹰潭一中、临川一中、新余一中、南昌十中及南昌二中。

13日 南昌大学与IBM有限公司在南昌举行软件人才教育伙伴合作协议签约仪式。这标志着IBM公司将南昌大学纳入了与教育部签署的“IBM中国高校合作项目”，与清华大学、北京大学等高校一道成为IBM在中国的合作伙伴。省委书记孟建柱、省长黄智权分别会见了IBM大中华地区董事长兼首席执行总裁周伟焜一行。双方将在课程体系建设、师资培训示教、专业技术认证、教学平台共建、校园科技活动和技术支持服务等方面进行切实可行的有效合作，共同培养更多实用型、多层次和高素质的科技人才。这种校企合作模式，对于提高人才培养质量，促进科技开发和科技成果转化具有十分重要的意义。

13日 由江西省档案局（馆）和上海市局（馆）联合举办的，记载18万上海知识青年在红土地的档案图片展《难忘青春岁月——上海知青在江西》在上海市档案馆外滩新馆开幕。展览分为《红土地的新群体》、《难忘江西岁月》、《浓浓赣水情未了》三个版块，以丰富的历史照片真实记录了上个世纪六七十年代18万上海知青告别繁华都市，离开父母家人在江西工作、生活、学习的情景。展览生动地反映了江西人民以宽广的胸怀热情接纳他们，在难忘的岁月结下了珍贵的友谊，充分展现了上海知青不忘第二故乡，用各种方式回报江西人民，不断续写赣沪情谊的感人场景。

14日 省政府日前正式批准颁布《江西省红色旅游发展纲要》，标志着全省红色旅游已经步入发展快车道。六条精品线路是：“中国红色旅游概念线路”：上海—嘉兴—南昌—井冈山—瑞金—长汀—高州—遵义—延安—西柏坡—北京；“江西红色文化旅游金牌线路”：南昌—井冈山—赣州—瑞金；“赣湘红色文化旅游精品线路”：南昌（或井冈山）—萍乡—韶山—长沙；“赣闽粤红色文化旅游精品线路”：赣州—瑞金—长汀—龙岩—梅州—广州；“赣浙沪红色文化旅游精品线路”：南昌—龙虎山—上饶—三清山—杭州—嘉兴—上海；“赣鄂红色文化旅游精品线路”：武汉—黄冈—九江（庐山）—共青城—南昌—井冈山。

15日 江西省政府与国家教育部在南昌大学前湖校区签署共建南昌大学协议。教育部部长周济，省领导孟建柱、黄智权、吴新雄出席签字仪式。

南昌大学前湖校区

16日 江西省出口埃及的K8E飞机合作生产和研发中心项目入选“20世纪中国重大工程技术成就”。

16日 全国最大的年产10万吨有机硅项目奠基仪式在蓝星化工新材料股份有限公司江西星火有机硅厂举行。此项目的建成，不仅进一步巩固了蓝星在国内有机硅行业的龙头地位，也有助于推动蓝星跻身世界有机硅5强的行列。省委副书记、常务副省长吴新雄，副省长凌成兴，中国化工硅团副总经理周乐文等出席仪式并为奠基培土。

17日 省政府与省总工会举行第五次联席座谈会。黄智权出席会议并讲话。

17日 南昌天香园获上海大世界基尼斯总部颁发的“城市景区候鸟之最”奖牌。

18日 江西省重点小型病险水库除险加固现场会在抚州市临川区老赵水库召开。该现场会的召开意味着全省77座重点小型病险水库除险加固工程全面启动。会议要求，各地要按照属地管理、分级负责的原则，实行目标责任制，切实加强领导，积极筹措除险加固建设配套资金，确保工程建设顺利实施；各地要加强病险水库除险加固资金的管理，中央和省补助资金要全部用于大坝稳定、基础防渗、泄洪安全等主体工程建设，严禁截留、挤占、挪用、转移建设资金，确保专款专用；各地要严格落实项目法人制度、工程招投标制度，强化工程质量监督和管理，确保工程建设质量和进度，使工程尽早发挥效益。根据省政府明确的资金筹措渠道和各级政府的筹资比例，77 座小型水库加固资金，省负责 50%，设区市负责 30%，县及县以下负责 20%。

20 日 江西省作家贺焕明撰写的长篇传记文学《史镜·文廷式大传》电子版图书近日在“中文在线”问世。这是江西作家创作的第一部供网上读者在线付费阅读的新型图书样式。文廷式，系江西萍乡籍历史名人，清末著名爱国者、词人、学者、维新思想家、光绪皇帝近臣。

20 日 省委宣传部、省邮政局在南昌联合召开全省党报党刊发行工作督促会，通报了全省发行情况，有针对性地提出了发行要求，动员全省各级党组织采取过硬措施，切实把中央和省委关于做好 2005 年度党报党刊发行工作的要求贯彻好、落实好，全面完成《人民日报》、《求是》杂志、《江西日报》、《光明日报》、《经济日报》等党报党刊征订任务。

21 日 经过中国文化十大园项目创建委员会学术委员会专家组的论证和考察，中国汉语文化园决定落户南昌。该项目初步选址为红谷滩新区南端的龙山风景区，预计总投资 10 亿元，第一期工程将在两年内完成。

22 日 为期 3 天的中国赣州钨业发展战略研讨会闭幕。来自中国工程院的院士和 100 多位专家学者参加会议。

23 日 全国实施农村中医药教育项目工作会议在南昌召开。从 2005 年开始，中央财政将安排 2512 万元专项资金，对全国 4000 名乡镇卫生院中医临床技术人员和 10082 名在岗无学历的乡村医生，进行为期半年的脱产培训和中医专业中专学历教育培训。这是我国为切实加强农村中医工作，充分发挥中医药在农村医疗保健服务中的作用而实施的一项重要措施。全省 138 名乡镇卫生中医临床技术骨干和 241 乡村医生分别获得这两个项目的培训。

24 日 江西省首次举办为期 3 天的“2004 海外学人回国创业周——江西行”活动。参与此次活动的海外留学人员共有 46 人，分别来自 12 个国家的高校、科研院所和投资机构。

25 日 全国优秀教师师德报告会在江西艺术剧院举行。由中宣部、教育部联合组织的全国优秀教师师德报告团，包括江西永修县柘林镇黄岭小学太阳山教学点教师邹有云，上海尚文中学教师黄静华，湖南郴州市苏仙区塘溪乡五马垅小学教师盘振玉，北京师范大学教授林崇德五位优秀教师。在南昌举行的报告会上，报告团成员用自己的先进事迹和独特感悟，阐释了师德的丰富内涵。

25 日 为期 3 天的省政协九届十次常委会议在南昌举行，省委副书记、常务副省长吴新雄应邀到会通报今年经济运行情况，并就《政府工作报告》起草的有关情况作说明。

26 日 江铃集团 VM 发动机工厂在南昌县小蓝工业园举行了隆重的奠基仪式。该项目是江铃汽车集团公司从意大利戴—克 VM 公司引进的，是江铃继 493Q 发动机项目投产后实施的第二个“心脏”工程。该项目总投资 6.97 亿元，总规划年生产发动机 12 万台，分两期建设，2006 年首期建成后年生产发动机达 6 万台，成为全国重要的车用发动机生产基地。

26 日 中央统战部、国家发改委、人事部、国家工商总局、全国工商联日前联合在非公有制经济人士中开展了评选“优秀中国特色社会主义事业建设者”活动。全国 100 名非公有制经济人士优秀建设者受到了表彰，江西省汇仁集团有限公司董事长陈年代、蓝天职业技术学院院长于果榜上有名。

27 日 黄智权主持召开省政府第二十九次常务会议，决定江西省 2005 年普通高考实行部分科目自主命题改革，通过《江西省人民政府二〇〇五年立法工作计划》、《江西省人民政府关于省以下国土资源管理体制改革的实施意见》。

28日　全省组织部长会议在南昌召开。会议的主要任务是，认真学习贯彻全国组织部长会议精神，回顾总结今年的组织工作，安排部署明年工作。会议传达了孟建柱对做好明年组织工作提出的要求和希望。孟建柱要求全省各级组织部门要再接再厉，以发展的眼光、改革的精神、务实的作风，出色完成明年组织工作的各项任务，保证全面贯彻落实党的十六届四中全会精神第一年有一个良好的开局。一要认清形势，明确组织部门的使命和责任。二是注意工作方法，提高组织工作的质量和水平。三要加强自身建设，进一步改善组工干部的作风和形象。

28日　一部历时8年编纂而成的《瓷业志》在景德镇举行首发式，它的问世，填补了我国地方瓷业志的空白，具有重要的史料价值和权威性。该部瓷业志由中国方志出版社出版，全书120余万字，翔实记载了自有史以来至1985年的景德镇瓷业历史，该书体制宏大，共分瓷业原料志、瓷器制作志、瓷器装饰志、瓷器经营志、瓷业品种志、瓷器贸易志、瓷业厂矿志、陶瓷科技志、陶瓷教育志、瓷业人物志、瓷器文物志、瓷业习俗志12个分篇，时间跨越近两千年，反映了历朝历代景德镇瓷业的兴衰得失，对从事陶瓷生产、贸易、科技研究以及收藏具有重要的价值和作用。

29日　南昌至深圳出口业务实现“一卡通”，海铁联运开始试运行。

30日　省政府在南昌召开全省第六次个体私营经济工作暨非公有制经济人士优秀建设者表彰大会。

31日　江西省信息化工作领导小组在南昌召开了“政务通”机关办公软件演示推介会。省委副书记、常务副省长、省信息化领导小组组长吴新雄出席会议。这套软件包括“三网、四站、五部分、六十模块”，初步实现了行政管理观念与计算机运用技术的有效结合，能大大提高工作效率，具有很强的实用性和推广价值。省直机关各部门加快电子政务建设步伐，积极运用江西省自主开发的软件，这对于全省软件产业的快速发展具有重要意义。

2005年

全省认真落实国家一系列重大战略决策和部署，开拓进取，扎实工作，经济呈现出又快又好的发展势头，各项社会事业健康发展，城乡居民生活水平不断提高，社会保持和谐稳定，全面和超额完成了“十五”计划确定的经济社会发展目标。全省国民经济继续保持较快的增长，全省生产总值同比增长12.8%，人均生产总值按当年平均汇率换算，突破1000美元大关。经济结构调整取得积极成效，全省产业结构进一步巩固与发展，工业成为推动经济快速增长的主导力量，农业基础地位更加巩固，现代服务业有新的发展，个私经济占全省生产总值的36.1%。全省农业、工业和建筑业、固定资产投资、国内贸易、对外经济、交通邮电和旅游、金融和保险业、教育和科学技术、文卫和教育、资源与环境、人口、人民生活和社会保险等各个方面都取得了令人瞩目的成就。

保持共产党员先进性教育活动 根据中央统一部署，全省保持共产党员先进性教育活动工作会议召开。会议要求全省各级组织、各级党员领导干部和广大党员以高度的政治责任感，良好的精神状态，求真务实的作风，切实抓好先进性教育活动，达到提高党员素质、加强基层组织、服务人民群众、促进各项工作的目的要求。全省保持共产党员先进性教育活动分三批进行。本年进行了两批，1月至6月，在省、市、县党政机关和部分企事业单位开展；7月至12月，在全省城市基层和乡镇机关中开展。整个活动贯穿学习实践“三个代表”重要思想这条主线，紧密联系江西的实际进行。

“希望在山，潜力在水，重点在田，后劲在畜，出路在工”20字方针 为推动农业和农村经济再上新台阶，优化农业区域布局，调整农产品结构，加快农业产业化经营，江西省在“十五”期间提出了“希望在山，潜力在水，重点在田，后劲在畜，出路在工”的方针，这是一条具有江西特点的兴农富民之路。实施“20字”方针以来，在林业和经济作物方面，当年，全省林农增收26.96亿元，全省农业人口人均增收84.45元，全省经济作物产值同比增长228亿元，新增纯收入29亿元，全省经济作物良种覆盖率达95%以上，水产养殖面积扩大14万亩，国有粮食企业早稻收购量达27亿公斤，占全国早稻收购量的一半左右，全省有46个县（市、区）的主导畜产品产值超过了当地粮食作物产值。

“百姓创家业，能人创企业，干部创事业” 全省领导干部会议围绕和谐创业、富民兴赣的主题，总结2005年上半年工作，部署下半年工作。这次会议是江西省进入新世纪以来，推动思想解放，深化发展思路，突破发展瓶颈，在江西崛起进程中具有鲜明的阶段性特征的又一次重要会议。省委书记孟建柱在讲话中指出："要让一切有利于创业的思想活跃起来，把各类创业主体激活起来，使一切领域的创业潜能充分发挥出来，在全省形成百姓创家业，能人创企业，干部创事业的生动局面，以创业推动发展，以创业带动就业，以创业加快致富，以创业推动和谐"。随后，省委组织"推动全民创业，加快富民兴赣"专家宣讲团，分赴全省11个设区市和所有县（市、区）及部分大型企业宣讲。31位宣讲团成员历时10天，共作宣讲报告120场。各新闻媒体广泛推介创业先进典型事迹，全民创业的主题活动在各地深入展开，一个"百姓创家业，能人创企业，干部创事业"的热潮在全省兴起。

坚持一个统领，大力推进"五化"，建设"三个江西" 中共江西省委十一届十次全会，认真讨论审议省委常委会2005年度工作报告和省委关于制定全省国民经济和社会发展第十一个五年规划的建议，孟建柱就如何贯彻落实全会精神讲了话。他说，这次全会明确提出了"十一五"时期我省经济社会发展的指导思想、总体要求，概括起来就是要坚持一个统领（坚持以科学发展观统领经济社会发展全局），大力推进"五化"（农业农村现代化、新型工业化、新型城镇化、经济国际化和市场化），建设"三个江西"（创新创业江西、绿色生态江西、和谐平安江西）。

"民声通道" 自2004年5月开始，为使基层广大干部群众的呼声可以直达省委，省委办公厅设立"民声通道"，先后向社会公布了24小时开通的移动电话和电子邮箱，开通了短信平台。一年多来，省委办公厅"民声通道"共收到电子邮件1500多封，手机短信800多条，手机电话3000多个，总共5300多封（条）。目前，全省11个设区市、99个县（市、区）都已经开通了"民声通道"，并取得了初步成效。孟建柱实地察看了"民声通道"工作情况后指出，要在不断创新和完善中，进一步提高"民声通道"的知名度与公信度，充分发挥"民声通道"在建设社会主义和谐社会中的重要作用；要进一步加强协调，加强"民声通道"体系建设，努力使"民声通道"成为了解民意、反映民情、解决民忧的主渠道；要借鉴"民声通道"的经验，进一步推动省直机关工作创新。

全省本年主要经济指标情况 全年国民经济继续保持较快增长，生产总值突破4000亿元，达到4056.2亿元，增长12.8%，其中：第一产业增加值770.0亿元，增长6.5%；第二产业增加值1914.9亿元，增长17.1%；第三产业增加值1371.3亿元，增长10.8%。人均生产总值9439元，按当年平均汇率换算，突破1000美元大关。经济结构调整取得积极成效。全省三次产业结构由上年的19.2∶45.3∶35.5调整为19.0∶47.2∶33.8，第二产业提高1.9个百分点，二三一结构得到进一步巩固与发展。工业成为振动经济快速增长的主导力量，工业增加值占生产总值的比重达到35.9%，比上年提高2.9个百分点。农业基础地位更加巩固，现代服务业有新的发展。多种经济成为共同发展的格局基本形成，个私经济占全省生产总值的36.1%。全省财政综合实力显著增强，全年财政总收入突破400亿元，达425.7亿元，增长21.4%，地方财政收入252.9亿元，增长22.9%，其中，增值税33.9亿元，增长33.2%。财政总收入超亿元的县（市、区）达到84个，增加12个。

公元2005年1月							农历乙酉年【鸡】						
日	一	二	三	四	五	六	日	一	二	三	四	五	六
						1 元旦	2 廿二	3 廿三	4 廿四	5 小寒	6 廿六	7 廿七	8 廿八
9 廿九	10 十二月大	11 初二	12 初三	13 初四	14 初五	15 初六	16 初七	17 腊八节	18 初九	19 初十	20 大寒	21 十二	22 十三
23 十四	24 十五	25 十六	26 十七	27 十八	28 十九	29 二十	30 廿一	31 廿二					

1日 省委组织部、省委宣传部、省文明办等单位联合举办的“树立科学发展观，建设美好新江西”有奖征文评选结果于近日揭晓。此次征文活动收到言论、通讯、消息等各类体裁的稿件共600余篇，发表121篇。评出一等奖3篇，二等奖6篇，三等奖9篇，组织奖3名。

1日 以“展现时代风采，传播精神文明”为宗旨的江西精神文明网正式开通。刘上洋出席开通仪式并讲话指出，该网的建成开通，是全省进一步加强和改进宣传思想工作，提高建设社会主义先进文化能力的一项重要举措，是适应信息时代的要求，利用高科技手段，拓展宣传思想工作和精神文明建设领域的一项有效载体。精神文明网的开通运行，为展示江西省精神文明建设成就，展现新世纪新江西的新形象新风貌，交流精神文明建设经验，反映精神文明建设动态，开辟了新的窗口和阵地，搭建了新的桥梁和平台。网站设立了重要言论、文明聚焦、关注未成年人等14个频道、20多个栏目。

1日 江西正式启动《中华人民共和国机动车驾驶员培训记录》制度，今后，驾校学员没有该记录将不能报考机动车驾驶员。“驾培记录”的正式启动，标志着江西省汽车驾驶员培训工作进入了规范化发展的轨道，不仅有利于提高各正规驾校和培训机构的培训水平，培养出技术过硬的汽车驾驶员，还有利于实施责任追究制。今后，驾龄在3年以下的驾驶员发生交通死亡事故的，将依照该记录对培训、考试和发证情况进行责任倒查。

2日 由南昌市文化局主办、南昌画院承办的“南昌画派”首届中国画大展在南昌美术馆开展，共展出南昌80余位画家百余幅作品。南昌画家的风格不属于南，也不属于北，但却两者兼有，融合南北之优点，形成了在大气之中见精细，于细腻之内成大气的一种绘画风格。

3日 为期4天的2004江西食品展销洽谈会结束。来自全省的400多家企业以及省外的100多家企业参加，并带来了酒、烟、油、米、豆制品、奶制品等近30类1500多种食品。此次食展会的主题是“绿色、健康、发展”，总成交额为5.33亿元，其中零售额为3575万元，签约额4.97亿元。

3日 《江西日报》报道，截至2004年12月27日，九江石化实现年销售收入突破110亿元大关，同比增长24.05%，成为中央驻赣企业首户实现销售收入突破100亿元的企业，实现了省委、省政府在2004年初对该厂提出的奋斗目标。省委、省政府致电祝贺。

4日 中央电视台《走遍中国》栏目拍摄组近日来到兴国，开始拍摄《走遍中国》（赣州专辑）中的《兴国记忆》，此集主要反映兴国县在苏区时期为中国革命作出的巨大贡献。拍摄组深入到兴国县城、长冈乡等红军曾经战斗过的地方，采访了红军遗孀池煜华、老红军钟发振、苏区时期的红军歌手肖九清等。《走遍中国》（赣州专辑）从12月初开始筹拍，12月底正式开拍，分《宋城的地下迷宫》、《梅关古道》、《战云下的赣州》、《走出围屋》、《水上客家》、《客家赣州》、《兴国记忆》共7集，总时间长达3个半小时（3月28日，在央视四套开播）。

兴国县革命烈士纪念馆前的雕塑

兴国革命烈士纪念馆

4日 省委在南昌举行座谈会，邀请各民主党派省委会、省工商联的负责人共谋加快发展大计。孟建柱在座谈会上讲话。黄智权通报了2004年全省经济社会发展取得的成绩和2005年工作的打算。

4日 由中国科协在江西省投入50万元设备建立的“江西省青少年科学工作室”，正式开放。工作室目前活动面积近400平方米，包括学术报告厅、机器人工作室、声像工作室、创新工作室及多媒体教室。其中，机器人工作室已经配置15套机器人和3台电脑，可供20人进行机器人的搭建、竞赛等活动。“工作室”将成为全省青少年发明创造活动、创新方案设计、动手动脑制作活动的基地。

5日 江西财经大学近日设立了全省首个思政奖，并建立专项奖励基金，10位思想政治工作先进个人和5个先进集体荣获了该校首批思政奖，分别从基金中获得1000元和2000元的奖金。这一举措的目的是为鼓励在一线从事思想政治工作的人员和集体积极工作，创新突破，开创大学生思想政治工作的新局面。

5日 经国家文物局批准，泰和县汉城白口城日前正式挖掘。白口城位于泰和县县城西南三公里的赣江南岸，城址面积23万平方米，该城分为内外两城，外城城长1941米，北部因赣江涨水，冲刷损毁部分外，大都保存完好，现存7处豁口，西北角、南正中及北正中三处豁口为城门。城墙解剖结果表明其为板筑法筑成，目前层内出土物均为汉代板瓦残片。

5日 江西省首批48名攻读公共管理硕士（MPA）学员，顺利通过课程学习及论文答辩，获得全国首届公共管理硕士（MPA）学位，参加了在中国科学技术大学举行的学位授予及着装仪式。获得学位的毕业生分别来自省内各级政府部门及公共事业管理单位的一线工作岗位。

5日　收听收看中央保持共产党员先进性教育活动电视电话会议后，省委紧接着召开全省保持共产党员先进性教育活动电视电话会议进行贯彻。孟建柱在会上强调，全省各级党组织、各级党员领导干部和广大共产党员要迅速行动起来，按照中央的部署和要求，以高度的政治责任感和良好的精神状态，积极投入到保持共产党员先进性教育活动中去，确保高标准、高质量地完成教育活动的各项任务。

6日　经省委常委会研究决定，根据中央的统一部署和全省的实际，全省保持共产党员先进性教育活动分三批进行。从今年1月开始，用6个月左右的时间，在省、市、县党政机关和部分企事业单位中开展；从今年7月起到12月，在全省城市基层和乡镇机关中开展；从2006年1月开始，再用半年左右的时间，在全省农村开展，到2006年6月底，先进性教育活动基本结束。为了加强领导，确保教育活动扎实有序推进，省委成立了开展先进性教育活动领导小组。领导小组下设办公室，负责日常工作。在省、市、县党政机关等第一批单位开展先进性教育活动过程中，省四套班子的党员领导干部将分别联系一个县（市、区），进行具体指导。参加第一批先进性教育活动的单位包括：省、市、县的党政机关，人大、政协机关，法院、检察院和人民团体机关，省、市、县党委、政府直属事业单位，省、市、县机关部门分别管理的部分事业单位，部分省属企业的本部机关，以及党组织关系在赣的中央驻赣行政事业单位。整个教育活动分三个阶段进行。第一阶段是学习动员，重点是抓好思想发动、学习培训和明确新时期保持党员先进性的具体要求三个环节。第二阶段是分析评议，重点要抓好广泛征求意见、开展谈心活动、撰写党性分析材料、开好专题组织生活会、召开支委会、向党员反馈意见、通报评议情况等七个环节。第三阶段是整改提高，重点是抓好制定整改方案、认真进行整改、向群众公布整改情况三个环节。集中学习教育基本结束后，要用两到三个月的时间，切实做好巩固和扩大整改成果的工作。上述工作结束后，党组织要以适当方式在一定范围通报先进性教育活动的有关情况，并采取群众代表评议和在群众中随机抽样调查等形式，由上级党组织对下一级的先进性教育活动进行群众满意度测评。多数群众不满意的，要及时“补课”。

7日　《江西日报》报道，今年全省将对兴国县、赣县、于都县、宁都县、安远县、寻乌县、会昌县、上犹县、吉安县、永新县、井冈山市、万安县、遂川县、鄱阳县、余干县、横峰县、上饶县、修水县、莲花县、广昌县、乐安县21个国家扶贫开发工作重点县市推行“省直管县”财政体制改革试点，并配套实行“乡财县代管”等有关措施，这将使全省财政进一步理顺和规范省以下财政分配关系，适应公共财政发展的要求。改革的主要内容可概括为“八个到县，两个不变”。即，体制基数、收入计划、基金收入分成、转移支付及专项资金补助、财政结算、资金调度、各项债务、财政工作部署直接到县，设区市对县支持和数据报送汇总程序不变。“乡财县代管”是指按照“乡镇预算管理权、资金所有权和使用权、财务审批权不变”的原则，由县级财政部门对乡镇预算编制、账户设置、资金收付、采购办理、票据使用和村级资金实行统一管理。其他县市也要创造条件，积极推行这项改革。

8日　2005年全国旅游工作会议在南昌召开。中共中央政治局委员、国务院副总理吴仪发来贺信。国家旅游局局长何光玮出席会议并讲话。会前，孟建柱会见了何光玮一行。会上确定，江西省共有6个景区列入首批全国工农业旅游示范点，还新晋级2个国家4A级旅游区。这6个景区是：景德镇雕塑瓷厂明青园、共青城农业示范区、崇义县衡水镇七星湖农业示范区、鹰潭市龙虎山九曲洲农业示范区、抚州市南丰罗里石橘园、婺源生态农业示范区。其中，景德镇雕塑瓷厂明青园为全省唯一的全国工业旅游示范点。新晋级为国家4A级旅游区的景点是：景德镇陶瓷历史博览区和婺源江湾景区。此外，全省还有南丰潭湖等4个景区被评为国家2A级旅游区。

自此，全省国家A级旅游区达到25个。其中，国家4A级旅游区达到9个，分别为：庐山、井冈山、龙虎山、三清山、龟峰、通天岩、滕王阁、景德镇陶瓷历史博览区、婺源江湾景区。

上海游客在婺源农村参观游览

8日　江西涤纶厂（新龙化纤）年产18万吨聚酯熔体直纺差别化涤纶长丝项目正式投产。该项目是国家“双高一优”重点技改项目和江西省重点项目，投资4亿元，采用大容量直接纺，成本低，生产工艺先进，技术含量高，达到国内领先水平，填补了江西省聚酯产业的空白。项目的投产可以延长江西涤纶厂的产业链，从精对苯二甲酸和乙二醇投料开始，产品从聚酯切片、直纺长丝，一直到终端产品涤纶坯绸。它的建成投产，可使该厂形成18万吨聚酯切片的生产能力，可新增年销售收入15亿元，利税5000万元，为该厂进入全国大型化纤企业20强奠定基础。

9日　国际地质公园和社会经济发展促进会庐山办事处、亚洲地质公园网络办事处在庐山正式挂牌。黄智权以及专程从巴黎前来的联合国科教文组织官员伊德尔博士、维尔纳博士，世界地质公园评委赵逊研究员和国土资源部有关领导，各界干部群众千余人参加了挂牌仪式。

9日　由赣州市农科所研究员张瑞祥主持选育的省农业重点科研课题、国家科技攻关计划“E型杂交水稻晚籼组合ek优4480”，通过了省科技厅组织的专家鉴定。这标志着全省杂交水稻的研究整体水平达到国内外先进水平。ek优4480是赣州农科所采用具有自主知识产权的长穗颈不育学k174EA与引进恢复学R4480配制而成的高秆隐性晚籼杂交稻，具有高产、高效、环境污染少、社会经济效益明显等特点，有利于杂交水稻的可持续发展。

10日　丰城市日前被评为全国十大粮食先进县市，成为江西省唯一获此殊荣的县市。2004年，该市粮食播种面积达237.38万亩，同比增长21.15%，粮食产量达83.17万吨，同比增长28.3%，农民人均增收达537.8元，粮食播种面积和产量均列全省第一。

10日　全国第一支由肢残人组成的交通协管队伍在南昌成立。残疾人交通协管员是从遵纪守法、有一定的组织管理能力的残疾人中择优选聘，经南昌市交管局和市残联审核、培训后上岗，聘用期为两年。

10日　中国科协第七届“科协好新闻”评选揭晓，《江西日报》选送的《卢家村的变化》（2002年6月7日《江西日报》刊发，作者：黄锦军）获一等奖。中国科协“科协好新闻”奖每两年举行一次，此次是江西省首次获得该奖。

10日　省政府常务会议通过了《江西省非煤矿矿山企业安全生产许可证办法》，自即日起公布施行。该《办法》共5章40条。其中：第一章总则共6条；第二章申请和颁发共12条；第三章监督管理共14条；第四章法律责任共4条；第五章附则共4条。

11日　全省宣传部长会议在南昌举行。彭宏松出席并讲话指出，要做好今年的宣传思想工作，必须提高思想认识，进一步增强做好新时期宣传思想工作的使命感和责任感。各级党委要把宣传思想工作摆上重要位置，切实负起领导责任和政治责任；要健全体制机制，进一步形成齐抓共管的工作格局；要加大培养力度，着力提高队伍整体素质，努力促进各项工作任务的贯彻和落实。

11日 以全国总工会书记处书记张鸣起为组长的国务院安全生产检查组抵达南昌，开始对江西省春节前夕的安全生产工作进行督促检查。在赣期间，检查组一行赴南昌、鹰潭、景德镇、丰城等地，深入企业一线，采取听取政府有关安全生产工作情况汇报，查阅与安全生产有关文件、资料、预案，抽查安全隐患排查和整改情况等方式，对江西省的煤矿、非煤矿山、烟花爆竹、公众聚集场所、交通等安全生产工作进行重点检查。

12日 由南昌航空工业学院电阻焊研究室研制的"具有多参数质量检测平台的大功率三相次极整流点焊机"日前通过专家鉴定。该点焊机作为我国自主研发的新一代大功率电阻焊设备，其综合性能指标达到了国内先进水平，在焊接过程中的可视化、智能化以及对焊点质量的实时监控方面达到了国际先进水平，可以满足航空、航天铝合金一级焊接质量要求。

12日 省委召开常委会，传达学习中央保持共产党员先进性教育活动工作会议精神，研究全省的贯彻意见。孟建柱在会上强调，搞好先进性教育活动，各级领导班子和党员领导干部发挥表率带头作用至关重要。

13日 由卫生部派出的江西省消除丝虫病审评组专家宣布：江西省实现全省消除丝虫病。这是江西省继消灭天花之后消除的第二种疾病。丝虫病是一种寄生虫病，俗称大脚病，通过蚊子传播，曾是严重危害全省人民健康的疾病之一，流行于全省75个县（市、区）、1101个乡镇、7337个村，以县为单位微丝蚴率最高达29.55%。

14日 经中央批准，中央保持共产党员先进性教育活动领导小组决定，向参加第一批先进性教育活动的省区市、中央和国务院直属部门及企业派出58个中央督导组。由天津市人大常委会副主任左明任组长的中央第八督导组抵达江西。孟建柱、王君会见左明等督导组全体成员。左明说，江西省委对保持共产党员先进性教育活动高度重视，准备工作比较充分，完全符合中央精神。他表示，督导组将依靠省委，尽职尽责做好工作，使保持共产党员先进性教育活动开展得更有成效。

14日 省军区党委八届六次全体（扩大）会议在南昌举行。省委书记、省军区党委第一书记孟建柱到会讲话。省军区党委书记、政委李光金作工作报告并部署新年工作，省军区党委副书记、司令员郝敬民就新年如何进一步加大重难点攻关力度，提高遂行任务能力作了讲话。会议于15日结束。

15日 全省保持共产党员先进性教育活动工作会议在南昌召开。省委副书记、省委保持共产党员先进性活动领导小组常务副组长王君，中央督导组组长左明到会讲话。王君在讲话中阐明了全省开展先进性教育活动的总体部署和第一批先进性教育活动的安排，要求全省各级党组织、各级党员领导干部和广大党员以高度的政治责任感，良好的精神状态，求真务实的作风，切实抓好全省的先进性教育活动，达到提高党员素质、加强基层组织、服务人民群众、促进各项工作的目标要求。

16日 省委十一届八次全体（扩大）会议在南昌举行。孟建柱就全省贯彻落实中共十六届四中全会和中央经济工作会议精神，进一步做好今年经济工作和各项工作作了讲话。黄智权全面总结了去年的经济工作，并对今年的工作作出了具体部署。全会审议通过了《省委常委会二〇〇四年度工作报告》，表彰奖励了2004年度全省经济发展、工业发展、农业发展先进县（市、区）。会议于18日结束。

17日 吉安市青原区党史工作者日前在该区东固畲族乡、富田镇、文陂乡等乡镇发现当年红军写下的标语500多条，大部分标语保存完好，对研究中国工农红军当时在赣西南的战斗经历具有重要的价值。

17日 修水县渣津镇合同制消防站日前正式成立。这是江西省在农村成立的第一家农村合同制消防站。目前，该县正有针对性的选定辐射性较广的乡镇设立合同制消防站，以逐步实现消防工作与城镇发展同步规划、同步建设、同步发展。

18日 省纪律检查委员会第六次全体会议召开。孟建柱在会上强调，腐败问题从根本上破坏党同人民群众的血肉联系，削弱党的执政基础，降低党的执政能力，动摇党的执政地位。能否坚定不移地推进党风廉政建设和反腐败斗争，始终保持党同人民群众的血肉联系，是对党的执政能力和执政地位最根本的考验。各级党委、政府和领导干部一定要居安思危，增强忧患意识，始终把党风廉政建设和反腐败斗争作为提高党的执政能力、巩固党的执政地位的一项重大政治任务，抓紧抓实。

19日 江西省首届开放型经济国际咨询年会在南昌召开。中国外交学院院长吴健民等20位国内外知名人士正式受聘为江西省人民政府开放型经济顾问。会前，孟建柱、黄智权等会见了顾问团一行20人。

20日 美国卡博特公司与中国蓝星（集团）总公司在九江市星火工业园共同投资3000万美元，建设的中国首家世界级气相二氧化硅生产厂开工建设。19日，孟建柱、黄智权分别在南昌会见了美国卡博特公司董事长兼执行总裁凯恩·奔思先生和中国化工集团总经理任建新一行。凯恩·奔思对投资江西充满信心，他希望卡特蓝星化工（江西）公司能够取得迅猛的发展，生产出世界最好的气相二氧化硅产品，同时也为江西经济发展出力。卡博特公司是美国500强公司，在生产特殊化工产品和材料方面世界领先。

20日 省委举行先进性教育活动学习会。孟建柱主持会议并讲话，省四套班子党员领导干部集体参加学习会。中央督导组组长左明出席学习会。

21日 江西省第三次文物普查工作先进表彰会暨2005年度文物工作会议在南昌召开。会议指出，文物保护要在国家“五纳入”的基础上，再纳入到防灾体系与社会治安体系中；文物管理者要努力成为管理与利用的专家；文物人才的培养应放在更重要的位置上。这次普查对全省文物资源进行了全方位的调查摸底，新发现不可移动文物3516处、可移动文物（社会流散文物）5000余件。

22日 省政协九届三次会议在南昌举行。孟建柱、黄智权、王君、吴新雄、彭宏松等应邀出席，钟起煌主持。韩京承作常委会工作报告，殷国光作提案工作情况报告。大会通过了省政协九届三次会议决议和提案审查报告。会议于26日结束。

23日 南昌市青山湖区被评为第二届（2004年度）“中国十佳小康村”，这是江西省唯一获此殊荣的村级集体。“中国十佳小康村”是由农业部及人民日报等中央10家新闻单位在全国选送的37个候选村级集体中联合推介评选的。

南昌市青山湖畔晨练的居民

23日 国家卫生部副部长王陇德、中国残联副理事长程凯、中国麻风防治协会理事长王立忠及马海德基金会理事长苏菲女士等，在副省长胡振鹏陪同下，先后到南昌市黄芽山病区、省皮肤病专科医院慰问病人，为病人发放了棉被、棉衣及慰问金，慰问麻风病防治工作者，向长期奋战在第一线的麻风病防治工作者和麻风病友致以亲切的问候和节日的祝福。

24日 省十届人大三次会议在南昌举行。孟建柱主持，黄智权作省政府工作报告。会议通过了省政府工作报告等六项决议，补选了省十届人大常委会委员和省人民检察院检察长。会议于28日结束。

25日 在省“两会”召开期间，省委专门举行座谈会，就保持共产党员先进性教育活动“开门纳谏”，广泛征求省人大代表、省政协委员的意见。孟建柱、王君、董君舒、陈达恒、刘上洋出席座谈会。

25日 省政府举行专门座谈会，听取基层人大代表、政协委员对政府工作的意见和建议。

26日 省卫生厅、省公安厅、省司法厅联合制定艾滋病病毒职业暴露事件应急预案（试行）并实施。艾滋病病毒职业暴露是指医务人员及有关监管人员在从事诊断、治疗、护理、预防、检验、随访、管理等工作过程中，发生有可能被艾滋病病毒感染的情况。预案明确规定了发生职业暴露后的急救处理、预防性用药以及艾滋病病毒职业暴露事件的登记、监测报告与保密。

27日 省政府办公厅召开保持共产党员先进性教育活动动员大会。会议要求，全厅共产党员要切实提高对开展先进性教育活动重要性和必要性的认识，把思想统一到中央的重大决策和省委的统一部署上来，以高度的政治责任感和良好的精神状态，积极投入到先进性教育活动中来，保质保量地完成教育活动任务，并取得实实在在的效果。

28日 全国农村税费改革工作座谈会近日在井冈山市召开。31个省（自治区、直辖市）和新疆生产建设兵团的代表参加了会议。会议交流了税改工作经验，部署了今年的税改工作。国务院农村税费改革办公室副主任黄维健出席会议并讲话指出，江西省全面推开农村税费改革以来，各项工作都走在全国前列，概括起来，有以下几个特点：一是领导高度重视。省委、省政府主要领导亲自下基层调研，指导改革工作，各级都形成了主要领导亲自抓，分管领导具体抓的工作机制，确保了农村税费改革的平稳有序推进。二是把减轻农民负担作为改革的第一目标。省委、省政府坚持“多予、少取、放活”方针，把减轻农民负担作为改革的出发点和落脚点，每年农民人均减负都在35元以上。在财政并不宽裕的情况下，每年新增用于支持农村税费改革的转移支付资金都在15亿元以上，今年又宣布免征农业税，彻底取消了农民的农业税负担。三是把中央的政策与江西的实际相结合，创造性地开展工作，不断探索和完善政策，使中央有关农村税费改革的基本政策不折不扣地落到实处，为全国农村税费改革提供了许多新鲜经验。四是把农民反映的热点、难点问题作为改革工作的重点。各级领导深入实际，倾听农民群众的心声，农民普遍反映什么问题，就集中力量解决什么问题。

28日 江西省盐业集团公司挂牌成立，成为省国资委履行出资人监管的企业。这是省属盐业企业实现集团化发展的崭新开局，标志着全省盐业发展进入了一个新的发展时期。

30日 全省劳模迎春座谈会举行。省四套班子领导与劳模共商富民兴赣大计，并就党员先进性教育活动征求意见。

31日 国家粮食丰产科技工程“江西双季稻丰产高效技术集成与示范”项目2004年度工作总结交流会在南昌召开。来自南昌、进贤、余干等11个示范县的项目负责人，在交流会上分别总结了该项目实施以来各自的经验与不足。国家粮食丰产科技工程是由科技部牵头，会同农业部、财政部和国家粮食总局共同组织实施的重大科技专项，江西省承担了“江西双季稻丰产高效技术集成与示范”任务。该项目自去年7月15日正式启动以来，为2004年全省农业实现“三个增长20%”提供了技术上的有利支持，各实施县晚稻普遍比实施项目前亩增产15%左右，项目区增产幅度为14.8%~22.5%。

31日 江西省商标协会成立暨首届会员代表大会在南昌举行。商标协会是由江西省有影响的商标注册人及从事商标印制、商标管理、商标法律事务、商标中介服务、商标理论研究的单位和个人自愿组成的专业性、非营利性的社会团体，旨在依法维护会员的商标权益，争创著名商标、驰名商标，大力推进江西省商标战略实施。全省共有313家企业和12名个人成为首届会员。

公元2005年2月 农历乙酉年【鸡】													
日	一	二	三	四	五	六	日	一	二	三	四	五	六
		1 廿三	**2** 廿四	**3** 廿五	**4** 立春	**5** 廿七	**6** 廿八	**7** 廿九	**8** 三十	**9** 春节	**10** 初二	**11** 初三	**12** 初四
13 初五	**14** 初六	**15** 初七	**16** 初八	**17** 初九	**18** 雨水	**19** 十一	**20** 十二	**21** 十三	**22** 十四	**23** 元宵节	**24** 十六	**25** 十七	**26** 十八
27 十九	**28** 二十												

1日　省委、省人大、省政府、省政协党员领导干部分别参加先进性教育活动集体学习。

2日　省委、省政府发布《关于贯彻中发［2005］1号文件，进一步提高农业综合生产能力的意见》。2005年全省农业和农村工作的总体要求和目标是，认真贯彻《中共中央、国务院关于进一步加强农村工作提高农业综合生产能力若干政策的意见》（中发［2005］1号）的精神，按照落实科学发展观、统筹城乡经济社会发展的要求，坚持“多予少取放活”的方针，紧紧抓住巩固粮食增产成果和大力促进农民增收这两个主题，切实加强农业综合生产能力建设，大力发展特色农业和高效农业，加大结构调整力度，全面深化农村改革，推进“山上办绿色银行，山下建优质粮仓，水面兴特色养殖”，努力构建促进粮食综合生产能力提高的激励机制、增加农民收入的长效机制和落实各项政策措施的工作机制，确保粮食生产稳定增长，确保农民收入增加7%，力争达到10%，促进农业和农村经济社会全面发展。

省委、省政府把解决“三农”问题作为重中之重，确立了“山上办绿色银行，山下建优质粮仓，水面兴特色养殖”的发展思路。全省森林覆盖率达60.05%，列全国第二位，创造了良好的生态效益、经济效益和社会效益。粮食生产持续稳定增长，特色水产养殖发展迅速，产业化经营取得新进展。图为鱼米之乡的鄱阳湖畔

2日　省委举行全省保持共产党员先进性教育专题报告会。孟建柱作题为《努力加强党的先进性建设，在新的起点上实现全省经济社会更好更快的发展》的报告。2万多名离退休老同志、党员干部听取报告。

2日　中铁24局南昌建筑公司承建的南昌铁路局科技大楼日前荣获2004年度中国建筑业最高奖——鲁班奖，这是江西省唯一获奖的项目。科技大楼为钢筋混凝土框架剪力墙结构，建筑面积2万余平方米，高68.4米，是南昌铁路局目前楼层最高的一栋标志性建筑物。

2日　永新县乌石山石膏矿日前以日产15吨的纪录宣告开采成功。已开采的矿三氧化硫达到4.38，含水量为13.5%，达到国家标准。

2日　由中科院、北京师范大学、浙江大学以及江西省林业、野生动植物保护等地专家学者组成的专家组，在对宜丰县的官山自然保护区内野生白颈长尾雉资源进行长达两年的跟踪考察后，日前作出论证意见，确认官山是目前已知的世界最大白颈长尾雉种群分布地区，成活有1000多只野生白颈长尾雉。白颈长尾雉是我国特有的一种濒危野生鸟类，为15种重点保护和拯救的野生物种之一。由于白颈长尾雉等雉类在官山分布数量较多，目前，江西官山作为亚洲重要的野生鸟类分布区之一，已经被列入《亚洲鸟类红皮书》。

2日　南昌书画名人电话磁卡正式在全国发行。用电话卡形式推介江西省名人与江西文化，在全国尚属首次。这种做法既提高了磁卡的文化内涵，又给江西名人走向全国提供了一个展示平台。书画名人电话卡一套9张，分别介绍了李豆罗、许亦农、杨农生、黄天碧、徐林义、赵定群、张航、徐林晃、毛国典9位南昌书画名家的书画特点、个人情况简介等内容。

3日　为期3个月的"珠联璧合"文物精华展在江西省博物馆开展。17家博物馆联遴选出180件（套）文物精品参展。联展是江西省文化厅与福建、湖南、广东、广西、海南、四川、贵州、云南、香港、澳门等泛珠江区域10个省、区文化厅（局）联合主办的，它率先迈出了"9+2"省区文化合作的第一步。展出的180件（套）展品都是各省、区馆藏档次最高、最具文化特色和代表性的镇馆之宝，荟萃了青铜、瓷器、玉器、服饰、雕刻等文物种类。其中有形态各异、形象饱满生动的贵族扬辉墓仪仗俑，有与北京景泰蓝、江西景德镇瓷器同誉为"中国传统工艺三宝"的福建沈正镐遗作"脱胎漆器竹根瓶"等。

4日　王君深入保持共产党员先进性教育活动联系点——江西省委党校，与学校领导班子、省委督导组成员及基层党员座谈，了解前一段党校保持共产党员先进性教育活动的进展情况，听取基层党员的意见和建议，对下一步的工作进行督查指导。

5日　孟建柱深入保持共产党员先进性教育活动联系点——南丰县，与基层党员、干部和群众面对面交流，就如何搞好先进性教育活动进行调研。

6日　孟建柱等省领导走访慰问了江西省主要新闻单位，殷切希望新闻宣传工作者要牢牢把握正确的新闻舆论导向，大力宣传江西改革开放和发展的生机勃勃新形象，进一步深化改革、促进发展，做优做强文化产业。

7日　孟建柱来到南昌十七中，与藏族学生一起喜迎藏历木鸡新年。随后又来到南昌市东湖区福利院，和老人们吃团圆饭，共迎新春佳节。

12日　江西省第七批省级企业技术中心近日获得有关部门确认。截至目前，全省省级企业技术中心已达62个，拥有国家级企业技术中心3家，建立起了一批专业性、区域性技术中心和技术创新中介服务机构。建立和完善企业技术创新体系，加快推进经济增长方式的转变，着力提高江西省重点企业的核心竞争能力，是加速全省工业崛起步伐的重要途径。近三年来，江西省技术中心共开发填补国内或省内空白的省级新产品800多项，全省企业累计实现新产品销售收入1290亿元，实现利税295亿元。

13日　黄智权等来到乐化至温家圳高速公路建设工地，看望慰问广大参建人员。

14日　中央电视台《走遍中国》栏目组一行5人近日抵达石城县，拍摄客家建筑和客家灯彩，制作《走遍中国》（赣州专辑）。

16日　春节期间全省旅游赢得"开门红"，接待游客105万人，进账近7亿元。

16日 为期两天的全省农村工作会议在南昌召开。孟建柱讲话，黄智权看望了与会代表并作了书面讲话。彭宏松作总结。会议表彰了全省农业和农村工作先进单位、先进个人和优秀农村基层干部。

17日 江西省人口与计划生育工作会议在南昌召开。会议表彰了2004年度全省人口计划生育目标管理先进单位、计划生育工作红旗县（市、区）和计划生育优质服务先进县。

18日 定南县林业技术人员近日在进行全县林业普查时，在该县龙塘镇忠城村境内发现一处罕见的国家珍稀植被——南方红豆杉。这些南方红豆杉群分布在海拔885米以上的山峦之中，有10多亩，其中最老的树龄已达1200多年，胸径有2.4米，树高24米，树冠投影面积达98平方米。

19日 由南航开辟的汕头南昌—太原—大连航线开通，航班号为CZ3729/30，由波音737－300型飞机执飞，每周二、周六两班。这条航线的开通有利于江西省参与到国家西部的大开发和振兴东北老工业基地的战略之中，实现东部、中部、西部、东北地区的优势互补。

21日 许振超同志先进事迹报告会在南昌举行。报告会结束后，刘上洋会见了报告团一行，对报告团一行来赣表示欢迎和感谢。他指出，许振超是当代中国工人的骄傲，也是先进共产党员的代表，许振超的事迹传遍了大江南北；目前，全国上下都在开展共产党员先进性教育活动，许振超一行来赣，对于学习许振超先进事迹，搞好我们的共产党员先进性教育活动，具有很强的示范作用。

22日 全省学习贯彻《宗教事务条例》工作会议在南昌举行，会议就如何学习好、贯彻好、实施好《条例》进行了研究和部署。

23日 中央督导组在南昌听取江西省开展保持共产党员先进性教育活动情况汇报。中央督导组对江西省开展的先进性教育活动给予了充分肯定，指出，江西省先进性教育活动具有领导重视、精心组织、工作扎实、规范有序、进展顺利、成效明显等特点。并对全省进一步开展好先进性教育活动提出了要求：要牢牢把握学习实践“三个代表”重要思想这一条主线，充分认识搞好整改提高阶段工作的重要性。要善始善终抓好先进性教育活动，坚决防止出现思想松懈工作松劲的现象。要按照中央提出的“提高党员素质、加强基层组织、服务人民群众、促进各项工作”的目标要求，对群众反映的热点难点问题、机关作风中存在的突出问题以及改革发展稳定中的关键问题，要从思想上、组织上、作风上和工作上抓好整改。要加强领导，充分发挥领导机关和领导干部的带头作用。左明将率中央督导组分别赴九江、景德镇、上饶、鹰潭等地就先进性教育活动进行调研和指导。

23日 由省委常委、南昌市委书记余欣荣作序，南昌市市长李豆罗任主编的《南昌历史文化丛书》已由百花洲文艺出版社正式出版发行。编写这套《丛书》旨在弘扬和继承南昌优秀的历史文化遗产，培养南昌人民继往开来、一往无前的奋斗精神；旨在保护、建设历史文化名城，开发文化旅游资源；旨在古为今用，把历史文化优势转变为南昌经济发展和社会进步的现实优势，使丰富的历史文化资源为现代化建设服务。

23日 石钟山上的船厅近日被辟为江南名砚展示厅，展出各种珍贵砚台120余种，其中以驰名中外的金星宋砚为主，供游人免费参观。该展示厅展出的砚台多系从民间搜集而来，也有近年来民间艺术家雕刻的精品。展出的砚台中“岁寒三友”、“九龙戏珠”等名砚犹为珍贵，其中最大的“石钟山全景”砚台足有1米见方，重100余公斤。

25日 萍乡市芦溪县近日在境内的武功山上发现一棵大灵芝。这棵灵芝生长在武功山东面、万龙山乡下村潭家坊组石科里禁山的一株小叶精冈树上。灵芝长在树干2米高的地方，呈赤褐色，有漆状光泽和云状环纹。灵芝下面长出一根手指粗的枝干，呈45度的角度一头支撑着灵芝，对灵芝起着天然的保护作用。

25日 永新县林业部门日前对古木勘查时发现，在龙源口镇辛田村村头小溪边有棵百年松柏，其根盘绕“编织”成一座“树根桥”，横卧在小溪上，既方便了村民，也成为一道奇特景观。“树根桥”宽约1.5米，长达4米。由于树根紧密交错、十分结实，可承受人力板车装运东西通过。

25日 省政府召开全省安全生产电视电话会议。会议传达了黄智权近日对全省当前安全生产工作提出的要求：要按照日前召开的国务院常务会议精神和国务院办公厅关于进一步加强煤矿安全工作的要求，立即组织省有关部门作出具体部署，切实将各项工作措施落实到位。

25日 省教育厅发出通知，号召全省各级教育行政部门和中小学校把向雷锋同志学习活动纳入加强和改进未成年人思想道德建设的重要内容，开展以“学雷锋、扬新风”为主题的丰富多彩的教育活动，今年重在尊老助残扶弱。通知要求各地各学校要在3月5日集中开展一次“学雷锋、扬新风”的主题队会活动。

26日 省委举行基层优秀共产党员先进事迹报告会。孟建柱、黄智权、吴新雄、彭宏松、钟起煌和中央督导组组长左明等听取报告。报告团共有7名成员，其中有五进藏北、在世界屋脊的“生命禁区”上与同事们一道取得地学研究和地质找矿重大突破的谢国刚等。

26日 全省台办主任会暨对台经济、涉台教育工作会举行。孟建柱到会看望了与会代表，并为受表彰的先进颁奖。2004年，全省台商投资合同项目172个，项目总投资额和台商投资额均居中西部省份前列。

27日 省委、省政府召开表彰大会，隆重表彰省地质调查研究院及西藏区调队，嘉奖谢国刚等6位同志，分别授予省地调院及西藏区调队“地质工作先进单位”、“地质尖兵”的荣誉称号。孟建柱，黄智权，国土资源部党组成员、中国地质调查局局长孟宪来，彭宏松等为先进颁奖授牌。

27日 全省开放型经济工作会议在南昌召开。会议总结2004年全省开放型经济工作，表彰先进，全面部署今年工作。会议强调，要进一步坚持科学发展观，坚定不移推进大开放主战略，抢抓机遇，狠抓落实，扩大规模，提升水平，在新的起点上实现开放型经济的新突破。会议确定今年开放型经济工作总的目标要求是，努力实现“六个新”：实际利用外资和内资上新台阶，引资额比去年分别增长10%和15%；利用外资和内资的水平有新提高，力争引进世界500强、国内200强企业6至8家等；对外开放的领域有新拓展；外贸出口有新发展，出口总值增长20%；外经工作有新步伐，有条件的企业境外设点办厂争取有突破；开放型经济对全省经济社会发展有新贡献，对GDP增长、财政收入、固定资产投资、新增就业贡献率，力争在去年的基础上提高1至2个百分点。

27日 南昌卷烟厂“十五”易地技改项目竣工典礼在南昌高新开发区举行。黄智权在讲话中代表省委、省政府对项目竣工表示热烈祝贺。他说，南昌卷烟厂作为全省重点骨干企业，创造了年税利21亿元、年利润4亿元的喜人业绩，为江西经济社会发展作出了积极贡献。国家烟草专卖局副局长李克明讲话。孟建柱、吴新雄、钟起煌等出席。

28日 省委常委召开座谈会，听取对省委工作的意见和建议。

28日 省政府召开第三次廉政工作电视电话会议，加大预防腐败工作力度，深入推进廉政建设和反腐败工作。

公元2005年3月							农历乙酉年【鸡】						
日	一	二	三	四	五	六	日	一	二	三	四	五	六
		1 廿一	2 廿二	3 廿三	4 廿四	5 惊蛰	6 廿六	7 廿七	8 妇女节	9 廿九	10 二月大	11 初二	12 初三
13 初四	14 初五	15 初六	16 初七	17 初八	18 初九	19 初十	20 春分	21 十二	22 十三	23 十四	24 十五	25 十六	26 十七
27 十八	28 十九	29 二十	30 廿一	31 廿二									

1日　省政府召开第三十次常务会议，研究部署安全生产工作，讨论并原则通过《江西省测绘管理条例（修正草案）》和《江西省人民政府贯彻国务院全面依法行政实施纲要五年规划（2004～2008）》。

2日　省政府在北京国际饭店举行江西籍在京人士恳谈会。吴新雄出席会议并讲话。

3日　中国“五会”与省政府将继续合办经贸恳谈会的协商会议在北京举行。全国政协副主席、中华全国工商业联合会主席黄孟复等与省领导吴新雄、赵智勇、王林森、金异出席协商会。

3日　全国政协十届三次会议开幕大会结束后，中共中央政治局常委、中央纪委书记吴官正直接来到了江西代表团住地，看望江西代表。吴官正对近年来江西省各项工作取得的成绩给予了充分肯定。他说，江西省委、省政府坚持以邓小平理论和“三个代表”重要思想为指导，在以胡锦涛同志为总书记的党中央正确领导下，树立和落实科学发展观，努力构建和谐社会，按照中央要求加强和改善宏观调控，结合江西的实际，解放思想、实事求是，创造性开展工作，呈现出经济快速发展，社会全面进步，人民生活改善，社会和谐稳定的良好局面。省委、省政府班子是一个干事业、谋发展的好班子。他还说，江西之所以发展得这么快，在于省委、省政府正确把握了江西的省情，提出了正确的发展思路。江西有优势，主要问题是工业底子比较薄，农村人口多，所以财力比较弱，农民增收比较困难。这几年，江西省委、省政府重视抓工业，重视培育财源，千方百计加快工业发展，财政收入四年翻了一番；重视农业农村发展，增加农民收入，大量输出农村劳动力，既解决了就业问题，又增加了农民收入；重视基础设施建设和社会事业发展，高速公路建设、农村公路改造、电力设施建设都取得了很大成绩，教育特别是高等教育取得了很大发展，在校大学生达到50万，这是一件了不起的事情。

3日　中国科学院、国家林业局近日在吉安召开“真菌杀虫剂大规模化生产成果鉴定会”和“真菌杀虫剂产业合作研讨会”。与会专家确定全球最大的真菌杀虫剂生产基地落户吉安市天人集团。天人集团是国内唯一定点生产生物源农药的企业，也是第一个获得国家农药“三证”的企业。该企业建立了我国第一个可年产1000吨真菌杀虫剂的生产基地，并建立了跻身世界第五位的虫生真菌菌种保藏库，填补了我国真菌杀虫剂商业产品空白。

5日　中共中央政治局常委、国家副主席曾庆红在人民大会堂江西厅，同江西省的全国人大代表一起认真审议温家宝总理的政府工作报告。在听取了江西代表团的发言后，曾庆红指出，在过去的一年，江西发展的实力越来越强，发展的活力越来越足，发展的条件越来越好，发展的后劲越来越大，人民从发展中得到的实惠越来越多，经济社会发展迈上了一个新的台阶。只要继续按现在这样的劲头干下去，照现在这样的势头发展下去，江西一定能够实现在中部地区的崛起，江西人民一定能够迎来更加幸福的生活和美好的未来。他强调，科学发展观是我们党关于经济社会发展的重大战略思想和指导方针，构建和谐社会是我们党要为之奋斗的一个重要目标，要坚持用科学发展观统领社会主义和谐社会建设，不断开创改革开放和现代化建设的新局面。

6日　“2004中国十佳人民法庭”评选揭晓，信丰县大塘埠法庭获殊荣。

7日　江西代表团举行全体会议，继续审议政府工作报告和计划、预算报告。中共中央政治局委员、国务院副总理吴仪到会听取意见，参加审议。在认真听取代表们的发言后，吴仪指出，这些年，江西上下人心思变、人心思干，各项工作开展得有声有色。实践证明，江西省委、省政府的领导得力，工作思路正确，解放思想、转变观念成效明显，江西的变化巨大。

8日　王君自即日起至10日到中国井冈山干部学院视察，听取学院开学暨竣工典礼筹备及工程扫尾整改情况的汇报，他强调，要以高度的政治责任感、使命感，确保学院按时顺利开学。

9日　国务院安全生产委员会煤矿安全检查组向江西省政府反馈了在赣检查的意见，肯定了近年来江西省煤矿安全生产工作，并就检查中发现的问题提出了意见和建议。检查组认为，江西省委、省政府及各有关部门、各级地方政府高度重视煤矿安全生产工作，做了大量工作，取得了较好成效，整体采矿秩序明显好转，安全基本条件明显改善，按核定生产能力生产和安全许可证发放工作整体情况良好，去年煤矿主要安全指标创近10年来的最好水平。检查组建议，江西省要再接再厉，加大安全生产投入，搞好瓦斯治理和防治水等工作，努力杜绝煤矿重特大事故的发生。

10日　省人大环资委分别赴南昌、萍乡、宜春、上饶、鹰潭等地进行为期5天的城乡饮用水水源地污染防治执法调研。省人大常委会副主任彭崑生参加调研。调研组通过实地察看、听取汇报、座谈等形式，了解了5个设区市贯彻有关法律法规的情况、城乡饮用水水源地的污染防治现状，并就如何治理赣江污染、确保人民群众饮用水安全问题与地方政府进行交流，提出了一些具有操作性的意见和建议。

11日　为进一步搞好以实践“三个代表”重要思想为主要内容的保持共产党员先进性教育活动，省委常委召开座谈会，听取对省委工作的意见和建议。

12日　省部共建景德镇国家陶瓷科技城工作会商会议在北京举行。科技部副部长李学勇、国家轻工业联合会副会长杨自鹏出席会议。会上，国家各有关部委和江西省有关方面就如何加快景德镇国家陶瓷科技城的建设进行了会商，并对整合资源、加强协作、形成合力、加大投入等具体问题达成了共识。李学勇在讲话时指出，省部共建景德镇国家陶瓷科技城是贯彻科教兴国、人才强国战略的一项具体举措，科技部将积极支持。共建过程中，要按照定位，做到规划先行，突出优势特色，注重搞好产业的衔接、集成，创新机制体制。

13日　由青海省副省长邓本太率领的青海省民政工作考察组来赣，对全省建设城乡社会救助体系的情况进行专门考察，并与省民政、财政等相关部门负责人进行了座谈。邓本太表示，江西的社会救助体系内容全面、制度成熟，资金筹措和运行规范，社会事业发展走在了全国前列，值得青海借鉴和学习。此次来赣考察，将对加快青海的城乡社会救助体系建设产生积极的推动作用。

13日 经中国国土经济学研究会、全国中小城市生态环境建设实验区专家委员会的全面评估论证，婺源县正式被授予“全国中小城市生态环境建设实验区”称号。这是该县继获得“全国绿化模范县”、“全国首批生态农业旅游示范点”等称号后的又一张国家级“生态名片”。近几年来，婺源县立足生态立县战略，瞄准“建设中国最美乡村”的发展目标，进一步加大生态保护力度，在全国首创并发展了191个自然保护小区，保护面积达65万亩，全县目前森林覆盖率升至82%。与此同时，该县建立了走科学型、环保型、效益型的新型工业化道路，大力发展生态工业、生态农业和文化与生态旅游业三大产业，创建了全省首个生态工业园，关闭了造纸、玻纤、化工等101家高耗材及污染型企业，重点培植以绿色食品加工为主的绿色企业集团、以水电为主的电力公司和旅游工艺品加工企业，使县域经济呈现出了“生态与旅游发展双赢、人与自然和谐共处、环保与经济齐头并进”的新局面。

江西蓬勃发展的绿色食品产业

14日 南昌大学、普瓦提埃大学和中兴发展公司三方日前正式签署了在法国成立普瓦提埃孔子学院的合作协议。南昌大学首倡在法国建立孔子学院，得到国家教育部、国家汉办及中国驻法使馆的肯定和支持，也得到法国普瓦提埃大学的积极响应和（深圳）中兴发展公司的通力合作。普瓦提埃大学投资150万欧元为普瓦提埃孔子学院建设专门的教学基地；中兴发展公司提供教学、办公所需的视听产品和相关设施；南昌大学直接参与普瓦提埃孔子学院的运作管理，拟定教学项目和课程设置，遴选赴法教学和工作的教师及工作人员。

15日 L15高级教练机在洪都航空工业集团公司正式开铆。L15是洪都集团继初教6、K8、JL8之后，推出的具有先进气动布局、飞控及航电系统的高级教练机。该机是面向21世纪，面向国际、国内两个市场，达到第三代战机水平的高级教练机，L15高级教练机既可装备空军训练基地，用于基础改装训练和战术训练，衔接第三代战斗机的训练需要，并适当瞻顾第四代战斗机的训练需要，完成所有基础改装训练和战术训练科目。也可装备作战部队，用于部分作战改装训练和战斗训练，完成所规定的训练科目。还可装备飞行学院进行高级驾驶技术训练和部分专门训练，完成所规定的训练科目（2006年3月13日，L15首飞成功）。

16日 教育部日前批准江西省18所本科院校和2所普通高校独立学院新增93个本科专业。这些新增设的专业涉及南昌大学、江西师范大学、华东交通大学等10多所高校，批准新设的专业包括南昌大学软件工程、华东交通大学机械电子工程、江西农业大学的水产养殖等。新设专业从今年秋季开始招生。

17日 广丰“白耳黄鸡”日前通过国家原产地域保护产品技术审查，保护范围为广丰县县辖行政区域内。这是亚洲第二例通过国家原产地域产品保护的活体动物。白耳黄鸡具有个体小、产蛋量高、肉质鲜嫩、营养丰富等特有品质，年产蛋达到180个至190个，早在宋代就闻名省内外，清代时在国内外市场享有较高声誉，并列入我国首批国家级畜禽品种资源保护名录。据不完全统计，自2004年底，广丰“白耳黄鸡”已发展到1500多万羽，成品蛋2.5万多吨，总产值近2.5亿元，一大批农民从养殖“白耳黄鸡”中得到了实惠。对广丰“白耳黄鸡”进行国家原产地域保护，有利于保护这个珍贵地方品种资源的质量特色，树立品牌优势，进一步规范生产和销售。

17日　省委就开展保持共产党员先进性教育活动，征求人大代表、政协委员意见。

18日　省委召开全省领导干部会议，传达学习十届全国人大三次会议和全国政协十届三次会议精神，联系江西实际就贯彻落实“两会”精神进行部署。孟建柱在讲话时指出，要着眼于实现江西崛起、全面建设小康社会这个目标，紧紧抓住用好战略机遇期，安全度过社会矛盾凸显期，不断开创各项工作的新局面，在新的起点上实现全省经济社会既快又好地发展。

18日　武宁县近日在清江乡修河水畔的卧狮岩下发现了为数众多的宋元时期的摩崖石刻。石刻群位于一处长约70米、高30米的红岩壁上。据古文物专家初步考证，最早的石刻出自南宋嘉泰年间（1201～1204），迄今已有800年历史。石刻的字体多为繁体阴刻，笔画遒劲，章法潇洒，有诗有记，或咏物，或明志，内容十分丰富。除文字外，尚有图案几十幅，有荷花、奔马、和尚习武、僧人坐莲等，特别是龙舟竞渡图，更是气势恢弘，栩栩如生。专家们认为，这处罕见摩崖石刻群的发现，对于研究宋元时期书画艺术和旅游文化具有十分重要的价值。

18日　广丰县日前发现一处古民宅——十都大屋。该宅于清乾隆三十四年建成，占地面积40.5亩，位于广丰县嵩峰乡十都村，大屋除厅堂、廊道外，有房间103间、水井3口、鱼池4个、天井36个、石质推槽式圆门18个，正厅又设4个分厅。全屋雕梁画栋，并有多处浮雕。中堂楼阁的藻井，立体图案工艺精湛。该宅没有回廊池阁等建筑小品。防潮、防火等功能完善，屋内暗沟和墙外明沟交错连通，排水流畅；屋内推槽式隔火圆门，既是通道，也是景观。据专家考证，该古宅是典型的赣东北民居建筑风格，是当时社会政治经济文化的载体，是研究赣东北建筑和民俗文化的标本。

18日　我国第一个水上古战场兵器陈列馆近日在鄱阳湖湖中小岛鞋山建成。陈列馆共展出历次古代鄱阳湖水战中丢失在湖中的各种兵器100余件，有矛、枪、斧、铁叉、铁链等十几种。

20日　中国井冈山干部学院举行隆重的开学暨竣工典礼。中共中央总书记、国家主席、中央军委主席胡锦涛发来贺信。中共中央政治局委员、中央书记处书记、中央组织部部长、中国井冈山干部学院理事会理事长、中国井冈山干部学院院长贺国强出席开学典礼，并作重要讲话。孟建柱作了讲话，黄智权主持。中组部副部长、中国井冈山干部学院理事会常务副理事长王东明宣读了胡锦涛总书记的贺信。

21日　孟建柱在南昌会见了以福特汽车公司执行副总裁、亚太和非洲区总裁马克·舒尔茨为团长的美国福特汽车公司代表团。孟建柱表示，希望福特汽车公司能够充分利用江西发展的广阔空间，进一步加强与江铃汽车集团的合作，努力促进南昌工业制造业的大发展。马克·舒尔茨表示，福特汽车公司是江铃集团公司的长期合作伙伴，通过这次访问加深了相互了解，双方的合作一定会有更大的进展。

22日　国家质检总局、中国农业大学、北京大学、中国标准化研究院等单位的专家，近日对“万年贡米”的历史渊源、人文地理和自然环境等进行了认真审查，并围绕“万年贡米”的品质特色、栽培加工、工艺特征等方面进行了充分讨论，认为“万年贡米”产品符合原产地域产品特征，种植历史悠久，有很高的知名度，风味独特，根据《原产地域产品保护规定》的要求，一致同意赋予“万年贡米”原产地域保护。

23日　遂川县狗牯脑茶近日进入联合国政府采购产品目录。目前，遂川县狗牯脑茶的种植面积达3600公顷，产量200万公斤，产值1.2亿元。

23日　国家发展和改革委员会、中共中央宣传部、国家旅游局等13个部门日前联合下发通知，公布了30条全国红色旅游精品县和100个全国红色旅游经典景区。南昌—吉安—井冈山线、赣州—瑞金—于都—会昌—长汀—上杭—古田线、井冈山—永新—茶陵—株洲线和黄山—婺源—上饶—弋阳—武夷山线4条旅游线被列为全国红色旅游精品线；南昌市红色旅游系列景区（点）（南昌八一起义纪念馆、方志敏纪念馆），萍乡市红色旅游系列景区（点）（萍乡市、铜鼓县、永修县秋收起义纪念地系列景点，萍乡市安源区安源路矿工人运动纪念馆），井冈山市红色旅游系列景区（点），赣州市、吉安市、抚州市中央苏区政府根据地红色旅游系列景区（点）和上饶市上饶集中营革命烈士陵园5个景区被列为全国红色旅游经典景区。

井冈山革命博物馆

南昌八一起义纪念馆

安源路矿工人运动纪念馆

红色旅游经典景区——井冈山游人如织

24日 江西省与俄罗斯雅罗斯拉夫尔州正式缔结为友好省州，双方将根据友好、平等和互利的原则，在经济、贸易、科技、文化、教育等领域进行各种形式的交流与合作，促进共同繁荣发展。省长黄智权会见了雅罗斯拉夫尔州常务副州长科瓦列夫·弗拉济米尔·阿列克桑德罗维奇一行。省委副书记、常务副省长吴新雄与科瓦列夫共同签署了建立友好省州关系协议书。

25日 省委召开常委扩大会议，总结前一阶段全省先进性教育活动，研究部署分析评议阶段工作。孟建柱主持会议，省四套班子党员领导干部参加会议。

25日 省政府召开第三十一次常务会议，黄智权主持。会议通过了《江西省中长期科技发展规划及“十一五”科技专项规划编制工作方案》。

26日 长江流域目前唯一的江豚“医院”——江西省江豚救护中心在江西省建成。该中心投入运转后，各项功能将全面覆盖鄱阳湖和长江江西段，对鄱阳湖及长江江西段的江豚实施全天候监测和救护。该中心是经农业部批准，由国家和江西省投资543万元，由省渔政管理局于2003年开始兴建。江豚“医院”由设在省水产科研所的中心站和分别设在省渔政局湖口、星子、都昌分局的三个分站组成。中心站主要开展江豚的暂养救治、科研、科普等工作；三个分站主要开展江豚资源动态监测和应急救护工作。

27日　全省先进性教育活动第二次工作会议在南昌召开。王君出席会议并讲话。董君舒主持会议并对分析评议阶段的工作进行了部署。刘上洋宣读了中央督导组关于江西省第一批先进性教育活动进入分析评议阶段工作的意见。会议于28日结束。

28日　全省防汛工作会议召开。孟建柱强调，防汛工作是全党的大事，是全省的大事，关系到全省人民生命财产的安全。各地要充分认识今年汛情的新特点，努力提高科学防汛的水平。要未雨绸缪，早做准备，统筹协调，加强培训，确保今年汛期安全。

28日　为期3天的江西省党政领导干部《信访条例》专题研讨班在省委党校举行开班仪式。省委政法委书记舒晓琴讲话指出，新修订的《信访条例》颁布实施，是推进依法行政、建设法制政府的需要，是构建社会主义和谐社会的需要。各级政府、各部门要认真抓好贯彻实施新《信访条例》的各项工作，畅通社情民意反映渠道，妥善协调各方面的利益关系，化解社会矛盾，减少社会对抗，维护社会秩序，促进社会和谐发展（新修订的《信访条例》自5月1日起正式施行）。

28日　首批“中国蜜橘出口生产基地”在南丰县挂牌，标志着南丰县的蜜橘种植、管理、采摘、加工、出口朝着标准化、规范化轨道迈出了可喜的一步，对提升南丰蜜橘产品质量和品牌形象、扩大出口、促进农民增收具有重要意义。

29日　江西省领导干部减灾管理研讨班在南昌开班。省委副书记、省减灾委主任吴新雄在开班仪式上强调，综合减灾工作事关建设和谐平安江西大局，各地要切实按照科学发展观和“五个统筹”的要求，认真做好各项综合减灾工作，实现江西省经济在新起点上更快更好地发展。他还指出，只有通过开展和实施综合减灾，合理利用和保护好气候、水、土地、森林等自然资源，从源头上控制和预防各种自然灾害的发生，才能使全省社会经济步入一个全面、协调、可持续发展的良性轨道。

30日　在教育部组织的2004年度国家精品课程评选中，经过资格审查、专家网上初评、会议终审和网上公示等步骤，南昌大学“现代汉语”课程日前被评为2004年度国家精品课程，实现了江西省国家精品课程“零”的突破。

31日　泰和至井冈山高速公路正式通车。至此，全省高速公路通车总里程突破1500公里。泰井高速公路东接赣粤高速公路昌泰段，始于泰和县南源垅，终于井冈山市厦坪镇，设连接线至茨坪，途经泰和县、吉安县、井冈山市，主线62公里，连接线20.6公里。工程于2003年10月23日正式开工建设，于今年1月22日开通试营运，创造了江西省高速公路建设的新纪录。

泰井高速公路

31日　井冈山铁路开工动员大会在井冈山市厦坪镇隆重举行。铁道部部长刘志军、省长黄智权讲话。井冈山铁路位于吉安市西南部，东起京九线上的吉安南站，往西途经吉安县、泰和县、永新县至井冈山，是规划中的衡阳至吉安铁路东段，线路全长80.824公里。建成后的井冈山铁路，往西与衡阳接通，形成京广、京九两大南北铁路干线之间的又一条联络线，对于完善路网布局，加强各大干线之间的联络，增强路网的灵活性，提高运输效率具有重要作用。

公元2005年4月							农历乙酉年【鸡】						
日	一	二	三	四	五	六	日	一	二	三	四	五	六
					1 廿三	2 廿四	3 廿五	4 廿六	5 清明	6 廿八	7 廿九	8 三十	9 三月小
10 初二	11 初三	12 初四	13 初五	14 初六	15 初七	16 初八	17 初九	18 初十	19 十一	20 谷雨	21 十三	22 十四	23 十五
24 十六	25 十七	26 十八	27 十九	28 二十	29 廿一	30 廿二							

1日　“建设和谐平安江西，共创富民兴赣大业”主题教育活动动员会在南昌举行。会议传达了孟建柱、黄智权就开展“建设和谐平安江西，共创富民兴赣大业”主题教育活动的重要指示，并对在全省集中开展这一主题教育活动进行了动员和部署。孟建柱指出，江西正面临着前所未有的发展机遇，处于发展的关键时期。各地各部门要努力形成同心同德、共谋发展的强大合力，努力形成想创业者敢创业、善创业者创成业的社会环境，努力形成公平正义、民主法治、社会稳定的良好局面，努力形成和谐创业、和谐兴赣的浓厚氛围，坚持经济建设这个中心不动摇，咬住发展这个第一要务不放松，努力实现经济又快又好发展和社会全面进步。黄智权在指示中要求，各地各部门要把主题教育活动摆在重要位置，要落实到在新的起点上实现经济社会更快更好发展上来，要落实到实现、维护、发展好广大人民群众的根本利益上来，要落实到实现社会公平正义、营造良好的社会风尚上来，要落实到正确处理各种社会矛盾、维护社会稳定上来。

1日　省政府与铁道部在井冈山市就江西铁路建设有关问题进行会谈，共谋“十一五”及中长期江西铁路建设发展大计，并举行了《关于江西铁路建设有关问题的会谈纪要》签字仪式。孟建柱、吴新雄等参加会谈并出席签字仪式。刘志军、黄智权签署了部省《会谈纪要》。

铁路建设快速发展。浙赣铁路电气化提速改造和赣龙铁路在江西工程段总投入100亿元，正陆续建成运营。2005年4月1日，井冈山铁路开工建设。图为南昌铁路局新一代女乘务员

2日　江西省数字证书认证中心（简称 CA）和密钥管理中心（简称 KMC）胜利通过国家密码管理局组织的专家鉴定。CA 是江西省唯一从事全省电子商务、电子政务和其他网上业务的数字证书颁发、管理和论证的第三方机构；KMC 则是 CA 的核心。这两个中心于 2003 年 7 月 24 日通过了国家组织的方案论证、2003 年 12 月 8 日通过了安全性审查。

3日　全国人大内务司法委员会委员赵锡军一行 4 人，就律师法实施情况来赣进行为期一周的调研。

4日　数十位来自我国氟化工行业的专家、学者日前会聚赣州，讨论无机氟化物与含氟精细化学品“十一五”规划纲要，并确定了无机氟化物及含氟精细化学品“十一五”发展目标和导向。会议确定的发展目标和导向是：加快产业结构调整，功能性无机氟材料与有机含氟精细化学品的产值所增比例由目前的 20% 左右，增加到 40% 以上；培植 3 至 5 个氟化工先进制造业基地；鼓励发展低成本含氟农药、生理性含氟医药、新型高效含氟染料等；推进整个产业初步走上集约型发展轨道。

5日　万载县检察院副检察长、反贪局局长钟文凤（女）荣获全国“十佳反贪局长”称号。

5日　中共中央政治局委员、国务院副总理回良玉在江西农村调研，并于 6 日主持召开部分主产省粮食生产座谈会。回良玉强调，要认真贯彻落实中央 1 号文件精神，全面分析、准确把握当前农业农村形势，对实现粮食稳定增产、农民持续增收的重要性要有充分认识，对存在的问题和面临的困难要有足够估计，对应对措施和工作部署要有周密安排，加大工作力度，强化政策落实，力争粮食在去年大幅度增产的基础上实现稳定增产，农民在去年较大幅度增收的基础上实现持续增收。他指出，实现粮食稳定增产、农民持续增收，既是本年农业农村发展的中心目标，也是继续加强和改善宏观调控的重要内容；既是摆在大家面前的一项重大而艰巨的任务，也是大家面临的一个严峻挑战。本年农业和农村工作开局良好，但要在去年较高的基数上继续增长，在较高的起点上持续发展，要求更高，难度更大。要正视存在的问题和不确定性因素，增强责任感和紧迫感，切不可盲目乐观，切不可松懈麻痹。宁可把困难估计得更充分一些，把措施考虑得更周全一些，把工作做得更扎实一些，牢牢把握农业农村工作主动权。黑龙江、安徽、江西、山东、河南、湖南 6 个粮食主产省和国务院有关部门负责人参加了会议。

6日　省国税局和省地税局联合举办“依法诚信纳税，共建小康社会”座谈会，邀请部分纳税人代表谈诚信、话税收、议和谐，加强税企双方互相了解。吴新雄到会并在讲话中强调，加强税法宣传，促进依法治税和诚信纳税，依法打击各种违反税法行为，有利于建立起平等和谐的税收关系，促进社会走向更高的税收文明；有利于完善社会主义市场体系，推动社会主义市场经济快速健康发展；有利于形成公平、公正、有序的市场经济秩序，维护改革、发展和稳定的大局。

6日　教育部日前公布了首批“新世纪优秀人才支持计划”入选者名单，南昌大学江风益、江西农业大学黄路生、江西财经大学许统生三位教授入选，共获资助经费 70 万元。

6日　江西铜业集团公司 40 万吨硫酸项目在永平铜矿破土动工。项目建成投产后可彻底改变矿山单一经营模式，对矿山的长期稳定以及拉动上饶市、铅山县的地方经济有着积极的作用。该项目主体装置关键设备由国外引进，工艺先进，自动化程度高。

7日　以“建设和谐平安江西，共创富民兴赣大业”为主题的“2005 江西学者论坛”在南昌开讲。论坛由省委宣传部、省社科院、省社联联合举办，来自江西省科研机构、大专院校和有关部门的 10 位专家分别作了专题发言。与会专家认为，构建社会主义和谐社会，是我们党从全面建设小康社会、开创中国特色社会主义事业新局面的全局出发提出的一项重大任务，是一个具有深邃内涵和丰富外延的重大理论与实践课题。

7日　赣、鄂、苏、皖四省旅游部门在武汉签署《关于共同开发推广长江中下游旅游产品的联合声明》，拟整合四省旅游资源，共同推出

“长江自然文化之旅”，庐山、景德镇、婺源被纳入其中。

8日　萍乡市近日在湘东区下埠镇富家村发现了清代嘉庆皇帝赐给一村妇的巨匾。该匾长2.97米，宽1.1米，匾框厚0.08米，为樟木质地。匾中横排描金行楷“贞寿之门”四个大字，四周饰以精美的五龙盘云戏珠浮雕花纹，在匾上框中间，一龙垂首目视匾中上位置所刻“圣旨”两字，在匾的左下方竖行刻有“嘉庆二十二年立”字样。

8日　省政府首次召开全省梳理分解《政府工作报告》任务、责任会，把这些任务一一分解和落实到相关部门，涉及“三农”、重大工程项目建设、对外开放、构建为民公共财政体系的领域的130项政府重点工作，全部指定到具体的责任部门。吴新雄出席会议并在讲话中指出，黄智权省长在十届省人大三次会议上所作的《政府工作报告》，体现了“建设和谐平安江西，共创富民兴赣大业”思想，是今年江西省做好政府各项工作总的纲领性文件。政府各部门作为具体的操作者和落实者，全面落实报告中的各项任务，最重要的就是要坚持以科学发展观统领经济社会发展全局，弘扬求真务实的精神，进一步转变政府职能。

8日　省委在南昌召开电视电话会议，贯彻落实国务院在江西召开的部分主产省粮食生产座谈会精神，分析当前江西省春耕生产形势，重点部署进一步促进粮食稳定增产和农民持续增收工作。黄智权出席会议并讲话强调，我们一定要贯彻好国务院部分主产省粮食生产座谈会精神，毫不松懈地进一步抓好农业和粮食生产，毫不动摇地进一步促进农民增收，力争粮食生产在去年大幅度增长后，今年继续实现稳定增产；力争农民收入在去年大幅度增加后，今年继续实现较多增收。

9日　大江网网络评论员队伍成立暨首届网络评论员座谈会在南昌召开，会议宣布大江网网络评论员队伍成立。至此，江西诞生了首支网络评论员队伍。

9日　应美国南卡罗来纳州商务部、格林威尔市和福特汽车集团邀请，南昌市委书记余欣荣前往美国访问并与格林威尔市、克莱姆森大学、福特公司以及其他工商企业进行广泛交流，进一步开辟南昌市与美国有关城市和大企业的经济合作。

10日　江西省首个法律硕士专业在江西财经大学开班讲学，填补了江西高校专业学位授予系列中的一个空白，成为江西省培养高层次法律人才的平台。法律硕士学位（JM）是我国专业学位系列中的一种，它与工商管理硕士（MBA）专业学位、公共管理硕士（MPA）专业学位等共同构成我国专业学位系列的主体，主要培养面向法律实务部门中级以上专业和管理岗位的高层次的应用类法律人才。

10日～14日　张新时、王明庥、张齐生、蒋有绪、冯宗炜、宋湛谦6位院士在江西就林业发展进行调研。14日，黄智权在南昌会见了院士一行。

11日　江西省国有资产监督管理工作会议在南昌召开。黄智权到会并在讲话中指出，要以科学发展观为统领，进一步增强搞好国有企业、发展壮大国有经济的责任感和使命感，坚定做大做强优势国有企业的信心和决心，扎实推进国有资产管理体制改革和国有企业改革，不断增强国有经济的控制力、影响力和带动力。

12日　省委召开会议，传达中央有关会议精神，强调在先进性教育活动分析评议阶段，要切实加强领导，正确把握政策，扎扎实实做好各项工作，确保取得实效。省委副书记、省委先进性教育活动领导小组常务副组长王君在讲话中指出，目前，全省先进性教育活动正处在分析评议的关键阶段，各级党委（党组）要按照中央的精神和省委的要求，采取有效措施，切实抓好这一阶段的各项工作。一要牢牢把握“关键是要取得实效”的要求，把“取得实效”贯穿于先进性教育活动的全过程。二要正确把握政策，确保不走过场、不出偏差。三要切实加强领导，落实责任。

13日　省委召开省直机关落实党风廉政建设和反腐败任务分工会议。孟建柱强调，实行党风廉政建设责任制，是党中央、国务院为从制度上保证各级领导班子、领导干部对反腐倡廉工作切实负起责任而采取的一项重大举措，是我们在实践中积累的一条成功经验，也是今后工作必须遵循的重要原则。

13日 省委副书记、常务副省长吴新雄拜访香港特别行政区财政司司长唐英年先生。双方一致认为，赣港合作具有广阔的市场前景。吴新雄首先感谢唐英年先生对江西开放型经济的关心，同时介绍了此次在香港招商引资的成果及江西近年来经济、社会事业等方面的发展情况。吴新雄说，江西60%的外资来源于香港，60%的出口通过香港。在“9+2”的框架下，江西愿意承接来自香港和沿海发达地区的经济辐射，进一步加强多领域的合作。唐英年对江西保护东江源头的努力表示感谢，并由衷赞赏江西去年引进外资跃居全国第八位。唐英年说，香港在金融业具有独特的优势，在“9+2”经济生态圈中，赣港经济优势互补，双方未来的合作潜力巨大。吴新雄是赴港出席江西省招商引资推介会的。在这次招商引资推介会上，签订合同和意向书62个，外资金额超过11.5亿美元。

14日 美国林务局森林病虫害防治专家南茜博士、中国科学院孙江华博士一行近日联合在石城县开展萧氏松茎象防治试验工作。

14日 由江西省交警总队拍摄制作的交通安全专题片《流泪的花季》，近日在全国交通安全宣传品评选中荣获一等奖。

15日 省林业厅和中国林学会共同承办的“希望在山”院士论坛在南昌举行。孟建柱听取报告后指出，这些年来，全省林业建设取得了显著成效，但同时也应当看到，虽然全省森林覆盖率比较高，山林资源是全省第一位的优势资源，但林业的生态保护功能还比较弱，促进农民增收的作用和潜力还没有得到充分发挥。进一步加快江西林业发展，一要靠改革、二要靠科技、三要靠开放。要通过深化林业产权制度改革，充分调动广大林农积极性，建立起促进林业发展和农民增收的长效机制。要加强科技兴林，增加科技投入，突出解决好林业发展中的重要科技问题，通过山上搞基地、山下搞加工、科技创高效，提高林业的综合效益。要运用开放的理念，鼓励社会各方面力量参与林业建设，多种途径开发林业资源，实现生态效益、经济效益、社会效益多赢，使林业真正成为农民增收的绿色银行，成为可持续发展的绿色保障。省政府同时聘请沈国舫、张新时、王明庥、马建富、张齐生、蒋有绪、冯宗炜、宋湛谦8位院士为江西省林业顾问。

林业成为农民增收的绿色银行。图为果农在收获柑橘

15日 省委在南昌召开公开选拔厅级领导干部动员大会。中共江西省委组织部发出“江西省公开选拔厅级领导干部公告”，其中包括5位正厅级干部和7位副厅级干部职位（至28日，报名结束，报名人数超过300名）。

16日 江西、广东、海南、广西、湖南、福建、湖北南方七省区的森林防疫部门，近日在九江市联合签署了森林植物检疫联防联检的协议，以共同控制危险性林业有害生物的扩散蔓延。南方七省区每年轮流“当班”，负责七省区森林植物检疫的信息汇总，通报最新疫情，发布各成员省区防治松材线虫等危险性病虫害好的做法、最新技术以及除害处理技术等，并组织七省区联合开展森林植物检疫专项行动。同时共同开展对重大森林病虫害的科技攻关，研究制定重大森林病虫害的防治检疫办法。

16日 省委、省政府在南昌召开全省林业产权制度改革工作会议，总结林改试点工作，动员和部署全面推行林业产权制度改革工作。会议强调，深化林业产权制度改革，是今年江西省农村改革的一件大事，也是推动林业发展的一项重要举措。要坚持改革的正确方向，深化对改革重要性的认识；严格掌握政策，切实落实好改革的各项内容；加强组织领导，着力抓好重点环节的工作，确保全省林业产权制度改革的顺利进行，实现江西省林业更大的发展。省委书记孟建柱指出，加快江西省林业发展，保护生态环境、巩固生态优势，建设绿色产业、实现兴林致富，最根本的要靠深化改革。要坚持改革的正确方向，切实维护广大林农的基本利益，最大限度地调动林农发展林业的积极性，推动全省林业的大发展，努力取得生态、经济和社会效益多赢。

18日 “科学与中国·江西崛起与科技发展”巡讲活动在南昌开幕。孟建柱、赵智勇在滨江宾馆会见了院士专家巡讲团师昌绪、陆汝钤、张礼和、林尊琪、王育竹、黄志镗、徐晓白院士。活动由省政府主办，省委组织部、省教育厅和江西科技师范学院承办。巡讲活动围绕江西崛起与科技发展的主题，结合科研前沿的热点、动态和成果等进行讲授和研讨，就江西省科技教育事业和广大科教工作者如何在经济发展和社会进步中发挥更大作用建言献策。“科学与中国”院士专家巡讲团由中科院、中宣部、教育部、科技部、工程院和中国科协六部委联合主办，于2002年12月启动，足迹遍及全国21个省、自治区、直辖市。

19日 九江米市开锣。来自江西、湖南、福建、贵州、上海、河南等10个省市具有粮食经营资格的105家企业代表及观摩代表700余人在九江南方交易市场，参加由国家发改委等六部委组织的中央储备粮稻谷招标采购活动。当天成交量45.25万吨，成交金额7.674亿元，成交率达98.4%。这是中央储备粮首次在九江米市大规模进行稻谷采购。

20日 萍乡市文廷式研究者高洪年日前在湘东区老关镇登官村张氏族谱中，发现了文廷式的一篇名为《三修赠序》普序佚文。文廷式(1856～1904)，江西萍乡人，是晚清著名政治活动家、学者，他给后人留下了丰富的著述，经海内外几代学人的不懈努力，其文稿搜集、整理、出版已逾百万字。已刊的《文廷式售》中，序文不过20篇，并无谱序，此次发现的系第一篇。据考证，文廷式家族与登官村张氏家族有几代姻缘关系。此谱序的发现为深入研究文廷式提供了第一手材料，具有一定的史学价值。

20日 省委书记孟建柱在省农村信用联社调研，并出席农村信用社深化改革、服务“三农”座谈会。孟建柱指出，要深化改革、加强管理、改善服务，进一步加大对“三农”的金融支持力度，探索支持“三农”发展的新路子；要进一步形成工作的整体合力，支持农村信用社做优、做强、做大，为实现江西崛起作出更大的贡献。他强调，各级党政和有关部门要大力支持农村信用社工作，为农村信用社的发展创造更好的环境。要支持农村信用社加快体制改革，帮助农村信用社壮大资金实力，探索促进农村信用社可持续发展的风险保障机制，不断优化农村信用社外部发展环境。座谈会上，省农村信用联社负责人作了汇报，各有关部门负责人共同探讨了新形势下金融服务“三农”的新思路、新办法。

20日 为营造良好的尊重和保护知识产权的氛围，江西省整规办、南昌市整规办联合主办的江西省保护知识产权宣传周活动在南昌市八一广场启动。活动主题为：保护知识产权，促进创新发展。来自宣传、公安、文化、海关、工商、质检、新闻出版、版权、食品药品监管、科技等有关部门人员在现场进行保护专利权、商标专用权、著作权以及知识产权海关保护的意义和法律法规宣传咨询活动，散发有关知识产权方面的资料。

21日 省委、省政府信访局在南昌召开全省信访系统“学习张云泉，争做人民满意信访干部”活动动员大会。会上，省委常委、省委秘书长陈达恒传达孟建柱批示：“最近媒体宣传的江苏泰州市信访局长张云泉的事迹十分感人，建议能否在全省信访干部中掀起一个学习张云泉先进事迹，争做人民满意的信访干部的热潮，同时也要积极宣传江西省信访干部努力为群众排忧解难，妥善化解社会矛盾，执政为民的先进事迹。”

会议要求，全体信访干部要对照张云泉先进事迹，从思想、工作、作风上找差距，广泛开展“五比五看”大讨论。即比理想信念，看是否具备张云泉那样全心全意为人民服务的崇高品德；比奉献精神，看是否有张云泉那样22年如一日克己奉公的恒心毅力；比工作标准，看是否具备张云泉那样心系群众，关爱百姓的公仆情怀；比思想作风，看是否具备张云泉那样严格律己，淡泊名利的平和心态；比能力素质，看是否具备张云泉那样解难释惑，化解矛盾的高超艺术。

21日 全省学习宣传贯彻《建立健全教育、制度、监督并重的惩治和预防腐败体系实施纲要》座谈会在南昌举行，董君舒出席会议并在讲话中指出，各地各部门要精心部署，认真组织广大党员干部特别是领导干部学习《实施纲要》，使广大党员干部深刻认识《实施纲要》颁布实施的重大意义，准确领会基本精神，全面掌握主要内容；要把《实施纲要》的宣传作为当前宣传思想工作的一项重要任务，切实抓紧抓好，广播、电视、报刊、网络等媒体要通过多种形式，加大宣传力度，营造学习贯彻《实施纲要》的浓厚氛围；要紧紧围绕《实施纲要》确定的指导思想、工作原则和各项任务，结合实际，抓紧制定贯彻落实的具体意见和办法，努力把《实施纲要》的原则要求转化为切实可行的具体措施。省纪委、省委办公厅、省委组织部、省委宣传部等22个部门和单位及赣州市的负责人出席了会议。

21日 江西省爱国主义教育基地工作会议在井冈山召开。会议要求，要充分发挥各类爱国主义教育基地的作用，不断提高爱国主义教育基地的建设、管理和使用水平，大力弘扬和培育伟大民族精神，为实现全面建设小康社会、加快实现江西在中部地区崛起的奋斗目标服务。会议传达学习全国爱国主义教育示范基地工作会议精神，总结交流经验，表彰“井冈山革命纪念地”等6个先进集体和5名先进个人，研究部署今后一个时期的工作。

21日 国家林业局近日确定了中国首批共118处陆生野生动物疫源疫病监测站点，江西省的鄱阳湖国家级自然保护区管理局、遂川鸟道（遂川县林业局）、抚州市林业局野生植物保护管理站、宜春市林业局森林病虫害防治站4个站点入选，标志着江西省纳入了全国陆生野生动物疫源疫病监测网络体系，对陆生野生动物疫源疫病监测和控制能力将得到增强，野生动物重点区域监测网络体系将初步形成。这4个监测站点，基本覆盖了全省野生动物疫源疫病多发区域，以及鸟类迁徙通道、野生动物集中分布的重点区域。

22日 省旅游局与新浪网在南昌签订协议，从即日起共同开展“红色中国之江西”网络展播月活动。江西省成为全国首个在新浪网开展网络展播的省份。

23日 省委常委会召开保持共产党员先进性教育活动专题民主生活会。生活会的主题是：以邓小平理论和“三个代表”重要思想为指导，对照新时期保持共产党员先进性的基本要求和省委常委保持共产党员先进性的具体要求，对照征求到的群众意见和建议，对近来省委常委班子建设和省委常委个人思想、工作、作风等方面的情况进行认真总结和反思，进一步明确努力方向。中央督导组组长左明和中央督导组成员，中纪委、中组部有关部门负责人参加了会议。孟建柱指出，新时期保持共产党员先进性，省委常委要率先垂范，身体力行，做政治坚定、与时俱进的表率；做勤奋学习、勤奋工作的表率；做科学理政、善谋发展的表率；做践行宗旨、执政为民的表率；做求真务实、艰苦奋斗的表率；做严守纪律、维护团结的表率。

24日 一批来自美国、意大利等国及香港和省内外的投资商，在桑海经济技术开发区同时举行了6个项目的开工典礼，总投资28亿元。

25日 全省城乡小区建设文艺汇演在南昌举行。民政部党组副书记、常务副部长贾治邦，省领导彭宏松和数百名南昌市民一道观看了文艺节目。

25日 安福县文物考古部门日前在该县山庄乡发掘出四座东汉古墓群，出土的一些铭文砖为安福首见，在全省乃至全国也比较少见。该墓为砖室墓，墓长8.72米，墓宽3.2米，残高0.86米，结构为长方形。墓分前后两室，前室有排水道，后室有通风窗口。该墓为夫妻合葬墓。墓中不少铭文砖刻有“大吉羊百”等凸字。同时还发现大量背面带有绳条纹的楔形砖、子母砖等5种砖型。这说明，当地东汉民间的建筑技艺已比较发达。

26日 省政府在南昌举行全省城乡小区建设先进单位和先进个人表彰大会。孟建柱和民政部党组副书记、常务副部长贾治邦出席会议并讲话。

26日 省政府党组、省人大常委会党组、省政协党组分别召开先进性教育活动专题民主生活会。

27日 省委、省政府在江西艺术剧院举办科技报告会，邀请全国政协副主席、中国工程院院长徐匡迪作题为《飞速发展的科学技术和我国自主创新战略》的报告。在南昌的省直机关、科研院所、大专院校和省重要骨干企业负责人等共1600多人在会场听取了报告。徐匡迪的报告分“突飞猛进的高科技发展时代”、“科学新成就与高新技术发展”、“提高自主创新能力是我们的必然选择”三个部分。

27日 省政府聘请袁隆平院士为科技顾问仪式在南昌举行，胡振鹏向袁隆平颁发聘书。仪式结束后，黄智权会见袁隆平。

27日 由江西省金源公司生产的“冻干小葱”，日前从万载出口进入欧美市场。由北京和台湾两地客商联合投入1.6亿元的金源公司，是全国规模最大的有机蔬菜加工企业。

27日 省委、省政府在井冈山召开全省发展红色旅游工作会议。会议确定了发展红色旅游的总体目标：用三年时间，高标准建设好一批重点红色旅游区，把江西省建设成为红色旅游强省；再用三年时间，即到2010年，使江西省主要红色旅游区成为国内外旅游热点，使红色旅游产业成为推动全省经济社会发展的重要动力。孟建柱在书面讲话中深刻分析了当前江西省旅游业面临的机遇和挑战，明确提出发展红色旅游的思路。他指出，发展红色旅游，对江西具有特殊的重要意义，各级党委、政府要进一步提高认识，真正把发展红色旅游作为一项重大政治、文化、经济工程来抓，着力打造“红色名片”，带动全省旅游产业全面快速健康发展，推进富民兴赣工程，为实现江西在中部地区崛起、全面建设小康社会作出更大贡献。

27日 江西2005年全国劳模和先进工作者进京授奖欢送会在南昌举行。孟建柱在欢送会上指出，全省人民和劳动群众要自觉以劳模为榜样，大力弘扬“解放思想、开拓进取，知难而上、勇于创新，艰苦奋斗、求真务实，淡泊名利、无私奉献”的伟大劳模精神，以国家富强、民族振兴为己任，立足岗位、脚踏实地，学赶先进、争创一流，在新的历史进程中建立新的业绩。这次江西省共有77位来自各条战线、各行各业的排头兵当选全国劳动模范和先进工作者。属于企业职工的劳模有35人，属于农民劳模的有21人，属于机关事业单位的先进工作者有20人，属于全国法律系统的有1人。

27日 江西省乡镇卫生院中医临床技术骨干培训项目正式实施，来自各地乡镇卫生院的近100名中医临床技术骨干参加了首期培训，他们将接受为期6个月的理论学习和临床进修全脱产培训。

28日 孟建柱在南昌会见了中央政府驻港联络办副主任彭清华率领的香港、澳门考察团一行。彭清华表示，驻港联络办今后将进一步发挥桥梁纽带作用，促进港澳和江西在经济、贸易、人才、科技、文化、旅游等方面的合作。彭清华一行还考察了中国井冈山干部学院和南昌等地。

29日 由省委宣传部、省直机关工委、省委教委工委、省外办、南昌市委共同组织的中日关系形势报告会在江西艺术剧院举行。原外交部副部长、原中国驻日大使徐敦信应邀作了报告，他剖析了当前中日关系中包括历史问题、台湾问题、钓鱼岛和东海大陆架、联合国改革等敏感问题，阐述了我国在发展中日关系上的一贯立场和对日政策。

29日 20多位中外权威考古专家、学者在龙虎山启动为期9天的古悬棺科考活动。这是迄今为止规模最大的古悬棺科考活动。此次科考对葬地的选择、棺木的吊运、墓主人的身份及族属、墓葬形制、葬品文化特征及历史价值等作进一步评估。同时还考察新发现的崖墓，并提出如何保护好崖墓群及所在地自然景观的科学规划方案的意见。在这次考察活动中，考古人员新发现了一处古悬棺群，并对出土的文物进行了详细的考证，指出，龙虎山地区是迄今为止我国悬棺葬最为集中的地区，也是时代最早，文物保存最为完整的地区，对这一地区的考古研究将对整个悬棺葬文化的研究起到重要作用。

30 日　第九十七届广交会结束，江西省交易团共签订意向成交合同 2.63 亿美元，再创历史新高。江西省共有 112 家企业参展，呈现出两大特点：(一) 参展生产企业多，共有 67 家生产企业参展，接近总数的六成，较上届提高了 2 个百分点，高于大会平均水平 9 个百分点；(二) 新参展企业多，22 家具有发展潜力、有望成为未来出口新军的企业积极申请展位，约占总数的 2 成，高于大会要求的新参展企业比例不低于 5% 的要求，交易会上，江西省的农产品、医药、纺织服装、化工、机电等 47 类产品交易频繁，光学仪器、建材及园艺产品更是表现不俗，赢得众多外商的青睐。

30 日　省委召开全委会，听取省委常委参加保持先进性教育活动民主生活会情况的通报。

公元2005年5月 农历乙酉年【鸡】													
日	一	二	三	四	五	六	日	一	二	三	四	五	六
1 劳动节	2 廿四	3 廿五	4 青年节	5 立夏	6 廿八	7 廿九	8 四月大	9 初二	10 初三	11 初四	12 初五	13 初六	14 初七
15 初八	16 初九	17 初十	18 十一	19 十二	20 十三	21 小满	22 十五	23 十六	24 十七	25 十八	26 十九	27 二十	28 廿一
29 廿二	30 廿三	31 廿四											

1日 江西省首批783名人民陪审员正式上岗。这次人民陪审员的选任呈现出参选人员报名踊跃、素质较高和年富力强的特点。报名参选的人员中，以教师和其他有一定法律基础知识的社会各界人士为主；大专以上学历的占90%以上。

3日 中外专家近日在婺源县中云镇新发现黄喉噪鹛种群，该种群数量在40只左右，是近几年在该县境内发现数量最多的一次。此次新发现的黄喉噪鹛群是一个种类齐全的种群，并且所有的黄喉噪鹛都生活在人类的生活区，这对进一步研究人与自然环境提供了很好的科学依据，有很大的研究价值。目前婺源全境共发现七处有黄喉噪鹛踪迹，总数在200只左右。

3日 全省大学生“五四”文艺晚会在南昌举行。

4日 南昌大学举行办学65周年纪念活动，孟建柱、黄智权表示祝贺。海内外嘉宾、校友和师生2万多人出席庆典。

4日 由六〇二所自行研制、具有完全知识产权的直11型直升机日前获国家科技进步二等奖。直11型机属两吨级军民通用轻型直升机，自1998年至今已交付36架机，该机的研制处于国内领先水平，曾获得六项技术突破、七项国内第一，赢得国内外同行的一致好评。

7日 江西出入境检验检疫局和厦门出入境检验检疫局近日在南昌签署合作备忘录，标志着赣厦海铁联运监管合作机制正式启动。该项合作可简化铁路海运检验检疫手续、加快内陆货物验放速度，对改善投资环境、完善南昌口岸功能、降低货运成本、促进经济发展具有重要意义。

7日 中共中央政治局委员、国务院副总理曾培炎在江西考察，并慰问了节日期间工作在第一线的企业职工和建筑工人。曾培炎强调，江西和中部各省一定要全面落实科学发展观，从实际出发，发挥比较优势，统筹城乡经济发展，积极调整产业结构，坚持走可持续发展道路，在全面建设小康社会进程中不断取得新的成绩。积极促进中部地区崛起，对于统筹协调区域经济社会发展具有重要意义。江西是我国农业大省，粮食主产区，旅游资源丰富，交通网络四通八达，特色产业初具规模。江西在中部地区具有承东启西、纵贯南北的区域优势和工农业基础较好的综合优势，为进一步发展打下了良好基础。

10日　以全国政协副主席张思卿为团长，全国政协常委卢荣景、叶连松为副团长的全国政协常委赴赣视察团到达南昌，就促进中部地区崛起进行视察。省委、省政府向视察团作了专题汇报。

10日　为期两天的联合国可持续发展实施目标国际研讨会在南昌开幕。《江西可持续发展报告》成为会议主题报告。此次研讨会是在联合国主导下，世界有关国家探求可持续发展、共创人类美好未来的一次重要会议；也是江西省首次与联合国机构共同主办的高规格国际会议。134位国内外与会代表主要围绕经济社会可持续发展、环境保护、人与自然和谐共处等议题进行研讨，同时讨论众多事关江西可持续发展的重要议题。

10日　全国人大常委会副委员长蒋正华、全国人大环资委副主任委员朱育理率团抵赣，就江西省贯彻落实《水污染防治法》和城乡饮用水水源情况进行执法检查。孟建柱看望了蒋正华一行。

12日　全省首座现代化集装箱专用码头——南昌港国际集装箱码头，正式竣工并投入使用。吴新雄出席竣工典礼并在讲话中指出，构建快速便捷的交通运输网络，是促进江西省经济社会持续快速健康协调发展的重要条件。码头的建成投产，对于进一步完善江西省综合交通运输体系，加快水陆交通和集装箱运输发展，对于进一步完善省会南昌“一江两岸”城市规划，加快现代化文明花园城市建设，对于实施大开放主战略，加快“对接长珠闽，融入全球化”进程，在新的起点上实现全省经济社会更快更好发展，都具有十分重要的作用。南昌港国际集装箱码头工程是江西省“十五”交通建设重点工程，也是交通部长江水系内河航运发展规划重点建设项目，项目总投资1.58亿元，实际年吞吐能力5万标箱，陆运面积17.05万平方米，港区岸线666.45米，具备两个1000吨级泊位，泊位长200米，堆场及道路8.8万平方米。

13日　省委专门召开学习贯彻《中共中央关于进一步加强中国共产党领导的多党合作和政治协商机制建设的意见》精神座谈会，孟建柱出席会议并讲话，王君主持会议，董君舒、刘上洋、万学文、王林森、刘运来、倪国熙，各民族党派省委会、省工商联负责人，省党外高级知识分子联谊会负责人以及省政府参事代表出席会议。孟建柱在讲话中强调，要深刻认识《意见》颁布的重要意义，不断增强贯彻落实《意见》精神的自觉性、坚定性；各级党委要从加强党的执政能力建设的高度，把思想和行动统一到《意见》精神上来，切实加强和改进对多党合作事业的领导；各民族党派要以高度的政治责任感，不断提高政治把握能力、参政议政能力、合作共事能力、组织领导能力，齐心协力建设一个经济协调、政治民主、文化先进、社会和谐、生态优良的美好江西，在社会主义建设的伟大事业中谱写多党合作的新篇章。

13日　黄智权主持召开第三十三次省政府常务会议。会议讨论并原则通过《江西省教育振兴行动计划（2004～2007）》，强调要坚持教育为人民服务的宗旨，巩固成果，深化改革，提高质量，持续发展，努力办好让人民满意的教育，加快构建具有江西特色的现代国民教育体系和终身教育体系，建设全民学习、终身学习的学习型社会，培养数以千万计的高素质劳动者、数以百万计的专门人才和一大批拔尖创新人才，为江西省现代化建设提供更大的智力支持和知识贡献。

14日　为期两天的中部崛起战略论坛在湖北省武汉市举行。来自中央有关部委及湖北、湖南、江西、河南、安徽、山西中部地区六省的近200名代表、专家学者就如何更好地贯彻落实中央关于促进中部地区崛起的重大战略决策，加强中部与东西部以及中部各省之间的联系，推进中部在规划、项目、产业、资源等方面的合作进行探讨。江西省政协副主席倪国熙出席论坛。论坛期间，江西省代表和专家学者积极建言献策，发表了《促进中部地区崛起的战略意义与实现途径研究》、《论中部崛起的系统联动战略》等主题演讲。他们在介绍江西在中部地区崛起中的思路、措施和成效以及下一步打算的同时，建议中部各省吸取东部各省发展的经验教训，用科学发展观统领全局，加快制度创新，大力发展非公有制经济；以技术创新推动产业升级，走新型工业化道路；用好中央政策，加快工业化、城镇化进程，解决好“三农”问题；实施大开放战略，积极参与国内国际合作和竞争。

14 日 省军区领导机关举行保持共产党员先进性教育活动动员大会。南京军区党委常委、装备部部长刘沈扬少将率工作组到会指导。郝敬民主持会议，李光金作动员。

15 日 全国人大常委会《水污染防治法》执法检查组与省政府交换检查意见。检查组认为，江西统筹经济社会发展和环境保护，提出“既要金山银山，更要绿水青山”，高度重视水污染防治和饮用水水源保护工作，认真贯彻执行《水污染防治法》和《水法》，建立健全地方性环保法律法规体系，措施得力、效果明显，充分体现了以人为本的科学发展观，促进了人与自然和谐相处。但也存在一些问题，主要有：（一）水质近年来有下降趋势，饮用水源还不能完全达标。如赣江劣Ⅴ类水质断面由 2000 年的 2.6% 增加到 2004 年的 15.4%，鄱阳湖水质已由Ⅲ类下降到Ⅳ类。（二）城镇污水集中处理率还比较低，市场化程度不高，目前城市污水处理率仅为 21.9%，与今年年底前城市污水集中处理率要达到 45% 差距较大。（三）有的重要涉水规划还没有制定，节水工作有待加强。（四）农业面源污染问题愈显突出，亟待解决。

15 日 孟建柱、黄智权率江西省赴河南学习考察团前往郑州考察访问。访问期间，在河南省委书记徐光春等陪同下，重点考察了郑州大学新校区、郑州市郑东新区、宇通客车股份有限公司、安飞电子玻璃有限公司、二七广场商业中心和文化旅游产业、城市建设等。郑州改革开放以来取得的蓬勃发展，给江西省学习考察团成员留下了深刻的印象。考察团于 19 日返赣。

16 日 由水利部长江水利委员会主任蔡其华率领的国家防总长江防汛抗旱检查组到江西省检查指导防汛工作，考察了南昌城市防洪工程富大有堤、前湖水库和九江市抗洪警示教育基地等，听取了副省长、省防总总指挥危朝安代表省政府作的防汛抗旱情况汇报。检查组要求，江西要切实增强责任感和紧迫感，认识贯彻落实国家防总第一次全体会议暨长江防总指挥长会议精神，切实做好防大汛、抗大灾的各项准备工作；要加强领导，突出抓好水库的安全度汛，切实做好山洪灾害的防御，进一步完善各种防洪预案，坚持防汛抗旱两手抓。

17 日 彭宏松在省防汛抗旱总指挥部办公室考察了解汛情时强调，要围绕“一个中心、三个重点、五个确保”的防汛目标，切实加强领导，落实防汛责任，提高科学防汛水平，确保安全度汛。各地要以高度的责任感，克服麻痹思想和侥幸心理，做好防大汛的各项准备工作，突出抓好“水库保安、山洪灾害防御和未完全治理流域的防洪安全”三个重点，确保人员安全，确保圩堤安全，确保水库安全，确保城市安全，确保重要交通干线畅通，确保不发生大面积内涝，全力以赴做好防汛工作，努力实现今年的防汛总目标。

18 日 江西省重点技改建设项目——江西盐矿有限责任公司投资 1.2 亿元的新增 30 万吨盐硝联产装置建成投产，一次投料试产成功。该公司年产精制盐能力翻一番，达到 80 万吨以上，成为目前我国江南最大的优质精制盐生产基地，年创利税可达 5000 万元以上。该装置是全国首套基本消化引进国外工艺技术和关键设备的制盐装置，与从国外引进装置相比，节省投资 2500 万元。经初步检验，技术经济指标达到或优于从国外引进装置的水平。

19 日 为期 3 天的交通部专家委员会 2005 年年会在南昌召开，与会专家就如何“坚持科学发展观，走资源节约型交通发展之路”进行了专题研讨和分组讨论。会议结束后，专家们还实地考察了江西省泰和—井冈山高速公路。

19 日 省委宣传部在南昌召开省、市新闻单位负责人座谈会，学习座谈如何贯彻落实由中宣部、国家广电总局、新闻出版总署今年 3 月联合颁布的《关于新闻采编人员从业管理的规定（试行）》。座谈会上，省广电局、江西日报社、省电台、省电视台、江南都市报、南昌日报社的负责人就如何学习贯彻落实《规定》发了言。

19日 2005年江西（香港）旅游专题招商引资推介会在香港华人大厦隆重举行，这是江西省在香港举办的首次以旅游为专题的招商推介会，签约项目达46个，签约总金额6.33亿美元，应邀出席此次推介会的客商有香港、澳门地区和美国、日本、印度尼西亚等国家的知名企业家共200多位。江西省11个设区市共带去旅游招商项目100多个，内容涉及景区开发、古镇改造、娱乐设施、宾馆建设、旅游汽车等诸多方面。其中，鹰潭市龙虎山上清古镇改造项目签约资金额高达8000多万美元，成为当日最大的赢家。另外，签约8000万美元的赣县白鹭客家文化民俗古村旅游开发项目、江西宾馆3800万美元的商业改造项目和南昌市青山湖宾馆7900万美元的扩改建项目，也引起了业内人士及媒体的高度关注。

19日 经中国保险监督管理委员会批准，总部设在深圳的华安财产保险股份有限公司江西分公司开业。该公司在江西推出传统财险项目及餐饮业综合险，这是江西保险市场出现的首个餐饮业险种。

20日 以中国文联副主席、书记处书记仲呈祥为团长的中国文联文艺家重上井冈山采风团一行41人抵达南昌，分为美术团、曲艺团赴井冈山、庐山开始为期5天的采风慰问活动。

21日 在南昌召开的长江流域水稻跨区机收协调会上，来自江苏、浙江、安徽、湖北、四川、重庆、河南、江西8个省市农机部门的负责人经过友好协商，签订联合收割机“双抢”跨区作业合同200多份，参加跨区机收的联合收割机达1万多台，其中江西省将引进跨区作业的联合收割机1000多台。开展水稻跨区机收后，可解决机多作业量少和机少作业量多的矛盾。

21日 在副省长凌成兴的率领下，江西信息产业学习考察团一行来到深圳，对华为技术有限公司和中兴通讯股份有限公司进行为期两天的学习考察。学习考察团由省信息产业厅、省经贸委、省国资委、南昌、景德镇、吉安等部门和地方负责人，以及省电子集团、四大网络运营商、联创光电、泰豪科技等企业负责人组成。旨在向先进IT企业学习管理经验，介绍江西省发展电子信息产业的优势，谋求合作的机遇。

22日 黄智权在省防汛抗旱总指挥部检查指导工作时强调，全省各地要紧紧围绕确保人民群众生命财产安全这个中心，围绕“三个重点、五个确保”（三个重点：水库保安、山洪灾害防御和未完全治理流域的防洪安全；五个确保：确保所有水库不垮坝，确保万亩以上圩堤不决堤，确保不发生大面积内涝，确保大中城市和交通干线不受淹，确保一旦发生地质灾害不造成重大人员伤亡事件）的防汛目标，紧张动员起来，进入临战状态，全力以赴夺取今年防汛抗洪工作的全面胜利。今年入汛以来，全省降雨主要集中在4月30日至5月20日，平均降雨量比常年同期多近五成。受狂风、暴雨、冰雹等强对流天气影响，全省局部发生灾情，但大江大河及水库度汛总体上平稳。

23日 为期两天的江西新一轮地质找矿研讨会在南昌举行。省长黄智权会见了与会的涂光炽、常印佛、翟裕生、裴荣富等院士及专家。黄智权代表省政府对院士和专家们的到来表示热烈欢迎，并简要介绍了江西的省情和经济发展情况。研讨会的主要目的是：让院士、专家和有关人士了解江西，增强找矿信心，加大对江西找矿工作的支持；向院士、专家学习新的找矿理论和方法，进一步加深对国家有关政策和技术要求的理解，以争取更多的国家项目；请院士、专家对全省主要矿种的找矿方向、找矿思路和找矿部署提出宝贵意见和建议。

23日 中国作家协会和中共江西省委宣传部、江西省文联联合在南昌举行纪念毛泽东同志《在延安文艺座谈会上的讲话》发表63周年座谈会暨中国作家“重访长征路，讴歌新时代”采风团出发仪式。孟建柱会见了中国作协领导以及采风团成员。

24日 全省加强和改进大学生思想政治教育工作会议暨第十五次全省高等学校党的建设工作会议在南昌召开。孟建柱在会议上强调，要进一步认清形势，明确责任，切实增强做好大学生思想政治教育工作的责任感和使命感；要抓住中心，明确任务，切实加强和改进新形势下大学生思想政治教育；要求真务实，开拓创新，努力开创大学生思想政治教育工作新局面。并要求，切实加强和改进大学生思想政治教育工作，必须始终坚持以育人为中心，坚定理想信念之“魂”，立牢民族精神之“根”，夯实基本道德规范之“基”，增强全面发展之“能”，努力培养德智体美全面发展的社会主义事业合格建设者和接班人。

26日 孟建柱、黄智权会见了全省获全国综治优秀市先进集体称号的单位代表和先进工作者。

26日 江西工业“三年翻番”考评表彰电视电话会议在南昌举行。省政府授予了南昌市、龙南县、省冶金集团、赣南卷烟厂等99家单位“2002～2004年度江西工业崛起三年翻番全面先进单位”；授予江西铜业集团公司、江西煤炭集团等92家单位“年度贡献奖”；授予南昌经济技术开发区、萍乡高新技术工业园区、南昌小蓝工业园区等15家单位“园区六大指标综合先进单位”；授予新余钢铁有限公司、江铃集团等10家单位“江西工业十强企业”称号。另外，萍乡高新技术工业园、南昌经济技术开发区、广丰县芦林工业园区、南昌昌东工业园、龙南金塘开发区和南昌高新技术产业开发区6家工业园区还分别获得了招商引资、销售收入、上缴税金、出口创汇、安置就业和工业增加值第一名。2004年，全省规模以上工业完成增加值617.8亿元，比上年增长26.1%；完成销售收入2117.1亿元，比上年增长40.3%；实现利税总额203.7亿元，比上年增长33.4%；工业增加值、销售收入、利税总额分别比2001年增长了100.5%、117.5%和125.8%，全面实现了“三年翻一番”的目标。

国家级南昌高新技术开发区

新余钢铁公司2005年投产的年产80万吨3500毫米中厚板轧机

全省规模以上工业增加值、销售收入和利税总额实现三年翻番，三次产业比重由2000年的24.2:35:40.8调整为2005年的19.0:47.2:33.8。工业成为推动全省经济快速增长的主导力量。图为江西铜业集团公司生产车间

27日 由全国人大常委会副委员长邹家华率领的矿产资源法执法检查组一行开始在江西执法检查。省政府在赣州向执法检查组汇报了近年来对矿产资源法的贯彻实施情况。邹家华指出，江西是矿业大省，矿业作为重要产业在经济发展中占有重要地位，如何做好矿产资源的保护和合理利用，是需要认真研究的课题。邹家华还就江西省矿业的合理开发利用、矿业权流转和矿山污染等问题，与省有关领导进行了交流。执法检查于6月4日结束。

27日 省政府与天津大学在南昌签订了全面合作协议，双方将从2005年开始，在经济、科技、教育和人才培养等方面建立全面和长期的合作关系。根据协议，省政府将积极鼓励和支持江西企事业单位与天津大学开展多种形式的合作，省政府有关部门对各项合作将给予大力支持，对重点合作项目优先纳入相应计划，创造良好的政策环境，并提供优质服务；天津大学将发挥自身的知识、人才、信息和科技优势，根据江西省国民经济和社会发展需要，积极组织和支持学校的科技力量，采取多种有效形式参与江西省经济建设项目，为江西的经济发展和社会进步提供科学技术支持。天津大学还与鹰潭市政府、省科技厅分别签订了市校合作、人才培养等方面的合作协议。

28日 领导干部双休日新知识讲座在江西艺术剧院举行。中国工程院院士、浙江大学校长潘云鹤应邀作了题为《制造业创新和信息技术》的讲座。省委、省人大、省政府、省政协领导班子的部分成员，省委各部门、省直各单位、各人民团体、省属企业以及中央驻赣单位的副厅级以上领导干部及部分处级干部等，共1500余人参加了报告会。

29日 江铃控股有限公司开业庆典暨小蓝工业园生产基地启动仪式在南昌隆重举行。省长黄智权、中国兵器装备集团公司总经理徐斌出席庆典并讲话。江铃控股有限公司由长安汽车股份有限公司和江铃汽车集团公司共同出资组建。注册资金增至10亿元后，该公司将拥有江铃汽车41%的股份，成为江铃汽车的第一大股东。长安和江铃强强联合，将实现双方在技术、产品以及市场区域等方面的优势互补。

29日 由16家中央新闻媒体联合举办的“2004年度中国十大科技新闻人物”评选揭晓，六〇二所总设计师吴希明光荣当选，这是吴希明荣获“中国十大杰出青年”光荣称号之后获得的又一崇高荣誉。吴希明是国家863飞机基础技术主题专家，国家自然科学研究员，国防科工委有突出贡献中青年科技专家，先后参与、主持了我国自主研制的几乎所有直升机机种的设计工作和“八五”、“九五”、“十五”课题研究工作。

31日 江西省“学习淮南经验加强瓦斯防治”工作会议在南昌召开。会议传达了全国煤矿瓦斯防治工作现场会议精神，对淮南矿业集团等全国典型单位防治瓦斯经验进行了介绍，并对江西省煤矿瓦斯防治工作进行部署。凌成兴出席会议并讲话指出，江西省煤矿瓦斯防治工作要着力抓好3项关键工作：（一）提高煤矿瓦斯事故的防治水平，各地要坚决贯彻“先抽后采、监测监控、以风定产”的瓦斯治理方针，实现煤炭与瓦斯共采，建设高效、安全、环保矿区；（二）提高省属重点煤矿机械化作业水平；（三）提高煤矿井型生产能力，以装备现代化、控制自动化、管理信息化为方向，推进高产、高效矿井建设，走科技含量高、安全有保障、经济效益好、资源消耗低、环境污染小的新型煤炭工业化道路。

31日 应澳门基金会邀请，南昌作家代表团一行10人赴澳门进行为期6天的文化交流活动，这是江西作家团体第一次赴澳访问。两地作家就文学和艺术创作等方面进行了交流。

公元2005年6月 农历乙酉年【鸡】													
日	一	二	三	四	五	六	日	一	二	三	四	五	六
			1 儿童节	2 廿六	3 廿七	4 廿八	5 芒种	6 三十	7 五月小	8 初二	9 初三	10 初四	11 端午节
12 初六	13 初七	14 初八	15 初九	16 初十	17 十一	18 十二	19 十三	20 十四	21 夏至	22 十六	23 十七	24 十八	25 十九
26 二十	27 廿一	28 廿二	29 廿三	30 廿四									

1日 赣粤两省《旅游交流与合作协议书》在南昌签订，按照“9+2”泛珠三角区域合作框架要求，共同打造泛珠三角旅游精品，推进旅游交通一体化，实现无障碍旅游。根据协议，双方将以互为目的地的形式加强旅游促销活动，联合开发跨省精品旅游线路，逐步消除旅游壁垒，对旅游交通、旅游安全和重大旅游投诉等问题采取协调一致的合作立场，共同处理应急事件，实现信息共享。

江西与外省加强区域合作签约现场

1日 “六一”前夕，即将赴京参加中国少先队第五次全国代表大会的萍乡市少先队员曾斯彧给省委书记孟建柱写信，讲述了她和同学们欢乐幸福的学习生活，以及自己赴京参加大会的想法。孟建柱给曾斯彧回信，向她并向全省的少先队员致以节日的祝福和亲切的问候。

1日 省妇联召开全省实施“春蕾计划”10周年暨家庭教育工作总结表彰会。会议表彰了一批在实施“春蕾计划”中涌现出来的“先进集体”、“先进个人”和“十佳春蕾使者”、“优秀春蕾园丁”、“十佳春蕾女童”，以及在“双合格”家庭教育工作中发掘出的“先进集体”、“先进个人”、“优秀家长学校”、“示范县（市、区）”和“‘为国教子、以德育人’好家长”。会上还成立了家庭教育实践基地和家庭教育讲师团。王君为受表彰的先进集体和个人颁奖，刘上洋代表省委、省政府向全省1200万少年儿童致以节日的祝贺。

1日 由中国酿酒工业学会组织的全国白酒专家日前对在全国采集的118个样品进行了感观鉴评，并运用LOX人机结合品评系统客观评价，一致评定“井冈山”酒为全国浓香型白酒质量优秀产品。“井冈山”酒是江西省目前唯一荣获浓香型白酒全国大奖的产品。

2日 江西省1%人口抽样调查工作会议在南昌召开。省委副书记、常务副省长吴新雄在讲话中指出，开展这次1%人口抽样调查，对于全省经济、社会、人口发展具有十分重要的意义，当前要切实做到4个落实到位，即组织领导落实到位、支持配合落实到位、调查经费落实到位、宣传动员落实到位。

2日 招标单位省委宣传部、省社联与在2005年全省经济社会发展重大招标课题中中标课题组举行签约仪式。此次招标旨在充分发挥哲学社会科学在经济社会发展中的重要作用，使江西省社会科学工作者当好省委、省政府的“思想库”和“智囊团”。经评审委员会评审，在26个竞标课题组中决定了4个中标课题组。这4个中标课题组是：《江西“十一五”发展基本思路和对策》、《把握社会转型趋势，培育江西和谐创业的社会文化》、《江西跨越式发展与体制机制创新》、《建立农民增收长效机制，实现农民收入持续增长》。根据招标单位与课题组的协议，招标单位为每个课题组提供4万元经费。全部课题研究于10月31日前完成。

2日 由国家体育总局小球运动管理中心和中国手球协会组办，江西省竞赛管理中心承办的2005年全国青年女子手球锦标赛在宜春市体育中心开赛，赛期11天。竞赛分身体素质比赛和手球比赛两个部分进行。其中身体素质比赛包括手球掷远、6×20米折回跑、320米跑（守门员2400米跑）等项目。

3日 江西农业大学、江西省农科院和上犹县畜牧水产局共同合作的四元杂交安全环保瘦肉型猪科技项目，日前顺利通过了省科技部门组织的成果鉴定。该项目达到国内同类研究的先进水平，并成为全省首个四元杂交猪繁育体系。该项目利用我国及世界上产仔数最高、内质优良的太湖猪与国际优良的杜洛克、长白、大约克猪种杂交模式生产，再配以现代育种新技术和绿色无公害饲料及科学的饲养管理，终端产品具有体形好、肉质鲜、营养丰富、耐粗饲、抗病力强等显著特点，是高科技绿色肉类产品，深受港澳等市场欢迎。

3日 经国务院批准，九江设立出口加工区，这是目前江西省唯一的出口加工区。

3日 省委召开常委扩大会，通报交流省四套班子先进性教育活动的整改工作，孟建柱主持并讲话。左明到会指导。

4日 省防总下发通知，要求全省各级党委、政府和防汛指挥部门迅速行动起来，立足于防大汛、抗大洪、战大灾，对防汛抗洪工作进行再动员、再部署、再检查、再落实，全面进入临战状态。通知强调，各地及有关部门要对照省纪委、省监察厅《关于在防汛抗洪工作中加强监督严肃纪律的规定》，制定切实有效的防汛责任监督机制，严肃防汛纪律，切实抓好本地区、本部门的防汛抗洪工作。

5日 庐山获“联合国优秀生态旅游景区”称号，并在美国旧金山受奖。联合国交流合作与协调委员会向中国国家环保总局和省政府发来贺信。

6日 南航正式开通南昌—广东—吉隆坡国际航班，江西又增添了一条国际航线。

6日 总投资3455万元的国家重点水利工程赣抚大堤加固配套樟树新拦洪墙建设工程近日正式开工。它的建成将使樟树市城区、浙赣铁路、京九铁路、105国道以及樟树机场等重要设施免遭洪水危害。该工程建设，上起晏公隔堤与樟树赣东大堤的交接处（龙溪闸旁），下至大码头（清江台），全长1778米。工程设计为悬臂式钢筋混凝土结构，工程建设主要有提机防渗、混凝土墙体、交通闸和电排站、混凝土交通路等项目。设计标准为50年。

6日 江西省红十字会第五次会员代表大会在南昌召开，选举产生了新一届理事会。聘请省委书记孟建柱、省长黄智权为省红十字会名誉会长，聘请省人大常委会副主任万学文、省政协副主席刘运来为名誉副会长，副省长胡振鹏当选为会长。省委书记孟建柱在讲话中要求江西省红十字会认真贯彻“三个代表”重要思想，按照科学发展观的要求，把大力倡导“人道、博爱、奉献”的红十字精神，与构建团结互助、平等友爱的社会主义和谐社会的要求结合起来，不断开创红十字事业的新局面。

6日　联合国亚太地区绿色食品有机产品发展与农民增收和扶贫开发国际研讨会在南昌开幕。研讨会是由联合国亚太经社理事会授权和农业部、外交部批准，由联合国亚太经社理事会、中国绿色食品发展研究中心、中国绿色食品协会、南昌市人民政府联合主办。来自联合国亚太经社理事会、联合国粮农组织、国际农发基金、亚洲发展银行、德国技术中心等国际机构专家及印度、菲律宾、韩国、泰国等国内外的专家出席了开幕式。在这次国际研讨会上，国内外专家围绕发展绿色食品和有机产品，推进扶贫开发与农民增收等议题进行了研讨。

8日　武宁县太平山景区近日发现一批宋代动物石雕，有石狮、石象、石龟，距今有700多年的历史。石狮、石象高1米，石龟高50厘米。它的发现对研究当地道教文化和当地的历史具有十分重要的意义。这是江西省境内迄今为止发现宋代石雕数量最多的一处。

8日　由省工商业联合会、省光彩事业促进会主办的“打造江西民营经济竞争优势”论坛在南昌举行。全国政协副主席、全国工商联主席黄孟复，全国工商联副主席郑跃文，省领导刘上洋、孙刚、王林森、金异等出席。“打造江西民营经济竞争优势”论坛是江西省统一战线为促进江西在中部地区崛起而开展的“同促崛起（6+2）高层论坛”系列活动之一。与会人员就“如何打造江西民营经济的竞争优势，促进江西在中部地区崛起”、“民营企业应如何抓住《国务院关于鼓励支持和引导个体私营等非公有制经济发展的若干意见》所带来的发展机遇，加快自身发展”、“江西省委、省政府应如何优化投资环境，推动江西民营企业打造竞争优势”等问题进行了广泛讨论。

8日　由新疆维吾尔自治区党委副书记、纪委书记胡家燕，自治区党委常委、自治区人民政府副主席艾力更·依明巴海率领的新疆党政代表团来赣考察。代表团此行考察的主要目的是：与江西就做好干部援疆工作交换意见，衔接对口支援项目，共同商讨建立对口支援工作机制，做好对口支援的组织实施工作等。

9日　上海浦东发展银行南昌分行正式开业。黄智权和上海浦东发展银行董事长张广生出席开业典礼并为浦发银行南昌分行揭牌，吴新雄在讲话中强调，浦发银行进驻江西，必将带来新的经营理念、新的管理机制，必将增强江西金融市场的活力，促进江西省金融业提高创新能力和服务水平。

9日　由省委宣传部牵头组织，南昌市委、市政府、中国新四军研究会和江西省新四军研究会大力协助，北京紫光阁影视制作中心和江西红星电子音响出版社联合拍摄的大型电视文献专题片《铁军出山——新四军诞生纪实》，在南昌新四军军部旧址启动。陈毅元帅之子陈丹淮专程来南昌出席启动会。

10日　省委召开举行纪念陈云诞辰100周年座谈会。

11日　全省科技奖励大会在南昌隆重召开，省领导为2003年度和2004年度江西省科学技术奖励的获奖代表颁发了证书。孟建柱在讲话中指出，要进一步提高科技是推进经济社会发展主导力量的认识。要牢固树立爱国奉献、创新为民的科技价值观，树立以人为本、创新跨越、竞争合作、持续发展的新的科技发展观，坚持把科教兴赣作为发展的基本战略，作为支撑江西崛起的脊梁，以科技的加快发展推动经济社会的跨越式发展。要把提高科技创新能力、更好地为经济社会发展服务作为科技工作的中心任务。

12日　全国人大常委会副委员长、农工民主党中央主席蒋正华，全国政协副主席、农工民主党中央常务副主席李蒙，中央统战部副部长、全国工商联党组书记胡德平，全国政协常委、农工民主党中央副主席陈宗兴率中国农工民主党中央“构建和谐社会，发展新型农村合作医疗”考察团在江西进行为期一周的考察。省领导向考察团介绍了江西经济社会发展的有关情况。胡振鹏代表省政府作关于新型农村合作医疗的汇报，考察团在上饶、新余、宜春、吉安听取了当地政府的汇报，并深入到婺源县赋春镇中心卫生院、分宜县杨桥镇中心卫生院进行了实地考察。19 日，考察团与省委、省政府举行交换意见会，考察团对江西在发展新型农村合作医疗试点工作中取得的成绩给予了充分肯定，并对下一步工作提出了宝贵意见和建议。李蒙希望全省新型农村合作医疗试点工作在已有成绩的基础上，进一步加强农村卫生服务能力建设，逐步增加农民自缴经费进入统筹基金的比例，提高合作医疗的筹资水平，不断完善和优化合作医疗试点工作方案，加快合作医疗试点的步伐。同时，出台相关的地方实施办法，不断把新型农村合作医疗试点工作推向前进。

12 日　由中国文联、江西省人民政府、中国民间文艺家协会联合主办的“中国江西国际傩文化艺术周”活动在南昌举行隆重的开幕式。全国政协副主席张怀西宣布开幕。省委书记孟建柱，中国文联主席周巍峙等出席开幕式，省长黄智权、中国文联党组书记李树文致辞。来自日本、韩国、美国等 10 多个国家和地区以及我国的 200 多位专家学者参加了开幕式。开幕式后举行了大型民间艺术踩街表演。艺术周期间，还举办中外傩艺术展演及假面篝火晚会、大型民俗风情歌舞晚会《赣傩的表情》、中国江西傩文化学术研讨会和江西傩文化展览，并组织中外学者进行田野考察。李树文指出，中国是一个具有悠久历史和灿烂文化的文明古国，也是一个具有丰富物质文化和非物质文化遗产的大国。主要流传于江西等省的中国各地的傩文化，在中国文化发展史上曾经产生重大影响，已成为中华民族重要的历史文化遗产，并产生了世界性的影响，成为人类文化财富中的一份珍贵遗产。通过此次活动的成功举办，将使更多人了解和认识中国的优秀文化遗产，促进文化建设和国际文化交流。艺术活动周于 15 日结束。

在南昌举行的中国（江西）傩文化艺术节

13 日　黄智权主持召开第三十四次省政府常务会议，研究全省“十一五”规划和 2020 年远景目标编制工作，原则同意省发改委提出的《江西省“十一五”规划和 2020 年远景目标的基本思路》。

14 日　省人大常委会法制工作委员会和南昌大学共同组建的“江西省地方立法研究中心”在南昌大学成立。该中心是为实现立法理论与立法实践充分结合，为地方立法提供理论支持和建议的学术机构。中心成立以后将组织、开展地方立法研究，论证、受托起草地方法规草案，收集、整理、交流、汇编地方立法资料，争取建立全国一流的地方立法资料库和有影响的地方立法研究机构。

15 日　中国江西“和谐·创业”高峰论坛在南昌举行，《人民日报》副总编辑陈俊宏、中国社科院社会学研究所副所长李培林等应邀出席论坛，并就“准确把握和谐社会的科学内涵”、“以发展求和谐，以和谐促创业，加快江西崛起步伐”等论题作演讲。

15 日　全省目前在建的最大发电机组工程——丰城电厂二期工程开工典礼隆重举行。孟建柱出席开工典礼并下达开工令。丰电二期工程为两台 66 万千瓦机组，投产运营后，加上一期 4 台 30 万千瓦机组，总装机容量达 252 万千瓦，届时将成为华中地区最大的火力发电厂。

16 日　江西微软技术中心在南昌高新区金庐软件园内举行落成仪式。吴新雄、余欣荣，微软全球副总裁、大中华区首席执行官陈永正等为落成仪式剪彩。江西微软技术中心将致力于建设成为具有国际水平的有关软件开发和测试技术的研究、开发、服务及人才培养的技术平台。同时

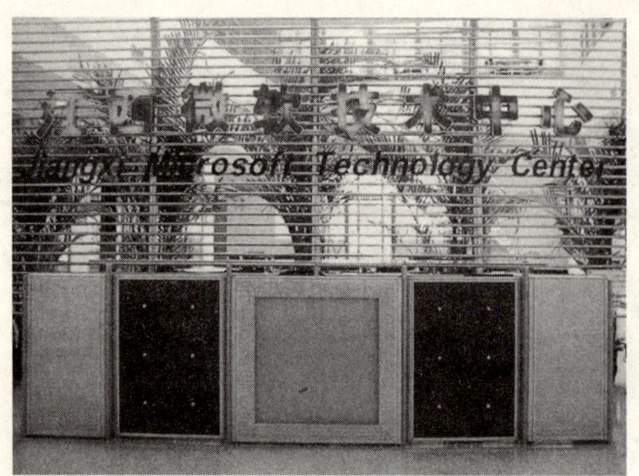

美国微软公司在南昌建立的技术中心

将借助微软全球的运作经验，为全省信息化建设在战略层面上提供一个可参考的样板。15 日，省委书记孟建柱会见了陈永正先生一行，并对江西微软技术中心落成表示祝贺。

17 日 在全省防汛工作进入关键时期，孟建柱到省防汛抗旱总指挥部检查指导工作，听取了省防总、省气象局情况汇报，详细了解了全省各地的雨情、水情、灾情和下一步工作打算。孟建柱强调，省防总要精心组织，加强督促检查和科学调度。各地各部门要密切配合、相互支持，同心协力夺取今年防汛抗洪斗争的全面胜利，为建设和谐平安江西提供可靠的防洪安全保障。

18 日 由九三学社、省科技厅、南昌大学主办的"江西区域科技创新与发展论坛"在南昌举行，全国人大常委会副委员长、九三学社中央主席韩启德，九三学社中央副主席冯培恩，省领导陈达恒、张海如、胡振鹏、王林森、黄懋衡等出席论坛。会上，韩启德、冯培恩、胡振鹏分别就《加快医疗卫生改革、保障和谐社会建设》、《发展机械制造业的问题与对策》、《江西省科研所体制改革的问题与对策》作演讲。该论坛是江西省统一战线为促进江西在中部地区崛起而开展的"同促崛起（6＋2）高层论坛"系列活动之一。

19 日 经海关总署批准，景德镇市海关正式成立，从此结束了该市企业进出口贸易异地报关的历史。景德镇海关是国家设立在景德镇的进出境监督管理机关，隶属于南昌海关。其任务是依法监管景德镇市的进出境运输工具、货物、行李物品、邮递物品和其他物品，征收关税和其他税、费，查缉走私，编制海关统计和办理其他海关业务。

21 日 由省侨联、省台联、省海外联谊会、省贸促会联合主办的"江西开放型经济的发展与导向高层论坛"在南昌举行。中国侨联副主席李本钧，全国台联副会长陈杰和省市领导、省直有关单位负责人，以及来自美国、加拿大及我国港澳地区的嘉宾等约350余人出席论坛。此次论坛是江西省统一战线为促进江西在中部地区崛起而开展的"同促崛起（6＋2）高层论坛"系列活动之一。北京大学中国经济研究中心主任林毅夫、商务部国际贸易经济合作研究院副院长李雨时以及香港预发控股集团主席陈振东分别作了《中国经济的发展的回顾与展望》、《2004 年我国对外贸易发展与2005 年的前景》、《关于鼓励江西民营企业到香港发展业务的若干问题和建议》的主题演讲。与会嘉宾、专家学者们还就江西开放型经济问题进行了广泛讨论。

22 日 《江西日报》报道，连日暴雨给全省造成严重灾情。据不完全统计，全省 339 个县（市、区）、434 个乡镇受灾，受灾人口达 170 万人，直接经济损失近 10 亿元。由于各地防御救灾措施得当，截至 21 日 22 时，全省没有因灾死亡一人，没垮一座水坝，没倒一条圩堤，五河干流水势平稳，社会治安保持稳定。自 6 月 17 日 14 时开始，全省持续普降大到暴雨，降雨主要集中在赣中、赣南地区。至 21 日 14 时，全省有 3 个县降雨超过 300 毫米；12 个县（市、区）降雨量达 200 毫米以上；39 个县（市、区）降雨超过 100 毫米；全省平均降雨 114.7 毫米。强降雨造成江河湖库水位急涨。抚河干流中、上游全线超警戒水位；赣江支流同江、泸水、禾水、梅川江、平江、信江支流白塔河分别出现超警戒水位的洪峰。集中强降雨给全省造成了严重的洪涝灾害，大量农田受淹，房屋倒塌，部分铁路公路交通中断，一批水利及电力、通讯设施被毁。据不完全统计，全省农作物受灾面积 13.86 万公顷，其中粮食作物 11 万公顷；房屋倒塌近 2000

间。全省因灾直接经济损失近 10 亿元，其中水利设施损毁造成的经济损失达 3 亿多元。

22 日 中国长三角工业经济联合会联席会第三次会议在南昌举行。会议的主题是：交流行业协会发展经验，探讨园区建设有效途径，推进区域项目合作。在听取了上海、江苏、浙江、江西四省市工经联负责人工作情况介绍后，孟建柱说，行业协会作为行业组织，不仅在政府和企事业单位之间起着桥梁和纽带作用，也对形成有序规范的市场经济具有独特的作用。在建设市场经济过程中，在中国经济融入全球化的进程中，行业协会将会发挥越来越重要的作用，发展的舞台和空间很大。长三角地区是中国最具经济发展活力的地区，在发挥行业经济协会作用等方面走在了全国的前列，有许多值得我们学习和借鉴的宝贵经验。希望江西各行业协会认真学习先进地区的经验，不断开拓创新，为江西与长三角企业的合作牵线搭桥，使全省行业协会的工作提高到一个新的水平。

23 日 省委召开电视电话会议，贯彻中央会议精神，总结全省第一批先进性教育活动，动员部署第二批先进性教育活动。省委书记孟建柱在会上指出，全省第一批先进性教育活动从今年 1 月正式启动，目前集中学习教育已经基本结束。在党中央的正确领导下，全省第一批先进性教育活动取得了比较明显的成效。但是，对取得的成绩也不能估价过高，要始终保持清醒的头脑，保持良好的精神状态，毫不松懈地把全省的先进性教育活动继续推向前进。并强调，要充分认识搞好第二批先进性教育活动的重要意义，坚持高标准启动、严要求推进、高质量落实，努力把全省第二批教育活动搞得更好。

23 日 全省"人民满意的公务员"表彰大会在南昌召开，表彰了 29 名"人民满意的公务员"和 19 个"人民满意的公务员集体"。

24 日 中国科学院武汉植物园遗传学专家在龙南县国家级九连山自然保护区开展伞花木资源调查时，在该保护区核心区发现了 230 余株、分布面积达 100 多公顷的伞花木群落。该植物群落是目前江西省发现的最大的伞花木群落。伞花木属无患子科落叶乔木，雌雄异株，为中国所特有，被列为国家二级重点保护的珍稀濒危植物，仅分布在我国西南、华南和台湾等地。

24 日 江西省绿化委员会在南昌召开第二十三次全体会议。会议提出，要突出重点，狠抓落实，努力实现全省国土绿化工作四个方面的新突破：（一）扎实稳妥地推进林业产权制度改革，充分调动广大林农经营山岭和造林绿化的积极性，在全省面上造林绿化工作方面取得新突破；（二）加快园林城市创建步伐，进一步改善城市环境，提升城市品位，展示良好形象，在全省城镇绿化方面取得新突破；（三）抓好高速公路绿化工作，努力探索国道、省道绿色通道建设的新机制，在全省绿色通道建设方面取得新突破；（四）抓好重点生态工程建设，保证重点工程建设质量，在全省生态环境建设方面取得新突破。

26 日 首届全国铁道行业职业技能竞赛在南昌闭幕。作为国家二类竞赛，全国 18 个铁路局（含青藏铁路公司）均组队参加。经过为期一个月的角逐，南昌市铁路局夺得团体一等奖。

27 日 为期 4 天的"鄱阳湖水纹水资源和复杂生态环境系统"国际学术研讨会在江西师范大学召开。中国科学院院士孙鸿烈、郑度等来自国内高校和研究机构，及美国、加拿大、英国的专家学者共 140 余人出席研讨会。此次研讨会以鄱阳湖独特的经济和环境地位为背景，深入探讨鄱阳湖流域水纹过程与水资源管理和人类活动对水纹过程、水质、生态环境以及公共卫生的影响，从理论与方法上，为制定鄱阳湖流域可持续发展政策提供决策研究依据。研讨会由江西师范大学、省山江湖开发办、省科协、美国密西根大学联合主办。

27 日 全省保持共产党员先进性教育活动第三次工作会议在南昌召开。会议的主要内容是，学习贯彻全国第二批保持共产党员先进性教育活动工作会议精神，对全省第一批先进性教育活动进行回顾总结，对第二批先进性教育活动进行动员部署。董君舒主持会议并对贯彻会议精神提出了要求。王君强调，全省第二批先进性教育活动要准确把握特点，贴近党员实际，严格按照中央提出的指导思想和指导原则，确保先进性教育活动不走过场、不出偏差、取得实效。左明代表中央督导组对江西省第一批先进性教育活动给予了充分肯定。他说，江西省在开展第一批先进性教育活动中，紧紧抓住学习实践“三个代表”重要思想这条主线，牢牢把握“取得实效”和“成为群众满意工程”的要求，认真落实“六个贯彻始终”，围绕中心、服务大局、工作扎实、措施有力、取得了明显成效，基本实现了中央提出的“提高党员素质、加强基层组织、服务人民群众、促进各项工作”的目标要求，得到了广大党员、群众和社会各界的好评。

28 日 江西省工业园区开发性金融融资座谈会召开，来自全省部分工业园区、中小企业主管部门、县（市、区）政府的代表就有关话题进行了座谈。会上，省中小企业局、国家开发银行江西省分行决定，共同组织开展江西工业园区中小企业融资服务试点工作，选择部分工业园区搭建园区融资平台，采取市场运作、“打捆借款”等方式，为有效益、有市场、有订单的园区企业提供融资服务。

28 日 江西省预备役师炮兵团在吉安市正式成立。预备役部队是人民军队的重要组成部分，是国防后备力量建设的重点，担负着保卫祖国、建设祖国的神圣使命。

29 日 江西省新型农村合作医疗试点工作座谈会在萍乡召开。会议指出，新型农村合作医疗基金是农民的保命钱，必须专款专用，任何部门、单位和个人不得截留、挤占、挪用。副省长胡振鹏出席会议并讲话。会议要求，各地要按照“基金收支分离，管用分开，封闭运行”的要求，积极探索乡镇合作医疗基金封闭管理的办法，使乡镇经办机构管钱不见钱；要不折不扣执行基金财务管理、会计合算办法和“双印鉴”等制度；要加强基金收支和管理情况的监督，定期公布合作医疗基金的具体收支、使用情况；要加强门诊基金的管理，严格审查，堵塞漏洞。

29 日 为期两天的 2005 年全国美术图书秋季交易会在南昌落下帷幕。来自全国 53 家出版社携带 1.5 万多种美术类图书参加交易，总成交金额 1.2 亿元。这次交易会是由中美联书业（北京）有限公司和江西美术出版社共同承办的第十五次全国性美术专业图书交易会，是江西省首次举行的美术专业图书交易会。

30 日 大型原创音乐诗画剧《可爱的中国》在南昌演出。该剧的创作和演出是江西省在保持共产党员先进性教育活动中对党员进行先进性教育的一项重要内容，同时作为江西省“七一”专场文艺晚会，庆祝中国共产党建党 84 周年。孟建柱、黄智权、王君、傅克诚、彭宏松、钟起煌等观看。

公元2005年7月							农历乙酉年【鸡】						
日	一	二	三	四	五	六	日	一	二	三	四	五	六
					1 建党节	2 廿六	3 廿七	4 廿八	5 廿九	6 六月大	7 小暑	8 初三	9 初四
10 初五	11 初六	12 初七	13 初八	14 初九	15 初十	16 十一	17 十二	18 十三	19 十四	20 十五	21 十六	22 十七	23 大暑
24 十九	25 二十	26 廿一	27 廿二	28 廿三	29 廿四	30 廿五	31 廿六						

1日　我国南方首个航天育种中心——中国南方航天育种技术研究中心在江西成立，江西省及南方各省的植物种子都可借助这条“江西通道”，完成太空“旅游”，推动江西乃至南方各省的航天育种技术攻关，培育出优质的太空品种。

1日　即日起，江西省对出口商品和出口生产企业实施新的检验检疫监管模式，以分类管理为主线，建立一套全新的“1+10+N”（1个一级文件、10个二级文件、N个三级文件）监管模式体系，通过改变对出口产品设施批批检验的做法，把检验检疫监管工作移至企业生产过程，提高出口货物检放速度，降低企业成本，从源头上保障和提高出口产品质量。

2日　由印度马恒达集团公司与江铃汽车集团合资组建的马恒达（中国）拖拉机有限公司正式成立。该合资公司在5年内的目标是：在国内扩展至13个省级市场，在国外进入非洲、东南亚和欧洲市场，从而在2010年之前跻身我国拖拉机行业前3强。该合资公司由马恒达和江铃分别入股80%和20%。双方合资之后，将充分融合各自原有的拖拉机产品线，形成一个更为完整的产品体系。

3日　国家监察部副部长、国务院纠风办主任屈万祥近日在江西考察。考察期间，屈万祥与省纪委、省监察厅领导和机关干部进行了座谈。屈万祥充分肯定江西反腐倡廉工作取得的成绩，勉励江西各级纪检监察机关继续认真贯彻中央纪委全会和国务院廉政工作会议精神，认真贯彻党中央颁布的《建立健全教育、制度、监督并重的惩治和预防腐败体系实施纲要》，扎扎实实做好反腐倡廉各项工作，不断提高惩治和预防腐败的能力和水平。

5日　公开选拔厅级领导干部任职座谈会在南昌举行，有12人经过公开报名、资格审查、笔试面试、组织考察等程序，从315名报考人员中脱颖而出，被确定为各职位拟任人选。这次公开选拔上来的厅级领导干部将按规定进行任前公示，有的职位还将履行法律规定程序后正式赴任。

6日　全国唯一一所护理类高职院校——江西护理职业技术学院正式挂牌成立。由原江西省卫生学校和南昌铁路卫生学校合并组建的江西护理职业技术学院，是一所独立建制的医药卫生类专科层次普通高等院校，培养护理、药学、检验等医学相关类专业为主的医药卫生类人才。学院设有三年高职、五年一贯制和普通中专，开设护理、医院检验技术、口腔医学技术等24个专业。

7日 南昌海关驻龙南办事处举行开关仪式，这是我国内陆省份县一级行政区域内的第一家正处级海关机构。南昌海关驻龙南办事处于2004年3月25日经国家海关总署正式批准成立，监管区域为龙南、定南、全南、寻乌、安远、信丰等6个县。目前，该办事处辖区内已在海关注册备案的企业有47家，实际办理进出口业务的企业有近200家。仅今年1月至5月，辖区内47家注册备案的企业进出口总额就达3393万美元。

8日 由共青团赣州市委、赣州市青年志愿者中心主办的"全国万名大学生志愿服务赣州新农村建设"社会实践活动出征仪式在赣州举行，来自北京大学、清华大学、浙江大学、中国人民大学等全国各地60多所高等院校的3000多名学生代表参加了出征仪式。活动以弘扬志愿精神为宗旨，以"服务进百村，帮扶入万户"为主题，以宣讲培训、"三清三改"、规划设计、致富帮扶等志愿服务为核心内容，让大学生志愿者致力服务好新农村的建设。

9日 由江西铜业集团公司和上海期货交易所共同发起的首届中国铜市现货期货互动峰会在上海举办。此次峰会以"铜声相和、期现互动、共谋发展"为主题，是国内铜企业和期货界的首次高层次对话。来自中国证监会、中国期货业协会、美国摩根士丹利、英国桑普拉金属矿产公司、智利科德可公司、国际铜业协会及国内外10多家知名期货公司、130多家知名铜企业的代表330余人出席。这次峰会旨在构建中国铜企业和期货界的互动交流平台，以促进中国铜企业和国内铜期货的共同发展。

9日 "中部崛起·国税论坛"在南昌开幕，中部六省国税局长就创新税收管理理念，实施平等税收政策，提升服务管理水平，提高GDP税收潜力等话题展开深入讨论。

10日 由民革中央办公厅、民革江西省委会主办，省国土资源厅、省建设厅、科瑞集团协办的"江西城市化发展道路的战略选择"论坛在南昌举行。民革中央副主席、著名经济学家厉无畏出席论坛并担任主讲。吴新雄在讲话中指出，2005年全省城市化率达到37.1%，比2000年提高9.43个百分点，增幅超过20世纪八九十年代20年的总和。城市化水平高于中部地区的平均水平。按照循序渐进、节约土地、集约发展、合理布局的原则，资源节约、环境友好、经济高效、社会和谐的城镇发展新格局正在逐渐形成。加快城市化建设，符合经济、社会和城市发展的规律。大力推进城市化建设，有利于从本质上改善人民生活水平，有利于更好地促进江西在中部地区崛起。与会嘉宾、专家学者们还就江西省城市化发展问题展开了互动式的讨论。该论坛是江西省统一战线为促进江西在中部地区崛起而开展的"同

南昌市改造后的玉带河、体育公园和湖滨公园

促崛起（6+2）高层论坛”系列活动之一。

10日 2005年度农业产业化省级龙头企业授牌大会在南昌举行。经企业申请、各设区市推荐、专家评审、省农业产业经营工作小组审定，重新认定江西阳光乳业集团有限公司等191家企业为2005年度农业产业化省级龙头企业。

11日 为期3天的全省领导干部会议在南昌开幕。这次会议的主要任务是，围绕和谐创业、富民兴赣这个课题，总结上半年的工作、部署下半年的工作，进一步统一思想、坚定信念，以奋发进取、锲而不舍的精神，谋划好在新的起点实现新的发展，开创和谐创业、富民兴赣的新局面。孟建柱在会上作了讲话，讲话分为三部分：（一）理性分析全省形势，切实谋划好在新的起点实现既快又好的发展；（二）着眼于和谐创业、富民兴赣，进一步治理、巩固、提升、创优发展环境；（三）进一步提高各级干部的思想水平和工作水平，为和谐创业、富民兴赣提供坚强的组织保证。孟建柱在讲话时强调：（一）现在江西省经济社会发展正处在爬坡过坎的阶段，信心显得尤为重要。只有坚定信心，才能保持那么一股气、那么一股劲，奋力拼搏，锲而不舍，实现我们的既定目标；（二）谋求在新的起点上实现新的发展，必须紧紧咬住经济建设这个中心不动摇，始终坚持发展为大、发展为重、发展为先，用发展凝聚人心，用发展破解难题，用发展为民造福，用发展检验工作，用发展造就干部队伍；（三）要让一切有利于创业的思想活跃起来，把各类创业主题激活起来，使一切领域的创业潜能充分发挥出来，在全省形成百姓创家业、能人创企业、干部创事业的生动局面，以创业推动发展，以创业带动就业，以创业加快致富，以创业促进和谐；（四）各级党委和政府要始终把治理、巩固、提升、创

高科技产业孵化基本大楼

中国江西留学人员创业园

发展菌菇生产，促进农民致富，农民培育的长势良好的菌菇

自主创业的城镇居民

优发展环境当作加快江西发展的基础工程，视为党委、政府的一项重要职责，常抓不懈，切实为和谐创业、富民兴赣营造一个包容性强、亲和力强、创造力强、诚信度高的发展环境。

13 日 江西省信息产业厅与英特尔（中国）有限公司在南昌正式签署“信息化推动现代化”合作备忘录。同时，作为英特尔战略合作伙伴的上海微迪公司也与南昌高新区签署了筹建江西微迪公司的合作协议。省委副书记、常务副省长吴新雄，英特尔（中国区）总经理赖一龙等出席签约仪式。此次英特尔与江西省合作，主要在软件研发、人员培训、方案解决、技术服务等方面，为江西省企业信息化和农业信息化提供支持和帮助，并提供英特尔最新技术动态、数字家庭等有关信息化解决方案等管理经验。按照协议，上海微迪在南昌高新区注册公司的首期投资额为 2000 万美元，用来从事笔记本电脑的生产和研发。

14 日 由国家司法部、全国普法办公室和中央电视台联合举办的“重走长征路、普法纪实行”法治宣传教育活动在于都隆重举行启动仪式。该活动从即日起，经江西、广东、湖南、广西、贵州、云南、四川、甘肃、陕西等省（自治区），沿当年红一方面军走过的路线，抓住长征“改变中国历史”和普法“弘扬法治，创建和谐社会”这两个主题，将普法置于长征这一大背景下，宣传普法工作的重要性和必要性，进一步动员全社会参与全民普法和推进依法治国这一新的“长征”。

15 日 省委宣传部召开全体干部会议，传达全省领导干部会议精神，部署宣传思想战线贯彻会议精神的举措，省委常委、省委宣传部部长刘上洋进行动员部署：（一）当前和今后一个时期，宣传思想战线将围绕营造氛围、培育创业文化、推出创业典型，进一步加大宣传报道力度，为全民创业、富民兴赣积极鼓劲造势；（二）及时报道各地、各单位学习贯彻全省领导干部会议精神的情况；（三）组织大规模专家宣讲团，赴全省 11 个地市和 99 个县市区宣讲全省领导干部会议精神；（四）从 8 月份开始，围绕“百姓创家业，能人创企业，干部创事业”推出全民创业大型系列典型报道，集中宣传各地全民创业的生动实践和先进典型；（五）进一步强化新闻宣传管理，完善新闻宣传的宏观调控和管理机制，不断强化新闻宣传的导向管理、制度管理和队伍管理；（六）进一步培育创业文化，为全民创业、富民兴赣营造文化氛围；（七）深入开展研讨宣讲活动和各种实践活动，举办全省培植和谐创业的社会文化理论研讨会；（八）开展“十大创业先锋”、“十大文明社区”、“十大文明村庄”等创评活动，开展“和谐创业志愿者”、“我为富民兴赣作贡献”等系列主题实践活动，调动广大干部群众投身创业实践、共促富民兴赣的积极性、主动性和创造性。

15 日 《江西省地质勘查规划》通过了评审委员会的评审。《规划》以 2003 年为基准年，2004 年至 2010 年为规划期，展望至 2015 年，是省政府对全省地质勘察工作的全面部署，也是省政府及其国土资源主管部门对江西省地质勘查实行宏观调控和科学管理的依据，其目标和主要指标纳入全省国民经济和社会发展规划并进行考核。

16 日 中组部近日从代中央管理的党费中一次性拨给江西省 100 万元，用于帮助受灾地区党员解决生活困难和修缮受损的基层党员教育设施。这笔资金将慰问全省 11 个设区市的有关县（市），其中重点慰问受灾较严重的 8 个设区市和 23 个县（市）。除中组部下拨的 100 万元外，省管党费也配套 15 万元，各设区市市委组织部也将从各自代市委管理的党费中拿出相应配套资金。

17 日 以全国政协常委、黑龙江省政协主席王巨禄为组长，贵州省政协副主席刘也强为副组长的中央巡回检查组一行，来江西检查指导第二批先进性教育活动。孟建柱在会见时表示，希望中央巡回检查组对我省先进性教育活动多帮助，多指导，多带来兄弟省市开展先进性教育活动的好经验、好做法，更好地推动江西先进性教育活动深入开展，确保取得实效，真正成为群众满意工程。

18 日 为期两天的全省民兵预备役部队“一线指挥部”建设座谈会召开，专题研究大力加强民兵预备役部队“一线指挥部”建设问题，并对有关先进单位和个人进行表彰。孟建柱在表彰会上说，近几年来，省军区党委抓民兵预备役部队“一线指挥部”建设工作思路清晰，重点突出，成效明显，人武部、预备役旅团在思想政治建设、党委班子建设、军事斗争准备等方面取得了长足的进展，受到总部和南京军区的充分肯定，省委、省政府对此也非常满意。

18日 国家劳动和社会保障部、公安部、人事部和国家工商总局近日联合公布了2005年全国清理整顿劳动力市场秩序专项行动先进地区和单位，江西省获全国先进地区称号，吉安市劳动保障局等8个单位获先进单位称号。

18日 抚州市“临川文化”遗产调研组近日在乐安县湖坪乡湖坪村发现一处明清古村建筑群，它融山村风光、古色文化、红色遗址为一体。眺望古村，马头墙跌宕起伏，徽派建筑别具风格；屋宇木雕、石雕、砖雕令人赞叹，梁坊、雀替、门窗图案栩栩如生，雕工细腻精致；匾额、楹联随处可见，曾国藩、左宗棠等名人题记赫然醒目，在众多的古建筑中，国宝公祠尤为显眼，这里曾是红一方面军大湖坪整编旧址。

18日 省政府与国家质检总局在南昌签署了全面合作协议。国家质检总局副局长蒲长城与副省长凌成兴代表双方签署了《关于加强质量技术监督检查检疫工作，为实现江西在中部地区崛起做好全面服务的合作协议》。根据协议，双方将共同对江西质检工作予以重点关注，加强工作领导，认真解决质检工作中存在的问题，不断提高质检工作对江西经济社会发展的贡献力和有效性。

18日 由省科协、省农科院、海峡两岸学术文化交流协会等7家单位联合举办的海峡两岸现代农业发展学术研讨会在南昌举行。会上，来自台湾大学、北京林业大学、省农科院、江西农业大学等省内外专家学者围绕农业生物技术、信息技术、贸工农一体化和可持续发展的现代农业等方面进行了交流与探讨。

19日 《江西日报》报道，放弃美国国家卫生研究院高级研究员的高级职位和优厚待遇，辞别在美国的丈夫、女儿的陈珊博士于今年6月只身来到江西医学院第二附属医院工作，担任眼科中心主任，报效祖国。1982年，陈珊从江西医学院毕业后，在江西医学院第二附属医院做了10年的眼科医生和教学工作。1991年她考入日本九州大学医学部眼科攻读博士学位，研究方向为青光眼房水产生的机制。1999年起，陈珊任美国国家卫生研究院高级研究员。

20日 江西省投资集团公司成立大会在南昌举行。江西省投资集团公司，是经省政府批准、在原江西省投资公司和江西华赣企业有限公司基础上组建的具有法人地位的国有独资公司，是省政府授权的政府投资主体和国有资产经营主体。公司的经营范围包括全省基础设施、基础产业项目的投资建设以及支柱产业、高技术产业项目的投资与开发。截至2000年底，公司总资产达121亿元，涉及电力、高新技术、基础设施、能源物流、多元化投资等领域。

21日 由省委宣传部、省直机关工委联合举办的“和谐创业、富民兴赣”系列主题报告会在江西艺术剧院拉开序幕。吴新雄作《关于全民创业的认识和思考》的主题报告，1600多名省直机关干部听取报告。吴新雄说，全民创业是省委、省政府围绕江西崛起、富民兴赣这个宏伟目标而作出的重要决定。推动全民创业可以使经济发展快起来，使人民群众富起来，使机制体制活起来，使社会关系和起来，使红色江西崛起来。因此，要站在历史高度，遵循发展规律，深刻认识其重大意义。

22日 奉新县近日在澡溪乡境内发现多个红豆杉群落，其中有两棵树围均超过8米、高约20米的巨型红豆杉，当地群众称之为“红豆杉王”。专家称这两棵红豆杉能长得如此巨大至少需要1000年，像这样大的红豆杉树在江西乃至全国都十分罕见。红豆杉是世界濒危珍稀植物，被誉为“植物黄金”、“植物大熊猫”，属国家一级保护植物。

22日 中德合作江西职业教育促进就业综合项目（BF）正式启动。这是中德合作中国中西部地区职业教育技术援助的首期项目，将采用行动导向的教学方法，为江西省培训大量合格劳动者。行动导向教学一般采用跨学科的综合课程模式，重视“案例”和“解决实际问题”以及学生自我管理式学习。项目的实施对推动江西省教学模式的变革和教师角色的转变，使传统的以教师为中心转变为以学生为中心；同时对提升学生的职业能力、完善教育评价体系、加强市场信息导向和就业服务、培育人们的创业意识将起到积极作用。

24 日 由故宫博物院、江西省考古研究所及景德镇市考古研究所组成的考古小组正式对景德镇市新近发现的元末明初民窑作坊遗址进行考古挖掘。该窑址位于景德镇市昌江区丽阳乡丽阳中学附近500米处，紧临昌江河。这一古窑址的全面考古挖掘，对进一步研究景德镇制瓷史有着重要意义。

25 日 第二届泛珠三角区域合作与发展论坛在成都隆重举行。黄智权率江西政府代表团出席论坛，并代表江西发表精彩演讲，探讨了进一步加强区域合作的战略思路、推进重点和具体措施。江西签约项目50个，合同金额77亿元。

25 日 孟建柱在庐山会见了在赣参加海峡两岸暨港澳地区大学校长联谊活动的16所大学校长。参加联谊活动的有来自北京大学、台湾大学、香港浸会大学、澳门大学、台湾成功大学、香港城市大学、台湾东海大学、台湾东吴大学、台湾联合大学系统、台湾中央大学、台湾逢甲大学、浙江大学、南京大学、上海交通大学、南昌大学、江西师范大学等海峡两岸暨港澳地区的16所大学校长。

25 日 全国扶贫龙头企业现场经验交流会议在南昌召开。会议交流了各地产业化扶贫的经验，提出坚持开发式扶贫方针，努力朝扩大辐射面、增强竞争力、提高带动力方向推进产业化扶贫，增加贫困农民收入，为全面建设小康社会创造条件。会议期间，来自全国各省市自治区的扶贫办主任和国务院扶贫办、中国农业银行及国家扶贫龙头企业的代表参观了广昌县驿前镇万亩白莲基地、盱江镇新安村和昌顺公司工业园。会议还举行了国家扶贫龙头企业授牌仪式，对57个龙头企业进行了授牌。会议于27日结束。

27 日 在“推动全民创业，加快富民兴赣”专家宣讲团启程之际，孟建柱与全体宣讲团成员座谈，向他们提出了殷切希望。孟建柱指出，要紧紧围绕“和谐创业、富民兴赣”主题，充分认识全民创业的重要意义，着力增信心、鼓干劲、树雄心。要搞好宣传，扩大宣讲效果，提高宣讲活动的整体综合效应，进一步在全省上下鼓励和形成人人想创业、人人争创业、人人创成业的良好环境和氛围。

28 日 由民盟省委、省教育厅、江西师范大学共同主办的“高等教育与富民兴赣”高层论坛在江西师范大学举行。全国政协副主席张梅颖作题为《国家创新体系与高等教育》主题演讲。这次论坛是在省委提出“推动全民创业，加快富民兴赣”的背景下召开的，其主题是全省高等教育如何发挥其社会功能，使之成为富民兴赣的重要力量。这次论坛也是全省统一战线为促进江西在中部地区崛起而开展的“同促崛起（6+2）高层论坛”系列活动之一。论坛上，南京大学校长蒋树声、上海交通大学副校长张圣坤分别作了题为《高等教育的机遇与挑战》、《提升大学综合能力，促进地区经济和社会发展》的演讲。民盟省委会调研组8篇关于全省高等教育发展态势的论文，也作为论坛书面发言材料在会上交流。

29 日 江西省欢送第五批援疆干部进疆工作会议在南昌举行。这批援疆干部共有28人，其中党政干部7名，专业技术人员21名，年龄最小的仅有25岁，最大的46岁。他们将开始为期3年的援疆工作。

29 日 江西卫视在新西兰落地。

30 日 “新科导航”杯2005年中国机器人大赛落下帷幕，江西省高校唯一的代表队——江西理工大学足球机器人代表队，夺得FIRA微机器人足球3对3比赛组季军。本次大赛由教育部、科技部与中国自动化学会机器人工作委员会联合主办。清华大学、中国科技大学、上海交通大学、浙江大学、东北大学、重庆大学等全国62所高科研院所的157支代表队参加竞赛。这是我国高校机器人研究水平的一次集中展示。

31 日 “香港青少年红色之旅江西行”在井冈山启动，来自香港的700多名青少年将用3天时间游览参观井冈山、南昌及庐山。

公元2005年8月							农历乙酉年【鸡】						
日	一	二	三	四	五	六	日	一	二	三	四	五	六
	1 建军节	2 廿八	3 廿九	4 三十	5 七月大	6 初二	7 立秋	8 初四	9 初五	10 初六	11 初七	12 初八	13 初九
14 初十	15 十一	16 十二	17 十三	18 十四	19 十五	20 十六	21 十七	22 十八	23 处暑	24 二十	25 廿一	26 廿二	27 廿三
28 廿四	29 廿五	30 廿六	31 廿七										

1日 第四届教育技术国际论坛在江西师范大学召开。来自美国、英国等国家及国内25个省市区的百所学校的教育专家，就如何规范教育技术，深化教育技术理论等8个专题进行研讨。

1日 从即日起，为期2个月的铁路沿线废旧金属收购站点清理整治专项行动在全省全面展开，以重点打击铁路沿线屡禁不止的拆卸、盗窃和贩卖铁路器材等违法行为，保障铁路运输安全。

2日 省委、省政府召开电视电话会议，表彰防汛抗洪先进集体、先进个人。孟建柱、黄智权讲话，彭宏松主持。省委、省政府决定，授予广昌县委县政府等30个单位“2005年全省防汛抗洪先进集体”荣誉称号，授予王九生等76人“2005年全省防汛抗洪先进个人”荣誉称号。

3日 孟建柱、黄智权在南昌会见了中国五矿集团公司党组书记、总裁周中枢，副总裁朱光一行。孟建柱、黄智权在会见时说，五矿集团与江西本着“平等合作、优势互补”的原则，近年来合作很成功，走出了一条地方与中央国有重要骨干企业强强联合、共同发展的新路。“推动全民创业，加快富民兴赣”，是省委、省政府推动全省经济在新的起点上实现既快又好发展的重大战略部署。今后将进一步创造良好的环境，为包括五矿集团在内的所有在赣投资、创业的企业构筑最佳的服务平台。周中枢说，五矿集团在赣的投资合作项目得到了江西省委、省政府的大力支持，协调解决了许多实际问题，为项目建设创造了良好的投资环境和建设条件。在新的发展阶段，我们有决心、有信心把双方的合作项目不断做大、做强、做优，为江西崛起作出更大贡献。

4日 从即日起到年底，省质量技术监督局、省工商行政管理局、省消防总队联手出击，集中整治消防产品专项市场，从源头上消除因消防产品不合格带来的火灾隐患。此次专项整治行动分六个阶段进行，整治的重点是消防产品中直接关系人身财产安全的火灾报警产品、固定灭火系统产品、灭火门、防火涂料、消防应急灯具和逃生面罩等品种；公共场所及在建工程的建筑消防设施；假冒伪劣消防产品相对集中的生产、营销区域。

5日 江西省方志敏研究会在方志敏烈士家

乡上饶市弋阳县圭峰山庄隆重召开成立大会。会议通过了理事候选人名单，正式成立了第一届理事会，召开了第一届理事代表大会。会议选举全国政协委员、江西省原副省长孙希岳为会长，苏多寿、熊良华、杨子耀、唐志会为副会长，方丽娜为秘书长。还聘请了中纪委副书记刘锡荣、济南军区原司令员饶守坤、总后方震老将军和解思忠、陈干群、夏利渊、何新华、姚亚平、胡少春、徐权、方危海、黄知琛、梅宝玉等担任顾问，聘请汪东兴和魏久明、方梅担任名誉会长。会后，举行了方志敏生平、思想、精神与品德理论研究会。

6日 “和谐创业、富民兴赣，学习《信访条例》”报告会举行，国家信访局党组书记、局长王学军应邀来赣作了《深入学习和贯彻〈信访条例〉的几个问题》的专题报告。他在报告中深刻分析了信访工作面临的新形势和新任务，全面阐述《信访条例》修订的背景、指导思想和主要内容，充分肯定了《信访条例》颁布实施以来，在落实领导责任制、加强信访工作举措、畅通信访渠道、维护信访秩序、解决群众信访问题等方面取得的进展，并指出把《信访条例》贯彻实施引向深入需要把握的10个方面的问题。

7日 促进中部地区崛起座谈会在南昌举行。中央政策研究室副主任郑新立，省委常委、省委秘书长陈达恒以及中部地区河南、陕西、安徽、江西、湖北、湖南六省政研室的人员出席座谈会。与会人员建议，加大对中部地区基础设施建设、农业发展、工业化和城市化、生态环境保护、科技和人才等方面的支持力度，以推动中部地区崛起，实现区域经济协调发展。

8日 彭泽县东升镇陶红村堰上组发现一棵双色银杏树。树高达27.7米，树围3.35米，树盖地面直径达20米，此古银杏树有两种色泽的树叶，上层树叶为深绿色，下层树叶为黄绿色，从远处看去，就像一把黄绿两色的大伞，蔚为壮观。银杏是国家一级保护树种，这棵双色的古银杏树更是罕见。

8日 南昌市第一医院普外一科成功地完成了一例腹腔镜肝癌切除术，这是江西省首次用腹腔镜作肝癌切除术并获得成功。腹腔镜肝癌切除术是新近发展起来的一种微创肝脏切除手术，完全运用腹腔镜技术作肝癌切除需要熟练的腹腔镜手术技巧和丰富的肝脏外科手术经验。目前国内仅有两家医院能完全在腹腔镜下作肝脏切除术。

9日 江西省农村信用联社在南昌召开支持创业、服务“三农”工作会议，省委副书记、常务副省长吴新雄出席会议并在讲话中指出，要充分认识农村金融工作的重要性，办好农村信用社。有关部门要为农信社壮大资金实力，消除政策障碍，减少行政干预，加大打击逃废债行为，提高案件执行率，维护金融秩序，为农信社改革发展提供良好的外部环境。

12日 萍乡市林业科研所人员近日在芦溪武功山考察时发现了“中国小鲵”，它身长100毫米至150毫米，体重约50克至250克。这在江西省是首次发现。中国小鲵又称短尾鲵，小娃娃鱼。两栖纲，小鲵科，一般生活在海拔较高的溪水中。是距今3亿年前的古老物种，与恐龙同处一个时代，被生物学家誉为研究古生物进化史的“金钥匙”、“生物活化石”。1986年，它被国家濒危物种科学委员会和国宝大熊猫一起列入《中国濒危动物红皮书》，系国际级保护古珍稀动物。它的发现，对于研究人类的起源和地质变化情况具有重要意义。

12日 省委宣传部、省直机关工委主办的“和谐创业形势报告会”在江西艺术剧院举行。省委副书记王君分析了当前全省的社会经济形势，阐述了全民创业在江西发展过程中的重要性；要求广大领导干部要在全民创业中充分发挥带头表率作用，不仅做全民创业的组织者、推动者，也要做全民创业的具体实践者；强调在全民创业的过程中要着力建设好四支队伍，处理好五个关系。来自省直机关、企业、高校的1600余名干部群众参加了报告会。刘上洋在报告会上要求，各级领导干部要按照报告会的要求，在思想和行动上统一认识，理性、科学的分析当前江西的形势，既不要盲目悲观，也不要急功近利；要着力培育创业文化，营造创业氛围，兴起全民创业的高潮；要加强干部、人才队伍的建设，完善落实全省领导干部会议的各项方针政策，增强大局意识、服务意识。

14 日 美国应用纳米技术集团公司落户、共建金庐软件园浙江大学科技园江西分园的两个签约仪式在南昌高新技术开发区举行。总部设在硅谷的美国应用纳米技术集团公司此次在南昌高新技术开发区和浙江大学国家大学科技园江西分园投资建立企业，进行纳米技术应用等高新技术研发和产业化，全部建成后销售收入预计可达13亿元人民币。

15 日 由省委组织部、省委宣传部、省委统战部、省直工委、省委党史研究室、省文化厅、省军区政治部、南昌市委主办的《纪念中国人民抗日战争暨世界反法西斯战争胜利60周年大型图片展览》在江西省革命烈士纪念堂开展。这次图片展以“勿忘国耻、以史为鉴、面向未来、振兴中华”为主题，共分“日军侵华暴行累累”、“中流砥柱血肉长城”、“抗战胜利举国欢庆”、“以史为鉴振兴中华”四个部分。展出的250多张历史图片，揭露了日本法西斯在中国的暴行，也充分展示了中国人民的英勇抗战精神。

15 日 由江西省新四军研究会、中共南昌市委宣传部主办，南昌新四军军部旧址陈列馆承办的“血沃赣鄱——江西人民抗日斗争展”图片展在南昌新四军军部旧址陈列馆举行开幕式。图片展共分六个部分：江西抗战局面的形成、日寇在江西的侵略罪行、江西正面战场主要战役、中国共产党领导的敌后抗日、江西人民的杰出贡献、江西人民欢庆抗战胜利。展出抗战时期历史照片170多幅，文物、文献52件。展览全面反映了在中国共产党领导下江西人民抗击日寇、保家卫国的不朽功勋和民族气节，激励全省人民勿忘国耻，铭记历史，弘扬爱国主义精神，为建设和谐平安江西、共创富民兴赣大业，实现江西在中部地区崛起而努力奋斗。同时开展的还有“纪念中国人民抗日战争胜利60周年书画作品展”，该展览由江西省新四军研究会、江西省老年书画研究会、南昌新四军军部旧址陈列馆主办，展出全省新四军老战士、老同志的书画作品400幅。

16 日 由省社科院、省社联共同举办的以“和谐创业”为主题的“2005江西学者夏季论坛”举行。刘上洋在会上指出，和谐创业、全民创业对推动江西经济社会发展具有重要意义，当前迫切需要从思想发动、外向型经济和本土创业联动、企业家带动、政府推动等四个方面入手，兴起全民创业的高潮，从而达到加快江西经济社会发展的目的。他强调，全省宣传思想战线的人员要为和谐创业、全民创业出力，最重要的是积极培育创业文化，尤其是要大力培育崇商、重商的文化，大力培育敢于承担风险、艰苦创业的文化，大力培育宽容、宽厚的文化，大力培育诚实守信的文化，大力培育鼓励创新的文化，把解放思想与培育创业文化、商业文化结合起来，在全省营造出浓厚的创业氛围。

16 日 资溪县大觉山旅游开发区落差180米的原始生态大峡谷漂流试漂成功。该项目总投资10亿元，按国家4A级标准建设，集原始森林观光、高山湖泊休闲度假为一体。

17 日 省委召开常委会，研究进一步推进《党政领导干部选拔任用工作条例》和中央深化干部人事制度改革有关文件的贯彻落实工作。中组部检查组全体成员参加了会议。

18 日 外国及港台地区航空公司中国区总经理访赣团一行来赣进行为期4天的考察访问。访赣团一行考察了江西地域经济情况及航空市场潜力，并对江西国际（地区）包机市场进行了调研。吴新雄在南昌会见了访赣团一行。

18 日 在今年由中国水产品流通加工协会评选出的首批中国水产特色之乡榜上，江西省鄱

兴旺的养殖业

阳县、都昌县、彭泽县、靖安县分别获“中国鄱阳湖淡水鱼之乡”、“中国淡水珍珠之乡”、“中国鲫鱼之乡”、“中国娃娃鱼之乡”称号。省政府领导和中国水产品流通加工协会负责人为四县授牌。

19 日 金溪县日前发现一道北宋初年冶银石刻碑记。这一发现为研究金溪建制沿革、南唐历史以及江西开采银矿提供了实物史料。这种实物性的文字记载被发现在江西尚属首次。碑文刻在一块巨大的岩石上，题为《金溪场银坑记》，全文 195 字，字大如拳，刻于开宝二年（969），至今已逾千年。碑文反映了远古以来至宋初时期人们对银矿生成的认识，认为 900 年可成白矾，又 900 年而化白汞，再经 900 年方成白金（银）。

19 日 鄱阳湖特大铁路桥经过三个月的筹备，近日开工建设，这标志着铜九铁路江西段正式进入建设阶段。鄱阳湖特大铁路桥是飞架于鄱阳湖上的首座铁路大桥。大桥主体位于鄱阳湖入长江通道的江西湖口县境内，距长江口约 8 公里，是国家重点建设项目铜（安徽铜陵）九（江西九江）铁路的控制性工程。该桥全长 5500 米，是按照铁路等级一级标准设计的钢桁梁桥，总投资 4.4 亿元，预计 2008 年 6 月建成通车。

19 日 自即日起至 23 日，中共中央主席、国家主席、中央军委主席胡锦涛分别在中共中央政治局委员、湖北省委书记俞正声，河南省委书记徐光春、省长李成玉，江西省委书记孟建柱、省长黄智权，湖北省省长罗清泉等陪同下，到河南新乡、江西景德镇、湖北襄樊和武汉等地，深入企业乡村、建设工地、科研院所、城市社区，实地了解落实科学发展观的情况。胡锦涛十分关心支农扶农政策落实的情况，他先后来到河南新乡县七里营镇龙泉村、江西德宇集团、湖北老河口市桃梨基地等，直接向农民群众和基层干部了解情况、听取意见。胡锦涛说，解决好“三农”问题依然是一项长期的历史任务，必须始终作为全党工作的重中之重。我们要统一思想，提高认识，搞好规划，下更大气力，把建设社会主义新农村的任务落到实处。要充分发挥城市对农村的辐射和带动作用、工业对农业的支持和反哺作用，努力实现粮食稳定增产、农民持续增收，促进农村经济社会全面发展。在江西他先后来到新飞电器有限公司、金龙精密铜管集团股份有限公司、昌河飞机工业集团有限责任公司，当了解到这些企业通过提高自主创新能力大大增强了企业的市场竞争力时，他说，提高自主创新能力，是保持经济长期平稳较快发展的重要支撑，是调整经济结构、转变经济增长方式的重要支撑，是建设资源节约型、环境友好型社会的重要支撑，也是提高我国经济的国际竞争力和抗风险能力的重要支撑。我们要把增强自主创新能力作为科学技术发展的战略基点和调整经济结构、转变经济增长方式的中心环节，努力走出一条具有中国特色的科技创新之路。考察中，胡锦涛分别主持召开座谈会，听取三省省委和省政府负责人对“十一五”时期我国经济社会发展的意见和建议。中共中央政治局候补委员、中央书记处书记、中央办公厅主任王刚陪同考察。24 日，《江西日报》头版发表该报记者特写——《“江西在中部崛起中应有更大作为”——胡锦涛总书记瓷都行》。

19 日 第八届世界健美操青少年锦标赛与第十六届世界健美操冠军赛在美国洛杉矶落下帷幕，代表国家队出征的江西科技师范学院运动员取得两枚金牌和两个第四名的优异成绩（22 日，代表团返回南昌）。

20 日 一重达 1.5 吨、高 2.2 米、宽 2.45 米的巨型“八仙过海”红豆杉根雕日前在婺源县亮相。该根雕依树根之天然造型，雕就八仙形象，雕刻手法细腻，栩栩如生，惟妙惟肖。据工艺美术雕刻专家称，用如此庞大的红豆杉树根雕刻工艺品尚属罕见。

21 日 由九江石化实施的中石化集团公司重点科技开发项目——铁路装车油气回收技术工业试验装置，顺利接收混合油气实现试运一次成功，装车油气回收率达到 89%，基本达到实际要求。该公司重点开发的清洁生产环境项目，是国内首套国产化试验装置，采用了多项专利和专有技术，产品质量指标、工艺过程和关键设备结构等方面具有完全的自主知识产权。油气回收实验装置不仅有较好的环保效益，而且每年还能回收油气近400吨，直接增加经济效益150万元。

23日 省委在南昌召开全省工会工作会议。会议的主要任务是：以邓小平理论和“三个代表”重要思想为指导，认真分析当前工会工作面临的新形势、新情况、新问题，研究和部署加强和改进工会工作，更好地发挥工会在全省改革发展稳定中的重要作用。省委书记孟建柱，中华全国总工会副主席、书记处第一书记张俊九，省委副书记王君出席会议并讲话。大会表彰了全省工会系统先进集体和先进个人。

24日 全省2005年普通高校招生录取工作全面结束。今年的录取工作历时50余天，共录取各类考生220494名，比去年增加36666名，完成招生计划的127.26%，录取率达到69.63%。今年，全省高招总的计划数为173257名。其中，二本以上高校计划招生59114名，三本院校计划招生13795名，专科（高职）院校计划招生88941名，招收“三校生”11407名。在实际录取工作中，二本以上院校录取考生68634名，完成招生计划的115.32%；三本录取考生17816名，完成计划的129.15%；专科（高职）录取考生134044人，完成招生计划数的134.11%。

24日 南昌大学与江西医学院合并暨新南昌大学揭牌仪式大会在南昌大学青山湖校区隆重召开。国家教育部副部长吴启迪，省委书记孟建柱，省长黄智权，副省长孙刚，中科院院士、南昌大学名誉校长潘际銮出席大会。会上，吴启迪宣读了国家教育部的贺信。孟建柱、黄智权在会上作重要讲话并代表省委、省政府对两校合并组建新的南昌大学表示热烈的祝贺。孙刚宣读了省政府《关于同意南昌大学、江西医学院合并组建新的南昌大学的批复》。两校合并组建新的南昌大学，其建制、级别和隶属关系不变。同时撤销原南昌大学、江西医学院建制。原江西医学院冠名为南昌大学医学院，原江西医学院附属单位冠名为南昌大学附属单位，由南昌大学医学院管理。新组建的南昌大学共有五个校区：青山湖校区、前湖校区、东湖校区、鄱阳湖校区、医学院抚州校区，占地面积8300多亩。共有8个博士点、114个硕士点。学校共有在校各类学生6.8万余人，专职教师2390人，其中具有高级职称的教师有1185人，具有博、硕士学位的教师有1103人。

24日 宜黄县林业局离休老干部陈荣，发现新四军第五师负伤军人“优抚安置证明”。这张证明是陈荣参加新四军的胞弟陈火山在一次战斗中光荣负伤留下的。该证明为长方形，高17厘米，宽25厘米。字迹为毛笔字，纸张为粗劣的草纸。落款从右到左写有李先念、刘子厚、许子威的名字，并盖有长方形的“中国共产党新四军第五师”公章。

25日 省委在南昌召开常委会。会议研究了全省第二批先进性教育活动工作。孟建柱在会上指出，把先进性教育活动与和谐创业、富民兴赣结合起来谋划和推进，共产党员先锋模范作用得到进一步发挥。全省第二批先进性教育活动，得到了中央先进性教育活动办公室和中央巡回检查组的充分肯定。他还强调，各地各部门各单位要按照中央的要求，结合全省实际，继续坚持一手抓好第二批先进性教育活动，一手抓好巩固扩大第一批先进性教育活动成果以及第三批先进性教育活动的准备工作，切实搞好批次衔接，确保每一批教育活动都取得实效，让群众满意。

25日 省委召开常委扩大会议，传达学习胡锦涛总书记在江西考察时的重要讲话精神。孟建柱主持会议并讲话。与会人员一致认为，在不到两年的时间里，胡锦涛总书记先后两次到江西考察指导工作，充分体现了党中央和胡锦涛总书记对江西革命老区人民的巨大关怀和对江西经济社会发展的高度关注，这对全省各级党组织和广大干部群众是一个巨大的鼓舞和鞭策，必将有力地促进全省的各项工作。省人大常委会、省政府、省政协领导班子成员及有关方面的负责人参加了传达学习。

25日 台湾地区最大产业公会之一的台湾区电机电子工业同业公会公布了2005年祖国大陆投资环境与风险调查报告，在75个城市（区）中，南昌市综合排名由去年的第十一位提升到第十位，再次获得“极力推荐”城市荣誉，成为自此项调查活动开展以来华中地区唯一获此殊荣的城市。2005年度的此项调查，依据竞争力、环境力、风险度、推荐度等4个方面的指数，对祖国大陆75个城市（区）进行了投资环境风险度与竞争力的评比。共有18个城市成为“极力推荐”城市。

26日 省政府行政投诉中心正式成立。吴新雄说，省政府行政投诉中心的成立，是省委、省政府贯彻实施《行政许可法》和《全面推进依法行政实施纲要》，加强党的执政能力建设，推进全民创业、加快富民兴赣的一项重要措施。省政府行政投诉中心成立后，要加大工作力度，明确工作任务和目标，紧紧围绕创优发展环境、维护人民群众切身利益和促进行政机关及其工作人员依法行政开展工作；要加强制度建设，推动行政投诉工作规范化、制度化；要加强监督检查，促进工作扎实开展。投诉中心设在省监察厅。

26日 吉安大桥建成通车。该桥是全国第一座三管五跨中承式系杆钢管混凝土拱桥。吉安大桥位于白鹭洲上游，是连接吉州、青原两区横跨赣江的城市大型桥梁和集城市交通、城市景观为一体的景观桥。大桥西起吉州区阳明路文山步行街口，东止青原区青原大道与文天祥大道相交处。大桥的路桥总长2627米，其中主桥和引桥1744.9米，宽28米。其特色是主跨188米，矢高58米，东西次跨138米，矢高28米，边跨各36米。吉安大桥再加上原有的井冈山大桥和赣江大桥及白鹭洲大桥，使吉安市中心城区形成了“一江两岸四桥”的经济发展格局。

27日 应中国驻印度大使、印度—中国友好协会会长、印度尼西亚中华总商会总主席、菲律宾贸工部长和菲律宾航空公司总裁的邀请，孟建柱率江西省友好代表团赴印度、印度尼西亚和菲律宾进行友好访问。这次出访旨在加强江西省与南亚和东南亚周边国家在经贸、科技、教育、文化等领域的交流与合作，进一步扩大江西的对外开放。

28日 省委近日召开常委扩大会议，研究部署建立健全惩治和预防腐败体系工作，审议《中共江西省委关于建立健全教育、制度、监督并重的惩治和预防腐败体系实施意见》。会议强调，各级党委和政府一定要从政治和全局的高度，充分认识建立健全惩治和预防腐败体系的重大意义，把建立健全惩治和预防腐败体系作为一项重要任务，纳入经济社会发展总体规划，列入党委、政府重要议事日程，统筹兼顾，稳步推进，抓紧抓好。

29日 乐安县林业局护林工作人员近日在该县谷岗乡小金竹村发现了一片古红豆杉，在这些红豆杉中，树围超过80厘米的有130多株，树龄超过千年的有100多株，另外还有天然红豆杉幼苗80多株。

29日 中国工程院院士李泽椿等专家来赣对空中云水资源开发、气象地质灾害预警等课题进行研究评估。危朝安在南昌会见了李泽椿一行。

31日 省委宣传部、省委党校、省委党史研究室、省教育厅、省社科院联合在南昌举行纪念中国人民抗日战争暨世界反法西斯战争胜利60周年学术研讨会。彭宏松出席并在讲话中指出，江西是抗日战争期间一些重大事件的发生地，是抗击日本法西斯侵略者的重要战场之一。我们要充分认识中国人民抗日战争暨世界反法西斯战争胜利的伟大历史意义，从那段悲壮的历史中汲取伟大的精神力量，把中国特色社会主义事业不断推向前进。

31日 省纪委、省监察厅对派驻机构实行统一管理。傅克诚出席动员大会并讲话。

31日 在日前国家旅游局命名公布的“中国优秀旅游城市”名单中，景德镇市榜上有名，成为继井冈山、南昌、赣州、九江之后的江西第五个获得我国旅游界最高荣誉的城市。

外国游客在景德镇挥毫做画

公元2005年9月							农历乙酉年【鸡】						
日	一	二	三	四	五	六	日	一	二	三	四	五	六
				1 廿八	2 廿九	3 三十	4 八月小	5 初二	6 初三	7 白露	8 初五	9 初六	10 初七
11 初八	12 初九	13 初十	14 十一	15 十二	16 十三	17 十四	18 中秋节	19 十六	20 十七	21 十八	22 十九	23 秋分	24 廿一
25 廿二	26 廿三	27 廿四	28 廿五	29 廿六	30 廿七								

1日　江西省中国人民抗日战争胜利60周年纪念章颁发仪式举行，参加过抗日战争的49名老战士、老同志获得纪念章。傅克诚出席纪念章颁发仪式并在讲话中指出，我们纪念抗战，缅怀英烈，向各位抗战老同志学习，就是要从那段悲壮的历史中汲取伟大的精神，牢记历史、不忘过去、珍惜和平、开创未来，号召和动员全省人民进一步弘扬伟大的抗战精神，并把抗战精神转化为实现“全民创业、富民兴赣”的实际行动；转化为促进江西在中部地区崛起的强大动力；就是要紧紧抓住发展这个执政兴国的第一要务，始终坚持用科学发展观统领经济社会发展全局，扎扎实实做好构建社会主义和谐社会的各项工作；就是要正确处理改革发展稳定的关系，维护安定团结的政治局面，确保社会政治稳定；就是要全面推进党的建设新的伟大工程，不断加强党的执政能力建设和先进性建设，不断增强各级党组织和广大党员的创造力、凝聚力、战斗力，团结和带领全省人民努力加快改革开放和社会主义现代化建设，为建设和谐平安江西、共创富民兴赣大业作出新的努力、新的贡献。

2日　省委宣传部、省直机关工委在江西艺术剧院举行“创优发展环境、促进富民兴赣”报告会。傅克诚以《创优发展环境，源头治理腐败，为和谐创业、富民兴赣提供保证》为题，为省直机关处以上干部和南昌企业、部分高校代表共1600多人作报告。他强调，省直机关作为全省经济社会发展环境的服务者，既是创优发展环境的主体，又是创优发展环境的客体，要坚持从自己做起，从现在做起，从具体事情做起，发挥表率作用，在营造一流创业环境中建功立业，在创优发展环境中走在前列。要增强服务意识，明确服务责任，提高服务水平，想创业者之所想，帮创业者之所需，解创业者之所难，在服务创业中成就事业，在服务创业中体现价值。

2日　中国·萍乡安源赣湘红色旅游区域合作高峰论坛在萍乡举行，来自赣湘2省10市的相关代表参加，就有关红色旅游合作等问题进行了洽谈并签订了两份合作协议。

2日　中国黄金集团公司与江西铜业集团公司在南昌签署战略合作协议，结成战略合作伙伴关系，将发挥各自优势，共同开发矿业资源，实现共赢发展。双方将在国际国内就以黄金为主的贵金属、铜为主的有色金属及其他稀有金属的开发建设、冶炼、产品的延伸加工等方面，全面进行合作，并开展信息交流，实行信息共享。

3日　中国乡镇门户网江西信息扶贫工程在南昌正式启动。从即日起，中国乡镇门户网将投资424万元，为江西省400个贫困乡各援建一个价值1.06万元的网站。该网站将为各贫困乡镇提供一个独立的国际因特网域名和服务器空间资源，并为网站设置独立的密码钥匙，由各乡镇政府管理，并统一链接在中国乡镇网站服务平台。各乡镇可利用网站发布贸易、旅游、劳务等信息，实现电子政务，构筑基层政府和农民的信息通道，同时让贫困乡镇农民能通过网络及时了解科技信息、发布农副产品的供需消息，借助网络平台走上致富之路。

4日　“血沃赣鄱——江西人民抗日斗争”展暨世界反法西斯战争胜利60周年纪念活动在南昌八一广场隆重举行。

5日　2005年江西名牌产品暨质量管理先进表彰大会举行。今年的江西名牌产品，涉及机械、轻工、化工、纺织、建材、食品、农业等多个领域。其中，诚志股份草珊瑚分公司生产的“草珊瑚”牌牙膏、江西共青鸭鸭（集团）有限公司生产的“鸭鸭”牌羽绒服、江西凤凰光学仪器（集团）有限公司生产的“凤凰”牌单镜头反光相机和透视取景相机、景德镇陶瓷股份有限公司生产的“红叶”牌日用陶瓷（餐具、茶具）喜获2005年中国名牌产品称号并有51家企业生产的51个品牌的产品获得2005年江西名牌产品。至此，全省共有10个产品获中国名牌产品称号，213个产品成为江西省名牌产品。

5日　国务院农村税费改革办公室主任赵杰一行来江西省进行为期6天的农村税费改革调研，研究“十一五”和今后一个时期的农村税费改革工作思路。赵杰一行到鄱阳、婺源和浮梁等地乡村调研，充分肯定了江西省农村税费改革的做法和成效，并强调，要积极探索，勇于创新，进一步推进农村综合配套改革。彭宏松会见了赵杰一行，并介绍了江西省农村税费改革进展情况。

6日　国际最大的金银交易市场管理机构——伦敦金银协会（LBMA）日前正式对外宣布：江西铜业集团公司被列入该协会最佳黄金供货商名录。这表明江西铜业公司黄金的生产规模和质量都达到了国际先进水平。

6日　江西省综治委在萍乡市召开为期5天的和谐平安建设现场交流会，贯彻省委十一届八次全体（扩大）会议和全省领导干部会议精神，总结交流全省和谐平安建设工作情况，部署深入推进和谐平安建设，为全民创业、富民兴赣营造和谐稳定的环境。省委常委、省委政法委书记、省综治委常务副主任舒晓琴到会讲话。会议指出，和谐平安建设是一项长期的战略任务，要巩固已有成果，立足创新发展，进一步振奋精神，坚定信心，把这项工作不断引向深入。要进一步抓好规范执法行为专项整改，继续找准和着力解决执法中的突出问题，大力加强执法规范化建设，切实提高政法队伍公正执法的能力，为全民创业、富民兴赣营造公正高效的法制环境。

7日　江西省在厦门悦华酒店与中国国际投资贸易洽谈会组委会联合举行跨国公司总裁招待会——江西瓷乐酒会。中共中央政治局委员、国务院副总理曾培炎到会并看望了江西代表团成员和出席瓷乐会的跨国公司总裁们。国家商务部部长薄熙来讲话，省委副书记、常务副省长吴新雄致辞。

7日　国家审计署武汉特派员办事处在南昌举行江西省开发区专项审计调查进点会。会上宣布，对全省各类开发区土地、财政、税收等政策的专项审计调查工作从即日起全面铺开，此项审计调查维持3个月。此次国家审计署根据不同区位，在全国选取包括江西省在内的6个省（市）进行开发区土地、财政、税收等政策的专项审计调查，旨在充分了解和掌握现行优惠政策制定和执行中存在的问题，客观反映开发区土地、财税优惠政策的历史沿革，及其对税收、财政、地区间经济协调发展和国家土地政策等方面的影响，深入分析产生问题的深层次原因，提出完善法规政策和加强宏观管理的意见，为地方经济持续、健康、协调发展服务。

8日　第九届中国国际投洽会在厦门举行。江西围绕重大项目招商和诚信招商为主题，包装推出400多个精品项目。全省共签下11亿美元合作单。

10日 第十届全国运动会“我们万众一心”中国石化杯火炬传递活动江西省火炬传递起跑仪式在省体育馆前举行。孟建柱点燃主火炬，黄智权在仪式上致辞。

11日 省委、省政府在南昌举行纪念方志纯百年诞辰座谈会，全国人大常委会副委员长李铁映专门题词。

12日 “2005赣台（九江·庐山）经贸合作研讨会”开幕式在江西庐山举行。中共中央政治局委员、国务院副总理吴仪出席研讨会发表了重要讲话并亲自开启了赣台经贸合作大门。省委

2005赣台（九江·庐山）经贸合作研讨会盛况

书记孟建柱致欢迎辞。卫生部部长高强、海关总署署长牟新生、国务院台办常务副主任李炳才、商务部副部长于广洲、卫生部副部长陈啸宏等中央国家机关领导和江西省部分领导出席了开幕式。出席开幕式的台湾工商嘉宾有萧万长、蒋孝严等共1100多人。此次研讨会的主题为“同胞情、一家亲、叙友谊、促发展”，除邀请的台湾嘉宾外，江西省有关部门、各设区市和庐山管理局的有关领导，以及省市有关参会代表共计2100多人，从参会人员规模和层次上都创下了新纪录。吴仪在讲话中说，两岸经贸往来日趋紧密，此次研讨会的召开是非常及时的，凡是对台湾同胞作出的承诺，我们都会郑重对待，认真加以落实。江西物华天宝，人杰地灵，正在成为两岸投资的热土。希望两岸经贸交流能借此盛会更上一个新台阶。开幕式结束后，与会台商与江西省领导将进行主旨演讲、专题推介、嘉宾演讲等活动，并就一批重点项目举行现场签约仪式，共签约75亿美元。

12日 自即日起至14日，中共中央政治局委员、国务院副总理吴仪先后到九江、南昌等地考察内外资企业、经济技术开发区和新型农村合作医疗、血吸虫病防治及社区卫生工作，深入农村走访农户。她指出，面对经济全球化日益加速和我国加入世贸组织后过渡期的新形势，为抓住新一轮全球经济结构调整的机遇，要努力优化创业和投资环境，特别是重视投资“软环境”的建设和维护，进一步提高吸收外资的质量和水平。同时，要加大对内开放力度，做好产业梯度转移与承接。继续加快现代市场体系建设，推进现代流通业的发展。要十分重视并加强知识产权保护工作，促进经济持续快速健康发展。卫生部部长高强、海关总署署长牟新生、国务院副秘书长徐绍史、国家发改委副主任李盛霖、商务部副部长于广洲、卫生部副部长陈啸宏等陪同考察。

13日 全国新型农村合作医疗试点工作会议在南昌召开。共中央政治局委员、国务院副总理吴仪在会议上强调，要切实贯彻落实近期国务院关于加快建立新型农村合作医疗制度的部署和要求，加大力度，加快进度，突破难点，积极推进新型农村合作医疗制度健康发展。她说，新型农村合作医疗试点自2003年下半年开展以来，已在全国21%的县（市、区）顺利推进，有1.63亿农民参加。

2005年全国新型农村合作医疗试点工作会议现场

明后两年要将试点县（市、区）覆盖面分别扩大到40%和60%左右。从2006年起，中央财政对中西部地区参加合作医疗农民的补助提高到20元，地方财政也相应提高补助标准，同时将中西部农业人口占多数的市辖区和东部部分省份困难地区的县（市）纳入中央财政补助范围。孟建柱致辞，黄智权介绍经验。会议于14日结束。

14日 为期5天的"世界华文媒体看江西"活动在南昌正式启动。省委、省政府举行招待会，欢迎前来参加活动的世界华文媒体负责人。彭宏松出席并致辞，他强调，江西是革命老区，有三个摇篮之称，即革命的摇篮——井冈山、军队的摇篮——南昌、共和国的摇篮——瑞金。并希望世界各地的华文媒体在参观考察和亲近自然的过程中，感受江西、认识江西，通过各类媒体，向世界展示一个开放崛起的新江西。该活动由省政府外侨办承办，旨在宣传江西、广交朋友、借台唱戏、促进合作。19个国家和地区的72位世界华文传媒负责人受邀参加。活动期间，访赣团一行将赴南昌红谷滩新区、滕王阁、景德镇、庐山等地采访。

14日 民政部党组副书记、常务副部长贾治邦在江西省进行为期3天的考察台风"泰利"带来的灾情。他希望广大干部群众积极行动起来，团结一心、奋力抗灾，坚持以人为本，千方百计安置好灾民生产生活。1日至4日，江西省受13号台风"泰利"和弱冷空气的共同影响，九江、宜春、南昌、上饶、吉安等地遭受了严重的洪涝灾害。据统计，江西省受灾人口334.08万人，紧急转移灾民23.1万人；农作物受灾面积240950公顷，绝收面积44300公顷；倒塌房屋15089间，其中倒塌居民住房8675间，损坏房屋4.6万间；受淹县城4个，因灾死亡大牲畜6.8万头。江西省直接经济损失达24.25亿元。

15日 2005年海外华裔中青年杰出人士华夏（江西）行活动启动。黄智权代表省委、省政府对200多名来自20多个国家和地区的海外华裔中青年杰出人士的到来表示热烈欢迎。吴新雄介绍了江西省情。进入新世纪以来，江西大力实施大开放主战略，加快推进工业化、城市化、农业产业化，不失时机地推进信息化，加快对接长珠闽、融入全球化，使江西改革开放和现代化建设呈现出崭新面貌。黄智权希望大家多关注江西、支持江西的发展，为江西的经济建设献计献策。嘉宾们先后到南昌、吉安等地参观访问。活动于18日结束。

15日 全省各级国有粮食企业坚决执行早稻最低收购价政策，积极入市挂牌敞开收购。截至当日，共收购早稻28.58亿公斤，占全国早稻主产省收购总量的51%，居全国首位。由于最低收购价执行预案规定的价格高于市场价，农民出售的早稻每50公斤平均价比市场价增收10元至14元，按全省国有粮食企业收购总量计算，全省农民今年出售早稻增收3亿多元。

16日 省委召开建立健全惩治和预防腐败体系任务分工会议。孟建柱在会上强调，建立健全惩治和预防腐败体系，关系反腐倡廉工作全局，是一项重大政治任务。各地各部门一定要按照党中央的要求和省委的部署，扎扎实实抓好党中央颁布的《建立健全教育、制度、监督并重的惩治和预防腐败体系实施纲要》和江西省《实施意见》的贯彻落实，确保建立健全惩治和预防腐败体系各项任务落到实处。

17日 江西省领导干部双休日新知识讲座在南昌举行，国家统计局局长李德水应邀作了题为《"十一五"经济社会发展趋势》的报告，孟建柱、傅克诚、彭宏松、钟起煌等省委、省人大、省政府、省政协领导班子成员出席报告会，黄智权主持报告会。黄智权在报告会结束时讲话指出，李德水同志的报告，以开阔的视野、全球化的眼光，分析了"十一五"期间我们将面临的国际国内形势，阐述了抓住机遇、加快发展的重要性和可能性，就进一步树立和落实科学发展观、建设和谐社会阐发许多重要的观点，对江西省"十一五"规划的编制工作和"十一五"时期经济社会发展提出了很好的意见和建议，非常中肯，切合实际。

18日 江西省首次统一组织实施的防空警报试鸣活动举行。南昌、九江、景德镇、鹰潭、萍乡、上饶、赣州、吉安8个设区市和33个县

（市、区）同时鸣响。活动分预先报警、空袭报警、解除警报三个阶段进行，综合运用了电声警报器、电动警报器和广播、电视、移动电话等各种报知手段，参加试鸣活动的设区市和大部分县（市、区）运用了车载警报器，增强了二次报警能力，使城区警报音响覆盖率设区市达到95%，县（市、区）达到90%。从本年起，每年9月18日为江西省防空警报试鸣日。

19日 省委发出关于印发《江西省建立健全教育、制度、监督并重的惩治和预防腐败体系实施意见》的通知。

20日 中宣部宣教局、中国伦理学会、江西省委宣传部、南昌市委在南昌联合举办第二届中国公民道德论坛，以“公民道德建设与构建和谐社会”为主题，探讨进一步加强改进公民道德建设的措施和办法，动员社会各界关心、支持和参与公民道德建设。中共中央政治局委员、书记处书记、中宣部部长刘云山专门发来贺信。与会代表围绕论坛主题进行了深入研讨交流。全国人大常委会副委员长何鲁丽、全国政协副主席罗豪才出席并发表讲话。中央和地方有关负责人、专家学者、先进典型、文艺体育界代表100多人参加会议。孟建柱、徐惟诚、袁贵仁、苟天林、张晓兰、余欣荣、罗国杰、张云泉、王乐义、王义夫、焦晃等作了发言。中宣部副部长、中央文明办主任胡振民作总结讲话。全国公安系统一级英模邱娥国代表与会人员宣读了《第二届中国公民道德论坛宣言》。

21日 江西省国防科工办日前举行《江西省军事工业志》出版发行座谈会，江西省首部军事工业志书正式面世。志书记载江西省军事工业1898年至1990年百年发展历史，涉及航空、航天、兵器、核、船舶、电子工业等内容，共9篇、37章、89.3万字、152张图片。

22日 全国各地的工商界领导和企业家500余人齐聚南昌，共商中部崛起大计，共谋“南昌制造”良策，拉开了中国（南昌）中部崛起与制造业重要基地建设论坛暨民营企业投资洽谈会序幕。全国工商联副主席谢伯阳，江西省委常委、南昌市委书记余欣荣出席签约仪式。此次洽谈会签约项目14个，签约资金33.45亿元。

22日 江西国际信托投资股份有限公司与江中集团在南昌签订了全面战略合作框架协议，确立了更加紧密、稳定的战略合作伙伴关系。在这次全面合作中，江信国际为江中集团提供包括贷款资金信托、企业年金信托、资产证件化、员工特股信托等全方位服务，以支持和规范企业重组行为，提供企业集团资金和资产的使用效率。

23日 美国《工程新闻纪录》（ENR）近日评选出2004年全球最大225家国际承包商，江西国际经济技术合作公司继去年入选后再次名列其中。1月至6月份，江西国际经济技术合作公司国外工程承包新中标总金额达1.3433亿美元，占上半年全省国际承包工程新签合同额的80%以上。“全球最大225家国际承包商”由在世界上享有盛誉的美国《工程新闻纪录》杂志每年一次在全球范围内组织评选，主要以参选公司当年完成的国际工程项目施工营业额进行排名。

23日 由中华海外联谊会、全国工商联、中国侨联、全国台联、中国光彩事业促进会和省政府共同主办的“2005中国‘五会’（南昌）经贸恳谈会”开幕式在南昌市红谷滩会展中心隆重举行。大会以“四海宾朋聚‘五会’，合力创业促崛起”为主题。中央统战部副部长胡德平代表中国“五会”对大会表示祝贺并讲话。全国人大华侨委员会副主任委员林兆枢、中华全国工商业联合会副主席谢伯阳、中华全国归国华侨联合会副主席林淑娘、中华全国台湾同胞联谊会会长梁国扬、副会长史茂林等出席了开幕仪式。黄智权表示，将本着“优势互补、互惠互利、长期合作、共同发展”的原则，真诚地为海内外企业投资江西创造良好的条件，提供一流的服务。胡德平代表中国“五会”对大会开幕表示祝贺。贵州神奇集团董事局主席张芝庭、美国万宝路国际企业集团总裁梁冠军、香港南益实业（集团）有限公司董事总经理林树哲在会上发了言。郑跃文、曾文仲、张仕国、秦万全、朱景辉、单声、李重德、林铭森、陈泽盛、张征宇、荣海、宗立成、邱维廉等来自世界五大洲32个国家和我国港澳台地区及30个省（自治区、直辖市）的780多名工商企业界知名人士参加了开幕式。恳谈会进行了重点项目签约仪式和分设区市座谈会。恳谈会还组织与会嘉宾在南昌市参观考察并分赴各设区市考察观光，进行项目洽谈、签约等活动。据不完全统计，大会期间共计签约项目128个，签约资金达163.23亿元。在已签约的项目中，1亿元以上的内资项目有44个，1000万美元以上的外资项目有20个，项目分布几乎涵盖了各个行业。

“2005中国‘五会’（南昌）经贸恳谈会”开幕式

24日 联合国驻华机构代表团在联合国驻华机构首席代表、联合国开发计划署评估厅主任马和励率领下抵达南昌，开始对江西进行为期4天的考察访问。陪同考察访问的还有全国人大常委会委员、中国国际跨国公司研究会会长王茂林、国家人口与计划生育委员会副主任赵白鸽。黄智权会见马和励一行时说，江西省在发展过程中始终注重经济、社会的和谐发展，注重人口、资源、环境的相互协调，注重生态环境的建设和保护。江西历来重视与联合国组织开展交流合作，期望双方进一步加强交流与联系，在更多的领域开展合作。马和励表示，此次考察访问，将能进一步加深联合国驻华机构对江西的了解，并希望能借此机会探讨和加强双方的合作。

26日 第二十六届中国柴油车配件展示订货会、第四届全国微型车配件展示会、首届洪城（华东）汽车展示会“三会”，同时在江西洪城汽车城拉开帷幕。来自全国各地柴油车、微型车配件生产经销行业的500多家企业参展，分别展示了各种柴油机组机、车用柴油机配件以及微型车配件等产品，其中有部分产品还是首次亮相。

26日 江西省农村税费改革工作座谈会在鄱阳县召开，会议交流探讨了乡镇政府职能转变和进一步防止农民负担反弹工作。彭宏松出席会议并在讲话中强调，各级党委、政府要增强政治敏锐性，以高度的政治责任感，怀着对农民的深厚感情，做好深化农村税费改革的各项工作，推动农村经济社会协调发展。

26日 国家知识产权局在南昌召开“专利战略研究”专题座谈会，听取40多名来自全国的专家、学者及企业代表对“专利战略研究”课题框架及子课题的意见。“专利战略研究”课题框架着眼于搞好专利制度的安排，形成高效的专利工作运行机制，构建专利服务平台，营造鼓励发明创造、保护知识产权的良好氛围，其要点包括国际专利制度发展与变革态势、国内专利工作的现状和问题；专利战略的指导原则、内涵和目标以及主要任务等。

27日 在北京人民大会堂展示中心举办的为期1个月的“中国（江西）红色旅游博览会图片展”正式开展。本次展览的主题是“红色摇篮，绿色家园”，通过展示江西红色资源，重点突出中国革命的四大摇篮：即井冈山—中国革命的摇篮，南昌—人民军队的摇篮，瑞金—共和国的摇篮，安源—中国工人运动的摇篮。整个展览分为六大版块，共有图片300余张。展览期间还由各设区市举办了系列专题活动，进行景区宣传，推介旅游线路，表演地方特色文艺，展示旅游产品，开展革命传统教育等活动。中宣部副部长、中央文明办主任胡振民，中央文献研究室副主任李捷，国家发改委党组成员、纪检组长彭森，国家广播电影电视总局副总编金德龙，国家旅游局副局长王志发出席了图片展的新闻发布会，并为开幕式剪彩。当日下午，中共中央政治局委员、中央书记处书记、中宣部部长刘云山参观图片展，并对江西以“红色摇篮、绿色家园”为主题发展红色旅游给予高度肯定。刘云山指出，江西发展红色旅游资源的条件非常好，并且是全国最先发展红色旅游的省份，目前已在全国处于前列。在今后的发展中，江西要更多地在“红色”与“旅游”的结合上下功夫，不断总结经验，力争在全国红色旅游的发展中起到良好示范作用，从而促进红色旅游在全国更快更好地发展。图片展引起了全国各主要新闻媒体的广泛关注。人民日报、新华社、中央电台、中央电视台、凤凰卫视等 80 多家媒体报道了红博会图片展开幕及展示情况。其中，中央电视台分别在 9 月 27 日和 10 月 9 日的新闻联播、10 月 10 日的新闻频道和国际频道进行了 4 次报道。整个图片展期间，先后举办了吉安（井冈山）、九江、宜春、赣州、抚州、南昌、鹰潭、萍乡和上饶 9 个活动周（日）。活动周安排形式多样、内容丰富、各具特色，共播放 VCD 风光片 18 种、表演红色歌舞近 24 场、印发宣传手册和各种资料 24 万余册（份）、举办了 7 场新闻发布会和研讨会、签订了 50 份旅游合作协议，推介了一批招商引资项目，深受各方好评。据统计，共有 48 个部委领导、21 万名国内外游客（其中国庆 7 天 10.4 万人）参观了此次红博会图片展。

28 日　为期两天的 2005 年江西创业博览会结束，共签订项目意向书 3695 个。该博览会是江西省首次以“百姓创家业”为主题的博览会，受到社会各界的广泛关注。本次博览会签订的项目中，食品、工艺、家具项目广受关注，食品类签订项目意向书 1722 个，占总数的 46.6%；工商、税务、银行等有关部门受理创业政策咨询、创业指导 5153 人次；现场受理小额贷款 56 笔，金额 136 万元。

28 日　中华全国工商业联合会、中华全国总工会在北京召开全国民营企业“关爱员工、实现双赢”表彰暨经验交流大会，江西城市职业学院院长黄玉林荣获“全国关爱员工优秀民营企业家”荣誉称号，该院员工罗文亭荣获“全国热爱企业优秀员工”荣誉称号。

29 日　全国爱国主义教育示范基地“一号工程”井冈山革命纪念地建设项目在井冈山茨坪开工奠基，由此拉开了全国爱国主义教育示范基地“一号工程”建设的序幕。该工程以反映老一辈革命家领导中国革命斗争光辉历史为主要内容，对三个全国爱国主义教育示范基地进行重点扶持改造，全面提升展示教育水平。井冈山“一号工程”建设主要有：井冈山革命博物馆新馆建设和馆内陈列布展，茨坪、大井毛泽东旧居、小井红军医院、黄洋界哨口和三湾旧址群等 11 处旧居旧址的维修改造。预计用 2 年左右时间建成。孟建柱在贺信中指出，全国爱国主义教育示范基地“一号工程”——井冈山工程奠基，是江西省政治、文化生活中的一件大事。实施井冈山“一号工程”，就是要在新形势下进一步弘扬伟大的井冈山精神，不断提高广大干部群众的精神境界，为推动江西省经济社会更快更好地发展提供不竭动力。中央对井冈山“一号工程”的建设高度重视，我们要按照中央的要求，加强领导，精心组织，高标准、高质量地完成工程建设的各项任务。

29 日　为期两天的 2005 年全国投资工作会议在井冈山市召开。会议分析了本年全国的投资和房地产形势，总结了一年来投资体制改革的进展、配套文件的制定和改革措施的落实情况，并提出了下一步继续推进和深化投资体制改革的重点。这是继 1997 年之后，国家发改委再次在江西省召开全国投资工作会。国家发改委副主任姜伟新到会讲话。

公元2005年10月 农历乙酉年【鸡】													
日	一	二	三	四	五	六	日	一	二	三	四	五	六
						1 国庆节	2 廿九	3 九月大	4 初二	5 初三	6 初四	7 初五	8 寒露
9 初七	10 初八	11 重阳节	12 初十	13 十一	14 十二	15 十三	16 十四	17 十五	18 十六	19 十七	20 十八	21 十九	22 二十
23 霜降	24 廿二	25 廿三	26 廿四	27 廿五	28 廿六	29 廿七	30 廿八	31 廿九					

1日 江西省12家涉农企业、大学及科研院所日前得到国家农业科技成果转化资金立项资助，共获得无偿拨款780万元。立项数和资助额均居全国中上游水平。在获得农转资助的项目中，既有提高农产品附加值、延长产业链的农产品加工项目，如“常压低温联合干燥技术与设备开发”等，也有效益农业“金边瑞香脱毒快繁与栽培中试”等经济作物项目，还有解决粮食安全的水稻新品种（组合）项目，如“R120系列超级杂交水稻的中试与示范”等。

2日 中国府第文化博物馆揭牌仪式在新建县大唐坪乡汪山土库隆重举行，来自省内外专家学者参加了揭牌仪式。汪山土库始建于清道光初年，整座建筑由25栋抬梁穿斗式结构的青砖大瓦房组成，外墙相连，成一整体。汪山土库以祖堂为中心，左右排开，呈东西走向，9幢并列，占地108亩、大小房间1443间、天井572个，布局科学、精巧，结构明朗、大气，雕刻简朴、精确，排水、通风、采光等均以人为本，天人合一，堪为建筑经典。整座建筑规模浩大、气势伟绝，在江南乃至全国都极为罕见，素有“江南小朝廷”之称。2004年被中国文联、中国民协授予“中国府第文化博物馆”。

3日 由中国南昌大学与法国普瓦提埃大学、中国深圳中兴发展有限公司联合创办的法国首家孔子学院——普瓦提埃大学孔子学院在普瓦提埃大学挂牌成立。该学院是中国教育部和国家对外汉语教学领导小组办公室认可的首批17所海外孔子学院之一，也是中国在欧洲建立的第二所孔子学院。普瓦提埃市（POITIERS）市长JACQUESSANTROT、维恩省（VIENNE）议长ALAINFOUCHE、普夏大区（POITOU－CHARENTES）副区长MARTINEDABAN、普夏大区行政长官、维恩省省长BERNARDPREVOST在挂牌仪式上致辞，认为孔子学院的成立是普夏大区和法国汉学界的一件大事，将为加深中法两国人民的相互了解和友谊、促进两国友好合作关系发挥重要的积极作用。

4日 由遂川县提交的《原产地域产品狗牯脑茶国家强制性标准》，近日经国家质检总局、国家标准委发布实施，这是吉安市第一个由本地起草的国家强制性标准，标志着遂川县“狗牯脑茶”被正式列入我国茶叶名典。

5日　全长约92公里的三清山环山旅游公路建成通车。自此，三清山、婺源和安徽黄山连接成一条黄金旅游带。三清山环山旅游公路南起玉山县320国道，北接德兴市景白公路，西与三清山南部景区公路相连，是连接三清山南北名胜风景区的唯一通道；全线按二级公路标准设计，在建设过程中贯穿了“以人为本、以车为本”的设计理念。它的建成，实现了三清山与赣、浙、闽、皖境内各国家级风景名胜区和沿海发达地区的短距离对接。

6日　中国江铃集团和陆风汽车的欧洲总经销商LWMC公司在荷兰海牙举行新闻发布会，公布了德国技术检测协会（TUV）日前进行的陆风车碰撞测试报告。报告显示，江铃陆风车的安全标准完全符合欧盟的法规要求。

江西陆风汽车首批出口欧洲发车仪式

8日　由省测绘局策划、省第三测绘院编制、江西美术出版社出版的《江西省红色旅游地图系列图》，日前已经出版并面向市场发行。该系列图正反大四开幅，分“江西省红色旅游”、“南昌市红色旅游区”、“井冈山红色旅游区”、“瑞金红色旅游区”、“萍乡红色旅游区”、“上饶红色旅游区”6幅图。该系列图以独特的地图语言从不同角度反映了“革命摇篮”井冈山、“人民军队诞生地”南昌、“共和国摇篮”瑞金、“工人运动策源地”安源和赣东北红色革命根据地等红色旅游景区、景点，及其丰富的自然、人文景观，是宣传江西红色旅游的精美名片。

9日　总投资8.1亿元，被列为2005年江西省重点建设工程的江西丰龙矿井建设项目在丰城开工兴建，这是全省首个按股份制运作的煤矿，也是全省首个与外省合资建设的国有大型矿井。该项目由丰城矿物局与福建省煤电股份有限公司、龙岩市环闽投资有限公司共同投资建设，其中丰矿出资比例为50%。丰龙矿井煤炭储量为9000万吨，以生产优质主焦煤为主，设计年生产能力为90万吨，是目前全省煤炭行业最大的在建矿井。丰龙矿井的设计，区别于江西传统煤矿的斜井加炮采模式，它按照北方大矿机械化采煤标准进行建设。

10日　由省委组织部、省经济干部管理学院联合举办的“全民创业体系建设”研讨班在南昌开班，全省93个县市及工业园区负责人参与了此次研讨。研讨活动的内容不仅包括“江西省工业经济形势与周边省份经济发展态势比较”以及“资溪模式的起源、发展与启示”等针对性强的研讨项目，而且还将进行具体的项目训练，使与会人员结合各地实际制定合理的创业行动方案。

11日　为期3天的2005景德镇国际陶瓷博览会——高技术陶瓷论坛在景德镇陶瓷学院开幕，来自全国50多家陶瓷领域高校及科研院所、国内外60多家高技术陶瓷企业的代表220多人参加了会议。专家学者围绕高性能结构陶瓷、功能陶瓷、陶瓷基复合材料等三大高技术陶瓷领域展开面对面的交流。清华大学新型陶瓷与精细工艺国家重点实验室、中科院上海硅酸盐研究所高性能陶瓷国家重点实验室等著名研究机构派代表参加了论坛。

13日　国家商务部在南昌召开中部地区利用外资工作座谈会，召集中部六省商务厅（外经贸厅）、省会城市商务局（外经贸局）负责人，共同探讨进一步发展开放型经济的政策、措施。商务部副部长马秀红指出，中部六省要紧紧抓住中部崛起的战略机遇期，大力推进开放型经济。在制定各省的“十一五”规划中，要把推进开放型经济发展、吸引外资的内容考虑进去，并使之目标明确，措施务实。吴新雄介绍说，江西正在迅速集聚加速崛起的能量，开放型经济取得了重大突破，对经济社会发展的贡献越来越突出。他指出，对欠发达的江西而言，开放型经济是做大做强经济规模的重要途径，是增强财政实力的重要措施，是加快技术升级、壮大支柱产业的重要手段，也是解决就业、转移农民的重要渠道。

14日 省委在南昌召开全省领导干部会议，传达党的十六届五中全会精神。会议要求，全省各级党组织和广大党员、干部要认真学习和贯彻五中全会精神，统一思想，认清形势，坚定信心，开拓进取，扎扎实实地把改革发展稳定的各项工作做好，开创“建设和谐平安江西、共创富民兴赣大业”新局面。孟建柱强调，在编制全省及各地、各部门“十一五”规划中，要以五中全会精神为指导。要突出发展这个主题，着力体现高度的历史责任感、强烈的忧患意识和宽广的世界眼光；要贯穿科学发展这条红线，着力体现用科学发展观统领经济和社会发展全局的要求；要坚持用发展和改革的办法解决前进中的问题，着力体现与时俱进、锐意创新的精神；要着眼于全面把握社会主义现代化建设的大局，着力体现前瞻性、导向性和可操作性。

15日 以“红色摇篮·绿色家园”为主题的2005中国井冈山红色旅游文化节开幕式隆重举行。文化节旨在通过各种旅游文化艺术活动，突出井冈山厚重的红色文化，展示井冈山清新、自然的绿色风光，展示井冈山淳朴的民俗民风，将红色火种撒向全国。本届文化节包括井冈山旅游推介暨《红色旅游合作井冈山宣言》签约大会、井冈山红色旅游突出贡献颁奖酒会、游园灯会等活动。省内外相关部门的领导和来自韶山、延安、遵义、西柏坡等全国红色旅游景区及国内各大旅行社的代表，与近万名当地市民参加文化节活动。

15日 由中国生产力学会和省政府共同主办的2005“全球通”建设和谐社会与企业社会责任（南昌）国际论坛在滨江宾馆举行。来自海内外300多名政府官员、专家学者和企业高层管理者围绕“推动企业社会责任建设，让和谐社会的旗帜高高飘扬”主题进行交流和探讨。全国人大常委会副委员长蒋正华，全国人大法律委员会副主任、中国生产力学会会长王茂林出席论坛并讲话。联合国秘书长全球契约办公室资深顾问、全球契约和企业社会责任专家费雷德－杜比作了发言。国家统计局原局长张塞，中央政策研究室副主任郑新立，国家安全生产监督管理总局副局长孙华山，全国总工会纪检组长、书记处书记张鸣起，国务院国资委大企业监事会主席翟立功、李盛林，山西省人大常委会副主任薛军，中国文化经济研究院院长于龙出席论坛。

16日 省政府、省体育局有关领导及省水上运动学校师生、南昌市民在南昌火车站喜迎金紫薇、冯桂鑫、吴优、于莎莎、高玉兰等十运会江西赛艇队健儿载誉归来。江西赛艇队健儿们共获得十运会赛艇比赛16个项目中3金1银的好成绩，包揽了女子双桨项目的3枚金牌，男子轻量级双人双桨获1枚银牌，另外还有一个第四名、一个第七名，进入全国赛艇强队行列。

16日 为期两天的全省社会主义新农村建设示范村座谈会在兴国县召开。彭宏松在会上指出，党的十六届五中全会把建设社会主义新农村纳入了我国现代化建设的战略部署，要以十六届五中全会精神为指针，按照“生产发展、生活宽裕、乡风文明、村容整洁、管理民主”的要求，立足当前，着眼长远，全面规划，稳步推进社会主义新农村建设。当前，要着力抓好示范村建设，充分发挥示范村的典型引路作用。他要求，要集中精力抓好自然村基础设施建设和村容村貌

新余市阮家村农民住宅

改造，切实改善农民群众的生产生活条件。自来水、水冲厕、路面硬化等基础设施要按标准建设，一步到位。房屋的新建和改造要与当地的经济发展水平和农民群众的承受能力相适应，充分尊重群众意愿，因地制宜，逐步推进，注重传承地方历史文化。村容村貌改造要体现农村特色，避免照抄照搬城市模式，不搞进口草坪，不建广场，要与发展庭院经济相结合，多种果树，实现人与自然的和谐发展。建设社会主义新农村是一项长期、艰巨的任务。各地要搞好科学规划，不能急于求成，切忌一哄而上。

17日 全省先进性教育活动第四次工作会议在南昌召开。会议传达贯彻省区市和中央有关单位先进性教育活动办公室主任座谈会、华东七省市先进性教育活动座谈会和全国先进性教育活动宣传工作会议精神，要求全省各级党组织要认真学习贯彻中央关于先进性教育活动的一系列重要指示精神，采取有效措施，巩固发展第一批，重点推进第二批，超前谋划第三批，使三个批次的工作紧密衔接，相互促进，不断深化，取得实效。省委常委、省委政法委书记、省委先进性教育活动领导小组副组长舒晓琴宣读全省第一批先进性教育活动宣传报道工作先进单位和优秀新闻作品获奖名单。会议还对吉安市、赣州市、宜春市、上饶市、南昌市先进性教育活动办公室五个全省第一批先进性教育活动宣传报道先进单位和《省委书记听民声》等13篇优秀新闻作品进行了表彰。

17日 婺源县朱子研究会日前从民间征集到一部珍贵的《朱氏正宗谱》。该谱一套27册，完整记录了南宋理学家、教育学家朱熹始祖自唐天祐三年从安徽歙县、篁墩迁徙到婺源的过程。《朱氏正宗谱》还详细记录了朱熹返回婺源祭祖的过程，收录了《告始祖荣院府君幕文》、《婺源荣院朱氏世谱序》等多篇朱熹著作及其后人介绍朱熹生平、思想的文章，一些文章属首次发现。

18日 第三届中国国际农产品交易会在全国农业展览馆开幕。中共中央政治局委员、国务院副总理吴仪，农业部部长杜青林在参观交易会精品馆时，来到江西农业精品展区，观看了赣牌名特优新农产品展品，了解并询问了江西省农产品发展态势。吴仪指出，江西农产品有特色、有特点，绿色食品和有机食品尤其发展快。当前，绿色食品和有机食品在国内外有很大的市场，希望江西下力气强化精品意识和创新意识，把企业做得更强，产品做得更精，市场做得更大。至22日，全省签订农产品购销合同6份，金额92万元，美元1.2万元；签订农产品供销协议43个，协议产品采购金额321.6万元，美元51万元；农产品现场销售金额45.5万元，创全省参加历届农交会新高。

18日 省政府向第十届全国运动会江西省体育代表团发出贺电，祝贺他们在第十届全国运动会上，先后在摔跤、赛艇、游泳等项目上夺得金牌，为实现江西省在本届运动会上“保八争九创十”的目标任务奠定了坚实的基础，为江西赢得了荣誉。

19日 第二届中国—东盟博览会在广西南宁市开幕。吴新雄率江西经贸代表团参加了博览会。以“促进中国－东盟自由贸易区建设，共享合作与发展机遇”为宗旨的中国－东盟博览会，由中国和东盟10国共同主办。本届博览会设国家、商品贸易、投资合作和旅游四大专题，重点引导中国与东盟国家双边贸易额较大、互有市场的5大类商品参展交易。全省共有26家企业赴会参展，展示展位27个，商品涉及电子电器、机械设备、汽车及配件、五金建材、轻工工艺、洁具、食品和农产品等种类。13家企业签订21个贸易合同和意向，金额1495万美元；其中签订贸易合同8个，合同金额440多万美元。

19日 景德镇市丽阳乡彭家村丽阳古瓷窑址的田野考古工作结束，经北京大学文博学院陶瓷考古专家、国家文物局考古专家组、故宫博物院陶瓷专家组先后三次实地论证，有了初步的论证结果：丽阳村碓臼山南坡的元末龙窑内大量完整的初烧瓷器遗迹现象属全国首次发现，丽阳乡洪家村委彭家村瓷器山西坡的明代早期偏晚的葫芦窑填补了明代景德镇地区葫芦窑发展序列的空白。碓臼山元末龙窑主要产品为青釉瓷，器类主要为碗。该龙窑长24.4米，中部略宽，最宽处4米，窑尾圆收。和以往发现的龙窑相比，具有短而宽的特点，特别是窑膛、窑口、窑床上存有大量未经扰乱、处于初烧状态下的、匣钵摞叠成柱状排列的遗迹现象，在全国尚属首次发现。这些遗迹现象是研究和复原当时装烧工艺（每窑的装烧量、窑内空间匣钵排列方式、窑内通风情况）极其重要的原始材料。

19 日 原中共中央政治局常委、国务院副总理李岚清在江西艺术剧院给大学生们作《音乐·艺术·人生》讲座。李岚清说，江西基础教育原来就搞得比较好，现在高等教育发展了，职业教育也大踏步前进了，这些就是江西发展的后劲和核心竞争力的基础。

20 日 中央电视台“心连心”艺术团在兴国县将军广场进行了主场慰问演出，各界群众2万多人观看了演出。演出开始前，刘上洋受省委书记孟建柱、省长黄智权的委托，代表省委、省政府对中央电视台“心连心”艺术团来赣州慰问演出表示热烈欢迎和衷心感谢。“心连心”艺术团继1996年、2002年赴井冈山、萍乡慰问演出之后，再次来到江西进行慰问演出，这对于鼓舞全省人民的士气，加快江西的发展必将产生积极的推动作用。殷秀梅、吴娜、蔡国庆、佟铁鑫等著名演艺人员纷纷登台表演，兴国县71岁的农村妇女王九秀和著名演员汤灿同台演唱了著名的兴国山歌《苏区干部好作风》。

20 日 省委书记孟建柱、省长黄智权在南昌分别会见了来赣考察访问的美国福特汽车公司总裁兼首席执行官吉姆·帕蒂拉一行。孟建柱、黄智权说，福特汽车公司是世界最大的汽车制造商和供应商之一，拥有雄厚的研发水平和先进的管理经验，为推动世界汽车工业的发展作出了重要贡献。福特与江铃这些年进行了深入而愉快的合作，实现了共同发展。如今，福特、长安和江铃组成了战略联盟，必将进一步推动合作各方取得更大的发展。我们相信江铃与长安、福特组成战略联盟后，在产量和销售收入等多方面会迈上一个新台阶，为促进南昌乃至整个江西工业制造业的发展作出新的贡献。帕蒂拉为福特与江铃建立的良好合作关系感到高兴。他表示，随着福特与江铃建立更为紧密的战略合作伙伴关系，必将推动企业更快成长，以实现双方共同的长远目标。福特对双方合作充满信心，并将进一步加大投资，为江西省和南昌市的发展作出贡献。帕蒂拉一行访赣期间，考察了江铃汽车集团公司，并听取了江铃未来5年的发展规划报告。

21 日 为期4天的樟树第三十六届全国药交会闭幕。截至当天，成交额达到14.2亿元，比上届药交会增长30%，再创历史新高。本届樟树药交会首次由省政府和中国中药协会共同主办，国家中医药管理局为支持单位，樟树市政府承办。大会除进行传统的药品展示交易外，还举办了中医药产业发展论坛、全省招商引资洽谈会、“瓷乐飘香”专场演出等。

全国药品交易会期间的樟树市

21 日 由民进江西省委会和江西师范大学共同主办的江西实施生态经济发展战略高层论坛在南昌举行。全国人大常委会副委员长、民进中央主席许嘉璐出席论坛并作题为《以宽广的世界眼光实施生态经济战略》的演讲。副省长危朝安，湖北省政协副主席、民进湖北省委会主委蔡述明也在论坛作了演讲。这次论坛是省委统战部“同促崛起（6+2）高层论坛”系列活动之一，旨在围绕落实科学发展观和建设和谐平安江西这一经济社会发展的主题，集思广益，探索江西发展生态经济的途径和思路。许嘉璐在演讲中深刻阐述了生态建设的紧迫性，深入探讨了导致生态破坏的国内国外历史文化根源。他对江西“既要金山银山，更要绿水青山”的发展理念表示赞赏。并对江西永续绿水青山提出四点建议：一是要生态强省与文化大省同时建设；二是要努力提高全民整体素质；三是要进行综合治理与全民关注；四是要深入研究生态链，提高生态水平。各民主党派、有关团体、有关厅局、高等院校、科研院所等共400余人参加了论坛。出席论坛前，许嘉璐还在江西考察了邮政系统服务“三农”工作，并到井冈山等地参观考察。

21日 首届海峡两岸道教文化论坛在鹰潭开幕。论坛由江西省政府台湾事务办公室、江西省民族宗教事务局、鹰潭市政府、江西师范大学和中国道教协会主办，鹰潭市有关方面承办。国务院台湾事务办公室副主任王在希，全国人大常委、中国道教协会副会长张继禹，台湾中华道教总会理事长张桱，以及来自两岸三地道教界人士、道教文化学者、信徒和社会知名人士200余人出席。本次活动以龙虎山天师府建府900周年为契机，以道教文化为纽带，以“两岸道脉，同根同源”为主题，以道教文化研讨为轴，通过交流、研讨中国道教文化的渊源与发展，共同弘扬中华传统文化，增强民族凝聚力，反对和遏制“台独”分裂势力，推进祖国统一大业；并进一步拓展赣台经济文化交流，扩大江西及鹰潭在台湾岛内的影响，努力促进两地的经济文化交流与合作。与会嘉宾在鹰潭期间，还参加了2005中国道教文化节暨第九届龙虎山道教文化旅游节。

龙虎山嗣汉天师府

22日 为期1个月的第四届南昌金秋经贸活动月结束，共签约项目173个，其中外资项目33个，内资项目140个，总引资171.96亿元。本届经贸月活动自9月22日开幕以来，共有32项大型经贸文化活动参与。如中国“五会”经贸恳谈会、首届南昌政银企融资洽谈会、第二届南昌制造业发展博览会、中国·南昌第四届绳金塔庙会、江西省民间文化艺术节、中国新建第二届旅游文化节等。活动月中参加人数超过了500万人次，来南昌参会客商达1.8万人次，其中来自美国、英国、芬兰、马其顿、马来西亚等32个国家和地区的境外客商近千人。

22日 2005中国（鹰潭）道教文化节暨第九届中国龙虎山文化旅游节在龙虎山景区隆重开幕。中共中央统战部副部长朱维群，中国作协党组成员、书记处书记张胜友，省人大常委会副主任朱英培，省政府副省长孙刚，省政协副主席、省委统战部部长王林森，中国道教协会会长任法融，及海内外嘉宾和游客近万人出席。来自美国、日本、台湾、香港及内地的100多位客商在开幕当天，就签约了16个项目，投资总额达13亿元，其中外资项目4个，投资总额3900万美元，内资项目12个，投资总额9.73亿元人民币。

22日 全省第三批先进性教育活动试点工作现场会在赣州举行。会议总结了前一阶段试点工作，研究部署了下一步的工作，强调围绕新农村建设这个着力点搞好试点工作，为面上铺开第三批先进性教育活动积累经验。省委先进性教育活动办公室主任、副主任，各设区市市委组织部长、先进性教育活动办公室主任，部分县（市、区）委书记、乡镇党委书记和村支部书记出席会议。全省共有392个村，涉及446个基层党组织开展了第三批先进性教育活动试点工作。会议期间，与会代表参观考察了兴国、赣县、南康、大余四县（市）新农村建设和第三批先进性教育活动试点工作情况。各设区市和部分乡镇、村交流了试点工作经验。董君舒要求各地在试点工作中，重点把握好三个方面的问题：（一）要在加快农村经济发展，增加农民收入上动脑筋；（二）要下功夫抓好农村基层党组织建设；（三）要不断提升党员干部的素质和能力。

23日 江西煌上煌集团生产的酱鸭、麻酥鸭、鸭翅、鸭掌四个产品通过国家绿色食品认证审核，这是我国首次获酱鸭绿色食品标志使用权的产品。“煌上煌”因此成为全国首个获得酱鸭绿色食品标志使用权、全省首个获“绿标”的肉类食品加工的企业。

23日 科技部县市科技局长培训班开学典礼在南昌召开，来自全国16个省、市、自治区共100余人参加了培训。这次培训班是为了进一步推动科教兴国战略实施，加强县市基层科技工作，提升县市科技管理水平。培训班采取专题讲座与交流，案例评析及实地考察相结合的灵活多样培训形式。

23日 全国妇联党组书记、副主席、书记处第一书记黄晴宜，全国妇联书记处书记洪天慧，就学习贯彻党的十六届五中全会精神、推进妇女事业发展等在江西进行为期3天的调研。黄晴宜在调研时对全省妇女工作表示肯定。他指出，江西妇女工作站位高、立意新、思路广、措施实，成效突出，有许多好的经验和做法。并强调，今后一个时期，各级妇联要围绕帮助农村妇女增收致富、推进妇女就业与创业、代表和维护好妇女群众的切身利益、大力创建和谐家庭等方面积极开展富有成效的工作，推动妇女事业加快发展。

24日 省委、省政府在南昌举行座谈会，纪念中国共产党的优秀党员、久经考验的忠诚共产主义战士杨尚奎诞辰100周年。中共中央政治局常委、国家副主席曾庆红，原中顾委副主任薄一波分别委托工作人员或亲属致电表示对杨尚奎的敬意和缅怀。原中央军委副主席张震、原江西省委书记万绍芬特意打来电话或发来电报表示缅怀。省委书记孟建柱出席会议时在讲话中回顾了杨尚奎为中国人民的解放事业和社会主义建设事业奋斗的一生，高度评价了杨尚奎的革命精神。孟建柱指出，杨尚奎在半个多世纪的革命生涯中，为中国革命和江西的建设、改革事业毫无保留地奉献了自己的一切，深受全省人民的尊敬和爱戴，在省内外享有崇高声誉。在长期的革命岁月中，杨尚奎经受住各种艰难困苦的考验，始终保持坚定的共产主义信念，表现出共产党人坚韧不拔的奋斗精神。

24日 江铃VM发动机匹配长丰汽车签字仪式在南昌举行，长丰汽车成为VM发动机首家匹配签约商。该项目是经国家有关部门批准立项的省重点工程，总投资12亿元，其引进的意大利戴-克VM公司的一款车用柴油发动机，采用了德国博世高压共轨燃油喷射系统，运用了增压中冷、EGR、氧化式尾气净化器、双轴平衡、四气门、缸、双顶置凸轮轴等技术，性能达到世界一流水平。

24日 副省长凌成兴主持召开调度研究会，决定总投资1256万元（省交通厅扶持590万元，省发改委扶持400万元，省民族宗教事务局扶持40万元，赣州市筹资226万元），“破例”为少数民族只有350多人的竹洞畲族村修公路。

25日 全省民族工作会议暨第五次民族团结进步表彰大会在南昌召开。孟建柱看望了与会代表并为获奖代表颁奖。黄智权出席会议并讲话，王君在会上传达了中央民族工作会议精神，吴新雄就开展第三轮对口支援民族乡村经济发展工作进行了动员和部署。大会宣读了《省政府关于表彰全省民族团结进步模范集体和模范个人的决定》、《省政府关于表彰对口支援民族乡村工作先进单位的通报》、全省荣获全国民族团结进步模范集体和模范个人名单。出席会议的省领导向获得荣誉者颁发了奖牌、证书。

25日 由当代江西史编委会、省建设厅、省政府发展研究中心主办的《当代江西城市发展论坛》在南昌举行。北京、上海、云南等60多位省内外专家学者和省市有关部门负责人出席了这次论坛的学术交流。危朝安作了书面讲话。这次论坛以文与会，向18篇入选论文作者颁发了证书和奖金。

25日 由省委宣传部、省广电局、省劳动和社会保障厅主办的中国江西创业网正式开通，为全民创业、富民兴赣搭建了一个开放式、全天候的创业服务平台。孟建柱在贺词中说，建设和办好中国江西创业网，是推动全民创业、加快富民兴赣的一项重大举措。在全民创业的大潮中，网上宣传担负着加强舆论引导、营造创业氛围、服务创业活动的重要使命。要充分利用互联网这一广阔阵地，增强主动意识和服务意识，为全省改革发展稳定的大局服务，为广大人民群众的创业实践服务。黄智权要求中国江西创业网不断创新形式、内容，及时传播创业信息，介绍创业经验，提供创业咨询，开展创业交流。

25日 省政协理论学习中心组集中学习党的十六届五中全会精神。与会人员一致认为，十六届五中全会审议通过的关于制定“十一五”规划的建议，通篇体现了全面落实科学发展观和构建社会主义和谐社会的战略思想，符合我国国情，顺应时代要求，反映人民意愿，是指导我国今后5年经济社会发展的纲领性文件。钟起煌在讲话中说，联系政协工作实际，学习贯彻五中全会精神，就是要把坚持科学发展观作为指导政协工作的重要原则，要坚持发展为大、发展为重、发展为先，把促进江西加快发展作为履行职能的第一要务；要坚持以人为本，把维护广大人民群众的根本利益作为履行职能的出发点和归宿；要牢牢把握“六个必须”的原则，为促进江西经济社会全面、协调、可持续发展献计出力。围绕编制全省“十一五”规划要积极组织力量，深化对有关问题的调研，使意见、建议更有针对性和实效性。

26日 全省第十个江西省环卫工人节庆祝大会在南昌举行，对环卫工作中涌现出的先进集体与个人进行了表彰。孟建柱向12位获得“江西省城市美容师”称号的环卫工人表示祝贺，并向全省2.5万名环卫工人及环卫工作者致以亲切的慰问和崇高的敬意。南昌市东湖区公园环卫所八一大道清扫班等30个“江西省城市环卫先进集体”、吴青云等12名“江西省城市美容师”、张俊峰等50名“江西省城市环卫先进工作者”受到了表彰，12名“江西省城市美容师”还被授予江西省“五一”劳动奖章。

26日 省企业联合会、企业家协会第六次会员代表大会暨2005年度表彰会在南昌召开，表彰了2004年度全省优秀企业、优秀厂长（经理）和税利突出贡献企业。孟建柱出席会议并讲话。他希望全省优秀企业家抓住机遇，勇创一流，不断增强企业核心竞争力，走持续创新之路；不断提升发展理念，紧跟时代潮流，走科学发展之路；以人为本，勇担社会责任，走和谐发展之路，努力为推进全民创业、实现富民兴赣作出更大的贡献。孟建柱最后强调，企业家是社会的宝贵财富，全社会、企业都要承担起爱护企业家、关心企业家的责任。

26日 省委宣传部、省文化厅联合打造的大型情景歌舞《井冈山》经过70多天的紧张排练后，在江西艺术剧院隆重演出。省领导与1600多名观众观看了演出。《井冈山》分为序、《霹雳一声暴动》、《三湾来了毛委员》、《送郎当红军》、《八角楼的灯光》、《百战百胜勇向前》、

大型情景歌舞《井冈山》的剧照

《八月桂花遍地开》、《我们是铁的红军》、《为有牺牲多壮志》、《黄洋界保卫战》、《十送红军》、《尾声〈重上井冈山〉》12 个章节，全景式地展现了井冈山革命斗争历史，热情讴歌了伟大的井冈山精神。

27 日 第十三届全国经济法理论研讨会在江西财经大学开幕，来自全国各高等院校、科研单位以及政府部门的 200 多名专家学者参加，共同探讨和谐社会建设过程中经济法的发展与作用。研讨会的议题是：和谐社会构建与经济法；中国资本市场发展与经济法；经济转型过程中的中国反垄断法；区域经济协调与经济法。

28 日 省政府、国家广电总局、国家旅游局共同主办的 2005 · 中国（江西）红色旅游博览会在南昌八一广场举行盛大开幕式。博览会包括展示推介会、大型情景歌舞《井冈山》演出、图片展、导游大赛和风光摄影大赛等一系列活动。北京、上海、陕西、河北、四川、湖北、安徽、湖南、贵州、广东、浙江、福建、广西等红色旅游大省（市、区）及香港、澳门特别行政区旅游局共 15 个展团来赣参展，延安、西柏坡、遵义、韶山、嘉兴、上海一大旧址、潮州等国内知名红色旅游景区（点）集体亮相红博会。红博会展示推介会组委会在省展览中心举行招商引资项目推介暨签约会，签约项目 25 个，签约总金额 22.039 亿元。此次展示推介会展位总数达 347 个，参展正式代表超过 2000 人，大约 20% 的展位来自外省（市、区）旅游相关部门、景区景点及企业，加上出席推介会的嘉宾、客商、招商推介人员及旅游演艺工作人员，参展人员超过 6000 人。

28 日 人事部、文化部在北京人民大会堂表彰“全国文化先进县、全国文化工作先进集体、全国文化系统先进工作者和劳动模范”。江西省一批县区、集体和个人受到表彰，获“全国文化先进县”称号的是：崇义县、抚州市临川区；获“全国文化工作先进集体”称号的是：南昌市文化市场稽查支队、萍乡市人民剧院、武宁县文化馆、乐平市赣剧团、省文物考古研究所；获“全国文化系统先进工作者和劳动模范”称号的是：赣南采茶歌舞剧团副团长龙红、吉水县博物馆馆长李希朗、新余市文化局文化科科长黎彬勇、景德镇市昌江区竟成镇文化中心站站长周元强、余干县电影公司经理高云峰、江西画报社社长郭佳胜。

29 日 江西电视台举行建台 35 周年庆祝大会。孟建柱、黄智权分别致信祝贺，彭宏松在庆祝大会上讲话说，35 年来，江西电视台紧紧围绕省委、省政府的决策和部署，不断加大新闻宣传和舆论引导力度，在解放思想、凝聚力量、促进发展、维护稳定方面做了大量卓有成效的工作，为全面建设小康社会营造了良好的舆论氛围。他要求江西电视台要牢牢把握正确舆论导向，始终坚持“三贴近”，不断丰富和满足广大群众的精神文化生活；加强干部队伍和专业人才建设，积极探索产业发展之路，努力把江西电视台建成在全国较具影响的省级电视台。庆祝大会结束后，省领导观看了该台举办的《电视人的情怀》职工书法美术摄影作品展。

29 日 由省委宣传部、省文明办、省教育厅联合主办的为期两天的全省未成年人思想道德建设理论研讨暨经验交流会在南昌召开。会议邀请中央文明办未成年人工作专家李伟作了主题报告。与会代表围绕当前未成年人思想道德建设工作体制和机制、预防未成年人犯罪、关爱青少年特殊群体等问题进行了研讨和交流。代表们认为，这次会议不仅让一大批基层教育工作者听了一个指导性、专业性、实践性、时效性很强的报告，交流了未成年人思想道德建设工作经验，更重要的是提高了大家对做好未成年人思想道德建设工作的认识和信心。

30 日 省测绘局在南昌举行建局 30 周年座谈会，总结过去工作，谋划未来发展。国家测绘局局长陈邦柱、副省长危朝安在讲话中说，省测绘局建局 30 年来，为江西省经济社会发展提供了有力的测绘服务和保障：在全国测绘系统率先完成了覆盖全省的中等比例尺航空摄影，编制出第二代《江西省地图集》和《省国土资源图集》及大批市县挂图；初步健全了测绘法律法规体系，测绘管理工作步入法制化轨道。今后将切实加强对全省测绘工作的统一监督管理，加快构建

“数字江西”地理空间框架，大力推进信息化测绘体系建设，尽快实现从数字测绘体系到信息测绘体系的再跨越。

30日 主题为战略管理的第四期中欧管理（江西）高层论坛经过三天半的讲座、对话议程圆满落幕。每年举办一次的中欧管理（江西）高层论坛，由中欧国际工商学院和江西经济管理干部学院主办，内容多是当前世界和社会上普遍关注的市场经济和国际工商企业管理知识的前沿问题，为培养全省企业高层管理人才起到了促进作用。

31日 乐安县文物工作人员日前在该县牛田镇水南村发现一座保存完好的红石牌坊，整座牌坊长15.6米、高8.5米，为四柱三间二楼式。整座牌坊全部用红石建成，具有如此雕刻精细的工艺且保存完好实属罕见。据史料记载，该红石牌坊始建于清顺治十年（1653）。牌坊正楼为庑殿式，屋檐系仿木石制装饰，形为如意斗拱，正中门横额上题有“继序其皇”四个大字。

公元2005年11月							农历乙酉年【鸡】						
日	一	二	三	四	五	六	日	一	二	三	四	五	六
		1 三十	2 十月小	3 初二	4 初三	5 初四	6 初五	7 立冬	8 初七	9 初八	10 初九	11 初十	12 十一
13 十二	14 十三	15 十四	16 十五	17 十六	18 十七	19 十八	20 十九	21 二十	22 小雪	23 廿二	24 廿三	25 廿四	26 廿五
27 廿六	28 廿七	29 廿八	30 廿九										

1日 由国家旅游局和宁波市政府联合主办，26个省、直辖市、自治区代表团和18个城市单独组团参会的2005中国旅游投资洽谈会在浙江宁波拉开帷幕。江西代表团在展览洽谈区设展位30个，是除浙江以外设展位最多的代表团之一。由省政府主办、省旅游局承办的江西（宁波）旅游招商引资项目推介暨签约会同时在宁波会展中心举行。江西省推出了安源影视城建设等项目，当场签约项目13个，签约资金总额11.28亿元，其中合同项目5个，签约资金1.79亿元，协议项目8个，签约资金9.49亿元，项目涉及旅游景区开发、旅游工艺品制造、旅游宾馆建设等领域。

1日 海峡两岸记者赣鄂行联合采访团抵赣，开始对全省进行为期6天的参观采访活动。近年来，赣台两地的经贸交流与合作日益密切，一大批台商投资企业纷纷落户江西，并进一步呈现出良好的发展势头，江西正在成为台商投资的新热点。吴新雄欢迎更多的台湾同胞来江西投资、观光，希望通过采访团记者的笔、画面和声音，更好地宣传江西，进一步加强赣台经贸交流与合作，把两地经贸关系推上一个新的台阶。吴新雄最后还回答了记者提问。采访团将赴南昌、九江、景德镇、上饶、鹰潭，就当地经济发展和社会进步、旅游资源开发与生态环境保护、招商引资项目和相关政策，及当地台资企业发展，台商投资、经营、生活情况等进行为期6天的采访活动。

2日 由中国传记文学学会等主办的“风雅颂杯·中国当代优秀传记文学作家”颁奖活动近日在郑州举行，王朝柱、叶永烈等十位传记作家获此殊荣，南昌大学影视艺术研究中心主任胡辛榜上有名。这是我国建国以来的首次传记文学作家奖评选。

2日 金达莱环保研发基地暨中美合资南昌环保设计院在新建县工业园成立。这是江西省首家综合性环保研发中心，也是目前国内最大的环保专业研发中心之一。该中心占地50亩，室内外实验场所约2万平方米，配备具有国内先进水平的研究实验设施。研发中心充分利用与美国AECOM集团的合作，逐步建成具有国际先进水平的实验室，同时计划和国内外的有关科研机构和大专院校合作，进行环保新技术、新产品、新工艺的研发，以及环保工艺整合技术的研发，并配套建设成高等院校的实习研究基地、国家重点实验室和博士后工作站。

3日 江西省国家助学贷款暨征信知识宣传活动在南昌大学启动。活动由省教育厅、中国人民银行南昌中心支行、中国工商银行江西省分行、南昌大学共同组办，旨在宣传国家助学贷款政策，帮助大学生了解和掌握征信与相关金融知识，自觉树立良好的信用意识，为建立国家助学贷款长效机制打下坚实的诚信基础。活动中，各高校举办知识讲座、现场咨询等一系列宣传活动。全省实行国家助学贷款新机制以来，进展顺利，成效显著。目前，全省提出申请助学贷款的80所高校中，已有73所在校内成立了工作机构，贷款合同金额突破亿元大关。

4日 江西创银科技有限公司投入2000万元生产的太阳能热水器日前正式投产面市。落户九江县沙城工业园的江西创银科技有限公司成为全省目前规模和投资力度最大的太阳能产品生产企业之一，年产太阳能热水器2万台以上，年产值达亿元。

5日 在北京召开的第四届全国企业文化年会上，江西赣粤高速公路股份有限公司等35家企业获得“2005年度全国企业文化优秀奖”。“赣粤高速”成为全省也是全国高速公路行业首家获此荣誉的企业。这是继入选中国服务业企业500强之后该公司今年获得的又一殊荣。由中国企业联合会、中国企业家协会主办的全国企业文化优秀奖评选活动开始于2002年，是我国目前企业文化建设成就的最高荣誉。前三届入选的120家企业中，没有一家江西企业。

6日 为期3天的中国乡村文化旅游节在婺源举办。旅游节由冯骥才民间文化基金会、江西省旅游局、省文联、上饶市人民政府主办，婺源县人民政府承办，旨在进一步展示、弘扬婺源乡村文化，促进各地民间文化的交流，推动乡村文化旅游事业的和谐发展。来自婺源及四川、贵州、云南、湖南等地少数民族的21支表演队进行了具有浓郁乡土气息的歌舞表演和民俗风情表演，随后又环绕县城进行了踩街——民间民俗文化巡游展演。

7日 江西省劳动模范和先进工作者表彰大会在江西艺术剧院隆重举行。会上，副省长凌成兴宣读了《江西省人民政府关于表彰全省劳动模范和先进工作者的决定》，授予黄昌生等521人全省劳动模范荣誉称号，授予万凯等200人全省先进工作者荣誉称号。省委书记孟建柱出席会议时讲话指出，我们要始终坚持全心全意依靠工人阶级的方针，在继续推进开放型经济发展的同时，大力发掘江西的潜在优势，充分激发蕴藏在广大人民群众之中极大的积极性和创造性，大力依靠全省工人阶级、广大农民以及其他各阶层劳动群众，共同用智慧描绘美好前景，用双手建造小康大厦，用汗水浇灌成功果实，实现江西在中部地区崛起、全面建设小康社会的宏伟目标。

8日 由河南省省委书记、省人大常委会主任徐光春，省长李成玉率领的河南省党政代表团在江西进行为期5天的考察访问。河南、江西两地领导在南昌出席座谈会，就进一步加强相互合作、促进共同发展等问题进行了友好的交流和磋商。孟建柱代表江西省委、省人大、省政府、省政协和江西人民，热烈欢迎河南省党政代表团一行的到来。希望以河南党政领导这次来赣考察指导工作为新的契机，进一步加强两省宽领域、多层次、全方位的合作，把交流推向一个新阶段。徐光春在讲话时说，江西是中国革命的摇篮，中国共产党人在这里培育的伟大井冈山精神，已成为中华民族宝贵的精神财富。这些年，江西在深化改革、扩大开放等方面取得的显著成绩和不断创新的精神，给河南广大干部群众留下了深刻印象。我们要通过这次考察访问，进一步加深两省人民的友谊，进一步加强两省之间的合作，使河南与江西在中部崛起这一重大战略部署中能够发展得更快更好，为全面建设小康社会作出应有的贡献。座谈会上，河南省向江西省赠送了仿古青铜器作品《莲鹤方壶》，江西省回赠的礼品是瓷版画《梅春迎到杜鹃啼》。河南省党政代表团考察了南昌市经济技术开发区、红谷滩新区、红角洲高校园区等。

9 日 江西省外来投资企业名优产品开拓市场万里行在北京国际饭店开始首站之行。其主要目的和意义：一是帮助江西外来投资企业特别是面广量多的中小企业推销名优产品，扩大这些名优产品在北京等地的市场占有份额；二是为北京人民提供满意的赣产消费品；三是在组织、帮助、引导企业开拓市场的同时，促进政府及相关部门把职能进一步转变到为企业发展营造一流的环境、提供一流的服务上来；四是体现各级政府“帮投资者成功、促投资者发展”的正确理念和真诚行动，着力打响江西“诚信最好、服务最优”的品牌。省委副书记、常务副省长吴新雄出席赣京工贸合作推介会并讲话。

10 日 由安徽省委书记、省人大常委会主任郭金龙，省长王金山率领的安徽省党政代表团抵赣，开始在全省进行为期 4 天的考察访问。考察期间，两省领导一致认为，皖赣两省山水相连，人缘相亲，资源禀赋各有所长，合作前景十分广阔。两省将本着“优势互补、互利双赢、长期合作、共同发展”的原则，在巩固已有密切协作关系的基础上，深入拓展多层次、宽领域、全方位的合作，建立战略合作伙伴关系，促进经济社会共同发展，共同繁荣，把两省合作提高到一个新水平。两省签署了《安徽省人民政府、江西省人民政府关于进一步加强经济技术合作的框架协议》。

10 日 为期 3 天的全国村庄整治工作会议在赣州召开，会议交流了全国村庄整治经验，并部署了下一步村庄整治工作。来自建设部和全国各省（直辖市、自治区、计划单列市）建设部门的负责人、中央及国务院有关部门负责人共 160 余人参加了会议。黄智权在会上介绍江西省情时指出，近两年江西经济快速发展，农民收入不断增加，为社会主义新农村建设打下了良好基础。加快新农村建设，是党的十六届五中全会作出的重大战略部署，我们将认真落实中央关于建设社会主义新农村的要求，按照“生产发展、生活宽裕、乡风文明、村容整洁、管理民主”目标，借此次会议的东风，以村庄整治为突破口，加快新农村建设步伐，规划好、建设好新农村，使广大农民群众真正得到实惠，全面推进新农村建设。汪光焘强调，要把村庄整治工作列入重要议事日程，制定切实可行的工作方案和实施计划，加强对市县村庄整治工作的指导，正确把握村庄整治工作的方向和重点，建立和规范村庄整治工作程序。要搞好基层培训，继续组织“三下乡、五服务”，加强村庄整治工作的技术服务和项目实施的技术指导，稳步扎实推进新农村建设。会议期

德兴市泗洲镇水冲式公厕

石城县小松农民街

临川市唱凯镇农民街

间，与会代表参观考察了南昌、宜春、吉安、赣州等地新农村建设和村庄整治经验。建设部和国家文物总局还对58个第二批中国历史文化名镇（村）进行了授牌，江西浮梁县瑶里镇、吉安市青原区文陂乡渼陂村和婺源县沱川乡理坑村名列其中。

11日　彭宏松在检查高致病性禽流感防控工作时强调，各级党委、政府和各有关部门要集中领导、集中力量、集中技术人员、集中资金，把做好高致病性禽流感防控工作作为当务之急的一件大事来抓，抓住重点，立足于防，进一步加大防控力度，将各种防控措施真正落到实处，坚决打好高致病性禽流感防控这场硬仗，力争不发生疫情，确保畜牧业生产持续健康发展，维护人民群众健康安全。

12日　应南非——中国经济文化交流中心主任顾卫平先生、津巴布韦水资源及基础设施发展部部长英格·木特左先生与埃塞俄比亚联邦民主共和国外交部中非合作论坛海累·基劳斯吉塞斯特使的邀请，副省长孙刚率江西省经贸代表团赴南非、津巴布韦和埃塞俄比亚访问。

13日　全省近日出现的罕见冬汛造成了1.27亿元的直接经济损失，截至当前，受灾地区无人员伤亡或失踪。目前，各地汛情已基本稳定，各项救灾工作正紧张有序展开。在11月8日至11日的暴雨过程中，由于局部降雨强度特别大，形成了较严重的洪涝灾害，一些水库和圩堤出险，部分地区出现山体滑坡和泥石流，致使公路中断，一些群众被围困。初步统计，强降雨致使九江、宜春、抚州3市7个县、104个乡、49.8万人受灾，倒塌房屋1936间；农作物受灾面积1.69万公顷，成灾面积8180公顷，绝收面积为2540公顷；死亡大牲畜1582头；公路中断13条次，毁坏路基33.7公里，损坏输电线路28.5公里，损坏通讯线路37.6公里；损坏水利设施417座（处），损坏堤防55处8.2公里。据气象部门预报，未来5天全省将维持阴雨相间天气，全省各级气象、防汛部门正密切监视雨水情，继续做好各项防汛抗洪救灾工作。

14日　全国旅游景区纪检监察及行风建设工作座谈会在庐山召开。国家旅游局党组成员、中纪委驻国家旅游局纪检组组长王军主持会议，国家旅游局局长邵琪伟、监察部副部长屈万祥出席并讲话，省委副书记、省纪委书记傅克诚致辞，副省长、九江市委书记赵智勇出席会议。

14日　中宣部、中央文明办、国家人口计生委等10个部门在北京召开全国婚育新风进万家活动经验交流暨总结表彰大会。江西省兴国县等11个先进县（市、区）、宜黄县东陂镇等48个先进乡（镇、街道）、江西日报文体部等65个先进机关团体企事业单位、江西日报文体部记者杨林等65个先进个人受到表彰。

16日　乐温高速公路通车典礼在南昌隆重举行，至此，全省高速公路通车总里程已达1579公里。孟建柱出席典礼并下达通车令，黄智权在通车典礼上说，乐温高速公路的建成通车，对于加快省会南昌市的发展，对于进一步实施“对接长珠闽，融入全球化”的方针，对于全省经济社会在新的起点上又快又好地发展，都具有十分重大的意义。最近，省委、省政府对高速公路建设作出了重大部署，到2007年全省高速公路通车总里程将达到2000公里，2010年预计达到3000公里，2020年将达到4650公里，实现县县通高速。乐温高速公路全长71.645公里，总投资38.5亿元，起于新建县乐化镇昌九高速与机场高速交汇处，途经新建县、南昌县、南昌高新区、进贤县的12个乡镇，终于墨溪陈家枢纽互通立交，与沪瑞及京福国道主干线相连。由于地处滨湖水网地带，乐温高速三跨赣江、二跨抚河、一跨瑶湖，全线有特大桥7座，大桥5座，互通立交9处。它的建成，改写了全省没有六车道高速和环城高速的历史。

16日　江西省万载县岭东乡东山村农民龙成凤、资溪县马头山镇柏泉村无庄村小组农民王九生被授予“全国见义勇为先进个人”荣誉称号。

16日　由四川省委常委、省委秘书长郭永祥率领的四川省农村综合改革考察团专程来赣考察全省农村综合改革情况。孟建柱在会见四川省农村综合改革考察团时说，在我国进入以工补农、以城带乡发展的新阶段，做好“三农”工作是事关全局的大事。四川省近年经济发展很快，有很多经验值得我们学习借鉴。两省农村情况很相似，在“三农”工作方面有很多共同语言，交流的经验也一定有很强的可操作性。他希望四川的同志在江西多走走，多看看，多留下宝贵的意见和建议（17 日，省委常委、省委秘书长陈达恒在南昌主持召开了座谈会，省直有关部门负责人参加了座谈会）。

17 日　由省委宣传部、省社科院、省社联、江西日报社联合举办的全省创业文化理论研讨会在南昌召开。刘上洋出席并讲话。他结合江西实际，对培育创业文化的重要意义，具有时代特征和江西特色的创业文化的内涵以及如何推进全省创业文化建设进行了全面阐述。这次研讨会是“建设和谐平安江西，共创富民兴赣大业”主题教育活动的一项重要内容，旨在进一步深入贯彻落实党的十六届五中全会精神，深化和拓展创业文化理论研究，为深入推进全省全民创业营造浓厚氛围。

17 日　为期两天的中美知识产权保护国家研讨会在江西师范大学瑶湖校区举行。会上，中外专家围绕“保护知识产权、促进自主创新”的主题，着重就中国知识产权保护进展情况、数字化时代的知识产权保护、图书馆与知识产权保护、版权保护与合理使用等进行广泛而深入的研讨。

17 日　国家环保总局环境工程评估中心在赣县召开了为期两天的《华能瑞金（赣州）电厂一期工程（2×300MW）环境影响报告书》技术评估会，并一致通过该项报告会。华能瑞金（赣州）电厂位于赣县茅店镇上坝村，工程总装机容量1800MW，总投资约 80 亿元，一期工程建设装机容量为 2×300MW，计划投资 29.73 亿元。工程建设以清洁生产、达标排放和总量控制为基本原则。

18 日　中国地质科学院博士后工作站在崇义章源钨业有限公司正式挂牌成立。该博士后工作站是中国地质科学院在民营企业成立的首家研究基地，也是江西省第一个在民营企业建立的博士后工作站。

18 日　在国家科技部日前公布的 89 个 2005 年度科技富民强县试点县名单中，江西省南丰、余干、井冈山、都昌四县（市）名列其中，获得总计 1200 万的科技经费支持。南丰县申报的“蜜橘无公害标准化栽培示范与推广”、余干县申报的“鄱阳湖区域特种水产繁育体系建设与示范”、井冈山市申报的“中药材产业化生产及推广（百草园）”、都昌县申报的“淡水有核珍珠标准化养殖技术集成与示范”等，通过评审获得立项。

蜜橘之乡——南丰县新建的农民住宅

19 日　经上海市政府有关部门批准，上海市江西商会在上海成立。省委副书记、常务副省长吴新雄，上海市人大常委会副主任、市工商联会长任文燕，省政协副主席、省工商联主席金异，上海市有关部门领导、各界人士，江西省部分设区市领导和驻沪联络处负责人，江西在沪知名人士，兄弟省市在沪企业协会、商会领导等 300 多名嘉宾参加了成立大会。吴新雄说，上海市江西商会的成立是江西省在外成立的第一个商会组织，是联系江西和上海乃至长三角地区经济发展的重要桥梁，也是江西省在外的一支重要经济力量，江西省政府和各级组织会全力支持商会工作。希望江西商会进一步团结广大在沪赣籍企业家，形成合力，共谋发展，同树赣商新形象。

20 日　江西各界干群代表在胡耀邦陵园所在地江西共青开发区举行座谈会，纪念胡耀邦诞辰 90 周年。省委、省人大常委会、省政府、省政协以及九江、瑞金市的领导，共青开发区管委会负责人和部分干部职工，老垦荒队员、老青年团工作者和老青年模范代表，胡耀邦的亲属代表以及各界干部群众代表共120多人参加了纪念活动。胡耀邦早期曾在江西战斗、工作过，在新中国成立后对江西的工作非常关心，多次来赣视察指导工作，与江西这块红土地有着特殊的渊源。1989年4月，胡耀邦与世长辞。他的骨灰安葬在共青城的青山绿水中，永远安息在江西这块他深爱着的土地上。

20日 省委书记孟建柱、省长黄智权来到九江市共青城开放开发区疾病预防控制中心、板鸭厂、防控高致病性禽流感指挥部，检查高致病性禽流感防控工作。副省长、九江市委书记赵智勇，副省长危朝安等一同检查了防控工作。共青城开放开发区地处环鄱阳湖区域，交通便利，是西伯利亚候鸟迁徙越冬的重要栖息地之一，当地养殖鸡鸭禽类100多万只。孟建柱、黄智权一行详细了解防控高致病性禽流感免疫、监控、应急等各方面的工作情况，向参加疫情防控的工作人员和医疗、防疫人员表示亲切慰问；听取了九江市和共青城开放开发区防控禽流感工作的汇报，并就当前进一步做好全省高致病性禽流感防控工作提出了要求。

21日 中国民主促进会成立60周年暨民进江西省委会成立20周年纪念大会在南昌隆重举行，民进中央副主席王立平，中共江西省委常委、省委宣传部部长刘上洋分别致辞。

22日 景德镇至鹰潭高速公路开工新闻发布会在南昌举行。景鹰高速公路是济南至广州国家高速公路的组成部分，也是江西高速公路规划的“三纵四横”公路主骨架的组成部分，是全省到2007年实现高速公路通车里程2000公里目标的重大项目，在全国高速公路网和江西高速公路网中具有十分重要的地位。该条高速公路路线全长202.6公里，概算总投资76.87亿元，起点位于景德镇市浮梁县的桃墅店，北连安徽省安庆至景德镇公路（规划中），南连鹰潭至寻乌高速公路（规划中），途经景德镇市、浮梁县、昌江区、乐平市、上饶市、鄱阳县、万年县、余干县、鹰潭市、余江县等3个设区市7个县（市、区），终点位于鹰潭市余江县洪湖镇，与320国道交会。

22日 由省政协主办，全国政协人口资源环境委员会为指导单位，北京市等18个省、自治区、直辖市政协联办的“内陆湖泊暨鄱阳湖可持续发展研讨会”在南昌开幕。出席会议的有全国政协人口资源环境委员会主任陈邦柱和兄弟省、区、市政协负责人，以及中科院院士赵其国、曹文宣等专家。孟建柱说，江西实施了“山江湖开发治理工程”，并开展“平垸行洪、退田还湖、移民建镇”，90多万农民彻底告别了水患，鄱阳湖的水面也增加到5100平方公里。坚持“既要金山银山，更要绿水青山”，走新型工业化、城镇化道路，是江西人民的追求。希望与会专家为包括鄱阳湖在内的内陆湖泊的生态建设和可持续发展积极建言献策。陈邦柱在讲话中说，鄱阳湖、洞庭湖、青海湖等大型湖泊在历史上曾经是我国的鱼米之乡，成为中华民族创造灿烂古代文明的重要地方。由于经济发展、人口膨胀和不合理的开发利用，湖泊生态系统结构正在遭受破坏，近些年来已经连续发生了湖泊萎缩、功能退化、水质污染、湿地减少等现象。要认清我国内陆湖泊面临的严峻形势，增强湖泊生态保护和建设的紧迫感与责任感。要以科学发展观指导我国内陆湖泊的研究，促进我国内陆湖泊的可持续发展。危朝安介绍了全省在鄱阳湖生态建设和可持续发展方面所做的工作，中国科学院院士赵其国、曹文

绿水青山环绕的吉水县城及县工业园

宜，国家林业局野生动植物保护司、国家水利部水资源管理司、国家环保总局生态保护司有关人员作了有关内陆湖泊的专题演讲（23 日，与会人员前往永修县吴城镇、湖口县实地考察鄱阳湖生态建设情况）。

22 日　第二次全省妇女儿童工作会议在南昌召开，传达贯彻第四次全国妇女儿童工作会议精神，总结五年来《江西省妇女发展纲要》和《江西省儿童发展纲要》实施情况，部署后五年实施任务。省长黄智权到会讲话时指出，各级党委、政府要把以人为本的理念贯穿在妇女儿童工作当中，把妇女儿童工作作为建设社会主义和谐社会的重要内容和关键环节来抓，着力研究解决妇女儿童生存发展中存在的突出问题，使广大妇女儿童最充分地享受经济社会发展的成果，努力开创妇女儿童工作的新局面。各地、各有关部门要依法行政，切实履行好管理社会事务和提供公共服务的职能，保障妇女儿童在政治、经济、社会和家庭生活中的合法权益。副省长胡振鹏在工作报告中指出，要把妇女儿童工作作为建设社会主义和谐社会、促进经济社会全面协调可持续发展的大事来抓，围绕妇女儿童发展纲要的实施，科学统筹，健全机制，扎实工作。会议还表彰了全省实施妇女儿童发展纲要 50 个先进集体和 100 位先进个人。

23 日　首届中国（江西）畜牧业经济博览会在南昌召开。博览会充分展示了全省畜牧业整体实力，展区内的 298 个展位全面展示了江西省畜牧业新技术、新成果、新畜禽、饲料、动物保健品、畜禽加工产品等 8 大类特色名优产品。这次博览会，不仅为加大新品种、新技术、新产品、新成果的推广起到推动作用，还为沟通贸易信息，促进交流合作，拓展畜牧及相关产业的发展空间，构筑生产、经营、销售与消费者互动的桥梁，提供了团结协作、公平竞争、互惠互利、共同发展的平台。在博览会上还举行了招商引资项目签约仪式，来自国内外的客商与江西签订畜牧业招商引资源共享项目合同 18 个，合同资金 11.7 亿元。省内外 500 多家企业和 400 多名客商参加了博览会。

24 日　社区型股份合作制和谐乡村——南昌市进顺村获“全国文明村”大奖，这是全省唯一获此殊荣的村。5 年前，南昌市青山湖区进顺村在全省率先进行了社区型股份合作制改造。5 年后，进顺村经济发展、乡风文明、村民生活富裕。2004 年，该村实现集体经济纯收入 2185 万元，农民人均纯收入 8927 元，连续 12 年扛起了“江西第一村”的大旗，这两项指标同比又实现了两位数的增长。

2005 年 1 月 22 日，南昌市进顺村荣获“中国十佳小康村”称号

24 日　“后劲在畜”高层论坛在南昌举行，邀请有关领导和专家为全省进一步做大做强畜牧业，实现养殖业占农业总产值 65% 的目标，推进江西农业和农村经济的快速发展出谋献策。副省长危朝安主持论坛并代表省政府致辞。省政协副主席雍忠诚，老同志罗明，农业部、中国畜牧兽

畜牧业是农业现代化的关键产业。图为奶牛饲养场

医学会有关负责人和中科院院士吴常信、美国大豆协会代表麦金能博士等出席。中央农村工作领导小组办公室主任陈锡文、农业部分别发来贺信。畜牧业是农业现代化和农业循环经济的关键产业，畜牧业发展能够改善城乡居民膳食结构和营养水平，对保障市场供应、稳定市场物价具有重要作用，是农民增加收入的重要途径，对于增加和稳定就业，促进城乡协调发展具有重要意义。与会领导和专家对江西省实施“后劲在畜”的战略给予了很高的评价。

25日 随着一辆利亚纳（LIANA）轿车从昌河铃木九江分公司生产线上缓缓驶出，江西省生产的第一辆真正意义上的轿车正式下线。中国航空工业第二集团公司总经理张洪飚、副总经理吴献东，日本铃木公司专务董事中西真三等出席了下线仪式。利亚纳轿车是日本铃木公司生产的符合时代要求的车辆，畅销50多个国家。昌河汽车股份公司与日本铃木公司历时3年多合作生产成功的利亚纳轿车加入了最新技术和设计，性能更好，体现出省油、安全、舒适、实用等特点，适合我国家庭使用。该轿车生产线总投资12.9亿元，年产汽车10万辆。

25日 中华苏维埃共和国中央革命军事委员会总参谋部、总后勤部旧址修复落成典礼在瑞金沙洲坝乌石垅村隆重举行。中央军委委员、总参谋长梁光烈出席并讲话。梁光烈指出，74年前的今天，中华苏维埃共和国中央革命军事委员会及其所属总部在瑞金宣告成立。老前辈用鲜血和生命谱写了人民军队历史的光辉篇章，建立了永载史册的不朽功勋，永远值得我们敬仰和缅怀。修复总参、总后瑞金时期旧址，再现当年斗争历史，对于告慰革命前辈，教育启迪后人，弘扬光荣传统，培养战斗精神，做好军事斗争准备，以及发展红色旅游，支持老区建设，都有着重大的现实意义和深远的历史意义。瑞金是共和国的摇篮，是人民军队成长的里程碑。在苏区时期，总参下设6个部局，总后下设3个部局。经过近7个月的精心施工，总参、总后旧址恢复了原貌，生动再现了总参和总后在中央苏区时期艰苦卓绝、波澜壮阔的奋斗历程。修复后的总参、总后旧址保留了当地客家建筑风格，占地面积40余亩，总建筑面积4500平方米，连同中革军委和总政旧址一起形成军队系统旧址群，并作为重点文物保护单位，列入国家和军队“爱国主义教育基地”。落成庆典结束后，全体与会人员参观了修复后的总参、总后旧址和中央警卫营旧址，并前往叶坪红军烈士纪念塔凭吊先烈。

25日 江西老年大学建校20周年庆祝大会在南昌举行。省委书记孟建柱、省长黄智权发来贺信表示祝贺。孟建柱、黄智权在贺信中充分肯定了江西老年大学成立以来，为全省老年人增长知识、丰富生活、陶冶情操、增进健康、服务社会，为促进全省老年教育事业发展、构建社会主义和谐社会等方面作出的积极贡献。

25日 2005年“四特杯”全国四种健身气功展示活动总结表彰大会在江西省体育馆隆重举行。国家体育总局局长刘鹏、省委副书记王君等出席大会。江西省健身气功管理中心等22家单位获得全国四种健身气功展示活动优秀组织奖，江苏省体育局办公室和南京市体育局获得第十届全国运动会四种健身气功展示表演突出贡献奖。本次展示活动由国家体育总局健身气功管理中心、中国老年人体协联合主办，省体育局承办。

26日 8时49分38.6秒，九江—瑞昌间发生5.7级地震。孟建柱、黄智权和中国地震局领导立即对地震应急处置工作作出了重要指示并赶赴地震现场，亲临第一线组织指挥救灾工作，慰问灾区群众，并决定启动江西省地震灾害应急预案二级回应。地震发生后，温家宝总理亲自打电话给孟建柱，向省委、省政府、灾区各级党委、政府和灾区干部、群众，解放军和武警官兵表示亲切慰问。中共中央政治局常委、国家副主席曾庆红，中共中央政治局常委、国务院副总理黄菊，中共中央政治局常委、中央纪委书记吴官正，中共中央政治局委员、国务院副总理回良玉也亲自打电话给省委、省政府主要负责人，询问灾情和灾区群众的生活情况，对受灾群众表示亲切慰问。

26日 江西省参加第十届全国运动会总结表彰大会在南昌举行。副省长胡振鹏宣读了省政府的表彰决定。十运会上，全省健儿共夺得12

枚金牌、6枚银牌和2枚铜牌，金牌总数和团体总分创造了江西在全运会史上的新纪录，金牌榜列全国第十五位，在中部地区位于前列。江西省代表团还被授予“体育道德风尚奖”，取得了运动成绩和精神文明的双丰收，实现了江西在全运会上的历史性突破，圆满完成了省委、省政府下达的“保8争9创10”的金牌目标，向全省人民交上了一份满意的答卷。省领导在表彰会前亲切接见了参加十运会的江西代表团成员，并在会后和他们合影留念。

26日 江西省“十五”重大建设工程——江西省奥林匹克体育中心在南昌隆重开工。省委书记孟建柱出席开工典礼并下达开工令，国家体育总局局长刘鹏、省长黄智权出席典礼并讲话。省奥林匹克体育中心坐落在南昌市高新技术产业开发区昌东高校园区的瑶湖西岸，总体规划为“一场五馆”，建设用地800亩（规划用地约937亩）。首期建设政府投资7亿元，以“一场两馆”为主体，附属工程为补充，基础设施相配套。“一场”为可容纳5万名观众的主体育场，“两馆”为游泳跳水馆和球类馆。省奥林匹克中心的场馆造型设计颇具匠心，以花的形态为主要设计理念，凸显一个自然、完美的滨水景观空间。主体育场鸟瞰造型像巨大的含苞待放的花蕾，环绕着它的5座场馆则像朵朵大小不一形状各异的鲜花。建成后的省奥林匹克中心将成为南昌市新的城市标志之一。

27日 省政府召开全省对口支援新疆克孜勒苏柯尔克孜自治州工作座谈会，欢迎克州党政代表团来赣参观访问，共商支援合作事宜。吴新雄出席座谈会并讲话，克州党政代表团团长、克州党委书记闫汾新介绍了克州经济社会发展概况。自1997年以来，江西省共派出142名援疆干部赴克州挂职工作；累计为克州培训各类专业技术人员2550余人次；省教育厅与克州人民政府签订了《关于江西省部分高校为新疆维吾尔自治区克州定向培养本科教育人才的合作协议》，自2004年以来，共向克州定向招收本科生96名；为克州达成经济技术合作项目30多项，累计援助资金物资800多万元。

28日 截至6时40分，全省共记录到385次余震，其中最大余震是11月26日12时55分的5.4级。据统计，此次地震死亡12人，70人受伤住院。据初步统计，近200余间房屋倒塌，造成结构性损坏、目前不能居住的6018户、约1.8万间。目前仍紧急转移安置的灾民约25万人。水利设施、学校、医院、道路、桥梁受到不同程度的损害。长江大堤永安段距离堤脚约30米处出现数处裂缝。

28日 省委、省政府在瑞昌市召开地震救灾工作情况通报会。目前，九江市抗震救灾工作正在紧张有序进行，灾区秩序良好，灾民正在努力自救，恢复生产。地震专家分析，超过5.7级的地震再次发生的可能性不大，居住在震中20公里以外的居民可以放心在家里居住。地震发生后，省财政立即调拨500万元，九江市财政调拨100万元，瑞昌市调拨20万元购买了大批食品、矿泉水、药品，由居委会统一分发给五保户、困难户，尤其是老人、小孩和病人。其中九江市在27日18时前共组织了矿泉水1000箱、方便面2000箱、彩条布35件、棉被150床、棉衣棉裤100套发给灾民。省卫生厅、省建设厅、九江市卫生局、瑞昌市卫生局已派出医疗队对露宿在外的群众进行巡回医疗，消毒杀菌，防病防疫。九江市各单位组派清洁队伍，在群众露天居住地进行场地清理，以保持群众临时居住环境的清洁卫生。此外，省政府正抓紧调集垃圾清运车辆及移动厕所到灾区。目前已从南昌、宜春紧急抽调10个移动厕所到灾区。在全国各地的大力支持下，特别是在国家民政部、中国红十字会、兄弟省市的鼎力相助下，全省已从外地调配近7000顶帐篷。各级抗震救灾领导及广大群众全体动员，截至28日凌晨3时，凡露宿户外的群众已全部入住帐篷，所有的重伤员都转到了九江市级医院救治，目前伤员伤势稳定，仅有一名伤员还未脱离危险期。地震发生后，国家地震局、建设部分别派出专家，赶赴灾区现场工作。民政部派出救灾专员于地震当日深夜赶到灾区，连续工作十几个小时，核查灾情。国家地震局从哈尔滨调来10名房屋结构专家对学校、医院以及自来水公司、电力部门等公共设施进行受损情况评估排查。省抗震救灾指挥部从各设区市紧急抽调160名建筑工程师，按照国家统一标准，对所有的受灾房屋逐一排查。省政府和九江市发改委、工商局、物价等部门派出工作组，深入灾区督查。目前灾区的食品、蔬菜、药品等生活必需品供应正常，价格稳定。供水、供电、供气、通讯、公路交通都已恢复。省、九江市公安、武警抽调大批的人力到灾区维持社会秩序，到目前为止，灾区未发生偷盗、抢劫等治安、刑事案件。28日开始，瑞昌市及九江县内所有中小学校已正常上课。目前，灾区社会稳定，秩序井然。

九江发生5.7级地震，全省人民万众一心，抗震救灾取得重大胜利。图为灾后学校在帐篷内及时复课

29日 截至16时21分，全省共记录到余震497次，其中2.0至2.9级地震40次，3.0至3.9级7次，4.0至4.9级2次。傅克诚对近几天的抗震救灾工作给予充分肯定并强调，各级党委和政府要以严谨细致的工作作风，认真核查灾情，有针对性地开展救灾工作。对受灾地区的灾情，要在现有的基础上逐家逐户地核查、登记、造册、分类，做到心中有数；要充分调动和激发大家抗震救灾的积极性。抗震救灾需要外援，但不能依赖外援。要牢固树立自力更生、不等不靠的思想，尽快恢复和发展生产，重建家园；要制定科学合理的政策，建立激励干部群众奋起抗灾的动力机制；要按照社会主义新农村建设的要求，切实做好农村灾后规划和重建工作。

29日 国家民政部副部长贾治邦在九江地震灾区考察并听取汇报。副省长胡振鹏汇报了全省的灾情概况、各界捐助情况及抗震减灾工作的具体措施，包括建立6个工作机制：（一）信息报送、公布统一管理机制；（二）震情、气象预报机制；（三）捐助资金、物资管理机制；（四）解决灾民生活、生产问题工作机制；（五）震区房屋鉴定及危害防范机制；（六）省市联动工作机制。重点着力抓好八项工作：（一）切实抓好灾民的安全入居工作；（二）切实抓好学校学生安全上学工作；（三）切实抓好灾民的饮用水工作；（四）切实抓好卫生和防疫工作；（五）切实抓好正常供用电工作，不得停电，保证临时用电安全；（六）切实抓好救灾物资、资金的集中管理和分配的工作，按规定发放，直接受惠于灾民；（七）切实抓好发挥党员干部先锋模范作用的工作；（八）集中精力抓好抗震救灾工作，各尽其职，形成合力等。最后，胡振鹏还就目前省内救灾中存在的实际困难，向国家民政部提出几点请求。贾治邦在肯定成绩的基础上，提出了工作要求。

30日 省防震救灾指挥部在瑞昌召开情况通报会：地震伤员已陆续出院，目前尚有62人仍在接受免费治疗。九江灾区至今未发生传染性疫情。因前两天灾区群众在帐篷住宿，得普通性感冒的人数有所增加。已组成12支医疗巡回队，与乡镇干部一起到各个村庄指导村民防疫。采取固定诊治、上门看病和巡回医疗等方式为灾民服务。

30日 浙江省委、省政府和湖北省委、省政府分别发来慰问电，向江西省灾区人民表示亲切慰问。同时，浙江省委、省政府决定向全省灾区人民捐款300万元，湖北省委、省政府决定向全省灾区人民捐款200万元，支持灾后重建工作。

本月 全国各地支持本省地震灾区。江苏省委、省政府发来慰问电，捐款300万元，广东省委、省政府发来慰问电，捐款200万元，铁道部发来慰问电并捐款200万元，中国化工集团公司发来慰问电并捐款100万元等。

公元2005年12月 农历乙酉年【鸡】													
日	一	二	三	四	五	六	日	一	二	三	四	五	六
				1 十一月大	**2** 初二	**3** 初三	**4** 初四	**5** 初五	**6** 初六	**7** 大雪	**8** 初八	**9** 初九	**10** 初十
11 十一	**12** 十二	**13** 十三	**14** 十四	**15** 十五	**16** 十六	**17** 十七	**18** 十八	**19** 十九	**20** 二十	**21** 廿一	**22** 冬至	**23** 廿三	**24** 廿四
25 廿五	**26** 廿六	**27** 廿七	**28** 廿八	**29** 廿九	**30** 三十	**31** 十二月小							

1日 受胡锦涛总书记、温家宝总理委派，中共中央政治局委员、国务院副总理、国务院抗震救灾指挥部指挥长回良玉深入到瑞昌市和九江县地震灾区医院、学校、灾民安置点、食品检测站等，代表党中央、国务院看望慰问灾区广大干部群众和部队官兵，检查指导抗震救灾工作，转达党中央、国务院对受灾群众的亲切关怀，实地察看灾情和转移灾民安置情况。省委、省政府在九江召开抗震救灾工作专题会议，认真落实中央领导关于抗震救灾的一系列重要指示精神，研究部署进一步做好灾区抗震救灾和重建家园工作。

1日 省纪律检查委员会、省委组织部、省委宣传部和省委先进性教育活动领导小组办公室在南昌联合举办凌美龙先进事迹报告会。1600多名机关干部以及驻赣部队官兵和基层干部代表，被凌美龙的感人事迹深深打动。凌美龙生前是南昌市安义县新民乡尚礼村党支部书记。2004年9月9日，他因病逝世，年仅50岁。他在担任村干部的30多年里，特别是担任村党支部书记的十几年中，为改变村里的贫穷落后面貌，提高村民的生活水平，带领群众寻找致富门路，积劳成疾，倒在了工作岗位上。报告会上还宣读了中共江西省委《关于开展向凌美龙同志学习的决定》。决定号召全省广大干部、共产党员学习凌美龙的先进事迹，牢记宗旨，一心为民，从平凡小事做起，把共产党员的先进性落实到平凡工作岗位上，落实到具体工作中。

1日 省委副书记傅克诚在九江地震灾区，看望了以中国地震局副局长李友博为组长的国家地震应急工作组的专家，代表省委、省政府，对他们为江西抗震救灾做出的富有成效的工作表示衷心的感谢，向工作在灾区一线的来自中央和兄弟省市及全省的地震专家表示亲切的慰问。瑞昌市、九江县间发生5.7级地震后，中国地震局和福建、江苏、山东、安徽、湖南、湖北等省的100多位地震专家，先后来到九江市地震灾区监测地震灾情、提供决策依据、鉴定受损房屋。地震专家在灾区一线做了大量的调查研究和科学分析，提出了准确的预测和合理的建议，对维护灾区社会稳定具有重要意义。

3日 省委、省政府作出《关于开展向施华山同志学习活动的决定》。施华山，1974年参加工作，1984年加入公安队伍，1996年加入中国共产党，现任贵溪市公安局流口派出所教导员，二级警督。他多次立功受奖，先后被授予“全国先进工作者”、“中国杰出青年卫士”、“全国维护妇女儿童权益先进个人”、全国“我最喜爱的十大人民警察”、“全国公安系统一级英雄模范”、“全国公安系统二级英雄模范”、“全国优秀人民警察”等荣誉称号。他在解救被拐卖妇女儿童等方面贡献突出，先后成功解救161名被拐卖妇女儿童，抓获拐卖妇女儿童的违法犯罪人员38名，被群众誉为“打拐英雄”。

3日 省委出台《中共江西省委关于支持和保证人民政协履行职能发挥作用的意见》，进一步支持人民政协履行政治协商、民主监督、参政议政职能，充分发挥全省各级政协组织在经济社会发展和构建社会主义和谐社会中的重要作用。《意见》强调把政治协商纳入决策程序，并且在决策之前和执行之中进行，规定党委每年年初要根据年度工作重点，研究提出全年的协商规划；在民主监督方面，提出了经常性民主监督、专题民主监督、民主评议三种主要形式和建立长效机制的要求；在参政议政方面，规定党委、政府及其部门要主动向政协提出需要调研的重要课题，以增强参政议政的针对性和有效性。

3日 江铃发动机工程投产10周年暨JX4D24发动机开工仪式在南昌举行。这款用于匹配江铃未来开发新车型的发动机，是由美国福特汽车公司提供，经江铃汽车股东大会批准投资建设，整机性能达到欧Ⅲ欧Ⅳ标准，强大的动力，将不断提升江铃整车新车型的投产开发效率，使江铃保持在柴油发动机技术方面在国内领先地位。

4日 中央驻赣新闻媒体的记者来到安义县新民乡尚礼村，采访凌美龙的先进事迹，表示要学习先进典型，弘扬楷模精神，切实履行好新闻工作者的神圣职责。《人民日报》、新华社、中央人民广播电台、《光明日报》、《工人日报》、《经济日报》、《科技日报》、《法制日报》等新闻单位的驻赣记者参加了这次采访。

4日 省直机关赈灾捐赠动员会在南昌召开。省委、省政府号召，省直各部门各单位要紧急行动起来，积极开展捐赠活动，支援灾区的救灾工作。省直机关向灾区捐款（包括捐物折款）500余万元。

5日 省委、省人大、省政府、省政协四套班子领导及机关全体人员开展了“关注灾区、奉献爱心”——向九江地震灾区捐赠活动，帮助受灾群众开展生产自救、重建家园。号召全省各级机关、共产党员发扬“一方有难，八方支援”的传统美德，带头开展赈灾献爱心活动，带动社会各界为受灾群众奉献爱心，支援灾区人民夺取抗震救灾的全面胜利。经省慈善总会统计，省委、省人大、省政府、省政协领导及工作人员一共向受灾地区捐款88924元。

5日 根据省政府决定，九江地震灾区抗震救灾工作从12时起，结束地震应急状态，转入救灾和灾后重建阶段。

6日 中组部近日决定从代中央管理的党费中下拨给江西省受灾地区100万元。这笔党费中的80万元将用于九江地震灾区，其余20万元由省委组织部分配给其他遭受自然灾害的地区。省委组织部也从省管党费中下拨20万元用于九江地震灾区。这些款项都将用于帮助受灾地区党员解决生活困难和修缮受损的基层党员教育设施。

6日 省委在南昌召开常委会，听取全国第三批保持共产党员先进性教育活动工作会议精神及全省贯彻意见的汇报，研究部署全省先进性教育活动下一步的工作。会议要求，全省先进性教育活动下一步的工作，要按照中央的要求，在巩固扩大第一、第二批教育活动成果的同时，从现在开始到明年6月前，集中力量抓好第三批先进性教育活动。省委决定，从省、市、县、乡党政机关和事业单位抽调4万名左右熟悉基层工作、具有农村工作经验的党员干部，驻村指导帮助开展先进性教育活动。要进一步加强舆论宣传工作，创新方式方法，特别要注意运用农村党员群众喜闻乐见的形式，及时宣传中央和省委精神，宣传农村先进性教育活动的好做法和好经验，宣传基层党员中的先进典型，当前要注意宣传抗震救灾中涌现出来的先进典型，营造有利于先进性教育活动顺利开展的良好舆论氛围。

6日　省委办公厅、省政府办公厅公布关于贯彻《中共中央办公厅、国务院办公厅关于进一步推行政务公开的意见》的实施意见。

7日　国家发改委近日紧急下拨了江西省地震灾区恢复重建工程中央预算内投资1500万元，用于支持灾区道路、供水、教育和卫生基础设施的恢复重建，帮助灾区群众尽快恢复生产生活秩序。

7日　省委书记孟建柱和随行的省委常委、省委秘书长陈达恒在省委办公厅调研，实地察看“民声通道”工作情况。孟建柱强调，要进一步加强协调，加强“民声通道”的体系建设，努力使“民声通道”成为了解民意、反映民情、解决民忧的主渠道。各有关单位对“民声通道”要大力给予支持，形成合力，用先进技术和手段支撑其加快发展。省委办公厅“民声通道”要与省有关部门联网，形成互动；要建立横向到边、纵向到底的“民声通道”信息网络和体系，充分发挥省市县三级“民声通道”网络的作用，尽力把社会矛盾分解在当地、化解在基层。2004年5月开始，为使基层广大干部群众的呼声可以直达省委，省委办公厅设立“民声通道”，先后向社会公布了24小时开通的移动电话和电子邮箱，开通了短信平台。一年多来，省委办公厅“民声通道”共收到电子邮件1500多封、手机短信800多条、手机电话3000多个，共5300多封（条），平均每个工作日近20多封（条）。短信平台开通不到2个月，收到群众反映情况的短信2700多条，平均每天50多条。目前，全省11个设区市、99个县（市、区）都已经开通了“民声通道”，并取得了初步成效。

8日　全省先进性教育活动第五次工作会议在南昌召开。会议的主要任务是，深入学习贯彻党的十六届五中全会精神和全国第三批先进性教育活动工作会议精神，回顾总结全省前一段先进性教育活动，研究部署第三批先进性教育活动。

8日　在刚刚闭幕的九三学社中央十一届四次全委扩大会议上，九三学社江西省委会主委、江西省社会主义学院院长、南昌大学副校长邵鸿高票当选为九三学社中央专职副主席。邵鸿系历史学博士，长期从事中国古代经济史、社会史、军事史和江西地方史的教学与科研工作。

9日　江西省设区市纪委书记、监察局长会议在南昌举行。傅克诚出席会议并在讲话中强调，要按照树立和落实科学发展观的要求，将以人为本，全面、协调、可持续发展的要求贯穿反腐倡廉的全过程和各个环节，确保党风廉政建设和反腐败斗争沿着健康、平稳、有序、有效的方向发展，为江西崛起和全面建设小康社会提供坚强政治保证。

10日　全省“十五”重点工程建设表彰大会在南昌举行，隆重表彰全省“十五”重点工程建设先进单位，总结全省“十五”重点工程建设经验，进一步推动全省重点工程建设。“十五”期间共实施重点工程项目140项，建成投产85项；工程建设总投资1670亿元，比“九五”时期增长1.82倍；累计完成投资857亿元，比“九五”时期增长1.45倍。会上，省政府通报表彰了“十五”省重点工程建设中表现突出的49家建设单位、6家设计单位、56家施工单位、12家监理单位和6家供货单位。

10日　由共青团江西省委、共青团上海市委、共青城开放开发区管委会共同举办的“共青精神与青年创业——纪念共青城创业50周年青年企业家论坛”在共青城隆重举行。来自中国青年企业家协会以及上海、江西的149名青年在此相聚。

11日　“神六”功臣报告会在南昌隆重举行。4000余人参加报告会。报告团一行于12日离开南昌。

12日　全省反腐倡廉书画作品展在南昌举行。

12日　弋阳“方志敏故事团”在北京卫戍区某部队、清华大学经济管理学院、解放军防化工程指挥学院等处宣讲。今年是杰出的共产主义战士方志敏烈士殉难70周年。为深入开展纪念活动，做好加强和改进未成年人及大学生思想道德建设工作，配合保持共产党员先进性教育活动，弋阳县组建了“方志敏故事团”，宣讲方志敏以爱国主义为核心的民族精神。故事团成立一年来，已在省内外宣讲128场，听众达20万人次。报告团于17日返赣。

13日 江铜销售收入突破200亿元。省委、省政府致信祝贺。

13日 江西省首家会展专业协会——江西省会展协会近日正式成立，协会的成立，有利于进一步规范全省会展市场，改善优化会展环境，提高会展质量和效益，促进与省内外会展业机构的交流合作，使江西省会展业向专业化、产业化、品牌化迈进。

14日 《江西日报》报道，目前，已有12.8万灾民搬回家中居住，尚有9.96万人居住在帐篷里。九江地震发生后，党中央、国务院对灾民十分关心，民政部急调1.97万顶帐篷到九江，其中有1.4万顶是棉帐篷。如何让灾民尽快回家居住，九江市采取了三条措施：一是投亲靠友；二是村民、居民互帮互助；三是政府组织集中解决安置，最大限度减少灾民在外居住（到2006年元旦时，居住在帐篷里的人员还会大幅度减少）。

14日 吴新雄在南昌会见了沃尔玛集团副董事长、副总裁雷克·罗素先生一行。沃尔玛集团是世界最大的连锁零售商，位列世界500强企业之首。目前该集团有意在华中地区建设物流配送中心，并拟初步在武汉、长沙或岳阳、九江或南昌选择投资地。罗素先生一行此次来赣，将主要就在江西设立沃尔玛区域性物流中心项目及相关事宜进行为期4天的实地考察和洽谈，希望在已有的基础上，进一步加强与江西的合作，促进双赢，进一步明确投资意向。

16日 截至下午14时，全省已接收省内外捐赠累计到账资金6528.6万元，物资折价1011.7万元，还有部分捐赠款物正在拨付和运输当中。10日，民政部下发《关于切实做好中央部门和单位全体共产党员送温暖、献爱心活动有关工作的紧急通知》，要求各地在25日前，完成中央部门和单位全体共产党员送温暖、献爱心捐赠款物的接收和发放工作。江西作为这次活动的受援省，已成立接收发放工作领导小组，制定了工作方案，各级民政部门将认真做好受助对象的调查摸底、民主评议和对象的确定工作，确保捐赠物资发放工作落实到位。

17日 为期3天的省委十一届十次全体会议在南昌闭幕。全会号召，全省各级党组织和广大党员、干部要紧密团结在以胡锦涛同志为总书记的党中央周围，高举邓小平理论和“三个代表”重要思想的伟大旗帜，全面贯彻落实科学发展观，统一思想，明确目标，坚定信心，奋力拼搏，为做好明年改革发展稳定的各项工作和实现“十一五”发展的宏伟蓝图，为加快实现江西在中部地区崛起、全面建设小康社会而努力奋斗！全会审议通过了《中共江西省委关于制定全省国民经济和社会发展第十一个五年规划的建议》和《中共江西省委常委会二〇〇五年度工作报告》。

2005年12月省委十一届十次全会指出，“十一五”时期是全面建设小康社会、促进在中部地区崛起的关键时期。要紧紧抓住重要战略机遇期，全面落实科学发展观，切实把经济社会发展转入全面协调可持续发展的轨道，大力推进农业农村现代化、新型工业化、经济国际化、市场化进程，建设创新创业江西、绿色生态江西、和谐平安江西

18日 省委日前召开党外人士民主协商会，就中共江西省委关于制定全省国民经济和社会发展第十一个五年规划的建议听取全省各民主党派、工商联负责人和无党派人士的意见和建议。他们在发言中认为，中共江西省委的《建议（征求意见稿）》以科学发展观为主线，突出构建和谐社会的内容，明确了“十一五”时期江西省经济社会发展的指导思想、奋斗目标和主要任务，符合江西实际，顺应时代要求，体现人民意愿。他们还就深化科技体制改革、提高自主创新能力、加快信息化进程、促进内外源型经济协调发展、建设社会主义新农村、加快发展县域经济、加快发展教育文化卫生事业、加强环境保护和生态建设、关心和改善人民群众生活、加强民主法制和精神文明建设等问题，提出了意见和建议。

18日 东航江西分公司在南昌召开荣获全国文明单位总结表彰会，庆祝其获“首届全国文明单位”称号。省委副书记、省文明委主任彭宏松出席并授牌，省委常委、省委宣传部部长刘上洋到会讲话。他勉励东航江西分公司以获得全国文明单位为契机，再接再厉，以更加昂扬向上的精神状态，更广泛、深入、更扎实地开展群众性精神文明创建活动，保持良好的安全生产业绩，为江西的改革开放和经济社会发展再立新功，再创佳绩。

20日 省委、省政府在省艺术剧院隆重举行施华山同志命名表彰大会。会上宣读了公安部授予施华山一级英模的表彰令和省委、省政府《关于开展向施华山同志学习活动的决定》，并向施华山颁发奖章和证书。

20日 省关工委、省文明办在南昌召开全省关心下一代工作表彰大会，对一批先进集体和先进个人进行了表彰。省委副书记王君在讲话中充分肯定了全省各级关工委和广大老同志在关心下一代工作中所取得的成绩。要求全省各级关工委要认真贯彻落实中央和省委关于加强关心下一代工作的一系列重要指示，坚持围绕中心、服务大局，进一步创新工作内容和工作方法，注重工作实效，促进我省关心下一代事业持续健康发展。

22日 省委举行全省离退休干部专场形势报告会，让全省离退休干部进一步了解“十五”期间全省发生的变化，取得的成绩，积累的经验，了解“十一五”期间全省经济社会发展的宏伟蓝图、发展目标、发展任务。省委书记孟建柱向全省离退休干部分析了全省经济社会发展形势，通报了省委十一届十次全体会议精神。全省改革开放和社会主义现代化建设取得显著成就，提前一年完成“十五”计划主要发展目标，全面和超额完成“十五”时期的各项任务。以人均生产总值突破1000美元为主要标志，全省经济社会发展实现了一个历史性跨越。未来5年江西仍然面临更大的发展机遇，必须始终坚持抓好发展这个第一要务不动摇，坚持以经济建设为中心不动摇，坚持聚精会神搞建设、一心一意谋发展不动摇。要坚持以科学发展观统领经济社会发展全局，精心谋划好江西“十一五”时期的发展，紧紧抓住重要战略机遇期，切实把经济社会发展转入全面协调可持续发展的轨道，大力推进农业农村现代化、新型工业化、新型城镇化、经济国际化和市场化进程，建设创新创业江西、绿色生态江西、和谐平安江西。全省1.3万多名离退休干部分别在主会场和各地分会场听取了报告。

23日 由省委宣传部、省委党校、省教育厅、省社科院、省社联、省委讲师团联合举办的全省加强党的执政能力建设理论研讨会在南昌召开。省委副书记彭宏松指出，全省宣传思想战线要深入学习贯彻党的十六届四中、五中全会和省委十一届十次全会精神，进一步深化和拓展党的执政理论研究，努力取得新的成果，为加强党的执政能力建设、实现“十一五”时期江西省经济社会又快又好发展提供有力的理论指导和智力支持。会议共收到论文400余篇，共评出获奖论文30篇。

23日 民政部副部长李立国率国家10部委救灾工作组到九江地震灾区进行为期两天的灾情考察，慰问灾民，指导救灾工作。期间，省长黄智权主持汇报会，副省长、九江市委书记赵智勇汇报了九江抗震救灾和灾后重建的有关情况。黄智权说，在江西人民救灾重建的关键时刻，国家10部委救灾工作组来江西九江灾区检查指导救灾工作，充分体现了党中央、国务院对九江地震灾区人民的深切关怀。李立国代表检查组对江西抗震救灾工作给予了充分肯定。他指出，当前，要进一步安置好灾区人民的生活，把安排好灾民越冬防寒放在救灾工作的首要位置；进一步加强对灾后重建和受损房修复加固工作的统一规划和组织领导，让灾民早日安居乐业；进一步加强对灾后重建好做法、成功经验的宣传力度，鼓舞灾区人民坚定信心、振奋精神，积极投入到社会主义新农村和和谐社会的建设中去。

24日 省民政厅集中向全省重灾区、偏远山区、库区和滨湖地区的30个县（市、区）发送了2.6万余件（床）棉衣被。这些棉衣被是用中央部门和单位共产党员捐赠的200万元购买的。

25日 省委、省政府向萍乡钢铁有限责任公司发出贺信，祝贺其销售收入已过百亿元，成为全省第五家年销售收入过百亿元的企业，也是今年全省唯一新增的过百亿企业。今年萍钢实现利税9.65亿元，其中利润3.8亿元，税金5.85亿元，同比分别增长48.23%、56.38%和43.38%。

25日 全国政协副主席、致公党中央主席罗豪才率领由全国人大华侨委员会、国务院侨办、全国政协港澳台侨委员会、致公党中央和中国侨联组成的中央“五侨”考察团在全省进行为期两天的侨务考察工作，并向归侨侨眷和侨务工作者致以新年的问候。考察团一行先后来到峡江县金坪华侨农场和上高县敖山华侨农场，同归侨侨眷和侨务工作者座谈，并走访了部分贫困归侨家庭，给他们送去了慰问金。罗豪才说，江西省高度重视侨务工作，从全省经济发展的大局出发，积极做好归侨的接待安置工作，大力推进华侨农场管理体制的改革，为归侨侨眷解决实际困难，同时还树立大侨务的观念，引进海外侨商的资金、技术和管理经验，取得了显著的成绩。

26日 全省第一次全国经济普查的登记填报及数据审核汇总工作基本完成。省政府第一次经济普查领导小组办公室和省统计局发布《江西省第一次经济普查主要数据公报（第一号）》，并将陆续向社会公布普查的其他主要数据。此次经济普查是一次重大的国情国力、省情省力调查，普查的标准时点为2004年12月31日，时期资料为2004年度。公报显示，2004年末，全省共有从事第二、第三产业的法人单位114889个、产业活动单位166787个，全省从事第二、第三产业的就业人员达662.9万人。与2001年第二次全国基本单位普查的同口径数据比较，全省企业法人单位数增加了18483个，增长27.9%，其中，国有企业、国有独资公司等“国”字号企业减少，私营企业、港澳台投资企业和外商投资企业增加快，尤其是私营企业增加34904个，增长1.4倍，增长比例最大。就行业分布看，制造业、批发和零售业、教育、公共管理和社会组织四个行业合计占67.7%，其中，制造业比重较高，占16.2%。从就业人员来看，2004年末，全省第二、第三产业的就业人数分别达到314.56万人和348.33万人。在单位就业人员中，从事制造业的人数最多，所占比例最大，达155.53万人，占33%；具有大专以上学历人员所占比例将近1/4，达24.1%；在具有技术职称的人员中，中级技术职称以上人员占44%；女性就业人员达167.15万人，占35.5%。

26日 为纪念毛泽东诞辰112周年暨重上井冈山40周年，井冈山市举行了盛大的“井冈山革命圣火传递活动”。中国人民解放军航天员大队特级航天员、中国航天员科研训练中心副主任、航天英雄杨利伟大校专程前来井冈山参加当天的圣火采集及传递活动。此次“革命圣火传递活动”的主题为“井冈山精神与航天精神一脉传承”。此次活动也是井冈山市首届红色旅游文化节的延续。凌晨6时，杨利伟从当年毛泽东用过的一盏油灯上点燃火炬，然后把火炬传递给参加活动的群众代表，圣火开始传递。传递路线为：八角楼、会师广场、黄洋界、北山烈士陵园、新城区市政广场；传递过程分为“星星之火”、“会师井冈”、“历史丰碑”、“敢闯新路”等4个部分，充分展现了井冈山斗争史及解放后的发展变迁。传递仪式结束后，中国人民解放军总装备部向井冈山市赠送了“神舟六号”飞船模型，圣火火种由井冈山博物馆收藏。活动期间，杨利伟一行还前往北山烈士陵园敬献了花圈，参观了黄洋界等景区景点。

26日 在玉山县西厢苑花卉市场里发现了一根距今约1.5亿年，长8.5米、直径0.55米，重约3万吨的松柏科硅化木系植物化石。

27日 江西科技师范学院药学院宣告成立，这是江西省第一所药学院。省政协副主席刘运来出席药学院揭牌仪式并讲话。目前，该院设有制药工程和药学两个专业，在读本科生85人。所有专业教师均具有硕士以上学历，其中博士10名，省主要学科学术和技术带头人一名。

27日 国家高技术产业化示范项目——江西特康科技有限公司年产2000台全自动三分群血细胞分析仪工程举行竣工验收仪式。该项目突破了国外保密的微孔技术，为光、机、电、软件一体化的系统集成，主要用于临床检验医学，进行血液分析。该项目于2003年11日开工建设，2004年12月建成投产。

27日 省长黄智权主持召开第四十一次省政府常务会议，根据省委十一届十次全会通过的《关于制定全省国民经济和社会发展第十一个五年规划的建议》，讨论并原则通过了《江西省国民经济和社会发展第十一个五年规划纲要（草案)》。会议决定，将规划纲要草案进一步广泛征求意见，报省委常委会和省政府全体会议讨论通过后，提请省十届人大四次会议审议。会议还通过了《江西省人民政府2006年立法工作计划》。

27日 第二届江西省十大经济人物在南昌揭晓，他们分别是：新余钢铁有限责任公司董事长施嘉良、江铃汽车集团公司董事长王锡高、南昌铁路局局长黄桂章、月兔集团董事长余小斌、方大集团董事长熊建明、江西三清山旅游集团董事长陈斌、江西临川酒业有限公司董事长杨灿龙、南昌市公共交通总公司总经理王立、江西城市学院院长黄玉林、江西康华企业集团董事长李岗华。省委常委、省委宣传部部长刘上洋，副省长凌成兴出席颁奖典礼，并为十大经济人物颁发奖杯和证书。评选活动收到的选票数、网络点击数和短信投票数超过12万张（次)。

28日 粤赣高速公路通车典礼在广东省河源市举行，由南昌行车至广州和深圳的时间也进一步缩短到了8个小时。江西省境内的赣粤高速和广东境内的粤赣高速，既是国家“五纵七横”国道主干线内蒙古阿荣旗至广东深圳高速公路的重要组成部分，也是连接粤赣两省的一条交通大动脉。“十五”期间，随着全省“五年决战交通”战略的实施，赣粤高速在江西省境内不断“南进”。赣粤高速昌泰段、泰赣、赣定段相继贯通之后，再次“南进”29公里，一直延伸到了赣粤边界的龙南野猪塘。粤赣高速北连江西省赣粤高速，南接广东河惠高速，东通河龙高速，全线均位于广东河源市境内。路线跨越和平县、连平县、东源县和源城区等4县（区)，全长135.7公里，批复投资总估算4.66亿元。通车后，实际上把两省高速公路网连为一体，不仅能促进广东泛珠三角经济圈的建设，而且将进一步推动江西省“对接长珠闽”的大开发战略。

28日 江铜集团高档铜箔投产暨10万吨铜板带项目开工典礼，在南昌高新技术开发区隆重举行。这两个项目的建设，为江铜进军世界铜行业前三强奠定了坚实基础，标志着我国高精尖铜加工产品不能大批量国产化和产业化将成为历史。6000吨高档铜箔项目，总投资5.7亿元，是江铜集团挺进高精尖铜加工领域的第一个项目，是江铜集团与世界上铜箔生产的“鼻祖”——美国耶兹公司强强合作的结晶。该项目的建成，填补了我国超薄型高档电解铜箔大批量生产的空白，可改变我国铜箔行业技术含量低的现状。10万吨铜板带项目，总投资30亿元，建成后可年产高性能高精度铜及铜合金板带材10万吨，年实现销售收入35亿元以上，将使我国铜加工技术装备水平跻身世界先进行列，并增强全国铜加工业的整体实力。吴新雄希望，江铜集团在今年实现销售收入200亿元的基础上，再用两到三年的时间，努力实现年销售收入300亿元的奋斗目标，真正把企业建设成为现代化、多元化、国际化的新型企业，继续保持全省工业排头兵、中国铜工业领头羊的地位，为建设和谐平安江西、共创富民兴赣大业作出更大贡献。

29日 由江西省电视台举办的以“台湾在我心中”为主题的江西省涉台教育知识电视竞赛，在江西电视台演播大厅进行了最后的决赛。15支参加预赛的代表队最后进入决赛的有南昌、吉安、萍乡、九江、抚州、宜春6个设区市的代表队。南昌市代表队获第一名。

29日 贵溪市财政收入突破10亿元大关，比去年净增3.3亿元。实现一年增3亿、两年翻一番的目标。省委、省政府致信祝贺。

30日 根据“建设和谐平安江西，共创富民兴赣大业”主题教育活动的安排，日前，由省委宣传部、省委政法委、省文明办、省民政厅、省广电局、江西日报社共同主办的全省“十大文明社区”、“十大文明村庄”、“十大平安卫士”、“十大爱心人物”、“十大创业先锋”评选活动已全面揭晓。全省“十大平安卫士”、“十大爱心人物”、“十大创业先锋”候选人事迹自12月21日起，在《江西日报》、《信息日报》、《江南都市报》、《经济晚报》、《江西精神文明网》、《中国江西创业网》、《中国江西网》、《大江网》及11个设区市的党报刊播后，广大群众热情参与，踊跃投票。在短短的20天内，共收到有效选票197万余张，包括平面媒体选票14万余张，网上选票183万余张。其中，“十大平安卫士”投票753612张，“十大爱心人物”投票151233张，“十大创业先锋”投票1077278张。按照得票数多少，并征求有关部门意见，产生全省“十大平安卫士”、“十大爱心人物”、“十大创业先锋”。

30日 《江西日报》报道，今年，在遭受多种自然灾害的情况下，全省粮食生产在去年实现历史性突破的基础上，全年粮食总产达185.4亿公斤，总产比去年增加5亿多公斤，达历史最高水平。省委、省政府对今年的农业和粮食生产高度重视，制定了贯彻中央一号文件精神的30条配套政策措施，其主要内容是“两免征、三稳定、四加大”。“两免征”即：在全省免征农业税、免征除烟叶外的农业特产税。“三稳定”即：稳定粮食最低收购价、粮食直补、良种补贴三项政策。“四加大”即：加大小型农田水利和中低产田改造的支持力度，加大对粮食主产县的支持力度，加大农机具购置的支持力度，加大对农村社会事业发展的支持力度。各有关部门坚决落实惠农政策，从2002年开始，江西省实施农村税费改革和林业产权制度改革，2005年全省提前一年免征农业税及附加，全省对农民种粮直接补贴、良种补贴和农机具购置补贴达9.7亿元，农民合同内实现了零负担。国有粮食企业早稻收购量达27亿公斤，占全国早稻收购量的40%以上，比上年多收10.35亿公斤。惠农政策极大地调动了农民发展粮食生产的积极性。今年，全省粮食播种面积达5419万亩，比去年扩大158万亩，增长3%。

赣抚平原良田万顷

30日 中共中央政治局常委、国务院总理温家宝在孟建柱、黄智权等陪同下，来到九江市地震灾区，检查灾后重建工作，代表党中央、国务院看望和慰问干部群众。他强调，要以对人民高度负责的精神，采取更加有力的措施，做好救灾和灾后重建工作，把地震造成的损失降低到最低限度，把受灾群众的生产生活安排好。

31日 省委召开常委会议，传达学习温家宝总理在江西考察时的重要讲话精神。孟建柱主持会议并讲话。会议指出，温家宝总理在江西考察时的重要讲话，对江西前一阶段的抗震救灾和灾后重建工作给予了充分肯定，对进一步做好救灾和灾后重建工作作出了重要指示，提出了明确要求，对夺取抗震救灾工作全面胜利、做好今后的各项工作具有重要指导意义，全省各级党委、政府要认真贯彻落实。会议强调，温家宝总理这次来江西省考察，决定在前一阶段已按救灾标准补助近1亿元的基础上，再从国务院预备费中支持江西2亿元，专门用于支持受灾居民建房，这是对江西老区人民的特别关怀，是对全省地震灾区救灾和灾后重建工作的巨大支持。省人大常委会、省政府、省政协领导班子成员及有关方面负责人参加了会议。

本年

本年 “十五”以来，全省实施“五年决战交通”战略，高速公路建设步伐明显加快。2000年底，江西省仅有高速公路421公里；而到2004年底，全省已新增高速公路1000余公里，使通车总里程达到1422公里，提前15个月完成“十五”计划目标。本年，随着泰井和乐温高速的先后通车，全省高速公路通车总里程已达1579公里。“十五”，全省新增的1158公里高速公路构成如下：（一）梨温高速，2002年12月28日建成通车，全长245公里；（二）昌泰高速，2003年6月28日建成通车，全长为148公里；（三）泰赣、赣定高速，2004年1月16日建成通车，全长分别为129公里和127公里；（四）昌金、京福高速，2004年9月26日建成通车，全长分别为168公里和178公里；（五）泰井高速，2005年3月1日建成通车，全长82.6公里；（六）乐温高速，2005年11月16日建成通车，全长71.6公里。目前，全省在建的高速公路有：（一）景婺黄（常）高速，2004年11月1日开工建设，全长151.2公里；（二）景德镇环城高速南环公路，2004年12月16日开工建设，全长30公里；（三）南昌西外环（乐化至生米），2005年2月18日开工建设，全长41公里；（四）赣州至大余高速公路，2005年11月6日开工建设，全长56.6公里；（五）景德镇至鹰潭高速公路，2005年11月22日开工建设，全长202.6公里（全长为282.19公里的武吉高速于2006年4月28日开工）。

墨溪陈家高速大互通立交

编后记

《中华人民共和国江西日史》积八年之功而告竣。

本书的编纂工作大体经历了十个基本步骤。

一、收集资料

这是编好本书最基础的一环。本书是资料性著述，资料是修书的基础。这项收集资料的工作持续了三年，共查阅档案和史籍数百种、几千册，前期摘录资料近千万字，为编撰此书打下了坚实基础。在资料收集工作方面我们提出了三条要求：一是范围要广。要广取博收。《中华人民共和国江西日史》跨越半个多世纪，除《江西日报》57年近700本（月合订本）外，还收集了江西数百个企事业单位、几十个地区市县的志书和各类参考书籍；二是材料要实。要有实实在在的事物。准确的史料，统计数据、典型事例、著名事件、人物言行等都是实在的东西；三是来源要明。资料来自何书、何报、何地、何单位、何企业、何大学、何档案、何人提供等都有详细登记，这样既说明资料的可靠性，也便于日后核查。

二、资料来源

本书资料主要来源于江西省图书馆、江西省档案馆、江西省博物馆、江西省地方志编纂委员会、江西人民出版社、江西日报社、南昌市委（《南昌政报》）、南昌市地名办等有关部门。所引用的统计数字，出自新中国成立以后江西省统计部门以及其他部门的统计资料。

三、制定纲目

这是编纂本书的关键。江西编辑室聘请了资深专家、学者、研究员以及经验丰富的史学工作者。首先制定出编纂的指导思想和编辑原则，制定出详细纲目，并提出了“全、真、精”的编撰原则。“全”即内容要全面，要将新中国成立以来江西有关政治、军事、经济、文化、教育、科技、司法、卫生、文艺、体育、宗教等方面的大事、要事，都载入史册；“真”即事件的真实性，必须客观地反映新中国成立以来江西的历史，要从报刊书籍中去粗取精、去伪存真地摘录资料。如“大跃进”、“文化大革命”等历史时期，报刊上有关“人有多大胆，地有多大产”的不实数据和某些错误报道，我们根据《中共中央关于建国以来党的若干历史问题的决议》，站在历史的高度去审视那段历史所发生的事件，客观真实地给予反映；“精”是指记叙事件，提纲挈领，详略得当，言简意赅，文字精练。

四、摘编要求

资料收集告一段落后，分派得力编辑，依据编写提纲，分类整理资料，分门别类，按时间年、月、日为序辑录成详细条目。这种详细条目，既有利于保存得来不易的各类宝贵资料，也为本书的编写做好前期准备，并于初稿中注明资料出处（如《江西日报》×年×月×日×版；××志第×页；××书第×页等），这为后期的修改校对工作提供了便利。

五、试写初稿

资料搜集整理之后，编辑部按人分工试写初稿。大家边摘编、边讨论、边修改，形成内容取舍详略得当、风格大体统一的文稿，取得撰写实践经验后，再全面铺开，由经验丰富的史学专家及资深编辑带领年轻的同志一起编写。

六、正式编写

本书自2001年底开始酝酿，于2005年年底方才基本脱稿。其间，有的同志一边写一边继续搜集补充资料，有的脱稿后交编辑部负责人征求意见，又做了多次修改，每一部分都是数易其稿。编写——讨论——修改——再补充——再讨论——再修改，此项工作历时四年。

七、图片资料

以往此类大型志书大都无图片资料。本书主张突破传统体例，采取图文并茂写史的独特风格。因此从一开始便十分留心历史照片和图片资料的搜集工作，收集遴选出数千幅图片资料，尽可能选配与条目一致的图片，不仅为本书增添色彩，而且为读者提供了丰富生动的历史画卷。因历史原因，有的内容没有图，就尽量找与条目关联的图片资料，以增加形象效果。部分历史图片，无原始照片，系从报纸、书籍中翻制，由于技术条件和技术水平有限，部分图片影像翻制模糊，不清晰，敬请读者谅解。由于图片资料来源繁杂，不可能一一列出提供图片的单位和个人姓名，在此，特向为本书提供照片资料的众多单位和摄影者表示衷心感谢和诚挚谢意。

八、征求意见

我们采用了两种征求意见的评议方式，一是召开评议会，二是征询书面评议意见，最后将这两者结合。从编写纲目到《中华人民共和国江西日史》的编纂，我们十分注意做好征求意见及评议工作。其中征求了中央党史研究室、中央文献研究室、中国国史研究编修馆、中华人民共和国日史编辑委员会以及江西省、市有关领导和从事社会科学及自然科学方面的专家、大专院校的教授、报社资深记者以及社会各界各方面人士的意见，还有中央国家机关专家同仁的宝贵意见。在此特向关心爱护、支持帮助过这本书的领导和同志表示真诚的感谢。

九、统稿修改

这项工作是在中共江西省委、江西省人民政府相关部门及有关领导的亲切关怀与支持下，在中华人民共和国日史编辑委员会的大力关怀与支持下，在中华人民共和国日史编辑委员会宣传部的直接指导下，由中华人民共和国日史编辑委员会江西编辑室、江西省社会科学院及北京出版界的史学家、资深编辑共同合作完成的。此项工作是在更高层次上对全部资料重新消化、系统修改，在初稿基础上进行多次再加工。其职责是把好政治关、史实关、资料关、体例关、文字关。修改工作从2005年下半年即已开始，800万字的初稿几经修改，2006年12月修改后的初稿压缩至近500万字（未包括图片）。2006年11月至2007年12月，书稿又集中于北京进行最终修改定稿，并邀请江西省社科院等有关部门的专家审阅。

十、编辑出版

《中华人民共和国江西日史》历经八年，十易其稿，最后慎重地交由人民出版社出版。《中华人民共和国江西日史》的编纂出版既有摸着石头过河的艰辛，也有耕耘收获的喜悦。如果能为江西人民提供一部系统性、科学性和准确性的当代江西编年史，能为推动江西经济社会的发展贡献绵薄之力，我们将备感欣慰。我们不敢奢言功劳，但求无过便足以矣！

对于支持和帮助过我们工作的同志，太多太多，我们要感谢的人也太多太多。我们必须首先感谢人民出版社政治编辑室的编辑对此书认真审读和提出宝贵的修改意见；还要感谢国家文物局原局长张文彬同志，中宣部原副部长、中国作家协会原书记翟泰丰同志，中华人民共和国日史编委会主任张承钧、李永田教授，中国国史研究编修馆副馆长魏丕植教授，国务院人才研发中心李春苗；要感谢江西省地方志编纂委员会主任谢军，副主任刘斌、范银飞和刘伯修，江西省图书馆的顾跃健、蔡荣生、陈霞、袁卫东的热情支持，更要感谢江西省社会科学研究院的陈荣华、易宗礼、黄慕亚、曾丽雅等逐字逐句审读。在此，我们再次向他们表示诚挚的谢意。

中华人民共和国日史编辑委员会
江西编辑室
2008年元旦

策划编辑：柏裕江
责任编辑：刘彦青　阮宏波
装帧设计：肖　辉
责任校对：书林翰海校对公司

图书在版编目(CIP)数据

中华人民共和国 江西日史/中华人民共和国日史编辑委员会江西编辑室编.
-北京:人民出版社,2008.9
ISBN 978-7-01-007244-9

Ⅰ.中…　Ⅱ.中…　Ⅲ.①中国-现代史②江西省-地方史-1949~2005
Ⅳ.K27

中国版本图书馆CIP数据核字(2008)第130970号

中华人民共和国

江 西 日 史

ZHONGHUARENMINGONGHEGUO
JIANGXI RISHI

第八卷
(2000~2005)

中华人民共和国日史编辑委员会江西编辑室　编
名誉主编：孙家正　李金华　张文彬
张承钧　李永田
主　　编：孙用和　蒋仲平　魏丕植
管志仁　沈谦芳
副 主 编：符　伟　杨德保　廖世槐
罗益昌　张翊华

人民出版社 出版发行
(100706　北京朝阳门内大街166号)

北京中文天地文化艺术有限公司排版
北京盛通印刷股份有限公司印刷　新华书店经销

2008年9月第1版　2008年9月北京第1次印刷
开本：889毫米×1194毫米　1/16　印张：25.5
字数：685千字　印数：0,001-3,000套

ISBN 978-7-01-007244-9　（全八卷）定价：1860.00元

邮购地址 100706　北京朝阳门内大街166号
人民东方图书销售中心　电话：(010) 65250042　65289539